산업디자이너를 위한

신속조형기술 RP활용가이드

산업디자이너를 위한
신속조형기술 RP활용가이드

산업디자이너를 위한
신속조형기술 RP활용가이드

산업디자이너를 위한
신속조형기술
RP활용가이드
Designers for Rapid Prototyping

저자 최성권(崔成權) Choi, Sung-Kwon

홍익대학교 산업미술대학원을 졸업하고 LG 산전디자인연구소에서 연구원으로 디자인 실무를 시작하였다.
(현) 미국 Robert McNeel & Associates 사의 한국 Rhino3D 공식교육센터 툴스랩(www.toolslab.co.kr) 대표
(현) 디자인스튜디오 래피드디자인(www.rapiddesign.co.kr) 대표
(현) 홍익대학교 산업디자인학과 디지털디자인 강사

▶ 수상
대한민국산업디자인전람회 "특선" / 대한민국 우수디자인(Good Design) 상품 선정 "한국산업디자인진흥원장상"
한국밀레니엄상품(KMP) 선정 "혁신디자인" / 홍익대학교 우수 강사 총장 표창 등

▶ 활동
서울디자인창작스튜디오 입주자 활동 / 한국산업인력관리공단 국가자격시험 산업디자인분야 출제위원
서울애니메이션센터, 크라운, 해태그룹 RP 장비 자문위원 / 마포디자인지원센터 운영 및 자문위원
서울통상진흥원 하이서울컴퍼니 디자인개발지원사업 디자인전문기업평가 심사위원
서울중소기업디자인지원센터 서울중소기업 디자인컨설팅사업 심의평가위원 등 역임
모토로라, LG, 현대중공업, 팬택 & 큐리텔, 해태그룹, 한국도자기, 한국산업기술평가원 등 강연

▶ 주요 저서(논문)
Mobile Phone의 Interface Stress 요인에 관한 연구 / RP 디자인 시제품 생산 기술(혜지원, 2010)
제품디자이너를 위한 Rhino3D Advanced 한국어, 중국어판(혜지원, 2008) 등 6권
e-mail : rapiddesign@naver.com
홈페이지 : www.rapiddesign.co.kr / www.i3dprinting.com / www.toolslab.co.kr

초판인쇄일 _ 2010년 10월 28일
초판발행일 _ 2010년 11월 4일

저　　자 _ 최성권
기획진행 _ 구홍림
본문편집 _ 주기선
표지디자인 _ 안홍준
영업마케팅 _ 김남권, 황대일, 서지영, 김보균

발 행 인 _ 박정모
발 행 처 _ 도서출판 혜지원
등록번호 _ 제9-295호
주　　소 _ (130-844)서울시 동대문구 장안1동 420-3호
전　　화 _ 영업부 02)2212-1227, 2213-1227 | **팩스** _ 02)2247-1227
홈페이지 _ http://www.hyejiwon.co.kr
ISBN _ 978-89-8379-669-1
정　　가 _ 32,000원

산업디자이너를 위한
신속조형기술
RP활용가이드
Designers for Rapid Prototyping

혜지원

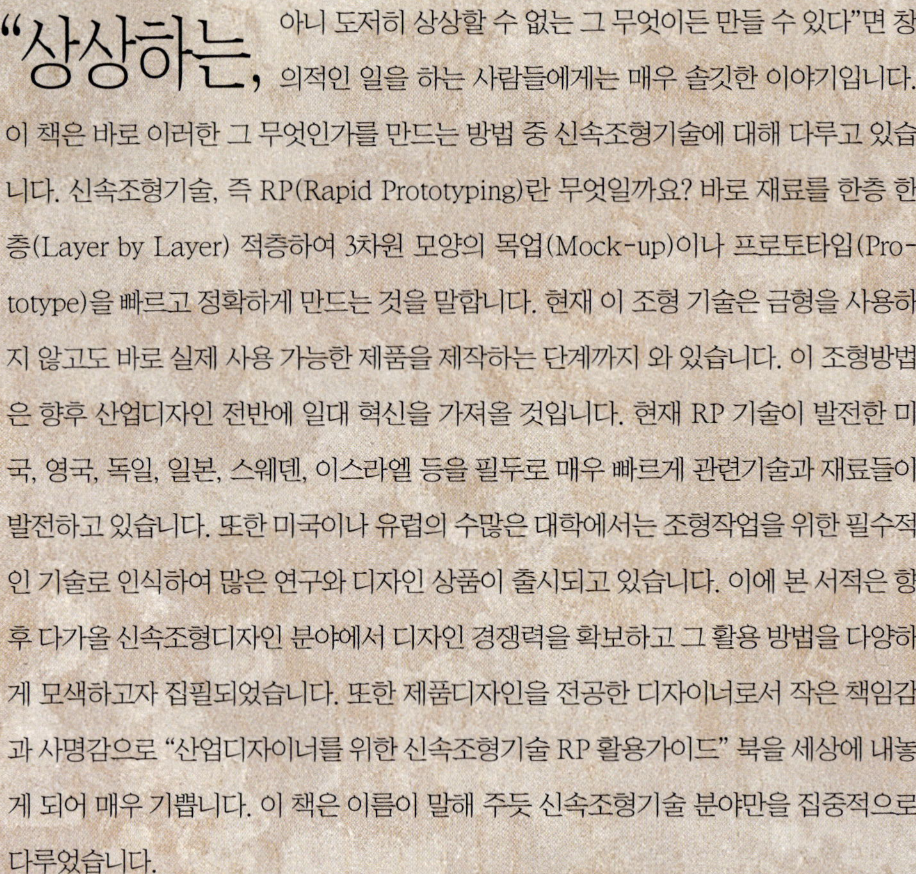

"상상하는, 아니 도저히 상상할 수 없는 그 무엇이든 만들 수 있다"면 창의적인 일을 하는 사람들에게는 매우 솔깃한 이야기입니다.

이 책은 바로 이러한 그 무엇인가를 만드는 방법 중 신속조형기술에 대해 다루고 있습니다. 신속조형기술, 즉 RP(Rapid Prototyping)란 무엇일까요? 바로 재료를 한층 한층(Layer by Layer) 적층하여 3차원 모양의 목업(Mock-up)이나 프로토타입(Prototype)을 빠르고 정확하게 만드는 것을 말합니다. 현재 이 조형 기술은 금형을 사용하지 않고도 바로 실제 사용 가능한 제품을 제작하는 단계까지 와 있습니다. 이 조형방법은 향후 산업디자인 전반에 일대 혁신을 가져올 것입니다. 현재 RP 기술이 발전한 미국, 영국, 독일, 일본, 스웨덴, 이스라엘 등을 필두로 매우 빠르게 관련기술과 재료들이 발전하고 있습니다. 또한 미국이나 유럽의 수많은 대학에서는 조형작업을 위한 필수적인 기술로 인식하여 많은 연구와 디자인 상품이 출시되고 있습니다. 이에 본 서적은 향후 다가올 신속조형디자인 분야에서 디자인 경쟁력을 확보하고 그 활용 방법을 다양하게 모색하고자 집필되었습니다. 또한 제품디자인을 전공한 디자이너로서 작은 책임감과 사명감으로 "산업디자이너를 위한 신속조형기술 RP 활용가이드" 북을 세상에 내놓게 되어 매우 기쁩니다. 이 책은 이름이 말해 주듯 신속조형기술 분야만을 집중적으로 다루었습니다.

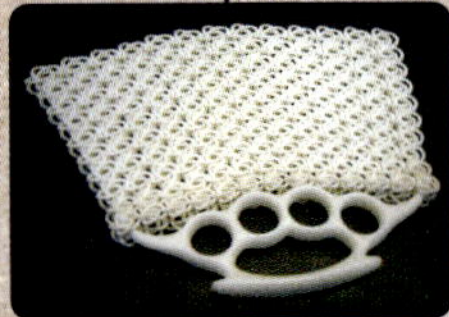

본서를 대략 살펴보면 총 8개의 파트로 이루어져 있는데

첫 번째는 신속조형기술, 즉 RP(Rapid Prototyping)에 대한 기본적인 개요와 프로세스 및 활용에 대한 이해,

두 번째는 신속조형시스템의 깊이있는 이해를 돕기 위한 시스템의 종류와 원리 이해 및 액체 상태의 재료를 사용하는 시스템 소개,

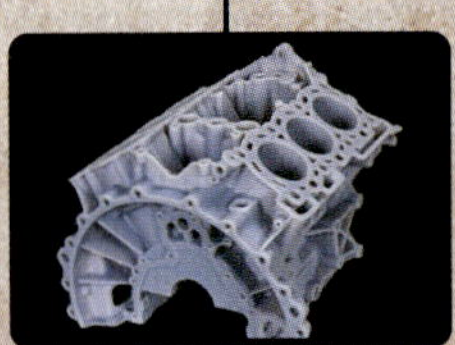

세 번째는 가루 상태의 재료를 사용하는 시스템 소개,

네 번째는 고체 상태의 재료를 사용하는 시스템 소개,

다섯 번째로 얇은 판이나 시트 재료를 사용하는 시스템 소개,

여섯 번째로 산업디자이너의 신속조형기술 활용,

일곱 번째로는 국내외 신속조형기술 활용 사례를 조각 및 설치 예술, 주얼리 디자인, 자동차 디자인, 애니메이션, 캐릭터, 건축 분야 등으로 다양하게 소개하여 실질적인 이해도를 높였습니다.

마지막으로 국내외 신속조형장비 관련업체와 기관을 매트릭스표와 도메인 정보를 통해 손쉽게 알아볼 수 있도록 구성하였습니다.

특히 이 책은 독자들의 이해를 돕기 위하여 대부분 저자가 직접 촬영한 약 2,000여 장의 방대한 컬러 이미지와 관련 캡션, 정교하게 그려진 일러스트 원리도와 표 등을 사용하였습니다. 여기에 10여 년간 축적된 RP 기술 트렌드와 최신기술 노하우까지 핵심만을 선별 정리하였습니다. 더욱이 엔지니어가 아닌 산업디자이너의 시각에서 집필된 최초의 RP 전문서적으로 평가할 수 있어 창의적인 작업을 하는 디자이너는 물론 일반인들도 쉽게 내용을 이해할 수 있도록 배려하였습니다. 다만 '구슬이 서말이어도 꿰어야 보배' 라는 말처럼 반복 탐독을 통하여 원하는 부분을 반드시 찾으시길 바랍니다.

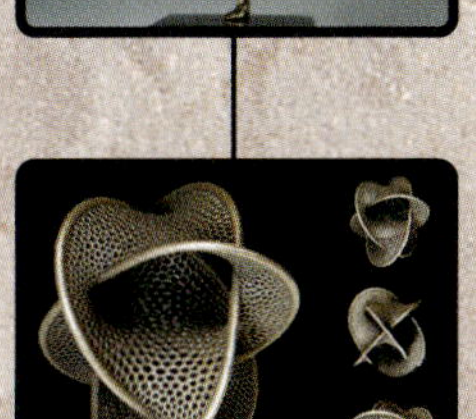

끝으로 이 책을 구입해서 보시게 될 독자님들께 감사드리며, 여러모로 부족하지만 개인적으로 상당한 데이터 분석과 순수한 열정을 다해 집필한 책이니 아무쪼록 창의적인 작업에 조금이나마 도움이 되는 생산적인 지침서가 되길 희망합니다.

2010. 가을의 문턱에 선 홍대앞 연구실에서…

저자 최성권

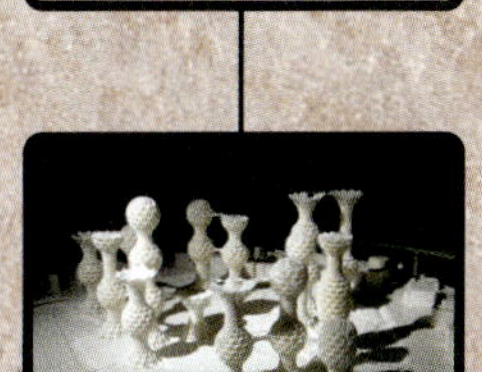

홈페이지 : www.rapiddesign.co.kr/ www. toolslab.co.kr / www. i3dprinting.com /

e-mail : rapiddesign@naver.com

감사의 글

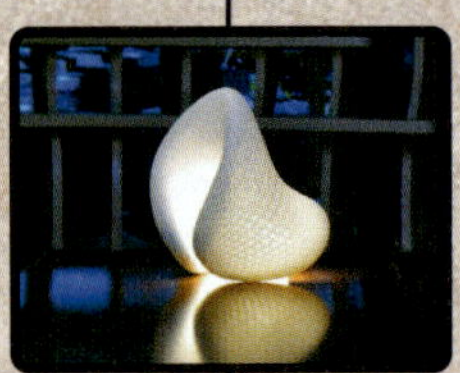

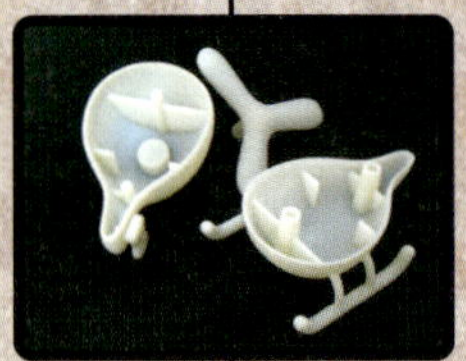

먼저 본서를 집필할 수 있도록 맑은 정신과 지혜를 허락하신 하나님께 감사드리며 하늘에 계신 아버님과 열심히 살아가는 나의 사랑하는 가족들, 이제 어엿한 대학생이 된 기현, 동희와 수현, 동혁 조카들, 현명하고 예쁜 따님을 보내주신 장인, 장모님과 가족들, 사랑하는 아내 희선에게 감사드립니다.

그리고 저에게 늘 디자이너로서의 학문적 소양과 지도를 아끼지 않으셨던 은사님이신 홍익대학교 산업미술대학원 최대석, 이근 교수님, 고려대학교 산업디자인학과 인치호 교수님, 서울디자인센터 이순인 센터장님, 서울산업대학교 공업디자인학과 신학수, 고을한, 한석우, 우흥룡 교수님, 국민대학교 공업디자인학과 장중식 교수님, 국민대학교 금속공예학과 정용진 교수님, 국립공주대학교 조종호, 이동석, 박태영 교수님, 성신여자대학교 공예과 김종승 교수님, 서일대학교 이승배, 위경효 교수님, 인덕대학 유석순, 최현창, 송창호 교수님, 전 국민대학교 주얼리센터 남궁탁 소장님, 신라대학 금속디자인학과 정진규 교수님, 동신대학 오경영, 윤시내 교수님, 예원예술대학교 영상그래픽학과 강효순 교수님께 감사드립니다.

또한 서적의 완성도에 직접적인 영향을 주시고 흔쾌히 저작권을 허락해 주신 아트의 서도호 작가님, 서울대 김태환 교수님, 성신여대 주은옥 교수님, 인덕대학 김문배 교수님, 예명지 대표님, 서울애니메이션센터 곽희승 연구원님, 이찬우 피규어 아티스트, 홍익대학교 김준영님, 정림건축 노휘 소장님, 매스스타디스 건축사무소 조민석 소장님, 시스템랩 건축사무소 김찬중 소장님, 고기웅건축사무소 고기웅 소장님, ㈜아이코닉스 엔터테인

먼트(뽀로로), ㈜씨엘코 엔터테인먼트(마시마로), 대구디지털산업진흥원, 연세대학교 제자 성백규, 홍익대학교 제자 백두산에게도 감사드립니다.

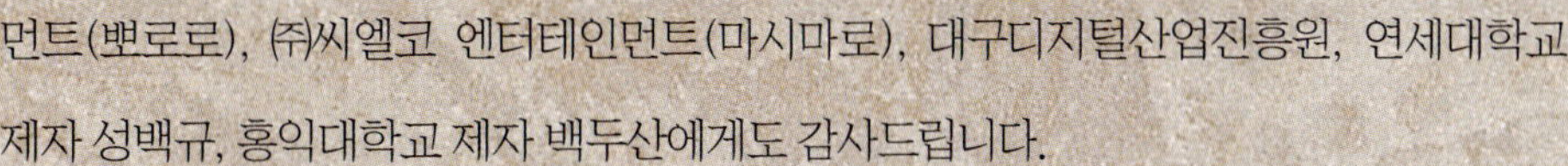

직업상 자주 뵙게 되지만 늘 믿음직한 RP(Rapid Prototyping) 협력사인
케이티씨(www.ktcmet.co.kr), 시스옵엔지니어링(www. sysopt.co.kr),
셉택(www.ceptech.co.kr), 한국기술(www.ktech21.com),
한국아카이브(www.hankooka.com), SNC 코리아(www.prototyping.co.kr),

세중정보기술(www.sjit.co.kr), 프로토텍(www.prototech.co.kr),
에이치디씨(www.hdcinfo.co.kr), 태산솔루션(www.tsol.co.kr),
비젼메져링테크니스(www.3dsystems.co.kr), 준우알피에스(www.jwnrps.co.kr),
도양엔지니어링(www.doyang.co.kr),
전 한국머터리얼라이즈코리아 김인명 대표님께도 감사드립니다.

끝으로 책을 집필할 때마다 따뜻한 조언과 격려로 용기를 주신 서울정수기능대학 김낙권 교수님, 장용익 교수님, 함재룡 교수님, 최병두 교수님, 호서대학교 장비운영센터 김충환 연구원님, 산학협력단 김태훈, 조명호, 박병기 박사님, 아무거나 스터디모임 윤원정, 정수 석님에게도 특별히 감사하다는 인사를 전합니다. 또한 이 책이 세상에 빛을 볼 수 있도록 많은 도움을 주신 도서출판 혜지원의 박정모 사장님, 구홍림 편집기획팀장님, 디자이너님 들께도 감사의 마음을 전합니다.

조형 재료에 관하여 일목요연하게 표로 정리하였습니다.

RP 조형에 사용되는 각 회사의 장비별 사양을 정리하였습니다.

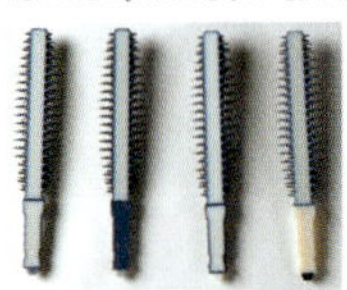

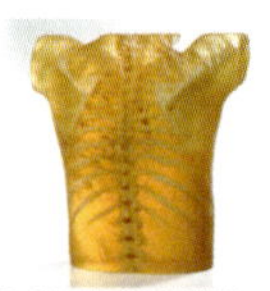
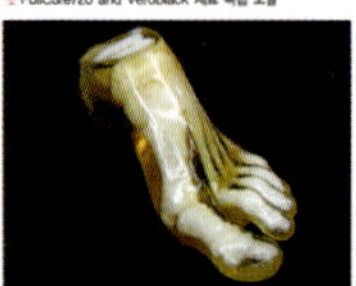

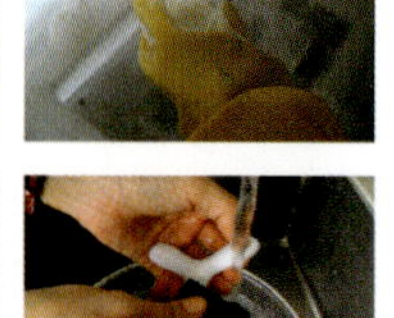

조형 제작 시 완성품의 모습을 보여주고 각 디자인하는 방법을 알려줍니다.

실물을 제작하는 공정 과정과 후처리 과정을 보여줍니다.

재료의 사용 과정과 전체 공정 과정을 설명합니다.

실제로 사용하는 RP 프린터의 제원을 설명합니다.

국내외에서 실제로 제작된 신속조형 모델의 예를 제작 과정과 함께 설명합니다.

국내외 신속조형 관련 장비 및 업체를 소개합니다.

GALLERY

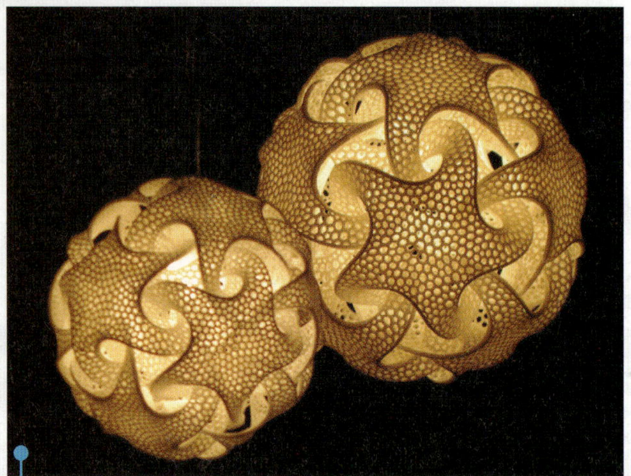

QUIN.MGX 조명, BATSHEBA GROSSMAN

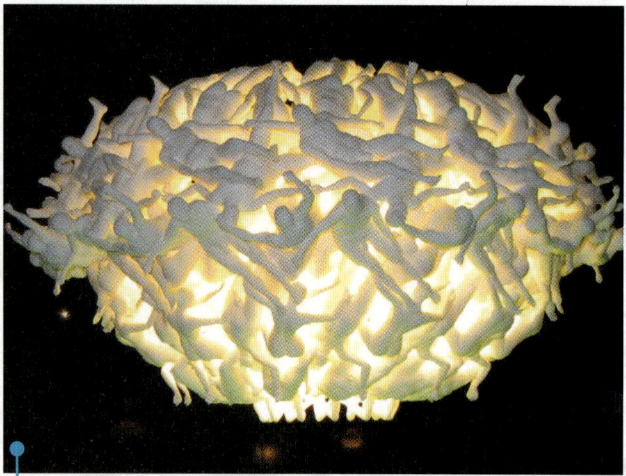

THE FALL OF THE DAMNED..MGX 조명, LUC MERIX

MACEDONIA, FOC, Janne Kyttanen

IPHONE 3G CASE, FOC, Janne Kyttanen

SOLID C2, SOLID C1 의자와 스툴, MGX, PATRICK JOUIN

RBK DMX SHEAR 스포츠화 RP 파트, ZCORPERATION

SLA RP 시스템으로 제작된 미래형 스포츠카, 홍익대학교 김준영

PUNCHBAG, 패션 가방, FOC, Janne Kyttanen

MATH 기하학적 모델, ZCORPERATION

SLS 방식으로 제작된 비너스 흉상, EOS

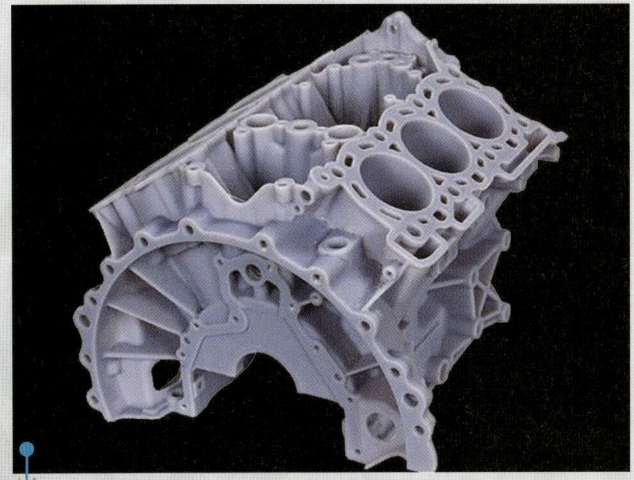

POLYJET 방식으로 제작된 엔진 축소 모형, OBJET

FDM 방식으로 제작된 장난감 자동차 모형, STRATASYS

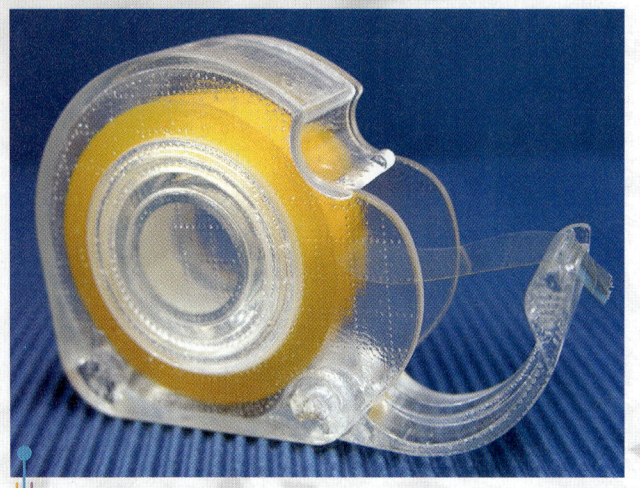

SLA 방식으로 제작된 스카치테이프 디스펜서, CIMET

DLP 방식으로 제작된 오토바이 미니어처 캐스팅 파트, ENVISIONTEC

DLP 방식으로 제작된 반지 파트와 캐스팅 원본, ENVISIONTEC

POLYJET 방식으로 제작된 건축모형, 정림건축

Arcam 사 EBM S12 장비로 출력된 티타늄 인체 두개골 파트

3DP 방식으로 제작된 왁스 패턴과 캐스팅 원본, Solidscape

Heel Kick 02, Peter Jansen

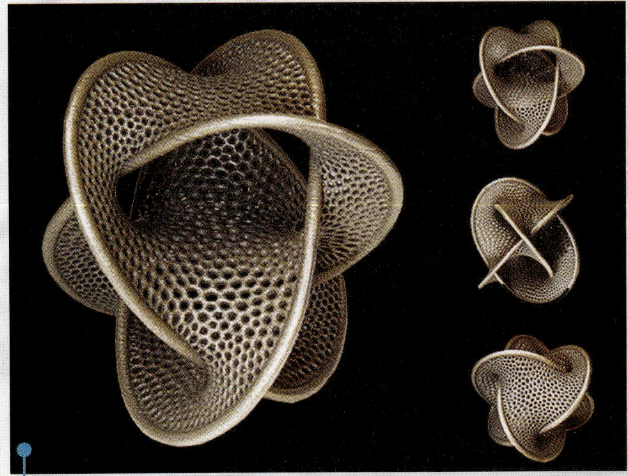

Borromean Rings, Bathsheba Grossman, Metal Printing

WheelClawsTeeth, Elona Van Gent

Seoul Commune 2026, Massstudies

Jellyfish, Iwamoto Scott Architecture

Solid C2 Chair & Stool, Solid Collection, Patrick Jouin

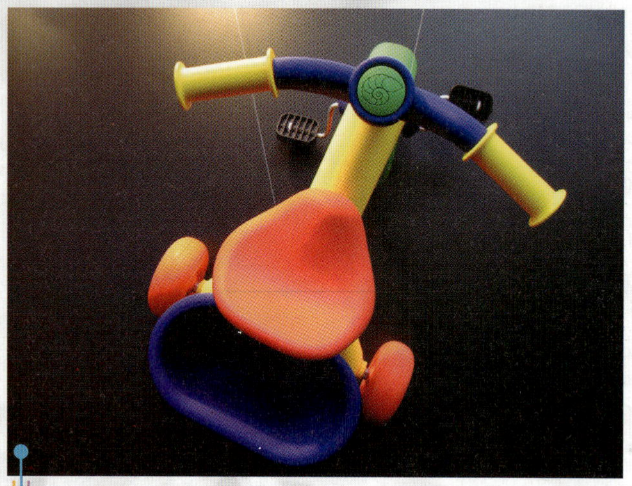

| FDM 방식으로 제작된 어린이용 자전거, 컬러 ABS 파트, Stratasys

| SLS 방식으로 제작된 조명, LYLY.MGX

| SLS 방식으로 제작된 조명, LYLY.MGX

| Slim bag and Card bag, FOC, Janne Kyttanen

| 3D Textiles, FOC, Janne Kyttanen

| Apparel, FOC, Janne Kyttanen

DLP 방식으로 제작된 Rolling Stars 피규어, LiquidBrain Studio

InkJet 3DP 방식으로 출력된 PORORO 캐릭터, ICONIX

PolyJet 방식으로 제작된 디즈니 캐릭터 파트, Objet Geometries

MJM 방식으로 출력된 파트에 도색, 머신걸, 곽희승

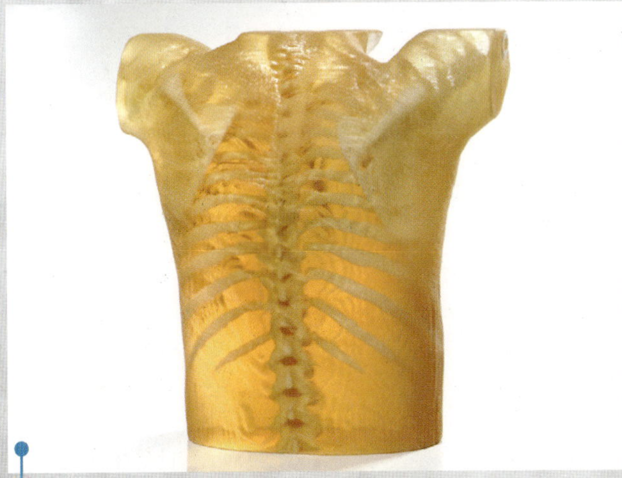

MULTYJET 방식으로 제작된 인체 모형, OBJET

DLP 방식으로 제작된 배 미니어처, ENVISIONTEC

DLP 방식으로 제작된 토루소 미니어처, ENVISIONTEC

DLP 방식으로 제작된 교황 미니어처, ENVISIONTEC

SLS 방식으로 제작된 건축 모형, MATHSTUDIES

MULTYJET 방식으로 제작된 모터싸이클 모형, OBJET

SLA 방식으로 제작된 반지 원본 파트, DWS

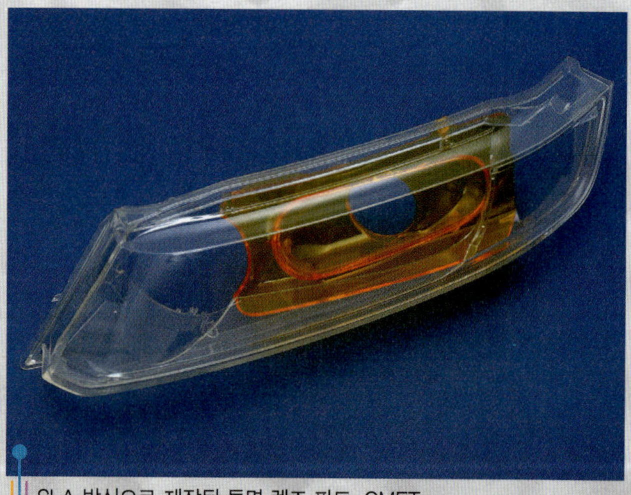

DLP 방식으로 제작된 팬던트 미니 하이힐, ENVISIONTEC

SLA 방식으로 제작된 투명 렌즈 파트, CMET

MJM 방식으로 제작된 싸이클 모형, 이찬우

MJM 방식으로 제작된 싸이클 모형, 이찬우

SLS 방식으로 제작된 스포츠용품, 독일 유로몰드

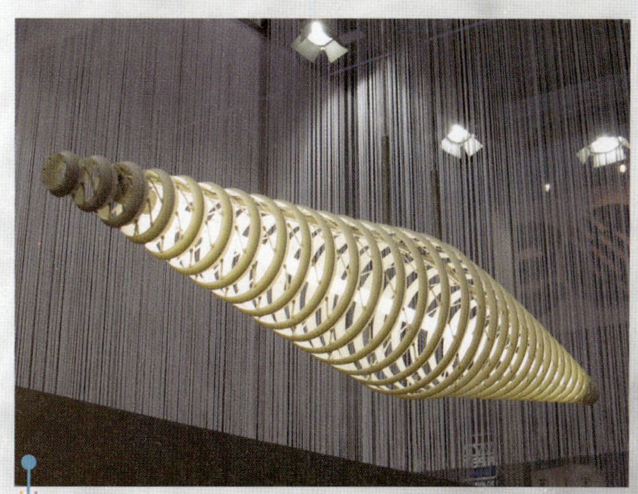

SLS 방식으로 제작된 대형 조명, 독일 유로몰드

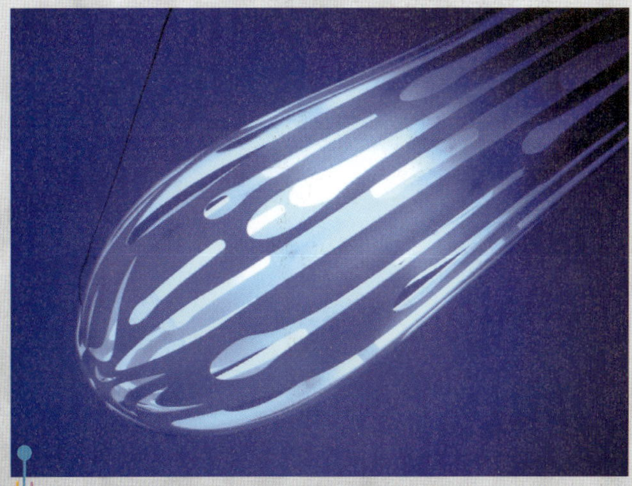

SLS 방식으로 제작된 혜성 모티브 조명, 성백규

SLS 방식으로 제작된 혜성 모티브 조명, 성백규

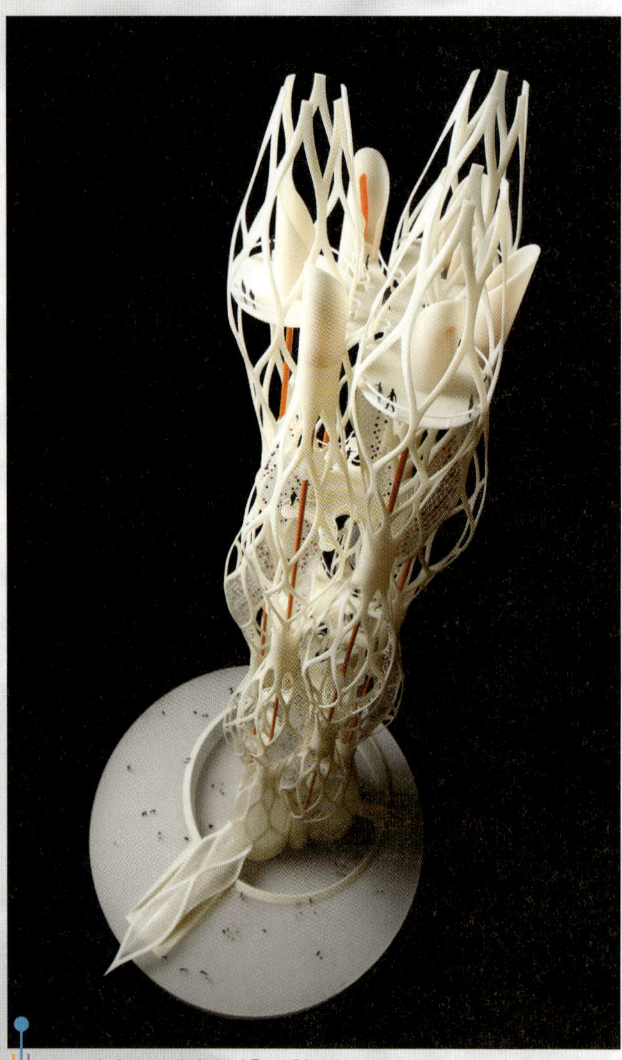

▐ SLA 방식으로 제작된 건축 모형, SYSTEMLAB

▐ SLA 방식으로 제작된 건축 모형, SYSTEMLAB

▐ INKJET 3DP 방식으로 제작된 장난감 모형, ZCORPERATION

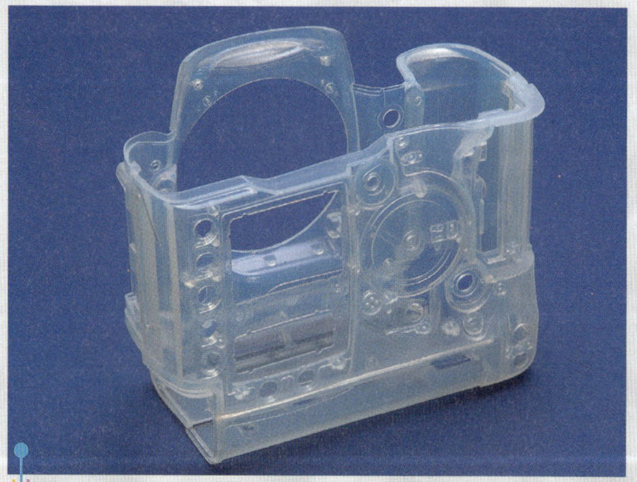

▐ SLA 방식으로 제작된 카메라 바디 파트, CMET

INKJET 방식으로 제작된 기념반지, SOLIDSCAPE

INKJET 방식으로 제작된 기념반지, SOLIDSCAPE

INKJET 방식으로 제작된 기념반지, SOLIDSCAPE

INKJET 방식으로 제작된 기념반지, SOLIDSCAPE

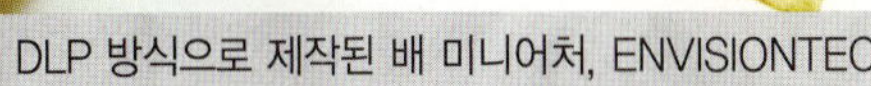

DLP 방식으로 제작된 배 미니어처, ENVISIONTEC

EBM 방식으로 제작된 금속 파트, ARCAM

RP 활용 조형작품, 카르마(KARMA), 서도호

RP 활용 조형작품, home within home, 서도호

MJM 방식으로 제작된 싸이클, 이찬우

MJM 방식으로 제작된 싸이클, 이찬우

POLYJET 방식으로 제작된 패션 주얼리 원본, 김태환

SLS 방식으로 제작된 조명 갓, 최성권

MJM 방식으로 제작된 로봇, 곽희승

MJM 방식으로 제작된 로봇, 곽희승

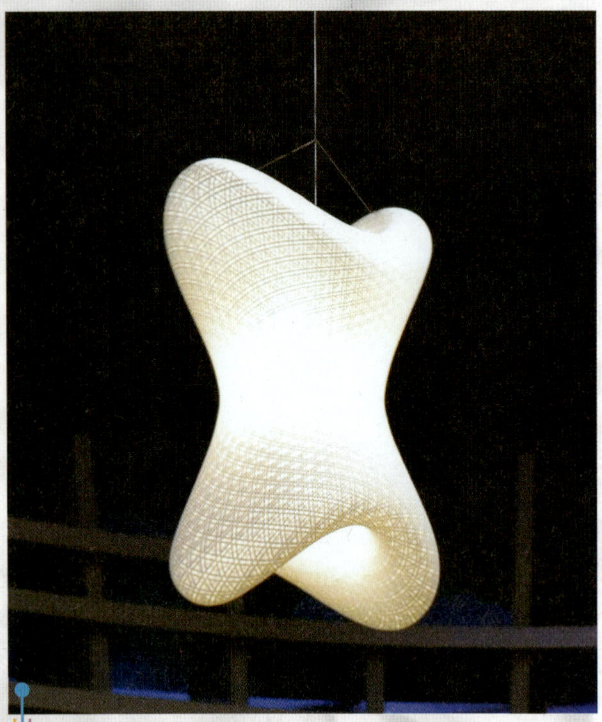

SLS 방식으로 제작된 조명 갓, 정림건축 NUDL 팀

SLS 방식으로 제작된 조명 갓, 정림건축 NUDL 팀

INKJET 방식으로 제작된 패션 브로치 원본, 예명지

SLS 방식으로 제작된 V-숄더백, Janne Kyttanen, Jiri Evenhuis

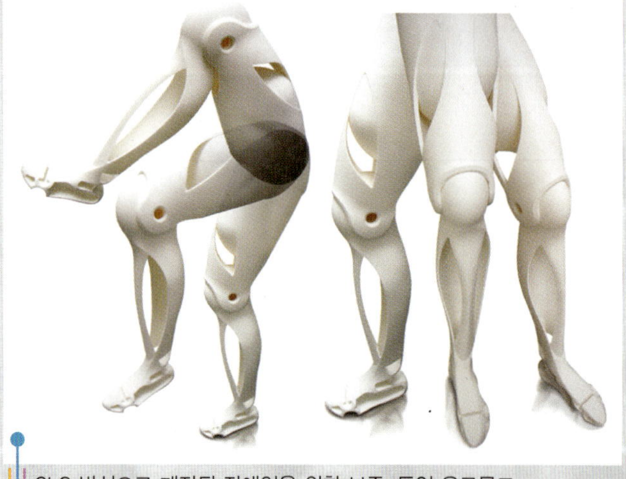

SLS 방식으로 제작된 장애인을 위한 보족, 독일 유로몰드

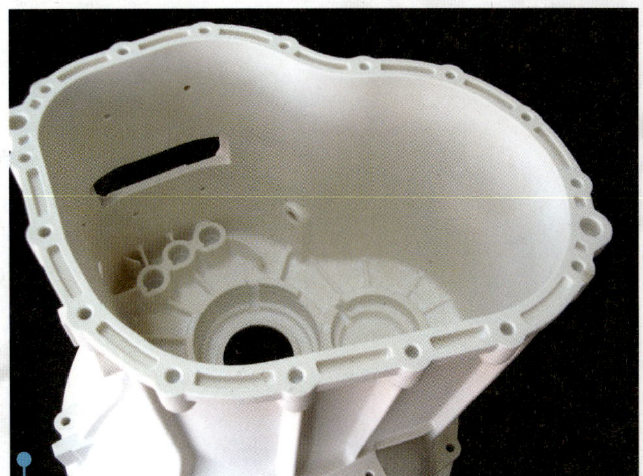

INKJET 3DP 방식으로 제작된 자동차 부품, VoxelJet

SLS 방식으로 제작된 조명, Palm_tbl, Janne Kyttanen

SLA 방식으로 제작된 Drop Light 조명, 백두산

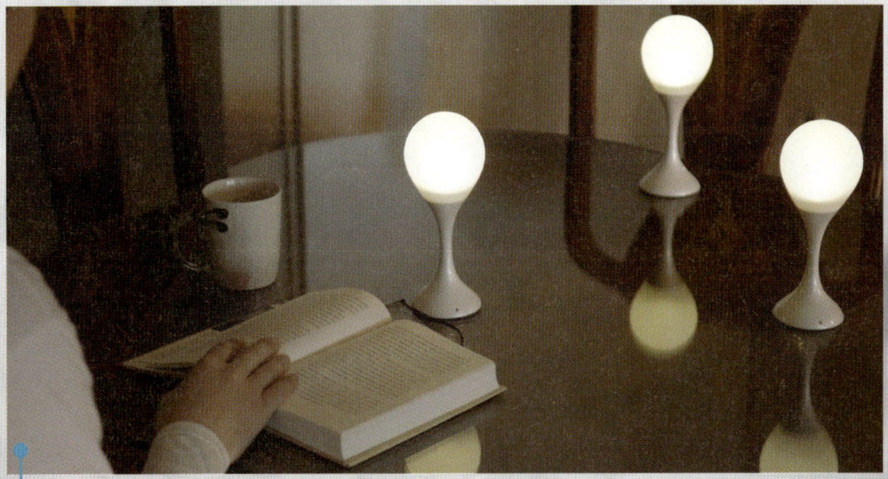

SLA 방식으로 제작된 Drop Light 조명, 백두산

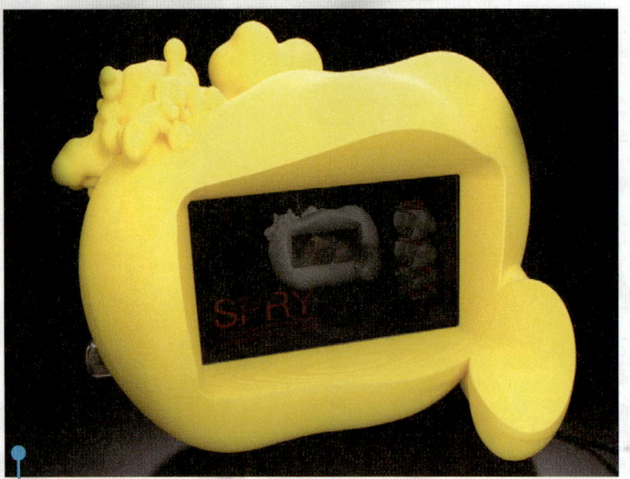

FDM 방식으로 제작된 전자액자, STRATASYS

FDM 방식으로 제작된 장난감 트랙터, STRATASYS

POLYJET 방식으로 제작된 패션 팬던트 원본, 김태환

SLA 방식으로 제작된 캐릭터 PC 스피커 모형, 이주호

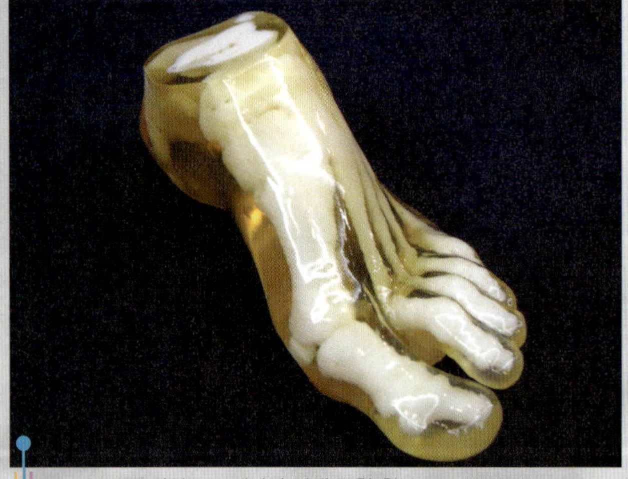

MULTYJET 방식으로 제작된 인체 모형 원본, OBJET

POLYJET 방식으로 제작된 장남감 성곽, OBJET

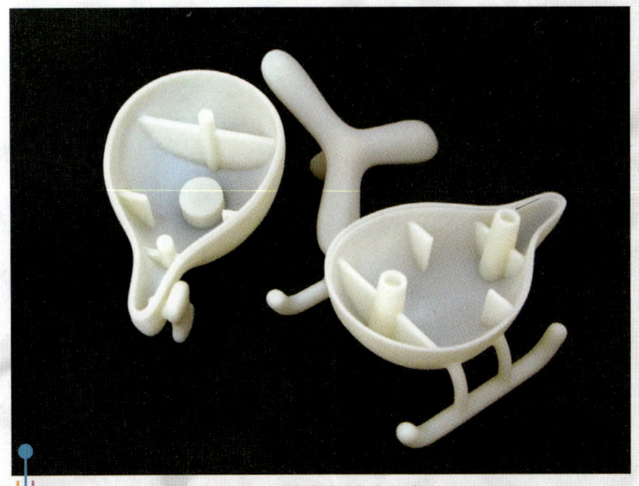

POLYJET 방식으로 제작된 장난감 헬리콥터, OBJET

POLYJET 방식으로 제작된 장난감 헬리콥터, OBJET

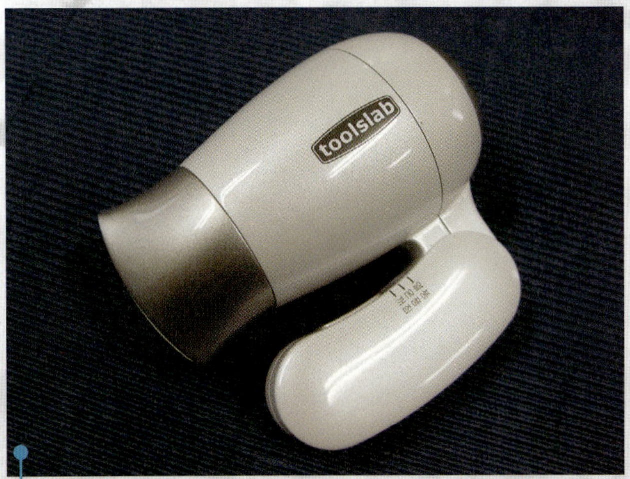

SLA 방식으로 제작된 헤어드라이어 모형, CMET

SLA 방식으로 제작된 헤어드라이어 모형, CMET

DLP 방식으로 제작 후 캐스팅 완성된 목걸이, 주은옥

DLP 방식으로 제작 후 캐스팅 완성된 팔찌와 브로치, 주은옥

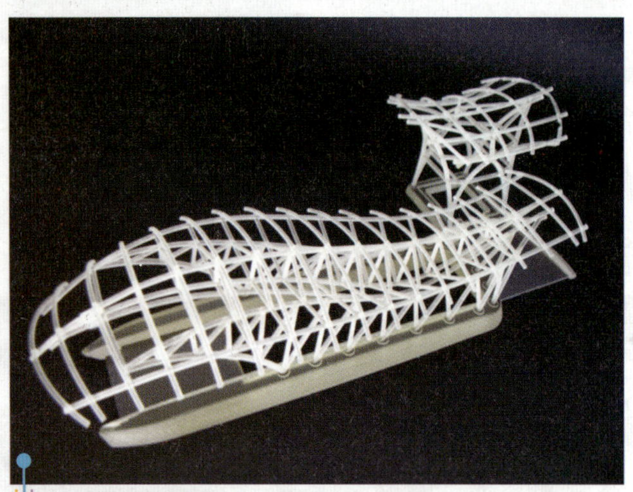

POLYJET 방식으로 제작된 건축모형, 정림건축 NUDL 팀

SLS 방식으로 제작된 건축모형, MATHSTUDIES

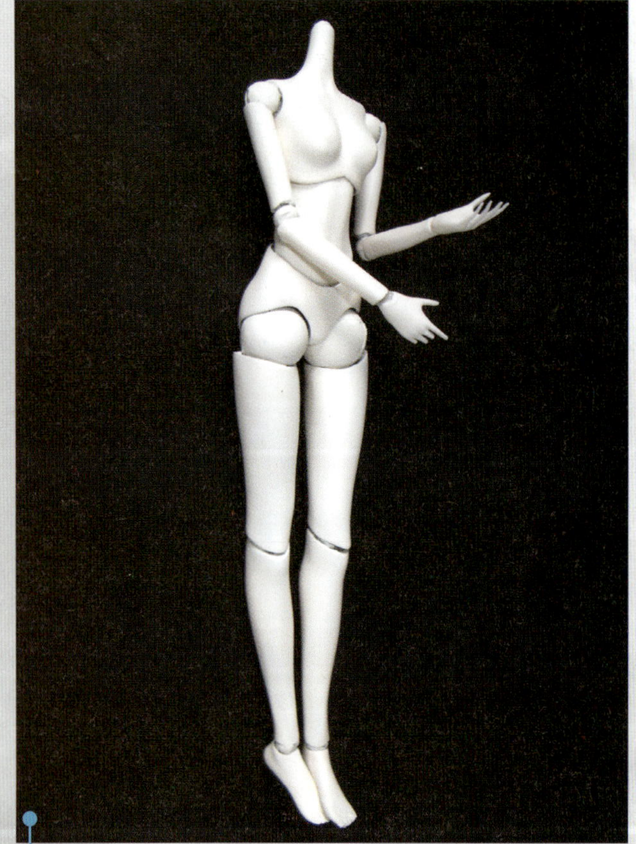

DLP 방식으로 제작된 구체관절인형, 대구디지털산업진흥원

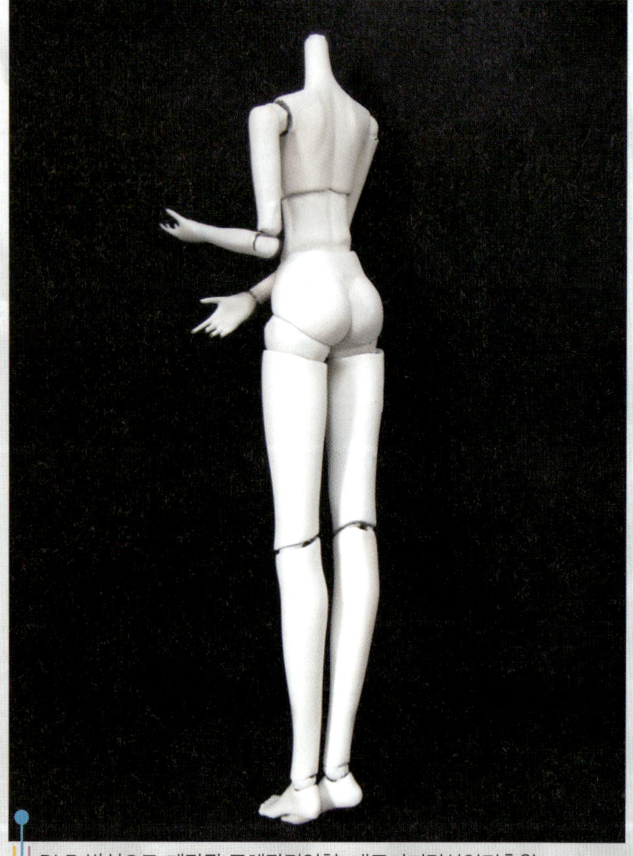

DLP 방식으로 제작된 구체관절인형, 대구디지털산업진흥원

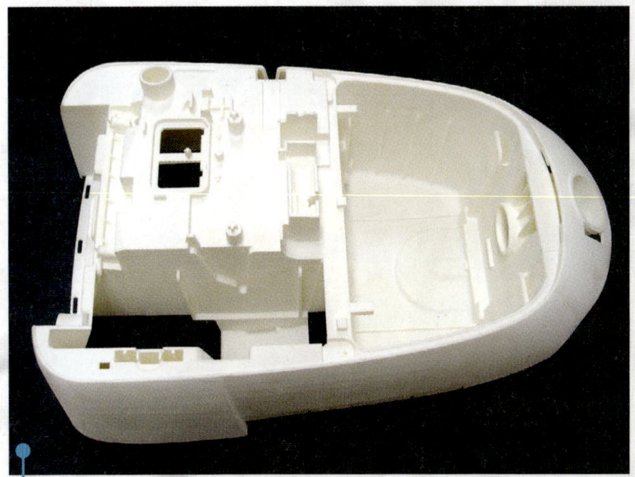

SLS 방식으로 제작된 청소기 외장, EOS

SLS 방식으로 제작된 자동차 브레이크 파트, 현대자동차

SLS 방식으로 제작된 숄더 백, FOC, Janne Kyttanen

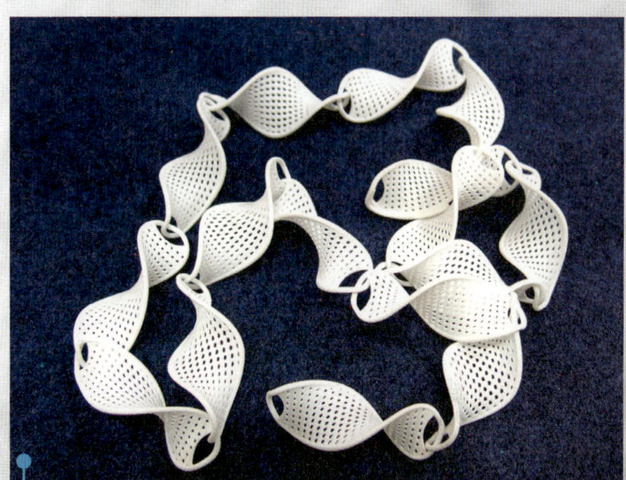

SLS 방식으로 제작된 목걸이, EOS

SLS 방식으로 제작된 쇼핑 카트, 독일 유로몰드

2009 디자인올림픽 전시 장면, 최성권, 백두산, 성백규

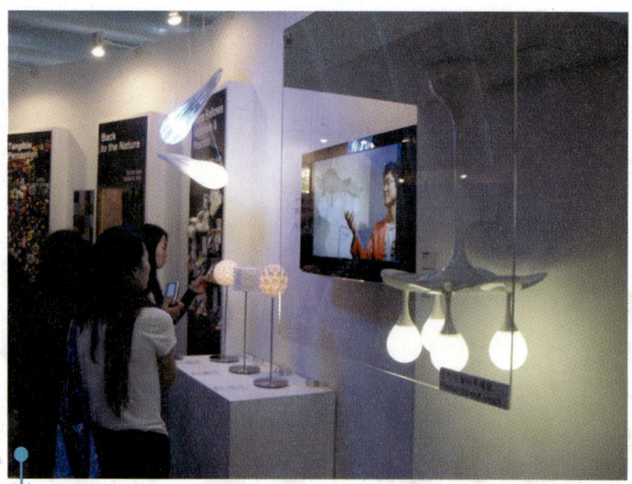

2009 디자인올림픽 전시 장면, 최성권, 백두산, 성백규

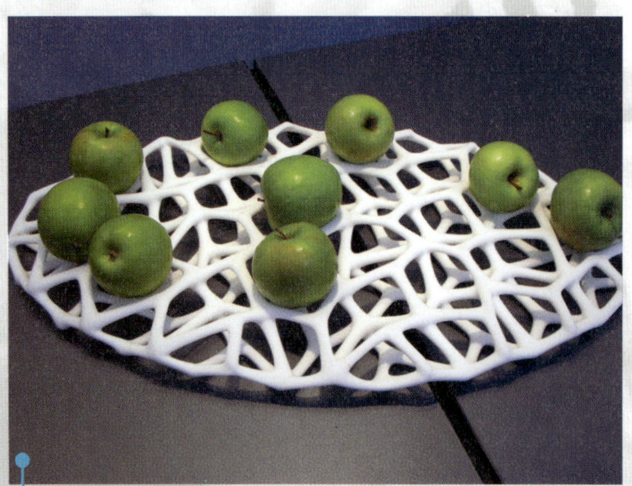

SLS 방식으로 제작된 과일 쟁반, 독일 유로몰드

2009 공예트렌드페어, COEX 전시 장면, 최성권

2007 벨기에 MGX 방문, QUIN 조명

2007 벨기에 MGX 방문 모습

SLA 제작 후 사출금형까지 진행된 작품, cause and effect, 서도호

SLS 방식으로 제작된 CUBE 조명, Jiri Evenhuis

SLA 제작 후 사출금형까지 진행된 작품,
cause and effect, 서도호

SLS 방식으로 제작된 복잡한 구조의 돼지 모형, 독일 FIT

CHAPTER 03

가루 상태의
재료를 이용한
신속조형시스템
소개   239

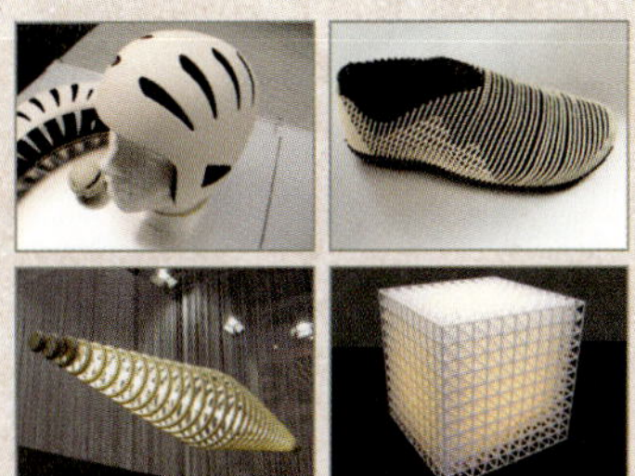

CHAPTER 04
고체 상태의 재료를 이용한 신속조형시스템 소개 321

CHAPTER 05

얇은판 / 시트 재료를 이용한 신속조형시스템 소개 391

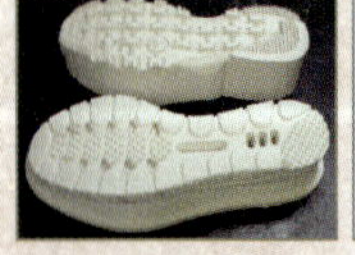

CHAPTER 06

산업디자이너의 신속조형기술 활용 413

CHAPTER 07

국내 신속조형기술 활용 사례 437

CHAPTER 08

국내외
신속조형장비
관련업체 및 기관
535

Rapid **Prototyping**

CHAPTER 01
신속조형기술의 개요

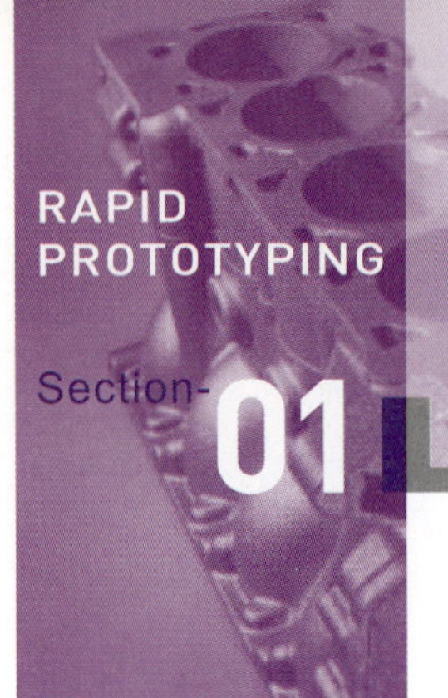

신속조형기술
(RP : Rapid Prototyping)이란 무엇인가?

신속조형기술이란? "컴퓨터 내에서 작업된 3차원 모델링 데이터를 직접 손으로 만질 수 있는 물리적인 형상으로 빠르게 제작하는 기술"로 정의할 수 있다. 즉 최초의 시작품(試作品, Prototype, Working Mock-up)을 빠르게 제작하는 기술이다.

조형공정상의 가장 큰 특징으로는 재료를 **한층 한층**(Layer by Layer) 순차적으로 적층하여 형상을 조형하는 **첨가가공**(Additive Manufacturing)의 범주에 있다는 것이다. 이는 소재자체를 공구에 의해 절삭하여 형상을 제작하는 **공제가공**(Subtractive Process)과는 반대의 의미를 가지고 있다. 조형능력면에서는 공제가공의 경우 공구간섭으로 제작 가능한 형상에 한계가 있지만, 첨가가공에 속하는 신속조형기술의 경우 모델링된 어떤 3D 형상도 제작이 가능하다.

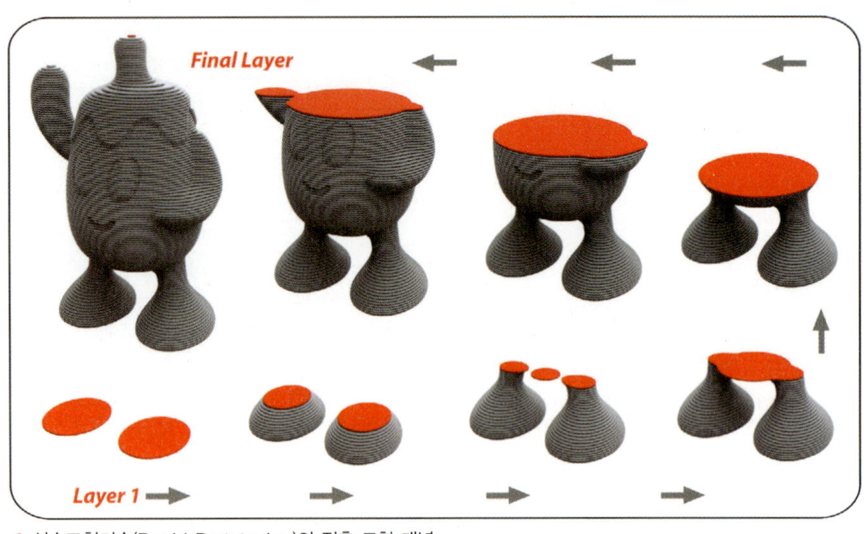

🔺 신속조형기술(Rapid Prototyping)의 적층 조형 개념

신속조형기술은 영문으로 "Rapid Prototyping" 혹은 약자로 "RP"라는 용어가 가장 보편적으로 사용되고 있다. 우리말로는 "**신속조형기술**" 또는 "**쾌속조형기술**"로 번역되어 사용되고 있다. 또한 이러한 일련의 장치나 장비들을 포함하여 "**신속조형장비**" 또는 "**신속조형시스템**"으로 부른다. 특히 신속조형시스템은 신속조형장비와 공정에 필요한 후처리 관련, 부대 시설을 모두 포함하는 개념이다. 이러한 신속조형장비 중에 장비의 크기가 작아 사무실이나 가정에 설치가능하며, 주로 저가인 장비군을 "**3D 프린터**"라고 칭한다. 현재 3D 프린터군은 가장 보편적인 **개인용 3D 프린터**(Desktop Personal 3D Printer)로 발전하고 있다.

신속조형기술에는 수지경화, 용착, 응고, 소결 등의 몇 가지 고형화 기술이 사용되며, 적층되는 재료로는 액체경화, 분말(금속, 석고, 플라스틱), 종이 및 PVC와 같은 플라스틱 시트(Sheet), 정밀주조가 가능한 왁스(Wax) 등 다양하다. 신속조형을 위한 데이터는 앞서 언급한 3D CAD 데이터 외에 의료용 CT, MRI 스캔 데이터와 산업용 3D Digitizing Scan으로 획득된 데이터를 포함한다.

신속조형기술의 특징과 관련 명칭

신속조형기술은 앞서 언급한 대로 한층 한층 재료를 적층하여 모델을 조형하기에 어떤 형상도 제작이 가능하다. 이것은 기존의 공구에 의해 재료를 가공하는 방법과 근본적으로 다르다. 공구로 재료를 가공하는 경우 공구간섭에 의해 제작물의 형상에도 한계가 생기게 된다. 보다 구체적인 신속조형기술의 특징을 요약하면 다음과 같다.

01 신속조형기술의 특징 요약

1) 신속조형기술은 기존의 방법에 비해 훨씬 짧은 기간과 비용, 대부분 24시간 이내에 시작품을 빠르게 제작해서 볼 수 있다.

2) 적층에 의하여 형상을 만들어 가기에 어떠한 형상도 제작이 가능하다. 다만 제작 크기에 제약이 있는 경우 따로따로 나누어 붙이거나 조립한다.

3) 신속조형기술을 활용하기 위해서는 3차원 솔리드 데이터와 이것을 STL 파일로 전환해 주어야 한다. 이렇게 STL 파일로 저장된 모델 데이터는 Polygon Mesh 구조이며, 각각의 장비에 전송되면 전용 소프트웨어들에 의해 지지대와 슬라이싱 단면 데이터로 변환되어 제작되는 공통적인 특징이 있다.

4) 신속조형기술은 컴퓨터로 모델링하고 컴퓨터로 제어되어 대부분의 공정이 자동화되어 있다.

5) 공구를 이용 재료를 직접 가공하는 것이 아니기에 공작물 고정장치(Fixture)와 같은 툴이 불필요하며, 소음이 적어 실내 공간에 다양한 설치가 가능하다.

6) 장비 사용에 있어 비숙련자나 일반인도 단 몇 시간이나 며칠이면 누구나 손쉽게 사용할 수 있다. 최소한의 인력 소요 및 무인 가동이 가능하다.

7) 하나의 CAD 데이터만 있으면 동시에 여러 개의 파트나 서로 다른 디자인 모델의 제작이 가능하며, 크기 또한 언제든 줄이거나 크게 조정하여 출력할 수 있다.

8) 공정 및 재료 제작 기술의 발달로 금속, 플라스틱, 고무, 종이, 왁스 등 다양한 출력물을 제작해 볼 수 있기에 기능적, 기술적, 심미적, 개념적인 형상 파악과 테스트가 가능하다.

02 신속조형기술을 의미하는 다양한 명칭

신속조형기술은 기술개발사나 장비 제조사에 따라 다양한 이름으로 불리기도 한다. 관련 유사 용어들이 대부분은 같은 맥락으로 이해하면 된다. 대표적으로 언급되는 용어들은 다음과 같다.

Additive Manufacturing, Additive Fabrication, Solid Freeform Fabrication(SFF), Solid Freeform Manufacturing(SFM), Desktop Manufacturing, Material Addition Manufacturing, Solid Imaging, Holoforming, Hyper Duplication, Fabbing에 이르기까지 다양하다.

신속조형기술의 필요성

신속조형기술(RP)의 필요성은 기업에게 개발기간의 단축, 금형 리스크(Risk) 최소화를 통한 경쟁력 확보가 가장 핵심적인 사항이다. 디자이너나 설계자에겐 3D모델링된 어떤 형상도 제작이 가능하게 만들어 주는 매우 강력하고 신속한 창작도구이다.

산업분야에서의 신속조형기술인 RP가 필요한 이유를 한마디로 요약하면 시간단축을 통한 생산성 향상과 이윤의 극대화이다. 소비자의 다양화는 그만큼 다양한 제품이 필요하다는 것이며 시기에 맞는 적절한 제품을 출하 하는 것이 기업의 경쟁력이 되었다. 과거의 소품종 대량생산에서 다품종 소량생산으로 제품 또한 소비자의 다양성만큼 다양화된 것이다. 이는 제품수명주기(Product Lifecycle)의 단축을 의미하기도 한다. 그만큼 빠른 납기가 필요한 시점이다. 여기에 추가적으로 제품의 형상 또한 과거와 달리 더욱 복잡해지고 있다.

이러한 급속한 산업환경변화로 인해 시간절약형기술인 신속조형기술은 그 가치가 커지고 있다. 또한 신속조형기술은 CAD, CAE, CAM 기술과 맞물려 있는 동시공학적(Concurrent Engineering) 접근에 필수적인 요소로 인식되고 있다.

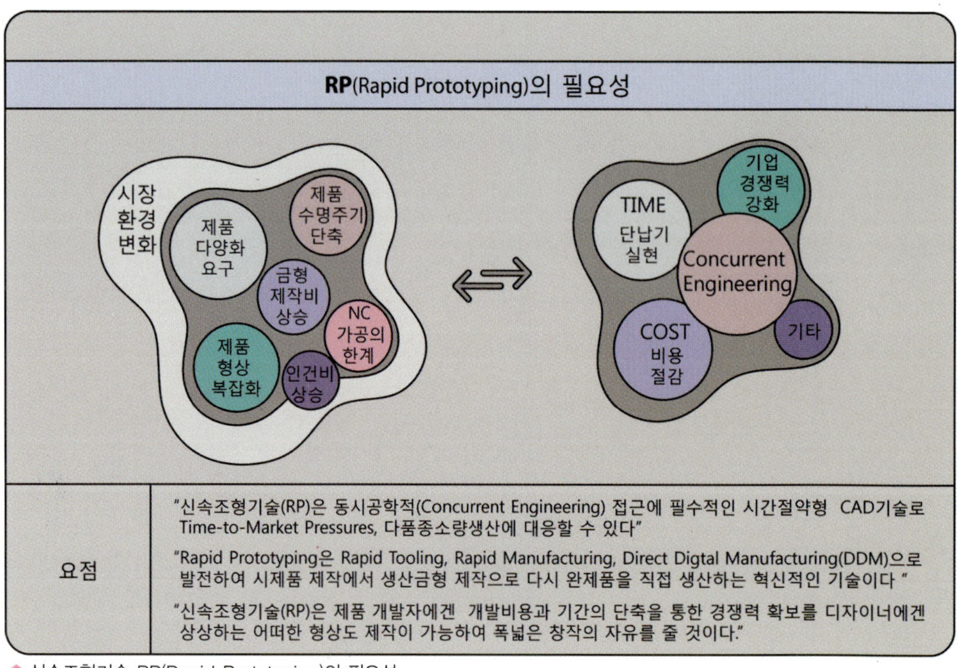

신속조형기술 RP(Rapid Prototyping)의 필요성

그렇다면 조형예술분야인 디자인분야는 어떠한가? 아마도 위에 언급한 산업적인 환경변화와 맥락을 같이 한다고 볼 수 있다. 다양한 디자인 소비자, 제품수명주기단축, 빠른 신제품 출시에 대한 것들이 디자인환경에도 그 필요성이 적용되는 공통된 내용들이다. 결국 이러한 필요성은 개인적인 취향이나 기호를 떠나 이제 산업적인 맥락으로 이해하는 것이 바람직하다.

다만 좀 더 세분화된 디자인영역으로 접근하면 누구보다 아이디어 현실화와 창의적 작업을 하는 디자이너들에게 신속조형기술의 필요성은 그 어느 때보다 크다고 볼 수 있다. 빠른 시간에 정확한 디자인 목업(Mock-up)이나 형상을 제작, 확인해 볼 수 있기 때문이다. 물론 복제품을 동시에 여러 개를 만들어 기능성 테스트도 가능하다.

앨빈 토플러는 그의 저서 *부의 미래에서 RP의 필요성에 대해 "상상하는 아니 상상하지 못했던 그 무엇이든 만들 수 있다"는 인용을 통해 강력한 창의적 도구임을 말하고 있다. 또한 RP는 디자이너의 아이디어를 그 어떤 장비보다 빠르고 정확하게 실물로 현실화시켜 주기 때문에 필요성엔 당위성이 있다.

출처 : 부의 미래 〉 Alvin Toffler, Revolutionary Wealth, page 280, 2006.

여기에 Matt Mason의 저서 "The Pirate's Dillema" (2009 비즈니스 위크 선정도서)에서 "3D 프린터는 그리 멀지 않은 미래에 세계 곳곳의 가정과 사무실에서 환영받는 기기가 될 수 있을 것이며, 생산자와 소비자의 경계는 더 이상 남아있지 않을 것이다"라고 말해 미래의 전망과 현실적인 필요성을 간접적으로 제시하고 있다. 이를 입증하는 한 예가 필자가 방문한 유럽의 벨기에 Materialise사의 MGX, 네덜란드 FOC(Freedom of Creation)와 같은 신속조형기술과 관련된 디자인 전문회사들이다. 이들의 컬렉션들은 모두 RP와 RM(Rapid Manufacturing) 기술로만 디자인, 생산된 제품들이다. 그만큼 신속조형기술의 시대적인 필요성은 재론의 여지가 없다.

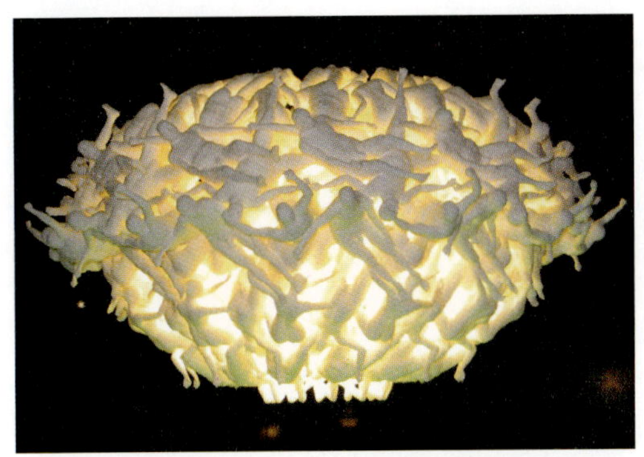

조명 〉 THE FALL OF THE DAMNED.MGX, Laser Sintering, Polyamide, Ruc Merx, 2006.

조명 〉 QUIN.MGX, Laser Sintering, Polyamide, Batsheba Grossman, 2006.

과반 〉 MACEDONIA, FOC, Laser Sintering, Polyamide, Janne Kyttanen. 2007.

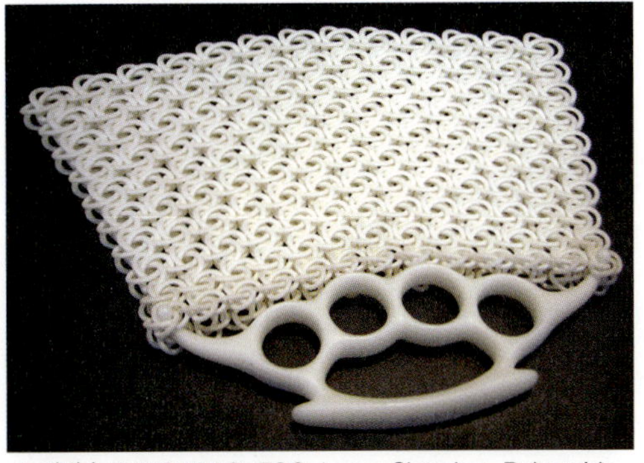

과반 〉 PUNCHBAG, FOC, Laser Sintering, Polyamide, Janne Kyttanen. 2005.

신속조형기술의 역사적 배경

RP기술의 시작은 크게 지형학(Topography)과 광조각(Photosculpture)이라는 두
가지 역사적인 줄기로부터 시작된다고 볼 수 있다.

TOPOGRAPHY

1890	Blanther patent filed
1937	Perera patent filed
1962	Zang patent filed
1971	Gaskin patent filed
1972	Matsubara patent filed
1974	DiMatteo patent filed
1979	Nakagawa laminated fabrication of tools

PHOTOSCULPTURE

1860	Willeme photosculpture
1902	Baese patent filed
1922	Monteah patent filed
1933	Morioka patent filed
1940	Morioka patent filed
1951	Munz patent filed

1968	Swainson patent filed
1972	Ciraud disclosure
1979	Housholder patent filed
1981	Kodama publication
1982	Herbert publication
1984	Marurani patent filed, Masters patent filed Andre patent filed, Hull patent filed
1985	Helisys founded, Denken venture started
1986	Pomerantz patent filed, Feygin patent filed Deckard patent filed, 3D founded, Light sculpting started
1987	Fudim patent filed, Arcella patent filed, Cubital founded DTM founded, Dupont Somos venture started
1988	1st shipment by 3D, CIMET founded, Stratasys founded
1989	Crump patent filed, Helinski patent filed, Marcus patent filed, Sachs patent filed, EOS founded, EPM founded
1990	Levent patent filed, Quadrax founded, DMEC founded
1991	Teijin Seiki venture started Fueckele & Schwarze founded, Soligen founded Meiko founded, Mitsui venture started
1992	Penn patent filed, Quadrax acquired by 3D Kira venture started
1994	Sanders Prototype started
1995	Aaroflex venture started

Joseph Beaman

적층 조형법의 역사(Joseph Beaman)

출처 : 적층 조형시스템, 3차원 카피 기술의 신전개, 정해도 편저, 성안당, 1996.

01

지형학(Topography)적 출발

지형학(Topography)적인 출발 선상에서 짚어 보면 1890년 초 J.E.Blanther(1892)는 3차원 입체 모형 지도를 만들기 위하여 왁스 평판에 등고선을 각인하고 잘라내어 한 장 한 장 적층, 계단 모양의 고저차를 갖는 등고선 모형을 만든 후 그것을 가지고 양각과 음각의 형틀로 제작하였다. 다음 그 사이에 미리 제작된 종이 지도를 넣어 압착하면 입체지도가 완성되는 개념이다. 비슷한 개념으로 1930년 말 Perera(1937)는 마분지를 잘라 적층 후 압착하여 3차원 모형지도를 만들게 된다.

그 후 1972년 일본의 Matsubara는 광경화성수지를 사용, Mitsubishi 자동차를 위한 주물 금형을 제작하게 된다. 1974년엔 DiMatteo에 의해 이와 같은 적층기술이 일반적인 절삭가공 공정으로는 제조가 어려운 형상, 예를 들어 프로펠러, 임펠러 등 제품을 만들 수 있다는 것을 알게 된다. 1979년 동경대 교수 Nakagawa는 사출금형 공구 생산을 위해 박판 적층 기술을 이용하게 된다.

02

광조각(Photosculpture)적 출발

광조각(Photosculpture)의 출반 선상에서 짚어 보면 19세기 광조각술(Photosculpture)은 인간 형상을 포함한 물체의 정확한 3차원 복제를 위해 시도되었다. 1860년 프랑스인 Francois Willieme에 의해 디자인된 사진조각술은 원형의 방에 놓아둔 물체를 24시 방향에서 각각의 카메라로 동시에 촬영하는 것이다. 이렇게 촬영된 각각의 사진은 원래 형상의 1/24씩 원통형 부분에 새겨진다. 1951년 Munz는 현재의 Stereolithograpy 기술과 흡사한 시스템을 발표한다. 그는 물체를 스캐닝한 단면으로부터 얻어지는 각각의 층에 있는 형상에 선택적으로 투명한 사진 감광액을 투사하는 방법을 제안했다. 이러한 층들은 아래로 내려가는 실린더의 피스톤에 의해 반복적으로 다시 적당한 양의 사진감광액이 추가되고 접착제에 의해 적층되어졌다. 연속된 투사와 접착에 의해 물체의 형상과 같은 결과물이 투명한 실린더에 생성되는 것이다. 이어서 수동으로 조각 또는 광화학 부식을 통해 최종적인 3차원 형상을 만들 수 있었다.

출처 : 쾌속조형기술 Rapid prototyping Technology, (주)시스웁엔지니어링. 2008.10

초기의 신속조형 시스템과 관련기술

현재의 신속조형시스템은 컴퓨터 개발, 제어기술의 향상, 레이저 기술의 발전과 로봇 시스템 관련기술까지 매우 광범위하고 복합적인 기반기술의 산물이다. 역사의 발전과 정을 통해 현재의 시스템을 보다 바르게 이해할 수 있다.

1968년, Swainson은 두 개의 레이저빔이 교차하는 지점에 감광폴리머의 선택적 3차원 중합반응을 이용하는 플라스틱 패턴을 직접 제작하는 공정을 제안하였다. 광화학 가공으로 불리는 이 공정의 기본 개념은 지금의 광경화 공정과 유사하다. 이러한 패턴은 광화학적으로 교차결합하거나 레이저빔 교차지점의 동시노출에 의해 형성된다. 실험실에서 모든 하드웨어 장비가 제작된 이 공정은 상업적으로 가능한 듯 했으나 이루어지지는 않았다.

1972년 Ciraud에 의해 레이저 표면 피복기술과 같은 분말공정이 제안되었다. 이 발표로 인해 최소한 부분적으로 녹일 수 있는 다양한 재료를 사용하여 제품을 만들기 위한 공정이 소개되었다. 이 공정에서는 작은 입자들이 주형 제작에 사용되었는데 이는 중력, 전자기 혹은 정전기 혹은 주형에 가까운 위치의 노즐에 의해 이루어졌다. 이러한 미립자들은 레이저, 전자빔, 플라스마 빔 등에 의해 가열되었다. 가열 결과 미립자들은 서로 소결되어 연속적으로 다음 층을 만들 수 있게 한다. 미립자들 사이의 결합강도를 증진시키기 위해 하나 이상의 레이저빔을 사용하였다.

1981년 일본 나고야시 산업연구소(Nagoya Perfect Research Institute)의 Hideo Kodama는 기능성 Photopolymer RP 시스템 보고서를 발표했다. 이 방법은 모델의 단면에 해당하는 부분을 빛에 노출시켜 한 층씩 파트를 쌓아 올리면서 솔리드 형상을 조형하는 것이다. 그는 이러한 조형을 위해 세 가지의 다른 방법을 연구했다. 1) 자외선의 투사 부분을 제어하기 위해 마스크를 사용했고 새로운 층을 형성하기 위해 모델 아래로 내려 수조 안의 액상광경화성수지가 새롭게 차오를 수 있게 하는 방법이다.
2) 마스크를 사용하지만 마스크와 빛을 수조의 아래 부분에 위치시켜 모델을 위로 올리면서 새로운 층을 조형하는 방법이다. 3) 한 층의 조형이 끝난 후, 모델을 아래로 내려 액상광경화성수지를 보충하지만 마스크를 사용하지 않고 새로운 층의 형성을 위해 X-Y 플로터와 광섬유를 사용하는 방법이다.

1982년 Minneapolis에 있는 3M Corporation의 A.Herbert가 Kodama의 이론과 흡사한 그러나 독립적인 시스템을 발표했다. 이 시스템은 자외선 레이저 빛을 X-Y 플로터에 장착된 거울을 사용하여 광경화성 수지에 직접 투사하는 방법을 채택했다. Herbert는 실험기술에서 레이저빔을 조정하기 위해 컴퓨터를 사용하였고 한 층의 조형이 끝난 후 광경화수지는 1mm씩 아래로 내려가 다음 층의 조형을 반복하였다. 하지만 이러한 신속조형기술의 맥락에는 다음과 같이 컴퓨터 및 레이저기술 등의 배경이 뒷받침되고 있었다.

시작 년도 Year of Inception	해당 기술 Technology
1770	Mechanization / 산업화에 따른 기계문명의 효시
1946	**First Computer** / 최초의 컴퓨터 개발
1952	First Numerical Control(NC) Machine Tool 최초의 수치제어 공작기계 개발
1960	**First commercial Laser** / 최초의 상업용 레이저 등장
1961	First commercial Robot / 최초의 상업용 로봇 개발
1963	First Interactive Graphics System (early version of Computer-Aided Design) 최초의 인터렉티브 그래픽 시스템 등장
1988	**First commercial Rapid Prototyping System** 최초의 상업용 RP 시스템 출시

프로토타이핑과 관련 기술의 발전역사 / Historical development of Rapid Prototyping and related technologies.

출처 : Rapid Prototyping, CHUA.C.K,LEONG K.F.AND LIM C.S. World Scientific.2003.

1946년 미국 펜실베이니아대학교에서 J.W.모클리와 P.에커트의 공동설계에 의하여 탄도계산(彈道計算) 용도의 *ENIAC이라는 최초의 전자식계산기(컴퓨터)가 개발되면서 연산의 자동화 시대로 접어든다. 하지만 에니악은 크기가 집채만 한 계산기로 보면 적당했다.

최초의 전자식 계산기(컴퓨터) ENIAC
*에니악(ENIAC, Electronic Numerical Integrator And Computer)

출처 : www.flickr.com/photos/businesshistory.

이어 1963년 최초의 상호작용이 가능한 컴퓨터 그래픽 시스템이 개발되었는데 이것은 최초의 CAD(Computer Aided Design) 시스템 시대를 여는 시발점이 되었다. 컴퓨터에 의한 이러한 연산의 시작은 오늘날과 같이 관련 소프트웨어와 하드웨어 기술의 발달로 이어졌고 우주선 설계나 시뮬레이션, 날씨나 태풍 진로예측이 가능한 슈퍼컴으로까지 발전하게 된다. 또한 이러한 컴퓨터는 공학용이나 기계, 금형 설계, 건축 설계 등 광범위하고 다양한 분야로 파급되었다. 이와 관련된 소프트웨어 또한 그 종류를 헤아릴 수 없을 만큼 다양해졌다.

또한 컴퓨터에 의한 CAD는 그 영역을 급속도로 확장해 컴퓨터를 이용한 생산인 CAM(Computer Aided Manufacturing)으로까지 발전하게 되었다. 이러한 CAD/CAM은 동시공학(Concurrent Engineering)적 개념을 확립하는 결정적인 역할을 한다. 동시공학적 생산을 위한 장비 또한 CAD/CAM과 같은 맥락으로 발전하는데 1952년 최초의 컴퓨터 제어로 금속을 가공하는 수치제어 NC(Numerical control machine)장비가 개발되어 보다 정밀한 부품과 기계제조가 가능케 되었다. 여기에 1960년 최초의 상업용 레이저(Laser)가 개발되면서 수치제어에 의한 기계적인 가공에 레이저라는 새로운 가공기술과의 결합으로 이어져 보다 정밀하고 빠른 금속 절단 및 용접 가공이 가능케 되었다. 하지만 이러한 수치제어장비들도 컴퓨터에 의한 복잡한 3차원 제품을 제작하는 데 형상구현의 한계점을 노출하게 된다.

이러한 한계점을 극복하고자 새로운 대안으로 제시된 것이 1988년 최초로 상용화된 오늘날의 RP(Rapid Prototyping)시스템이다. 이 시스템은 1984년 설립된 미국의 3D Systems사 Chuck Hull(Charles W. Hull; 1939년 출생)에 의하여 최초로 개발된 지금의 광경화성 SLA:Stereolithography 시스템이다. 참고로 RP제작 시 표준포맷인 STL 파일 포맷의 개발자이기도 하다.

참조 http://en.wikipedia.org/wiki/Chuck__Hull

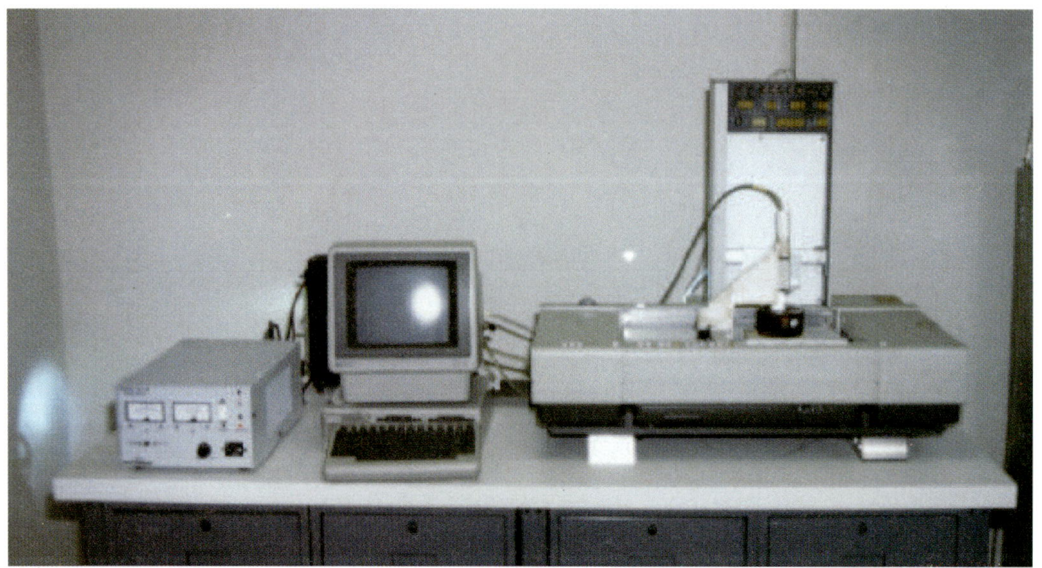

Chuck Hull이 개발한 최초의 Stereolithography 시스템

SLA(Stereolitography)나 SLS(Selected Laser Sintering), 일부 LOM(Laminating Object Manufacturing) 타입의 RP 머신의 경우 레이저는 필수적이기 때문이다. 결국 오늘날과 같은 다양한 RP시스템은 이러한 컴퓨터의 발전이나 레이저 기술이 없었다면 불가능했던 기술로 볼 수 있다. 이제 이러한 RP 시스템은 보다 발전된 수치제어(NC) 시스템과 함께 RT(Rapid Tooling), RM(Rapi Manufacturing)으로 기술과 신재료 개발이 급속히 발전하고 있다.

현재 RP 장비는 1987년 처음 개발되어 1988년을 기점으로 상업화가 본격화되면서 2008년 전세계 누적 판매수가 32,014대로 해가 갈수록 증가 추세에 있다. 주목할 만한 것은 2008년 3D 프린터의 약진이다. 향후 RP 장비가 데스크탑 3D 프린터의 형태로 대중화되리라 본다. 이를 뒷받침하는 것으로 2010년 5월부터 유럽지역에 미국 Stratasys의 Dimension 프린터군 중 하나인 uPrint가 세계 최대의 프린터, 컴퓨터 업체인 HP와 공동 판매를 시작했다는 것이다. 또한 앞서 언급한 대로 RP기술은 RM, DDM(Digital Direct Manufacturing)으로 발전하며 3D프린터의 대중화는 현실이 될 것으로 전망된다. 출처 : Wohlers Report 2009. Page 52. Terry Wohlers. 2009.

RP장비 출시 년도	RP장비 제조사
1988	미국 3D Systems 사 **SLA** 방식 최초의 상업용 RP 장비 출시
	일본 CMET 사 SLA 방식 RP 장비 출시
1991	미국 Stratasys 사 **FDM** 방식 RP 장비 출시
	미국 Helysis 사 **LOM** 방식 RP 장비 출시
	독일 EOS 사 **SLS** 방식 RP 장비 출시
1992	미국 DTM 사 SLS 방식 RP 장비 출시 (2001년>미국 3D Systems 사에 인수합병)
1994	미국 SOLIDSCAPE 사 **3DP** 방식 ModelMaker 데스크탑 3D 프린터 출시
1995	독일 EOS 사 SLS 방식 최초의 Direct Metal Sintering RP 장비 출시
1996	미국 Z-Corporation 사 분말기반 **Inkjet** 방식 3D 프린터 출시
2000	이스라엘 Objet Geometries 사 **PolyJet** 방식 3D 프린터 출시
2001	독일 Envisiontec 사 **DLP** 방식 Perfactory 3D 프린터 출시
2007	이스라엘 Objet Geometries사 **MultiJet** 방식 3D 프린터 출시 (서로 다른 물성의 재료를 동시에 조형하는 방식)
	미국 Stratasys 사 FDM 방식 FORTUS 900mc **DDM** RP 장비 출시
2008	미국 Z-Corporation 사 분말기반 Inkjet 방식 컬러 3D 프린터 제 3세대 ZPrinter 650출시
2009	독일 Envisiontec 사 **DLP** 방식 > Ultra 3D 프린터 출시 (2010년>미국 Z-Corporation 사 **DLP** 방식 > ZBuilder Ultra 명으로 판매)
2010	미국 HP사 미국 Stratasys 사와 협약 FDM 방식 개인용 데스크탑 3D 프린터 > **UPrinter** 유럽 판매시작

⛰ 상용 RP의 발전사. 1988~2010년까지의 RP 장비 추이

프로토타입(Prototype)의 발전 3단계

프로토타입(Prototype) 또는 모델제작(Model Making)은 과거 오랜 시대부터 전통적으로 사용되어져 왔다. 이러한 물리적인(Physical) 프로토타입의 목적은 디자인 개념 또는 의도를 보다 현실화, 구체화하기 위해서이다. 그러므로 프로토타입은 최종 양산품(실제품)을 만들기 전 반드시 수행하는 중요한 수단으로 필요하다. 프로토타입의 제작에는 뒤에서도 언급되지만 다양한 형상과 재료에 의해 구체화된다고 볼 수 있다. 프로토타입은 지난 20년간 3가지 단계를 통해서 나타났는데 그 맥락을 수학적 *형상모델링(Geometric modeling)과 프로토타이핑(Prototyping)과의 발전선상에서 정리해 보면 다음과 같다.

특히 주목할 부분은 세 번째 단계로 Rapid Prototyping은 물리적 프로토타입을 가장 빠른 시간 안에 가장 완벽하게 만들 수 있는 혁신적인 기술의 발전이라는 것이다. 이러한 RP 기술의 발명은 완성 모델을 위한 엄청난 시간 절감 효과 때문에 "중대한 변화의 사건"으로까지 평가된다. 즉 3D CAD의 가상 데이터를 손으로 만져 볼 수 있는 실체로 제작하는데 수 시간 또는 수십 시간이면 가능해졌기 때문이다. 또한 기존의 수치제어(NC-Numerical Control)로도 불가능했던 그 어떤 형상도 상상한 거의 모든 객체를 3D 실체로 만들어 준다. 결국 디자인과 제품 개발에서 가장 중요시되는 시간과의 경쟁에서 새로운 이정표가 된 셈이다.

*형상모델링(Geometric modeling) : 컴퓨터상에서 물체의 크기나 모양을 완전히 수학적으로 정의 표현하는 모델링 과정을 말함.

Year	Geometric Modeling (수학적형태모델추이)		Prototyping (모델제작방법추이)	
1960	2D Wirefram	1960년대 중반 소수의 직선 라인으로 이루어진 2D 드로잉	Manual Prototyping	전통적인 모델 제작 방법 숙련된 기술과 정교함이 요구됨, 상당한 제작 기간이 필요함
1970	3D Curve & 3D Surface Modeling	1970년대 중반 복잡성 증대로 3차원 커브와 3D면의 조합	Soft or Virtual Prototyping	컴퓨터상의 소프트웨어에 의한 가상 모델링으로 3D 모델러와 함께 결과물 제작을 위한 CNC나 기타 기술자가 필요함 단 프로세스는 복잡
1980	3D Solid Modeling	1980년대 초반 복잡성 증대와 3차원 솔리드 조합	Rapid Prototyping	CAD/CAM보편화로 컴퓨터로 제작한 어떠한 가상 모델도 실제 3D 실물로 제작 획기적으로 시간 절감, 프로세스 복잡

parallels between geometric modeling and prototyping

출처 : Rapid Prototyping, CHUA.C.K.LEONG K.F.AND LIM C.S. World Scientific.2003.

신속조형기술의 4가지 영역

RP(Rapid Prototyping)프로세스 전개를 위한 영역을 보면 크게 4가지로 구분할 수 있다. 핵심적인 영역으로 입력(Input), 방법(Method), 재료(Material), 적용(Application) 등이 그것이다.

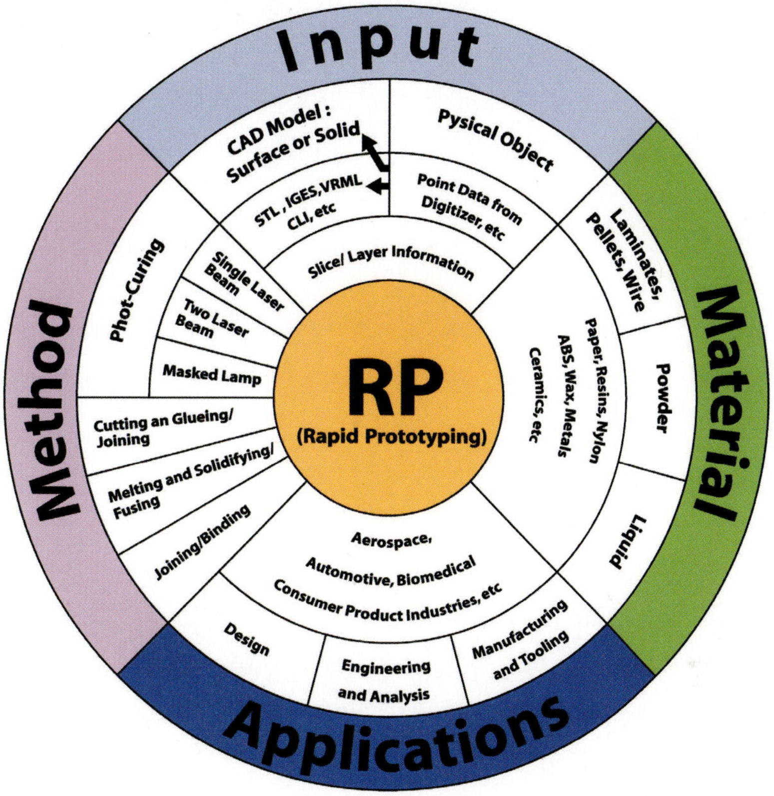

Rapid Prototyping의 4가지 영역 분류
Rapid Prototyping Wheel depicting the four major aspects of RP Development John M.Usher, Utpaa Roy, Hamid R. Parsaei. 1998, WILEY-INTERSCIENCE

01 입력(Input)

RP 제작을 위한 첫 번째 단계로 컴퓨터로 제작된 3차원 CAD 모델링 데이터가 필요하다. 이 데이터는 Polysurface(면과 면이 결합되어 닫힌 형태)나 Solid(안이 채워진 덩어리 상태) 모델의 구조를 가져야 하며 반드시 파일 포맷이 STL(Stereolithography) 변환에 의해 문제가 없는 완벽한 데이터여야 하는 기본 조건이 충족되어야 한다. 하지만 모델링을 직접하지 않고 역공학(Reverse Engineering)에 의해 물리적 모델(Physical model)을 직접 스캐닝하여 얻은 클라우드데에터(점 데이터)나 면 데이터를 별도의 변환 소프트웨어, 예를 들어 Magis RP와 같은 것으로 STL로 변환 가공하여 모델로 만들 수 있는 방법이 있다. 여기서 스캔 방법은 비접촉식 광학 레이저 방식이나 접촉식 디지타이저(Digitizer) 등 다양하다.

방법(Method)

RP데이터 입력이 준비되면 장비 선택을 위한 방법을 찾게 된다. 방법은 현재 장비를 공급하는 많은 회사의 시스템들을 검토하여 결정하게 된다. 대표적으로 광(자외선)경화방식, 레이저소결, 마스크노광, 커팅 및 접착 방식 중 선택하게 된다.

재료(Material)

입력된 3D 데이터를 3차원 실체로 만들기 위해서는 최종 결과물의 재료를 선정하게 된다. 이 때 재료는 고형체(Solid), 액체(Liquid), 분말(Powder), 적층시트(Laminates Sheet) 등이 있으며 고형체 재료는 작은 공(Pellet), 가는 선재(Wire), 판 또는 라미네이트시트(Laminates Sheet)의 형태로 공급된다. 재료의 물성에 따라 ABS 플라스틱, 수지(Resin), 종이(Paper), 나일론(Nylon), 왁스(Wax), 금속(Metal), 세라믹(Ceramic) 등 다양하다.

적용(Application)

RP 적용 분야는 3차원으로 모델링이 가능하거나 스캐닝 가능한 모든 객체를 디자인하거나 제조하는 데 적용된다. 크게 디자인 분야, 엔지니어링 분야, 제조 생산 분야에서 항공 우주, 자동차, 의료, 제품, 주얼리 디자인 분야 등 광범위하다.

후처리와 후가공

4가지 영역에 추가할 수 있는 것은 OutPut 결과물의 품질을 결정하는 후처리와 후가공 부분이다. 특히 앞으로 전개될 RM(Rapid Manufacturing)과 DDM(Digital Direct Manufacturing)의 발전은 이러한 마감 공정의 비중이 상대적으로 높아질 것으로 전망된다. 마감의 대표적 공정으로 코팅(Coating), 페인팅(Painting), 염색(Dyeing), 도금 등이 있다.

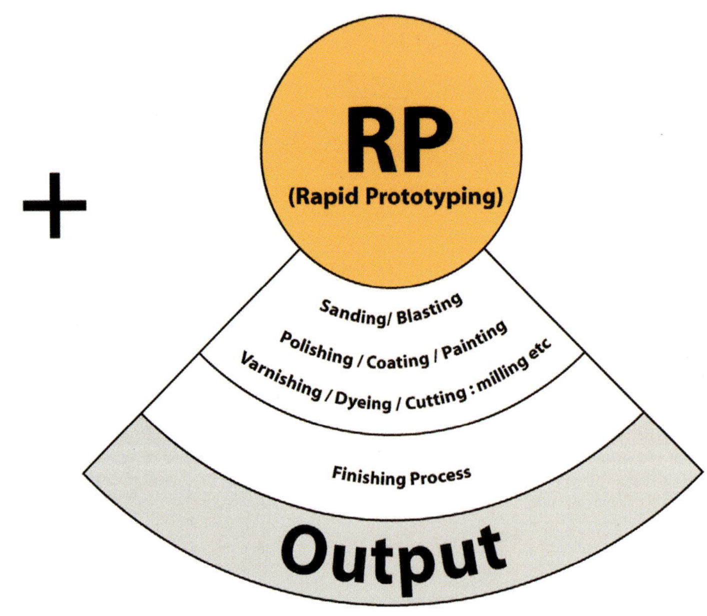

Rapid Prototyping의 영역 분류

일반적인 신속조형 프로세스 개념

거의 모든 RP 시스템들은 다음과 같은 공통적인 프로세스를 가지고 모델제작 공정이 이루어진다. 크게 보면 3단계로 프로세스가 진행되는데 1단계는 준비과정(Pre-operation), 2단계 모델제작과정(Model building), 3단계 후속작업(Post-operation)으로 나누어 볼 수 있다.

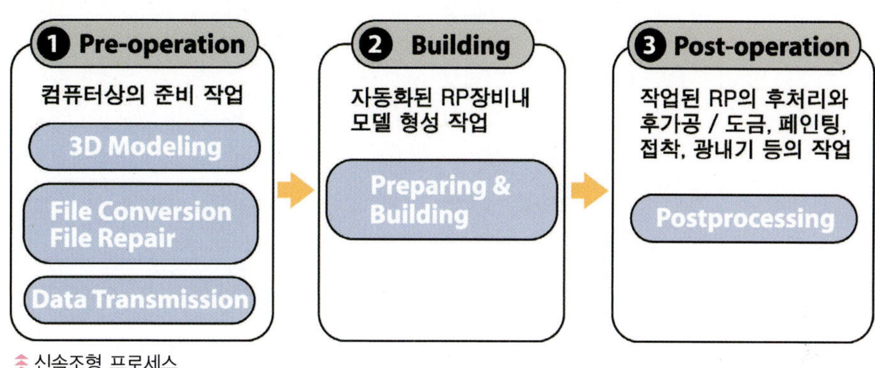

⚑ 신속조형 프로세스

01 준비 작업(Pre-operation)

RP 제작을 위한 가장 우선적인 준비작업은 주로 컴퓨터 내에서 이루어지는 3D Modeling과 생성된 데이터의 변환(File Conversion)과 결함 수리(File Repair) 및 최종 데이터의 전송(Data Transmisssion)까지를 포함한다. 즉 RP 모델을 제작하기 위해서 가장 우선되는 준비작업으로 기본적으로 모델제작을 위한 컴퓨터와 3D 소프트웨어가 필수적이다. 직접 소프트웨어를 이용한 모델링이 아닐 경우 스캐너를 활용하여 데이터를 얻을 수 있어야 한다. RP 모델링에서 가장 특징적인 데이터의 특징이라면 모델링된 객체가 면이나 선이 아닌 3D SOLID 객체여야 한다는 것이다. 또한 이러한 닫힌 객체들은 연결부위에 구멍이나 틈이 있어서는 제대로된 RP 제작이 불가능하다. 또한 만들어진 객체를 STL이라는 파일로 변환되어야 한다.

02 모델 제작(Model building)

RP 데이터를 전송받은 RP 장비는 잠시 동안의 자동화된 준비과정을 거쳐 모델 형성을 시작하게 된다. 이 때 장비별 공정에 따라 다양한 장비가 사용된다. 특히 모델 제작은 RP 장비 내에서 자동으로 진행되며 그 결과는 밖에서만 확인이 가능하다.

03 후속 작업(Post-operation)

RP 장비 내에서 모든 모델 조형이 끝난 최종 결과물은 장비별 RP 공정에 따라 어떤 것은 후지지대(Support)를 제거해 주어야 하거나 후경화(Post-Curing)가 필요하여 UV 오븐에서 경화과정을 거치는 등 기타 후속 작업이 필요하다. 물론 후속 작업이 불필요한 RP 장비들도 있다. 여기서 후속 작업에는 페인팅이나 도금 등의 후가공도 포함된다.

세분화된 신속조형 프로세스 개념

RP 프로세스를 단계별로 상세히 살펴보면 다음과 같다.

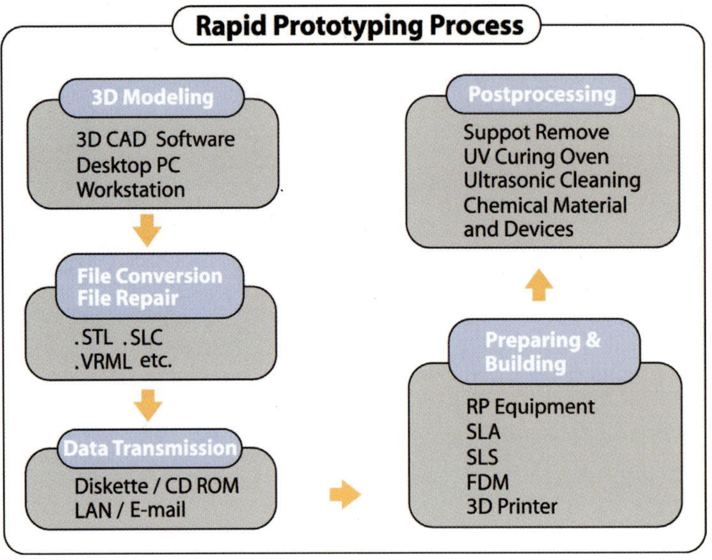

🔺 신속조형 프로세스 세분화

01

3D 모델링(3D Modeling)

RP 프로세스에서 가장 우선적으로 수행되는 3D 모델링은 디자이너가 의도한 형상을 컴퓨터 상에서 3차원 형상으로 만드는 과정으로 디자이너의 3D 모델링 능력이 가장 요구되는 부분이다. 그것은 디자이너의 3D 구현 능력에 따라 최종 결과물까지 영향을 주기 때문이다. 이러한 이유로 모델링 작업은 RP 프로세스 중 가장 중요하며 많은 시간이 소요되는 과정이기도 하다. 특히 신속조형작업을 위해서는 물건의 형상과 관계없이 반드시 두께가 있는 솔리드(SOLID) 모델링 데이터여야 한다.

🔺 3D Modeling Data 〉 SOLID 파일

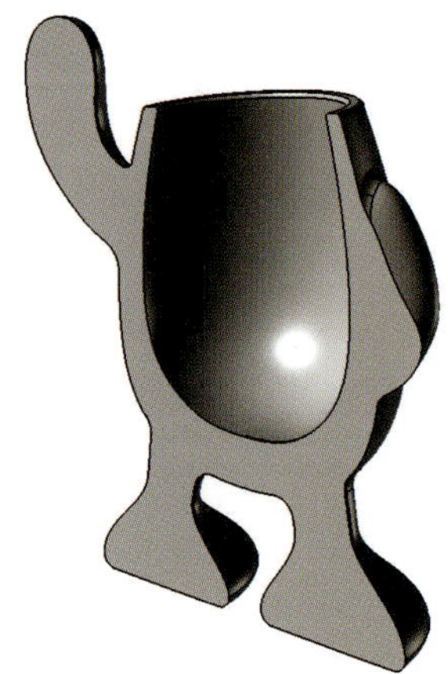

🔺 두께가 있는 SOLID 파일

3D 모델링을 위해서는 최대한 고성능의 PC나 워크스테이션 등의 하드웨어와 그래픽가속기가 요구된다. 여기에 RP 파일 제작이 가능한 3D 모델링 소프트웨어가 포함된다. 하지만 3D 모델링을 컴퓨터로 직접 하지 않고 실제 물건을 역공학(Reverse Engineering)으로 스캐닝할 경우 별도의 비접촉식 또는 접촉식 3D 스캐너가 요구된다.

RP 프로세스를 위한 3D 모델링에서 주의해야 할 점은 기존의 NC(Numeric Control) 프로그램과 다른 개념으로 모델링이 되어야 한다. 그것은 바로 RP 제작을 위한 3D 모델링은 반드시 닫힌 상태의 Solid 객체로 정의되어야 하기 때문이다. 예를 들어 면과 면이 복잡하게 결합된 3차원 형상(Poly Surface)을 가지고 있을 때 결합 부분에 구멍(Hole)이나 갈라진 틈(Naked Edge)이 있어서는 안 된다는 것이다. 또한 두께가 없는 단일 면(Single Surface)은 RP 제작이 불가능하다. 또한 3D 모델링에 서툰 디자이너들이나 RP를 처음 제작해 보는 미경험자들은 의욕만 앞서게 되어 모든 3D 모델링 데이터가 완벽하게 예상대로 나올 거라 기대하지만 RP 장비에 대한 경험 미숙은 예상치 못한 RP 결과물로 나타난다. 예를 들어 서로 조립 또는 체결이 요구되는 디자인의 경우 3D 모델링과 함께 변형, 즉 수축이나 팽창에 문제가 적은 재료를 사용하는 RP 프로세스를 적절히 선택해 주어야 한다는 것이다. 또한 이러한 수축과 팽창을 고려한 경험적인 3D 모델링 자체의 수정이 필요하게 됨을 인식할 필요가 있다. 결국 3D 모델링과 RP 프로세스의 합리적인 활용을 위해서는 디자이너들의 직·간접적인 RP 프로세스의 경험과 장·단점에 대한 이해가 요구된다고 볼 수 있다.

02 파일 변환(File Conversion)

RP 프로세스에서 반드시 거쳐야 하는 파일변환 단계는 3D 모델링 데이터의 크기에 따라 시간차이가 있지만 가장 손쉬우면서 가장 적은 시간이 소요되는 과정이다. 여기서 파일변환은 가장 보편적으로 쓰이는 STL(STereoLithograpy) 포맷으로의 파일 변환을 말한다. STL 포맷은 3D Systems 사의 Jacob(1996)에 의해 처음 만들어졌으며 STL 형식의 변환 데이터만이 RP 장비가 인식할 수 있기 때문이다. 또한 그림과 같이 Mesh값에 따라 표면 조도가 달라진다.

♨ Mesh 값에 따른 stl 파일의 표면 조도 변화

현재 모든 3D CAD 모델링 소프트웨어에서 STL 파일 포맷을 지원하기 위한 인터페이스를 제공한다. STL 파일 변환 시 두 가지의 포맷 중 선택 저장이 가능한데 Binary(2진수)와 ASCII이다. 바이너리형식은 아스키보다 적은 용량으로 저장되고 실제 RP 품질에 큰 영향을 주지 않기에 주로 사용된다. 다만 아스키로 STL 변환 시 바이너리에 비해 최소 4~5배 이상의 데이터량이 증가됨을 주의해야 한다.

이렇게 STL 파일로 변환된 3D 모델을 자세히 확대해 보면 작은 삼각형의 면과 면이 서로 유기적으로 결합(Polygon)되어 전체의 모델(Mesh)을 이루게 되는데, 이 삼각형 면들의 조합으로 이루어진 STL 3D 데이터는 초기 3D 모델링과 최대한 근사치로 변환된 3D 객체가 된다.

특히 3D 모델링상에 부드러운 라운드 Fillet 형상이나 둥그런 기둥(돌기)이 많은 경우 삼각패치 알고리즘상 곡률 표현을 위해 보다 작고 촘촘한 삼각면들의 결합구조를 만들게 된다. 이러한 곡률 형상이 무수히 반복될 경우 삼각형 구조가 증가 데이터의 증가로 이어진다. 이러한 관계로 대용량 STL 데이터를 취급하는 작업자의 경우 보다 좋은 성능의 컴퓨터가 필수적이다. 이러한 복잡한 파일변환은 컴퓨터 자체에서 이루어지기에 디자이너는 신경 쓸 필요가 없는 과정이다.

03 데이터 수리(Data Repair)와 전송

변환된 STL 데이터는 반드시 확인과정을 거쳐야 한다. STL 데이터는 삼각형(Facet)의 작은 면들에 의해 근사치로 모델이 변환되다보니 예상치 못했던 데이터의 결함이 발견될 수 있기 때문이다.

예를 들어 면과 면이 중첩되는 현상, 면이 갈라지거나 일부가 손상된 현상, 모델 면과 면의 결합부위에 미세한 틈, 곡률이 심한 부위에 일부 면의 연결 상태가 좋지 않거나 구멍이 생기는 경우가 대표적이다. 물론 초기 미숙한 3D 모델링을 통해서도 원인이 발생하기도 한다. 이러한 잘못된 STL을 수정을 위해 일반적으로 3D CAD 소프트웨어 패키지 자체에 STL Repair(수리)기능을 일부 가지고 있지만 그렇지 못할 경우 Magics RP, Solidview, RP workbanch 같은 다양한 STL 변환 및 수정 프로그램들을 사용하면 된다.

물론 소프트웨들은 자동수리 알고리즘도 포함하고 있어 효율을 높일 수 있다. 특히 이러한 소프트웨어들은 STL 데이터 오류를 찾거나 수리, 수정 외에도 지지대(Support Structures)를 설정, STL 모델의 추가, 모델의 위치 방향결정, 적층과 리코팅 특성치의 설정, 단면 형상 생성, 파트 제작을 위한 최적 면적 배열, 슬라이싱 등 공정을 제어하는 중요한 기능을 동시에 수행하게 된다. 이렇게 최종 변환 검증된 STL 데이터는 RP 장비와 연결된 LAN을 통하거나 별도의 매체(USB 스토리지, CD-ROM)로 전송된다.

모델 제작(Building)

슬라이싱(Slicing)된 STL 데이터에 의해 RP 장비 내에서 자동적으로 모델이 제작되는 단계로 선택한 RP 장비나 사용 재료, 모델 형상의 복잡성, 모델 크기, 요구 정밀도에 따라 수 시간 또는 수십 시간의 제작 시간이 소요될 수 있다. 앞서 설명대로 한층 한층의 레이어가 Z축으로 적층되어 형상이 제작된다. 특히 적층 레이어의 정밀도에 따라 최종 모델의 표면 조도는 상당한 차이를 보이게 된다. 다만 레이어가 정밀하면 제작시간이 그만큼 소요될 수 있다.

▲ 적층을 통한 모델 제작 개념

▲ 적층 완료 후 최종 RP 결과물

후속 작업(Post Processing)

RP 제작의 마지막 단계로 장비에서 나온 모델에 후처리 또는 후가공 과정을 포함한다. 후처리는 RP 파트의 세척과 RP 파트에 붙어 있는 지지대(Support)를 제거하거나 UV 오븐에 의해 미처 경화가 되지 못한 파트를 후경화시켜 주는 등의 작업을 말한다. 후가공은 RP 파트 자체에 별도의 공구를 이용해 구멍을 내는 것, 사포(Sand paper)를 이용해 면을 다듬는 것, RP 파트와 파트를 접착 하는 것, 도금을 하거나 페인팅을 하는 일련의 작업을 말한다. 이러한 후처리를 위해 각 장비업체들은 시스템화된 별도의 후처리 장비나 화학처리용품들도 함께 공급하고 있다. 이러한 후속 작업을 통해 또 다른 용도로 RP 모델을 활용할 수 있다.

NC와 RP의 차이점

컴퓨터로 모델링된 데이터를 가지고 3차원 실물로 제작하는 방식은 크게 NC와 RP로 구분된다. 역사와 기술적인 면에서 보면 NC는 컴퓨터 가공의 기본이자 현재 가장 광범위하게 사용되는 안정된 기술이다. 그와 비교해 RP는 그 역사가 상대적으로 짧아 대중성과 저변성에서 상대적으로 큰 차이를 보이지만 급속히 발전하는 RP 기술과 재료의 다양성은 향후 NC와 RP의 상호 보완적 관계를 더욱 공고히 할 것으로 기대된다. 그렇다면 흔히 디자이너들이 알고 있는 NC와 RP의 차이는 무엇인가에 대해 짚어볼 필요가 있다. 이는 NC기술과 함께 RP 공정을 실제 디자인 업무에 제대로 적용, 활용하기 위한 기본적인 이해이기 때문이다.

우선 NC(Numeric Control)와 RP(Rapid Prototyping)를 보면 컴퓨터를 활용하여 모델링된 데이터를 사용하거나 제어된다는 점은 공통점이다. 그렇다면 NC와 RP를 구분할 수 있는 가장 큰 차이를 살펴보자.

NC와 RP의 차이점 비교		
	NC(Numerical Control) 수치제어기술	**RP**(Rapid Prototyping) 신속조형기술
적용 기술	- 2D CAD 데이터 기준 - 황삭, 정삭 등 재료를 깎아서 형상을 제작	- 3D CAD, 3D SCAN 데이터 기준 - 재료를 한 층 한 층 적층하여 형상을 제작
사용 재료	- 엔지니어링 플라스틱 - 금속, 비철금속, 플라스틱, 유리, 목재 등 다양	- 방식에 따라 사용 재료 범위 한정 - 금속, 비철금속, 광경화성수지, 왁스(WAX), 종이, 고무 재질, 플라스틱 Sheet 등
형상 구현	- 공구 간섭시 특정 형상 가공 불가	- 모든 형상 구현 가능
치수 정밀도	- 치수 정밀도 우수	- 상대적 치수 정밀도 취약
표면 조도	- 표면 조도 우수	- 곡면부 계단형 단차 발생
작업 환경	- 공장형 넓은 공간 요구, 잔유물 및 위험요소 내재	- 사무실 환경하에서 설치 사용 가능
작업자 숙련도	- 교육 기간이 길고, 가공 조건에 숙련 기술 요함	- 교육 기간이 짧고, 누구나 손쉽게 사용 가능
기타	- 공작물고정장치(Fixture) 등의 공구 제작 필요	- 지지대(Support)제거 등 후속 작업 필요
특장점	- 제작 속도가 빠름(평면 가공시) - 정밀도 우수 - 전문 CAM운영 및 관리 필요/ 운영 경험 필요 - 사무실 환경에 부적합	- 어떠한 형상도 제작 가능 - 전문 운영 요원 불필요 - 동시에 다른 크기나 모양의 PART 제작 가능 - 3차원 Solid model data 필수 (.stl file)

⬆ NC(Numerical Control)와 RP(Rapid Prototyping)의 비교

01 ## NC(Numerical Control)란 무엇인가?

NC는 수치제어(數値制御)라는 뜻으로 풀이된다. 이는 디지털 수치로 된 명령을 통해 기계 또는 기계에 부착된 공구들을 제어하여, 원하는 모델을 정확하게 제작하는 기술이다. 즉 공작기계가 작동하는 방향, 위치, 속도, 힘을 컴퓨터의 수치로 제어하는 기술로 제어 한계에 따라 2축, 3축, 4축, 5축 등으로 불리며, NC 또는 CNC(Computer Numeric Control)라고 한다.

▲ 기계 가공용 드릴(Drill)

▲ 금속 가공용 커터(Cutter)

이러한 NC의 가장 큰 특징은 실제 금속이나 플라스틱, 목재, 왁스 등의 다양한 재료를 수치로 제어되는 공구에 의해 직접 절삭한다는 것이다. 제작물의 형상에 따라 다양한 공구들이 자동 교환되어 가공되기도 한다. 제작물의 제작 크기 면에서도 동전보다 작은 것에서부터 대형 선박, 항공기 등의 구성품까지 광범위하다. 이렇게 NC로 가공된 가공물은 표면 조도와 정확도가 매우 높아 대부분 최종 제품으로 사용되기도 한다.

▲ ABS 플라스틱 재료 가공 모습

▲ WAX 재료 반지 가공 모습

▲ 머시닝센터 5축에 의한 금속 가공 모습

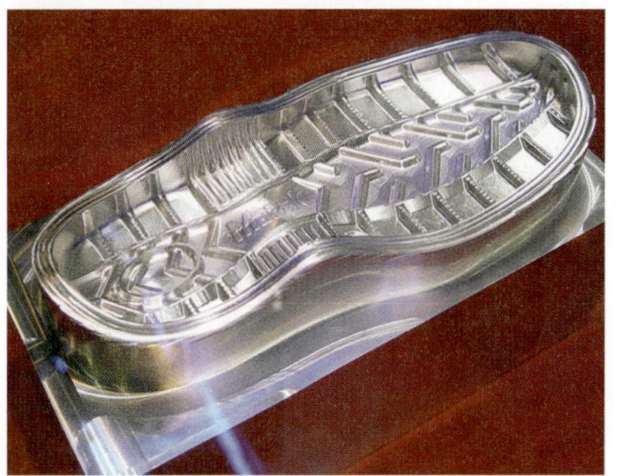

▲ 머시닝센터 가공 결과물

02

RP(Rapid Prototyping)란 무엇인가?

NC와 비교하여 RP의 가장 큰 특징이라면 컴퓨터로 모델링된 3차원의 어떤 형상도 가공이 가능하며, 재료를 직접 깎거나 구멍을 내기 위한 공구가 없이 3차원 모델을 재료 적층에 의해 만들 수 있다는 점이다. 물론 재료를 적층하는 방식은 RP 공정에 따라 차이는 있지만 기본 원리는 레이저 소결 또는 기본 재료 적층개념이다. 다만 사용재료의 종류면에서는 NC 가공 재료에 비해 한정적이며, 공정에 따른 호환 재료만 사용할 수 있다.

단일 모델 제작의 크기 면에서도 장비의 크기에 따라 크기가 한정적이며, NC와 비교 제작된 공작물의 표면 정밀도와 치수 정확도에도 제약이 있다. 하지만 중요한 것은 RP 기술은 NC가 할 수 없는 형상 제작이 가능하다는 것이다. 다음 그림들처럼 언더컷(Undercut) 형상, 조립된 작동 모델, 기하학적 수학 모델, 구속의 구, 컬러출력, 이방성 재료 동시 출력, 가공이 어려운 금속 내부의 냉각통로 등 무수히 많다. 이는 NC가 가진 공구간섭에 의한 제작 한계를 극복해 준다. 여기에 고도의 숙련자가 아니어도 RP(Rapid Prototyping)의 의미처럼 가장 빠른 시간 내에 물리적인 시작품(Prototype)을 손에 넣을 수 있게 해준다.

▲ 이음새가 없는 복잡한 수학모델 출력
　 Z-Corp 사 분말타입 컬러 출력 파트

▲ 조립된 상태의 컬러 출력
　 Z-Corp 사 분말타입 컬러 출력 파트

▲ 물성이 다른 이방성 재료 동시 출력
　 Objet Geometries 사 Connex500으로 출력된
　 이방성 재료 파트

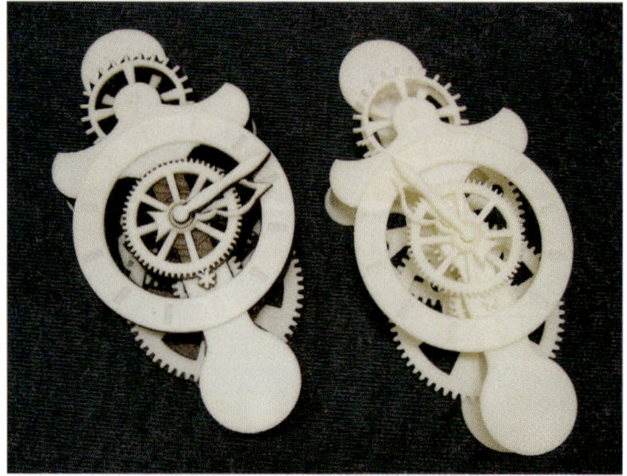

▲ 조립된 상태의 기능성 샘플 출력
　 Stratasys 사 FDM 장비로 출력된 기능성 파트

★ 복잡한 인체부위와 임플란트 금속파트 출력
Arcam 사 EBM S12 장비로 출력된 티타늄 파트

★ 정교한 금속 파트 출력
EOS 사 EOSINT-M270 장비로 출력된 파트

이는 초기 제작시간과 공정이 복잡한 NC로 시작품을 제작해야 하는 부담을 줄일 수 있다. 또한 위험 요소를 미리 검증하여 생산비를 최소화한다는 생산성도 가지고 있다. 전문가들은 향후 RP(Rapid Prototyping), RT(Rapid Tooling), RM(Rapid Manufacturing)의 신속조형기술 활용으로 생산 기술의 혁신을 가져올 것으로 예측하고 있다.

결국 위의 내용을 종합해 보면 NC와 RP중 어떤 기술이 우월하냐보다 서로 상호 보완적인 관계로 인식하고 합리적인 활용법을 모색하는 것이 바람직하다.

신속조형기술의 적용 및 활용분야

RP 적용과 활용의 경우 1988년 3D Systems에 의해 최초의 상용 제품이 출시된 이래로 약 20년에 가까운 역사를 가지면서 RP 공정 기술, RP 시스템 제조, 재료 종류와 물성의 향상 등을 바탕으로 오늘날 거의 전 산업분야에 걸쳐 광범위하게 적용, 활용되고 있다.

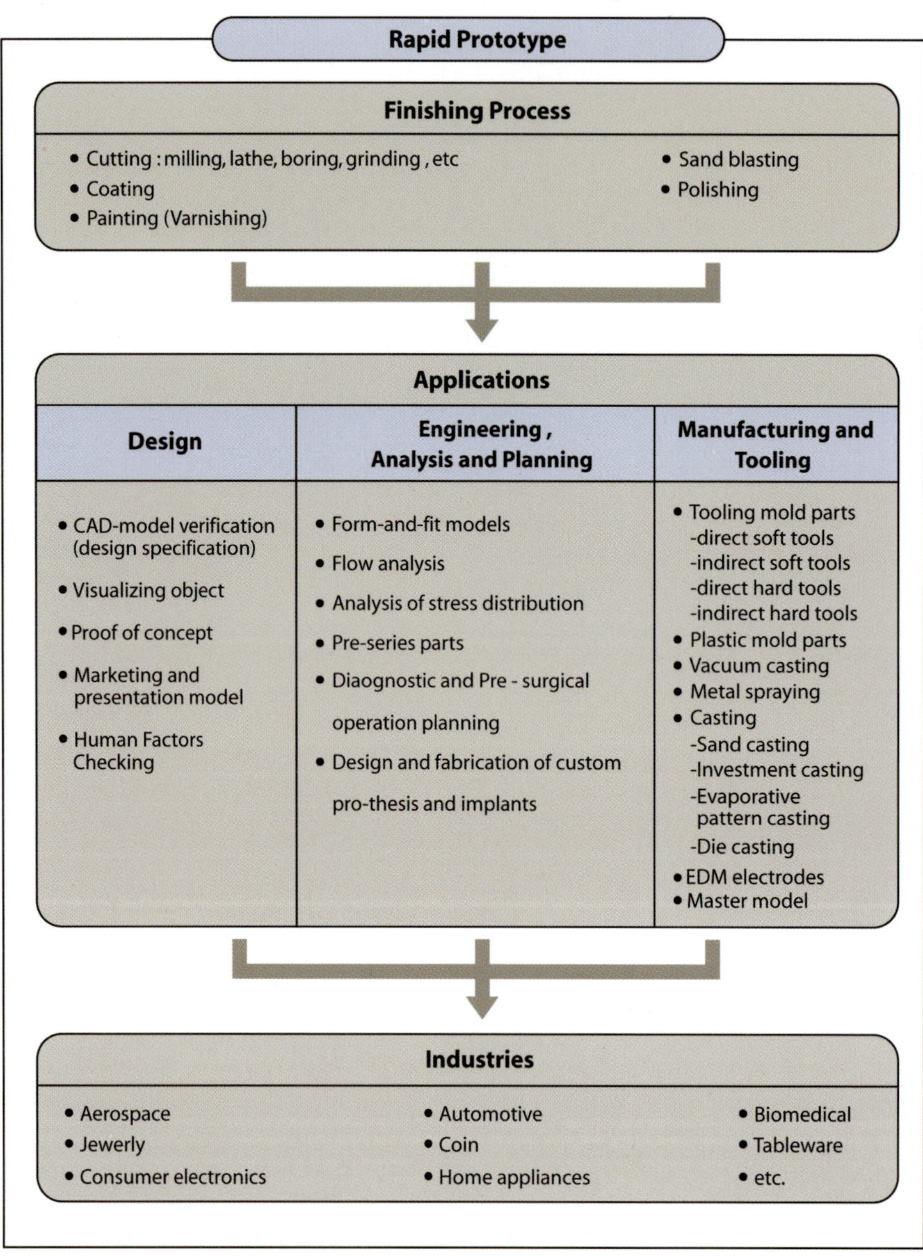

출처 : Typical application areas of RP parts : Integrated Product and Process Development, John M Usher, Utpal Roy, Hamid R. Parsaei, 1998, WILEY-INTERSCIENCE

매년 RP 보고서를 내는 미국의 Terry Wohlers는 Wohlers Report 2009에서 전 세계 기업의 RP 적용과 활용에 대한 통계를 보여 주고 있다. 전 세계 산업별 RP 기술의 가장 큰 RP공정 적용 분야는 "Consumer products and electronics"로 전체 23.5%, 자동차 분야 20.1%, 의료분야 13.4%, 교육기관 7.1% 순으로 보고 되고 있다. 이는 29개 시스템 제조사와 전 세계 65개 공급자에 대한 응답 조사 결과이다.

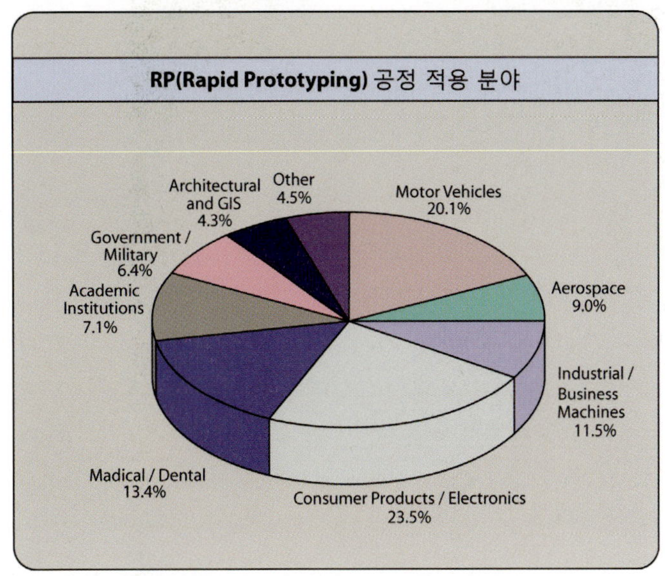

출처 : Wohlers Associates, Inc. 〉 Wohlers Report 2009. p26

이러한 산업분야에서 세분화된 RP의 활용이 가장 높은 곳은 단연 "기능 모델 Functional model"과 조립 및 구조적합성 분야 "Fit and assembly" 부분이 전체의 34.5%를 차지하며, 최근에 더욱 증가세를 보이는 tooling과 패턴 관련 분야가 전체의 11.1 %로 나타났다. 디자인과 관련이 큰 시각적 확인과 검사 분야 Visual application은 13.4%로 엔지니어, 디자이너, 건축가, 의료 전문가 등의 활용도가 매우 높음을 보여 주고 있다. 또한 제품 디자이너와도 관련 있는 인간공학연구(Ergonomics studies)에도 활용이 활발함을 보여 준다. 이러한 기업의 분야별 RP 활용은 전체적으로 볼 때 2003년 3.9%, 2004년 8.2%, 2005년 8.2%, 2006년 9.6%의 성장률을 보여주며 향후 보다 다양한 분야에 걸쳐 활용도가 다변화 될 것으로 예상된다.

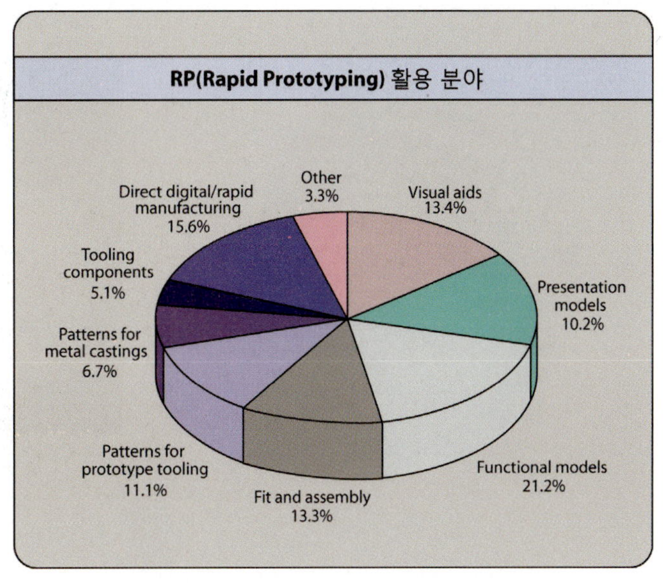

출처 : Source : Wohlers Associates, Inc. 〉 Wohlers Report 2009. p27

오늘날 이러한 RP의 활용 중 대표적인 활용 분야를 분류해 보면 엔지니어링과 생산 분야에 가장 큰 부분을 점유하고 있다. 신속조형기술의 주된 활용분야는 다음과 같다.

개념 모델링(Concept Modeling)

RP 기술의 활용은 초기 엔지니어들이 원하는 파트를 제한적이지만 직접 만들어보거나 최종 파트에 대한 가시적인 결과를 미리 검증해 보기 위한 개념 모델을 제작해 보는 것이었다. 본질적으로 모든 RP장비는 이러한 개념 모델 제작에 사용될 수 있다. 이러한 개념모델은 디자이너에게 있어서도 엔지니어와의 의사소통을 보다 효과적으로 할 수 있도록 해주며, 디자인에 대한 오류나 개선에 대한 문제를 발견하기 쉽도록 해주어 보다 정교한 디자인을 수행할 수 있도록 도움을 준다. 마케팅 분야에서도 개념 모델을 가지게 되면 미리 시작품 개념의 디자인에 대한 평가와 의견 수렴이 가능해져 전체적으로 볼 때 디자이너〉엔지니어〉마케터 간의 생산효율이 높아지는 결과를 가져다 준다. 개념모델은 대부분 덩어림 개념으로 제작되는 경우가 많다. 개념 모델의 제작은 RP공정으로 볼 때 재료의 차이만 있을 뿐 3D Printing, SLA, SLS, ROM 방식 등이 모두 가능하다.

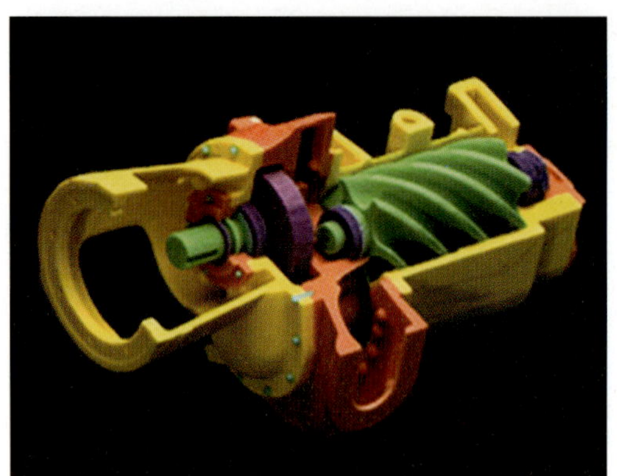

☆ 복잡한 부품의 결합 형태 개념모델
　 Corp 사 장비로 출력된 컬러 파트

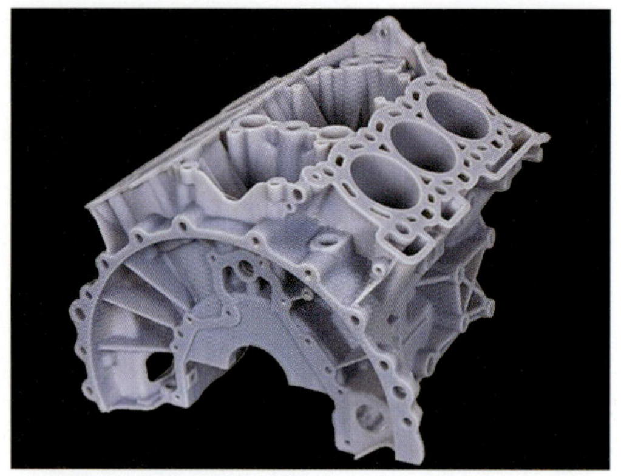

☆ 전체적인 형태 검증용 개념모델 〉 엔진 블럭
　 Objet Geometries 사 장비로 출력된 파트

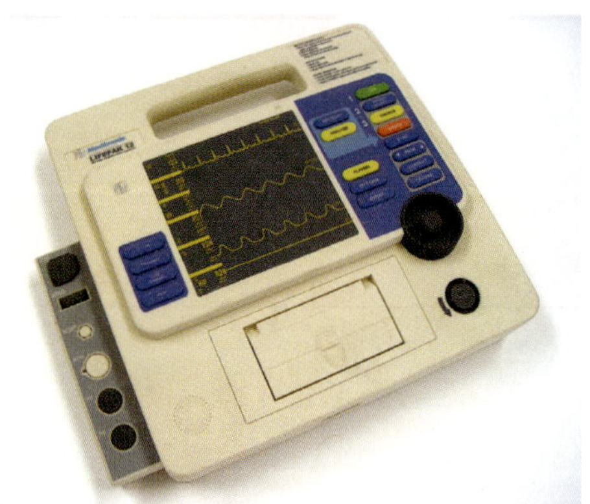

☆ 제품 디자인 형상확인용 개념 모델 〉 의료기기
　 Corp 사 장비로 출력된 컬러 파트

☆ 제품 디자인 형상확인용 개념 모델 〉 자동차 완구
　 Stratasys 사 FDM 장비로 출력된 ABS 파트

기능성 테스트(Functional Testing)

RP기술을 기능 테스트 즉 작동 모델(Working Model)에 활용하는 것은 이제 가장 많이 사용하는 분야 중의 하나가 되었다. 이러한 기능테스트 파트는 일시적, 한정적, 영구적인 기능 파트로 사용될 수 있다. 예를 들어 부품의 일부를 RP 파트로 대체하여 기능성 테스트를 하는 것을 말한다. 이것은 테스트를 위해 비싼 금형을 파거나 수작업의 프라스틱 모형이나, 금속 가공을 하거나 하는 등의 시간과 돈이 들어가는 것을 미연에 차단하여 생산성을 향상시킬 수 있다.

특히 작동되는 부품과 부품 간의 작동상태나 간섭, 조립성 조기 검증, 자동차 엔진 부품처럼 유체나 배기가스와 같은 흐름 상태를 미리 확인해 보기 위한 배기 매니폴드 제작 등 다양한 테스트가 가능해져 실제 금형 제작 시 문제될 수 있는 설계상의 오류를 미리 방지할 수 있다. 다만 이러한 기능성 테스트의 조건은 RP기술에 사용되는 재료에 내구성과 물리적 특성이 실제 재질과 어느 정도 비슷한 만족도를 줄 수 있는가에 따라 결정될 수밖에 없다. 기능 테스트를 위한 모델의 제작에는 보다 정교한 공정과 재료의 사용이 가능한 SLS, FDM, SLA 공정이 적합하다. FDM, SLS의 경우 가장 실제 플라스틱 재료와 유사하며 정밀도 또한 양호하다. FDM의 경우 강도가 매우 강한 플라스틱과 같은 파트 제작이 가능하나 표면이 SLS나 SLA에 비해 거칠다. SLA의 경우도 정밀도와 표면 조도에 있어 좋은 선택이지만 광조형된 수지의 물성이 실제 플라스틱과 같이 강한 강도를 만족시켜주지 못 할 수 있다.

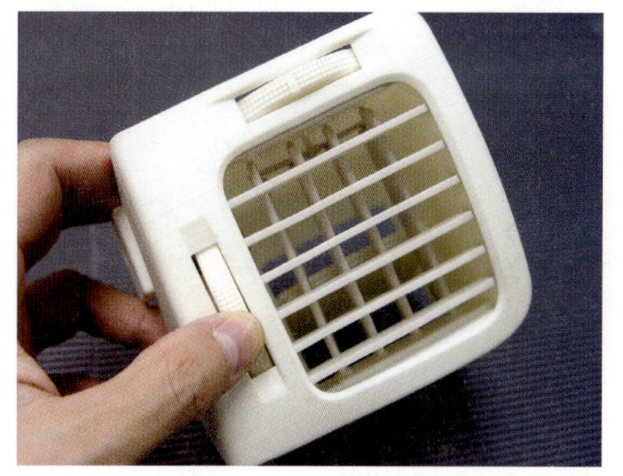

▲ 조립된 파트의 기능성 테스트 〉 자동차 에어컨 통기 조절기
EOS 사 EOSINT P 장비로 제작된 폴리아미드 재료 파트

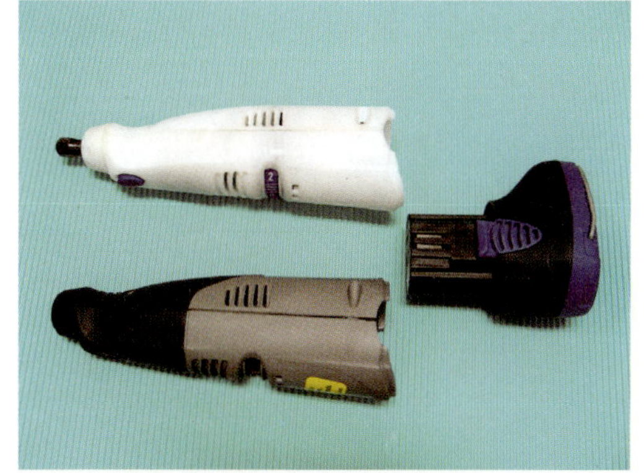
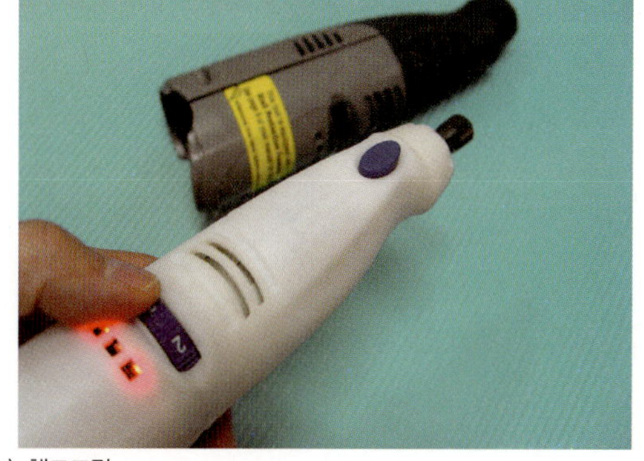

▲ 기성 제품에 일부분만을 변경 제작 실부품을 넣어 기능성 테스트 〉 핸드드릴
Stratasys 사 FDM으로 제작된 ABS 유사 재료 파트

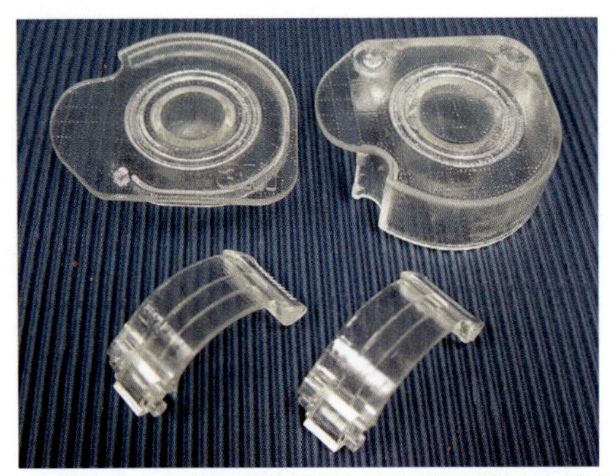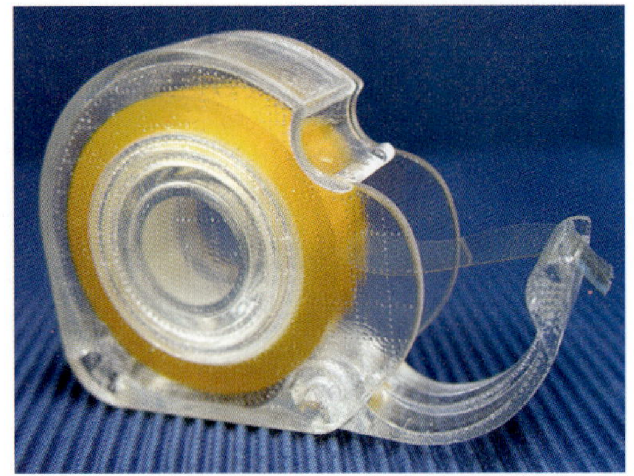

☂ 투명제품의 조립성과 실제 재료를 삽입 기능성 테스트 〉 테이프 디스펜서
CIMET 사 SLA 방식 RM6000II로 제작된 투명 조립파트

직접, 간접 금형 제작(Rapid Tooling) 분야

RP기술을 좀 더 확장하여 직접, 간접 금형 제작을 할 수 있다. 여기에는 다양한 방법이 있으며 재료와 방식에 따라 접근 방법이 차이가 있다. 한 예로 그중 가장 일반적인 금속 파트를 제작할 수 있는 공정은 SLS가 현재로선 가장 적합하다. SLS는 금속분말화합물에 레이저를 주사, 소결하여 메탈 파트를 만드는 것이다. 이는 플라스틱 물성정도의 RP파트 제작과는 완전히 다른 응용가능성을 내포하며, 사출용 주형틀을 바로 RP로 생산 주형틀에 실제 양산용 플라스틱 재료로 제품을 찍어 낼 수 있다는 것이다.

래피드 툴링 RT(Rapid Tooling)으로 중간 단계의 생산개념을 가지게 된다. 래피드 툴링(Rapid Tooling)은 신속시작기술이며 기존의 방법과 비교해 보다 빠른 시간 내에 완제품과 동일한 재료와 형상을 가진 성형물을 소량 또는 대령으로 복제, 제작해 내는 기술로 볼 수 있다. 여기서 툴(tool)이란 다이캐스팅, 인베스트먼트 캐스팅, 플라스틱 사출 금형 등에 사용되는 최종 단계의 성형 기구와 공정들을 의미한다.

이는 거꾸로 얘기하면 RT 기술분야는 RP, 즉 신속조형기술을 생산 가공 기술로 활용한다는 의미이다. 즉 단순한 조형에서 끝나지 않고 제품의 성형, 주형을 고려한 형틀의 제작에까지 그 응용범위를 확대함으로써 유망한 차세대 생산 가공 기술로서 주목을 받게 되었다고 보는것이 타당하다. 이는 향후 신속 생산 RM(Rapid Manufacturing) 분야의 가장 중요한 핵심 기반이 될 것으로 기대된다. 자세한 사항은 본서의 래피드 툴링 RT(Rapid Tooling)장을 참조한다.

1. 직접 사출용 간이 금형 제작

금속재료는 아니지만 RP를 이용 직접사출이 가능한 간이 코어와 케비티로 그림과 같이 소량의 실제품과 같은 재질로 복제 샘플을 만들 수 있다. 이는 실제 금형 제작 시 문제를 점검하거나 파트를 확인하는 매우 중요한 부분이 된다. 이러한 간이형의 빠른 제작은 생산성과 기업의 리스크를 줄이는 수단이 된다.

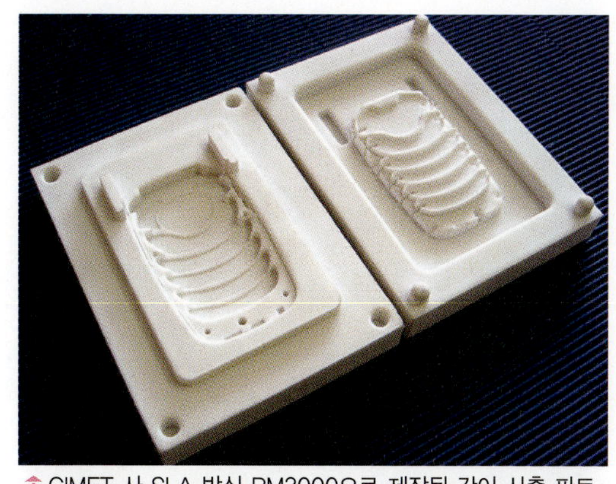
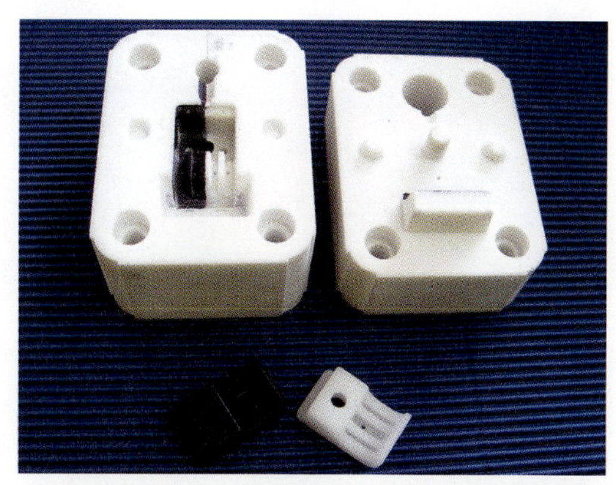

☚ CIMET 사 SLA 방식 RM3000으로 제작된 간이 사출 파트

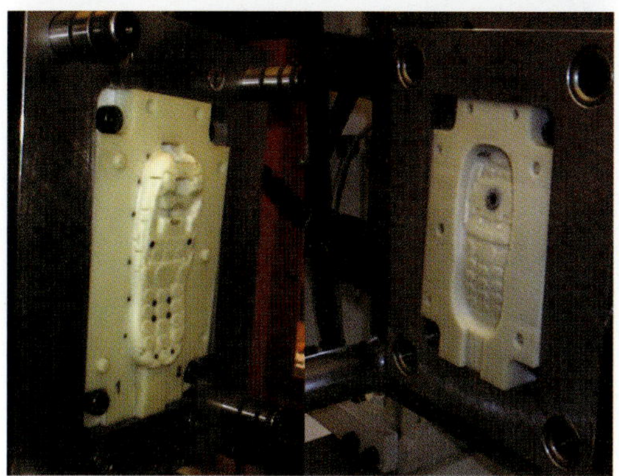
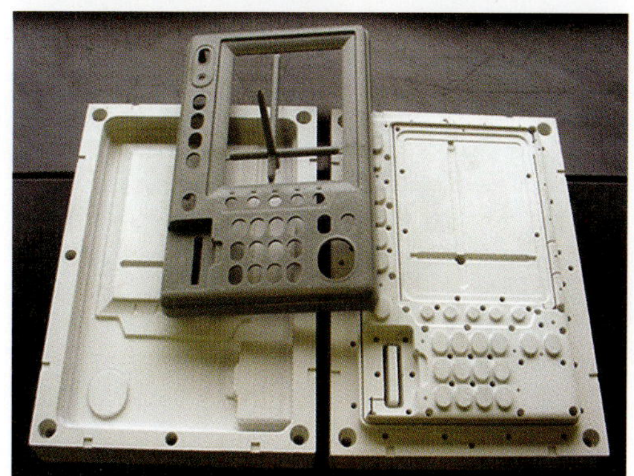

☚ CIMET 사 SLA 방식 RM3000으로 제작된 간이 캐비티와 코어 블록 〉 사출 결과물

2. 진공성형을 위한 마스터 원본 제작

진공성형은 RP원본을 성형틀로 하여 진공성형물을 직접 얻을 수 있다. 광경화성수지를 사용하는 SLA, 용융적층방식의 FDM, 선택적 레이저 소결 방식의 SLS, 시트 적층방식의 ROM, 3DP 등의 공정으로 만들어진 파트들이 대상이 된다.

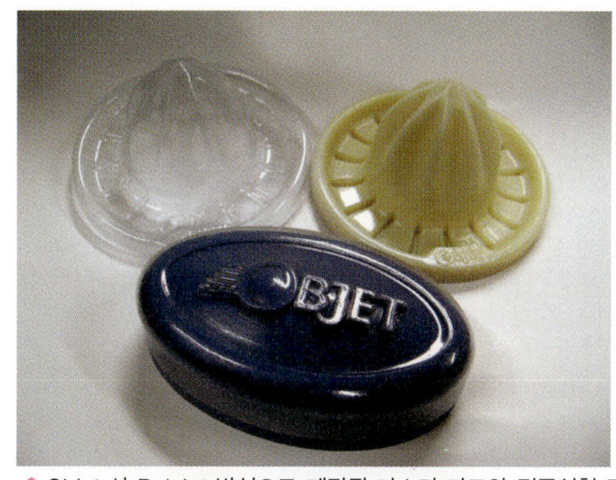
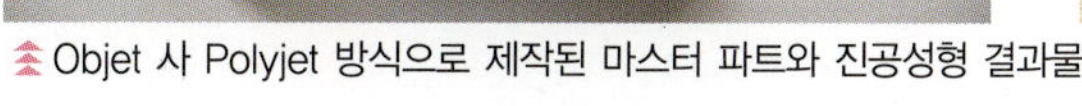

☚ Objet 사 Polyjet 방식으로 제작된 마스터 파트와 진공성형 결과물

3. 로스트 왁스(Lost Wax) 또는 인베스트먼트 캐스팅(Investment Casting)

주얼리 같이 작고 정밀한 제품의 경우 RP 원본을 고무나 실리콘 몰드를 위한 원형으로 사용해 원하는 주형과 주물을 대량으로 얻을 수 있다. 또한 석고에 왁스재료의 RP원본을 넣고 이것을 태워 그 공간에 원하는 금속을 부어 캐스팅하면 매우 정교한 반지나 정밀 파트를 제작할 수 있다.

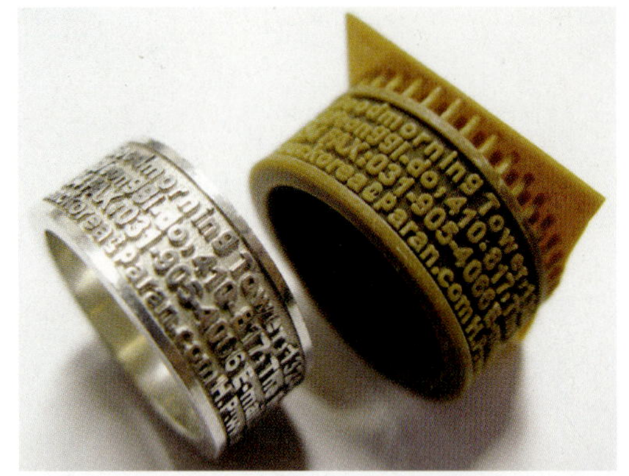

▲ Envisiontec 사 DLP 방식의 Perfactory 장비로 제작된 파트

▲ Solidscape 사의 3DP 방식으로 제작된 왁스 패턴

▲ Envisiontec 사 DLP 방식의 Perfactory 장비로 제작된 파트

▲ 정밀주형 결과물 〉 사용재료 : 은

4. 사출용 주형틀(Injection Molds)

제품 파트의 직접 생산을 위해 사출용 금형을 RP로 제작 소량 또는 대량 생산을 할 수 있다. 향후 가장 주목받는 생산 가공 기술 중의 하나가 될 것으로 기대되며, 현재 많은 재료들이 연구 개발되고 있다. 재료가 금속이기에 주로 레이저를 사용하는 SLS 방식과 전자빔(EBM)을 사용하는 방식이 대표적이다.

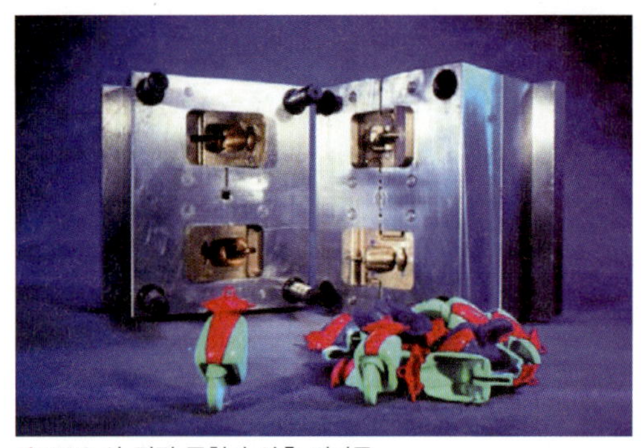

▲ EOS 사 직접 금형과 사출 결과물

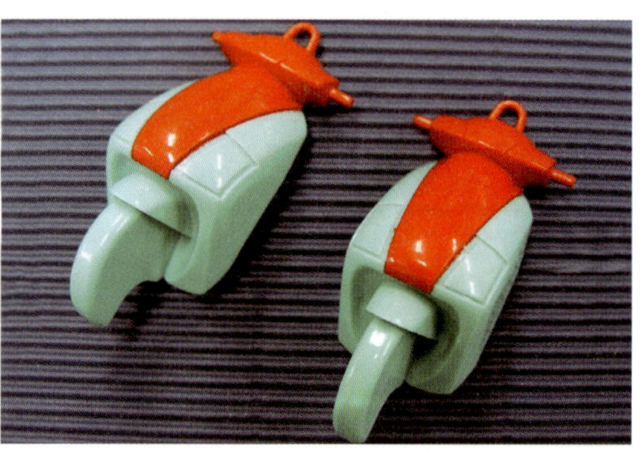

모래 재료 또는 석고재료로 주형을 직접 RP로 3차원 제작하여 주물을 얻는 방법이다. 과거에 상당시간이 소요된 주물을 빠르게 얻을 수 있다. EOS 사의 EOSINT-S(Sand), 3D Systems SLS, Z-Corp사의 Zcast, VoxelJet에 의한 작업이 그것이다.

≋ EOS 사 SLS 방식 EOSINT(Sand)로 제작된 주물과 주형

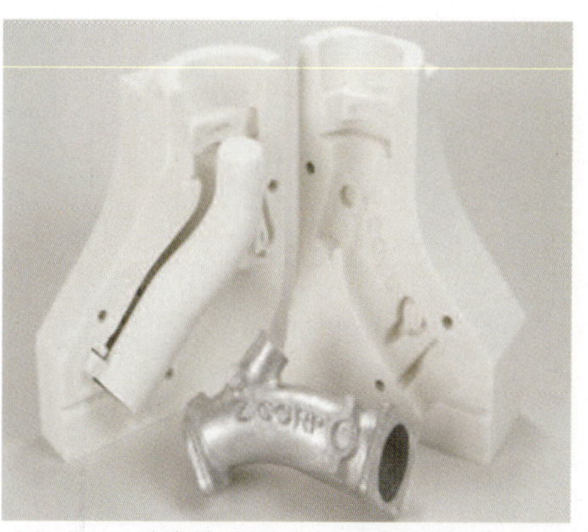

≋ Z-Corp. 사의 석고분말기반 3DP 로 제작된 ZCast 결과물

≋ 3D Systmes 사 SLS 방식으로 제작된 Sand 주형과 주물

응용 과학(Scientifi Applications) 분야

1. 문화인류학, 고고학(Anthropological models)

아주 오래된 유골이나 고고학적 검증을 위한 복원 등에 활용된다. 이러한 고고학적인 연구에는 발굴된 객체를 3D SCAN하여 디지털 분석을 하거나 복원, 보존 등에 적극적으로 사용된다. 국내의 경우도 문화재 복원과 문화 상품 개발에 활용되고 있다.

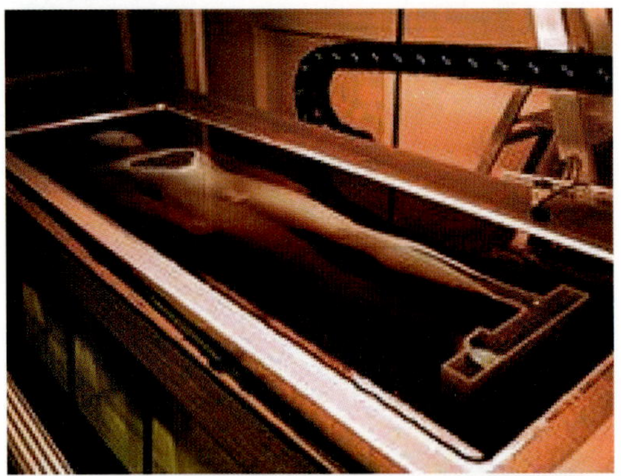

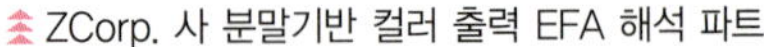
☀ MAMMOS RP 시스템 – SLA 파트 〉 Materialize Inc. NV

2. 시각적 해석(Visualization applications)

유채흐름, 각종 부품의 스트레스 분석, 응력 해석 등 3D 컬러 프린팅을 통해 시각적 검증이 가능하다.

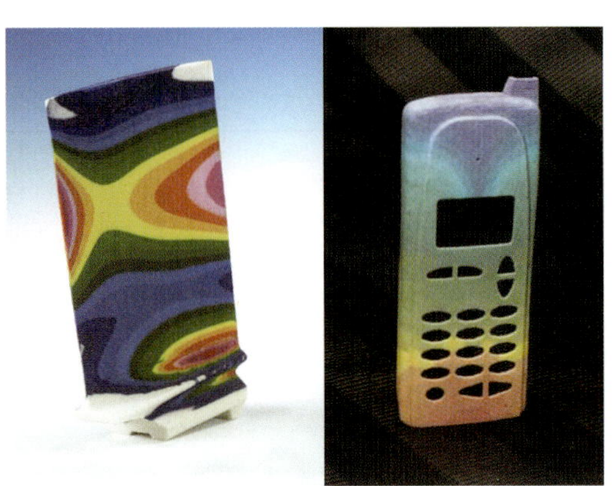

☀ ZCorp. 사 분말기반 컬러 출력 EFA 해석 파트

3. 분자모델(Molecular models)

화학이나 수학, 물리에 필수적인 분자 모델은 과학자에게 분자구조의 해석을 돕고 새로운 구조의 실험에 매우 유용하다.

의료분야, 치과 및 청각지원(Medicine, Dentistry, Hearing Aid) 산업 분야

RP기술의 활용 중 의료분야의 활용은 매우 활발한 편이다. 특히 생명을 다루는 수술계획을 수립하기 위해 RP 모델의 제작은 중요한 수단이다. 이를 통해 수술에 대한 사전 검토와 실수를 최소화하는 방법을 찾을 수 있다. 또한 인체 친화력이 좋은 티타늄 재료로 직접 복잡한 형상을 제작 뼈나 관절을 보강하거나 대체하여 사용된다. 이러한 인체 데이터는 CT나 MRI와 같은 3차원 촬영으로 얻어지며, 턱뼈나 두개골, 척추, 치아, 각 부위별 관절, 뼈 등이 모두 RP 모델 제작의 대상이 된다. 치과 산업에서는 사람마다 다른 치아의 임플란트나 브릿지, 크라운, 콘과 같은 제작에도 적극 활용되고 있다. 청각지원, 즉 히어링 에이드 산업분야에서도 마찬가지로 사람마다 다른 청각 기관을 스캐닝하여 보청기와 같은 인체 맞춤형 장치 개발에도 매우 효과적이다. 특히 이러한 임플란트 (Metal Implants-인체에 꽂아 넣는 금속 심)의 경우 손상된 인체부위를 복원하거나 기능을 이어갈 수 있도록 도와준다. 파트의 제작은 주로 인체에 직접 사용할 수 있는 티타늄 가공이 가능한 SLS 방식을 비롯, 덴탈 전용인 3D Systems 사의 Projet DP3000, 보청기와 같은 가벼운 플라스틱류는 Perfactory와 같은 DLP 방식, SLA 방식도 사용된다.

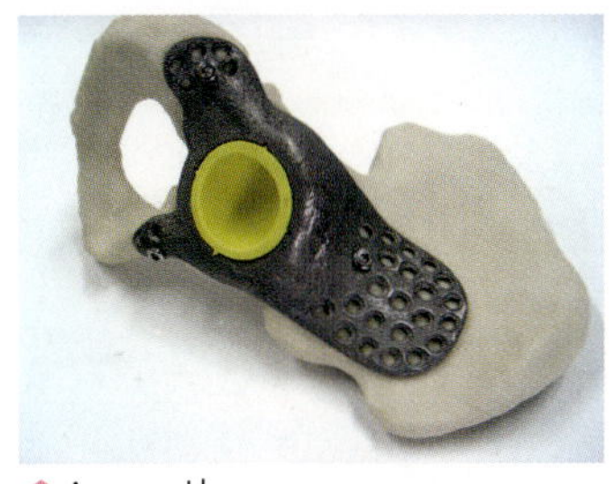

⬆ Arcam 사
EBM 티타늄 인플란트(골반뼈 보형물)

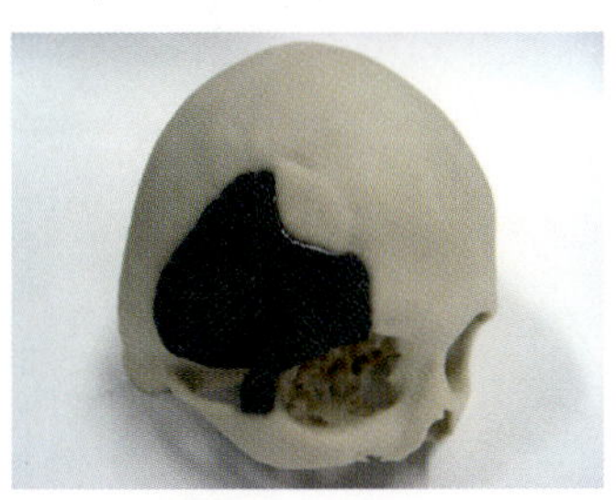

⬆ Arcam 사
EBM 티타늄 인플란트(두개골 보형물)

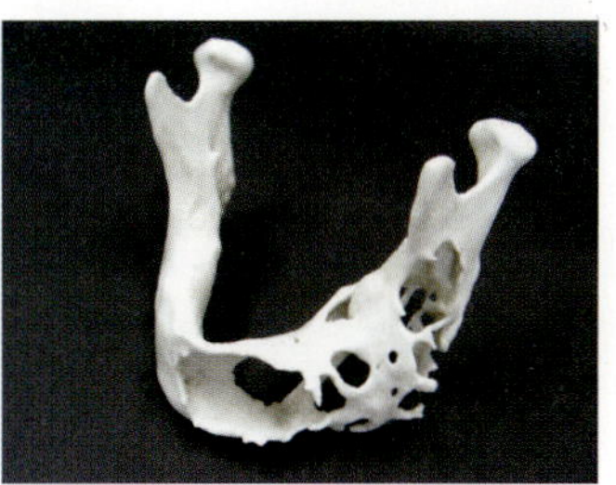

⬆ Z-Corp. 사
3DP로 제작된 턱뼈 파트

⬆ Envisiontec 사 DLP 방식 Ferfactory 장비로 출력된 보청기 케이스

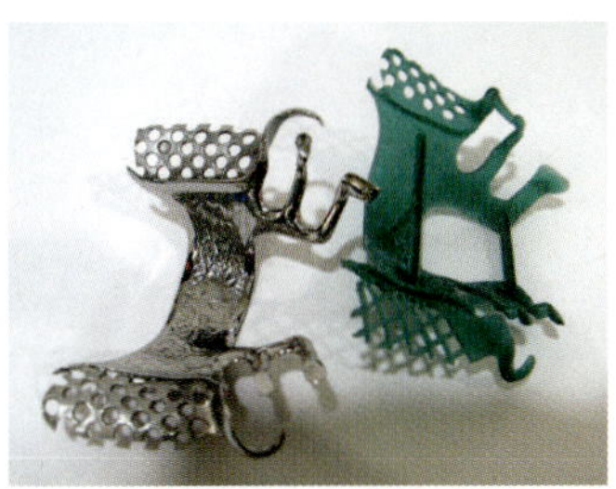

⬆ 3D Systems 사 Projet DP3000 출력파트, 자료제공 : 한국아카이브

예술, 건축, 공예, 산업디자인, 패션, 기타(Art, Architecture, Industrial Design, etc.) 분야

1. 조각 작품(Sculptual Objects)

RP 기술을 활용 디지털에 의한 3D 조각물을 만드는 것은 아티스트들에게 또 하나의 새로운 연구와 창의력을 표현할 수 있는 장이 된다. 손으로 도저히 제작이 불가능한 기하학적형상이나 수학적 모티브의 객체(Math Model)들은 좋은 예가 될 것이다. 이러한 작업은 SLA, 3DP, SLS, LOM, FDM 공정 등 거의 모든 RP 기술이 작가의 작품 특성에 따라 부분 또는 전부로 사용될 수 있다. 다만 RP장비가 만들어낼 수 있는 재료와 제작 크기의 한계가 극복된다면 보다 광범위한 활용이 가능하다. 또한 디지타이저나 3D SCAN으로 추출된 3D 데이터를 역공학(Reverse Engineering)을 이용 조각 분야에 활용할 수 있다. 현재 RP를 활용한 작품을 시도하는 것은 해외에서 매우 활발하게 진행되고 있으며, 국내 또한 몇몇 작가들이 작품세계를 만들어 가고 있다.

▲ Gyroid, Bathsheba Grossman, Metal Printing 작품

출처 〉 www.bathsheba.com

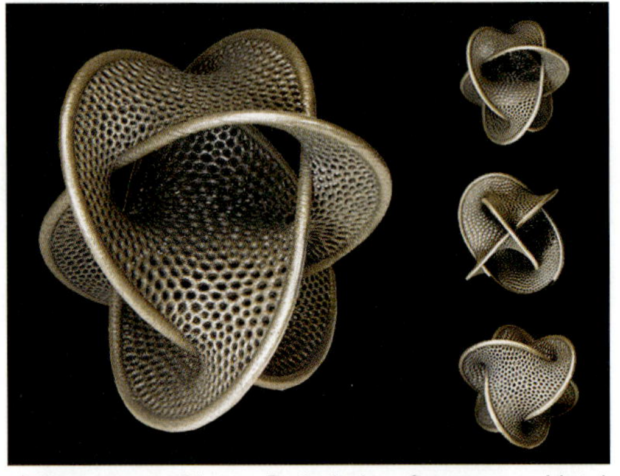

▲ Borromean Rings, Bathsheba Grossman, Metal Printing 작품

▲ WheelClawsTeeth, Elona Van Gent 작, 2009.10
사용기술 〉 LOM 방식 신속조형장비로 제작

출처 〉 http://un-tethered.net

▲ Heel Kick 02, Peter Jansen 작, Bronze, 8x13x15cm, 2007.

출처 〉 www.humanmotions.com

2. 도자기 모델(Ceramic Ware Model)

국내의 경우 도자기 분야에서의 신속조형기술 활용은 아직 활발한 편은 아니지만, 해외의 경우 RP를
활용한 다양한 연구와 산업용 도자기 생산 과정에 활용도를 점차 높여 가는 추세이다. 산업용 도자기
물의 제작 시 RP 원형을 가지고 암수의 석고 틀을 제작하여 활용하는 방법이 가장 널리 이용되고 있
다. 또한 기물의 형상과 디자인 품평을 위한 용도, 조형 기법 연구용으로 많이 사용되고 있다. 이는 디
지털 기술을 이용 새로운 창작물을 보다 정교하고 자유롭게 얻어내기 위한 방법이다. 도자기물의 특
성상 사용되는 RP 장비로는 석고와 거의 같은 성분의 재료를 사용하는 ZCorp.사의 분말기반 3DP 방
식이 대표적이다. 이 방식은 도자기물 표면에 패턴을 컬러 인쇄하여 도자기물에 전사지 패턴 디자인
의 느낌도 간접적으로 확인이 가능하다. 물론 형틀이나 형상확인을 위하여 FDM 방식도 활용된다.

▲ Stratasys 사 FDM 방식으로 제작된 파트

▲ ZCorp. 사 3DP 방식으로 제작된 모노 파트, CITYSCAPE.

▲ ZCorp. 사 분말타입 〉 3DP 방식으로 제작된 컬러 도자기와 접시 파트

3. 주얼리 모델(Jewelry Parts)

주얼리 분야에서의 RP 기술 활용은 산업적으로 안정화 단계이다. 과거의 수작업에서 이제 컴퓨
터로 모델링된 3D 데이터만 있다면 언제든 RP 원본을 제작할 수 있다. 주얼리 산업의 디지털화는
RP장비를 가장 적절하게 활용한 좋은 예이다. 특히 손으로 불가능하거나 복잡해서 시간이 많이
걸렸던 것이 이제 해결되어 종전에 보지 못했던 혁신적인 디자인들이 나오고 있다. 이러한 것을
가능케 한 것이 바로 신속조형기술, 즉 초정밀 표면조도를 가지는 RP장비의 등장이다. 현재 국내
외에서 가장 많이 활용되는 장비는 DLP 방식의 독일 Envisiontec 사의 Perfactory와 미국

Solidscape 사의 3DP 왁스 타입장비, 미국 3D Systems 사의 Projet 등의 장비군이다. 이 외에도 최근 이탈리아 디지털왁스시스템(DWS) 또한 수지타입으로 각각 고해상도 표현이 가능하여 선택의 폭이 넓어졌다. 현재 기술 수준은 직접 주조인 다이랙트 캐스팅이 가능한 수준의 RP 정밀도와 표면조도를 제공한다. 또한 주얼리 분야는 장비가 대체로 소형이기에 RP기술을 실질적인 생산에 바로 적용하기가 시스템적으로 용이하다.

Envisiontec 사 DLP 방식 Perfactory 제작 파트 〉 RP 원형과 주물 〉 자료제공 : SNC KOREA.

Envisiontec 사 DLP 방식 Perfactory 제작
최종 완성 제품 〉 김태식 작

Solidscape 사의 T66BT 제작 파트

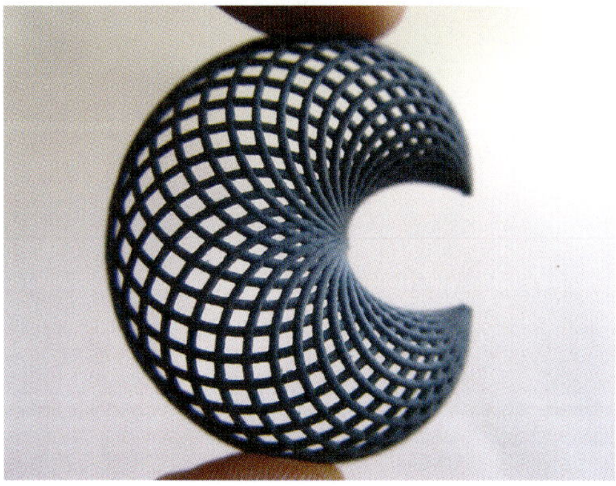

Solidscape 사의 T66BT 제작 파트

최종 완성 제품 〉 브로치, 예명지디자인,
예명지 작, 18K Gold, 2001.

4. 건축 모델(Architectural Models)

건축 분야에서의 RP 활용은 해외의 경우 매우 활발한 편이다. 학교의 경우 MIT가 대표적이다. 건축물의 내부와 외부를 빠른 시간 내에 조형하여 건축물의 외형검증은 물론 주변 환경을 보여 줄 수 있다. 초기 ROM 방식의 RP 기술이 활용되었지만 최근에는 컬러 프린팅이 가능한 분말타입의 3D Printing과 SLA 공정으로도 건축 모형을 제작하고 있다. 건축물의 형상 또한 매우 유기적인 형태로도 설계되기에 가상적인 형태를 확인하는 것도 RP의 매우 중요한 활용 이유가 되고 있다. 건축물과 함께 인공위성에서 촬영된 지형 또한 RP 출력이 가능하여 토목, 경관, 군사 등 다양한 지리정보(GIS)를 3차원으로 구현하는 데 활용된다.

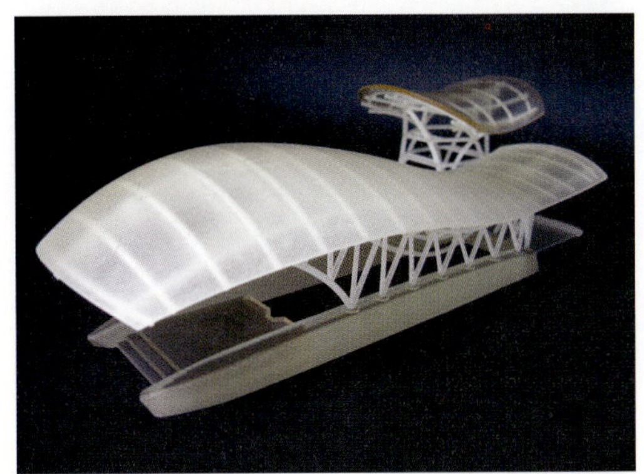

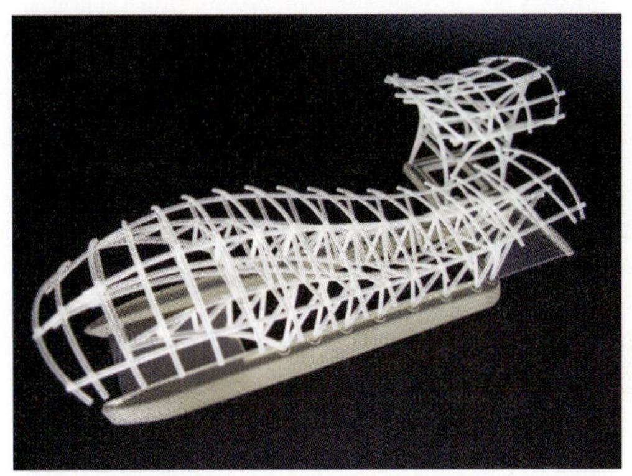

⬆ Objet Geometries 사의 PolyJet 방식으로 제작된 건축 모형 〉 사용장비 : EDEN 350
제공 : 정림건축 〉 국회 의사당역 출입구와 캐노피 모형

⬆ 3D Systems의 MJM 방식 출력 파트

⬆ ZCorp. 사 분말기반 3DP 컬러 파트

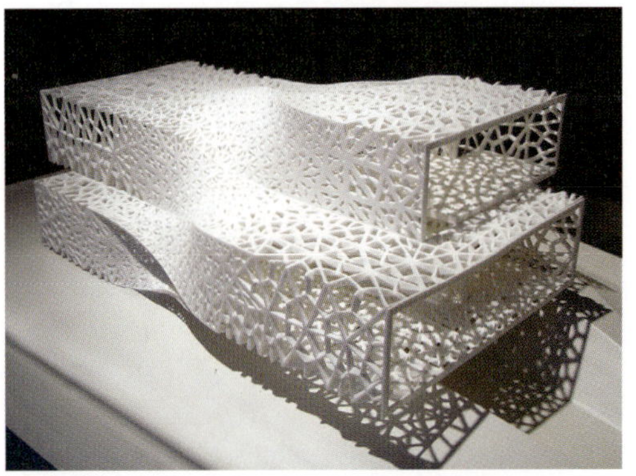

⬆ Seoul Commune 2026, Massstudies, 2006.
제작기술 〉 EOS 사 SLS 방식으로 제작, 자료출처 : 한국 Massstudies 건축사무소, 벨기에 Materialise 사 제공

⬆ Jellyfish, Iwamoto Scott Architecture, 2006.

5. 산업디자인 모델(Industrial Design Models)

초기 RP 기술은 산업디자인 모델 제작(Mock-up)에 많이 사용되지 않았다. 가장 큰 이유는 초기엔 어떻게 신속조형기술을 사용하는지 방법을 몰랐기 때문이다. 그만큼 엔지니어링 분야에서 편중되어 사용되고 있었다는 반증이기도 하다. 하지만 현재의 상황은 달라졌다. 아직 활용 가격이 비싸고, 제작 할 수 있는 모델의 크기가 제한적이며, 그보다 더 중요한 문제는 디자이너들이 요구하는 표면 조도를 실현해 주지 못했다는 것이다. 이 같은 제한은 CNC로 대표되는 정밀 고속 가공기에 더욱 대비되어 강조되기도 했다. 물론 장비의 희소성과 사용재료의 한계도 한 이유이다. 하지만 RP시스템이 상용화된 지 이제 거의 20년이 되어가는 현재에서 보면 과거의 인식과 많이 달라진 것은 사실이다. 이제 보다 다양한 재료와 고정밀도의 표면조도, 컬러지원 등 활용성이 그 어느 때보다 확대되고 있다. 보다 긍정적인 것은 3D CAD 교육이 산업디자인분야 교육에 필수적인 요소로 자리하여 향후 RP 모델의 제작으로 자연스럽게 이어질 수 있다는 점이다.

신속조형 장비 또한 국내의 경우 3D Printer 장비를 주력으로 산업디자인과에 상당수 보급되거나 도입을 추진하는 학교가 늘고 있다. 또한 RP 시스템은 절삭공구를 이용한 기계에 익숙지 않은 학생들에겐 물리적인 드릴이나 커터 등에 의한 모델 제작 시의 위험으로부터도 안전하게 해준다.

기업 또한 산업용 RP 장비를 도입하여 시제품 제작실을 디자이너와 엔지니어들이 동시에 활용하는 곳이 확대되고 있다. 이는 산업디자인 분야의 제품 주기에 보다 빠르게 대응 하는 디자인 수단으로 활용되고 있다. 반가운 것은 지역별로 대학교 내부에 시제품개발지원센터를 비롯 테크노파크와 같은 기술지원센터(TIC)를 만들어 그러한 흐름을 같이 가져가고 있다는 것이다.

수출주도형인 우리나라의 경우 빠른 제품 개발과 시장 경쟁을 위해 산업디자인 분야에 활용도는 매우 확대될 것으로 기대된다. 산업디자인분야는 사실 디자인이 필요한 전분야라고 해도 과언이 아니만큼 RP활용 범위는 그만큼 크다는 것이다. 제품디자인, 자동차디자인, 금속공예디자인, 신발디자인, 완구디자인, 안경디자인, 산업도자기, 요트디자인, 패키지디자인, 인테리어제품인 가구디자인, 조명디자인에 이르기까지 무궁무진하다.

☝ 컨셉 스포츠카, 홍익대학교 산업미술학과, 김준연 작, 2010.
3D Systems 사 SLA 방식 Viper Pro로 제작된 파트

☝ rbk(리복), 아웃솔 디자인 Mock-up, ZCorp. 사 분말기반
3DP 컬러 제작 파트

⏫ Solid C2 Chair & Stool, Solid Collection, Patrick Jouin 작.
EOS 사 SLS 방식으로 제작된 파트

사용재료 : 폴리아미드(PA).

⏫ Helena Rubinstein을 위한 아이크림 패키지 "Gold
Future", Janne Kyttanen 작, 2006.
EOS 사 SLS 방식으로 제작된 파트

사용재료 : 폴리아미드(PA). 유연도료 착색

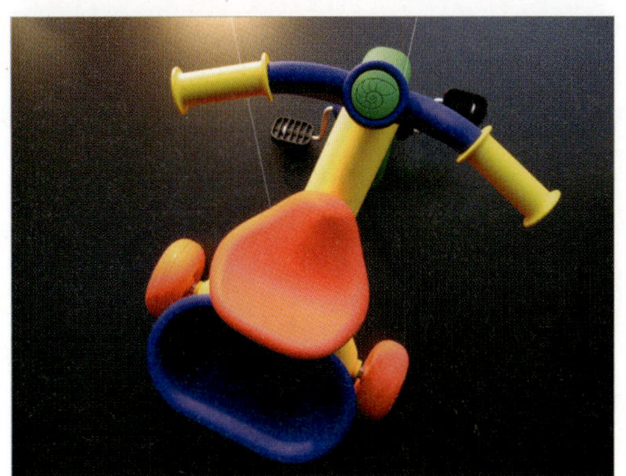

⏫ Stratasys 사 FDM 방식으로 제작된 어린이용 자전거 컬러
ABS 파트, 2007.

⏫ FreshFiber 사를 위한 iphone 3G 케이스 디자인,
Terracotta, FOC(Freedom of Creation),
Janne Kyttanen 작, 2009

사용기술 : EOS 사 SLS 방식으로 제작된 파트
사용재료 : 폴리아미드(PA). 컬러 염색

특히 조명 디자인 분야의 경우는 특별한 의미를 갖는다. 유럽지역에서 RP로 제작된 조명이 어느 정도의 시장가치를 만들어 판매되고 있기 때문이다. 조명의 갓(Shade) 부분을 RP기술로 제작하여 다양한 디자인을 개발하고 있다. 네덜란드 암스테르담에 위치하여 독일 FKM(RP 제작서비스 센터)과 연계, RP제품만을 전문으로 디자인하는 FOC와 벨기에 Materialise 사의 MGX 컬렉션 이 대표적이다. 물론 현재는 조명분야뿐만 아니라 문구, 가구류, 주얼리, 패션액세서리까지 RP기 술로 제품을 디자인, 생산하고 있다. 이러한 변화는 RP기술이 발전하면서 그에 대응하는 재료 또 한 비약적인 발전을 하였기 때문이다. 물리적 성질이 실제 제품의 그것과 거의 유사한 뛰어난 내 열성, 내식성, 내구성을 갖춘 재료의 등장이 그것이다.

조명의 경우 열이나 화재로부터 안전한 재료는 필수적이기 때문이다. RP 재료는 뛰어난 강도와 함께 열에 매우 강한 재료들이 조명의 자유로운 형태적 접근이 가능케 해준다. 가히 상상하는 모 든 것이 3차원의 실체로 제품화될 수 있는 좋은 활용분야의 한 축이 되어가고 있다.

☚ LILY.MGX, Janne Kyattanen,Materialise, 2005.
　사용기술 : EOS 사 SLS 방식으로 제작된 파트, 사용재료 : 폴리아미드(PA).

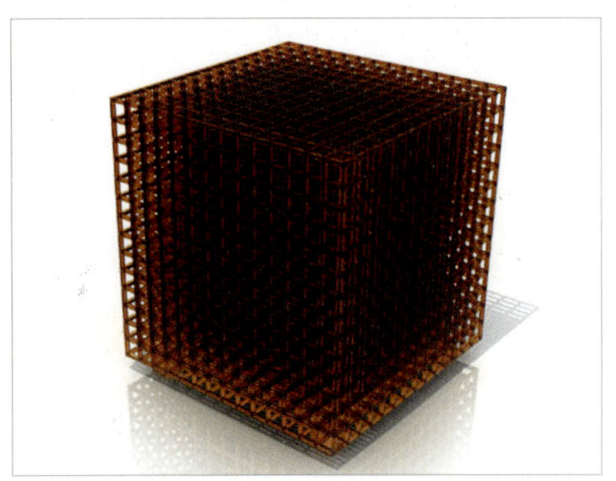

☚ Lampshade, SLA 방식으로 제작된 파트, FOC(Freedom of Creation Group)

6. 패션 디자인 분야(Fashion Design)

패션분야에서 신속조형기술의 활용은 3차원 텍스타일(Three-Dimensional Textiles) 디자인과 부자재인 장신구나 액세서리류이다. 특히 3차원 텍스타일의 개발은 그 활용범위가 다양하다. 한 마디로 패브릭(Fabric)의 3차원화로 볼 수 있다. 주로 사용되는 장비는 EOS 사의 SLS 방식이다. 나일론계 재료인 폴리아미드(Polyamide)는 현재 3차원 텍스타일을 제작하는 데 적합하다.

☚ 3D Textiles, FOC(Freedom of Creation Group).

　사용기술 : EOS 사 SLS 방식으로 제작된 파트,
　사용재료 : 폴리아미드(PA).

☚ Slim bag and Card bag, FOC(Freedom of Creation Group), Janne Kyttanen 작.

🔺 가방 〉 PUNCHBAG, FOC, Laser Sintering, Polyamide, Janne Kyttanen. 2005.

사용기술 : EOS 사 SLS 방식으로 제작된 파트, 사용재료 : 폴리아미드(PA).

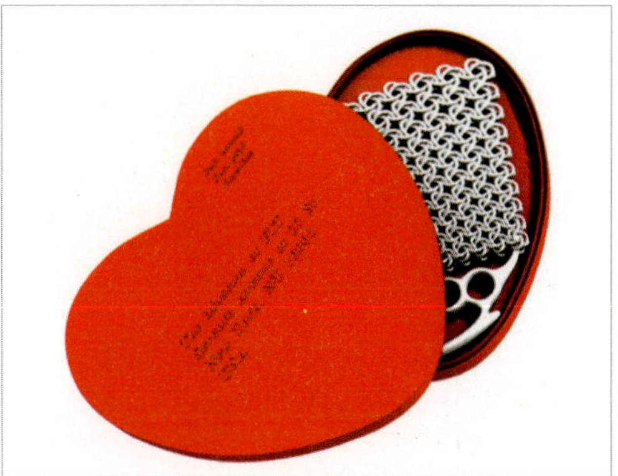

🔺 Dutch Fashion and textiles at FIT, FOC, 2005.

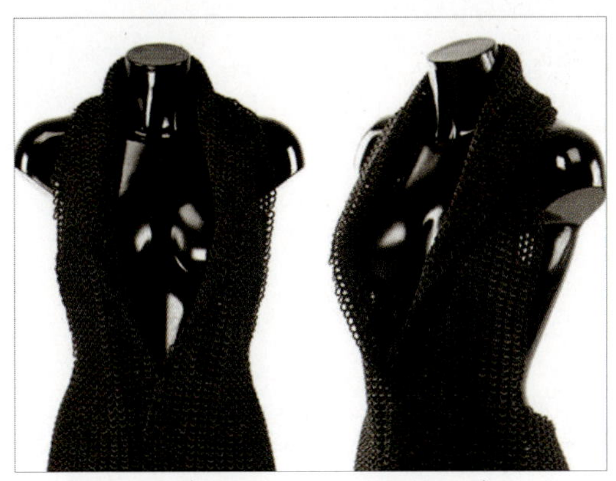

🔺 Apparel, FOC(Freedom of Creation Group).

🔺 목걸이, FOC(Freedom of Creation Group).

사용기술 : EOS 사 SLS 방식으로 제작된 파트, 사용재료 : 폴리아미드(PA).

출처 〉 www.freedomofcreation.com, www.materialise.com, www.mgxbymaterialise.com, www.futurefactories.com.

7. 애니메이션, 캐릭터 디자인 분야

애니메이션, 캐릭터 디자인 분야에서 RP의 활용은 매우 효과적이다. 3DP의 경우 단색의 모델부터 컬러가 들어간 모델까지 제작이 가능하다. SLA 공정의 경우 보다 정교한 모델 제작이 가능하며 실리콘 주형이나 고무 주형용 마스터 원본으로 사용하여 보다 많은 수의 샘플 제작이 가능하며, RP 원본에 페인팅이나 도금과 같은 후처리를 하여 보다 실제적인 캐릭터 샘플을 만들 수 있다. SLS 공정으로 제작할 경우 금속으로 직접 제작도 가능하다.

현재 정밀 캐릭터의 경우 WAX 재료나 연소 시 문제가 없는 수지 재료를 사용, 정밀 주조에 의한 메탈 샘플이나 대량 생산도 가능하다. 이러한 STOP MOTION 캐릭터 파트를 포함, 구체 관절 인형과 같은 움직임이 가능한 파트의 제작도 가능한데 게임 캐릭터와 에니메이션 제작에 활용할 수 있다. 로봇이나 피규어 같은 연구에도 적극 활용될 수 있다.

Rolling Stars,LiquidBrain Studio 제공
사용기술 : Envisiontec 사 DLP방식 Perfactory 출력 파트에 컬러 도색

PORORO 캐릭터, ICONIX 제공
사용기술 : ZCorp. 사 ZPrinter 450 컬러 출력 파트

Envisiontec 사 DLP 방식 Perfactory 출력 파트
자료제공 : SNC Korea

Objet Geometries 사 PolyJet 방식, 디즈니캐릭터 출력 파트
자료제공 : Sysopt 엔지니어링

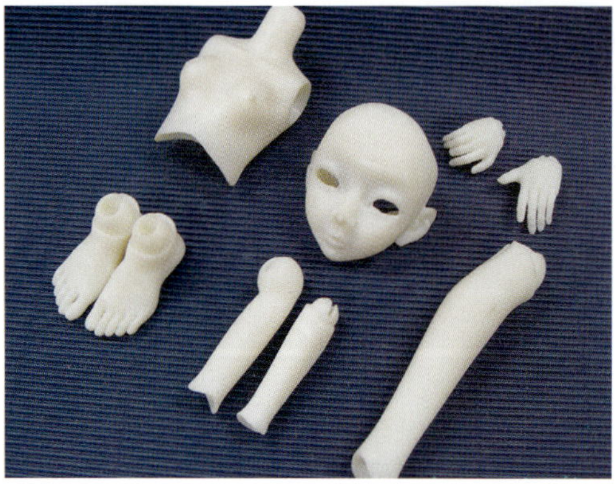

Objet Geometries 사 PolyJet 방식, 구체관절인형 출력 파트
자료제공 : Sysopt 엔지니어링

3D Systems 사 Projet DP3000 출력 파트에 도색.
서울애니메이션센터, 머신걸, 곽희승 작, 2010.

신속금형기술
(RT : Rapid Tooling)과 적용

신속금형기술(RT : Rapid Tooling)이란? 신속조형기술(RP : Rapid Prototyping)로 제작된 조형파트를 마스터 원형으로 하여 모형이나 주형, 나아가 직접금형으로 활용, 최종 생산품과 같은 재질로 수십 개에서 수백 개의 복제 제품을 제작하는 기술을 말한다.

신속금형기술이 필요한 이유는 신속조형기술로 만든 RP파트의 경우 실제 제품과 사용재료가 다르기 때문이다. 예를 들어 강도와 연신율과 같은 재료 물성이 달라 시각적 검증에는 유용하지만 정확한 실제품으로서의 테스트엔 한계가 있기 때문이다. 따라서 대량 생산을 위한 금형 제작 전 반드시 소프트툴링Soft Tooling 단계를 거쳐 검증과 함께 최종 생산 제품과의 차이를 줄이는 것이 목적이다. 또한 대량이 아닌 극히 소량 생산 제품의 경우 신속금형기술만으로도 최종 생산 제품이 가능하기도 하다. 이러한 신속금형기술의 바탕에는 신속조형기술 즉 RP기술의 발달, 정밀도향상, 재료의 다양성과 물성 향상 등이 중요한 요소가 되었다. 이제 과거에 마스터원형을 제작하거나 주형, 주형인서트 제작을 위해 많은 시간을 들이던 것이 RP 기술에 의해 매우 짧은 시간 내에 이루어지게 되었다.

최근 들어 RP 기술이 발전하여 원형 파트의 정밀도가 우수해져 RP 마스트 원형으로부터 금형을 제작하는 여러 가지 방법들이 개발, 사용되고 있다. 아래 소개되는 신속금형기술은 가장 잘 알려진 방법들이다.

신속금형기술(RT : Rapid Tooling)은 크게 간접방식과 직접방식으로 구분된다. 간접방식은 신속조형기술로 제작된 RP 파트를 마스터 원본으로 하여 코어와 캐비티를 역으로 제작하는 것이다. 우리가 흔히 부르는 진공주형 혹은 실리콘 진공 주형이 대표적이다. 또한 RP 파트를 연소시켜 없앤 후 빈 공간을 금형틀로 사용하는 정밀 금속 제품을 제작하는 인베스트먼트 주형 등이 속한다.
직접방식은 선택적레이저소결방식(SLS)과 같은 RP 장비로 코어와 캐비티의 금속 금형을 직접제작하여 사출에 활용하는 방법이다. 대표적인 예가 영국 EOS 사의 SLS Metal 장비들이다. 다음 예는 '라따뚜이' 영화에 나오는 캐릭터 피규어를 총 4개의 Cavity 금형으로 SLS 장비인 EOSINT M270으로 제작한 것이다. 사용재료는 DirectMetal 20이며, 한층의 레이어 적층 두께는 20 micron이다. 연속 100,000 parts가 제작되었다.

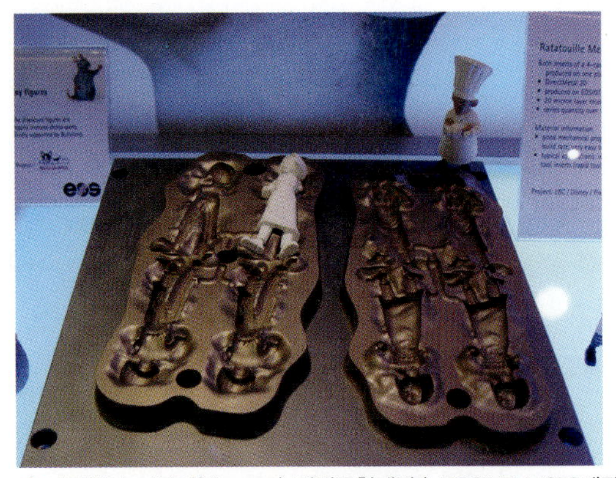
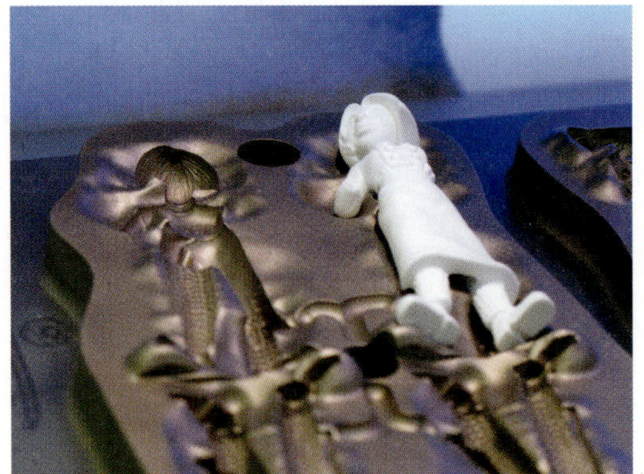

♨ 라따뚜이 피규어(Figures) 직접금형제작 〉 EOSINT M270제작, 사출 결과물, Project : LBC / Disney / Pixar 소유

출처 : 독일, 2007 유로몰드 〉 프랑크프르트 메세전시

인베스트먼트 주조(Investment Casting)

정밀주조인 인베스트먼트 주조 Investment Casting는 우리말로 풀면 매몰(埋沒) 주조이다. 매몰이라는 말이 붙은 것은 RP 마스터가 앉혀진 플라스크에 석고와 물을 고무그릇 일명 믹싱볼(Mixing bowl)에서 개어 부어넣는 과정이 있기 때문이다. 또한 로스트 왁스주조 Lost Wax Casting라고도 하는데 RP 마스터가 WAX 재료성분일 경우 매몰된 석고에 열을 가하면 왁스가 녹아 연소되면서 석고 내부에 공간이 확보되어 복제품을 얻을 수 있기 때문이다. 즉 WAX RP 원형이 소성로에서 연소되어 없어지기 때문이다. 실질적으로 왁스 외에도 열에 타 없어질 수 있는 재료들은 모두 가능하다. 신속조형기술로 파트 제작 시 사용재료가 소성로에서 완전연소가 되는 왁스(WAX)나 광경화성수지로 파트가 제작되면 활용 가능한 방법이다. 주로 금이나 은과 같은 주얼리 제품이나 정밀부품과 같은 작고 정밀도가 요구되는 파트의 제작에 주로 사용된다.

♨ 1단계 〉 RP 마스터 제작 ♨ 2단계 〉 트리 제작 ♨ 3단계 〉 플라스크 주형상자 제작

♨ 4단계 〉 매몰재료(석고) 충전 ♨ 5단계 〉 RP 마스터 재료(왁스) 용융 ♨ 6단계 〉 도가니 용탕 재료(은) 주입 〉 냉각

☖ 7단계 〉 플라스크 내의 석고 제거 〉
제품 얻기

☖ 8단계 〉 펜치를 이용 반지 떼어내기

☖ 9단계 〉 그라인더로 마무리

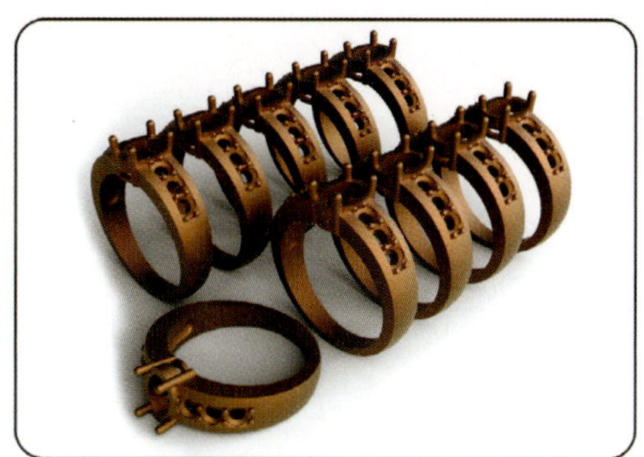

☖ 10단계 〉 인베스트먼트 주물 최종 결과물

☖ 11단계 〉 주물 도금과 보석 세팅을 통한 완성품

02 진공주형 RTV(Room-Temperature Vulcanizing - 실온가황처리)

진공주형 RTV는 신속조형기술로 제작한 원형(Master Model)파트에 분리제 또는 이형제를 바르고, 상온에서 경화되는 액상의 RTV 실리콘 고무를 붓고 경화시켜(보통 수시간 이내) 주형을 만드는 방법이다. 원형(Master Model)으로 사용 가능한 것은 목형, 일반 MOCK-UP, SLA, LOM, SLS, FDM 파트 등 모두 가능하다. RTV 금형은 실리콘 고무 금형이라고도 부른다. 이 주형에 왁스를 주입 LOST WAX로 사용 가능하다. 이 외에도 폴리우레탄이나 에폭시 재료를 사용 파트 제작이 가능하다. 같은 종류의 파트가 소량 필요할 때 활용하는 방법으로 대개 마스터 1개로부터 10~20여 개 정도의 복제품을 제작할 수 있다. RP 파트의 경우 실 제품과 재질차이가 있기 때문에 기능성 테스트를 위해 주로 활용되고 있다.

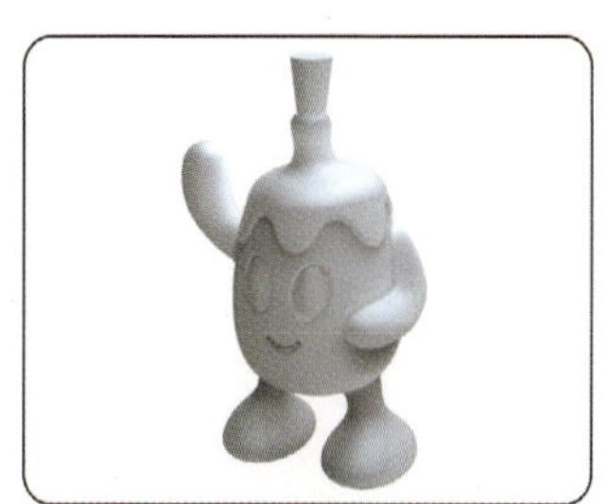

☖ 1단계 〉 RP 마스터 원본 제작

☖ 2단계 〉 게이트위치, 파팅라인세팅,
주형상자 제작

☖ 3단계 〉 실리콘 고무 주입,
색상적용시 염료로 조정 가능

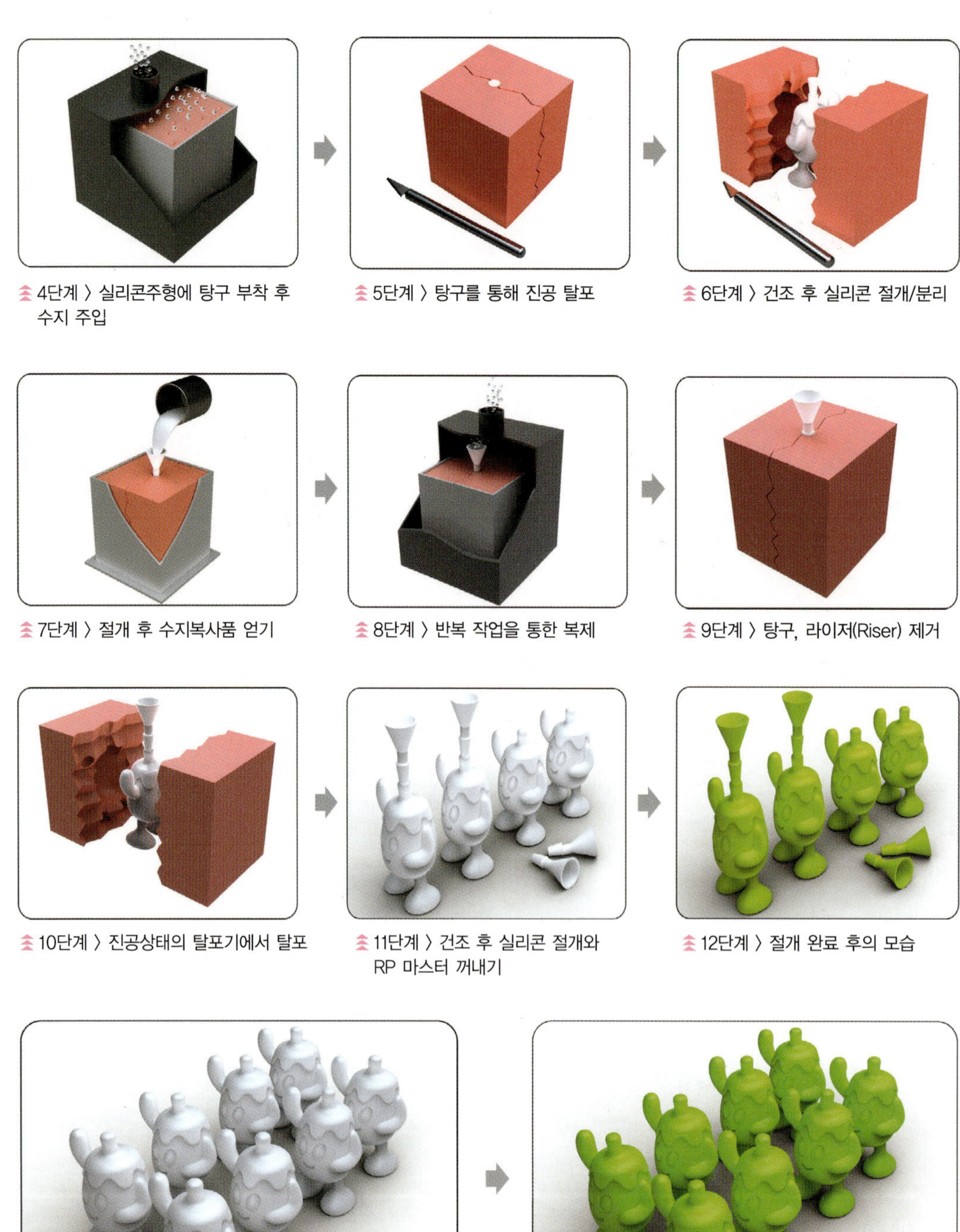

4단계 〉 실리콘주형에 탕구 부착 후 수지 주입
5단계 〉 탕구를 통해 진공 탈포
6단계 〉 건조 후 실리콘 절개/분리
7단계 〉 절개 후 수지복사품 얻기
8단계 〉 반복 작업을 통한 복제
9단계 〉 탕구, 라이저(Riser) 제거
10단계 〉 진공상태의 탈포기에서 탈포
11단계 〉 건조 후 실리콘 절개와 RP 마스터 꺼내기
12단계 〉 절개 완료 후의 모습
13단계 〉 진공주형을 통해 복제된 제품

진공주형은 표면에 있는 양·음각의 패턴이나 문자도 매우 정밀하여 정확한 치수로 복제가 가능하다. 또한 에폭시(Epoxy)수지, 우레탄(Urethane), 실리콘(Silicone), 2-액형 열경화성수지와 같은 수많은 재료의 사용이 가능하여 다양한 결과물을 제작할 수 있다. 또한 이런 재료의 특성에 따라 경도나 유연성, 내열성의 제품 제작이 가능하다. 아래 이미지는 실제 중·대형 제작용 진공주형기(Vacuum Casting System)와 결과물이다. 기타 진공주형 사용설비로는 진공탈포기(Vaccum Resin Mixer), 열풍순환건조로(Hot-Air Dryer), 형합기(Banding Machine), 각종 공구(Tools)들이다.

⚜ 진공주형기와 건조기 모습 〉 장비 : (주)일범공급

⚜ 진공주형기 내 작업 모습

⚜ 진공주형 코어와 캐비티 모습 〉 실리콘재료는 경화 후 수축 적고, 전사성 우수 〉 충실한 원형 재현

⚜ 진공주형 결과물 〉 자동차 배기매니폴더 〉 자료제공 : 호서대학교 시제품제작센터. 2010.

상세정보 〉 www.ilbeom.co.kr

용사금형(Sprayed Metal Tooling / Metal Deposition)

RP로 만든 Master 원형 위에 직접 또는 간접적으로 아연-알루미늄합금 용융금속을 도포하여 암수 금형을 제작하고 플라스틱과 같은 사출성형물을 제작하는 데 주로 사용된다. 가장 많이 사용하는 기술로 Gas Metal Spraying과 Arc Metal Spraying의 두 가지 방법이 있다. Gas Metal Spraying 법은 납, 주석과 같은 저융점 금속을 페인트 스프레이와 같은 노즐에서 화염에 의해 녹여 분사하는 방법이다. Arc Metal Spraying 법은 전기 아크에 의해서 녹은 아연이나 알루미늄 금속을 압축공기에 의해 분사하는 방법이다. 이러한 금형은 저렴하고 생산속도가 빠르고 정밀하다.

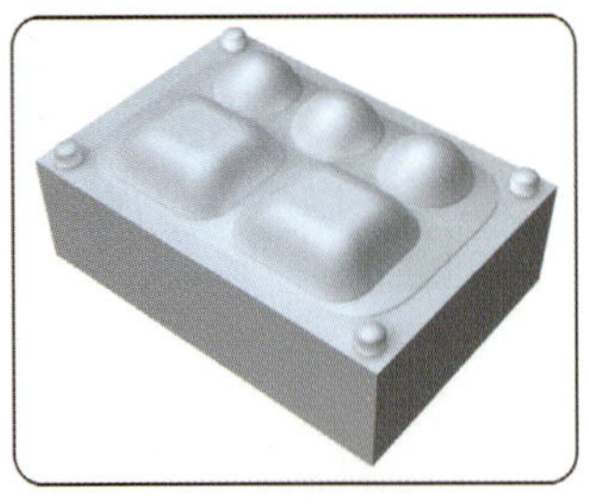

🔺 1단계 〉 RP 모형과 정렬용 탭

🔺 2단계 〉 금속용사를 통한 RP 원복 피복

🔺 3단계 〉 주형상자제작과 재료 투입 〉 알루미늄 섞인 에폭시 재료

🔺 4단계 〉 주형상자 제후 경화된 캐비티 수지금형 얻기

🔺 5단계 〉 캐비티에 금속용사

🔺 6단계 〉 용사금형을 활용한 최종 결과물 얻기

🔺 7단계 〉 사용 재료에 따른 결과물 얻기

진공성형(Vaccum Form Tooling)

신속조형기술로 제작한 파트가 단단한 재료로 제작된 경우 RP 원형 위에 플라스틱 시트를 얹어 틀 위에서 가열하여 부드럽게 해 준 후 대기 압력으로 공기를 빨아들이면 가열된 플라스틱 시트 (Sheet)가 RP 원형에 꽉 밀착되어지면서 성형되는 방법이다. 1955년 일본에서 공업화가 시작되었으며, 최근에는 대기압 대신 압공을 이용하기도 한다. 장점으로는 저렴한 설비비용, 소재의 다양성, 얇은 두께의 성형 등 생산성이 좋다. 단점으로는 정밀한 두께 조정이 어려우며, 후가공 및 마무리 작업이 필요하고, Scrap이 다량으로 발생한다. 진공주형은 산업적으로 볼 때 전기, 전자, 장난감, 화장품 포장 등에 많이 사용된다.

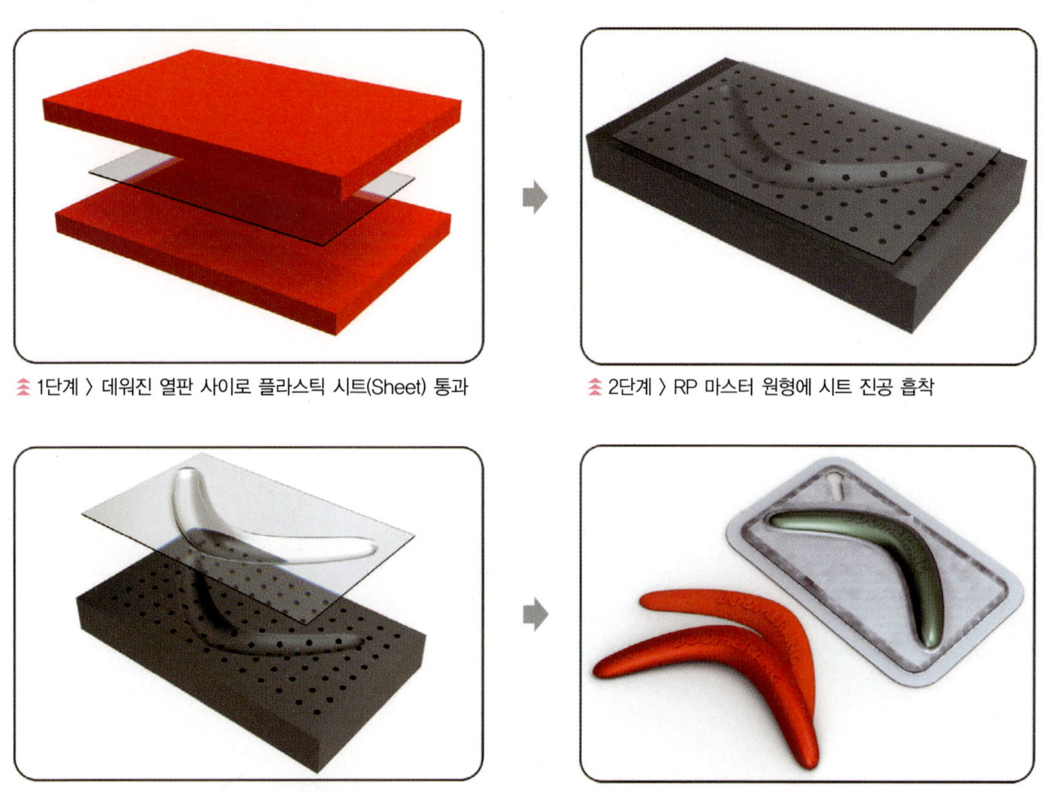

☝ 1단계 〉 데워진 열판 사이로 플라스틱 시트(Sheet) 통과

☝ 2단계 〉 RP 마스터 원형에 시트 진공 흡착

☝ 3단계 〉 성형 완료 〉 불필요한 시트의 테두리 잘라 제거

☝ 4단계 〉 투명 포장 커버로 사용한 예

앞서 제시된 인베스트먼트 주조 (Investment Casting), 진공주형 RTV(Room-Temperature Vulcanizing – 실온가황처리), 용사금형(Sprayed Metal Tooling/Metal Deposition), 진공성형(Vaccum Form Tooling)은 산업적으로 가장 많이 활용되는 간접방식의 신속금형기술(RT : Rapid Tooling)이다. 하지만 향후 RM(Rapid Manufacturing) 기술의 발달과 시장이 확대되면 직접방식의 신속금형기술이 급속히 발전할 것으로 전망된다.

Rapid **Prototyping**

CHAPTER 02

신속조형시스템의 이해

신속조형기술의 분류기준 및 조형시스템

RP 시스템은 1988년 미국 3D Systems 사에서 광경화성수지를 경화하는 SLA (Stere-olithography Apparatus)방식을 처음 상용화시킨 이후 현재까지 새로운 조형방식의 장비들이 지속적으로 연구되어 약 20여 가지의 방식들이 상용화되어 있다.

이러한 많은 방식들은 나름대로의 분류기준을 가지고 있다. RP 시스템의 방식 분류는 1991년 JP Kruth의 재료(Material)의 형태에 의한 분류가 있다. Kruth는 재료를 기준으로 재료추가(Material Addition)와 재료 제거(Material Removal)의 2가지 맥락으로 나누었다. 여기서 재료추가는 RP를 재료제거는 NC로 이해하면 된다. 재료추가영역인 RP는 다시 크게 3가지로 분류되는데, 액상(Liquid), 낱알과 같은 알갱이 재료인 Discrete, 마지막으로 종이나 판재와 같은 솔리드 재료인 Solid Sheets이다. 하지만 이러한 분류는 절대적인 기준은 아니다.

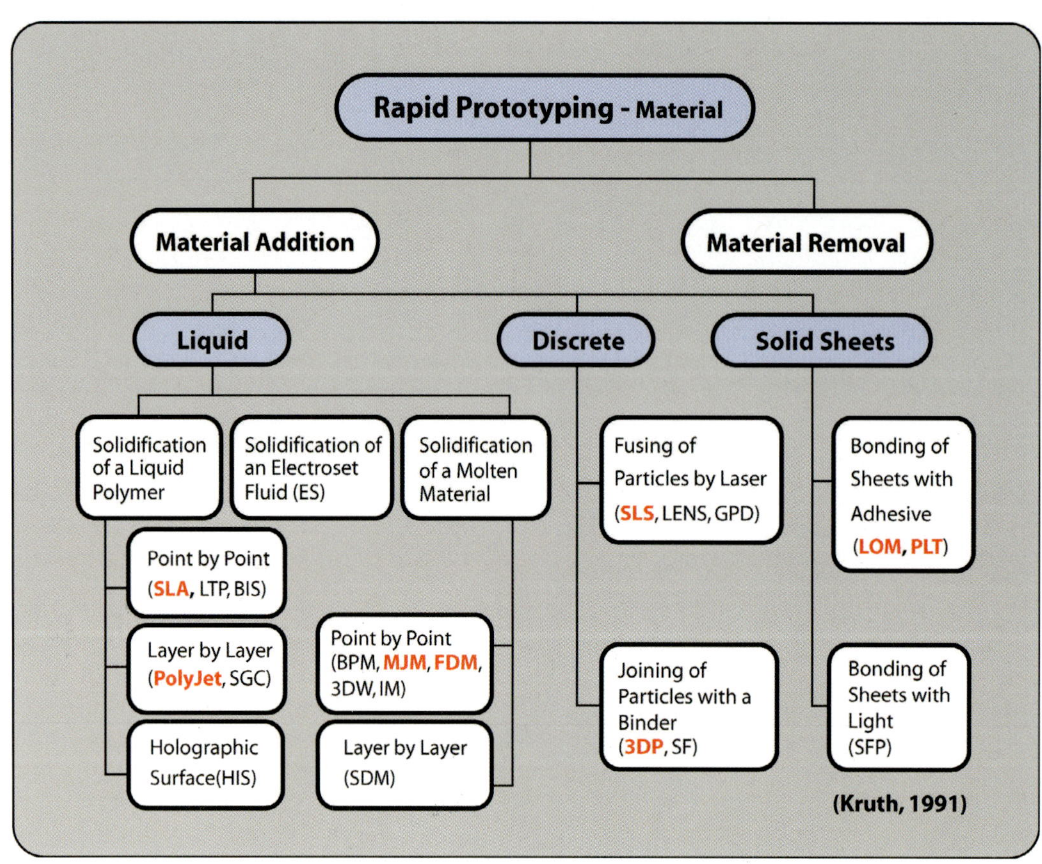

♠ JP Kruth의 Rapid Prototyping 분류, Rapid Prototyping, CHUA.CK., LEONG.F. and LIM C.S. 2003.

다만 여기에 준하여 최근에 대부분의 문헌에는 최초의 재료 상태가 액체인 액형기반(Liquid Based) RP 시스템, 위에서 언급한 롤(Roll)이나 판재(Sheet)를 포함한 최초의 재료 상태가 고체 상태인 고체형기반(Solid Based) RP 시스템, 고운 가루 또는 분말상태인 분말기반(Powder Based) RP 시스템으로 분류하고 있다. 다만 본서는 독자의 이해를 돕기 위하여 고체형기반에 속한 마분지와 같은 판재, 또는 롤(Roll)상태의 박막시트(Thin Film Sheet) 재료를 사용하는 시스템의 경우 고체형기반과 별도로 구분 설명하였다.

조형 재료의 형태에 의한 분류	
액형 기반 RP 시스템 (Liquid-Based RP Systems)	초기 사용되는 재료의 형태가 액체 상태이다. 재료가 액체상태로 장비에 공급되며, 주로 레이저빔이나 강한 자외선(UV)으로 재료를 순간 경화시켜 형상을 제작해 주는 장비군이다. 대표적인 시스템으로는 미국3D Systems사의 SLA, 일본 CMET 사와 MEIKO 사의 SLA, 이스라엘 Geometries 사의 PolyJet, 독일 Envisiontec 사의 DLP, 이탈리아 DWS 사의 SLA 시스템 등이 있다.
고체형 기반 RP 시스템 (Solid-Based RP Systems)	초기 사용되는 재료의 형태가 고체 상태이다. 다만 분말은 제외된다. 고체상태라면 와이어(Wire) 또는 필라멘트 형태의 ABS 플라스틱 재료가 헤드(Extrusion head)로 공급되면 열에 의해 녹아 압출되는 것을 말한다. 사용되는 플라스틱 재료들은 열가소성수지가 대부분이다. 다음 재료형태가 패럿(Pellet-작고 둥근 알 또는 공 모양의 알갱이)의 형상으로 왁스(Wax)성질을 가지며 마찬가지로 헤드에서 녹여 프린터 노즐을 통해 분사하는 시스템들이 해당된다. 대표적인 시스템으로 미국 3D Systems 사의 MJM, Stratasys 사의 FDM, Solidscape 사의 InkJet 시스템 등이 있다. 다음 마분지와 같은 얇은 두께의 종이판이나, 롤(Roll)상태의 PVC 라미네이트(Laminate-얇은 판 모양), 시트(Sheet) 와 같은 재료를 레이저나 정밀 커터로 자른 후 열로 가열 접착하여 형상을 제작하는 시스템이 있다. 미국 Helisys>Cubic Technologies 사의 LOM, 일본 KIRA 사의 PLT, 이스라엘 Solido 사의 PSL 시스템 등이 있다.
분말 기반 RP 시스템 (Powder-Based RP Systems)	초기 공급 되는 재료의 형태가 분말(Powder) 또는 미세한 플라스틱, 모래 또는 금속 성분의 가루이다. 재료성질은 석고 성분인 경우 프린터 헤드에서 분사되는 교결제(바인더-접착제)에 의해 굳어지는 시스템과 폴리아미드(PA)나 금속분말의 경우 레이저로 소결하여 경화되는 시스템이 있다. 대표적인 시스템으로 미국 3D Systems 사의 SLS, 독일 EOS 사의 SLS, 미국 ZCorp 사의 3DP 등이 있다.

⚑ 조형 재료의 형태에 의한 RP 시스템 분류

조형방식은 조형공정과 같은 맥락이다. 조형방식은 재료가 RP 시스템 내부에서 어떤 방식으로 형상을 만들어 가는지에 대한 분류이다. 예를 들어 재료에 UV나 레이저와 같은 광원을 사용하거나, 소결 또는 열로 녹이거나, 접착제로 교결하여 굳이거나, 커터를 사용하여 자르고 붙이고 압착하는 등의 방법에 관한 차이를 구분하는 것이다.

조형 방식에 의한 분류에는 광경화 적층 방식(Photo Curing Process), 레이저 소결 적층 방식(Laser Sintering Process), 박막 적층 방식(Lamination Process), 수지 압출 적층 방식(Extrusion Process), 잉크젯 적층 방식(InkJet Printing Process), 폴리젯 적층 방식(PolyJet Process) 등이 있다. 참고로 DLP(Digital Light Processing) 방식은 별도로 분류되기도 하지만 넓은 범주의 차원에서 광경화성 적층 방식으로 분류하였다.

조형 방식에 의한 분류	
광경화 적층 방식 (Photo Curing Process) or (Photolithography Process)	레이저 빔이나 강한 자외선(UV)에 반응하는 광경화성 액상 수지(Photo-curable resin)를 경화시켜 모형을 만드는 방식이다. 대표적인 시스템으로 미국3D Systems 사의 SLA, 일본 CMET 사와 MEIKO 사의 SLA, 이스라엘 Geometries 사의 PolyJet, 독일 Envisiontec 사의 DLP, 이탈리아 DWS 사의 SLA 시스템이 있다.
레이저 소결 적층 방식 (Laser Sintering Process) or (Laser Fusion Process)	레이저 빔으로 분말 상태의 소결제를 포함 플라스틱, 유리, 모래, 금속(알루미늄, 코발트 크롬, 티타늄, 스테인레스) 등을 녹여 형상을 조형하는 방식이다. 대표적인 시스템으로 미국 3D Systems 사의 SLS, 독일 EOS 사의 SLS 등이 있다.
박막 적층 방식 (Lamination Process)	마분지와 같은 얇은 두께의 종이판이나, 롤상태의 PVC 라미네이트(Laminate-얇은 판 모양), 시트(Sheet)와 같은 재료를 CO2 레이저나 나이프 에지와 같은 정밀커터로 자른 후 열로 가열접착하여 형상을 제작하는 방식으로 미국 큐비탈사의 LOM, 일본 KIRA 사의 PLT, 이스라엘 Solido 사의 PSL 시스템이 있다.
수지 압출 적층 방식 (Extrusion Process)	열에 녹는 와이어(Wire) 형태의 가소성 수지 또는 왁스(WAX)상태의 재료를 사출헤드(Extrusion head)로 연속적으로 압출(밀어내어)하여 형상을 제작해 가는 방식이다. 미국 Stratasys 사의 FDM 방식이 대표적이다.
잉크젯 적층 방식 (InkJet Printing Process)	가정에서 사용하는 컬러 잉크젯 프린터와 원리는 비슷하다. 잉크젯 프린터처럼 프린터 헤드의 노즐에서 액체 상태의 컬러잉크와 바인더라는 경화 물질을 분말 상태의 재료에 분사하여 형상을 제작해 가는 방식이다. 이외에도 조형판에 재료를 직접 분사하여 자외선으로 경화시켜 제작하는 방식도 잉크젯 방식의 범주에 포함된다. 3DP, MM, MJM 방식이 대표적이다.
폴리젯 적층 방식 (PolyJet Process)	Photopolymer Jetting 방식이라고도 한다. 프린터 헤드에 있는 수백 개의 미세 노즐에서 재료를 분사함과 동시에 좌외선으로 동시에 경화시켜 형상을 제작하는 방식이다. 광경화 방식과 잉크젯 방식의 혼합형이다. PolyJet 또는 MultiJet 방식이 대표적이다.

조형 방식에 의한 RP 시스템 분류

신속조형시스템의 방식별 세부 명칭과 제조사

다음은 신속조형시스템의 방식별 세부 명칭과 제조사를 소개한다.

<table>
<tr><th colspan="3">RP 방식별 세부 명칭 및 제조사</th></tr>
<tr><th>RP 방식</th><th>세부 명칭</th><th>제조사</th></tr>
<tr><td>SLA</td><td>Stereo Lithography Apparatus
광경화수지 조형 방식</td><td>3D Sys. 미국 / CMET 일본</td></tr>
<tr><td>SLS</td><td>Selective Laser Sintering
선택적 레이저 소결 조형 방식</td><td>3D Sys. 미국 / EOS 독일</td></tr>
<tr><td>FDM</td><td>Fused Deposition Modeling
용융수지 압출 적층 조형 방식</td><td>Stratasys 미국
Fortus, Dimension 장비군</td></tr>
<tr><td>3DP</td><td>3D Dimensional Printing
분말에 잉크젯 프린팅 조형 방식</td><td>Z Corp. 미국, VoxelJet 독일
ZPrinter 장비군</td></tr>
<tr><td>LOM</td><td>Laminated Object Manufacturing
박막시트재료 접착 적층 조형 방식</td><td>Cubic Technologies 미국
Solido 이스라엘
KIRA 일본</td></tr>
<tr><td>PolyJet</td><td>Photopolymer Jetting Technology
잉크젯+광조형방식 혼합 방식</td><td>Objet Geometries Ltd. 이스라엘
Eden, Connex 장비군</td></tr>
<tr><td>MM</td><td>ModelMaker > InkJet3D Plotting
잉크젯 프린팅 방식</td><td>Solidscape 미국</td></tr>
<tr><td>MJM</td><td>MultiJet Modeling
잉크젯 프린팅 방식</td><td>3D Sysyems 미국
InVision, ProJet 장비군</td></tr>
<tr><td>DLP</td><td>Digital Light Processing
마스크 투영 이미지 경화 방식</td><td>Envisiontec 독일
Perfactory, Ultra 장비군</td></tr>
</table>

신속조형시스템 및 제조사 비교

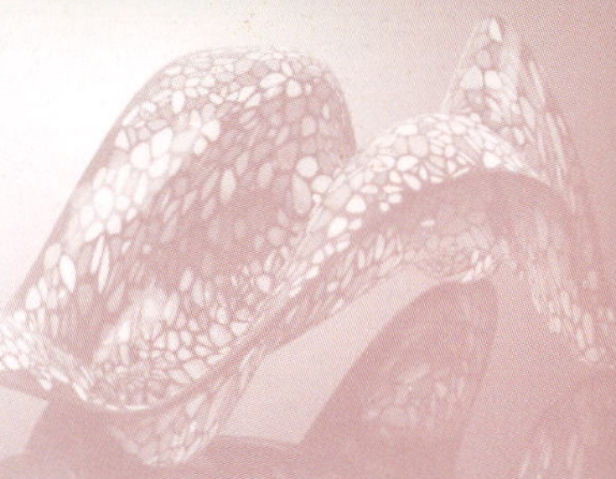

신속조형시스템의 방식별 특성 비교

RP 활용 시 각 방식별 정확도, 면상태, 제작속도, 재질강도, 재질컬러, 재질 투명도, 유연도 등을 비교한 도표이다.

RP 방식(공정)별 비교
(RP PROCESS COMPARISION)

1= Excellent   2= Very Good   3= Good   4= Average   5= Fair   6= Poor

RP방식 RP Process	정밀도 Accuracy	표면마감 Surface Finish	제작속도 Speed	재료강도 Material Strong	재료컬러 Material Colors	투명도 Semi-transparent	재료 유연성 Flexible Materials
SLA	2	2	4	3-4	YES Partial	YES	Partial
SLS	3	2	4-5	1	NO	NO	NO
FDM	5	5	6	2	YES Partial	YES	NO
3DP	5	5	1	5-6	YES Full color	NO	NO
LOM	5	5-6	3	2	NO	NO	NO
Polyjet	2-3	2	3	3-4	YES Partial	YES	YES
MM	1	2	5	5-6	NO	NO	NO
MJM	1	2	3	4-5	YES Partial	YES	YES
DLP	1	1	3	4-5	YES Partial	YES	YES

♣ 신속조형 방식별 특성 비교

참조   사이트 1- http://home.att.net/%7ecastleisland/rp_int1.htm
사이트 2- http://www.xpress3d.com/Processes.aspx?sh=1

액체 상태의 재료를 이용하는 신속조형시스템 소개

신속조형시스템의 종류는 현재 국내외 시장에 출시되어 가장 활발하게 사용되는 대표적인 장비들을 소개한다.

가장 먼저 소개하는 RP 시스템은 **액형 기반 RP 시스템(Liquid Based RP Systems)**으로 재료의 공급형태가 액체이다. 액체상태의 재료를 레이저(Laser)나 강한 자외선(Ultra Violet)을 이용한층 한층 경화시켜 결과물을 제작한다. 재료는 레이저나 빛에 반응하면 곧바로 경화되기에 주로 광경화성수지(Photopolymer)를 사용한다. 미국 3D Systems 사에서 처음 개발, 상용화된 관계로 대표적인 이름이 **SLA**(Stereo Lithography Apparatus) 또는 **SL** 방식으로 줄여 칭하기도 한다. SLA(SL) 신속조형장비는 **3D Printer**급에서 산업용 신속조형장비까지 제조사와 장비의 종류가 다양하다. 소개할 액형 기반 RP 시스템에는 1. 미국 3D Systems 사의 SLA(SL), 2. 일본 MEIKO 사의 SLA, 3. 일본 CMET 사의 SLA, 4. 이스라엘 Objet Geometries 사의 PolyJet, 5. 독일 Envisiontec 사의 DLP-1, 6. 독일 Envisiontec 사의 DLP-2, 7. 미국 3D Systems 사의 FTI + DLP 혼합형, 8. 이탈리아 DWS Digital Wax Systems-SLA 순으로 소개한다.

액형 기반 RP 시스템(Liquid-Based RP Systems)

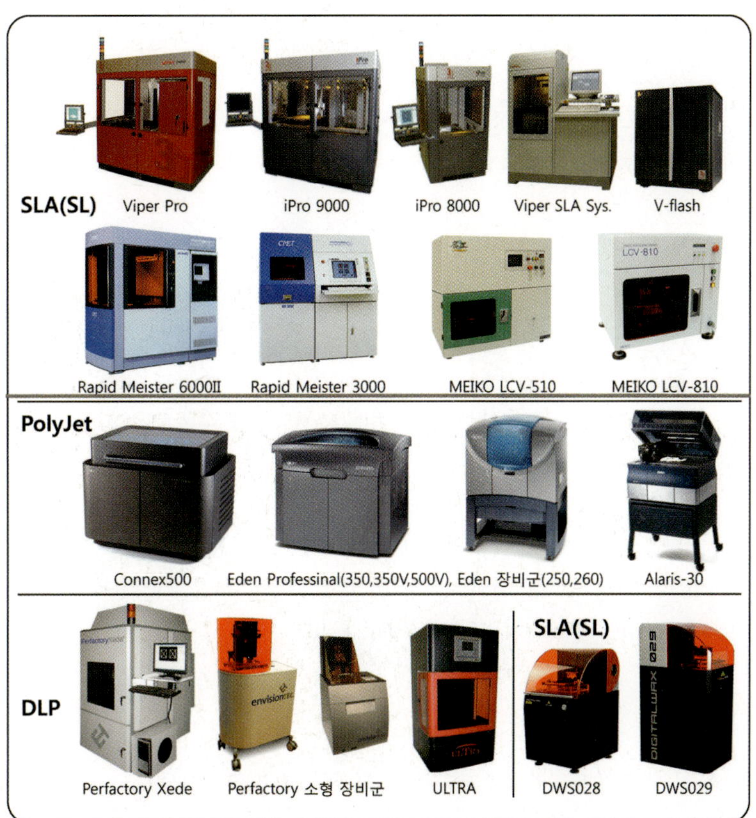

♣ 액형 기반 RP 시스템의 종류와 방식 분류

미국 3D System 사의 SLA 방식

3D System 사는 1986년 발명가인 Charles W. Hull과 기업가인 Raymond S. Freed에 의해 미국에서 설립되었다. 1987년 SLA(Stereolithography Apparatus) RP 시스템을 세계 최초로 상용화하고 RP 대중화와 공정 확산에 기여한 대표적인 RP 시스템 개발회사이다. 미국 내 40여 개의 특허와 20여 개의 관련 국제 특허를 보유하고 있다. 현재 전 세계적으로 가장 광범위한 분야에 사용되고 있는 RP시스템으로 액형 기반 RP 시스템(Liquid-Based RP Systems) 이라면 SLA 방식이 대표적이다.

SLA 방식은 광경화성수지 표면에 자외선 레이저(UV Laser)를 주사하여 한층 한층 레이어별 경화를 통해 3차원 모델을 만드는 방식이다. 광조형법으로 제작된 평면파트는 표면이 매끄럽고, 치수정밀도가 뛰어나다. 다만 RP 시스템이 공통으로 가지는 구나 곡면부에 미세 계단현상과 같은 표면 단차는 피할 수 없다. 모델 재료는 광경화성수지에 한정되며, 고강도의 충격을 제외하면 기능성 파트 제작에도 유용하다. 또한 뛰어난 정밀도 및 표면조도 함께 투명모델 제작이 가능하기에 정밀파트와 유체흐름 시험관이나 배기관 등의 시작품에 활용하기 좋다.

이러한 3D Systems 사의 SLA RP 시스템은 제작 파트의 크기나 사용 재료에 따라 다양한 제품 라인업을 가지고 있다. 과거 SLA 시스템으로 가장 대표적인 RP 시스템은 SLA5000, SLA7000, Viper si2, Viper Pro SLA System 등이 있으며, 현재는 iPro 9000 SLA Center, iPro 8000 SLA Center, Viper SLA System으로 정리되어 있다. 물론 조형물 제작 한계에 따라 가변적인 옵션변화가 가능하다.

1. SLA(SL) 장비 외관

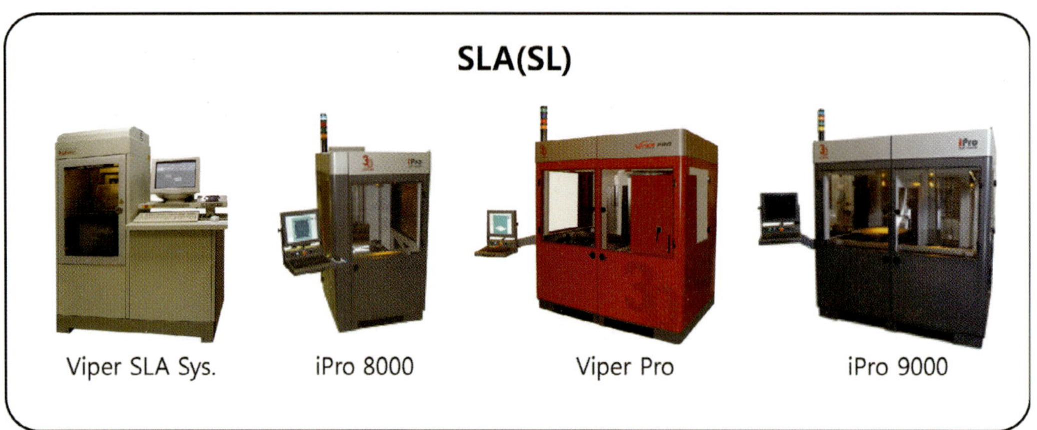

♣ 액형 기반 RP 시스템 〉 미국 3D Systems 사의 SLA(SL) 방식 RP 시스템

2. 모델 조형 공정

액형기반 RP 시스템 공정인 SLA(Stereolithography Apparatus) 방식은 Photomasking 방법과 함께 가장 대표적인 광조형공정(Photolithography) 중의 하나로 빛에 반응하는 아크릴이나

에폭시 계열의 광경화성 수지(Photocurable resin)가 들어 있는 수조(Vat)에 레이저(Laser) 빔을 주사하여 원하는 모델을 조형한다. 이때 조형 파트들은 위 아래로 움직이는 작업대 위에 만들어지게 되며, 한층 한층 두께가 만들어질 때마다 한층 두께(약 0.025~0.125) 만큼 밑으로 내려가면서 다시 레이저(Laser)를 주사하게 된다. 이때 수지의 표면 평탄화와 재료 코팅은 리코터(Recoater)의 수평 날에 의해 이루어진다. 이러한 일련의 반복 작업이 파트가 완성될 때까지 계속된다.

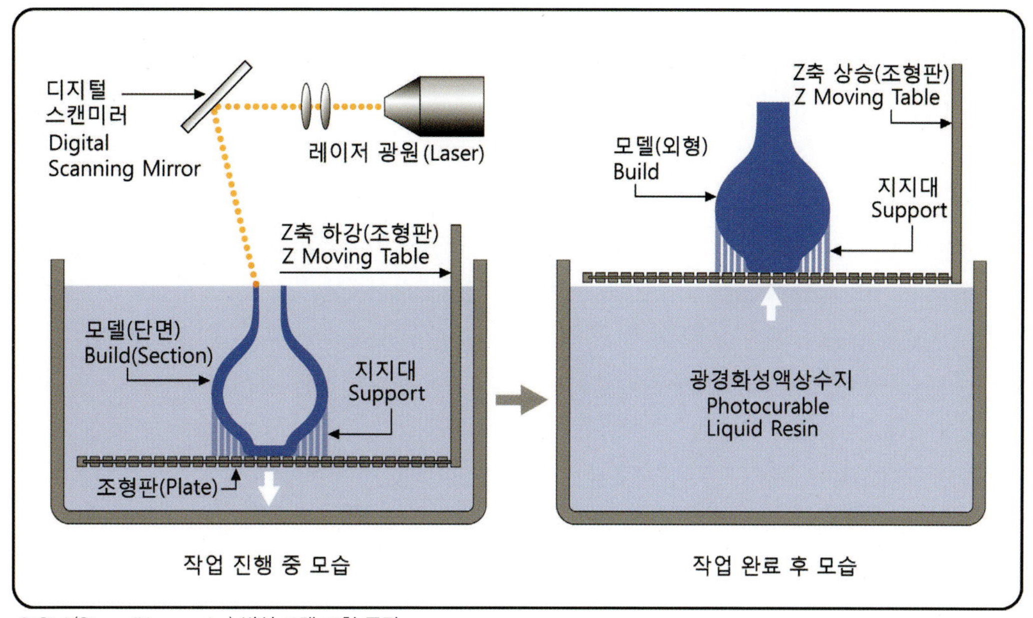

☖ SLA(Stereolithography) 방식 모델 조형 공정

SLA 공정으로 만들어진 파트는 앞서 언급한 것처럼 정밀도와 함께 제작 속도 또한 빠른 편이며, 표면조도가 우수하고 아주 복잡하거나 섬세한 형상을 만드는 데 적합하다. 하지만 재료 가격과 레이저 재 충진 비용이 고가인 편이다. 지지대의 경우 큰 파트일 경우 쉬운 편이며, 정밀하고 작은 파트의 경우 지지대의 섬세한 제거작업이 요구된다.

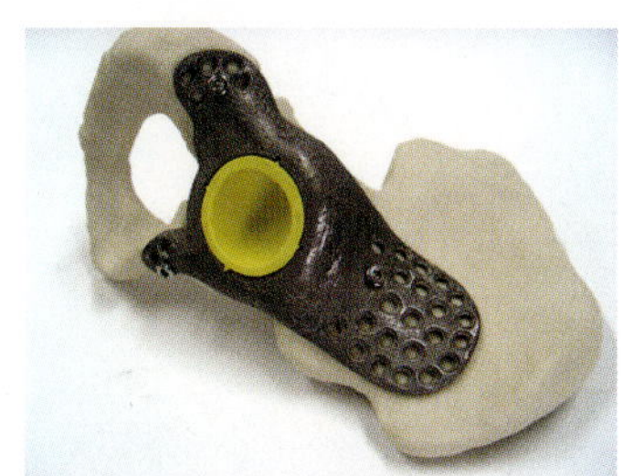
☖ 광경화성수지 위에 레이저 주사

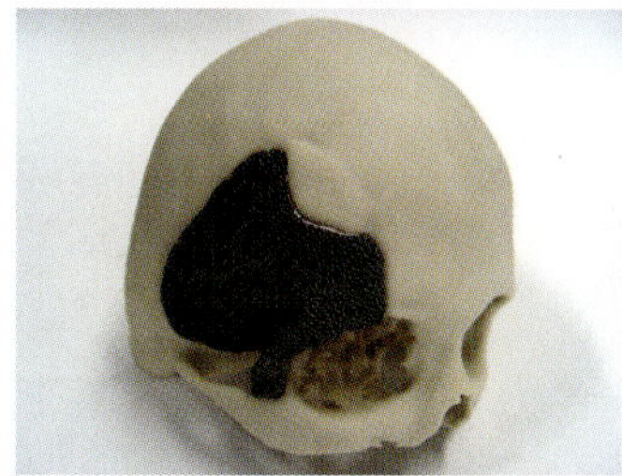
☖ 완성 파트와 지지대 모습

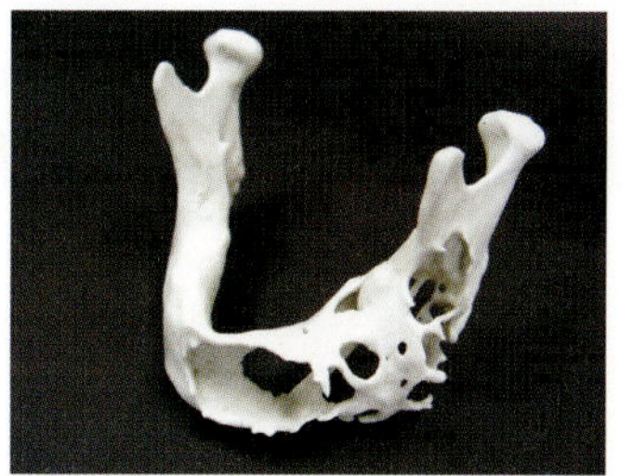
☖ 지지대가 제거된 완성 파트 모습

만들어진 파트는 대부분 불투명과 일부 반투명(엷은 노랑색) 상태의 외관을 보이며, 약간의 냄새가 난다. 심한 충격엔 깨지기 쉽고 과도한 수분과 과열 노출에 주의를 요한다. 물론 기본적으로 충분한 내구성은 갖추고 있기에 대량 생산을 위한 실리콘, 고무 주형용 마스터 원형으로 사용할 수 있다. 다만 광조형 공정인 SLA 공정은 중합반응(Photopolymerization)에 의한 파트의 경화 수축을 원칙적으로 피할 수 없다. 중합반응은 레이저가 액상수지에 접촉 시 액체 상태에서 고체상태

로 변화되는 과정을 말한다. 이 때 수지는 경화시 수축하게 되는데 변형은 수평방향과 수직 양면 방향으로 발생한다. 또한 레이저로 이미 고화된 층에 접촉하도록 다음 층을 고화하면 수직 방향의 뒤틀림이 발생하게 된다. 이를 컬(Curl) 변형이라고 한다. 특히 모델 제작 시 모델의 형상이 천정과 같은 오버행(Overhang) 구조일 때 지지대를 반드시 세워주어야 과잉성장에 의한 변형과 형상 불일치를 최소화할 수 있다. 과잉성장이란 수지가 경화될 때 목적한 최하단면보다도 아래쪽으로 수지가 경화하는 현상을 말한다. 또한 조형 시간이 오래 지속되면 조형 도중에 파트에 팽창과 연화가 일어날 수 있다. 물론 형상에 구조에 따라 변형율은 각각 다르며 변형 최소화를 위한 재료 물성의 향상과 시스템 개선이 상당히 진전되어 있다.

3. 지지대(Support)의 제작과 형상 비교

SLA 방식에 의해 제작되는 파트는 아래 그림과 같이 공통적으로 지지대(Support)를 제작해 주어야 한다. 지지대는 모델 제작 중에 파트가 무너지거나 형상이 왜곡되는 것을 방지하는 역할을 한다. 지지대(Support) 재료는 광경화성 수지로 대부분 모델(Build) 재료와 동일하다. 재료절약과 제거를 편리하게 하기 위하여 지지대(Support)의 경우 최대한 재료 소모량이 적으면서 쉽게 떼어 낼 수 있는 구조로 제작되어야 한다. 지지대가 필요한 경우는 오버행(overhang) 형태, 속이 빈 형상, 변형이 쉬운 두께가 얇은 형상을 가진 파트들에는 필수적이다. SLA 방식은 공통적으로 반드시 지지대가 있으며, 파트에 따라 모양이 약간씩 다르게 형성된다. 지지대는 대부분 Magic-sRP와 같은 RP전용 소프트웨어에서 자동으로 제작해 줄 수 있다.

무겁거나 넓은 면적의 파트의 지지대 모습

정밀하고 가느다란 파트의 경우 지지대 모습

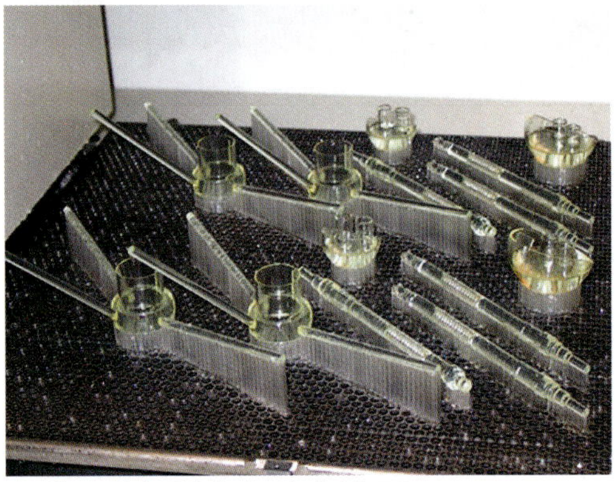

가늘고 길며 경사진 파트의 지지대 모습

지지대를 최소화하여 지지대를 제작한 모습

4. 재료 공급과 부대 장비

SLA 방식은 사용되는 재료의 형태가 액상이기에 대부분 밀폐된 플라스틱 용기에 재료가 담겨져 공급된다. 3D Systems 사의 SLA 타입에 사용되는 액상 수지(Resin) 재료들은 DSM Somos, Huntsman 등 별도의 재료 개발 업체로부터 다양한 재료로 공급받는다. 3D Systems 사의 RP 장비에 사용되는 재료명은 Accura SL Materials이라 한다.

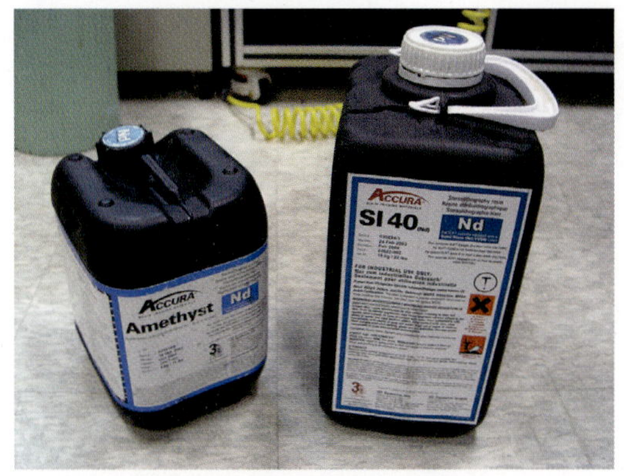

⬆ SLA 방식에 사용되는 광경화성수지 재료통

⬆ Viper Pro에 사용되는 Accura 25 재료, 10Kg(22lbs)

⬆ Viper Pro 액상 재료함 모습

⬆ 광경화성 액상수지 재료에 레이저 빔 궤적 모습

기존의 Viper PRO나 최신 iPro 9000 시스템의 경우 대형 파트의 제작이 가능하도록 대용량 재료통과 이동 장치가 별도로 준비되어 있다. 또한 대형파트 작업대(Build Platform)를 쉽게 탈착하여 곧바로 운반이 용이하도록 수동과 자동 운반카트(Cart)가 있다. 다음 그림들은 Viper Pro에 재료공급과 파트 운반을 위한 보조 장비들이다.

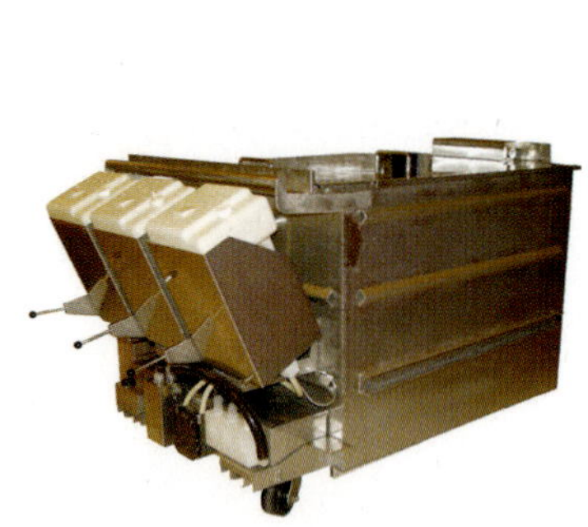

이동형 수지 재료 공급 모듈

수동식 이동 작업대 카트

자동식 이동 작업대 카트

1) 이동형 수지 재료 공급 모듈 – Resin Delivery Modules(RDMs)

Viper PRO에 Build 재료인 수지를 공급하는 장치로 크게 용량(용적율)에 따라 Medium size(RDM 650M=148 리터), Large size-half-depth(RDM 750H=272 리터), Large size (RDM 750F=414 리터), Extra large size(RDM 1500XL=935리터) 등 4가지 종류로 분류된다. 사용자는 작업 용량에 따라 선택하면 된다.

2) 수동식 이동 작업대 카트 – Manual Offload Cart

Viper PRO의 수동식 파트지지대(작업대) 및 운반 장치로 최대 75Kg 정도의 대형 파트를 지지, 운반할 수 있으며, 일체화된 액상 재료 잔류 받이를 포함하고 있다.

3) 자동식 이동 작업대 카트 – Auto Offload Cart

자동식 파트지지대 및 운반 장치로 파트지지대가 스위치만 누르면 자동으로 파트를 밖으로 이동시켜주어 작업의 연속성과 편리성을 확보해 준다.

5. 자외선(UV) 경화를 위한 부대 장비

소형 Viper SLA System과 대형 Viper PRO, iPro군 장비로 만들어진 모든 파트들은 광경화성 수지를 사용하기에 제작이 완료된 후 파트의 표면에 남은 잔류액들을 세척해 주어야 한다. 다음 중요한 것은 광경화방식상 모델의 두께나 형상에 따라 경화가 일정하지 않아 차후 변형을 야기할 수 있다. 이러한 이유로 세척 후 반드시 자외선(UV) 경화과정을 거쳐야 한다. 그래야 보다 단단히 경화된 표면의 파트를 얻을 수 있다. 광경화성수지를 사용하는 SLA 방식의 경우 경화는 필수이다. 경화과정은 시간과 자외선강도 설정이 가능한 자외선 경화기에서 이루어진다. 모델에 따라 경화시간이 다르며 경화기 체임버(Chamber) 안에는 스테인레스 반사판과 자외선 램프, 회전 테이블이 있다.

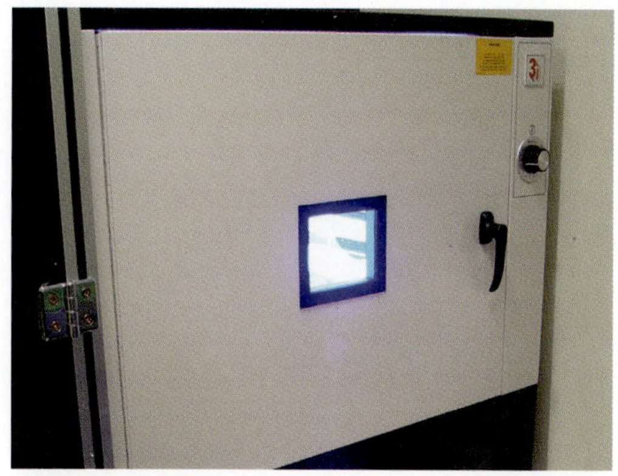

▲ 소형 UV 경화기

▲ UV 경화기 내부 모습

▲ 대형 경화기 〉 Viper PRO용 ProCure 750

▲ UV 경화기 내부 모습

6. 3D Systems 사 SLA 방식에 사용되는 재료 종류

3D Systems 사의 SLA 장비들에서 사용할 수 있는 대표적인 공급 재료들은 약 15가지 정도이다. 여기에 DSM Somos와 같이 외부에서 별도로 공급되고 대부분의 SLA 장비에서 공통으로 사용할 수 있는 재료까지 추가하면 그 수는 상당히 많아진다.

공급되는 재료에는 Accura®라는 명칭을 공통으로 사용하며 물성에 차이를 가지기에 적정한 적용 용도에 맞게 활용해야 한다.

대표적인 Acuura® 재료들을 보면 최근에 출시한 Accura® Xtreme Plastic을 비롯 Accura® 60 Plastic, Accura® CeraMAXTM Plastic, Accura® PEAKTM Plastic, Accura® 48HTR Plastic, Accura® e-StoneTM Plastic, Accura® 55 Plastic, Accura® 50 Plastic, Accura® 45HC Plastic, Accura® 40 Plastic, Accura® 25 Plastic, Accura® 10 Plastic, Accura® AmethystTM Material, Accura® BluestoneTM Material, Accura® accuGen까지 다양하다.

> **참조** CMET 사의 장비에 관한 자세한 사항은 www.cmet.co.jp 부분을 침조한다. 또한 장비명과 세부 사양은 예고 없이 변경될 수 있다.

3D Systems 사 SLA 조형 재료
(Accura SLA(SL) Materials)

	재료	설명
	Accura® 10 Plastic	- Accura 10은 표면조도와 치수 정밀도가 좋고 강도 또한 우수 - 기본적인 형상 확인, 파트의 체결, 기능성 파트 제작에 적합 - 마스터 패턴, RTV/Silicone 몰드 패턴, 인베스트먼트 주조를 위한 QuickCast 패턴까지 다목적 모델 제작이 가능 - 모바일폰, 자동차, 항공기, 컴퓨터, 제어판 디스플레이, 각종 케이스 제작
	Accura® 25 Plastic	- Accura 25는 폴리프로필렌(Polypropylene) 성형품과 같은 느낌 - 구부리기 쉽고, 뛰어난 복원력을 가짐 - 매우 정확한 모델 파트의 제작, 기능성 파트와 조립을 위한 목업(Mock-up) 제작, 컨셉과 마케팅 모델 제작에 적합 - 자동차 스타일링 파트, 전자 제품, 장난감, 체결 구조(Snap-fit) 파트 제작에 적합 - RTV/Silicone 주형을 위한 마스터 패턴 제작, 인젝션 주형 파트의 시험
	Accura® 40 Plastic	- Accura 40은 초기 SI 40으로 명칭되며, 최초의 SL(stereolithography) 재료로 Nylon 6:6과 흡사 - 단단하지만 깨짐 현상이 거의 없고, 고온 파트 활용에 적합 - 제작된 파트의 정확도와 표면조도가 좋아 최소한의 마감 작업만 필요 - 고온에 강하기에 Under hood bolt-on 테스트, Wind tunnel 테스트 HVAC 테스트에 적합 - 시각적인 확인을 비롯, RTV 몰드 패턴 제작, 드릴로 구멍을 뚫거나, 나사 체결이 가능 - 조명 구성용품과 액세서리, 흡입다기관(Intake Manifold), 체결 구조(Snap-fit), RTV/Silicone 주형을 위한 마스터 패턴 제작
	Accura® 45HC Plastic	- Accura 45HC는 고온 테스트용 파트 제작, 자동차 "under-the-hood" 조명 구성용품과 액세서리, HVAC 구성품 제작 - 형상, 조립성, 기능성 테스트 파트 제작 - 인베스트먼트 주조를 위한 QuickCast, 유체 흐름 시각적 체크 파트
	Accura® 48HTR Plastic	- Accura 48HTR은 고온 테스트용 파트 제작, 자동차 "under-the-hood" - 매우 단단한 파트 제작, 습기에 견디는 파트 제작, 내구성 파트 제작 - 유체 흐름과 시각적 체크 파트 제작 - 흡입다기관(Intake Manifold) 디자인과 분석, 전자 제어 파트 제작
	Accura® 50 Plastic (Natural / Gray)	- Accura 50은 내구성, 정확도가 높은 재료로 ABS 물성과 유사 - 기능성 파트와 패턴 제작에 적합 - 매우 정확한 모델 파트의 제작, 기능성 파트와 조립을 위한 목업 - 색상은 회색(Gray)과 Natural 컬러인 아이보리(Ivory-White) 컬러 - 엔클로저(Enclosures), 소비재 상품 케이스와 커버, 장난감, 휴대폰, 전자 구성품(예 : 컨넥터), 자동차 디자인 구성 용품(예 : 데쉬보드) 제작 - RTV/ 실리콘 주형을 위한 마스터 패턴 제작, 체결 구조(Snap-fit) 파트, 컨셉과 마케팅 모델 제작에 적합

♣ 3D Systems 사의 SLA(Stereolithography) 조형 재료

<table>
<tr><td colspan="3" align="center">3D Systems 사 SLA 조형 재료
(Accura SLA(SL) Materials)</td></tr>
<tr>
<td></td>
<td>Accura® 55
Plastic</td>
<td>
- Accura 55는 자동차 인테리어 구성 파트 제작에 적합
- 겉으로 보기에 ABS와 유사하며 매우 단단함
- 정밀도과 내구성이 좋아 우레탄 캐스팅 마스터 패턴으로 활용
- 디자인 컨셉 및 마케팅 모델 제작
- 기능성 조립 샘플 및 테스트 파트
- 전자 제품 구성 파트 제작
</td>
</tr>
<tr>
<td></td>
<td>Accura® 60
Plastic</td>
<td>
- Accura 60은 폴리카보네이트(Polycarbonate)와 같은 외관을 가짐
- 투명도가 있어 유체 흐름과 디스플레이 모델 등 시각적 확인 파트 제작
- 단단한 기능성 파트 제작에 적합
- 휴대폰과 같은 전자제품 파트 제작에 적합
- 의료장비나 장치 또는 연구실 장치 제작에 적합
- 조명 구성품이나 렌즈 제작에 적합
- 우레탄 캐스팅을 위한 마스터 패턴, 인베스트먼트 캐스팅을 위한 QuickCast 패턴 제작
</td>
</tr>
<tr>
<td></td>
<td>Accura® Bluestone
Nano-composite Plastic</td>
<td>
- Accura Bluestone은 매우 단단하며, 내열성이 우수함
- 표면조도가 좋고 치수 변형 최소화로 엔지니어링 정밀파트 제작에 적합
- 우주항공산업 윈드 터널 테스트, 모터스포츠, 조명 디자인, 전자 구성품
- 엔클로우저, 소비재 상품 케이스와 커버, 펌프와 임팰러, 자동차 under-the-hood, 전자 부품 커넥터, 소켓 파트 제작에 적합
</td>
</tr>
<tr>
<td></td>
<td>Accura® Amethyst
Plastic</td>
<td>
- Accura Amethyst는 주얼리 제작을 위한 마스터 원본 제작용
- Accura Amethyst는 매우 단단하며 색상은 짙은 보라색에 가까움
- 재료 특성상 완전연소의 문제로 다이렉트 캐스팅을 하기보다 RP 원본을 가지고 고무 주형을 얻기 위한 용도로 적합
</td>
</tr>
<tr>
<td></td>
<td>Accura® CeraMax
Plastic</td>
<td>
- Accura CeraMax는 플라스틱에 세라믹이 함유된 재료
- 열(약220℃)에 강하며 매우 단단함, 자동차와 항공기 분야에 활용 가능
- 세라믹 복합물과 같은 구성품 제작 가능
- 수증기에 안정화된 구성품 제작
</td>
</tr>
<tr>
<td></td>
<td>Accura® PEAK
Plastic</td>
<td>
- Accura PEAK은 높은 열에 견디며, 물과 유체 흐름 파트 제작
- 항공기 윈드 터널 모델 제작
- 마스터 패턴 제작, 매우 단단하며, 정밀도 우수
- Fixture, Gage, Jig 제작
</td>
</tr>
</table>

⬆ 3D Systems 사 SLA(Stereolithography) 조형 재료

참조　Jig란? 절삭공구를 정해진 위치로 유도하는 장치

3D Systems 사 SLA 조형 재료
(Accura SLA(SL) Materials)

Accura® Xtreme Plastic	- Accura Xtreme은 형상 확인, 조립, 기능성 파트 제작에 적합 - 내구성이 뛰어나며 전자제품 구성품이나 강한 파트 제작 - 충격 강도에 강하며 뒤틀림 현상이 거의 없음 - RTV 마스터 패턴/Silicone 몰드 패턴 제작 - Polypropylene과 ABS의 CNC 기계가공 대체 재료
Accura® e-Stone™ Material	- Accura e-Stone은 디지털 덴탈 파트 제작에 적합 - 내구성, 정밀도, 컬러선택, 디지털 제조가 가능한 특징 - 덴탈 스톤 대체, 크라운과 브릿지 복원, 드릴링, 그라인딩, 왁싱 가능
Accura® accuGen™ Plastic	- Accura accuGen은 다목적 모델 제작 - RTV 몰드 패턴 제작 - Form/Fit/기능성 파트 제작 - 인베스트먼트 캐스팅을 위한 QuickCast 패턴 - Prototype Tooling
NanoForm® 15125 DSM Somos	- NanoForm15125는 나노입자(Nanoparticle Filled Liquid Material)로 구성된 액상의 재료로 제작된 파트의 강도가 높고 매우 단단하다. - 고온에서 견디며 외관 컬러는 옅은 회색(Gray)임 - 자동차 부품처럼 고강도 기능성 중, 대형 파트의 제작에 적합

♨ 3D Systems 사 SLA(Stereolithography) 조형 재료

7. 3D Systems 사의 SLA(SL) 장비별 사양 1

제조사 / 미국	Viper SLA Sys.	Viper Pro	
적용 기술	SLA (Stereolithography)	SLA	
제작 한계 (mm)	250x250x250(XYZ)mm	RDM 650M	650x350x300(XYZ)mm
		RDM 750H	650x750x275(XYZ)mm
		RDM 750F	650x750x550(XYZ)mm
		RDM 1500XL	1500x750x500(XYZ)mm
레이저 Laser	Solid-state > Nd:YVO₄	Solid-state > Nd:YVO₄	
스캔 시스템/묘화빙식	ProScan	ProScan	
레이저 파워	100mW		
빔 지름 Beam Diameter	Standard mode >0.250mm HR mode>0.075mm	스캔 속도 Maximum Scan Speed	Border Spot 3.5m/sec Large Hatch spot 25m/sec
레이어 적층 두께 (mm)	0.02~0.10 mm		
리코팅 시스템 Recoating System	Zephyr Recoating System	Zephyr Recoating System	
조작환경 – 온도	20-26도	20-26도	
구동 소프트웨어	Buildstation software	3DPrinter Controller S/W	
		3DManage Part Preparation S/W	
입력파일 포멧	.stl, slc	.stl, slc	
사용 재료 — 에폭시 계열	PP Like, ABS Like PC Like 내열성수지, 투명 수지	PP Like, ABS Like PC Like 내열성수지, 투명 수지	
재료 공급 Vat	Yes	Yes	
장비크기 (mm)	1340 (W)x860 (D)x1780 (H)		
장비무게 (kg)	463kg		
공급전원(Power)	100-120 VAC / 200V-240VAC	200V-240VAC	

참조 3D Systems 사의 장비에 관한 자세한 사항은 www.3dsystems.com 부분을 참조한다. 또한 장비명과 세부 사양은 예고 없이 변경될 수 있다.

8. 3D Systems 사의 SLA(SL) 장비별 사양 2

제조사 / 미국		iPro 8000	iPro 9000	iPro9000 XL
적용 기술		SLA (Stereolithography)	SLA	SLA
제작 한계 (mm)	RDM 650M	650x350x300(XYZ)mm		
	RDM 750SH	650x750x50(XYZ)mm		
	RDM 750H	650x750x275(XYZ)mm		
	RDM 750F	650x750x550(XYZ)mm		
	RDM 1500XL			1500x750x550(XYZ)mm
레이저 Laser		Solid-state > Nd:YVO$_4$	Solid-state > Nd:YVO$_4$	Solid-state > Nd:YVO$_4$
스캔 시스템/묘화방식		ProScan	ProScan	ProScan
스캔 속도 Maximum Scan Speed	Border spot	3.5m/sec	3.5m/sec	3.5m/sec
	Large Hatch spot	25m/sec	25m/sec	25m/sec
레이어 적층 두께 (mm)		0.05mm, 0.1mm 0.15mm	0.05mm, 0.1mm 0.15mm	0.05mm, 0.1mm 0.15mm
리코팅 시스템 Recoating System		Zephyr Recoating System	Zephyr Recoating System	Zephyr Recoating System
조작환경 – 온도		20-26도	20-26도	20-26도
구동 소프트웨어		3DPrinter Controller S/W	3DPrinter Controller S/W	3DPrinter Controller S/W
		3DManage Part Preparation S/W	3DManage Part Preparation S/W	3DManage Part Preparation S/W
입력파일 포멧		.stl, slc	.stl, slc	.stl, slc
사용 재료	에폭시 계열	PP Like, ABS Like PC Like 내열성수지, 투명 수지	PP Like, ABS Like PC Like 내열성수지, 투명 수지	PP Like, ABS Like PC Like 내열성수지, 투명 수지
재료 공급 Vat		Yes	Yes	Yes
장비크기 (mm)		1260 (W)x2200 (D)x2280 (H)	2120 (W)x2200 (D)x2280 (H)	2120 (W)x2200 (D)x2280 (H)
장비무게 (kg)		1590kg	2404kg	2404kg
공급전원(Power)		200V-240VAC	200V-240VAC	200V-240VAC

참조 3D Systems 사의 장비에 관한 자세한 사항은 www.3dsystems.com 부분을 참조한다. 또한 장비명과 세부 사양은 예고 없이 변경될 수 있다.

9. 3D Systems 사의 SLA 방식 활용 사례 1

아래 소개되는 RP 활용사례는 홍익대학교 산업디자인학과를 졸업한 디자이너 백두산의 작품이다. 작품명 Drop Light가 말해 주듯 잎새에 맺힌 이슬이 물방울이 되어 떨어지려는 자연의 아름다움을 느끼게 한다. 또한 활짝 핀 꽃잎에 와인 잔을 매달아 놓은 듯한 감성적 메타포를 느끼게 한다. 그가 말하는 조명이란 실내에서 조명은 인간과 공간 사이의 소통의 매개체라는 해석이다. 조명은 단순한 관망의 대상이 되기보다는, 소통, 그 자체가 되어야 한다는 것으로 Drop Light은 조명을 소통으로 이해하고, 공간 속에 여러 형태로 존재하는 조명을 하나의 조형언어로 통합한 새로운 컨셉이다.

Drop Light / Integrated concept of indoor lighting는 총 5개의 소형 Lamp군과 꽃잎 모양의 본체부로 구성되어 있으며, 조명이라는 특성상 내부의 LED 회로기판과 전선, 자동 충전 메커니즘의 실장이 전제되어 디자인과 프로토타입 제작이 진행되었다. 특히 자유곡면이 많고 프로토타입Prototype의 조립성이 무엇보다 중요했다.

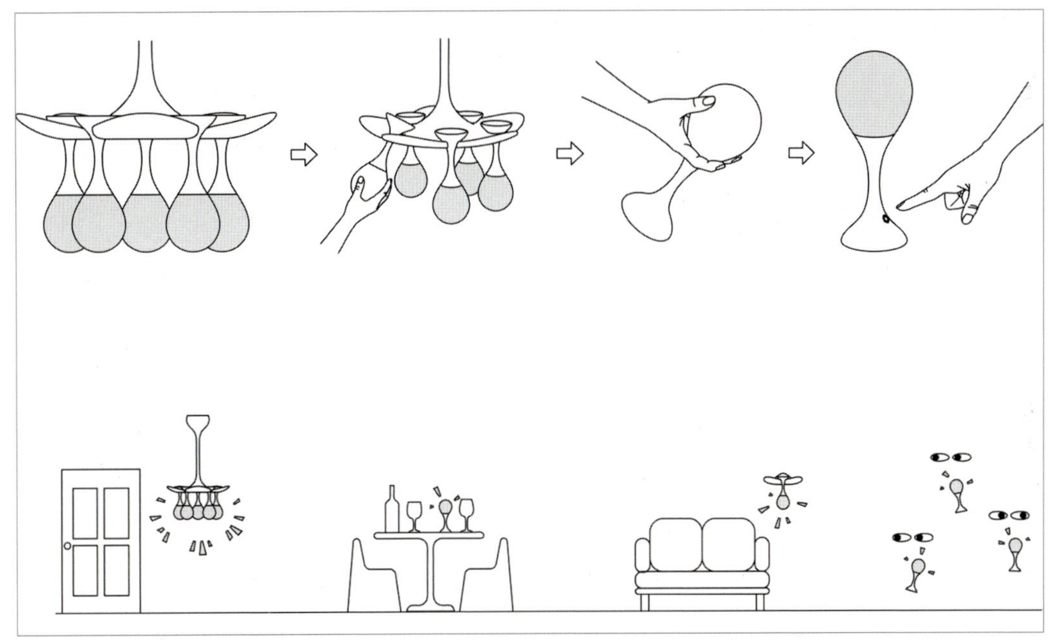

♣ Drop Light 사용성 Applications – 디자이너 백두산 제공. 2009.

Drop Light는 작동 가능한 모형(Mock-up)을 빠른 시간 안에 제작하는 방법으로 신속조형기술 Rapid Prototyping을 선택했다. 사용된 장비는 SLA방식인 미국 3D Systems 사의 Viper Pro와 SLA 방식인 일본 CMET 사의 RM 6000II가 사용되었다. Viper Pro는 유백색의 Accura si40(ABS like) 재료를 사용하여 본체부의 대부분을 제작하였다. 단 5개의 반투명 Lamp Shade는 LED 광원이 은은하게 배어 나와야 하기에 CMET 사 장비를 사용했다. 사용 재료는 투명도가 높은 TSR829가 사용되었다. 제작 후 후가공인 샌드블라스터와 샌딩, 페인팅과 부품 실장이 성공적으로 이루어졌다. 공정을 단계별로 보면 보다 명확한 이해를 할 수 있다.

 3D CAD 모델링

정리된 아이디어를 현실화하기 위한 첫 단계로 모형(Mock-up)제작은 필수이다. 신속조형기술(RP : Rapid Prototyping)을 활용하기 위해서는 아래와 같이 3D CAD 모델링 데이터가 요구된다. 또한 이렇게 모델링된 파트들은 열린 면이 없는 모두 솔리드(Solid) 객체여야 한다.

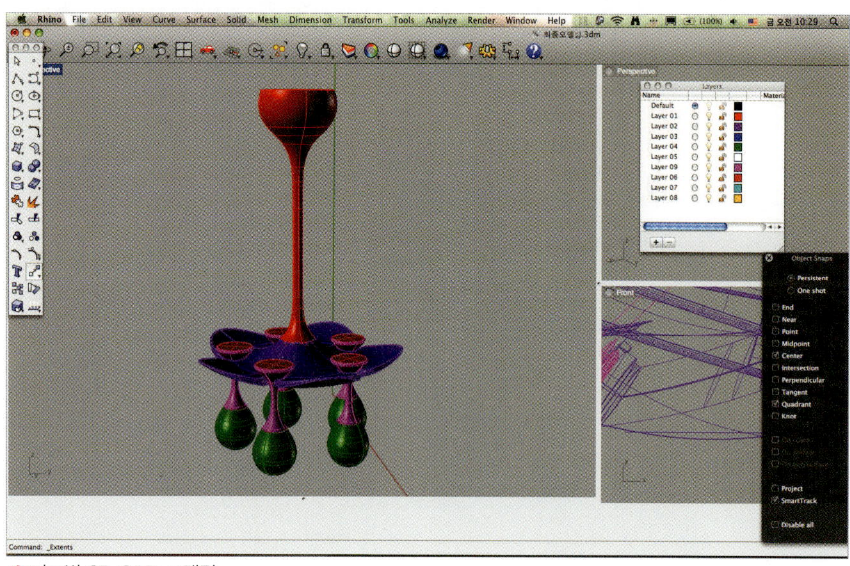

♣ 파트별 3D CAD 모델링

 STL 파일 변환과 저장

STL 파일 포맷은 RP 제작 시 표준 포맷으로 보면 된다. 변환된 객체를 자세히 살펴보면 그림과 같이 삼각형 또는 사각형의 면들이 붙어 전체적인 형상을 이루고 있는 모습이다. 이것을 우리는 폴리곤메쉬(Polygon Mesh)라고 부른다. 폴리곤 메쉬는 자세히 보면 각이 져 있기에 저장된 형상 데이터가 완전한 형상이 아닌 미세한 각을 가진 근사치 모델이라 한다.

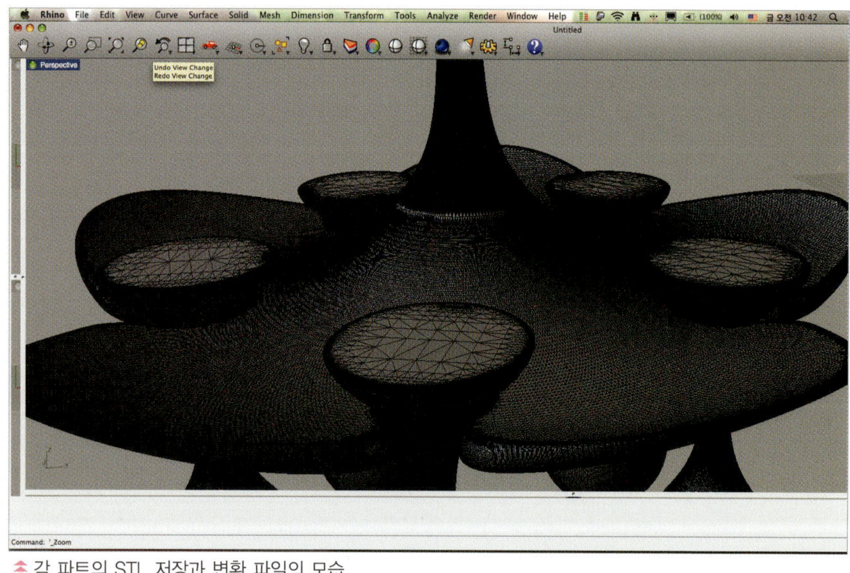

♣ 각 파트의 STL 저장과 변환 파일의 모습

 RP 장비 세팅과 데이터 전송

제작을 위하여 우선 RP 장비를 세팅하고 재료상태를 확인한다. 데이터가 전송되면 바로 제작이 행해진다. 모든 제작 상황은 모니터를 통해 실시간으로 볼 수 있다. Drop Light는 본체부와 부품들이 많아 산업용 RP 장비를 사용했다. 이것은 작업 조형판의 크기가 크기 때문이다. 이와 동시에 투명 부분은 일본 CMET 사 RM6000II으로 작업이 이루어졌다.

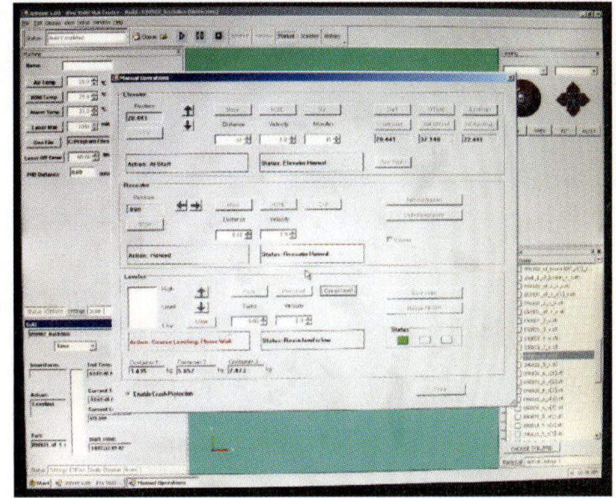

▲ 작업 통제와 상황을 볼 수 있는 모니터링 모습

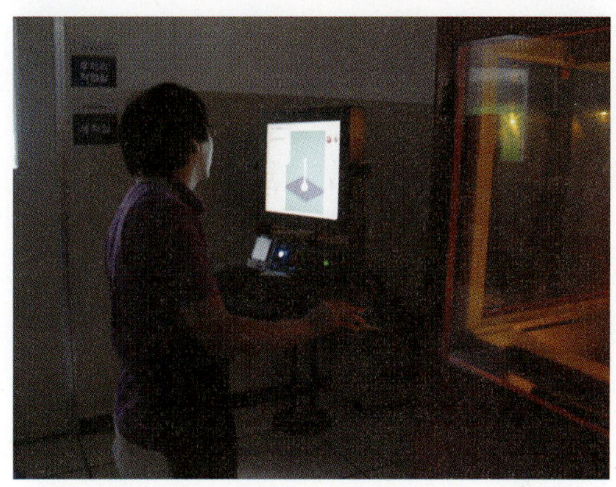

▲ 미국 3D Systems 사의 Viper Pro 모습

단계 4 조형 작업 시작

Viper Pro 장비는 그림과 같이 하부는 광경화성액상수지함, 상부에는 레이저시스템으로 구성되어 있다. 작업이 시작되면 광경화성액상수지에 그림과 같이 레이저가 조사되어 경화층이 만들어지며 한층 한층 파트가 모두 완성될 때까지 계속된다.

▲ 조형장비 내부 〉 광경화성수지함 모습

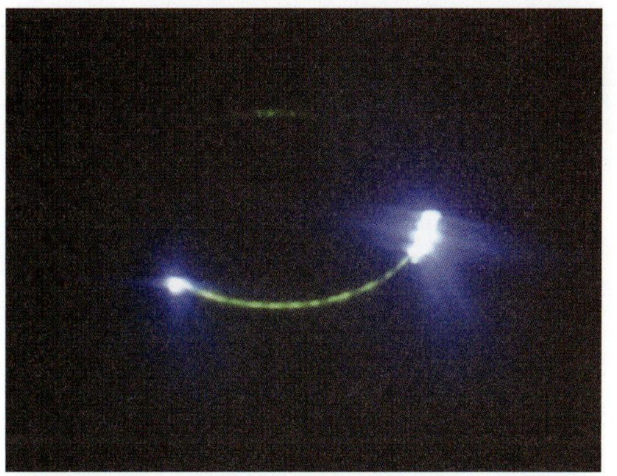

▲ 광경화성수지에 레이저가 조사되는 모습

단계 5 조형 작업 완료

RP 장비 내에서 모든 조형 작업이 마무리되면 그림과 같이 아래로 내려갔던 조형판이 서서히 위로 올려지게 된다. 이때 조형판에는 작은 구멍들이 뚫려 있어 잔유 광경화성 수지액들이 밑으로 흘러 빠지게 된다.

▲ 조형 작업 완료 후 조형판이 위로 상승하는 모습

조형물에 아직 묻어 있는 수지액이 최대한 빠지도록 잠시 기다렸다가 다음 작업을 준비한다. 현재 파트들은 조형판에 지지대(Support)와 함께 붙어 있다. 이러한 지지대는 모델재료와 동일한 재료이며 향후 떼어내 버리는 부분이다.

▲ 잔류 수지액을 최대한 밑으로 빼줌

▲ 조형판과 모델이 지지대를 통해 붙어 있는 모습

단계 6 조형판 분리

어느 정도 수지액이 빠지면 그림과 같이 별도의 운반 카터를 가지고 조심스럽게 조형판을 장비로부터 빼준다.

▲ 조형판 분리 모습

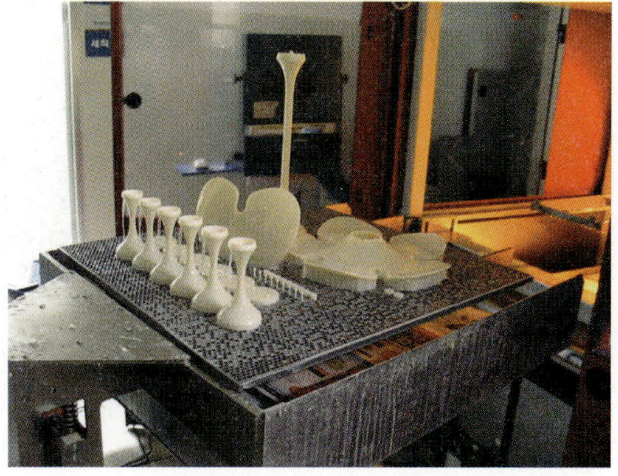

▲ 조형판 분리 모습

단계 7 조형물 세척

조형물의 세척은 중요하다. 이것은 표면에 남은 이물질이나 수지액을 제거함으로 보다 깨끗한 표면을 얻을 수 있기 때문이다. 자동화된 세척기는 조형판이 올라가면 세척액이 담긴 하단부로 내려간다. 안에서는 세척이 용이하도록 세척액에 움직임이 주어진다.

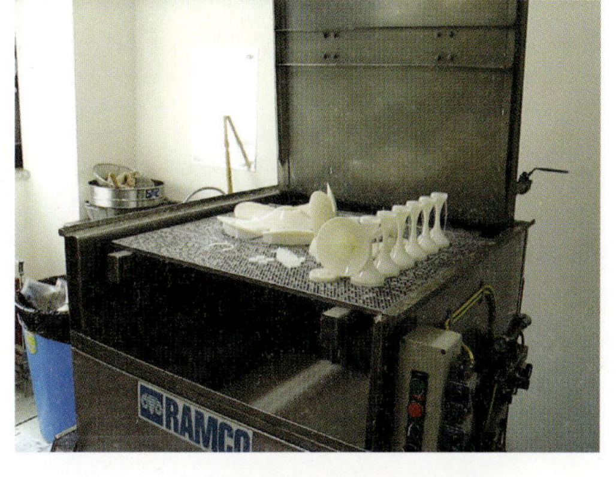

▲ 세척기에 조형판 올리는 모습

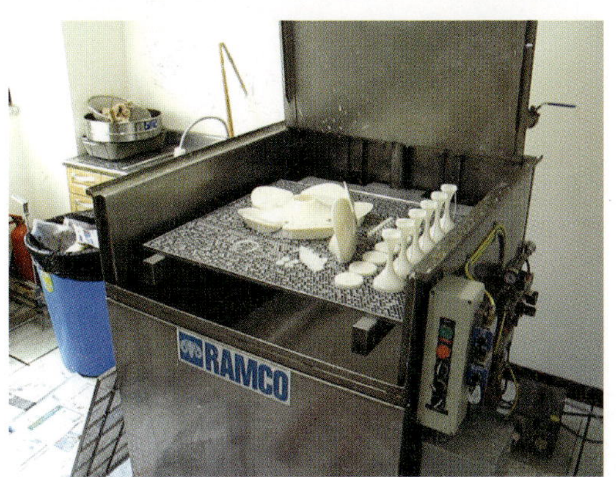
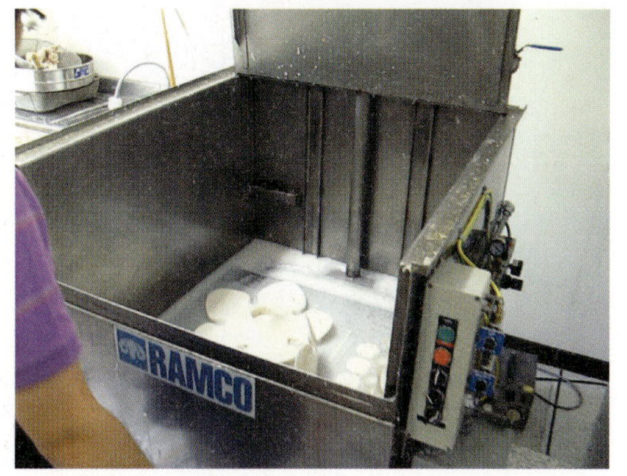

▲ 조형판이 아래로 내려가는 모습

세척액에 조형판이 완전히 잠긴 모습

세척 진행 모습

단계 8 세척 완료

세척이 완료되면 대부분의 잔류 수지액은 세척이 되며 표면의 상태가 제대로 보이기 시작한다.

세척 완료 모습

세척이 완료된 상태에서 지지대 구조를 보면 제거가 쉽도록 구조화됨

지지대 제거는 그림과 같이 조형판에서 조형파트를 분리해 내는 작업으로 헤라와 같은 얇은 칼날을 사용하면 좋다.

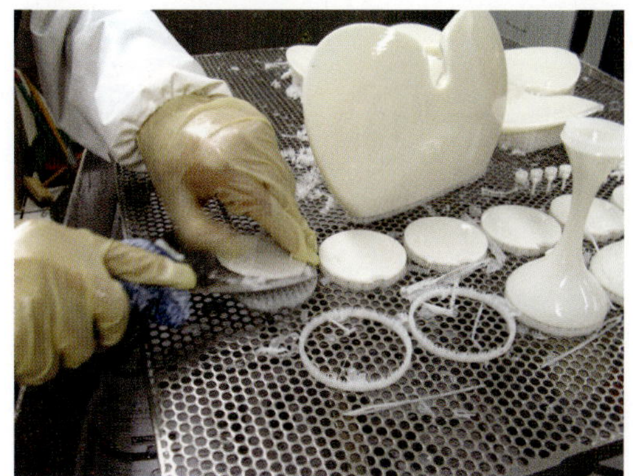

▲ 조형판에서 지지대를 제거하는 모습

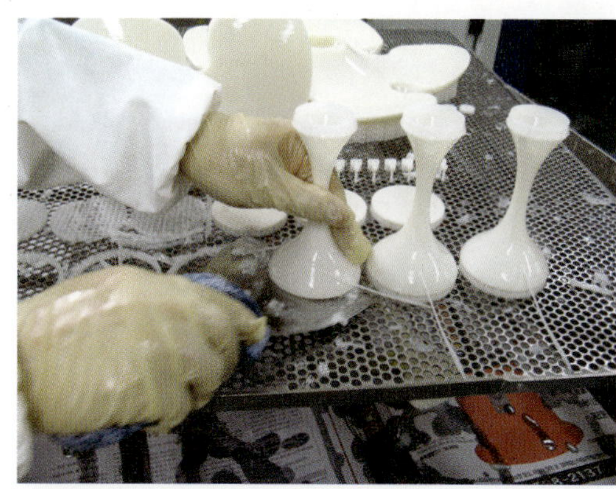

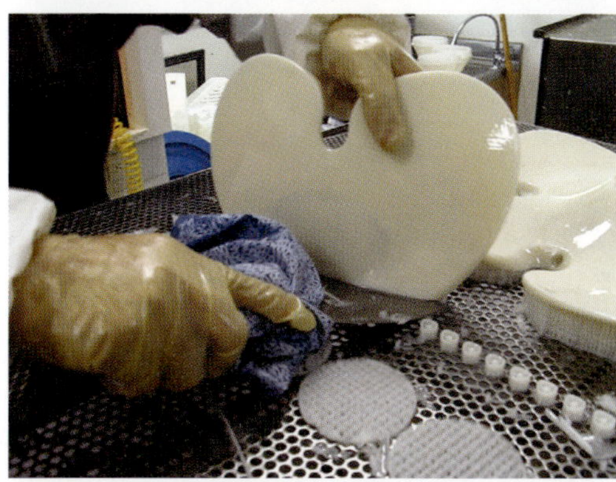

▲ 조형판에서 지지대를 제거하는 모습

▲ 조형판에서 모델 파트를 떼어낸 후의 지지대 모습

단계 10 세부 지지대(Support) 제거 후 세척

이제 파트에 안쪽에 남아 있는 수지액을 완전히 세척하는 작업이다. 주로 화학 약품인 솔벤트나 신나류가 사용되기에 보호용 마스크와 장갑이 필요하다. 또한 콤프레셔를 사용하기에 눈에 보호 안경을 반드시 착용해야 한다. 이 작업은 통기시스템과 폐기물 처리시스템을 갖춘 곳에서 작업해야 한다. 작업이 완료되면 맑은 물에 마지막 세척을 한다.

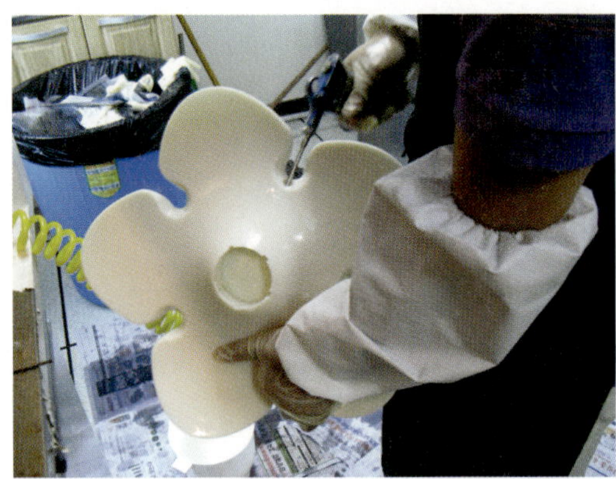

단계 11 UV 경화기에 파트 경화하기

물기는 에어컴프레셔를 통해 제거하는 것이 좋다. 다음 파트들을 완전하게 경화시키기 위한 UV 건조함에 넣어 준다. UV 경화기는 대부분 타이머로 작동하며 내부엔 자외선 형광 램프와 반사판으로 이루어져 있다.

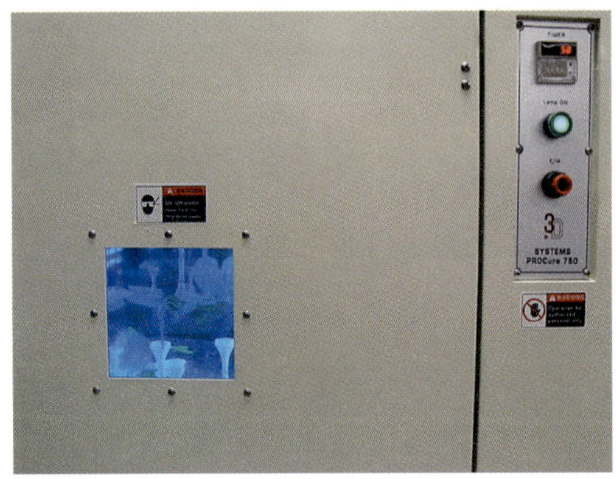
▲ UV 경화기 외부 모습

▲ UV 경화기 내부 모습

강한 공기압을 이용 모래입자를 쏘아 투명 벌브(갓-Shade)가 될 부분의 표면을 처리한다. 샌드블라스트는 후에 샌딩작업을 용이하게 해 준다.

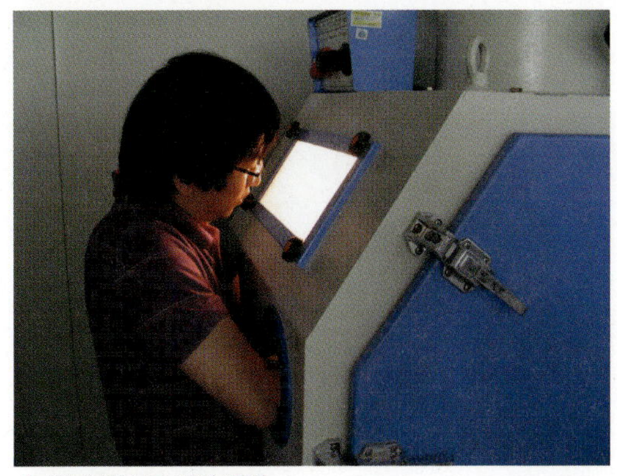

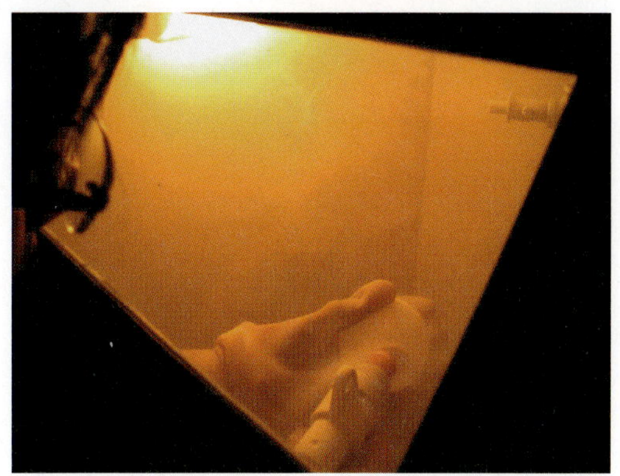

☆ 샌드블라스트 작업 장면

샌드블라스트 작업된 조명 갓(Shade)들도 물론 세척하여 건조시켜 준다.

☆ 샌드블라스 작업된 반투명 조명 갓(Shade)과 세척과정

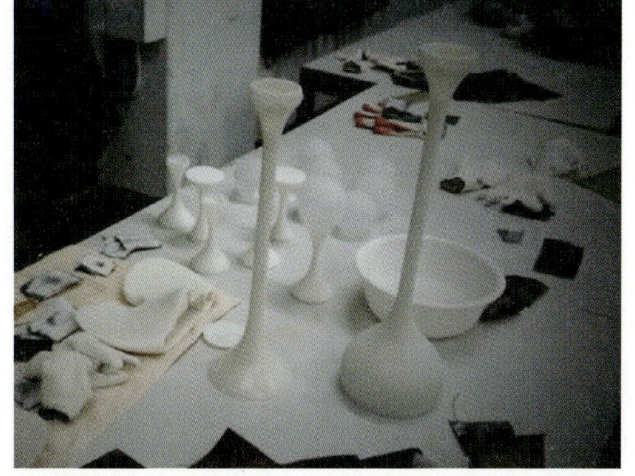

☆ 건조 후의 쉐이드(Shade) 모습

☆ 자외선 건조 후의 파트 모습

참조 샌드블라스트(Sandblast)란?
모래 알갱이 입자를 강한 압력으로 분사하여 유리, 돌, 금속 따위의 표면을 갈거나 닦기 위한 처리 공정을 의미한다.

건조된 RP 파트들은 보다 좋은 표면을 얻기 위하여 그림과 같이 샌드 페이퍼로 샌딩을 한다. 샌딩은 거친 것부터 고운 것 순으로 해주며 마지막에 마이크로파인(3M 사)의 샌드 페이퍼를 이용해도 좋다. 특히 도료를 칠할 경우, 보다 좋은 품질의 표면을 얻기 위해서도 반드시 필요하다. 여기에서는 자동차에 사용되는 내구성과 광택이 뛰어난 우레탄계 도료를 칠하고 마지막에 슈퍼클리어로 광택 처리했다.

파트를 샌딩(Sanding)하는 모습

도장작업과 내부 회로 및 부품 실장 작업까지 완료되면 제작이 완료되었다고 볼 수 있다. 아래 이미지는 제작 완료 후 설치된 프로토타입(Prototype)을 직접 작동해 보는 모습이다. 본체부에 올려진 5개의 Lamp들은 각각에 리튬이온(Lithium Polymer) 충전 배터리가 내장된 충전 시스템이 있어 자동으로 충전되며, 독립적으로 각자의 방에서 사용이 가능하다. 또한 벽부식 단일 무드조명으로도 활용하도록 디자인 되었다.

Drop Light,
디자이너 백두산(Baek, Doo-san) 작, 2009.

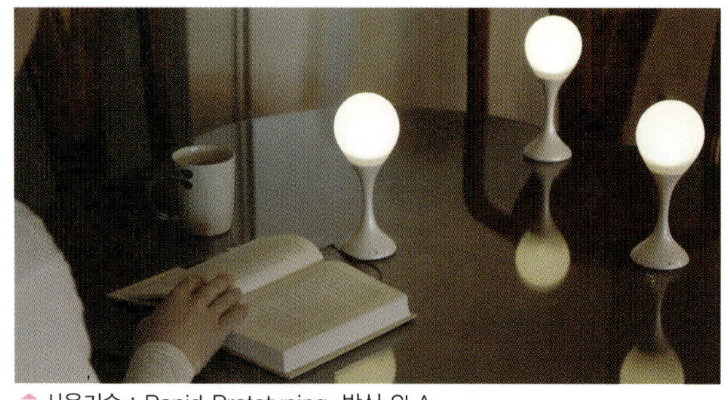

사용기술 : Rapid Prototyping, 방식 SLA,
재료 : 불투명 Accura si40(ABS like), 투명부 TSR829,
Drop Light 제품 전체 Lamp 사양 〉
Power Consumption : 14w(2.8w/EA), Voltage : 12v,
Color : 3800k(warm white)
개별 Lamp 사양 〉 Power Consumption : 0.4w,
Battery : 3.7v, 1100mAh, Lithium Polymer,
Lasting Time : optional, 2.5 hours / battery,
Color : 3800k(warm white)

Drop Light, 디자이너 백두산 작, 100% Design Tokyo 2009 전시작

♨ Porsche 트랜스 미션 하우징

♨ 경주용 자동차 외장 〉 Formula 1

♨ 대형 엔진 블록

♨ 자동차 배기 Manifold Test 파트

♨ 자동차 데쉬보드 〉 General Motors 〉 Dashboard

♨ 소비재 – 문구류 적용 사례 〉 스테이플러(Stapler)

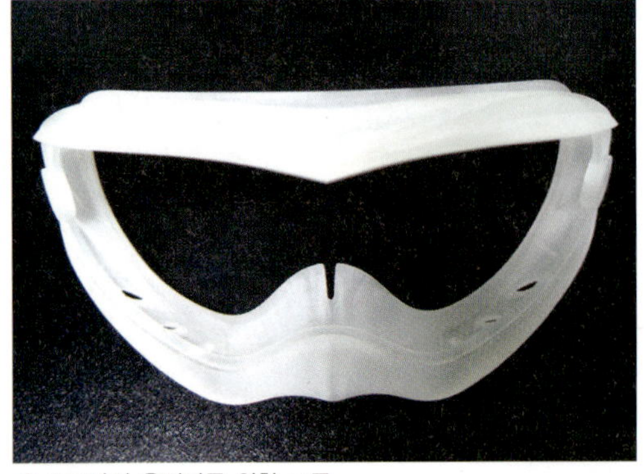

♨ 오토바이 운전자를 위한 고글

♨ 용기 디자인 적용 사례 〉 코카콜라

이미지 제공 및 출처 : 미국 3D Systems사, (주)한국기술, 2010.

일본 CMET 사의 SLA 방식

미국에 SLA 방식을 최초로 상용화한 3D Systems 사가 있다면, 일본의 대표적인 SLA 장비 개발 및 제조업체로 CMET 사가 있다. CMET(Computer Modeling and Engineering Technology) 사는 1990년 11월 대주주인 미쯔비시(Mitsubishi Corporation) 사와 NTT Data Communication Systems, Asahi Denak Kogyo K.K에 의해 설립되었으며, 일본에서는 최초의 상업용 RP 장비 업체이다. 1994년 3월 일본 시장 점유율 50%로 이 분야 1위를 달성하기도 했다. 하지만 2000년 Soliform RP 장비를 생산했던 Teijin Seiki 사에 합병되었으며, 브랜드 인지도를 고려하여 명칭은 CMET을 유지하게 된다. 2003년 Teijin Seiki 사는 Nabtesco 사와 합병하여 새 회사명 Nabtesco 사가 되었다. 결국 CMET은 Nabtesco 사의 계열사인 셈이다. 2007년 CMET과 Teijin Seiki 사의 연합 판매로 약 500여 대의 SLA(SL) 장비를 판매하였다. 여기에 일본 2위 업체인 D-MEC 사(예전 Sony/D-MEC) 또한 추정하여 약 300대 이상의 SLA(SL) 장비를 판매한 것으로 조사되었다. 일본은 SLA 기술에 관한 미국과의 배타적인 특허 분쟁에도 불구하고 그 기술력과 시스템 제작 기술은 세계적인 수준이다. 특히 미국보다 일찍부터 사용해온 Epoxy Resin 재료 기술과 제어기술에 관한 기계적인 안정성, 사용의 편리성 등이 우수하다.

1. SLA(SL) 장비 외관

CMET의 초기 모델은 1988년 한국에 설치된 광조형장비(SLA) 1호기인 SOUP(Solid Object Ultraviolet-Laser Printer) 판매를 시작으로, 1992년 Teijin Seiki의 SOLIFORM 모델, 2002년 Rapid Meister 시리즈, 2006~2010년 현재는 Rapid Meister 3000, Rapid Meister 6000II가 주력 모델이다. 모델 제작을 위한 광원으로는 He-Cd, Ar 레이저(Laser)를 사용하며, 조형 재료는 광경화성수지(Photo-curable epoxy resin)이다. 수지들은 보통 불투명 및 투명재질, 고무 성질의 재질, 열에 강한 재질 등이 있다.

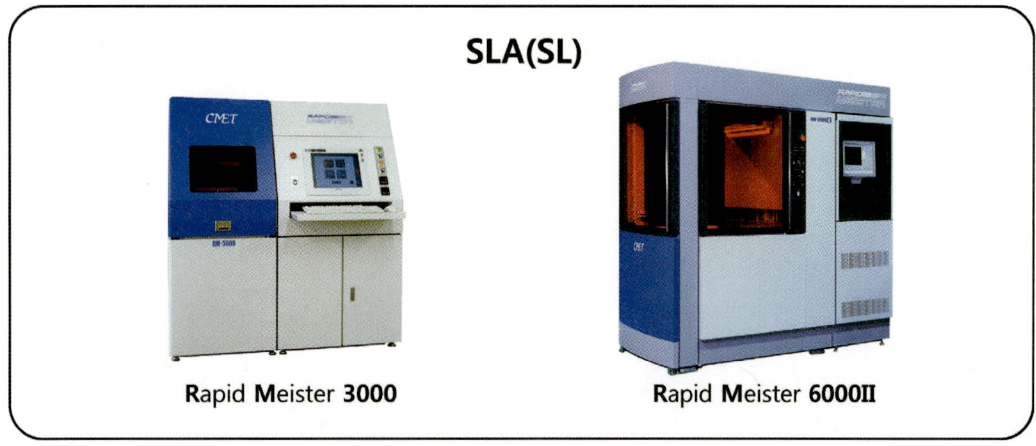

☆ 액형 기반 RP 시스템 〉 일본 CMET 사의 SLA(SL) 방식 RP 시스템

2. 모델 조형 공정 – SLA(Sterolithography) Process

CMET사의 RM(RapidMeister) 장비들은 미국의 3DSystems 사가 세계 최초로 상용화한 SLA (Stereolithography Apparatus) 공정과 같은 Stereolithography 광조형 원리에 의해 모델을 조형한다는 것이다. 현재 포토마스킹(Photomasking) 방법과 함께 가장 대표적인 광조형 공정 중의 하나이다. CMET 사의 SL(Stereolithography) 광조형법은 다른 RP 공정처럼 기본적으로 Solid CAD Data가 준비되어야 한다. 준비된 파일을 RP 장비가 인식할 수 있는 STL Format으로 변환한다. 변환된 STL 파일을 Meister Pro 소프트웨어를 통해 Cross Section Data 변환, RP 장비로 불러들여 한층 한층 적층 조형이 시작된다. SLA 공정의 가장 큰 특징은 광원으로 레이저(UV Laser)를 사용한다는 것과 모델재로 레이저 빛에 반응하는 광경화성액상수지(Photocurable Liquid Resin)를 사용한다는 것이다.

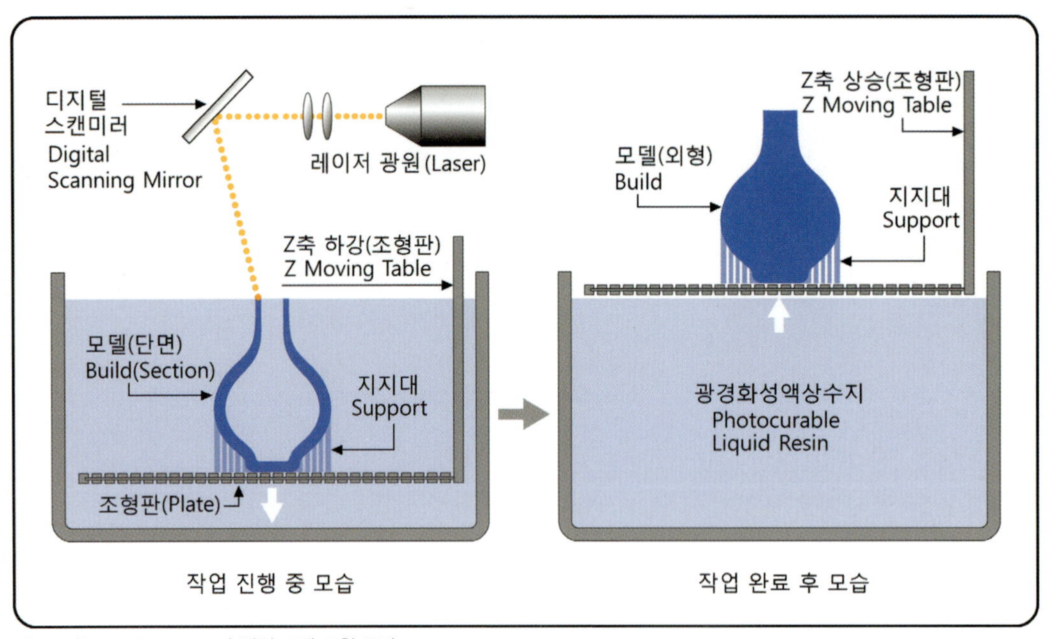

🔺 SLA(Stereolithography) 방식 모델 조형 공정

조형 원리는 빛에 반응하는 아크릴이나 에폭시 계열의 광경화성 수지(Photocurable resin)가 들어 있는 수조(Vat)에 UV레이저(Laser) 빔을 주사하면 레이저가 닿는 수지는 곧바로 경화가 이루어져 원하는 모델을 조형하는 원리이다. 모델의 한 층(Layer)이 경화되면 Z축으로 움직이는 원형 타공 된 스테인레스 재질의 조형판이 한층 두께 최소 약 0.05mm 만큼 밑으로 내려간다. 여기에 반복적으로 레이저(Laser)를 주사하여 다음 층이 굳어지게 된다. 이때 다음 층을 레이저가 주사하기 전 만들어진 모델의 표면에 과다한 수지들은 리코터(Recoater)의 수평 날에 의해 표면 평탄화가 연속적으로 이루어진다. 물론 이러한 일련의 반복 작업들은 파트가 완성될 때까지 계속 되게 된다. RM3000의 경우 최대 조형크기는 300(X)×300(Y)×270(Z)mm이며, RM6000II의 경우 610(X)×610(Y)×500(Z)으로 RM3000의 거의 두 배 크기를 조형할 수 있다. 또한 과거의 아날로 그 스캔에서 디지털 스캔으로 바뀌면서 보다 빠르고 정밀한 조형이 가능하다.

다음은 CMET 사의 SLA(Stereolithography) 광조형 공정을 보다 쉽게 이해할 수 있도록 단계별 작업 공정을 보여준다.

단계 1 3D 모델링 데이터를 STL 파일로 변환 저장 후 MagicsRP와 같은 소프트웨어에서 오류 체크와 지지대를 제작한 상태이다. 지지대 부위는 붉은색으로 보이는 부분이다. SLA 방식의 공통적인 특징이다.

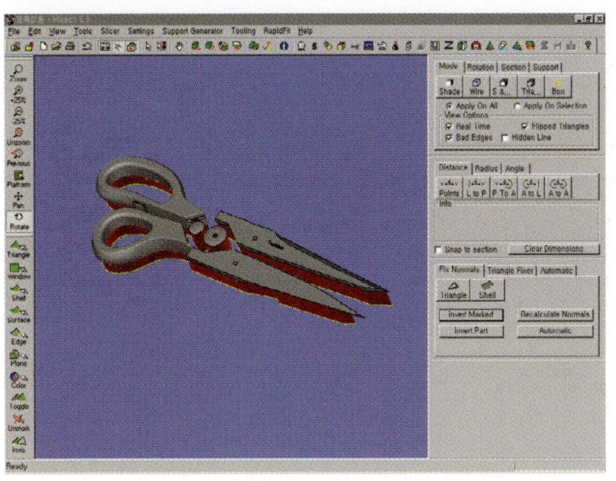
☰ Masics RP에서 지지대와 슬라이싱 데이터 생성

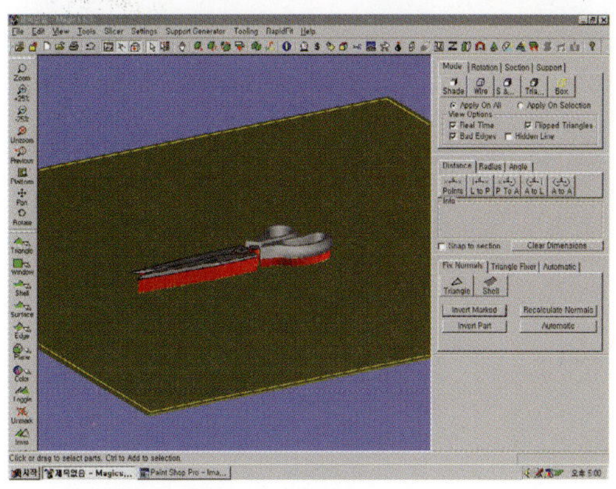
☰ 작업대에 모델 배치 〉 데이타 전송

단계 2 CMET 사의 SOUP-II 600GS 장비를 이용 조형하는 모습으로 구멍 뚫린 조형판 밑으로 광경화성수지인 TSR 829 액상 재료가 보인다. 레이저가 주사되면 우측 그림처럼 가위의 형상이 서서히 한층 한층 조형되어진다.

☰ 광경화수지에 레이저 조사 장면

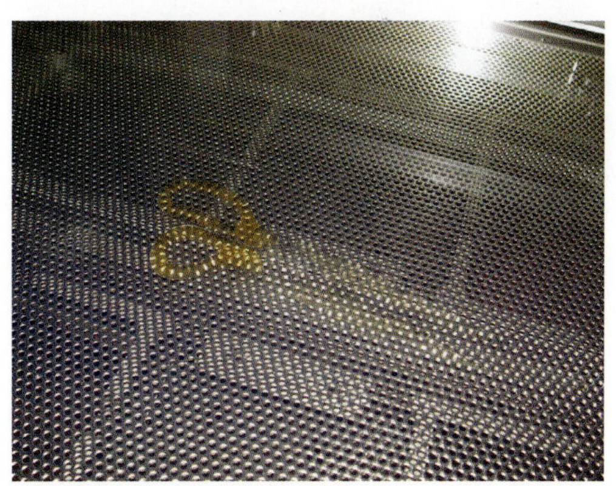
☰ 서서히 윤곽을 드러내는 가위 파트

 가위 파트의 조형이 모두 완료되면 조형판을 올려 헤라와 같은 도구를 이용하여 파트를 떼어낸다. 파트에는 지지대가 붙어 있지만 쉽게 뗄어낼 수 있도록 구조가 되어 있다.

▲ 조형 완성과 지지대 모습

▲ 헤라를 이용한 제작 파트의 분리

 떼어낸 가위의 부위별 파트들을 세척한다. 붙어 있는 나머지 지지대를 모두 제거하고 건조시켜 원하는 파트를 얻는다. 차후 페인팅을 위해서는 샌드블라스터나 샌딩이 요구된다.

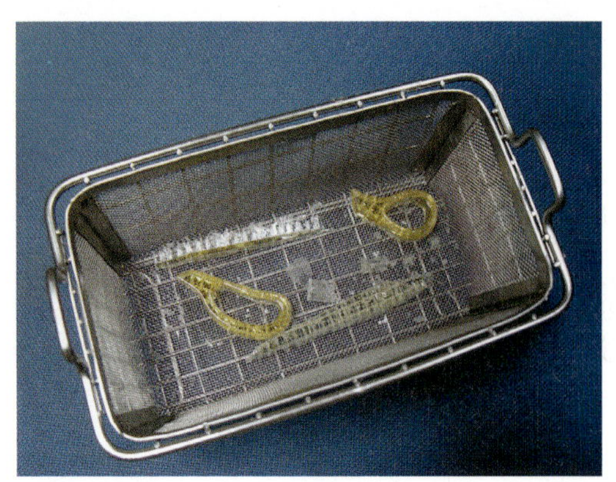

▲ 파트의 세척

▲ 잔여 지지대 제거와 세부 손질

3. 지지대(Support) 제작과 형상 비교

SLA 방식에 의해 제작되는 파트는 다음 그림과 같이 공통적으로 지지대(Support)를 제작해 주어야 한다. 지지대는 모델 제작 중에 파트가 무너지거나 형상이 왜곡되는 것을 방지하는 역할을 한다. 지지대(Support) 재료는 광경화성 수지로 대부분 모델(Build) 재료와 동일하다. 재료절약과 제거를 편리하게 하기 위하여 지지대(Support)의 경우 최대한 재료 소모량이 적으면서 쉽게 떼어 낼 수 있는 구조로 제작되어야 한다. 지지대가 필요한 경우는 오버행(overhang) 형태, 속이 빈 형상, 변형이 쉬운 두께가 얇은 형상을 가진 파트들에는 필수적이다. SLA 방식은 공통적으로 반드시 지지대가 있으며, 파트에 따라 모양이 약간씩 다르게 형성된다. 지지대는 대부분 Magic-sRP와 같은 RP 전용 소프트웨어에서 자동으로 제작해 줄 수 있다.

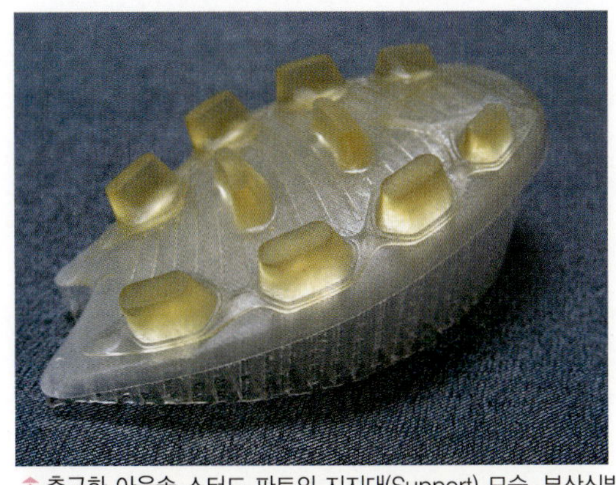
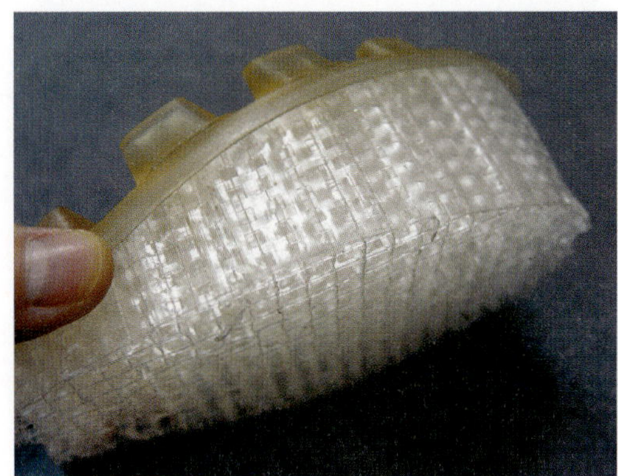

4. 재료 공급과 부대 장비

산업용 SLA 장비들은 제작 파트의 크기가 중·대형인 만큼 재료소모가 크기에 재료 공급통의 용량이 크다. 또한 그만큼 무겁기에 안전하게 재료를 장비 안으로 운반하는 보조 장치들이 준비되어 있다. 조작은 간편한 편이다. RM3000 시스템의 경우 스테인레스 재료통에 약 60kg의 광경화성 수지가 담기며, RM6000II의 경우 약 330Kg의 광경화성수지가 담겨 공급된다.

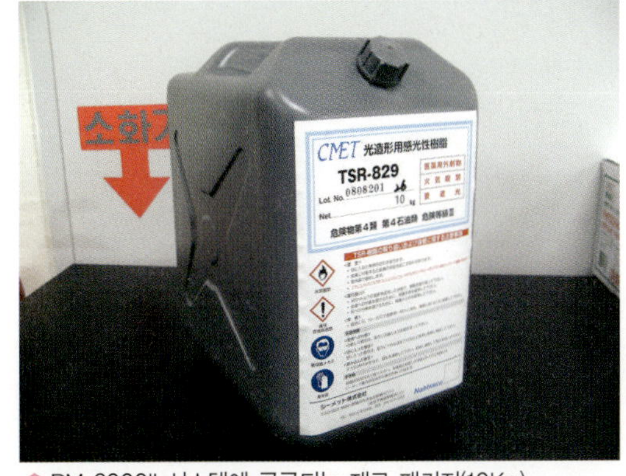

RM 6000II 시스템에 공급되는 재료 패키지(10Kg)

RM 6000II 시스템에 보충 공급되는 재료와 펌프 장치

🔺 RM 3000 시스템에 재료통이 삽입된 모습

🔺 RM 6000II에 재료통이 삽입되는 모습

5. CMET 사 SLA 방식에 사용되는 재료 종류

CMET 사의 SLA 장비들에서 사용할 수 있는 대표적인 공급 재료들은 약 14가지 정도이다. 공급되는 재료에는 TSR이라는 명칭을 공통으로 사용하며, 물성의 차이를 가지기에 적정한 적용 용도에 맞게 활용해야 한다.

대표적인 TSR 재료들을 보면 고무재질의 TSR510부터, TSR680, HS690, HS696, TSR754, TSR755, TSR820, TSR821,TSR828, TSR829, TSR920, TSR1920, TSR1920B, TSR197까지 다양하다.

> **참조** CMET 사의 공급 재료에 관한 자세한 사항은 www.cmet.co.jp 부분을 참조한다. 또한 재료의 명칭이나 물성은 예고 없이 변경될 수 있다.

<table>
<tr><td colspan="3" align="center">CMET 사 SLA 조형 재료
(TSR/HS > SLA(SL) Materials)</td></tr>
<tr>
<td rowspan="3"></td>
<td align="center">TSR-829</td>
<td>- 고선명 투명수지 재료, 습도에 강하며 고정밀 치수 정밀도 구현 재료
- 외관상 투명(Highly transparent)으로 자동차 헤드라이트 렌즈나 투명 용기 제작에 적합, 디자인 평가 모델 제작에 적합
- 모델 경도 83, 충격강도 34, 사용 레이저 LD</td>
</tr>
<tr>
<td align="center">TSR-920
TSR-1971</td>
<td>- 열에 잘 견디어 자동차 배기 매니폴드나 헤어드라이어와 같은 내열 파트 시험에 적합
- 외관상 유백색과 투명</td>
</tr>
<tr>
<td align="center">TSR-1920
TSR-1920B</td>
<td>- 고무와 같은 물성의 수지 재료
- 내열재료이며 탄성이 좋아 벨로우즈(Bellows), 타이어(Tire), 시계줄 등의 파트 제작에 적합
- 외관상 불투명 고무, 모델 경도 A70, 사용 레이저 Ar/LD</td>
</tr>
</table>

🔺 CMET 사 SLA(Stereolithography) 조형 재료

CMET 사 SLA 조형 재료
(TSR/HS > SLA(SL) Materials)

	재료	설명
	TSR-510	- TSR 510은 세계 최초 Silicon계 Rubber 수지 - 기존의 제품대비 투명성 극대화 - 탄성회복률 100%달성 - 연신율 110% - 자체 팽창성이 없어 0.8%의 경이적인 경화 수축율 달성 - 혈관계통과 관련한 파트 제작에 적합
	HS-680	- 내열 고정밀 수지 재료 - 진공 성형을 위한 마스터 패턴 제작 - 물에 강하며, Medical 모델 제작에 적합 - 외관상 옅은 노랑(Pale yellow)색 - 제작된 파트이 경도 85~87, 충격강도25, 사용 레이저 LD
	HS-690	- HS-680 재료에 내구성 증강 재료 - ABS와 같은 물성 - 외관상 옅은 노랑색 - 재료경도 82~86, 충격강도 51, 사용 레이저 LD
	HS-696	- 내구성이 강한 재료 - 진공성형을 위한 마스터 패턴 제작 - 단단하기에 기능성 파트 제작에 적합 - 외관상 옅은 노랑(Pale yellow)색 - 재료경도 83~86, 충격강도 51, 사용 레이저 LD
	TSR-754 TSR-755	- 고내열, 고강도 수지재료, 모델경도 A70, 사용 레이저 LD - 직접 사출이 가능한 간이 금형(Core,Caviyt) 제작에 적합 - 외관상 불투명 화이트 컬러 또는 회백색 컬러
	TSR-820	- 내열 정밀수지 재료, 진공성형용 마스터 패턴 제작 - 외관상 투명(Transparent)으로 모델 재료의 기본 - 경도(Hardness)87, 충격강도(Impact Strength)28~32, 사용레이저 Ar/LD
	TSR-821	- 높은 내구성 수지 재료, 형상확인 및 Snap-Fit 파트에 적합 - 외관상 옅은 하얀색(Pale white) 또는 담백색, Medical 모델 제작에 적합 - 기능성 파트, 디자인 평가 모델 제작에 적합, 가장 많이 판매되는 수지 - 모델 경도 82~85, 충격강도 48~52, 사용 레이저 Ar/LD
	TSR-828	- 높은 내구성 수지 재료, 형상확인 및 Snap-Fit 파트에 적합 - 외관상 옅은 투명(Transparent) - 모델 경도 84~86, 충격강도 30~40, 사용 레이저 LD

♨ CMET 사 SLA(Stereolithography) 조형 재료

참조 해당 재료의 장비별 사용 가능여부는 CMET 장비별 사양표를 참조한다.

6. CMET 사의 SLA(SL) 장비별 사양

제조사 / 일본	RM-3000	RM-6000II
적용 기술	SLA (Stereolithography)	SLA
제작 한계(mm)	300x300x270	610x610x500
레이저 Laser	Solid-state 250mW	Solid-state 800mW
스캔 시스템/묘화빙식	Digital Scanner Mirror	Digital Scanner Mirror
스캔 속도 Maximum Scan Speed	Max 12m/s	Max 22m/s
빔 지름 Beam Diameter	자동 가변 빔 지름 시스템 Automatic Variable System	자동 가변 빔 지름 시스템 Automatic Variable System
레이어 적층 두께(mm)	0.05mm	0.05mm
리코팅 빌드 레이어 Recoating Build Layer	Blade Recoater	다목적 고속 Recoater
구동 소프트웨어	Meister Pro	Meister Pro
사용재료	TSR820, TSR821, TSR828, TSR829, TSR754, TSR755, TSR1920, TSR1920B, HS680, HS690, HS696, TSR920, TSR1971	TSR820, TSR821, TSR828, TSR829, TSR754, TSR755, TSR1920, TSR1920B, HS680, HS690, HS696, TSR920, TSR1971
재료 공급 Vat	Interchangeable	Interchangeable
장비크기(mm)	1,430(W)x1,045(D)x1,575(H)	1,020(W)x2,045(D)x2,050(H)
장비무게(kg)	400kg	1,400kg
공급전원(Power)	AC 100V 단상 30A	AC 100V 단상 30A Control unit/10A Heater

참조 CMET 사의 장비에 관한 자세한 사항은 www.cmet.co.jp 부분을 참조한다. 또한 장비명과 세부 사양은 예고 없이 변경될 수 있다.

7. CMET 사의 SLA 방식 활용 사례

CMET 사의 SLA 방식 RP 활용 사례로 조립과 도장이 가능한 헤어드라어 디자인 목업(Mock-up)
제작법이다. 사용된 장비는 일본 CMET 사의 RM3000으로 작업은 공주대학교 시제품 개발실에서
이루어 졌다. 특히 조립을 위하여 해당 부품별 조립 공차(0.1mm)를 고려 하여 3D 모델링되었다. 사
용된 모델링 소프트웨어는 Rhino3D이며, 제작 후 컬러이즈를 통해 로고 인쇄까지 마무리하였다.

1) 헤어드라이어 3D 모델링하기

제품 디자이너들은 2D 상태의 아이디어 스케치와 렌더링 품평을 통하여 최종 선택된 디자인을 그림과
같이 CAD 소프트웨어에 의해 3차원의 정교한 디지털 모델링을 하게 된다. 모델링은 보다 구체적인 치
수 대입을 통하여 최종 양산될 실물과 거의 흡사한 가상의 모델이다. 또한 3D 모델링 과정은 2D 드로
잉 단계에서 미처 예상하지 못했던 문제점을 찾아내기도 하는 매우 중요한 과정이다. 우선 Rhino3D
를 활용하여 3차원의 모델링을 수행하였다. 특히 조립 시 부품순서를 염두해 두고 모델링한다.

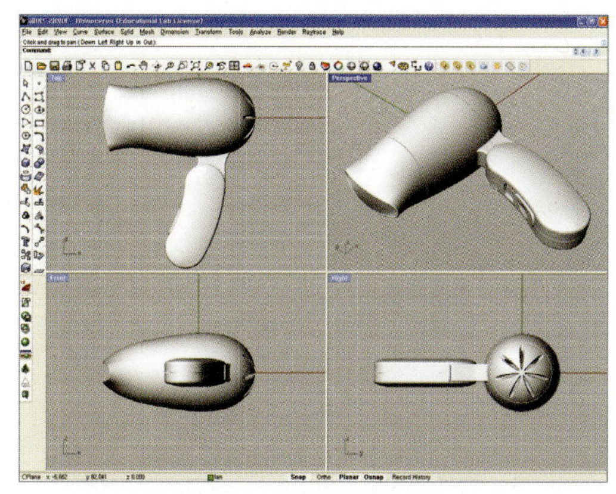

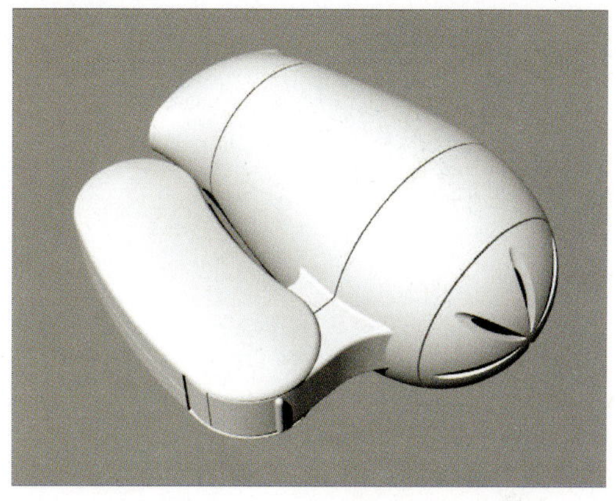

2) 체결 구조별 각 파트 모델링 작업

다만 3D 모델링을 통하여 손으로 만져볼 수 있는 실물 3차원 모형(Mock-up)을 제작하게 된다면 그
림처럼 헤어드라이어를 구성하는 각 파트들이 조립을 위한 솔리드(Solid) 상태의 체결 구조로 모델링
되어야 한다. 물론 각 파트별 레이어 컬러를 달리하여 작업 시 객체의 간섭 등에 문제가 없는지도 확
인해가며 작업해야 한다. 또한 각 파트들은 대체로 컬러별 도장(Painting) 작업을 하게 되는데 도막
이 모델에 칠해지면 도막 두께가 생기고 이를 감안하여 원활한 조립이 되도록 파트와 파트의 조립 간
극은 대략 0.05~0.1mm 정도의 여유를 두고 모델링되어야 한다.

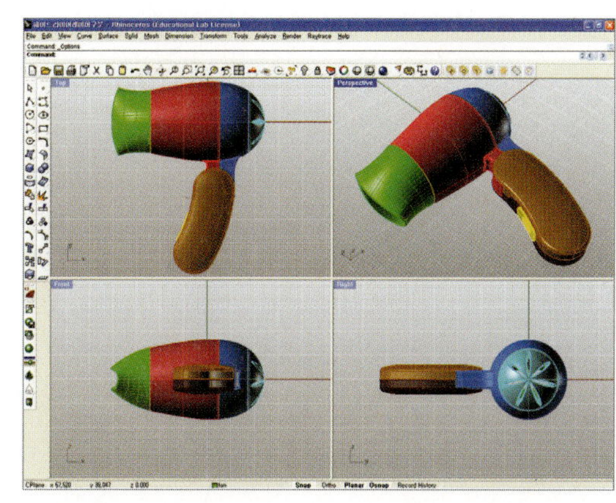

3) RP 제작을 위한 STL 파일 변환과 오류 체크

라이노3D를 비롯한 3차원 CAD 모델링 소프트웨어들로 모델링된 가상의 3D 모델을 손으로 만질 수 있는 3차원 객체로 출력할 수 있도록 STL 변환 포맷을 제공한다. 즉 라이노3D NURBS 파일을 Mesh 구조의 STL(Stereolithograpy) 파일로 변환시켜 준다. 변환 방법은 File 〉 Save As 〉 STL(Stereolithograpy)또는 File 〉 Export Selected 〉 Stereolithograpy로 변환하는 방법이 있다.

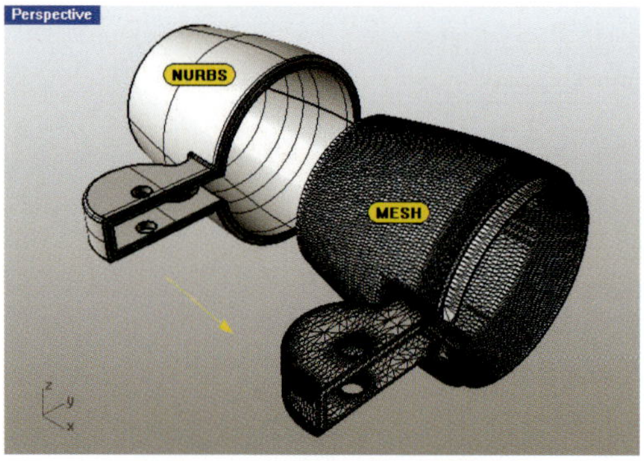

NURBS 파일을 STL 〉 MESH 파일로 변환한 모습

하지만 변환 전에 그림과 같이 NURBS 모델에 결함이나 문제가 있는지를 반드시 체크해야 한다. 만약 그림처럼 모델에 붉은 색으로 보이듯 Naked Edge(보이지 않는 갈라진 틈)가 하나라도 발견되면 모델이 완전한 솔리드가 아니라는 뜻으로 RP 제작에 문제가 발생한다. MESH 변환 시에도 문제가 이어진다. 반드시 열린 면들을 완전하게 닫아 솔리드로 변환해 주어야 한다. 즉 No Naked Edge라는 메시지가 나온 후 STL 파일로 저장하는 것이 바람직하다. 물론 라이노3D에서는 이러한 변환작업과 오류 수정이 모두 가능하다.

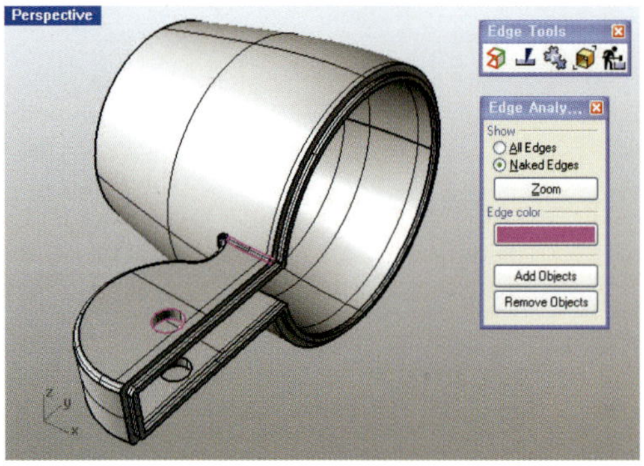

NURBS 파일에서의 문제점 발견 모습

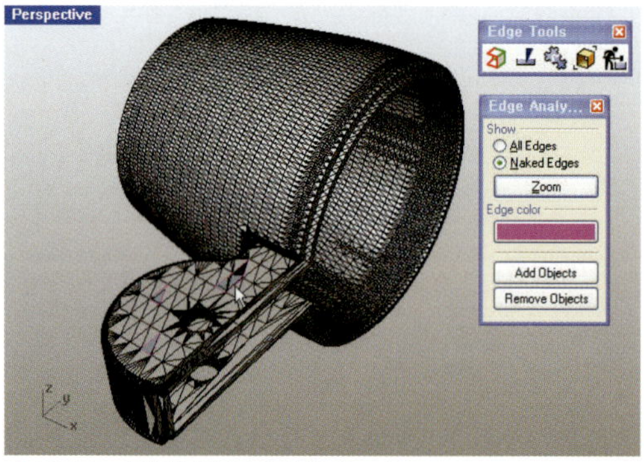

MESH 파일에서의 문제점 발견 모습

이때 Mesh 데이터는 작은 삼각형의 면들이 모여 근사치 면들로 연산하여 전체 모델 형상을 정의하게 된다. 만약 이 변환과정에서 Mesh 해상도가 너무 낮게 되면 거친 표면조도의 객체가 출력되기에 모델의 형상에 따라 Mesh 변환의 요령이 다소 필요하다. 결국 STL 파일 변환은 출력 모델의 해상도에 관련된 Mesh 조정과 설정으로 이해하면 된다. 다만 너무 지나친 고해상도 설정은 파일의 연산과 처리속도에 많은 시간을 소요하게 된다.

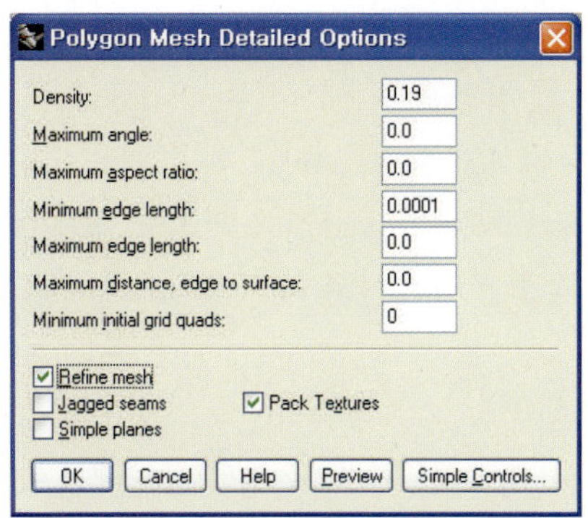

STL 저장시 Mesh 해상도를 저해상도로 설정한 예

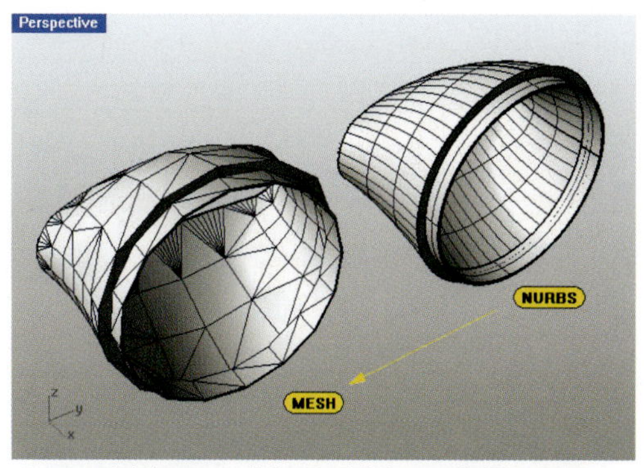

STL 저장시 Mesh 해상도를 저해상도로 설정한 결과물

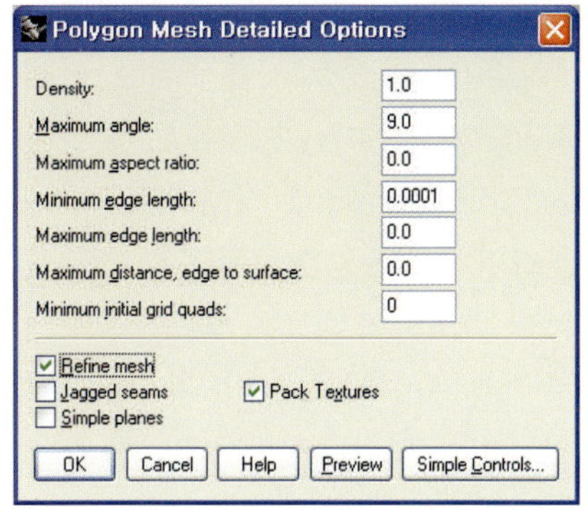

STL 저장 시 Mesh 해상도를 고해상도로 설정한 예

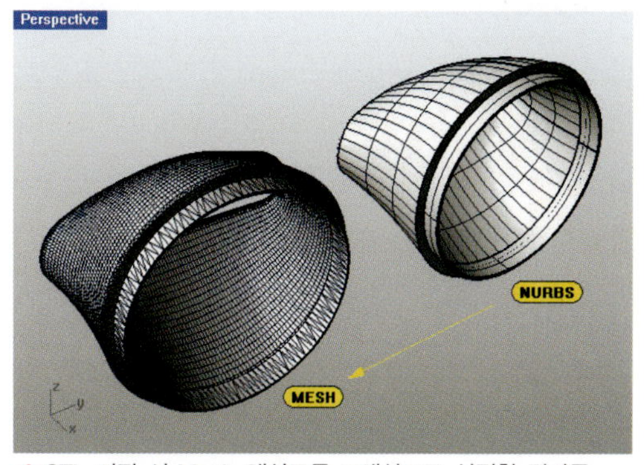

STL 저장 시 Mesh 해상도를 고해상도로 설정한 결과물

4) RP 장비 전용 소프트웨어를 이용한 STL 파일 오류 검사와 지지대 구성

제품디자이너들이 이러한 디지털 RP 모형(Mock-up)을 제작하려 한다면 주얼리 분야 RP 장비에 비해 장비 종류와 수, 재료가 매우 다양하다. 물론 처음 작업해 보는 분들에게는 장비에 대한 어느 정도의 정보조사와 샘플링 작업을 해 본 후 본 작업에 임할 것을 권한다. 앞서 만들어진 STL 파일을 RP 장비로 바로 넘기기 전에 전용 장비를 위한 소프트웨어로 그림과 같이 지지대를 대주거나 혹 찾지 못한 오류를 다시 한번 검사하면 된다. 물론 라이노3D 파일에 문제가 없었다면 대부분 문제가 발생하지 않는다고 보면 된다. 참고로 그림의 빨강색 부분은 모델이 조형될 때 움직이거나 넘어지는 일이 없도록 지지해 주는 지지대(Support)이다. 이는 모델이 완성되면 떼어내거나 녹여 없앨 수 있다.

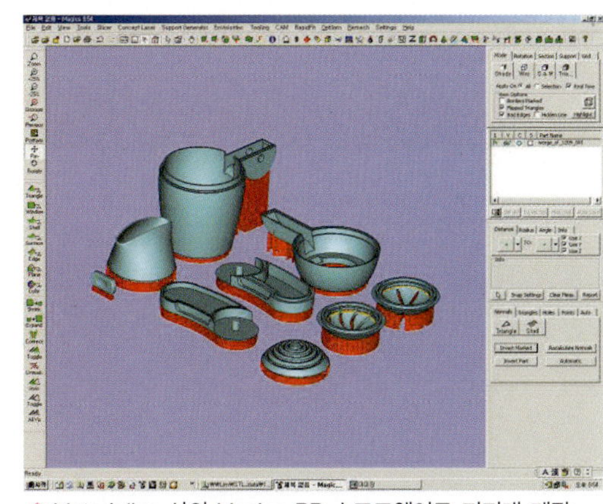

Materialize 사의 Masics RP 소프트웨어로 지지대 제작

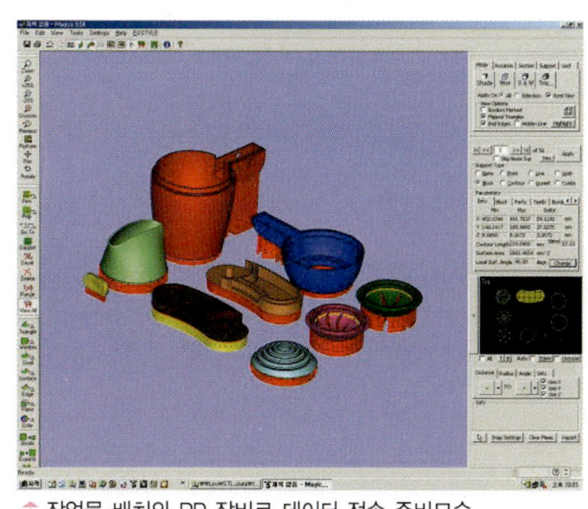

작업물 배치와 RP 장비로 데이터 전송 준비모습

5) RP 장비로 데이터 전송

앞서 언급한 대로 헤어드라이어 RP(Rapid Prototyping) 제작에 사용된 장비는 일본 CMET 사의 RM3000이다. CMET 사의 RM(Rapid Meister) 장비들은 미국의 3D Systems사가 최초로 상용화한 SLA(Stereolithography Apparatus) 공정과 같은 SLA(Stereolithography), 즉 광조형 공정에 의해 모델을 조형한다. 현재 포토 마스킹(Photomasking) 방법과 함께 가장 대표적인 광조형 공정 중의 하나이다. 공정은 앞서 설명된 내용을 참조한다.

간단히 원리를 설명하면 CMET 사의 Stereolithography 광조형 공정은 우선 빛에 반응하는 아크릴이나 에폭시 계열의 광경화성 수지(Photocurable resin)가 들어 있는 수조(Vat)에 UV 레이저(Laser)빔을 주사하여 원하는 모델을 조형한다. 이때 파트(모델)들은 위에서 아래로 움직이는 구멍이 뚫린 사각형의 스테인레스 재질의 조형판 위에 만들어지게 되며, 한층 한층 두께가 만들어질 때마다 한층 두께 최소 약 0.05mm 만큼 밑으로 내려가면서 다시 레이저(Laser)를 주사하게 된다. 이때 다음 층을 레이저 주사하기 전, 수지의 표면 평탄화는 리코터(Recoater)의 수평날에 의해 이루어진다. 이러한 일련의 반복 작업이 파트가 완성될 때까지 계속된다. RM3000의 경우 최대 조형크기는 300(X)×300(Y)×270(Z)mm이며, RM6000II의 경우 610(X)×610(Y)×500(Z)으로 RM3000의 거의 두 배 크기를 조형할 수 있다. 또한 과거의 아날로그 스캔에서 디지털 스캔으로 바뀌면서 보다 빠른 조형이 가능하다. 이번 헤어드라이어 모델 공정에 사용된 수지재료는 기존 ABS와 유사한 물성(탄성과 유연성)을 갖는 TSR-821-a 재료를 사용하였다. 이 재료는 Mock-up 제작시 후가공 효율성이 매우 좋다.

RP 장비로 데이터가 넘어오면 그림과 같이 작업 모습이 장비에 내장된 모니터에 모니터링된다. 작업 영역 그리드에 빨강색 선으로 보이는 것이 모델(헤어드라이어 파트)이다. 작업이 진행 되면 단계별 진행과정이 명확해진다.

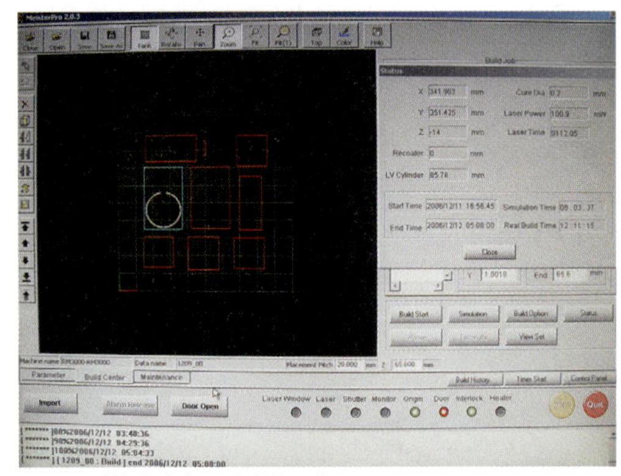

▲ RP 작업과정의 모니터링 모습

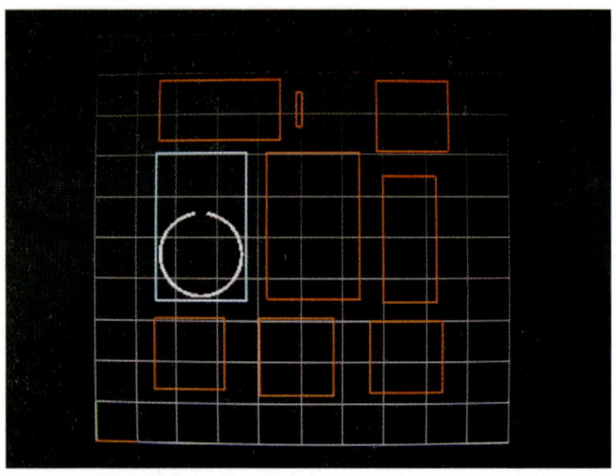

▲ RP 작업과정의 모니터링 모습

6) RP 장비에서의 모델 제작

조형하는 모습을 실제로 보면 그림처럼 액상 수지(TSR-821-a)가 차 있는 수조에 레이저를 쏘아 한층 한층 굳혀 모델을 만든다는 것을 알 수 있다.

⬥ 광경화성 수지에 레이저(Laser)가 주사되는 모습

작업 중에는 커버를 열지 않는 것이 좋다. 이는 적정 온도 유지와 함께 이물질이 들어갈 수 있는 것을 방지하기 위함이다. CNC 제작 공정과 달리 제작과정에서 발생하는 소음은 거의 미미한 수준이다.

⬥ RP 장비 내에서 조형이 거의 이루어진 모습

조형작업이 마무리되면 바로 꺼내는 것이 아니라 재료들이 안정화되어 자연스럽게 어느 정도 건조, 경화되도록 상온에 어느 정도 노출시켜 준다.

⬥ 조형 작업이 마무리 된 상태의 장비 Open 모습

⬥ 지지대에 의해 각각의 모델 파트가 붙어 있는 모습

표면에 붙은 잔유 수지들이 밑으로 모두 떨어져 약간의 표면 건조가 되었다면 그림과 같이 하단부의 지지대(Support) 부분을 날카로운 나이프로 밀어 넣어 각 파트 모델을 떼어낸다. 이때 무리한 힘을 가해 파트가 손상되지 않도록 주의한다. 참고로 파트 즉 모델 재료(Build)와 지지대 재료(Support)가 같다.

헤라 또는 나이프로 각각의 파트를 떼어내는 모습

파트를 꺼내어 파트에 붙어 있는 지지대(Support)를 조심스럽게 제거해 준다. 손으로 떼어내거나 칼이나 부드러운 사포를 이용해도 무방하다. 이제 UV 경화기에 넣어 완전히 파트가 딱딱하게 굳도록 경화시켜 준다.

조형판으로부터 모두 떼어낸 각각의 파트 모습

7) 도장(Painting) 작업을 위한 후처리 〉 세척과 표면 연마

이제 RP 제작이 마무리되었다면 디자인 Mock-up의 최종 단계인 도장(Painting) 작업을 위한 준비를 한다. 우선 UV 경화기에서 완전히 경화된 파트를 그림과 같이 수돗물에 담가 표면을 깨끗이 닦아 주어야 한다. 이 작업은 매우 중요하다. 왜냐하면 작업 중 파트 표면에 유막(기름막)이나 이물질이 포함되어 있을 수 있기 때문이다.

수돗물로 1차 세척하기

이제 1차 세척이 되었다면 그림처럼 파트에 물기가 있는 상태에서 약 600~1000 방의 미세한 사포로 부드럽게 원을 그리듯 표면 정지 작업을 해준다. 사포는 연마포지(Abrasive Paper)라고도 하는데 RP 파트를 다듬는 데 적당한 사포는 탄화규소(silicon carvide)계가 좋다. 가장 일반적인 것으로 플라스틱, 고무, 구리, 알루미늄, 목재 등의 연마에 유용하다. 기호는 CC-220Cw 등과 같이 CC로 구분한다. 다만 최종 표면은 3M 사의 마이크로파인 샌드 페이퍼를 이용하면 더욱 좋다.

☝ 연마포지(Abrasive Paper)로 파트의 표면을 정리해 줌

☝ 표면연마 후 2차 맑은 물 세척 모습

8) 도장(Painting) 작업을 위한 후처리 〉 표면 건조

연마된 파트를 꺼내어 준비된 오븐(Oven)에 넣어 일정 온도와 시간을 조정하여 건조시켜 준다. 건조기는 자동 Timer와 온도 제어기능이 가능한 것이 좋다. 너무 온도가 높으면 RP 파트가 깨지거나 변형이 일어날 수 있다.

☝ 건조기에서 파트 말리기 파트의 건조 중인 모습

☝ 파트의 건조 중인 모습

☝ 파트의 건조가 완료된 모습

9) 도장(Painting) 작업 〉 1차 초벌 도장

건조장치에서 꺼내온 객체를 약간 식혀준 상태
에서 준비된 파트들의 이상 유무를 확인해 본다.

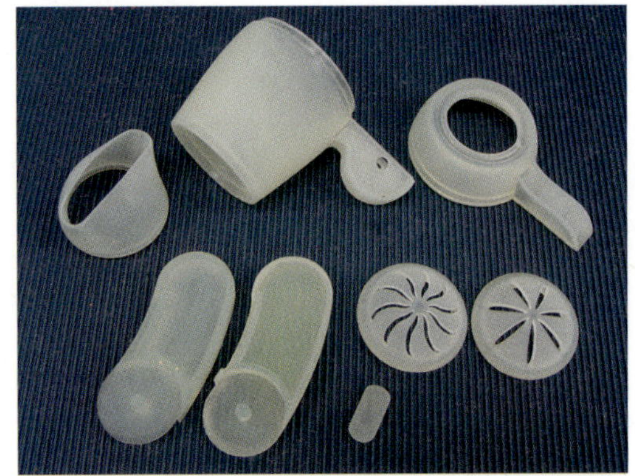

☀ 완전 건조된 파트의 모습

다음 그림과 같이 도장(Painting) 전에 조립을
해서 향후 파트별 조립성에 문제가 없는지 확인
해 본다.

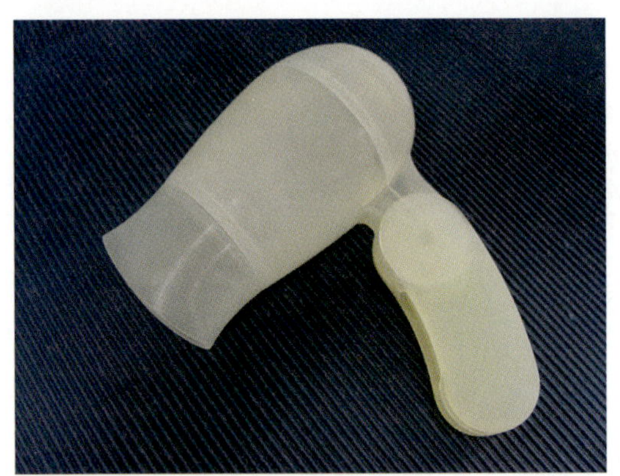

☀ 선 조립을 통한 파트의 조립성 확인 상태

페인트를 칠하려면 우선 나무 젓가락에 양면 테이
핑을 한 후 그림과 같이 페인트가 덜 칠해지는 안
쪽에 지지대를 만들어 주어야 한다. 이 지지대를
손잡이로 모델에 도색을 용이하게 할 수 있다. 최
대한 떨어지는 일이 없도록 확실하게 붙여 준다.

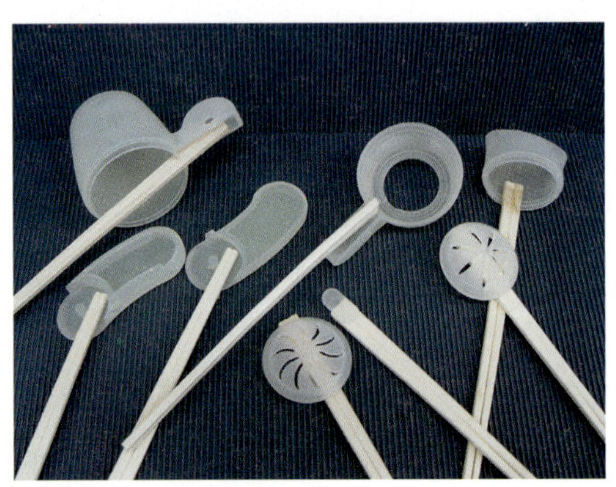

☀ 도색을 위한 지지대 부착 모습

이제 도장실에서 1차 초벌 Spray를 해준다. 대부분 밑칠은 흰색이나 회색계열이 된다. Spray Gun은 분무기처럼 페인트와 용재가 동시에 분사되기에 미세 입자가 도장실에 많이 날리게 된다. 반드시 방진 마스크와 고무장갑을 착용한 후 작업해 준다.

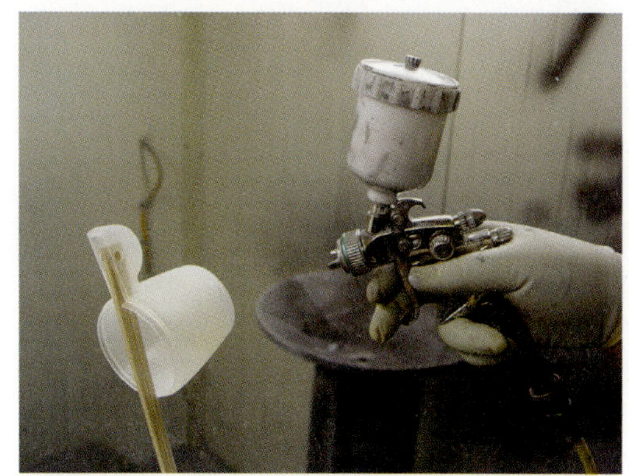

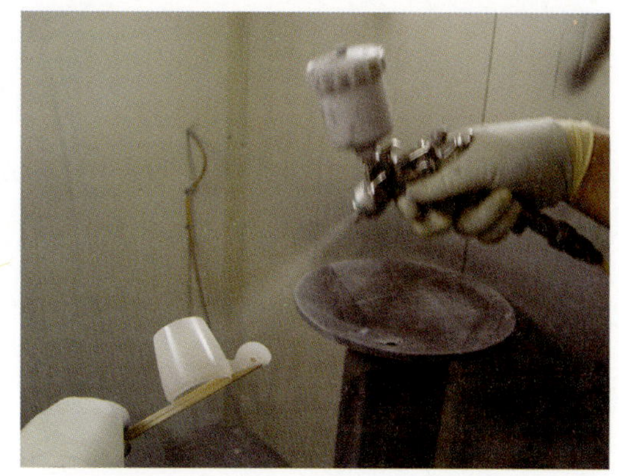

▲ 1차 초벌 도색(Painting) 모습

1차 도색이 모두 마무리되면 그림처럼 건조기에 넣어 건조시켜 준다. 건조된 파트를 꺼내어 표면에 흠집이나 페인트가 뭉친 곳 등이 있는지 찾아본다.

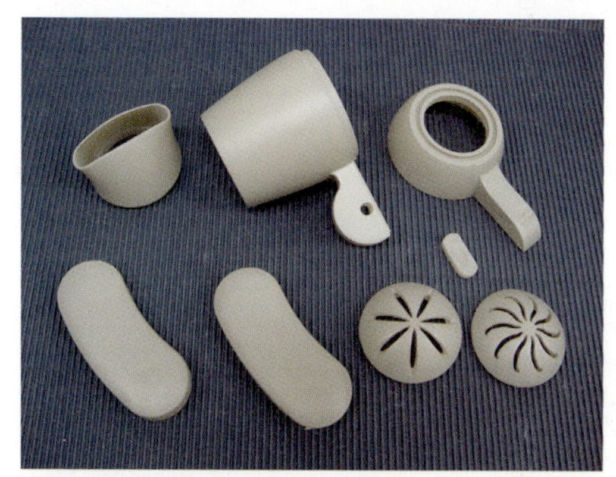

▲ 1차 초벌 도장이 마무리된 파트 모습

10) 초벌 도색 후 파트의 표면 후처리

기본 프라이머 도장 후 면의 흐름이 매끄럽지 못한 곳은 흔히들 빠대라고 불리는 퍼티를 만들어 발라주어야 한다. 슈퍼 퍼티(2액형)와 퍼티용 경화제(코레졸)를 비율에 맞게 섞어 반죽해 준다. 경화재 비율은 주제 퍼티 100/1~3 이다. 페인트 판매점에 가면 쉽게 구입할 수 있다.

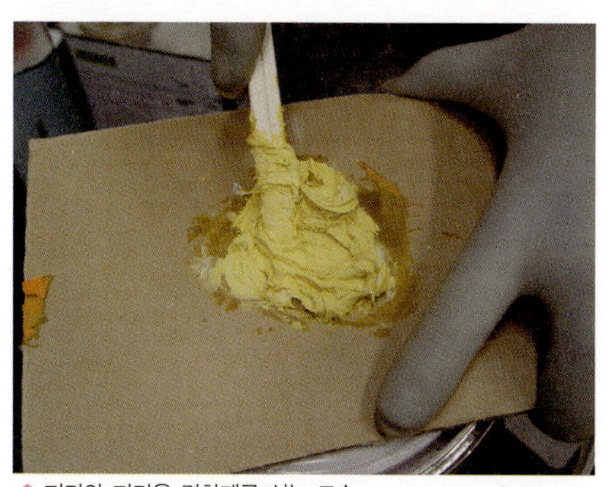

▲ 퍼티와 퍼티용 경화제를 섞는 모습

퍼티는 화학물질이기에 손으로 직접 접촉하여 바르는 것은 좋지 않다. 될 수 있는 대로 간단한 도구를
사용해야 한다.

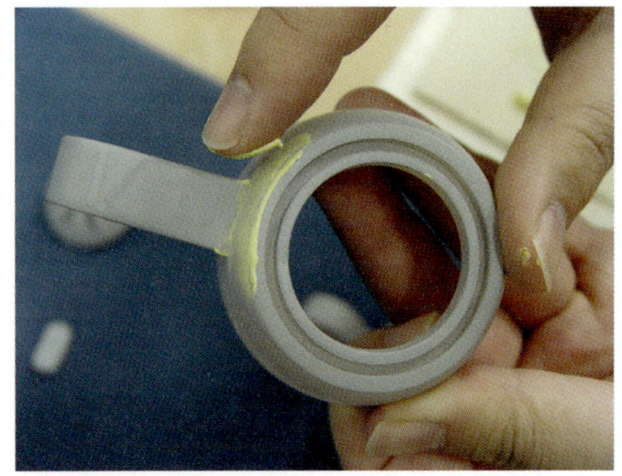

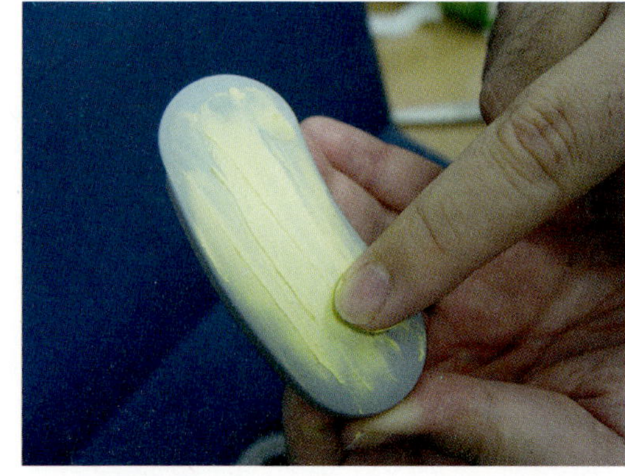

퍼티가 딱딱하게 건조기에서 경화된 다음에는 그림처럼 사포를 이용하여 파트의 불규칙한 표면을 말
끔히 다듬어 준다.

표면 연마가 마무리되면 앞서의 방법대로 각각
의 파트들을 맑은 물에 깨끗이 세척해 준다.

11) 2차 도장(Painting) 작업

퍼티작업에 의한 표면 연마가 마무리된 것을 건조기에 말린 후 2차 도색을 위하여 상온에서 식혀 준다.

⚠ 건조기에서 파트를 건조하는 모습

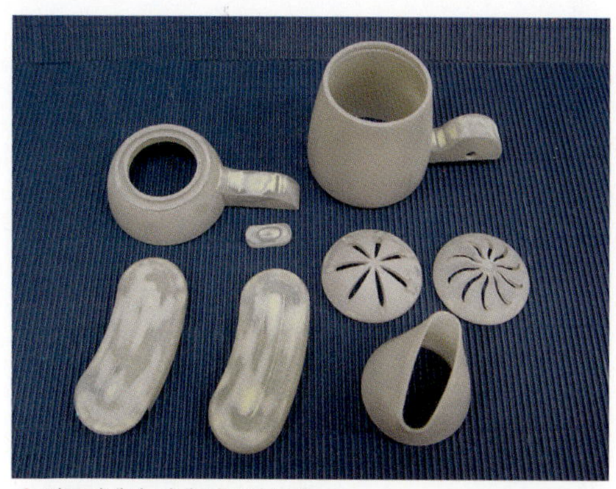

⚠ 건조기에서 꺼낸 파트의 모습

이제 도장실에서 2차 Spray를 해준다. 이제 파트별 원하는 컬러를 도장해 준다. Spray Gun은 분무기처럼 페인트와 용재가 동시에 분사되기에 미세 입자가 도장실에 많이 날린다. 반드시 방진 마스크와 고무장갑을 착용한 후 작업해 준다. 물론 때에 따라 밑칠을 다시 하고 본 도장을 하는 경우도 있다.

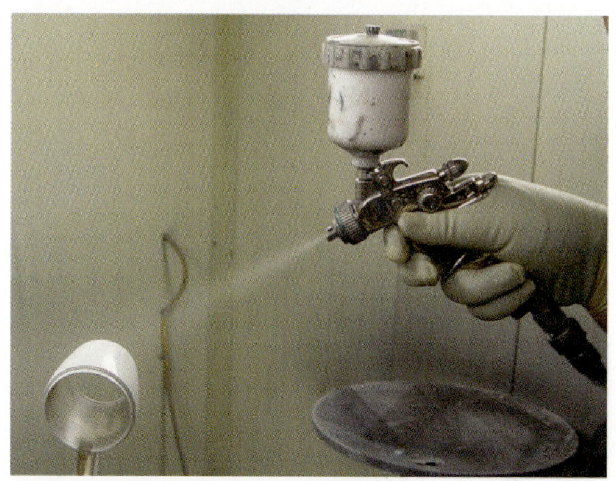

⚠ 2차 도장(Painting) 모습 – 본 컬러 올리기

파트별 도장이 모두 마무리되면 건조기에 그림과 같이 조심스럽게 파트를 넣어 건조시켜 준다. 특히 자동차 도장 도료인 우레탄 도료에 슈퍼클리어(고광택투명)를 도장했을 경우 건조시간이 매우 오래 걸린다. 하지만 그만큼 도막이 단단하고 내구성이 좋다.

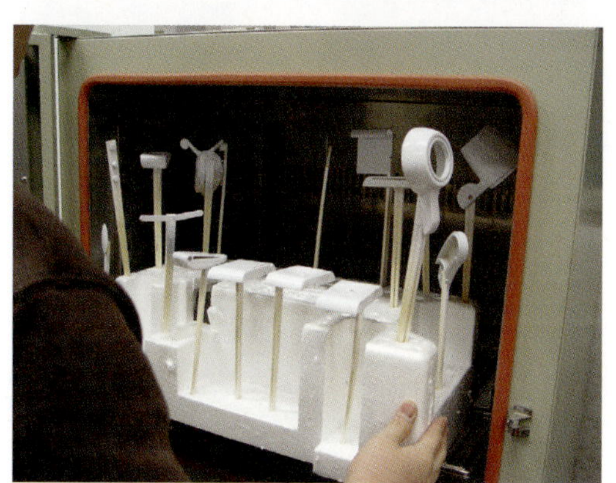

⚠ 2차 도장(Painting) 후 건조기에 넣는 모습

12) 헤어드라이어 파트별 조립

건조되어 나온 헤어드라이어의 파트를 조심스럽게 손으로 만져보고 도막에 문제가 없다면 조립을 시작한다. 페인팅을 하게 되면 도막 두께가 만들어져 조립 시 좀 더 주의를 요한다. 물론 조립성을 고려하여 모델링 과정에서 여유 조립 공차(약0.1mm)를 미리 계산해서 모델링해 준다.

▲ 2차 도장(Painting)된 파트의 모습

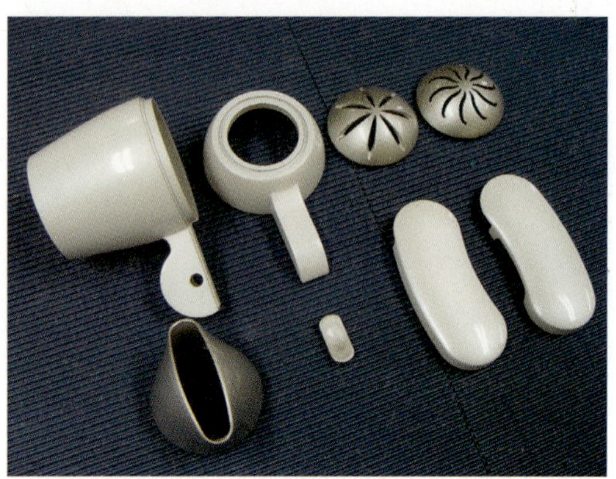
▲ 2차 도장(Painting)이 완료된 파트의 모습

이제 각 파트의 조립을 위하여 그림과 같이 순간 접착제를 적당한 용기에 덜어 준다. 순간접착제는 액상을 준비한다.

순간접착제는 공기와 접하면 굳어지면서 주변을 하얗게 하는 백화현상을 유발할 수 있기에 매우 신중하게 적은 양을 표면에 발라준다. 칼이나 핀셋을 이용하면 편리하다.

▲ 순간접착제를 별도의 용기에 덜기

▲ 미량의 접착제를 중력방향으로 도포

특히 그림처럼 깊은 홈에는 별도의 긴 철사나 핀셋을 활용하면 좋습니다. 특히 눈이나 손에 접착제가 튀거나 묻지 않도록 각별히 주의 하셔야 합니다.

🔺 깊은 홈 내측에 접착제 도포 모습

🔺 공기 흡입구 팬 부분에 접착제 도포 모습

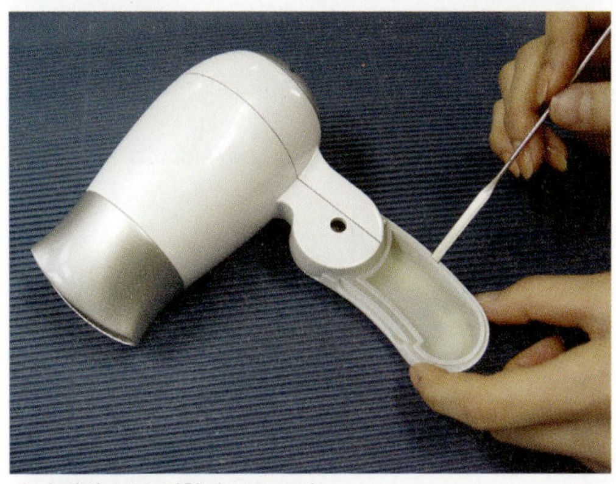

🔺 손잡이 부분 접착제 도포 모습

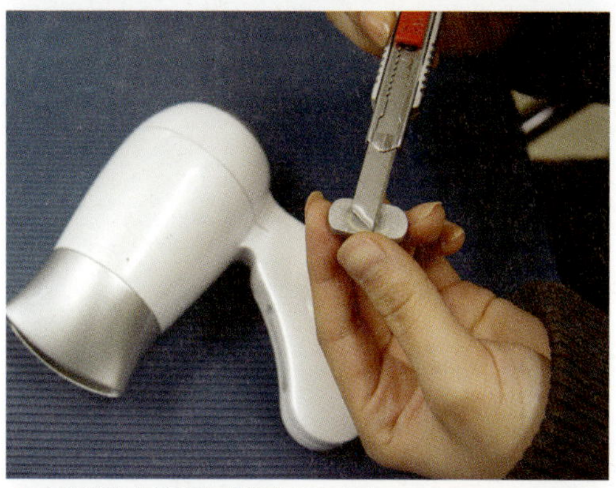

🔺 슬라이딩 스위치에 접착제 도포 모습

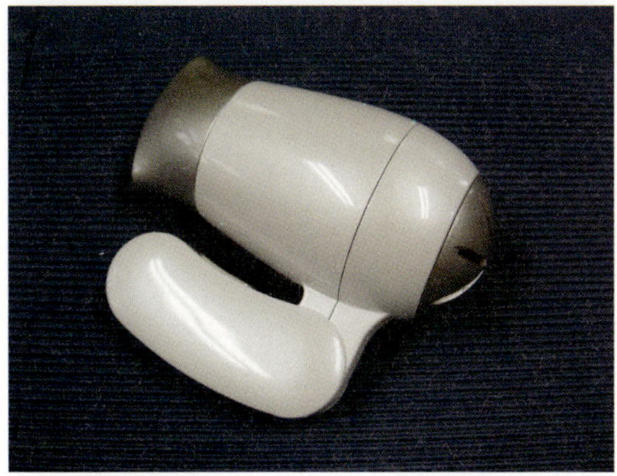

🔺 조립이 완료된 헤어드라이어 모습

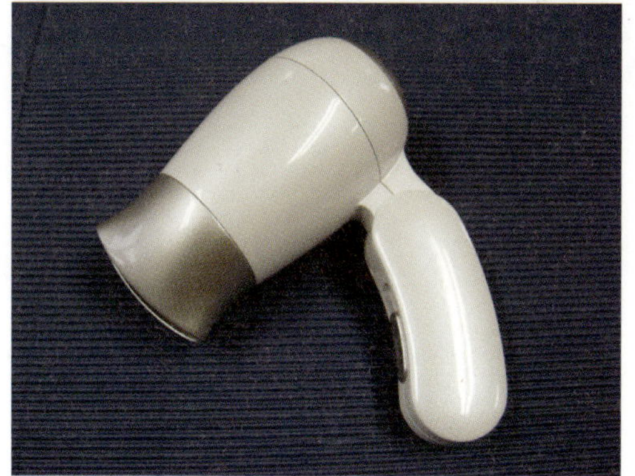

🔺 손잡이 회전이 가능한 조립 모습

13) 그래픽 문자 모델에 인쇄하기

흔히 컬러이즈(Colorease)라 불리는 인쇄방법을 활용하면 빠른 시간 내에 다양한 문자 인쇄가 가능하다. 컬러이즈란 일종의 판박이로 생각하면 된다. 컬러이즈를 제작하기 위해서는 무선 일러스트 같은 2D 그래픽소프트웨어에서 그림과 같이 원하는 로고와 문자를 제품에 맞게 디자인한 후 필름으로 만들어 컬러이즈 업체에 가서 제작할 수 있다. 소량 인쇄 시 적당하며 제품 디자이너들에겐 실크스크린 인쇄보다 간편하고 안전하게 제품의 표면 어디에나 인쇄가 가능하다.

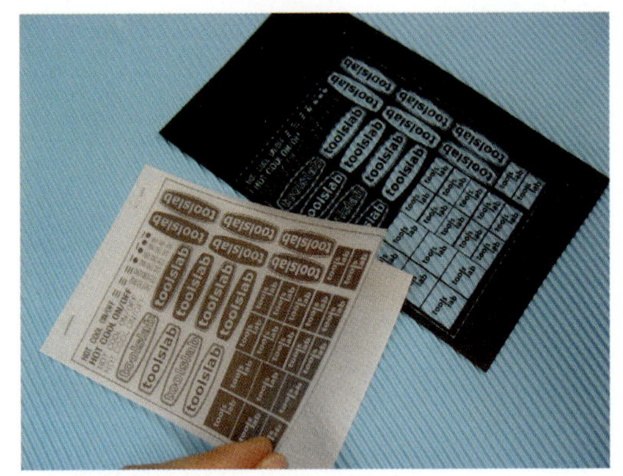

⬆ 필름제작과 컬러이즈 모습

⬆ 컬러이즈에서 원하는 로고만 잘라냄

로고 주변을 스카치테이프를 이용하여 그림처럼 만들어 준다. 특히 스카치테이프의 접착력을 약화시켜 주어야 한다.

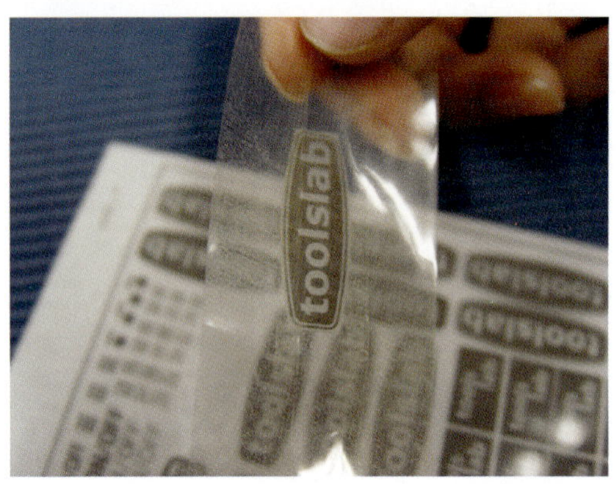

⬆ 스카치 테이프 배면 부착 작업

이제 인쇄될 제품을 준비하고 그림처럼 부드러운 유리봉이나 송곳으로 가볍게 로고를 표면에 부착하여 인쇄하여 준다. 로고 부분에는 컬러이즈제작시 접착제가 묻어 있어 표면에 잘 붙게 된다. 다시 떼어 붙일 수 없으므로 한 번에 정확하게 작업해 주어야 한다.

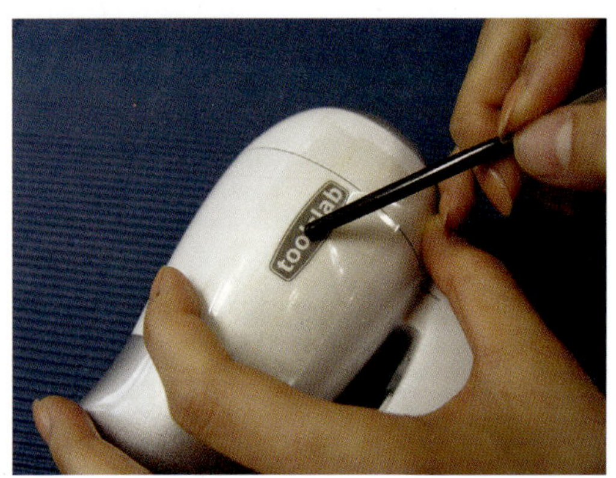

⬆ 컬러이즈 로고 인쇄작업

모두 인쇄가 마무리되었으면 스카치테이프를 살며시 떼어낸다. 그림처럼 로고가 선명하게 표면에 부착되었다.

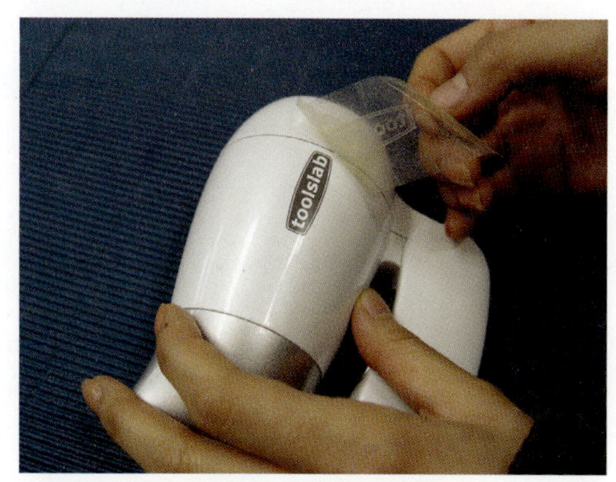

♨ 컬러이즈 로고 인쇄작업 – 테이프 떼어내기

다음 동일한 방법으로 기능키(Function Key) 텍스트를 인쇄하여 마무리한다. 주의할 것은 컬러이즈는 실크스크린 인쇄처럼 견고성이 없으며 손톱이나 날카로운 것에 로고가 밀리거나 지워질 수 있다. 물론 로고 부분에만 유성 투명 코팅액을 발라주거나 픽사티프를 뿌려도 오래 견딜 수 있다.

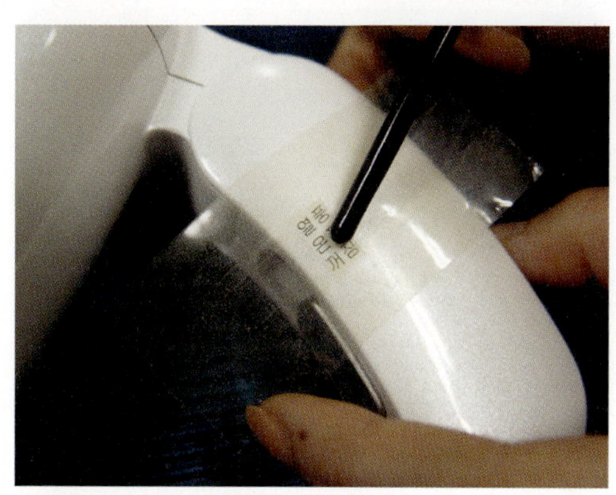

♨ 컬러이즈 기능키 텍스트 인쇄 작업 모습

14) RP 장비를 활용한 디지털 Mock-up의 완성

드디어 헤어드라이어 RP 디자인 Mock-up이 완성되었다. 참고로 지금까지의 헤어드라이어 모델링과 Mock-up 제작까지 총 기간은 2일이 소요되었다. 이는 향후 제품디자인 분야에서 RP(Rapid Prototyping), 즉 쾌속 조형 기술의 활용이 점차 확대될 것으로 확신한다. 또한 이러한 빠른 속도와 정확성 있는 모델 제작은 디자인 경쟁력을 높이는 역할을 하게 될 것이다. 다행스러운 것은 현재 많은 제품디자인 관련 학교나 기관에서 RP 활용에 적극적이라는 것은 고무적인 일이다. 또한 현재 주얼리 분야는 제품 특성상 RP 기술을 실제품 원본 제작에 매우 적극적으로 활용하고 있다는 것이 RP의 미래를 가늠케 한다.

다만 RP 장비는 CNC와 함께 병행하는 것이 경제적이며, 디자이너들에겐 정확한 모델링 능력과 치밀한 계획하에 이용되어져야 한다는 것을 당부 드린다.

♨ 헤어드라이어 RP 디자인 Mock-up 완성모습

참조 상기 모델은 과거 상용 제품 중 일부를 변형(Modify)하여 학습용 목적으로 제작되었음을 밝힌다

8. CMET 사 SLA 방식 활용 사례 갤러리

1) 디자인 컨셉 모델 제작과 형상 및 형합(조립성) 상태 분석

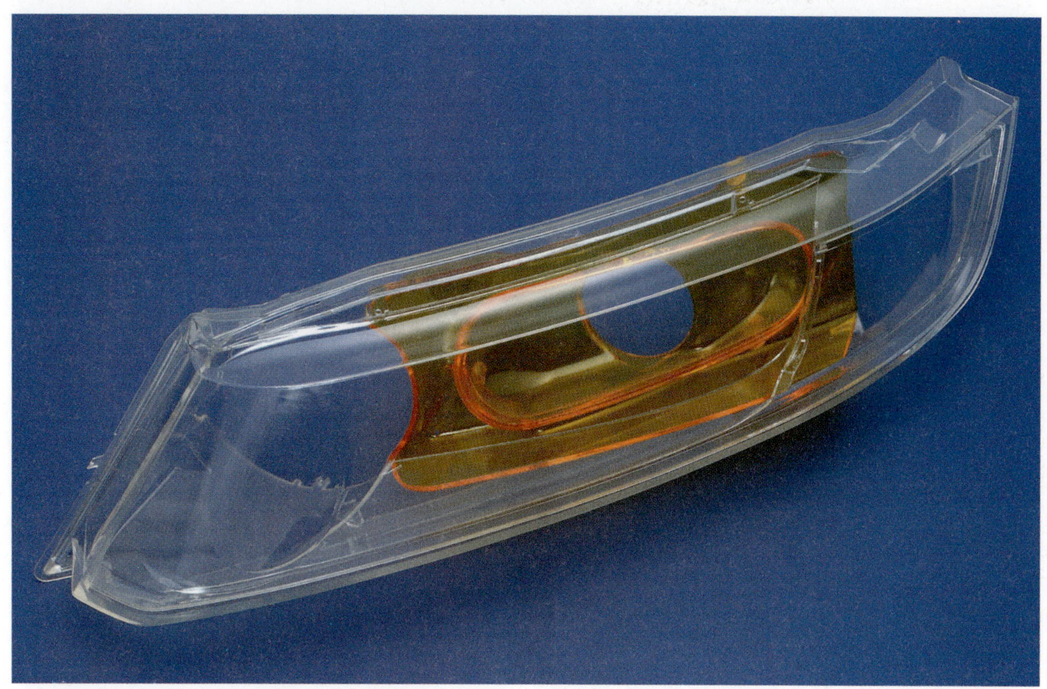

🔺 자동차 전조등 투명 렌즈 〉 사용재료 : TSR-829

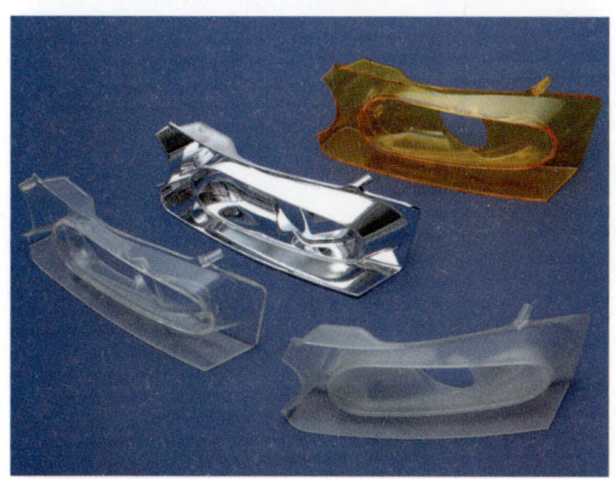

🔺 자동차 전조등 반사판과 체스 샘플 〉 투명, 반투명, 컬러염색, 도금을 통한 활용성 확대

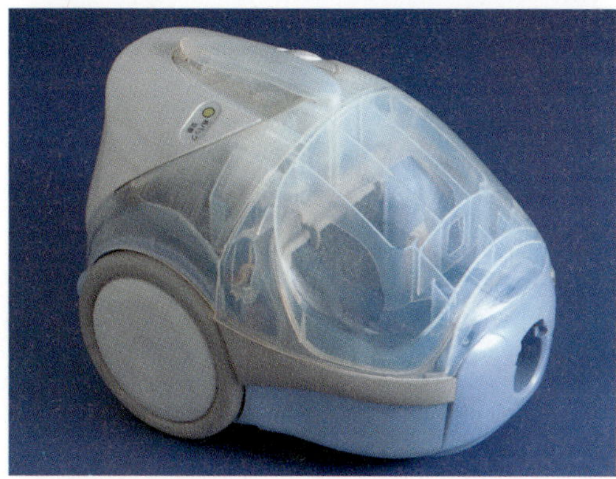

🔺 진공청소기 조립성 테스트 〉 사용재료 : TSR-821

🔺 카메라 몸체

2) 프로토타입 분석 및 기능성 테스트를 위한 모델

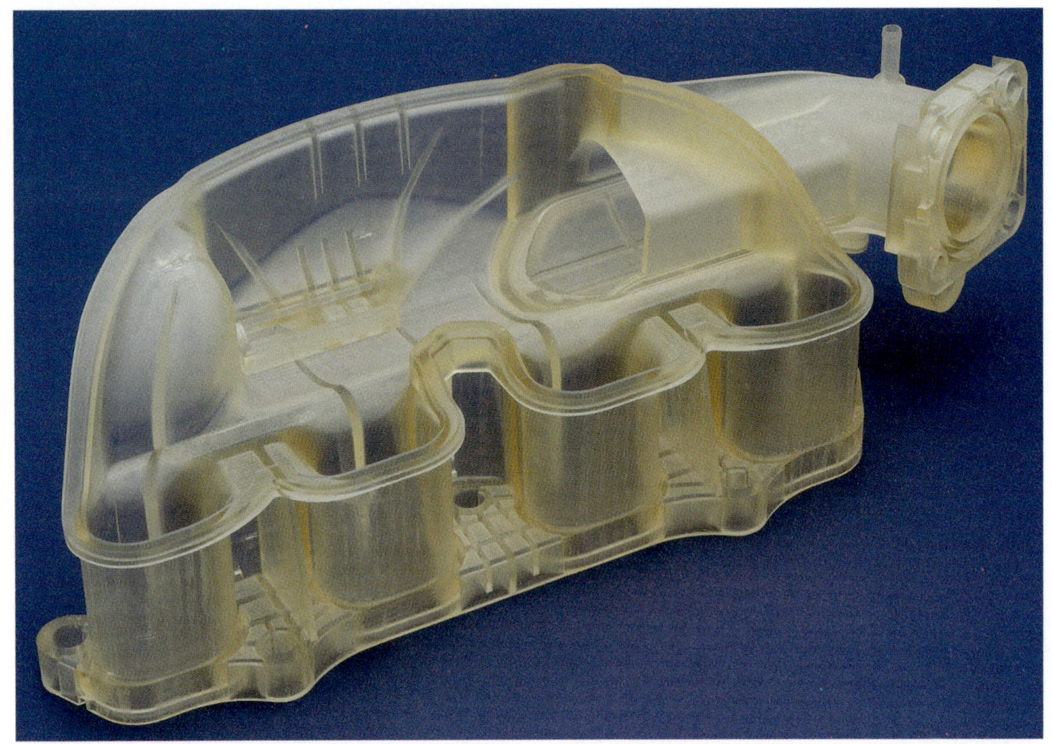

♣ 배기 매니 폴더(Exhaust manifold)

♣ 해석용 시로코 팬

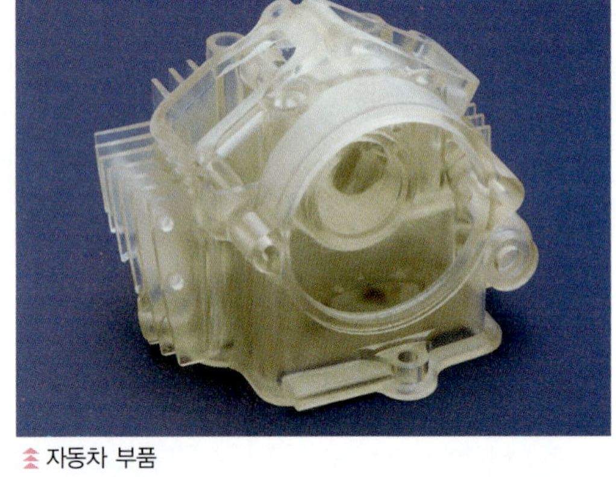

♣ 자동차 부품

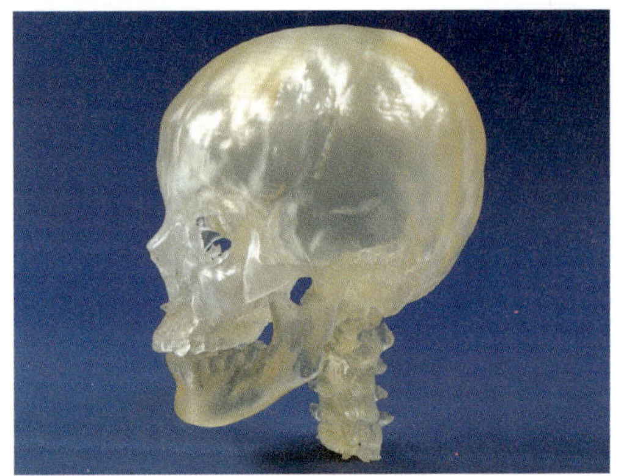

♣ 의료용 모델(Medical Model) 〉 두개골

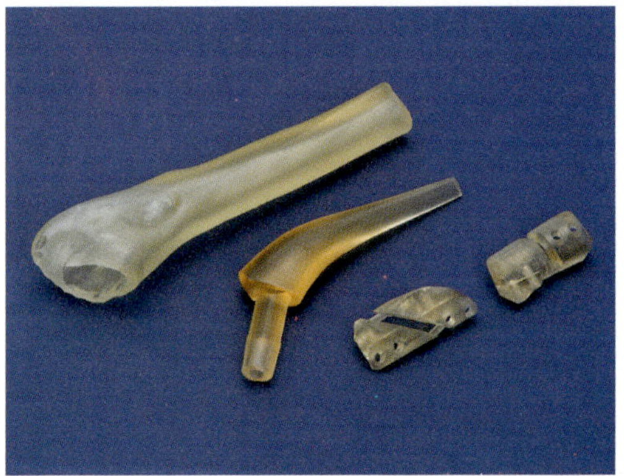

♣ 인공관절을 위한 뼈 샘플

3) 고정밀 부품 및 조립 파트의 제작

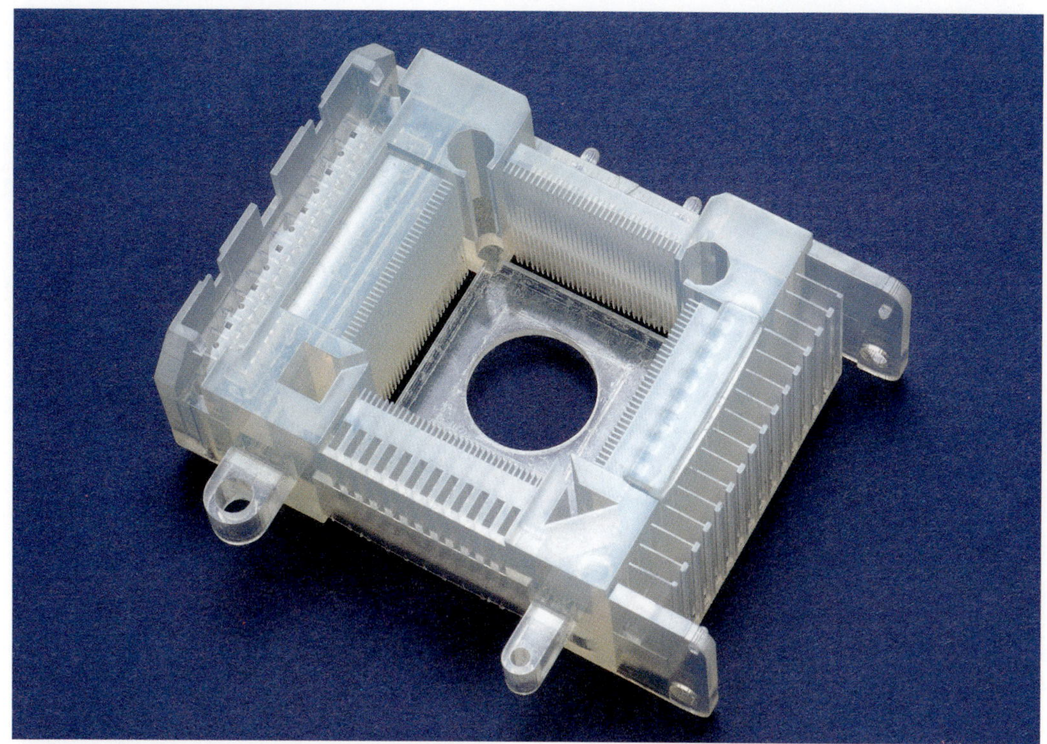

⚏ 매우 작으면서 정확성이 요구되는 정밀 모델 〉 전기 커넥터

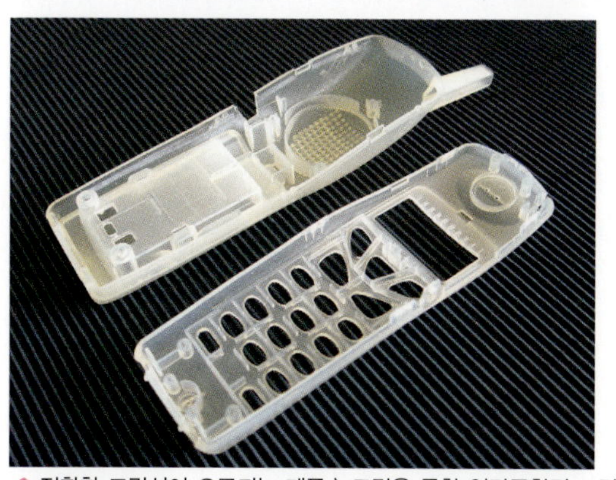

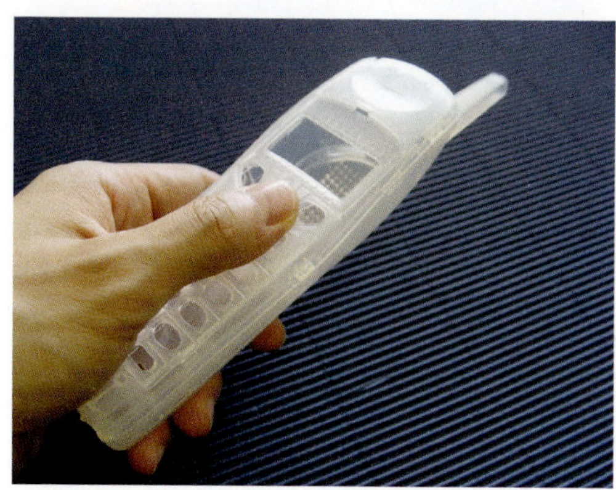

⚏ 정확한 조립성이 요구되는 제품 〉 조립을 통한 인간공학적 그립감, 형합 테스트

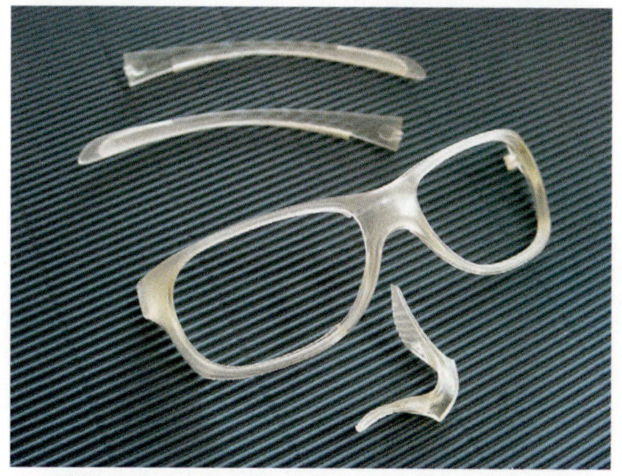

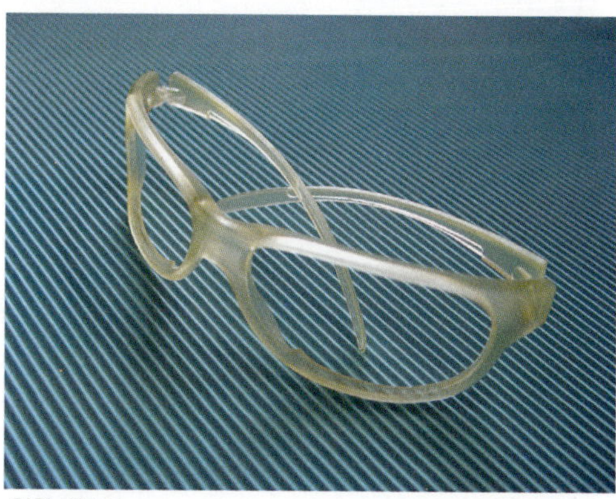

⚏ 정확한 조립성이 요구되는 제품 〉 조립을 통한 인간공학적 착용감, 형합 테스트

4) 투명 케이스, 고무재질, 나사체결, 부품 실장 등의 파트 응용

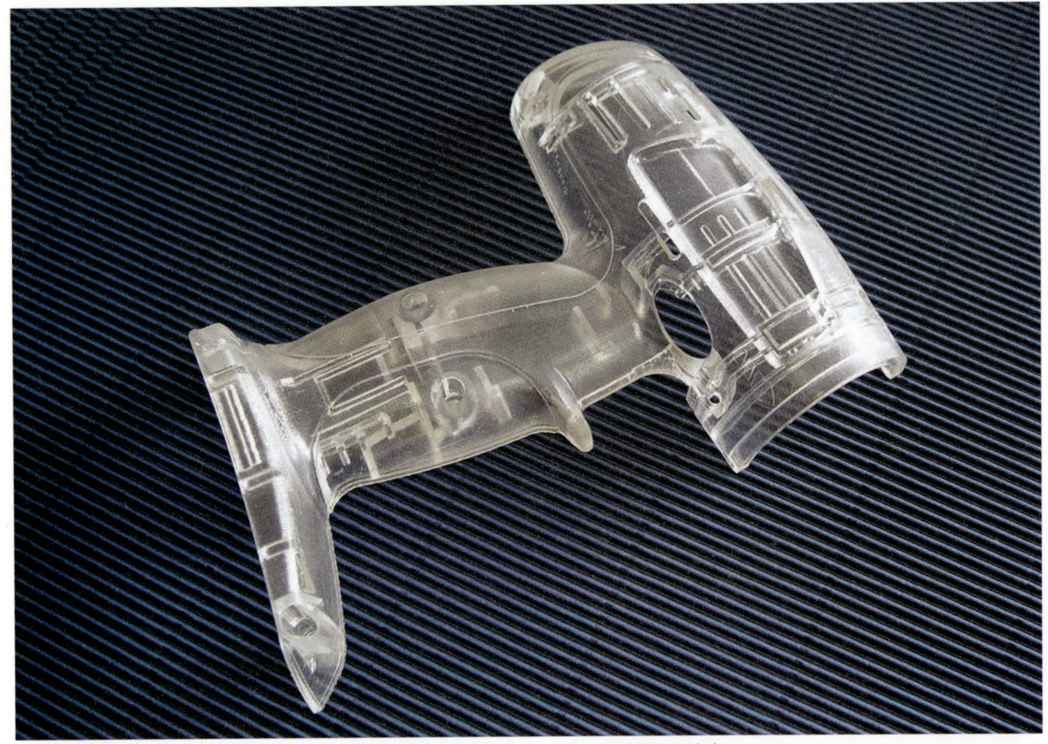

♨ 고선명 투명 재료에 의한 배외부 파악 〉 제품간섭, 유체흐름 등을 테스트 〉 전동공구커버

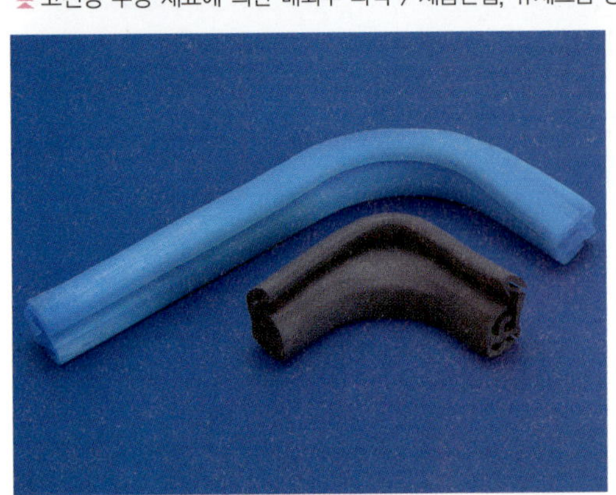

♨ 고무(Rubber)와 같은 재질의 파트 제작

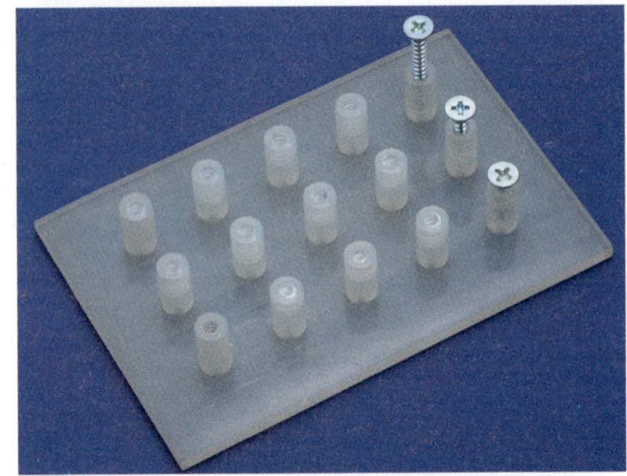

♨ 나사 체결이 가능한 파트 〉 Self-tapping models

♨ 부품 실장을 통한 기능 테스트

5) 간이 직접 금형으로 사출 샘플 제작

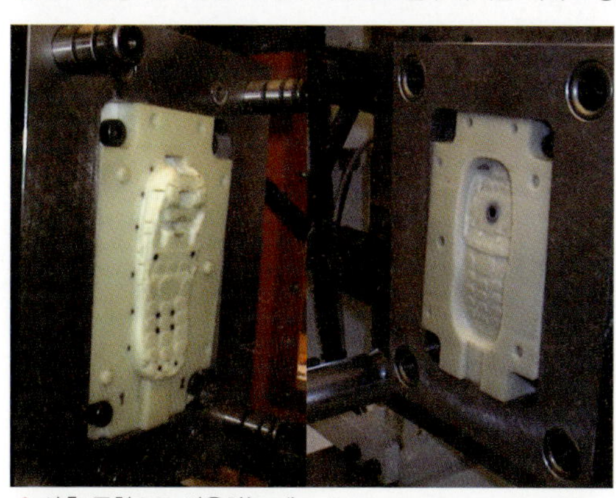

▲ 간이 금형 제작 샘플 코어와 캐비티 모습 〉 휴대폰 키패드 상하부 〉 사용 재료 : TSR754, TSR755

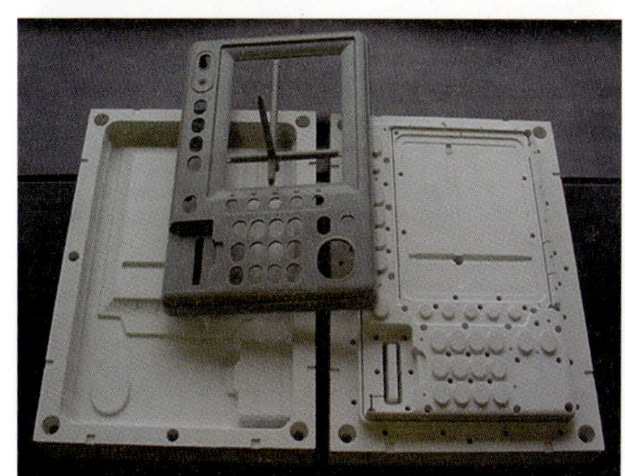

▲ 사출 금형으로 사용하는 예

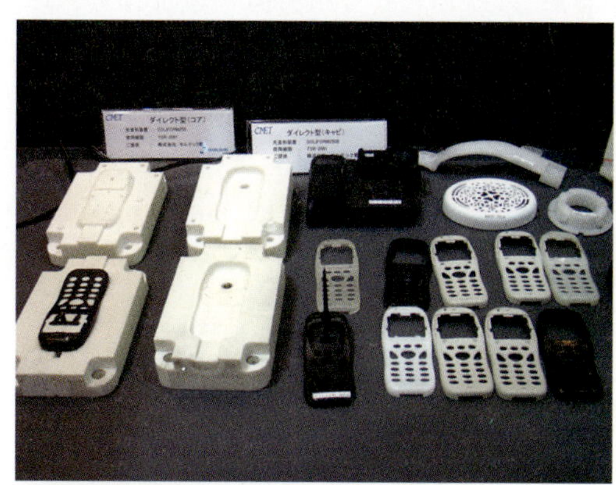

▲ 사출 금형용 파트와 생산품

▲ 사출 금형으로 사용하는 예

▲ 사출 금형으로 사용하는 예

출처 〉 한국 : 케이티씨 KTC, 일본 : CMAT 사 제공, 2010.

일본 MEIKO 사의 SLA 방식

MEIKO 사는 일본에서 1962년 공장자동화를 위한 산업용 로봇 시스템과 가스분석장비를 생산하는 회사로 설립되었다. 1990년도 초에는 야마나시 산업연구센터(Yamanashi-Industrial Reseach Center)와 주얼리 산업분야 자동화 시스템 연구에도 힘을 쏟게 된다. 그 일환으로 연구된 것이 바로 주얼리 산업용 Stereolithography 시스템이다.

1994년 MEIKO 사는 주얼리 산업에서 상업적 생산 베이스를 토대로 한 신속조형장비를 가장 먼저 시장에 선보이게 된다. 이 새로운 RP 시스템은 전통적인 방법에 비해 개발 기간의 획기적인 단축과 CAD에 의한 새로운 디자인의 신속한 개발로 가히 혁신적인 생산시스템으로 많은 기대를 가지게 되었으나 대중화에는 실패하게 된다. 가장 큰 그 이유로는 모델의 표면조도나 정밀도가 기존 전통적인 방식의 주얼리 산업 기대치에 비해 많이 떨어진다는 것과 서양 국가와 비교해서 컴퓨터 교육이 낙후되어 CAD 활용 전문가가 너무나 부족하다는 것, 이미 자외선으로 경화된 수지 모델을 바로 주물을 만들기 위하여 수지를 완전 연소시켜 녹이는 문제가 어렵다는 것 등이었다. 하지만 무엇보다 큰 장애물은 시스템의 가격과 레이저 교체 비용이 너무 비싸다는 것이었다. 이 외에도 다양한 문제를 가지고 있었다. 하지만 이러한 악조건에도 불구하고 몇몇 기업들은 장비를 활용한 성공 사례를 남기기 시작했고 생산성 향상에 중요한 부분을 차지하며 서서히 주얼리 산업계에 자리를 잡게 되었다. 현재는 주얼리 산업분야에서 RP 활용은 대세가 되었으며 직접주물(Direct Casting)이 가능한 표면 조도와 정밀도를 갖는 재료를 포함한 장비들이 속속 등장하고 있다.

2000년 MEIKO RPS(Rapid Prototyping System)를 사명으로 2006년 현재 주얼리 분야와 같은 작은 제품들을 조형할 수 있는 광조형 RP 시스템을 보급하고 있는데 대표적인 장비로 MEIKO LC-510과 LCV-700, LCV-810 모델이다.

사용재료는 MEIKO 사에서 직접 개발한 UVM-8001(소모품)을 사용하며 묘화는 He-Cd 레이저(레이저 튜브-소모품)를 사용한다. 사용되는 전용 CAD 시스템은 JCAD3/Takumi이다. 물론 모델링은 기존의 주얼리 캐드(Jewelry CAD)나 라이노3D 캐드(Rhino3D)로 하여 변환, 장비와 호환 RP 제작이 가능하다.

1. SLA(SL) 장비 외관

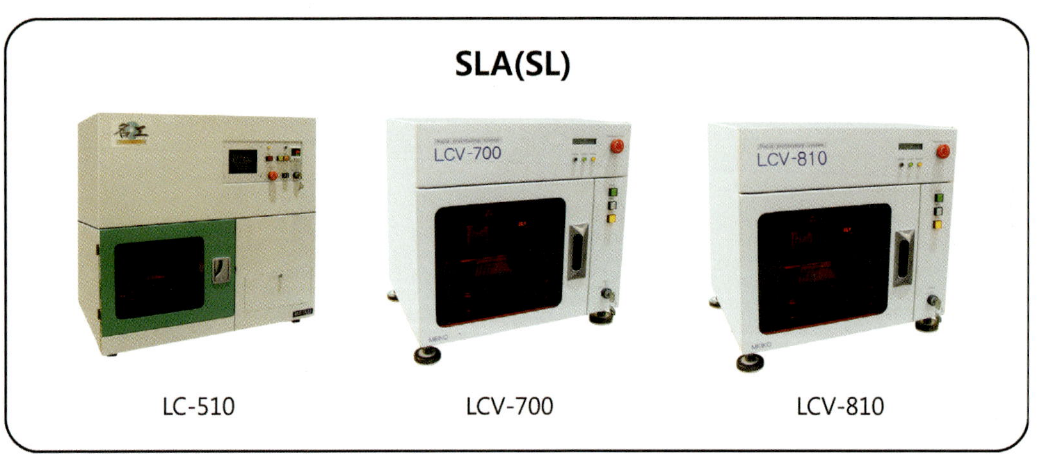

⚘ 액형 기반 RP 시스템 〉 일본 MEIKO 사의 SLA(SL) 방식 RP 시스템

2. 모델 조형 공정

MEIKO RPS는 앞서 언급된 SLA(SLA-Stereolithography Apparatus) 공정과 큰 차이가 없으
나 제작할 수 있는 파트의 크기가 작은 주얼리 분야에 한정되어 개발되고 있다는 것이 특징이다.
MEIKO RPS는 우선 주얼리 전용 CAD 소프트웨어인 JCAD/Takumi에 의해 3차원 모델을 모델
링하고 전용 CAM 소프트웨어로 NC 데이터를 제작 소형정밀 조각기나 RP 장비로 3차원 형상을
얻게 된다. 물론 RP 출력을 위해서는 라이노3D나 주얼리캐드와 같은 프로그램에서 SLC나
STL(ASCII)로 변환하여 출력이 가능하다.

RP 장비로 넘어온 데이터는 Z축 방향으로 슬라이싱된 데이터로 볼 수 있으며 준비된 액상 광경화
성 수지(Photo Curable Resin)에 레이저(Laser)를 조사하여 3차원 모델을 만들게 된다. 모델이
완성되면 작업대에서 핀셋을 이용 떼어내어 에탄올에 세척한다. 최종 완성된 모델은 후경화
(Post-curing) 과정이 필요하기에 세척된 모델을 장비에서 꺼낸 후 UV-lamp로 경화시켜 주어
야 한다. UV 경화장치가 없으면 에탄올에서 세척한 파트(모델)를 그대로 공기에 노출, 대략
20~30분 정도를 공냉시켜주면 표면이 딱딱하게 경화되어 고무 몰드나 실리콘 몰드를 위한 원형
으로 사용할 수 있다.

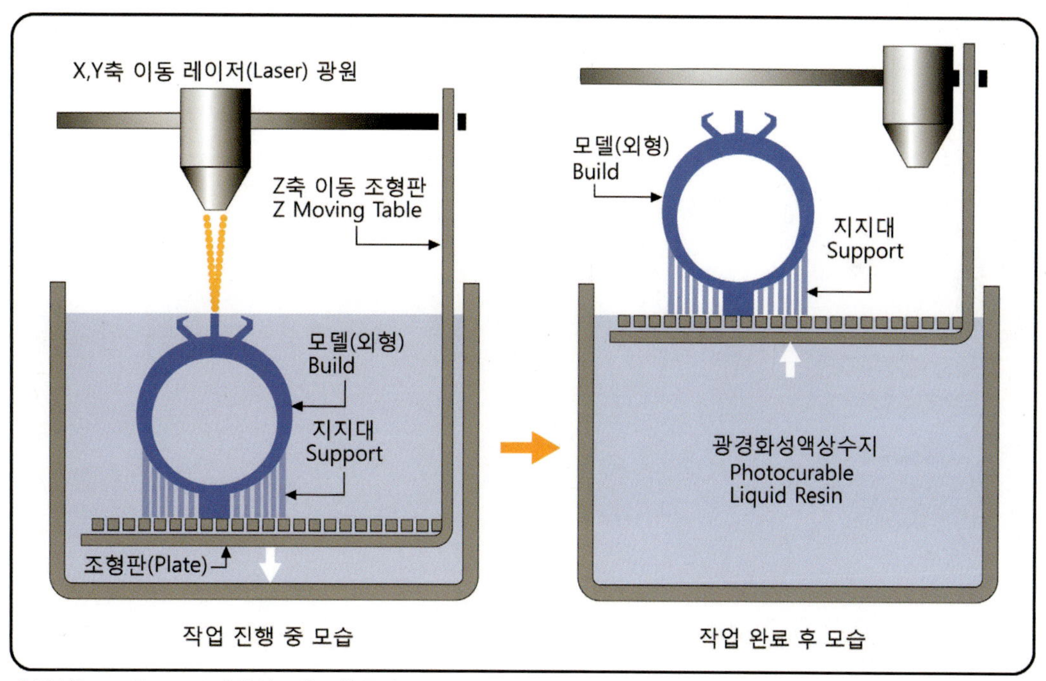

☆ SLA(Stereolithography) 방식 모델 조형 공정

3. 장비 세부 모습

최신 장비인 LCV-810의 세부 모습 보면 우선 예전 LC-510과 외관의 크기 면에서 상당히 작아졌다는 차이점이 있다. 이는 데스크탑에 설치하는 데 더욱 효율적이며, 작업공간을 최소화할 수 있다는 장점을 말해 준다. 또한 제작 속도와 수지의 개선을 통해 보다 신뢰성 있는 제품을 제작할 수 있도록 개선되었다.

⚞ 데스크탑 장비답게 매우 컴펙트한 장비

⚞ 장비 내부 모습

4. 장비 내부 구성

장비 내부는 매우 간단하게 구성되어 있다. 우측 상단에 레이저 헤드가 위치해 있으며 하단에는 작업대가 보인다. 작업대의 최대 조형 면적은 60mm×60mm×60mm이다. 작업대는 금속으로 되어 있으며 둥그런 모양으로 천공되어 있다. 이러한 구멍은 액상의 광경화성 수지가 표면에 올라오는 통로가 된다.

⚞ 상단부 레이저 헤드 모습

⚞ 미니 조형판 모습

작업이 시작되면 작업대가 액상수지가 담겨 있는 통 안으로 내려가게 된다. 이때 불순물이나 액상 수지의 표면 균일도를 유지하기 위해 금속판에 의해 앞뒤로 정지 작업을 하게 된다.
이러한 과정은 자동으로 이루어진다. 작업이 모두 끝나면 작업대가 수지 통 위로 다시 올라오게 된다. 완성 모델은 핀셋으로 떼어낸다.

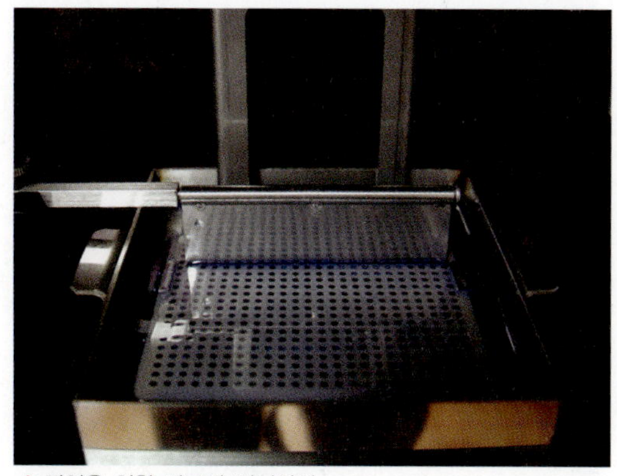
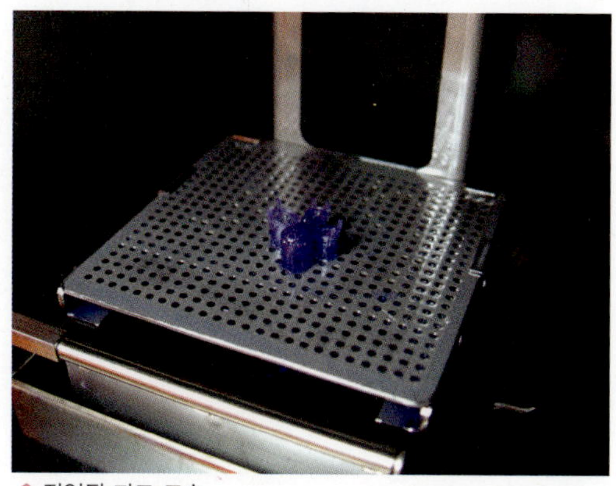

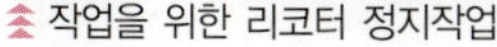
🔺 작업을 위한 리코터 정지작업

🔺 작업된 파트 모습

완성된 파트는 1차 에탄올 세척을 한 후 탁상용 자외선 경화장치로 경화를 촉진시켜 파트를 완성한다.

🔺 자외선 경화기와 경화 모습

🔺 최종 완성 모델 모습

메이코 장비의 후처리는 다른 SLA 장비와 같이 경화에 대한 약간의 시간이 필요할 뿐 별도의 후처리 장비나 공정이 필요치 않다. 다만 지지대를 제거해 주어야 한다. 지지대와 모델은 동일 재료이다.

5. MEIKO 사의 SLA 방식에 사용되는 재료 종류

메이코 장비를 위한 재료들은 대부분 주얼리 제작이나 소형 정밀 모형 제작을 위해 최적화되어 있다는 것이 특징이다. 대략 8가지 재료들이 사용된다.

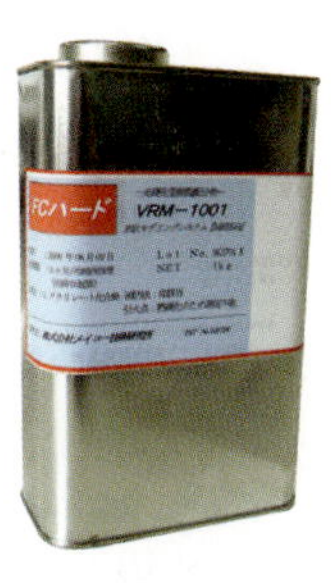

MEIKO사 SLA 조형 재료 (SLA(SL) Materials)					
주문번호	재료 외형	비중	점성	사용 가능 장비	비고
510-800	반투명 노랑색 액체	1.2	140	LC-510	주얼리 패턴 제작용
510-800G	반투명 녹색 액체	1.2	140	LC-510	주얼리 패턴 제작용
510-801	반투명 노랑색 액체	1.2	140	LC-510	No.510-800개선 재료 정밀모델과 캐스팅 가능
510-801G	반투명 녹색 액체	1.2	140	LC-510	No.510-800G개선 재료 정밀모델과 캐스팅 가능
510-901	반투명 노랑색 액체	1.2	320	LC-510	고무주형 제작 캐스팅 불가능
510-901G	반투명 노랑색 액체	1.2	320	LC-510	고무주형 제작 캐스팅 불가능
700-801	반투명 푸른 보라색	1.2	140	LCV-710	광범위 모델 제작 캐스팅 / 고무주형
VRM-1001	반투명 푸른 보라색	1.2	—	LCV-810	광범위 모델 제작 캐스팅 / 고무주형

LCV-810 VRM-1001 수지 재료 www.meikocorp.co.jp 인용

6. MEIKO 사의 SLA(SL) 장비별 사양

제조사 / 일본	LC-510	LCV-700	LCV-810
MEIKO www.meikocorp.co.jp.			
레이저 Laser	He Cd 5mW	Semi-conductor 30mW	Semi-conductor 60mW
스캔방식	X-Y Plotter	X-Y Plotter	X-Y Plotter
스캔속도	1.000mm/min	500mm/min	2.000mm/min
빔지름	0.08mm	0.05mm	0.05mm
최대조형크기 Maximum Scan Speed	100x100x60mm	60x60x60mm	60x60x60mm
레이어두께(z축) Beam Diameter	0.2~0.01mm(Minimum)	0.2~0.01mm(Minimum)	0.2~0.01mm(Minimum)
기계적 해상도	0.01mm	0.01mm	0.01mm
재료 탱크 용량 Recoating Build Layer	2Kg(1.7L)	2Kg(1.7L)	2Kg(1.7L)
사용재료	액상 광경화성 수지(반투명 노랑색)	액상 광경화성 수지(반투명 진보라색)	액상 광경화성 수지(반투명 푸른보라색)
운용 소프트웨어	Windows XP JCAD3 / Takumi	Windows XP JCAD3 / Takumi	Windows XP JCAD3 / Takumi
입력 데이터 형식	JSD, DXF(3D Face) STL(ASCII)	JSD, DXF(3D Face) STL(ASCII)	JSD, DXF(3D Face) STL(ASCII)
공급전원	100VAC 15A / 220VAC 6.8A	100VAC 15A / 220VAC 6.8A	100VAC 15A / 220VAC 6.8A
본체 크기	860x760x800	500x400x440	500x400x440
본체 무게	150kg	50kg	50kg

참조 MEIKO 사의 장비에 관한 자세한 사항은 www.meikocorp.co.jp 부분을 참조한다. 또한 장비명과 세부 사양은 예고 없이 변경될 수 있다.

이스라엘 Objet Geometries 사 PolyJet / PolyJet Matrix 방식

Objet Geometries 사는 이스라엘 북부 Tel Aviv 남쪽에 있는 Rehovot 의 첨단기술센터에 본사를 두고 있으며, 1998년 PolyJet(Photopolymer Jetting Technology) 특허 기술을 기반으로 설립되었다. PolyJet(Photopolymer Jetting) 기술은 잉크젯기술과 광경화성수지 기술이 결합된 고해상도의 3차원 플랫폼으로, 800개의 노즐을 통해 분사되는 액상의 광경화성수지(Photopolymer)를 자외선으로 동시 경화시켜 가며 모델을 만들게 된다. 이때 사용되는 수지(Resin) 재료와 지지대(Support) 재료는 독자적으로 개발된 것을 사용한다. 2000년 4월 Quadra Tempo 장비를 발표하면서 국내에도 알려지기 시작했으며, 2005년 독일 프랑크프르트(Frankfurt) 메세 유로몰드(EuroMold) 전시회에서 일명 에덴(Eden)으로 명명되는 Eden 250~Eden 500V를 발표했다. 2007년 12월엔 세계 최초로 다중재료(Multimaterial) 사용이 가능한 Connex500을, 2008년 10월엔 데스크탑 3D 프린터인 Alaris30을 발표하여 현재에 이르고 있다. Objet Geometries 사의 전세계 고객은 주로 자동차, 전자제품, 소비제품, 장난감, 용기, 의료와 신발산업 분야에 걸쳐 광범위하며 국내외의 수많은 성공사례를 보여주고 있다.

1. PolyJet / PolyJet Matrix 장비 외관

Objet사의 장비는 크게 가격(Price)과 장비 성능(Performance)에 따라 보급형 데스크탑 3D 프린터인 Alaris30과 Office 군인 Eden250, Eden260V 시리즈, Professional 군인 Eden330, Eden350, Eden 500V, Connex500으로 구분된다. 특히 Eden Family 군과 Connex500의 차이는 단일 재료를 분사하는 PolyJet과 다중재료(Multimaterial)를 동시에 분사하는 PolyJet Matrix의 차이도 가지고 있다.

물론 PolyJet과 PolyJet Matrix의 조형 원리는 동일하다.

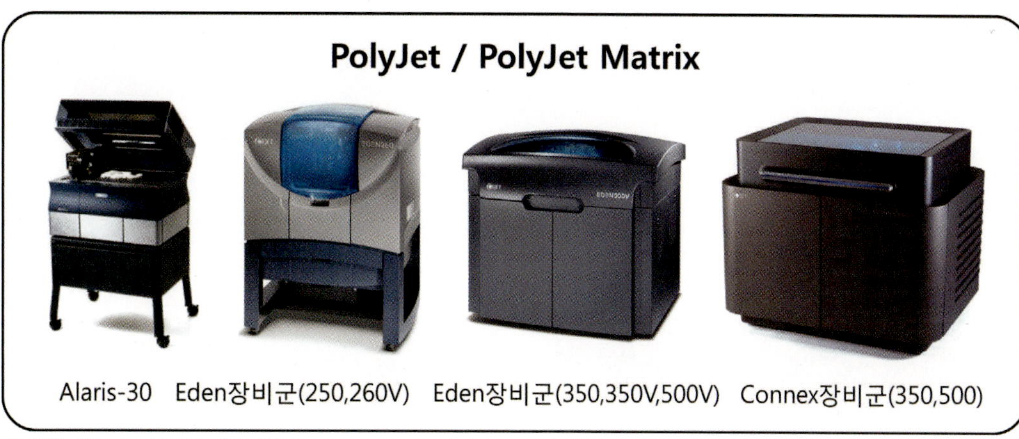

🔺 액형 기반 RP 시스템 〉 이스라엘 Objet Geometries사의 PolyJet / PolyJet Matrix 방식 RP 시스템

2. 모델 제작 원리

PolyJet 방식의 원리는 컴퓨터로 작업된 3D CAD 데이터를 Objet Studio에서 STL 파일을 불러들여 조형판에 배치하고, 네트워크(LAN)를 통해 X축으로 이동하는 프린팅 헤드에 전달하게 된다. 프린팅 헤드는 X,Y축 고정 레일을 따라 좌우로 왕복하면서 모델이 될 광경화성수지 재료와 모델을 지지해 주어야 하는 Gel 상태의 지지대(Support) 재료를 동시에 조형판 위에 분사하게 된다. 또한 분사와 동시에 프린팅 헤드 좌우에 부착된 UV Lamp에서는 강한 자외선(UV)을 조사 레이어층이 곧바로 경화되며, 조형판은 Z축으로 자동 이동한다. 이러한 일련의 작업은 모델이 모두 완성될 때까지 반복된다.

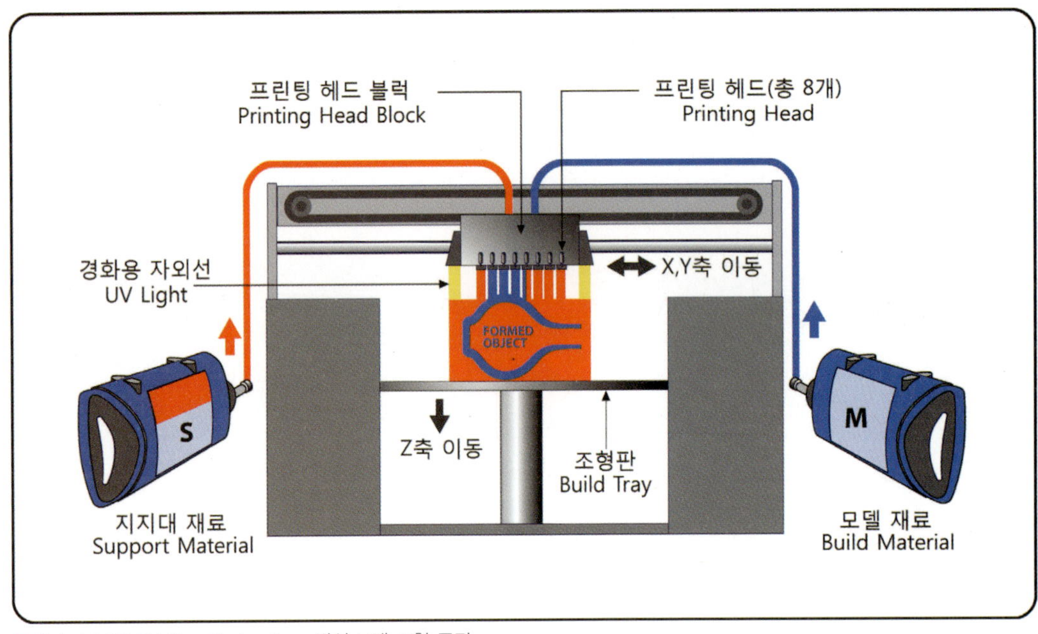

☂ PolyJet 3D Printing Technology 방식 모델 조형 공정

프린팅 헤드 블럭에는 동시에 8개가 탈부착되도록 프린팅 헤드가 장착되어 있으며, 개당 약 100개의 미세 노즐이 뚫려 있다. 그림과 같은 8개의 유닛 헤드가 모여 하나의 프린터 헤드를 이룬다. 만일 파트의 Y축 크기가 프린팅 헤드의 폭보다 큰 경우에는 헤드가 Y축으로 이동하면서 조형하게 된다.

☂ Eden 350 프린트 헤드 모습

☂ Eden 350 조형판 모습

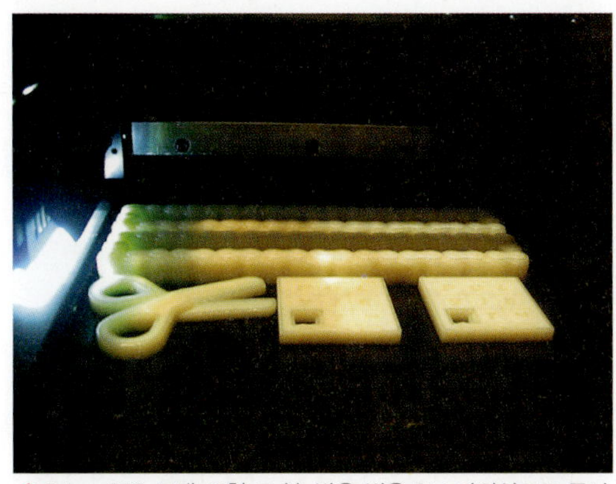

프린터 헤드에 함께 붙어 있는 것으로 UV 경화용 램프가 있다. 이는 재료 분사와 함께 곧바로 경화시키는 일을 담당한다.

모든 조형 작업이 끝나면, 초음파 세척이나 지지대(Support)로 쓰인 Gel 상태의 재료는 물을 고압으로 분사하는 Water Jet으로 씻어주면 모델에 붙어 있던 지지대는 매우 쉽게 제거할 수 있다. 이 공정의 특징이라면 레이저를 사용하지 않으면서도 한 층의 두께가 16micron(0.016mm, 1600dpi)에 해당하는 고해상도를 얻을 수 있어, 매우 정밀한 파트를 만들 수 있다. 참고로 X, Y축

의 해상도는 각각 600dpi이고 Z축은 1,600dpi이다. 또한 프린터와 같이 Raster 방식으로 조형하기 때문에 정밀도와 속도가 빠르다. 새로이 발표된 Connex500을 비롯 Eden250, Eden350V, Eden500V에서는 HQ(high quality=16micron) 모드와 HS(high speed=30micron)를 선택하여 정밀도와 속도를 감안하여 작업이 가능하다. 최종 완성된 파트는 실리콘 몰드 혹은 주조 공정의 마스터 모델, 진공 주형 원형으로 사용할 수 있다.

3. 지지대(Support) 제작과 형상 비교

PolyJet 방식으로 제작된 파트의 지지대들은 공통적으로 같은 성질의 재료들이 사용되며, 그림과 같이 모델 일부분 또는 전체를 감싸고 있는 경우가 많다. 지지대의 제거는 SLA 방식처럼 지지대를 날카로운 도구를 이용하여 강제로 절단해내는 것이 아니며 그냥 쉽게 부스러지듯 떼어내면 된다.

세밀한 부분은 고압으로 분사되는 물의 힘(Water Jet)으로 쉽게 제거한다. 좋은 점은 지지대 자국이 파트에 남지 않아 매우 고른 표면을 얻을 수 있으며 그만큼 지지대 제거가 쉽다는 것이다.

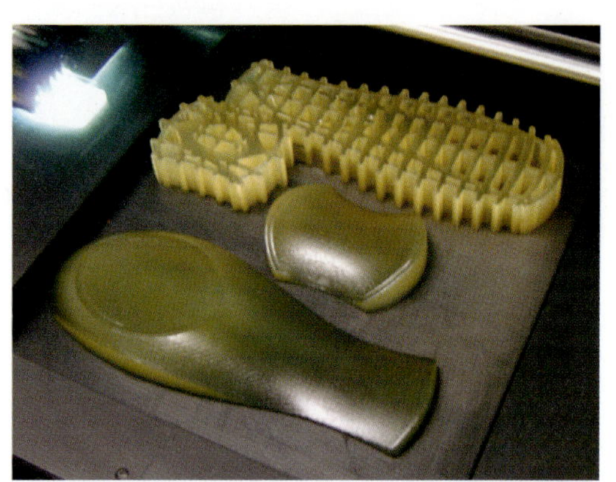

▲ 지지대(Support) 제거 전 모습

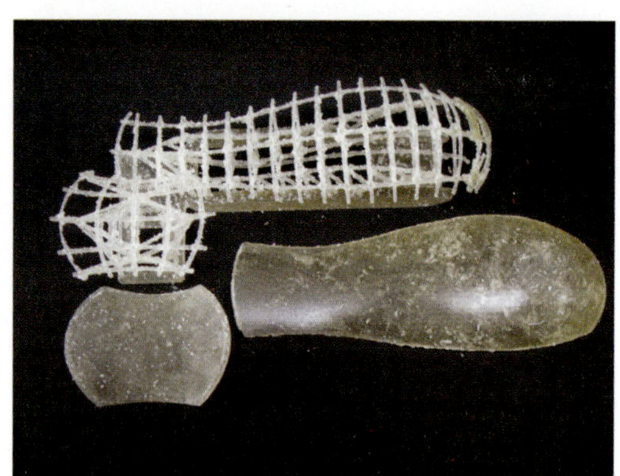

▲ 지지대 제거 후 모습

▲ 지지대(Support) 제거 전 모습

▲ 지지대 제거 모습

4. 재료 공급과 부대 장비

PolyJet 방식의 RP 시스템에 조형 재료를 공급하는 방법은 매우 간단하며, 작업 도중에도 언제든 재료 충전이 가능하다. 마치 프린터의 카트리지를 교체하는 개념으로 보면 된다. 빛에 노출되면 반응하는 액체 재료이기에 밀폐된 플라스틱 카트리지에 밀봉되어 공급된다. 시스템이 작은 Alaris-30의 경우 공급 재료통도 매우 작다. Eden 장비군은 보다 큰 카트리지가 제공된다. 다만 PolyJet Matrix 방식인 Connex 장비군의 경우 카트리지가 가장 크며, 동시에 이방성 재료를 분사하여 모델을 조형하는 것이 특징이다. 재료에 대한 자세한 사항은 재료 비교표를 참조한다.

1) Alaris-30의 재료와 공급

Alaris-30에 공급되는 재료는 가장 적은 용량으로 모델재료가 약간 큰 패키지로 되어 있다. 시스템에 재료를 공급하는 방법은 장비의 우측 트라이를 열고 거꾸로 꽂아주면 된다. 모델 재료 2개와 지지대 재료 2개를 동시에 장착할 수 있다. VeroWhite 모델재료의 용량은 1Kg(2.2Lbs)이다. 제작된 모델은 약간의 아이보리(Ivory) 컬러를 띠며 마치 ABS 플라스틱 재질의 느낌이다. 조형 작업 도중에도 재료를 장착할 수 있다.

🔺 Alaris-30 3D Printing 시스템

🔺 지지대(Support) 재료 FullCure705 패키지

🔺 모델(Build) 재료 VeroWhite FullCure830 패키지

🔺 Alaris-30에 지지대와 모델재료가 장착된 모습

2) Eden 장비군의 재료와 공급

소형인 Alaris-30 패키지와는 달리 Eden 재료는 용량이 크며, 플라스틱 하드 케이스 형태로 장비에
장착 된다. 재료 용량은 2Kg의 중용량과 3.6Kg의 대용량으로 구분된다. 물론 장비가 작동 중에도 재
료 카트리지의 추가 교체가 가능하다.

▲ Eden 3D Printing 시스템 장비

▲ 다양한 Eden 사용 재료들 모습(2Kg 패키지)

▲ 모델 재료인 투명 FullCure 720

▲ 지지대 재료인 FullCure705 장착 모습

▲ 지지대 재료 〉 대용량 FullCure705 카트리지(3.6Kg)

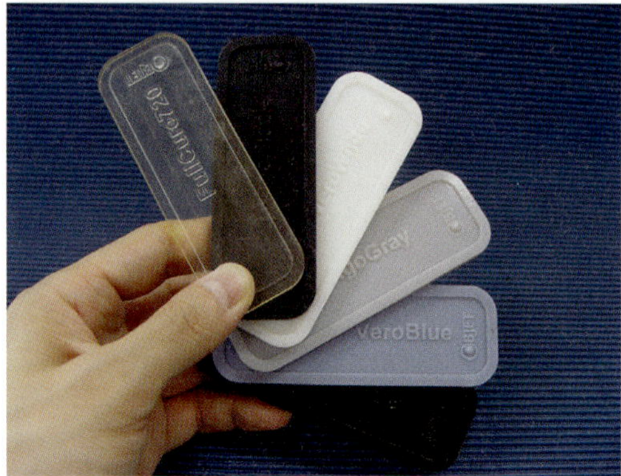

▲ FullCure720, TangoBlack, VeroWhite, TangoGray,
VeroBlue 재료 칩

Eden 재료들은 크게 투명 재료(Transparent), 불투명 재료인 VeroWhite, VeroBlue, VeroWhite와 고무와 같이 유연한 물성을 가진 TangoGray, TangoBlack 재료로 분류된다. 다만 Tango 재료는 Eden 350, Eden350V, Eden 500V 장비에서 사용이 가능하다. 이들 모두에 공통으로 쓰이는 지지대(Support) 재료는 FullCure705이다.

<table>
<tr><th colspan="5" align="center">Objet 사 PolyJet 조형 재료
(Objet Geometries > PolyJet Materials)</th></tr>
<tr><th>다목적
7XX 시리즈</th><th>Durus
4XX 시리즈</th><th>Vero
8XX 시리즈</th><th>Tango
9XX 시리즈</th><th>Hearing Aid
6XX 시리즈</th></tr>
<tr><td></td><td></td><td></td><td></td><td></td></tr>
<tr><td>투명재료
FullCure 720</td><td>DurusWhite
FullCure 430</td><td>VeroWhite
FullCure 830</td><td>TangoPlus
FullCure 930</td><td>DurusWhite
FullCure 630</td></tr>
<tr><td></td><td></td><td></td><td></td><td></td></tr>
<tr><td>공통 사용 지지대 재료
FullCure 705</td><td></td><td>VeroWhite
FullCure 830</td><td>TangoPlus
FullCure 930</td><td>DurusWhite
FullCure 630</td></tr>
<tr><td></td><td></td><td></td><td></td><td></td></tr>
</table>

♨ Objet 사 PolyJet 조형 재료 〉 사용장비 : Alaris, Eden 장비군에서 사용하는 주요 재료

Connex는 재료는 4개의 Jumbo 3.6Kg 카트리지(Cartridge)가 좌측에 2개, 우측에 2개가 장착된다. 좌측은 지지대(Support)이며 우측은 물성이 다른 2가지 재료를 동시에 장착할 수 있다. Connex는 세계 최초의 PolyJet Matrix라는 기술로 8개의 헤드에서 동시에 물성치가 다른 재료를 한번에 Jetting이 가능하기 때문이다. 예를 들어 1번과 2번은 연질재료, 3번과 4번은 경질, 나머지는 지지대 재료가 분사된다.

▲ Connex 500 3D Printing 시스템

▲ 지지대와 모델재료가 장착된 모습

▲ 손쉬운 재료의 장착

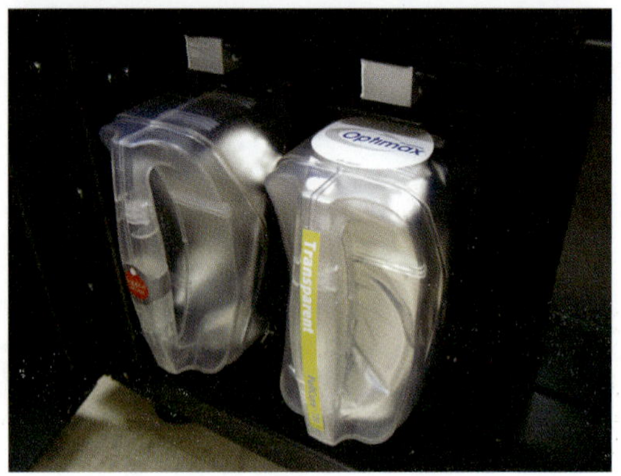

▲ 대용량 재료 카트리지 장착 모습

Connex 장비군은 PolyJet Matrix라는 방식을 사용하여 동시에 물성과 색상이 다른 이방성 재료(Multiful- Material)를 동시에 조형할 수 있는 특징이 있다. Objet 사는 Connex 장비군에 사용하는 이러한 전용 재료명을 DM(Digital Material)이라 하여 분류하고 있다.

총 21가지의 DM은 서로 다른 단일 재료의 배합 비율에 따라 원하는 물성치를 얻을 수 있으며, 모델의 어떤 위치에서도 복합 재질을 구현할 수 있다. 물론 FullCure720, Vero 시리즈, Tango 시리즈 등 7가지 단일 재료는 그대로 단독으로 사용이 가능하다. Connex500 시스템에 공통적으로 사용되는 모든 조형 재료에 대한 지지대 재료는 FullCure 705이다.

참조 Connex500 장비의 경우 FullCure720, Vero 시리즈, Tango 시리즈 등 7가지 단일 재료와 아래 배합 비율에 따른 21가지의 Digital Material을 포함 총 28가지의 재료를 사용할 수 있음.

VeroWhite + TangoBlack	DM_9110 유연한-Flexible	VeroWhite + VeroBlack	TangoBlack + VeroBlue	TangoBlack + VeroBlack
DM_9110 단단한-Rigid	DM_9120 유연한-Flexible	DM_9310 단단한-Rigid	DM_9210 유연한-Flexible	DM_9310 유연한-Flexible
DM_8120 단단한-Rigid	DM_9130 유연한-Flexible	DM_8320 단단한-Rigid	DM_9220 유연한-Flexible	DM_9320 유연한-Flexible
DM_9130 단단한-Rigid		DM_8330 단단한-Rigid	DM_9230 유연한-Flexible	DM_9330 유연한-Flexible

▲ Objet 사 PolyJet Matrix 조형 재료 〉 사용장비 : CONNEX 장비군에서 사용하는 주요 재료

Objet 사 PolyJet Matrix 조형 재료
(Objet Geometries > PolyJet Matrix Materials)

TangoBlack+ FullCure720	DM_7210 유연한-Flexible	TangoGray + TangoBlack	VeroWhite + TangoPlus	DM_9740 유연한-Flexible
DM_9410 유연한-Flexible	DM_7220 유연한-Flexible	DM_9510 유연한-Flexible	DM_8410 단단한-Rigid	DM_9750 유연한-Flexible
DM_9420 유연한-Flexible	DM_7230 유연한-Flexible	TangoGray + VeroBlack	DM_8420 단단한-Rigid	DM_9760 유연한-Flexible
DM_9430 유연한-Flexible		DM_9610 유연한-Flexible	DM_8430 단단한-Rigid	DM_9770 유연한-Flexible

▲ Objet 사 PolyJet Matrix 조형 재료 〉 사용장비 : CONNEX 장비군에서 사용하는 주요 재료

Objet 사 PolyJet Matrix 조형 재료
(Objet Geometries > PolyJet Matrix Materials)

DM_9785 유연한-Flexible	DM_8530 유연한-Flexible	DM_9885 유연한-Flexible	DM_4410 유연한-Flexible	DM_Dots_7523 단단한-Rigid
DM_9795 단단한-Rigid	DM_9840 유연한-Flexible	DM_9895 유연한-Flexible	DM_4510 유연한-Flexible	TangoGray + TangoBlack
VeroWhite + TangoBlackPlus	DM_9850 유연한-Flexible	DurusWhite + VeroWhite	DM_4710 유연한-Flexible	DM_9510 유연한-Flexible
DM_8510 단단한-Rigid	DM_9860 유연한-Flexible	Durus + VeroBlue / DurusWhite + VeroBlack / DurusWhite + FullCure720	FullCure720 + VeroBlack	VeroBlue + VeroBlack
DM_8520 유연한-Flexible	DM_9870 유연한-Flexible	DM_4310 유연한-Flexible	DM_Dots_7513 단단한-Rigid	DM_8210 단단한-Rigid

☝ Objet 사 PolyJet Matrix 조형 재료 〉 사용장비 : CONNEX 장비군에서 사용하는 주요 재료

> **참조** Objet 사의 공급 재료에 관한 자세한 사항은 www.objet.com 부분을 참조한다. 또한 재료의 명칭이나 물성은 예고 없이 변경될 수 있다.

DM(Digital Material)의 다양성을 자전거 모델에 적용한 예로 색상과 패턴은 물론 물성이 다른 파트를 한 번의 3D 프린팅으로 제작이 가능하다.

☝ DM(Digtal Material) 적용 자전거 파트

☝ DM(Digtal Material) 적용 휠과 타이어 파트

4) Objet Geometries 사의 장비별 사양 1

제조사 / 이스라엘	Alaris30	Eden 250	Eden 260	Eden 260V
적용 기술	PolyJet	PolyJet	PolyJet	PolyJet
장비크기(mm)	825x620x590	870x735x1200	870x735x1200	870x735x1200
장비무게(kg)	77	280	280	280
제작 한계(mm)	300x200x150	260x260x200	260x260x200	260x260x200
레이어 두께(μm)	28μm	16 or 30μm	16μm	16μm
조형모드	HS	HQ/HS	HQ	HQ
FullCure720	X	O	O	O
Vero (W,B,B)	VeroWhite only	O	O	O
Tango (Black,Gray)	X	X	X	O
TangoPlus (투명)	X	X	X	O
DurusWhite (PP)	X	O	O	O
HA (보청기)	X	X	O	O
FullCure705 (Support)	O	O	O	O
헤드 수(개)	2	4	8	8
카트리지 수(개)	4	2	2	2
카트리지 용량(kg)	4	2	2	2
지지대/제거	무독성 겔(GEL)상태의 지지대 / 워터젯(WaterJet)으로 쉽게 제거			

(재료: FullCure720 ~ FullCure705 (Support) 항목)

☎ Objet Geometries 사의 PolyJet 장비별 사양 2009 기준으로 / www.objet.com

5) Objet Geometries 사의 장비별 사양 2

제조사 / 이스라엘	Eden 350	Eden 350V	Eden 500V	Connex500
적용 기술	PolyJet	PolyJet	PolyJet	PolyJet Matrix
장비크기(mm)	1320x990x1200	1320x990x1200	1320x990x1200	1420x1120x1130
장비무게(kg)	410	410	410	500
제작 한계(mm)	350x350x200	350x350x200	500x400x200	500x400x200
레이어 두께(μm)	16μm	16 or 30μm	16 or 30μm	16 or 30μm
조형모드	HQ	HQ/HS	HQ/HS	HQ/HS
FullCure720	O	O	O	O
Vero (W,B,B)	O	O	O	O
Tango (Black,Gray)	△	O	O	O
TangoPlus (투명)	△	O	O	O
DurusWhite (PP)	O	O	O	O
HA (보청기)	O	X	X	X
FullCure705 (Support)	O	O	O	O
헤드 수(개)	8	8	8	8
카트리지 수(개)	2	4	4	4
카트리지 용량(kg)	3.6	3.6	3.6	3.6
지지대/제거	무독성 겔(GEL)상태의 지지대 / 워터젯(WaterJet)으로 쉽게 제거			

(재료: FullCure720 ~ FullCure705 (Support) 항목)

☎ Objet Geometries 사의 PolyJet 장비별 사양 2009 기준으로 / www.objet.com

5. Objet Geometries 사 장비별 특징과 활용

1) Alaris30 데스크탑 3D 프린터

♨ Desktop 3D Printer 〉 Alaris30 설치와 작업 모습

2008년 10월에 발표된 Alaris30 데스크탑 3D 프린터는 Eden 시리즈와 같이 PolyJet 기술을 사용하며, 일반 프린터와 같이 책상 위에 올려놓고 여러 사용자가 네트워크 공유를 통해 원하는 3차원 실물 모델을 쉽게 프린팅할 수 있다. 조형판의 크기는 커다란 부품이나 작은 여러 개의 부품을 조형하기에 충분한 300×200×150mm를 제공한다. 조형 시 프린팅 헤드에서는 광경화성수지를 한번에 28미크론(0.028mm)씩 적층하며 동시에 자외선(UV)으로 경화하여 모델을 조형한다. 사용되는 모델 재료는 VeroWhite FullCure830 단일 재료이며 지지대(Support) 재료의 경우 FullCure705를 공통으로 사용한다. 각각 1kg의 4개의 카트리지를 장착하기에 추가적인 재료 보충없이 36시간의 연속 조형 작업이 가능하다. 전원은 일반전원을 사용하며 Objet Studio 소프트웨어로 제어한다. 조형 형상엔 언더 컷이나 돌출, 홈 같은 어떤 형상의 제한을 받지 않는다. 0.6mm의 얇은 벽도 표현이 가능하다. XY 축 해상도 600dpi×600dpi의 고해상도 출력이 가능하다. 조형이 끝나면 별도의 후경화 과정이 필요 없으며 지지대 처리 또한 초음파 세척이나 물을 사용하는 WaterJet으로 간단히 제거할 수 있다. 특히 지지대 자국이 남지 않는다는 장점이 있다. 제작된 모델은 조립 및 기능 테스트, 간이금형, 진공성형을 위한 원형, 도금, 도색, 드릴 작업이 가능하다.

2) Alaris30 데스크탑 3D 프린터 활용

조립 및 형상확인(Fit & Form)

고정밀도의 출력물을 통해 부품 파트별 조립성과 형상확인 가능하다.

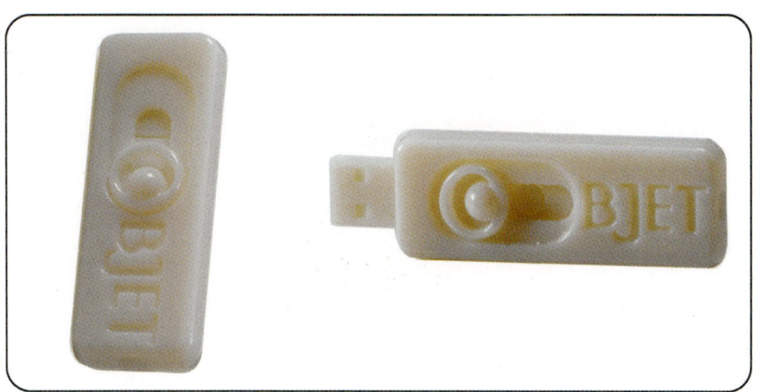

기능성 테스트(Functionality)

Alaris30 프린터는 고정밀 프린팅이 가능하여 얇은 벽이나 소형 동작 파트 조형과 기능테스트가 가능하다.

도색(Painting)

적층 두께가 매우 얇게 제작되기에 표면 조도가 뛰어나 간단한 후처리 후 도색 작업이 가능하다.
도색은 고객에게 보다 실제에 가까운 느낌을 전달할 수 있게 해준다.

간이 금형(Rapid Tooling)

재료의 내구성이 우수하고, 정밀한 표현이 가능하기에 간이금형으로 사용하여 실제 실리콘 파트의 제품을 만들고 복제할 수 있다.

진공 성형(Vacuum Forming)

부드러운 표면 조도와 강한 모델 재료의 특성은 간단한 조리기구, 장난감 같은 케이스 등 다양한 제품을 진공성형으로 만들 수 있게 해 준다.

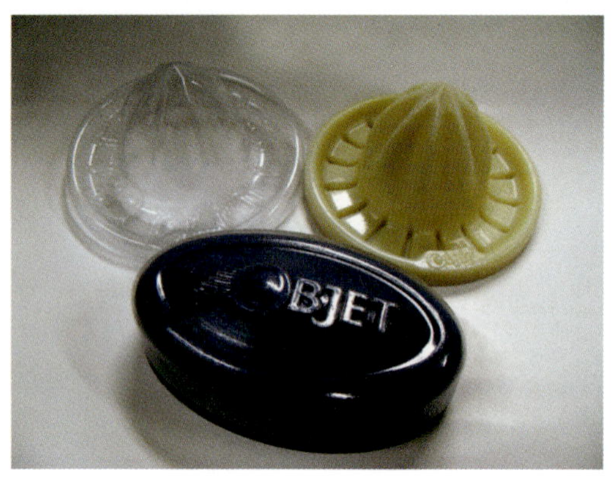

기능성 모델 제작

아래 그림은 각 부품의 조립을 통해 기능성 테스트하는 가정용 토스터 모습이다. 기구물의 간섭이나 원리적인 결함 등을 찾아내는 데 매우 유용하다.

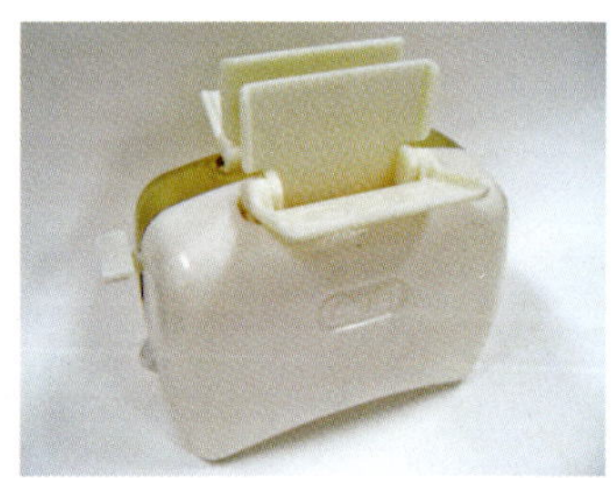

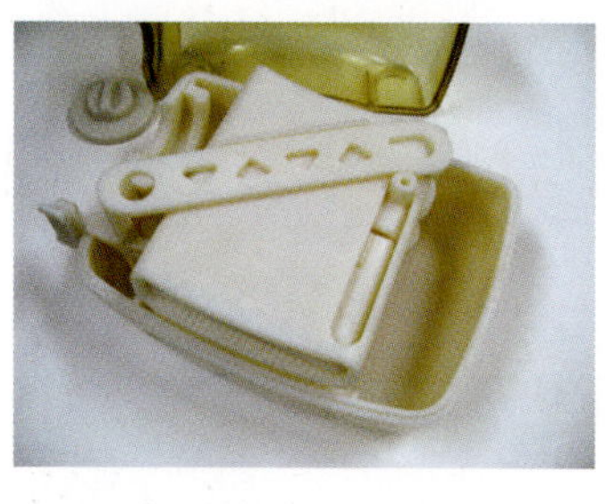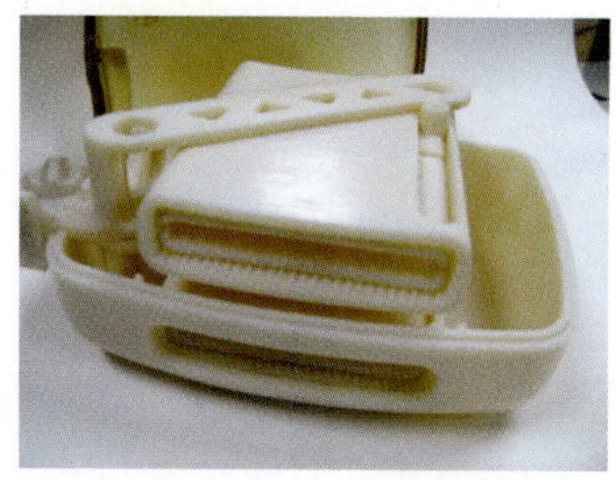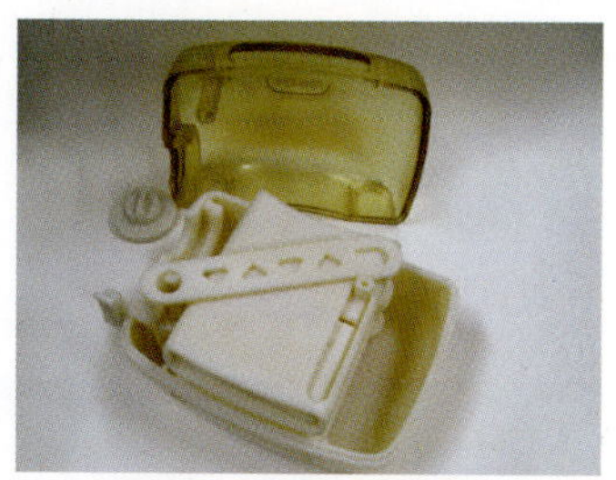

3) Eden Family 3D 프린터군

2005년에 발표된 Eden Family는 PolyJet 방식을 대표하는 제품군으로 Eden250, Eden260, Eden260V(2008년 출시)의 Office군과 Eden350, Eden350V, Eden500V의 Professional으로 구분된다. Office군과 Professional군을 구분 짓는 가장 큰 차이는 모델 제작한계를 들 수 있다. Office군의 경우 모델 제작 한계가 260×260×200인 반면 Professional군의 경우 350× 350× 200과 500×400×200의 크기 한계를 가지고 있다. 다음은 레이어 두께, 조형모드(HQ, HS), 사용 재료의 종류, 카드리지 장착 수, 헤드 수 등의 차이가 구분 요소로 볼 수 있다. 앞서 설명된 Alaris30과 Eden 시리즈 가장 큰 차이라면 사용 재료의 차이로 볼 수 있다. Alaris30의 경우 단 한가지 재료인 VeroWhite FullCure830만을 사용할 수 있다. 자세한 사항은 장비별 사양표를 참조한다.

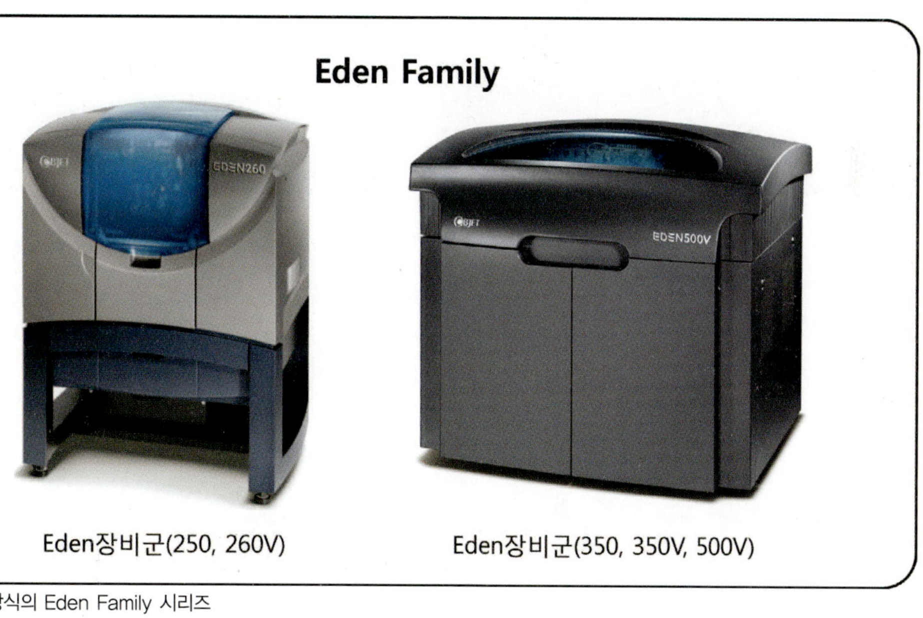

♨ PolyJet 방식의 Eden Family 시리즈

4) Eden Family 3D 프린터군 활용

조립 및 형상확인(Fit & Form)
고정밀도의 출력물을 통해 부품 파트별 조립성과 우수한 품질의 표면조도로 형상확인이 가능하다.

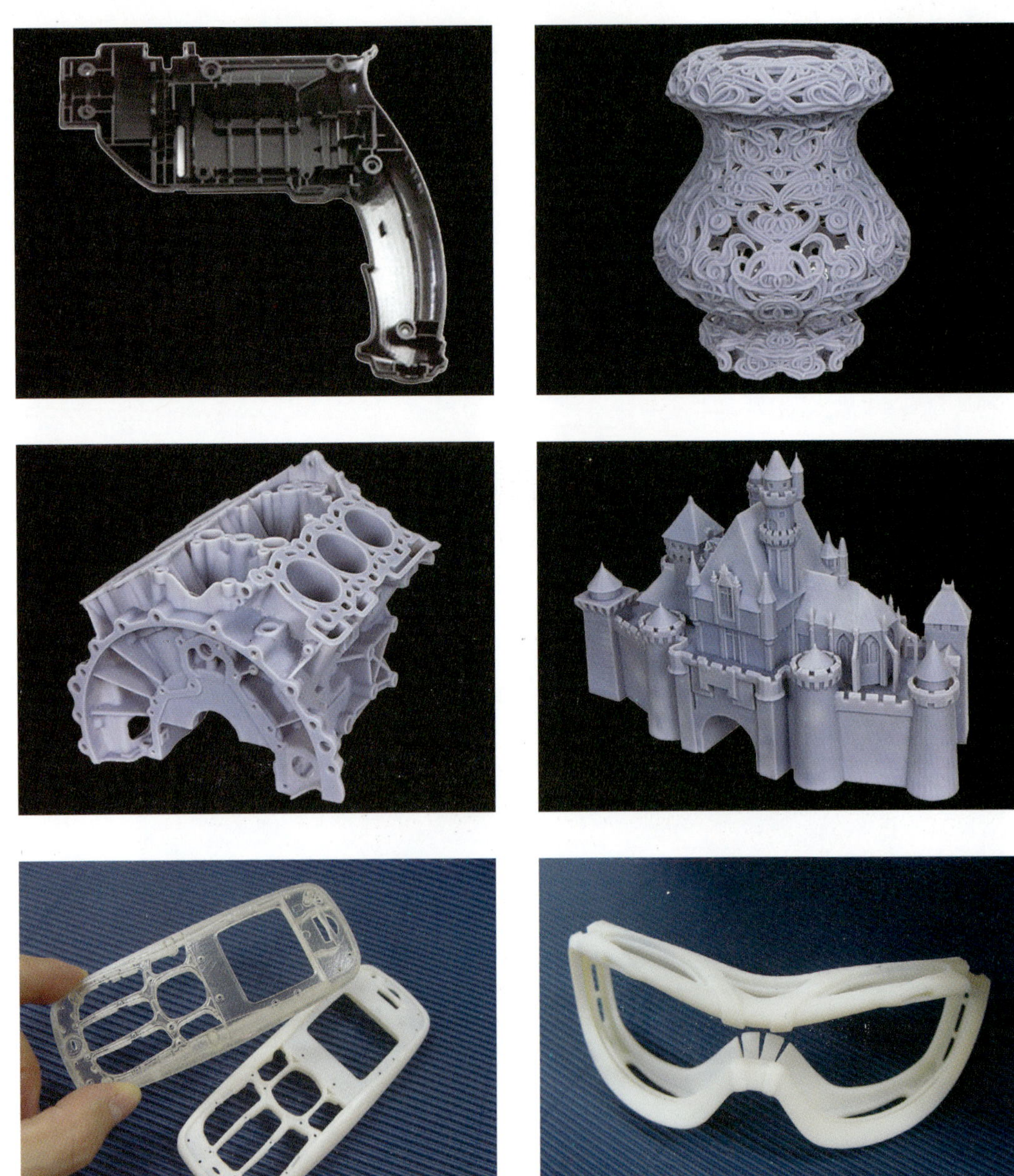

염색이나 도금(Metal Coating)을 통해 보다 색다른 표면 처리가 가능

표면조도가 뛰어나기에 간단한 후처리 후 도체화 처리(Metallizing)를 거쳐 원하는 도금을 할 수 있다. 주로 니켈(Nickel)과 동(Copper) 도금이 행해질 수 있다. 컬러 염색의 경우 투명한 재질에 적합하며 **나이론계 염료**를 구입해서 염색하면 염색성 품질이 좋다.

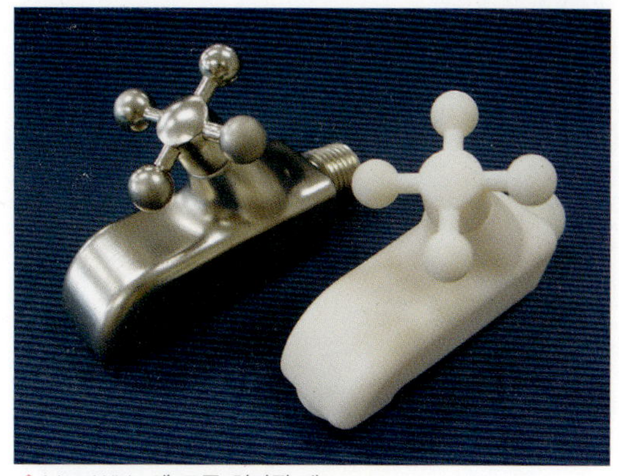

☗ VeroWhite에 도금 처리된 예

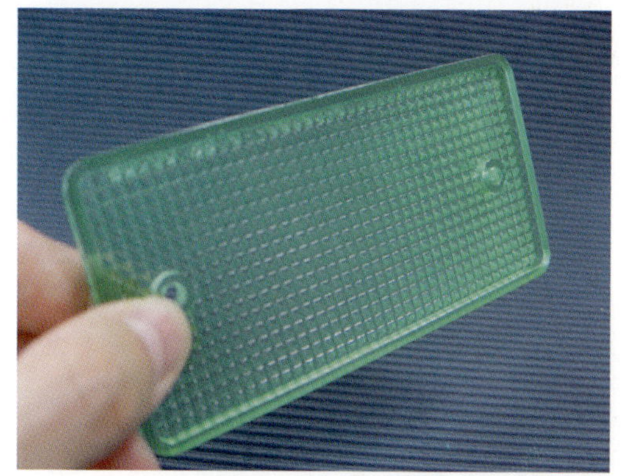

☗ 아크릴계 염료를 이용 〉 FullCure720 재료에 컬러 염색된 예

기능성 테스트(Functionality)

Eden 3D 프린터는 고정밀 프린팅이 가능하여 얇은 판재나 중,소형 동작 파트 조형과 기능테스트가 가능하다.

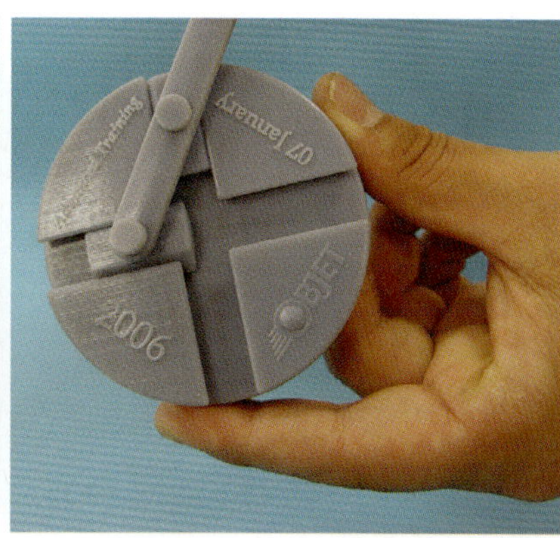

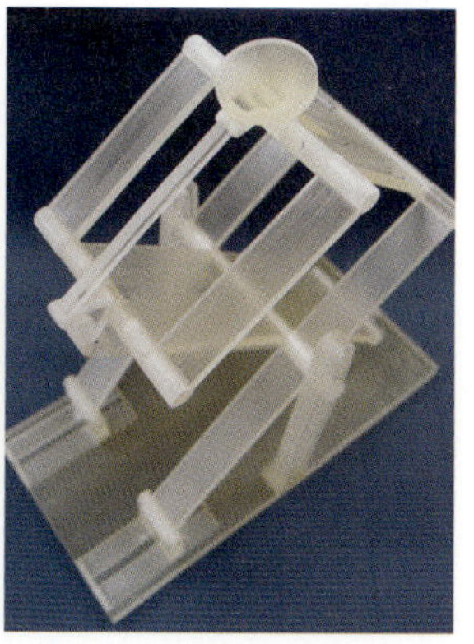

도장(Painting)

적층 두께가 매우 얇게 제작되기에 표면 조도가 뛰어나 간단한 후처리 후 도색 작업이 가능하다.
도색은 고객에게 보다 실제에 가까운 느낌을 전달할 수 있게 해준다.

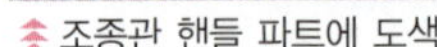
⬆ 조종관 핸들 파트에 도색

⬆ 자동차 휠 파트에 도색

간이금형(Rapid Tooling) 제작과 진공주형을 위한 실리콘 모델제작(Silicon Modeling for Vacuum Casting)

재료의 내구성이 우수하고, 정밀한 표현이 가능하기에 간이 금형으로 사용하여 실제 실리콘 파트의
제품을 만들고 복제할 수 있다.

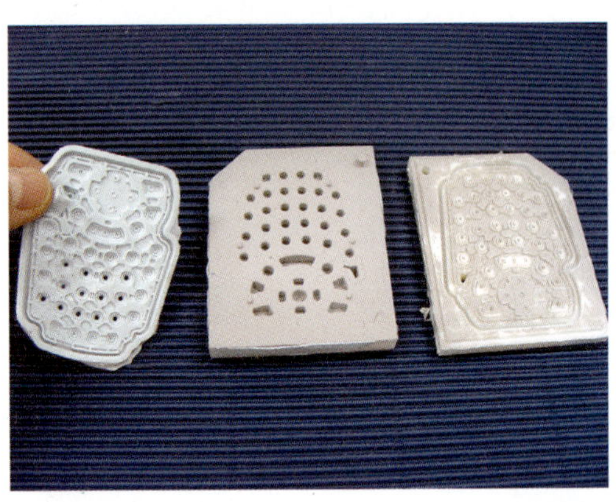

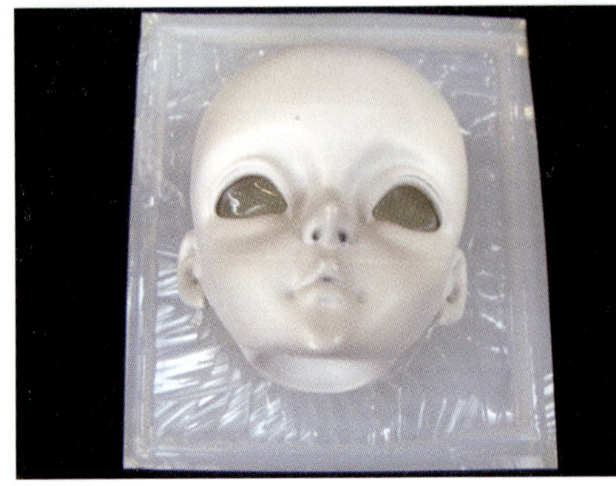

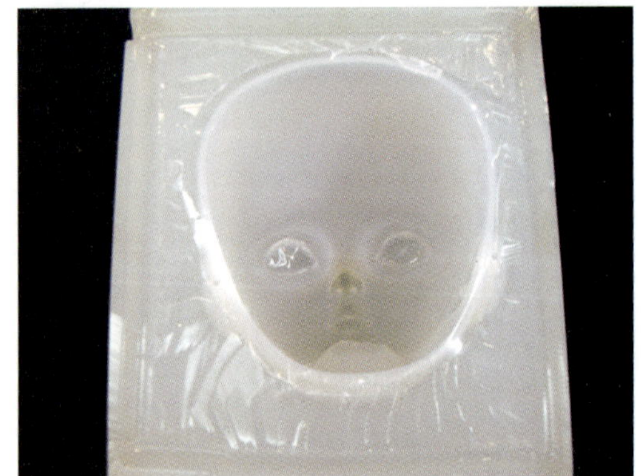

진공성형(Vacuum Forming)

부드러운 표면 조도와 강한 모델 재료의 특성은 간단한 조리기구, 장난감 같은 케이스 등 다양한 제품을 진공성형으로 만들 수 있게 해 준다.

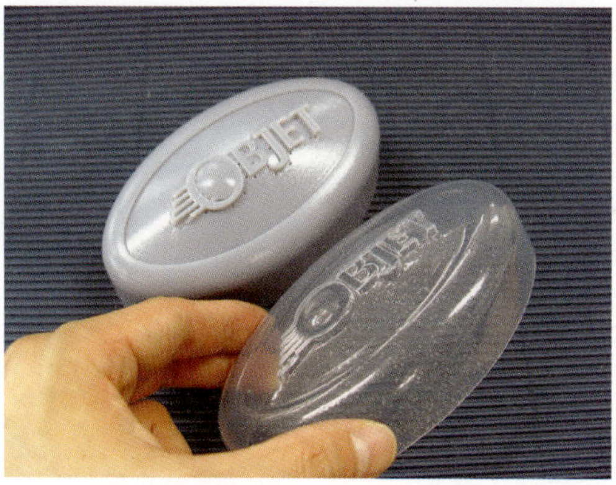

보청기 산업(Hearing Aid)

사람마다 다른 귀의 내부 구조에 맞춤형 보청기를 디자인하는 데 매우 유용하다. 어떤 형상이라도 제작이 가능하며 재료에 따라 다양한 컬러로 제작이 가능하다. 이어폰 파트 제작에 적합하다.

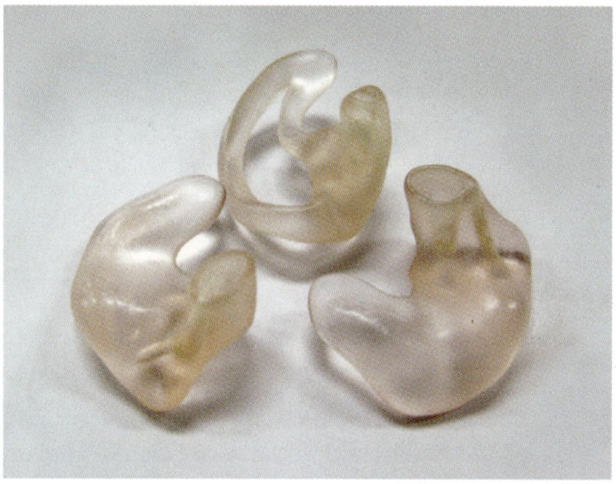

문화재 복원 및 상품

문화재 복원 부분은 주로 3차원 디지털 스캐너를 이용하여 데이터를 획득한 후 3D 프린팅하는 개념이다. 이렇게 디지털화된 데이터는 변형을 통해 문화 상품 개발에도 사용된다.

▲ 다보탑 RP 파트와 문화상품

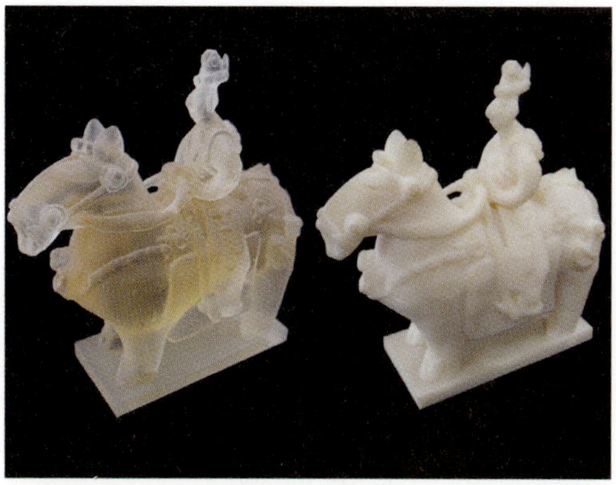

▲ 기마인물형토기 RP 파트

5) Connex Family 3D 프린터군

2007년 12월 독일 프랑크프르트 유로몰드에서 처음 소개된 Connex500 장비의 가장 큰 특징은 기존의 단일 재료에 의한 모델 조형 방식에서 벗어나 동시에 2가지 물성을 갖는 서로 다른 재료(Multiful Material)와 색상으로 프린팅 헤드를 통해 분사하여 모델을 출력하는 혁신적인 Poly-Jet Matrix 모델 조형 방식에 있다. PolyJet Matrix 방식은 Rapid Prototyping과 Rapid Manufacturing 새로운 장을 연 최초의 3차원 프린팅 방식으로 평가받는다. 특히 Connex500에 사용되는 총 21가지의 Digital Material(DM)은 서로 다른 단일 재료의 배합 비율에 따라 원하는 물성치를 얻을 수 있으며, 모델의 어떤 위치에도 복합 재질을 구현할 수 있는 유일한 시스템이다. 물론 FullCure720, Vero 시리즈, Tango 시리즈 등 7가지 단일 재료는 그대로 단독 사용이 가능하다. 이러한 재료의 다양한 사용은 제품 개발 초기단계에서 최종 제품과 최대한 유사한 모델을 만들 수 있어 최종 제품의 완성도에 기여할 수 있다. Connex500의 조형크기는 500×400×200으로 비교적 중·대형 파트의 제작이 가능하다. 최근 외관은 Connex500과 같은 좀더 작은 사이즈 제작이 가능한 Connex350도 출시되었다.

☚ PolyJet Matrix 방식의 Connex Family 시리즈

PolyJet Matrix는 아래 그림이 보여 주듯 프린트 헤드에서 Model A, Model B의 재료와 Support재료를 동시에 분사하여 그림과 같이 물성이 다른 복합 파트를 제작할 수 있는 기술이다. Connex Family 군은 모두 이와 같은 PolyJet Matrix 기술에 의해 파트를 조형한다.

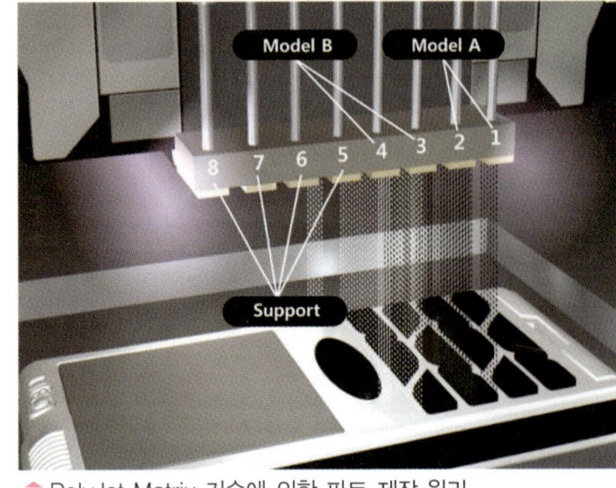

☚ PolyJet Matrix 기술에 의한 파트 제작 원리

☚ 제작된 파트는 물성이 서로 다른 재질을 공유함

6) Connex Family 3D 프린터군 활용

디자인 컨셉(Design Concept) 파트 및 Mock-up 제작

Connex Family의 경우도 Eden Family처럼 외형 확인을 위한 디자인 컨셉 파트 제작은 일반적인
활용이다. 제품디자인, 자동차디자인 등에 매우 유용하다.

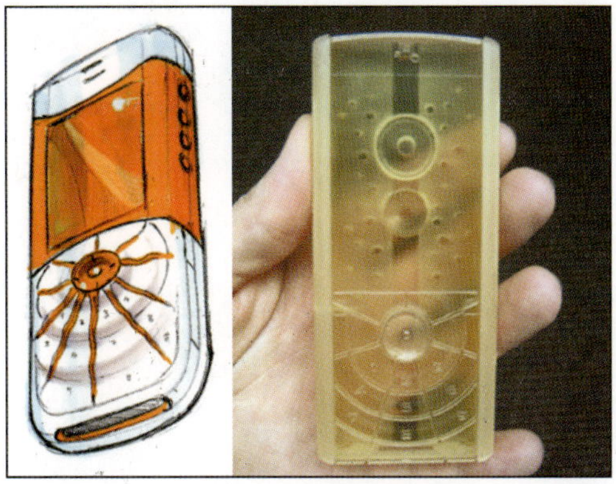

♠ 제작 : Aran Research & Develoment, 출처 : Objet.com

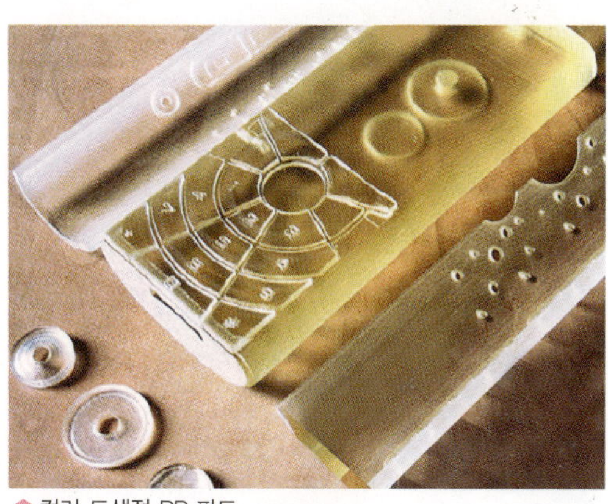

♠ 컬러 도색전 RP 파트

♠ RP 파트에 컬러를 도장한 목업(Mock-up)

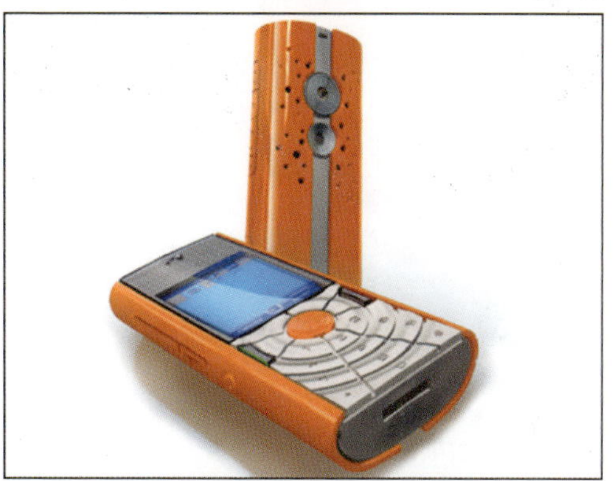

♠ RP 파트에 컬러를 도장한 목업(Mock-up)

> **참조** 상세 내용은 http://www.objet.com/Pages/Case_Studies/Consumer_Electronics/Aran_Research 참조

♠ 페라리 컨셉 3D 모델링 이미지, 제공 : Sysopt 엔지니어링

오버 몰드와 이중사출 시뮬레이션 테스트 견본 제작(Over-molded parts and double injection process simulation)

DM(Digital Material)을 사용하여 제작된 모델의 경우 그림과 같이 부위별 다른 재질을 적용하여 마치 이중 사출을 한 것과 같이 실제 최종 제품과 가장 근접한 모델을 제작할 수 있다. 유백색 부위는 Digital Material DM_8120 Gray40의 재질을 사용하여 딱딱한(Rigid) 느낌을 주었으며, 검정색상의 외곽 테두리 부분은DM_9120/Shore 85로 유연한(Flexible) 느낌을 주어 제작되었다.

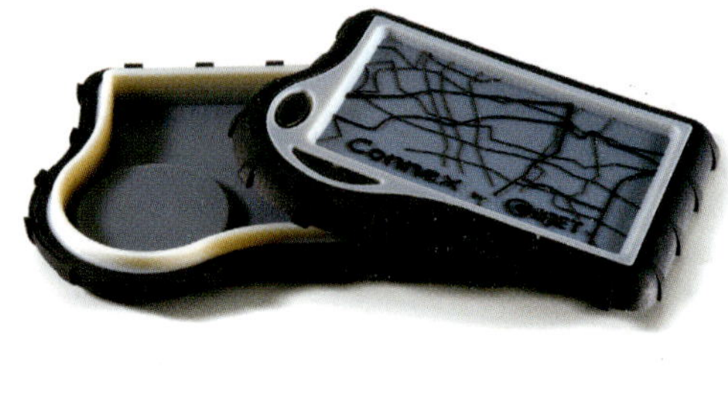

출처 〉 Sysopt 엔지니어링, www.sysopt.co.kr

아래 그림은 면도기 손잡이를 재료의 배합 비율만 달리하여 아주 유연한 물성부터 매우 딱딱한 물성
을 가진 모델까지 제작하여 테스트한 결과이다.

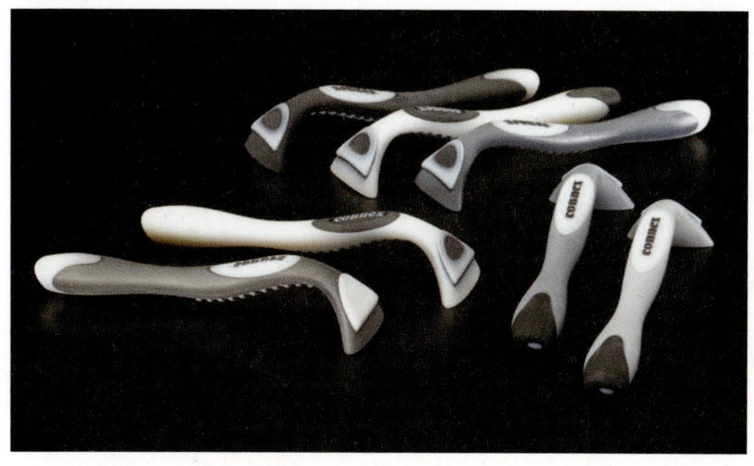

첫 번째 그림은 Digital Material DM_9110을 사용하여 Shore 80의 아주 유연한 모델을 제작한 결과
를 보여주며, 두 번째 그림은 DM_9130을 사용하여 Shore95를, 마지막 그림은 딱딱한 VeroWhite
재질에 유연한 TangoBlack 재질을 약 1mm 두께로 코팅하여 전체적으로 표면 촉감은 유연하지만
몸체는 전체적으로 딱딱한(Rigid) 상태를 유지하도록 한 결과를 보여준다.

≋ Flexible/Shore80

≋ Flexible/Shore95

≋ Rigid 재질에 Flexible 재질코팅

코팅 파트의 제작(Coated parts)

경질 재질 위에 연질 재료를 코팅할 수 있다. 코팅 두께는 최소 0.3mm~2.0mm까지 가능하며, 코팅 레벨(Level)은 Objet Studio를 통해 조절할 수 있다.

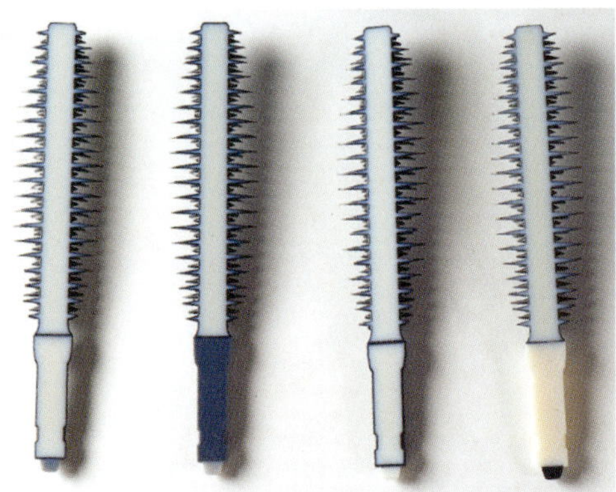

바이오 메디컬과 투명 파트의 제작(Biomedical and Translucent parts)

FullCure720과 Vero 재료의 콤비네이션으로 인체의 혈관이나 신경계 또는 뼈대와 같은 의료용 모델을 제작하는 데 매우 유용하다.

🔺 FullCure720 and VeroBlack 재료 복합 모델

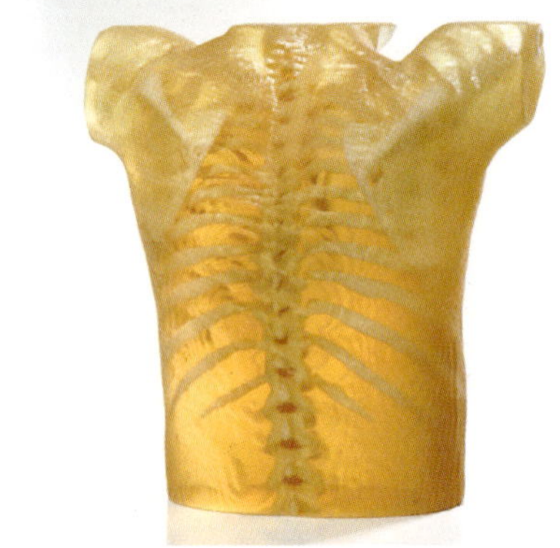

🔺 FullCure720 and VeroWhite 재료 복합 모델

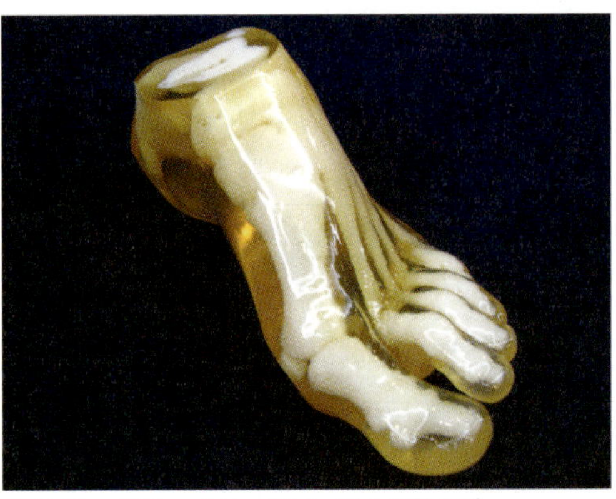

🔺 FullCure720 and VeroWhite 재료 복합 모델

🔺 FullCure720 and VeroBlack 재료 복합 모델

라벨(Labeling), 무늬(Texture) 삽입과 같은 시각적 효과

패션 패브릭 패턴이나 제품 라벨과 같은 제작이 가능하며, 다양한 시각적 효과를 요구하는 디자인 작업에 적합하다.

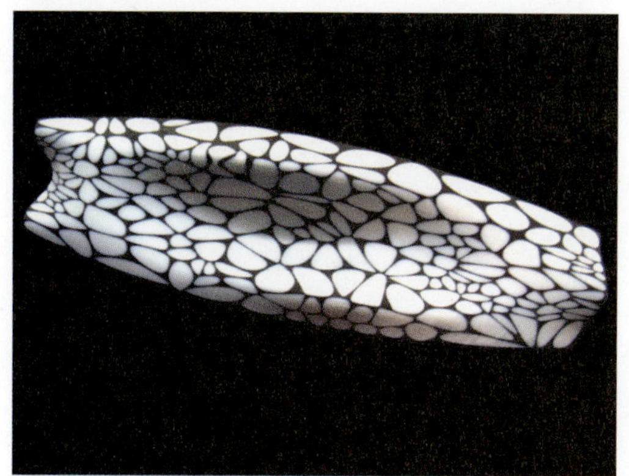

▲ 뉴욕현대미술관(MOMA) 특별전시, Neri Oxman 작

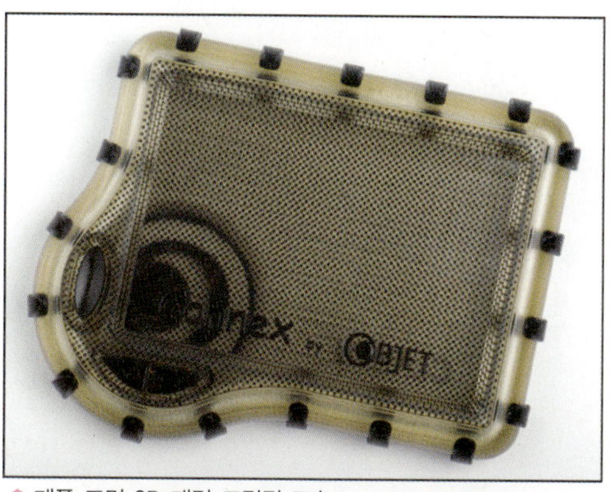

▲ 제품 표면 3D 패턴 프린팅 모습

▲ 뉴욕현대미술관(MOMA) 특별전시, Neri Oxman 작, 자료제공 : Sysopt 엔지니어링

6. Objet 사 PolyJet 방식 활용 사례

다음은 Alaris30 조형장비의 제작 공정을 통해 PolyJet(Photopolymer Jetting Technology) 공정을 보다 쉽게 이해할 수 있도록 단계별 공정을 이미지로 보여 준다. 장남감 헬리콥터는 조립이 가능하도록 내부에 보스(Boss)와 리브(Rib) 구조가 자리하고 있다. 특히 상·하부 바디의 체결을 위하여 허용공차를 0.1mm정도를 주었다. 3D 모델링 소프트웨어는 Rhino3D가 사용되었다.

단계 1 RP 제작을 위한 3D CAD 모델링과 STL 파일 변환

3D CAD 모델링 시 그림과 같이 조립을 요하는 부분은 허용 공차를 반드시 주어야 한다. 특히 페인트 칠을 할 경우 도막 두께 때문에 체결에 지장을 줄 수 있다.

▲ 라이노3D로 모델링 된 후 렌더링된 이미지

각 파트들은 레이어로 구분하고 STL 저장은 File 〉 Export Selected 명령으로 처리해 주면 원하는 파트만 골라 STL 저장이 가능하다.

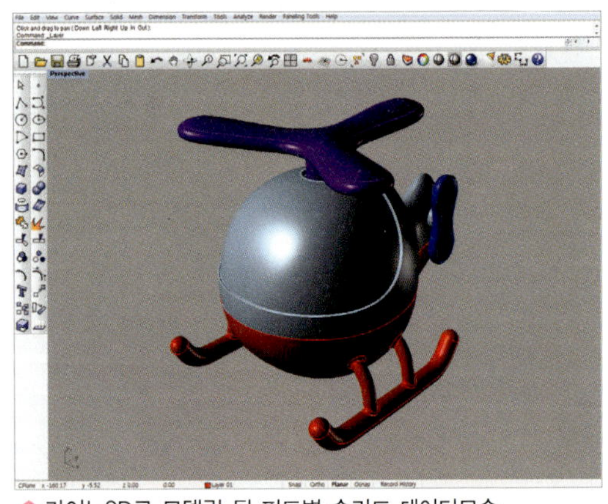

▲ 라이노3D로 모델링 된 피트별 솔리드 데이터모습

▲ RP 제작을 위해 .stl 확장자 파일로 Polygon Mesh 변환된 모습

STL 파일은 RP 제작 시 MasicsRP와 같은 소프트웨어를 이용하여 데이터에 발생할 수 있는 오류를 찾아 수정해 준다. 데이터에 문제가 없다면 그림과 같이 RP 제작 데이터를 Objet Studio로 전송한다.

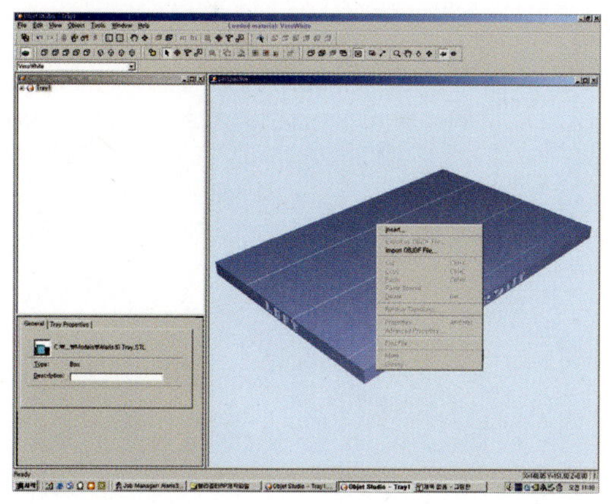
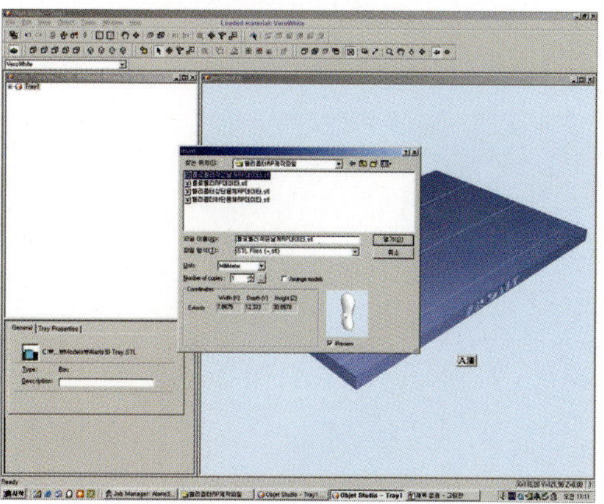

단계 3 Objet Studio를 통한 조형물의 위치 잡기

Objet Studio는 Alaris 전용 운용 소프트웨어로 간단한 조작으로 조형물을 작업대에 배치할 수 있다. 조형위치가 정해지면 출력 명령을 내려 제작에 들어간다.

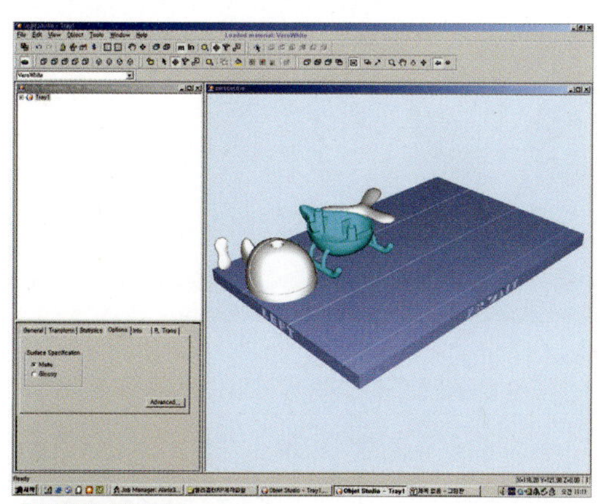

☆ 작업물 배치하기

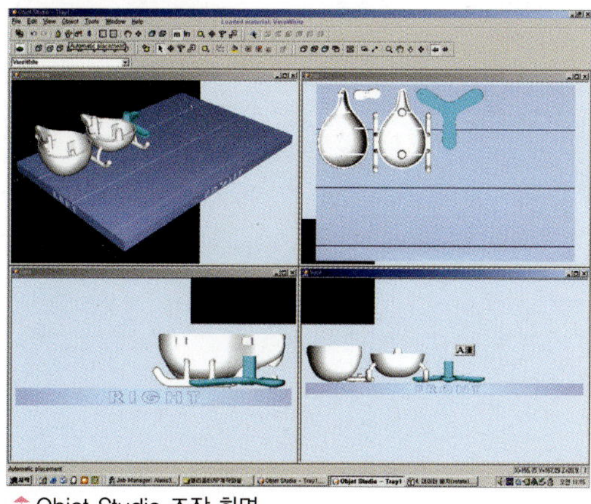
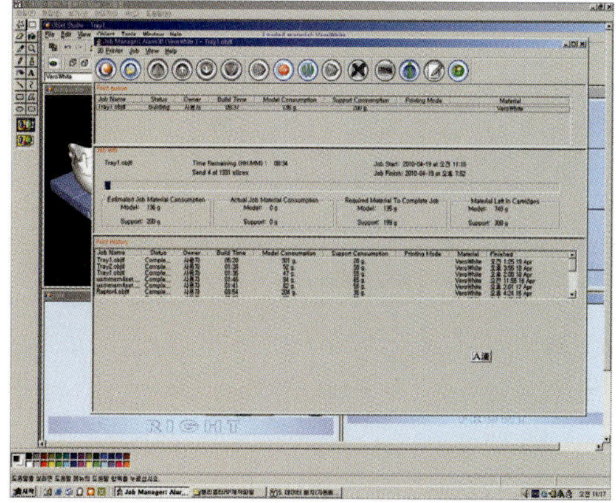

☆ Objet Studio 조작 화면

알라리스는 데스크탑용으로 제작되었지만 결코 제작 사이즈가 작은 편이 아니다. 정밀도는 물론 속도 또한 만족할 만하다. 아래 그림은 조형이 어느 정도 진행된 초기의 모습이다. PolyJet 방식은 잉크젯 프린트 헤드에서 모델재료와 지지대 재료를 분사하면서 곧바로 자외선 경화가 진행된다. 프린트 헤드는 작업이 종료될 때까지 X,Y 방향으로 연속 왕복 운동을 반복한다.

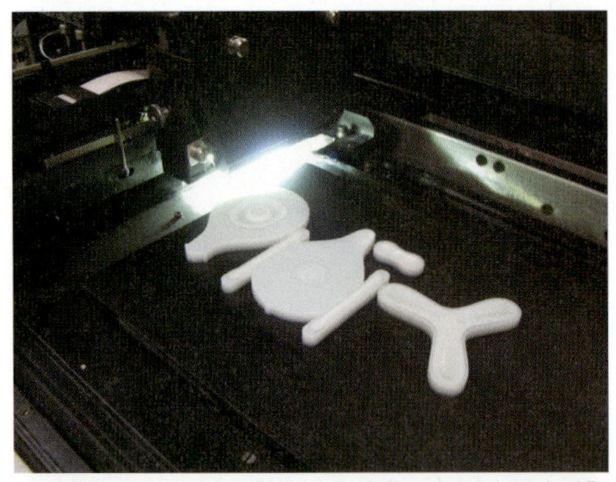

♣ 프린팅 초기 단계 〉 조형판 가장 밑에는 지지대가 초기 적층됨

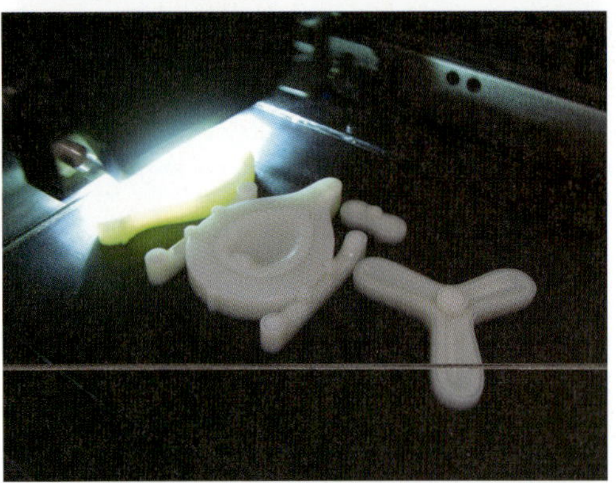
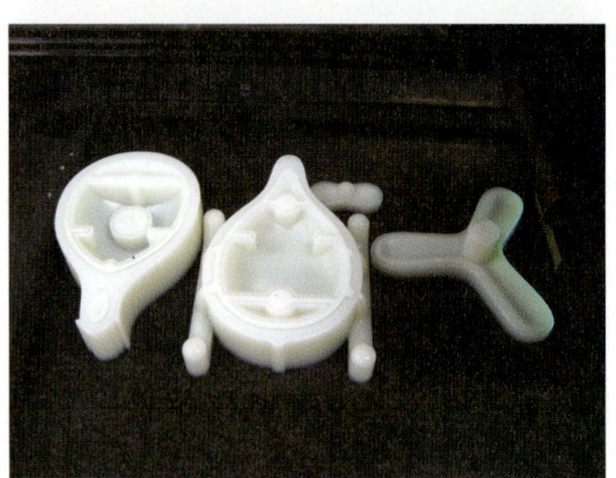

♣ 프린팅 중간 단계

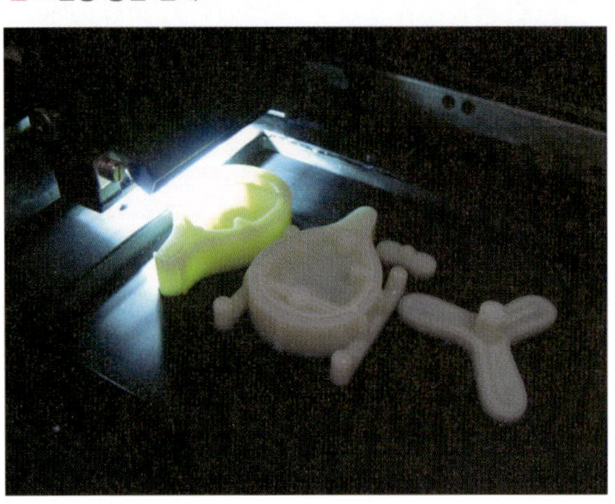
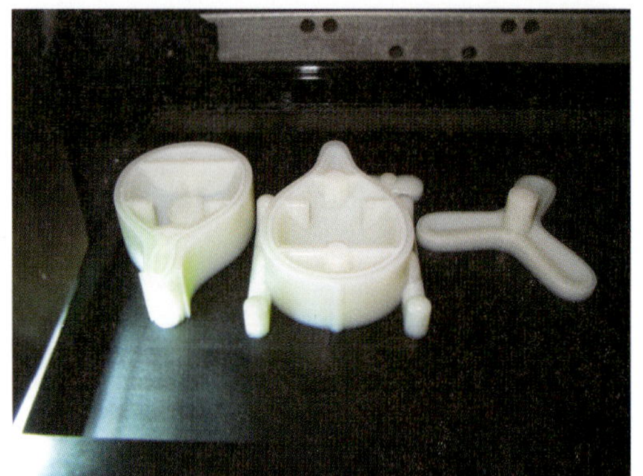

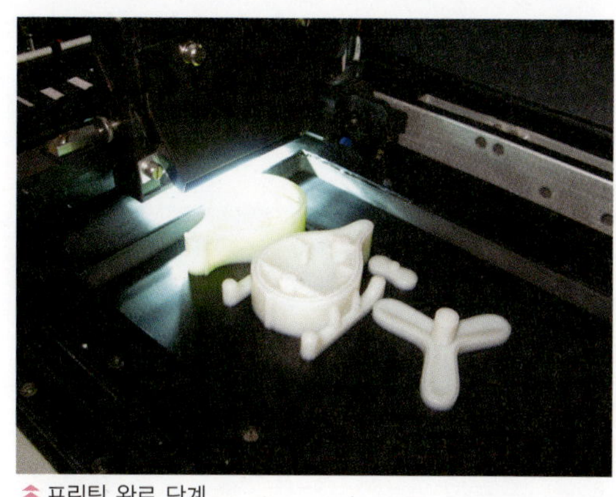

▲ 프린팅 완료 단계

3D 프린팅이 완료되면 조형판에 그림과 같이 지지대와 모델이 함께 붙어있는 것을 볼 수 있다.
이제 이러한 지지대를 제거해 주는 작업이 필요하다.

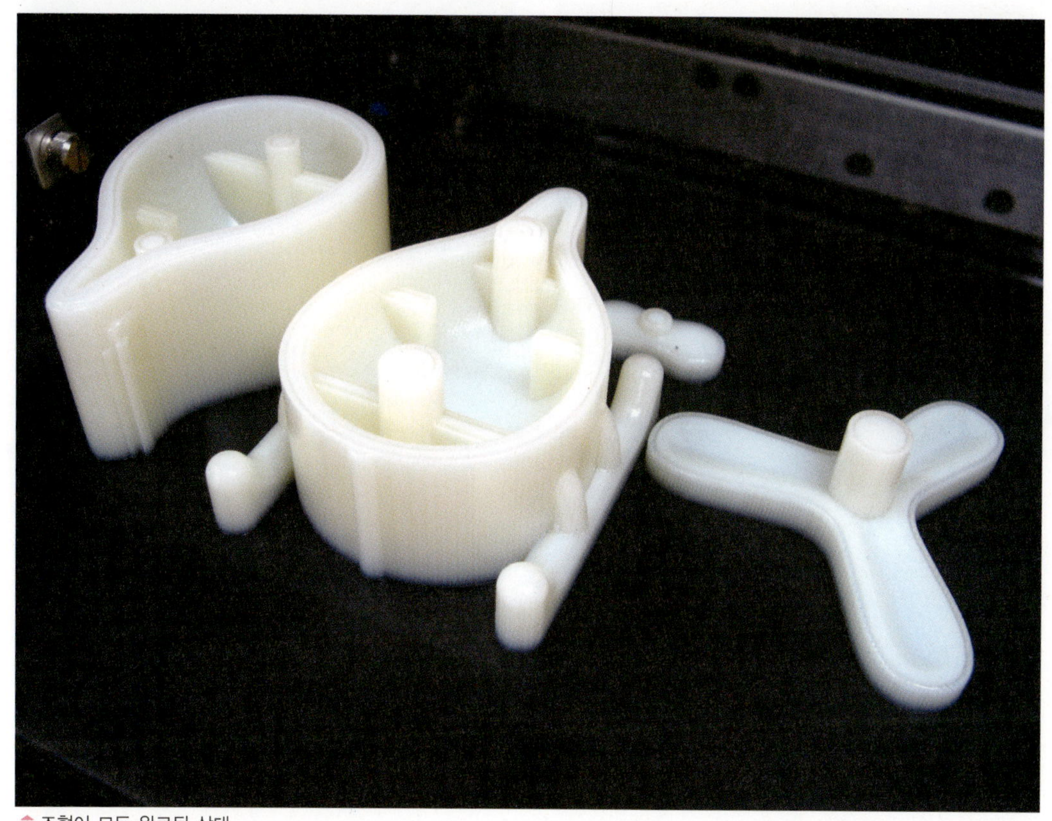

▲ 조형이 모두 완료된 상태

조형물은 지지대 부분을 그림과 같이 넓은 헤라를 이용하면 손쉽게 떼어낼 수 있다. 다음 작업을 위해 조형판을 깨끗하게 관리한다.

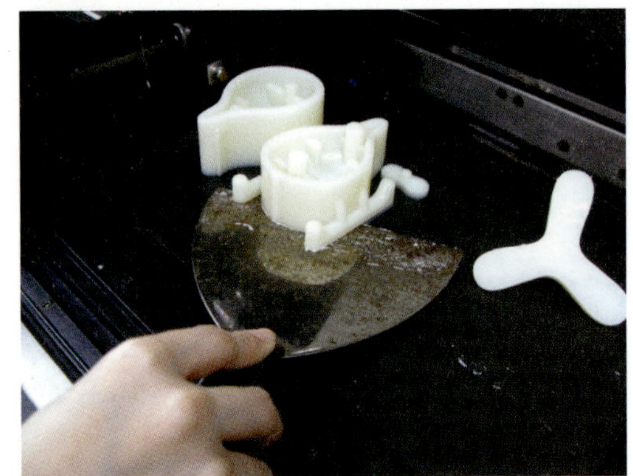

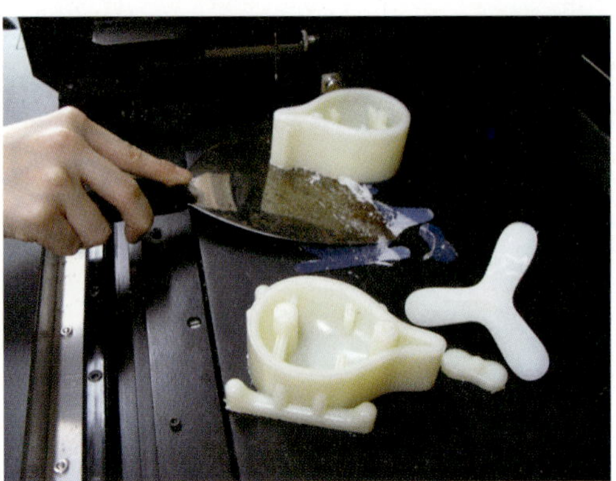

☝ 조형판에서 조형물 떼어내기

☝ 조형판 모습

☝ 나이프를 이용하여 우선 큰 부분의 지지대 제거

☝ 무리한 힘을 주지 말고 부드럽게 지지대 제거

워터젯(WaterJet)은 콤프레셔의 압력에 의하여 작동되기에 수압이 매우 높아 조형물의 구석 구석에 있는 지지대를 제거하는 데 매우 유용하다. 사용 시 전용장비를 사용한다.

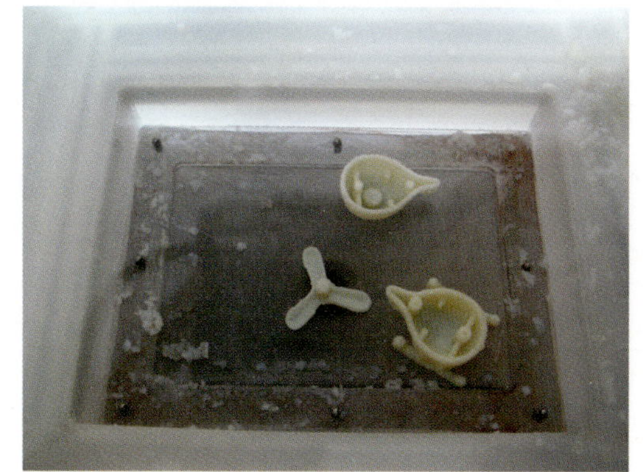

▲ 워터 젯 내부로 파트 가져오기

▲ 세척 시작하기

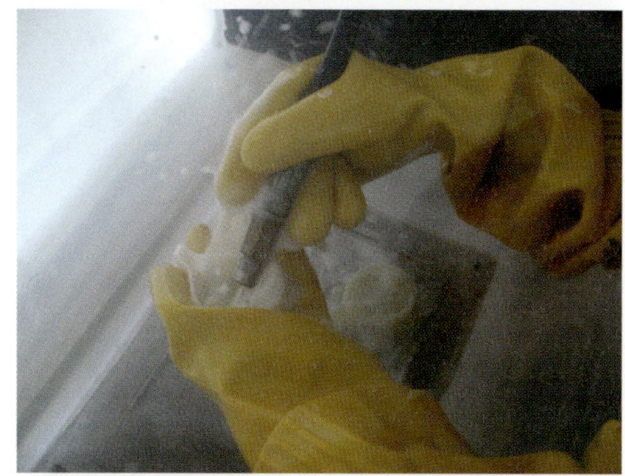

▲ 구석 구석 세부 세척하기

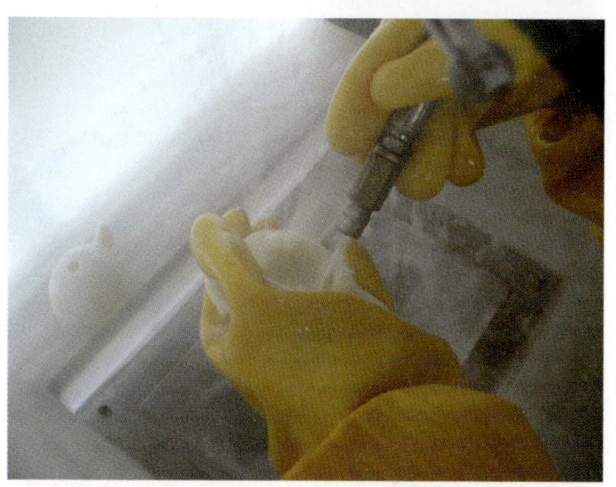

▲ 수돗물과 수세미를 이용하여 표면에 묻은 잔류 지지대를 제거하기

세척의 마지막 단계로 수산화나트륨을 세정제로 희석하여 최종 세척을 해주면 가장 완벽한 세척이 이루어진다.

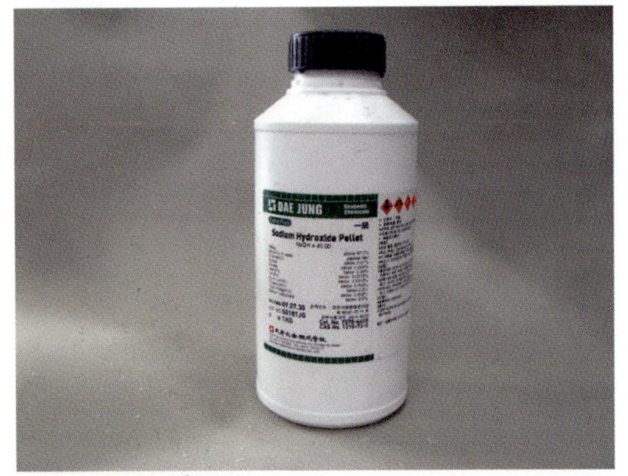

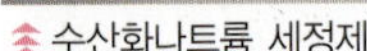
☝ 수산화나트륨 세정제

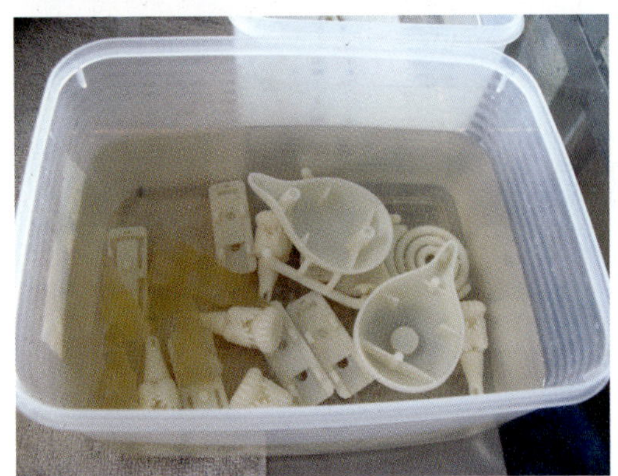
☝ 수산화나트륨 희석액에 담가 최종 세척 완료

☝ 파트들이 매우 깨끗함을 알 수 있음

지금까지 모든 모델 제작과정과 절차는 데스크탑 Alaris30과 중형 3D 프린터인 Eden 장비 시리즈가 모두 동일하다.

세척과 건조가 모두 마무리되면 표면에 사포질과 프라이머를 뿌린 후 페인팅을 할 수도 있으며 조립하여
그대로의 디자인 형상 확인 및 조립성 테스트 용도로 사용할 수 있다.

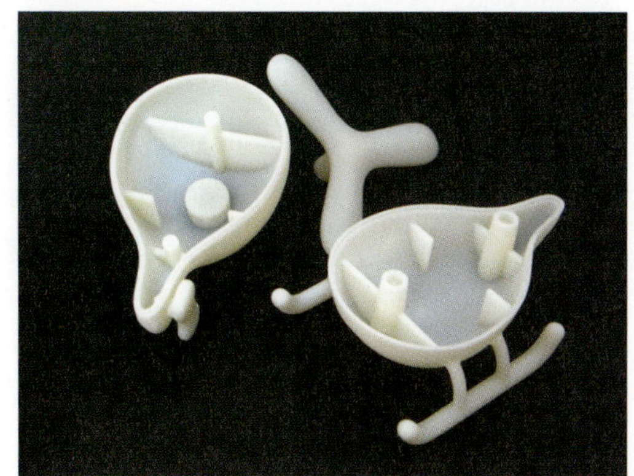

🔺 파트별 디테일 모습

🔺 파트별 조립 최종 모습

🔺 헬리콥터 최종 조립 완성

독일 Envisiontec 사 DLP(Digital Light Processing) 방식

Envisiontec 사는 독일 Gladbeck에 본사를 두고 있으며, 1999년 8월 소규모의 RP 개발사로 설립되어 비전문가도 쉽게 작업이 가능한 RP 장비 개발과 관련 재료 및 소프트웨어를 전 세계에 공급한다. 특히 Envisiontec 사의 RP 장비는 기존의 Laser와 Inkjet head를 주로 사용하는 3D 프린팅 분야에서 DLP(Digital Light Processing) 방식이라는 새로운 기술을 적용하여 주목을 받게 되었다. 이것은 광경화성수지를 DLP 광학기술을 이용 Mask Projection하여 조형하는 방식이다. 2001년 12월 독일 유로몰드 전시회에서 처음으로 관련장비를 발표하였으며 장비명은 "Personal Factory"를 줄인 "Perfactoy"라 명명되었다. 2002년에는 Perfactory 장비와 바이오 메디컬 분야에서 사용되는 Bioplotter를 시판하기 시작하였다. 2004년에는 기존의 Perfactory 장비보다 대형 사이즈 제작이 가능한 DLP 방식의 Vanquish FC("FC" stands for Flash Cure) 장비를 출시하였다.

Vanquish는 전통적으로 사용해 오던 SLA(Stereolithography) 방식과 거의 흡사한 장비였다. 2007년 12월에는 독일 유로몰드 전시회에서 기존의 Vanquish를 개선하거나 완전히 대체할 수 있는 보다 진보된 Perfactory Xede를 발표하였으며 동시에 데스크탑 소형 장비인 Perfactory® Desktop 모델까지 출시하여 현재까지 전체적인 제품군을 형성하게 되었다. Envisiontec GmbH 의 전 세계 고객은 제품산업, 주얼리산업, 장남감 및 캐릭터, 애니메이션 산업, 정밀부품, 마이크로 분야, 의료 및 바이오 메디컬, 치의학, 보청기(Hearing Aid) 분야에 걸쳐 다양하다.

1. DLP 방식 장비 외관

Envisiontec 사의 RP 장비는 조형물의 제작 한계에 따라 크게 3종류로 분류된다. 최소형 보급형 데스크탑 3D 프린터인 Perfactory® Desktop과 주력 제품인 Perfactory® Mini Multi Lens, Perfactory® Standard Zoom, Perfactory® Standard UV 시리즈군, 중형인 ULTRA, 대형 장비에 속하는 PerfactoryXede®, PerfactoryXtreme® 장비군이다.

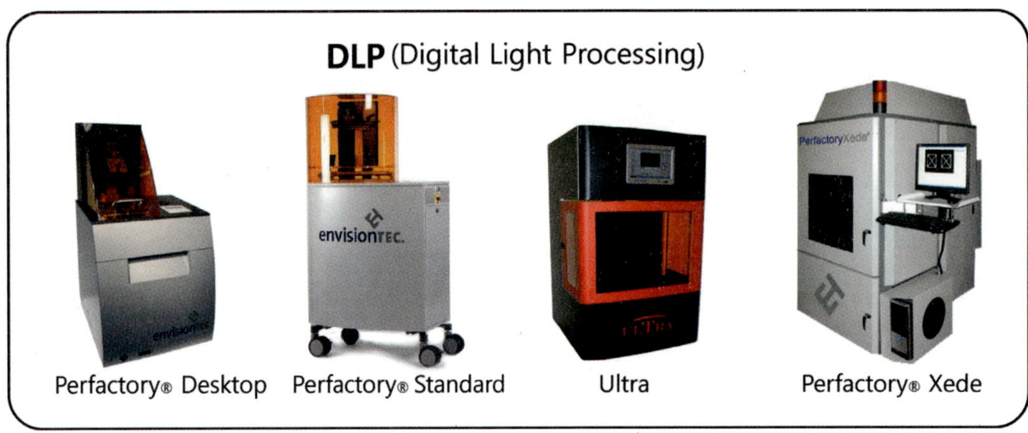

☙ Envisiontec 사의 장비 종류/Courtesy of Envisiontec. 2009.

2. 모델 조형 공정 – DLP(Digital Light Processing) Process

Envisiontec 사의 Perfactory 장비들은 1997년 미국 텍사스 인스트루먼트(TI : Texas Instruments) 사의 Dr. Larry Hornbeck에 의해 개발된 첨단 디지털 광처리기술인 DLP(Digital Light Processing) 공정으로 모델을 조형한다. DLP는 우리가 흔히 영화 상영이나 사무실의 프리젠테이션 시 사용하는 DLP 프로젝터(투영기)에 사용되는 기술과 거의 동일하다. 우선 3D CAD로 제작된 슬라이싱 데이터를 레이어 별 각각의 그림데이터(Bitmap)로 전환하여 소프트웨어 상에서 디지털 마스크(Digital Mask)를 생성 후, DLP Projection 장치에서 고해상도의 프로젝션 광으로 광경화수지(Potopolymer Resin)에 마스크 투영(Digital Mask Projection)하여 모델을 조형하는 원리이다. DLP 기술의 핵심은 130~150만 개의 초미세거울(0.01mm×0.01mm)로 구성된 광학 반도체인 DMD(Digital Micro Mirror Device)칩에 있다. 이 미세거울들은 전기적 신호에 따라 초당 5000회까지 독립적으로 이동, 일정각도로 틀어짐으로써 원하는 마스크 영역의 광경화성수지(Potopolymer Resin) 재료에 고해상도의 레이저가 아닌 가시광선(백색광)을 투사, 광중합반응(Photopolymerization)을 유도하여 모델이 만들어지는 것이다. 특히 마스크 투과된 광이 전체 수지(Resin) 층(Layer)을 한 번에 경화시키므로 어떠한 형상과 수량에 상관없이 모델 조형이 가능하다. Perfactory Desktop, Perfactory Standard와 같은 소형 장비들은 모델이 조형판에 거꾸로 매달린 상태(Upside Down Building)로 만들어진다는 것이 특징적이다. 조형판은 한층 한층 경화가 이루어짐과 동시에 서브모터에 의한 구동제어로 Z측으로 올라가게 된다. Perfactory® Desktop과 Perfactory Standard 시리즈는 장치의 크기가 작고 소음이 거의 없어 사무실 환경에도 적합하다. 현존하는 3차원 프린터 RP 장비 중 가장 정밀한 형상 제작이 가능한 장비 중의 하나로 최고정밀도는 XY 해상도는 0.0075mm이며, Layer Thickness는 0.015mm이다. 성형속도는 시간당 2.5mm이다. 2006년 4월에 발표된 Perfactory-3는 픽셀(Pixel〉inch 당 화소Dot수) 해상도가 2800×2100에 이른다. 이러한 고해상도는 여타 RP 장비에서는 쉽게 구현이 어려운 것으로 현재 최상의 표면조도를 요구하는 주얼리 산업분야, 정밀 캐릭터, 정밀부품 및 제품, 의료분야, 개발분야에서 상당한 시스템 경쟁력을 가지고 있다.

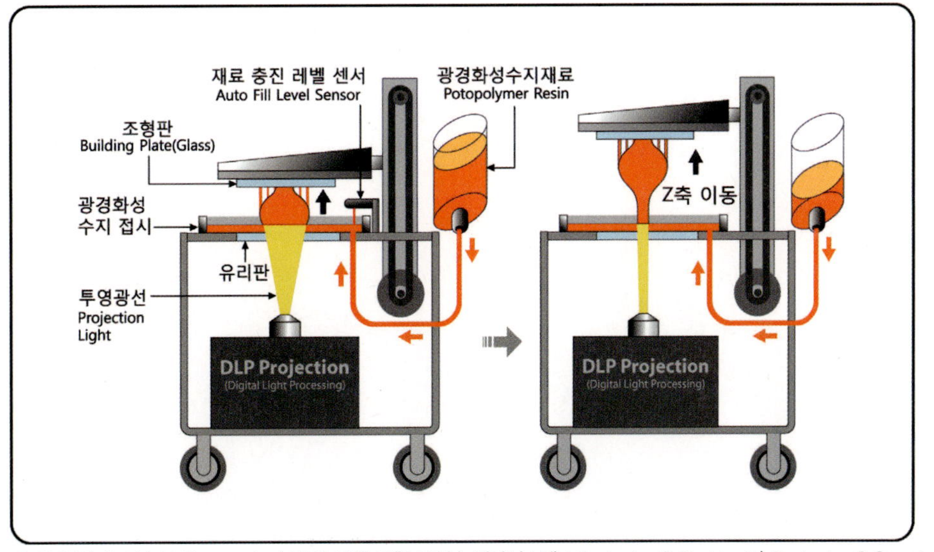

☙ DLP(Digital Light Processing) 방식 모델 조형 공정 〉 해당시스템 : Perfactory® Desktop과 Perfactory® Standard

DLP(Digital Light Processing) 방식인 Perfactory® Desktop과 Perfactory® Standard의 작은 시스템들은 그림과 같이 마스크 투영된 디지털 이미지의 흰색 부분이 액상에서 경화되어 파트들이 만들어진다. 다만 앞서 언급한 대로 조형판에 거꾸로 제작된다.

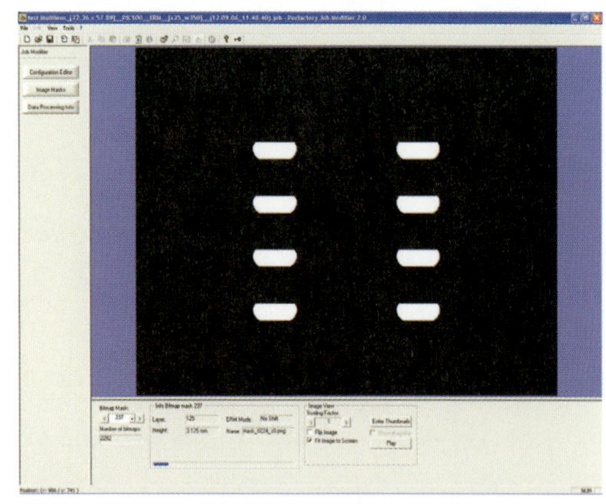

반지 단면의 디지털 이미지 마스크(Mask) 모습 1

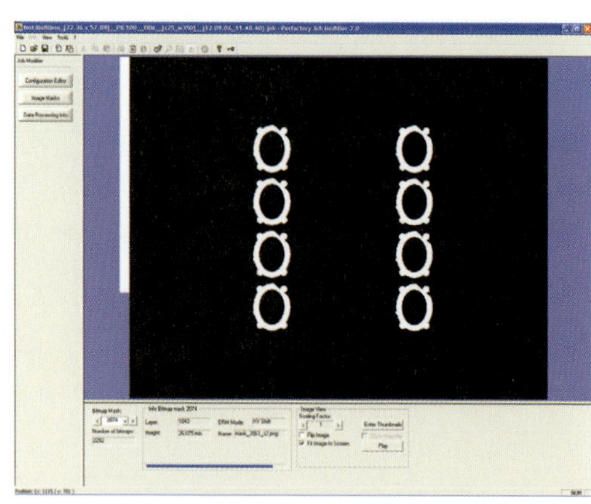

반지 단면의 디지털 이미지 마스크(Mask) 모습 2

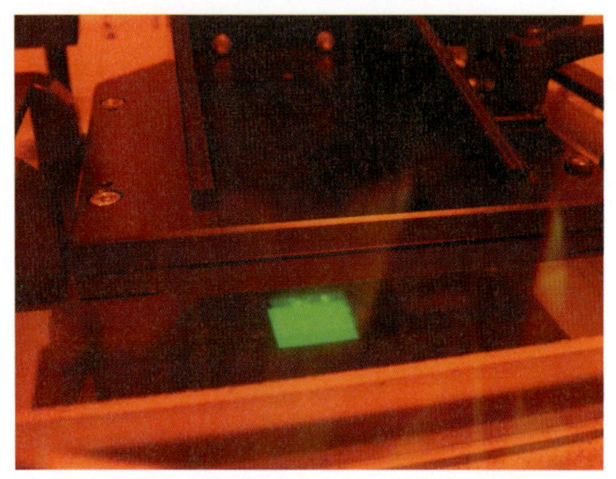

하단부의 DLP 프로젝션 모습 〉 액체 상태의 재료를
단면대로 순간 경화

거꾸로 조형된 모습

중형과 대형 장비에 속하는 Ultra와 Perfactory Xede, Perfactory Extreme의 조형 원리는 DLP 방식으로 같지만 대형 파트를 제작하기에 조형 파트가 바르게 선체로 작업된다. 즉 거꾸로 매달려 제작되는 것이 아니라 DLP 프로젝션이 상단에서 하단의 재료에 투사되는 형태이다. 이는 파트가 커지면 그만큼 무게가 작용하기에 안정적인 작업을 위한 설계로 보여진다.

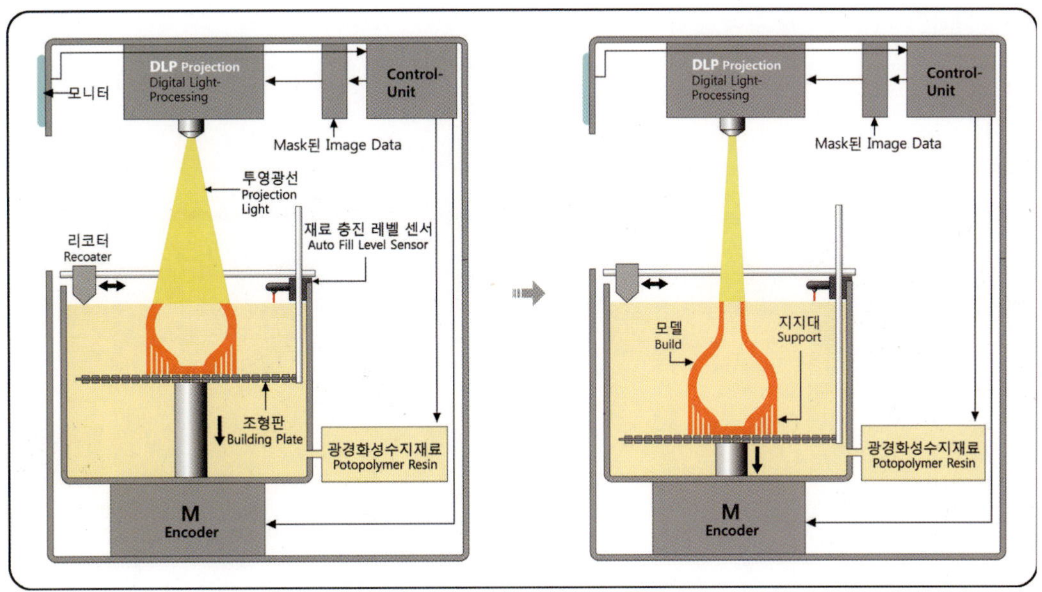

▲ DLP(Digital Light Processing) 방식 모델 조형 공정 〉 해당 시스템 : Utra, Perfactory® Xede, Perfactory® Extreme

쉽게 이해하려면 아래 그림을 참조한다. Ultra와 Perfactory Xede, Perfactory Extreme 시스템 하단부에는 그림과 같이 광경화성수지 재료가 있으며, 상단부에 DLP 프로젝션 광이 투사되어 재료를 순간 경화시켜 모델이 완성된다.

▲ 하단부 광경화성 액상수지 재료

▲ DLP 프로젝션 〉 상단에서 하단 재료에 투사한 모습

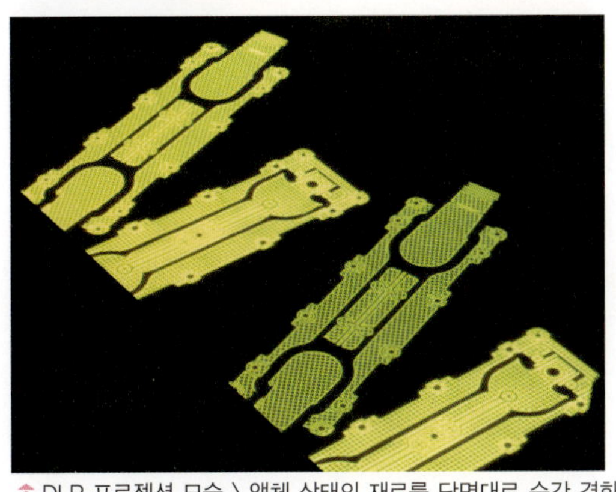

▲ DLP 프로젝션 모습 〉 액체 상태의 재료를 단면대로 순간 경화

▲ 정상 위치로 조형판에 조형된 모습

3. 지지대(Support) 제작과 형상

DLP 방식으로 제작된 파트의 지지대들은 공통적으로 모델 재료와 같은 재료이다. 광경화성수지를 사용하는 액형기반 RP 시스템이기에 지지대가 필수적이다. 지지대는 MagicsRP와 같은 소프트웨어에서 자동으로 제작이 가능하다.

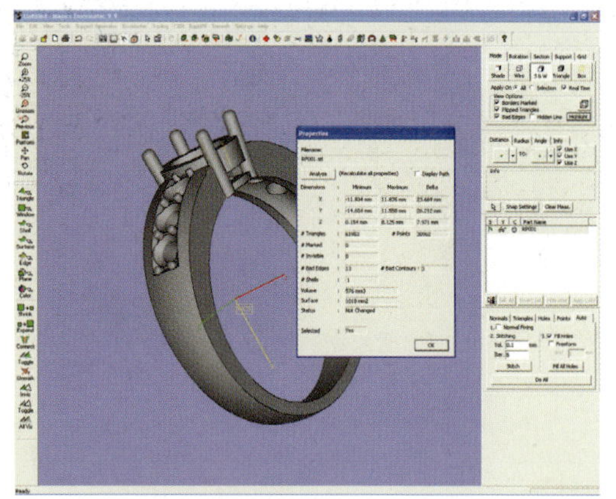

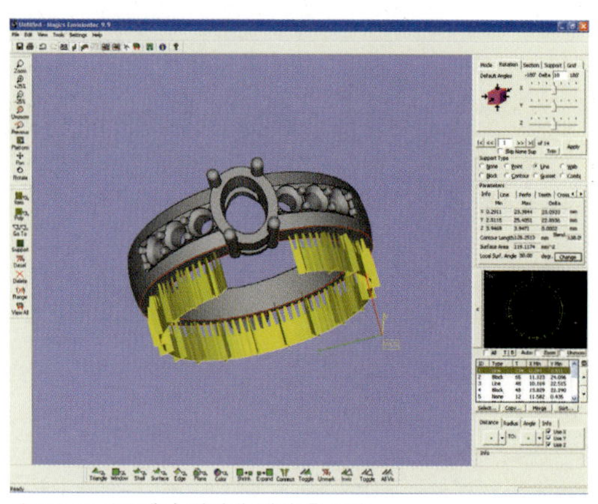

Perfactoy 장비를 통해 제작된 파트들은 알코올을 통해 1차 세척해주고 붙어있는 몇 가닥의 지지대(Support)재료들은 칼이나 핀셋으로 조심스럽게 제거해 주면 된다. 특히 Perfactoy에서 제작된 제품에 붙어 있는 지지대는 그 구조가 끝이 삼각형의 창모양으로 되어 떼어내기가 매우 쉬우며, 모델(Build)과 같은 재료로 되어있어 별도의 지지대(Support) 재료를 따로 공급하는 번거로움이 없다. 또한 매우 소량의 재료로 지지대가 구성되기에 재료 낭비가 최소화된다. 별도의 부대장비는 필요치 않지만 자연상태에서 일부 경화를 인위적으로 촉진하기 위해 경화장비를 별도로 구비하고 있다.

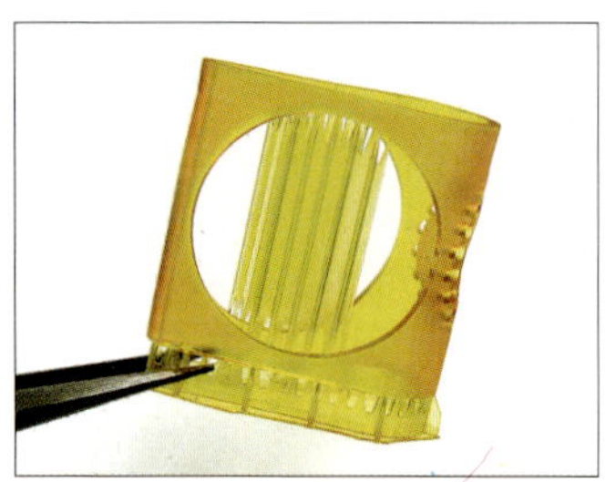

지지대 형상 1

지지대 형상 2

안경테 지지대 형상

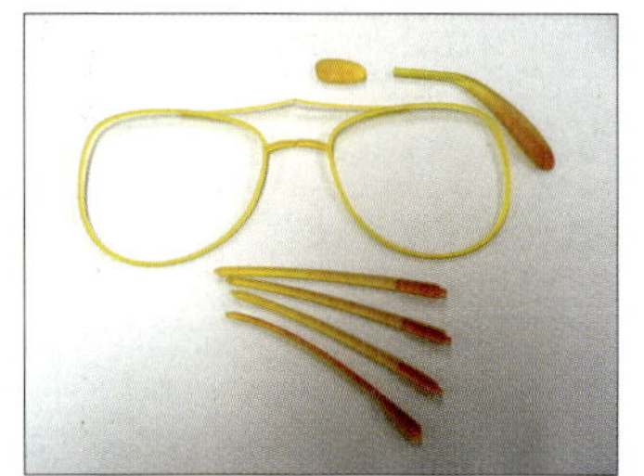

안경테 지지대 제거 모습

지지대 형상 3

지지대 형상 4

4. 세척과 건조를 위한 부대 장치

액형기반 RP 시스템의 경우 제작된 파트의 표면에 남아 있는 잔류액을 깨끗이 세척하기 위하여
수산화나트륨용액에 담가 두거나 초음파 세척기를 이용한다. 건조는 Perfactory 사에서 제공하
는 전용 UV 자외선 건조기를 사용하면 된다. 자외선 건조기는 지속시간을 설정할 수 있는 것이라
면 더욱 편리하다.

☆ 수산화나트륨용액에 담가 세정하기

☆ 초음파 세척기로 세정하기

☆ 지속 강도와 시간 설정이 가능한 UV 자외선 건조기 모습

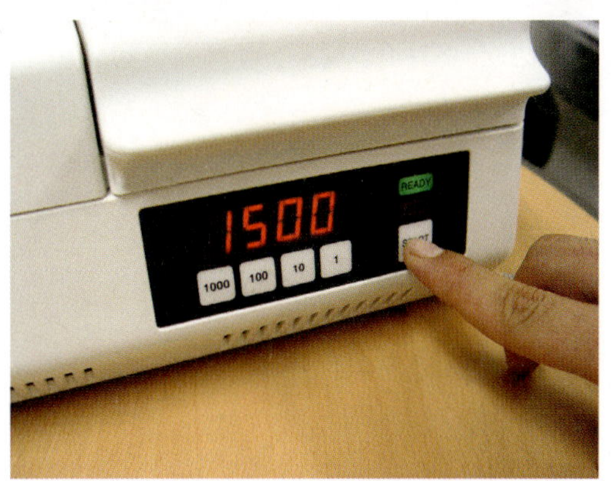

Perfactory® Desktop과 Perfactory® Standard에 조형 재료를 공급하는 경우 밀봉된 용기에 광경화성수지(Photopolymer)가 담겨져 있다. 시스템 뒷편에 재료를 삽입할 수 있다. 레벨센서의 제어 아래 중력 방향으로 튜브에 의해 조형판 위로 공급되며 외관상 색상은 엷은 노랑색(Yellow)과 적갈색(Brownish red)으로 대표된다. 화학적 명칭은 Acrylate라 부르며 인체에 무독성이다. 이 재료는 주얼리나 치과의 치아 원본 제작 시 완전연소가 가능해 석고 주물 원본(Investment Casting)으로 사용이 가능하다. 강도 또한 기존 휘발성 WAX 재료에 비해 단단해 건조 후 만지는 데 자유롭다.

▲ PIC100 재료 통 모습

▲ 액상수지 자동 교반기

▲ 재료 장착 모습

▲ 조형판으로 향하는 재료 공급 튜브 모습

6. 조형 재료(Materials)

Perfactory 시스템에 사용되는 재료는 현재도 지속적으로 개발되고 있다. 사용재료는 크게 8가지 정도로 정리할 수 있다.

Envisiontec 사 DLP 조형 재료
(Envisiontec Materials)

PhotoSilver

- Ceramic 성분이 함유된 광경화성수지 재료로 매우 섬세한 형상 표현
- 고온에서의 저항성이 크며, 제작 파트를 고무몰드(Rubber Mold) 원본 사용
- 표면조도가 뛰어나 별도의 기계 가공 마감없이 마스터로 바로 사용 가능

PIC 100/100G

- 가장 보편적인 주얼리, 정밀 제품 파트 제작용 광경화성수지 재료
- 강한 내구성과 고품질의 디테일 조형이 가능한 재료
- Wax에 비해 단단하여 다루기 쉽고, 완전연소가 가능해 Direct Casting이 가능

WIC 100 / WIC 100GD

- 깨끗한 연소와 표면 조도가 뛰어나 디테일 표현에 강함
- 주얼리 마켓을 위한 Direct Casting 파트 제작에 적합
- 발화온도(Ignition Temperature) 300℃

WIC 300

- Wax 성분이 함유된 광경화성수지 재료로 매우 섬세한 형상 표현
- Envisiontec DDP(Digital Dental Printer)를 위한 재료
- 치아의 본이나 Anatomy crown, Bridge 등을 제작하는데 적합

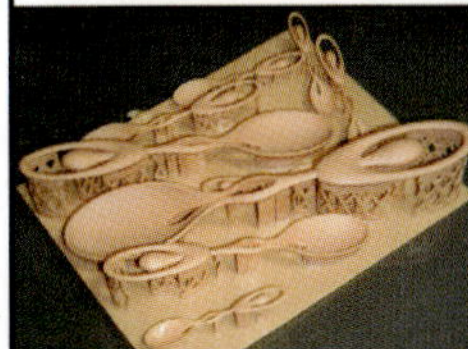

e-Shell 200/300/500

- 내구성이 우수하며, 피부톤의 불투명 광경화성수지 재료
- Perfactory Xede, Xtreme에서도 모두 사용 가능
- 이 재료는 보청기(Hearing Aids), 귀 성형술(Otoplasty) 관련 제품 제작에 적합
- CE, ISO 10993(Medical Product Law)인증 재료

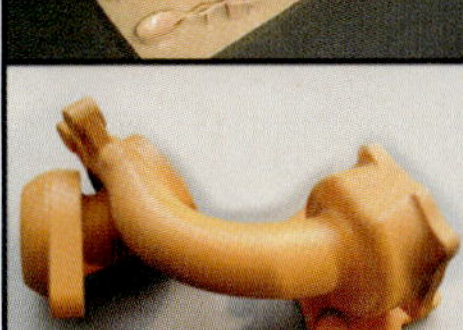

RC25 NanoCure

- Ceramic이 혼합된 광경화성수지 재료/Perfactory Xede, Xtreme에서 사용
- 재료의 특성으로 독특한 복숭아 빛을 띠며, 매우 단단하고 열에 강하여 자동차 구성품, 펌프 덮개(Pump Housing), 윈드 터널(Wind Tunnel), 펌프 날개 바퀴(Pump Impeller), 반사판(Light Reflector), 사출몰드(Injection Mold) 에 적합

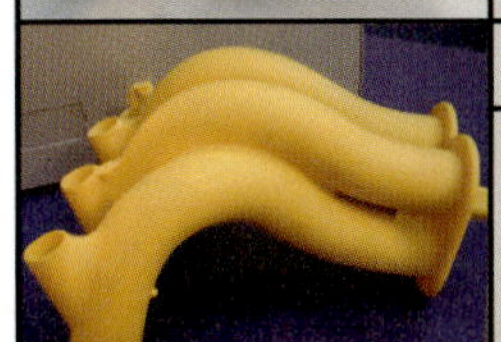

SI 500

- 구부리기 쉬운 모델이나 고충격 강도를 갖는 고정밀 파트를 제작
- 화학적 저항성, 습도, 온도에 강해 치수 정밀도 우수
- 주로 자동차 판넬, 전기 기기함, 의료 제품
- Snap-fit파트, 패키징, 플라스틱 용기 파트 제작에 적합

R05 and R11

- 매우 단단한 재료로 견고한 정밀부품 파트의 제작에 적합
- 화학적 저항성, 습도, 온도에 강해 치수정밀도 우수
- 시각적 검증 모델, 진공성형(Vacumm Casting)을 위한 마스터 패턴으로 적합

참조 해당 재료의 장비별 사용 가능 여부는 Envisiontec 사의 장비별 사양표를 참조한다.

이 재료는 다양한 피부톤의 재료로 제작되어있다. 핑크색(Pink), 황갈색(Tan), Mocca, 담갈색(Beige)의 e-Shell 200과, Water clear, 장미색(Rose' clear), 빨강(Red), 파랑(Blue)색상의 e-Shell 300 시리즈이다. 이외에도 검정(Black)과 흰색(White) 등이 있다. Envisiontec e-Shell 시리즈는 전통적인 ABS 플라스틱과 같은 물성치를 모방한 제품이기에 보청기 분야 이외에도 다양하게 사용된다.

참조 해당 재료의 장비별 사용 가능 여부는 Envisiontec 사의 장비별 사양표를 참조한다.

7. Envisiontec 사의 장비별 사양

제조사 / 독일	Perfactory Desktop	Perfactory SXGA+W/ERM Mini Multi Lens	Perfactory SXGA+Standard UV System	Perfactory SXGA+Standard Zoom	Perfactory Xtreme/Xede
적용 기술	DLP (Digital Light Processing)	DLP	DLP	DLP	DLP
렌즈 시스템 Lens System		Lens f=60mm Lens f=75mm Lens f=85mm	Fixed focal UV lens	Lens f=25mm Lens f=45mm	
제작 한계(mm)	40x30x100	84x63x230/ 59x44x230/ 44x33x230	100x75x230/ 140x105x230/ 175x131x230	120x90x230/ 190x142x230	304x228x381/ 457/304/508
레이어 적층 두께 (µm)	Z축 35µm 시간당7mm 적층	Z축 15 or 50µm /50µm시 시간 당 10mm 적층	Z축 25 or 150µm /100µm시 시간 당 20mm 적층	Z축 25 or 150µm /100µm시 시간 당 20mm 적층	Z축 25 or 150µm /50µm시 시간당 25mm 적층
해상도 (Resolution)	XGA 1024 X 768pixel	SXGA+2800 X 2100 pixel	SXGA+1400 X 1050 pixel	SXGA+1400 X 1050 pixel	1400x1050/ 2100x1400 pixel
재료 / 광경화성수지 — PIC 100 / 300	O	O	O	O	O
R 05 / R 11	O	O	O	O	O
WIC100G / WIC 100GD	X	O	O	O	O
e-Shell 200 / 300	X	O	O	O	O
RC 25(NanoCure)	X	O	O	O	O
SI 500	X	O	O	O	O
Y 8	X	O	O	O	O
지지대/제거	모델 재료와 지지대 재료가 동일/ 떼어내기 쉬운 삼각형 구조				
장비크기(mm)	450(L)x780 (H)x450(D)	730(L)x480(W)x 1,350(H)	730(L)x480(W)x 1,350(H)	730(L)x480(W)x 1,350(H)	
장비무게 (kg)	25	Ca. 70	Ca. 70	Ca. 70	
공급전원(Power)	110~240V 단상 / 220~240V 단상				

8. Envisiontec 사 장비별 특징과 활용

1) Perfactory® Desktop 장비군

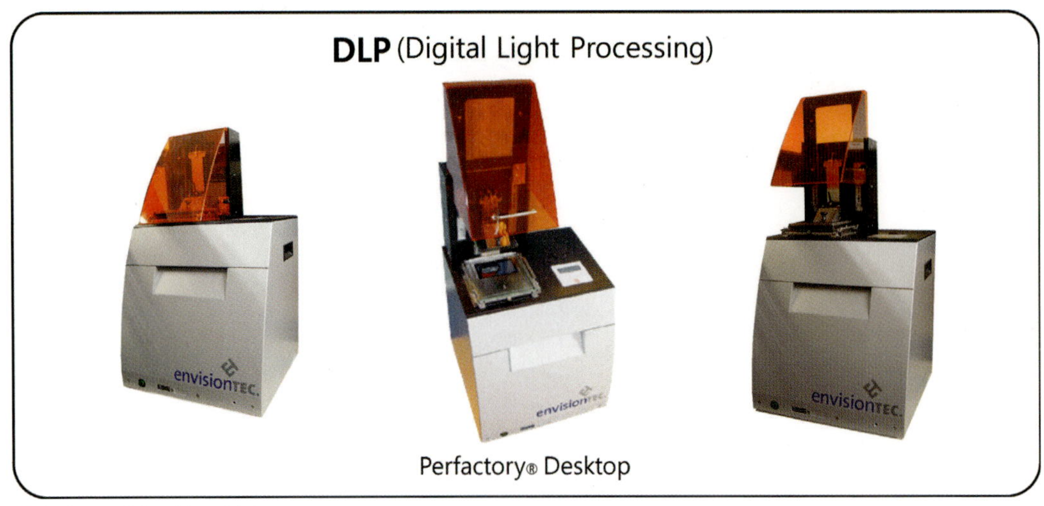

🔺 Perfactory® Desktop Printer

Perfactory3® Desktop 시스템은 최소형 보급형 데스크탑 3D 프린터로 저비용, 고해상도의 쾌속 조형(Rapid Prototyping)과 직접 생산(Direct Manufacturing)을 지원하기 위해 디자인되었다. 말 그대로 시스템 점유공간이 45×78×45cm로 매우 적어 협소한 공간에도 설치가 가능하다. 무게는 약 25kg으로 이동성도 용이하다. 한국의 경우 2007년부터 본격 판매가 시작되었다.

시스템의 공정 원리는 앞서 설명한 DLP(Digital Light Processing) 방식으로 비트맵(Bitmap) 이미지를 광경화성수지에 마스크 프로젝션하여 선택적 경화로 조형하는 원리이다. 조형 범위(Build Envelop)는 40×30×100mm이다. Voxel Size XY는 40 마이크로미터, Dynamic Voxel Thickness Z 축 방향으로 35 마이크로미터로 시간당 약 7mm 정도의 조형 능력을 갖추고 있다. 해상도는 XGA 1024×768이다.

시스템 운영은 Perfactory® Software Suite로 PC와 Netwok를 통해 매우 쉽게 연결되며, 어떤 STL 파일도 불러오거나 비트맵(Bitmap) 이미지 파일로 변환할 수 있게 해준다. 별도의 이더넷 포트와 USB-Stick을 옵션으로 선택할 수 있다. 사용 전원도 100-120V/2A, 220-240V/1A로 일반 전력을 사용하여 운용이 손쉽다.

제작된 모델은 신속 주조를 통해 직접 생산에 적합하다. 사용 재료인 R 11 광경화성수지는 고정밀도의 조형이 가능하여 고무 또는 실리콘 몰드를 통해 컨셉 모델에서 기능 파트까지 제작이 가능하다. 함께 사용되는 PIC 100은 직접 정밀 주조(Direct Investment Casting)가 가능한 재료이다.

2) Perfactory® Desktop 출력 결과물

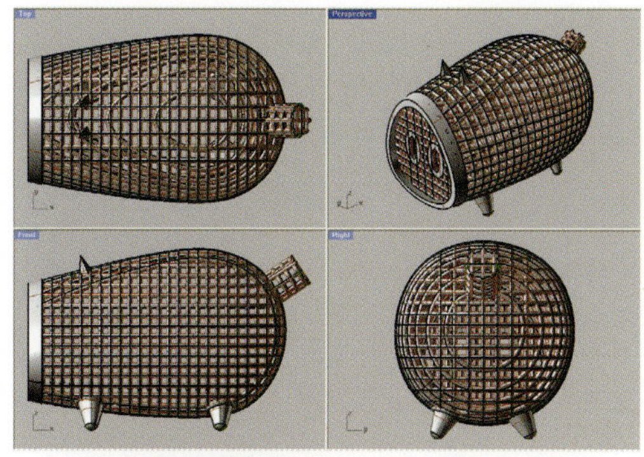

▲ 와이어 기법을 응용한 돼지 파트 3D 모델링

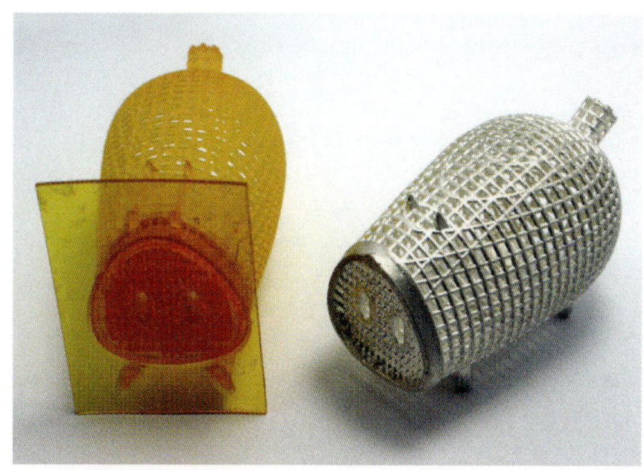

▲ RP 파트와 주물 결과물

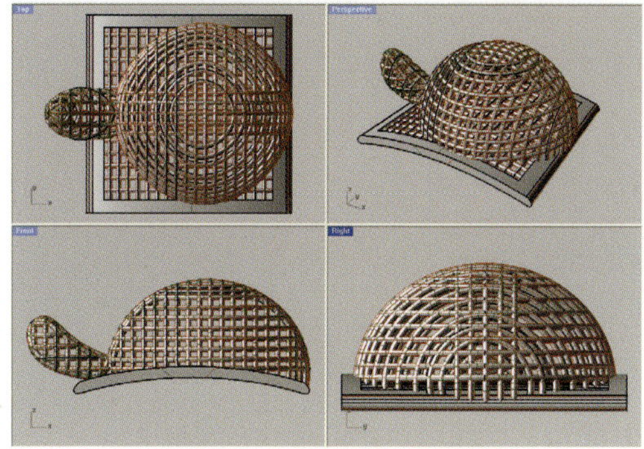

▲ 와이어 기법을 응용한 거북이 파트 3D 모델링

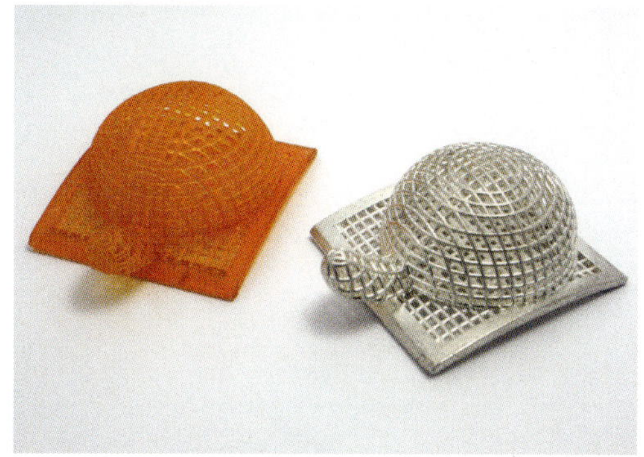

▲ RP 파트와 주물 결과물

3) Perfactory® Standard군의 특징

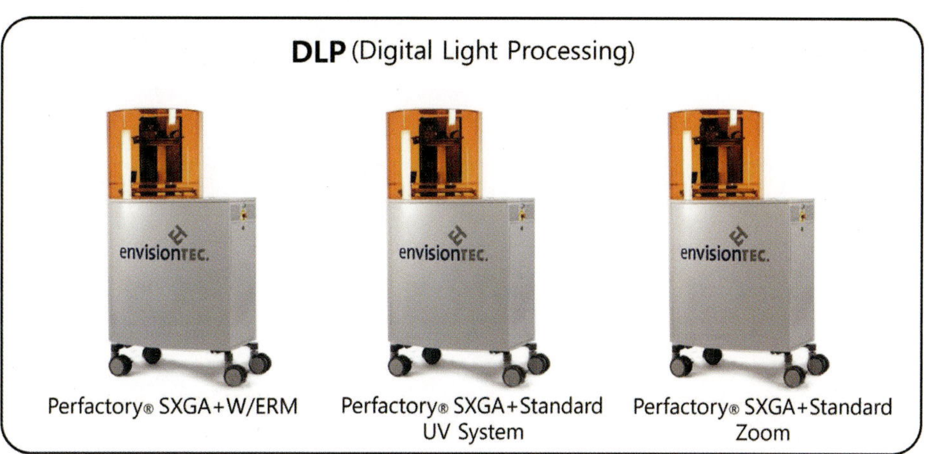

▲ Perfactory® Standard Printer군

Envisiontec 사가 내놓은 제품군 중 가장 인상적인 시스템군인 Perfactory 시리즈는 해상도와 속도, 표면 조도면에서 현존하는 최고의 장비 중 하나로 볼 수 있다. 특히 국내 주얼리 산업분야의 CAD화에 진전과 생산 트렌드를 바꿀 만큼 영향을 미치게 된다. 주얼리 제작과 디자인 및 소비시장이 있는 종로 일대의 RP 출력 서비스 업체만 10여 곳이 영업 중이다. 특히 초기에 문제시 되었던 재료 부분에

대한 연소문제가 해결되면서 탄력을 받은 셈이다. 본 장비에 대한 자세한 사항은 활용 사례를 보면 쉽게 이해할 수 있다.

4) Perfactory® Standard군 출력 결과물

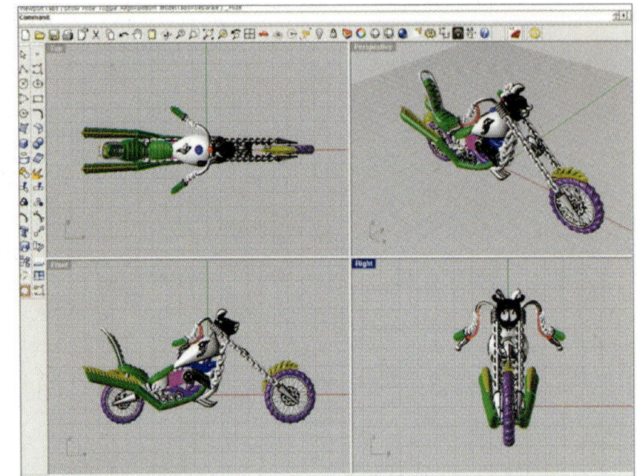

▲ 3D 모델링 과정

▲ RP 원본 제작 모습

▲ RP 원본 직접주조 결과물

▲ 하이힐 모양 팬던트 파트

▲ RP 원본 제작 모습

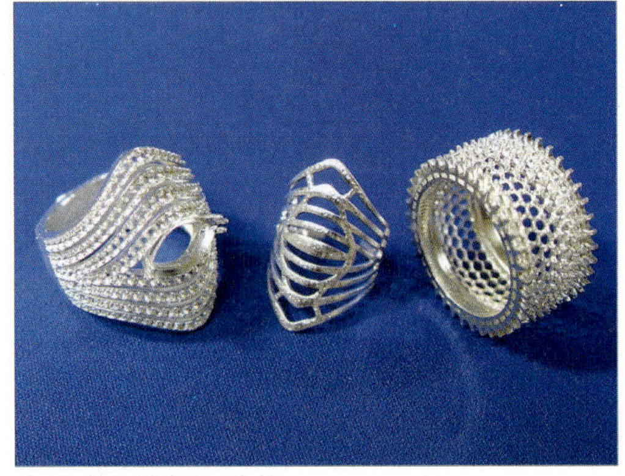

▲ RP 원본 직접주조 결과물

5) Perfactory ULTRA® 장비

☎ 독일 Envisiontec 사의 ULTRA   Z-Corp 사 ZBuild Ultra 제품/ 옵션스텐드 포함 모습

2009년 5월 6일 미국 미시건주 동남부 펀데일(Ferndale), MI에서 현존하는 3D 프린팅 장비 중 최고의 빌드 스피드와 표면조도 및 재질이 어우러진 장비가 디자인 개발되었다. 장비명은 "ULTRA"로 명명되었으며, 2009년 5월 12일 미국 일리노이주 샴버그(Schaumburg)의 Rapid 2009에서 그 첫 베일을 벗었다.

장비의 기본 원리는 DLP(Digital Light Projection) 기술을 기반으로 제작되었으며, 데스크탑용 3D 프린터로 260mm×160mm×190mm라는 비교적 큰 빌드 사이즈(Build Size) 제작 한계를 가지고 있다. 해상도는 매우 높은 편으로 X & Y축 해상도는 80 micron(0.0032 in), Z축 해상도는 20~100 micron(0.0007 to 0.004 in)으로 조정이 가능하다. 빌드 스피드(Build Speed)는 세로 축을 기준으로 시간당 12.7mm(0.5 inch)의 조형 제작 속도를 가진다. 이것은 데스크탑 장비 중에 최상의 속도로 볼 수 있다. 조형 재료는 MI 500이 주로 사용되는데 강도가 매우 높고, 특히 휨강도(Flexural Strength)가 8740 PSI(60.2 MPa), 물리학적 휨계수(Flexural Modulus : 263 Ksi(1810 MPa))로 구부려도 쉽게 부러지지 않는 모델 제작에도 적합하다. 화학적 저항성, 습도, 온도에 강해 치수정밀도가 요구되는 파트의 제작에도 사용할 수 있다. 데스크탑 용도이기에 장비의 크기 또한 71.1×77.5×180.3cm로 옵션 스텐드를 겸비하여 설치할 수 있다. 장비무게는 163kg이며, 입력 파일 포맷은 stl, 3ds, dxf, obj, wrl, zpr 등이 가능하다. 특히 이 ULTRA 장비는 독일 Envisiontec 사의 제품이지만 Z-Corp 사의 공급망을 동시에 사용하여 전 세계에 공급된다. 참고로 Z-Corp 사는 모델명을 "ZBuilder Ultra" 라고 명명하여 공급한다.

모델 조형 공정

독일 Envisiontec 사의 ULTRA 장비는 소형 Desktop Factory나 Perfactory 장비처럼 조형판에 모델이 거꾸로 매달려 작업되지 않는다. 즉 아래에서 투영(Projection)하던 것이 파트가 대형화되면서 무게에 민감하기에 기존 SLA 방식처럼 바닥에 놓인 조형판에 모델이 바르게 세워진 상태로 조형된다. 다만 기존 SLA와 다른 점은 자외선이나 레이저를 사용하는 것이 아닌 DLP(Digital Light – Projection) 방식이라는 데 있다. 이는 컴퓨터로 제작된 3D 모델링 데이터가 검은색과 흰색의 Mask Image로 변환되어 광경화성수지에 프로젝션광으로 통과하면서 한층 한층 파트를 조형해가는 원리이다. 이러한 이유로 한층의 노광과 경화가 넓은 면적에 순식간에 이루어져 파트의 조형시간이 빠른 편이다. ULTRA 장비를 포함 중, 대형(Exide, Extream) 장비들은 모두 DLP 프로젝터가 기기의 상단부에 설치되어 있으며 원리는 소형, 중형, 대형 모두 같은 DLP 방식이다.

울트라 ULTRA 장비의 간단한 제작공정을 보면 모델 조형원리를 보다 정확하게 알 수 있다. 물론 ZCorp 사에서 동시에 공급하는 ZBuilder ULTRA도 제작 공정은 같다.

아래 그림들은 공정의 이해를 돕기 위하여 장비 내부의 구성부와 간단한 제작 과정을 보여주고 있다. 우선 기기 내부의 상단부에는 DLP 프로젝터가 설치되어 있다. 조형판은 기기 하단부에 위치하며 액체광경화성수지(Photopolymer Resin)가 채워지게 된다. 구멍이 뚫린 평판이 바로 파트가 제작되는 조형판(Building Plate)이다.

▲ DLP 프로젝터 모습

▲ 광경화성 수지가 담길 용기와 조형판 모습

준비된 CAD 모델링 데이터를 .STL 파일로 저장 후 MasicsRP 소프트웨어로 불러와 파일의 문제점을 해결하고 ULTRA 전용 소프트웨어에서 지지대 작업을 자동으로 수행한다. 이때 파트의 제작 개수를 복제하여 늘릴 수 있다.

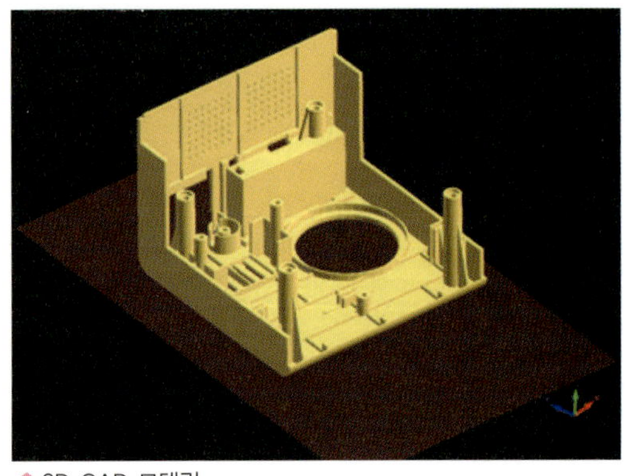

▲ 3D CAD 모델링

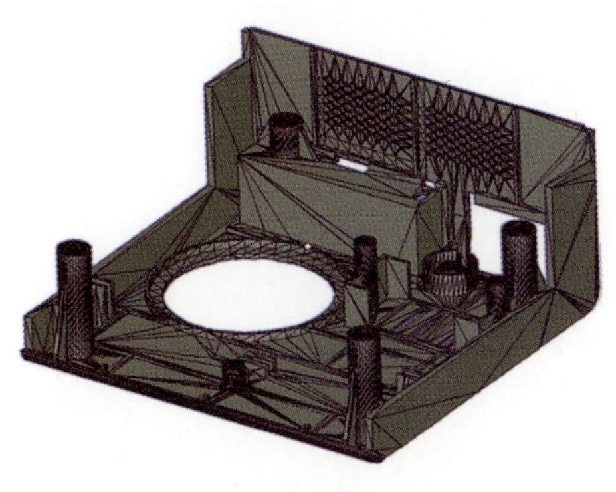

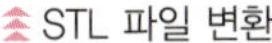 STL 파일 변환

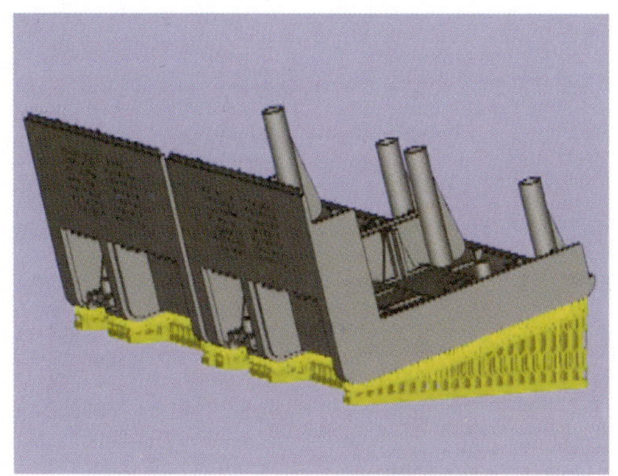

MasicsRP에서 문제점 수정과 지지대 제작

준비 작업이 마무리되면 3D 프린팅을 시작한다. 프로젝터의 빔은 그림과 같이 조형판에 광경화수지를 순식간에 경화시켜 한층 한층 모델을 만들어 간다. 이 작업은 모델 제작이 모두 마무리될 때까지 계속된다.

광경화수지에 프로젝션하는 모습

한층이 경화되면 곧바로 모델이 붙어있는 조형판은 아래로 약간 내려가며 다시 그 위에 리코터 Recoarter에 의해 수지층이 평탄화 코팅된다. 이때 수지층의 수면 높이는 **재료 충진 레벨 센터Auto Fill Level Sensor**에 의해 정밀하게 제어된다. 제작이 완료되면 파트가 있는 조형판을 자동으로 상단부로 올린다.

리코터 Racoater 모습

제작이 완료된 파트의 조형판을 위로 올리기

조형판에서 떼어낸 파트는 세척과 간단한 자외선 경화과정을 거쳐 그림과 같이 지지대(Support)를 제거하면 완전한 파트의 제작이 완료된다. 지지대는 쉽게 떼어낼 수 있는 구조로 되어있다.

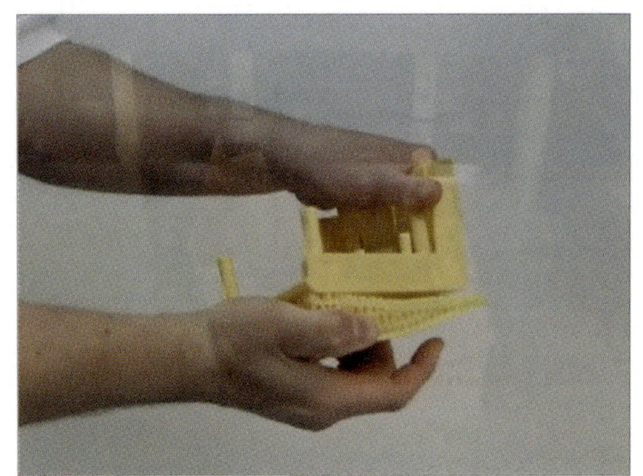

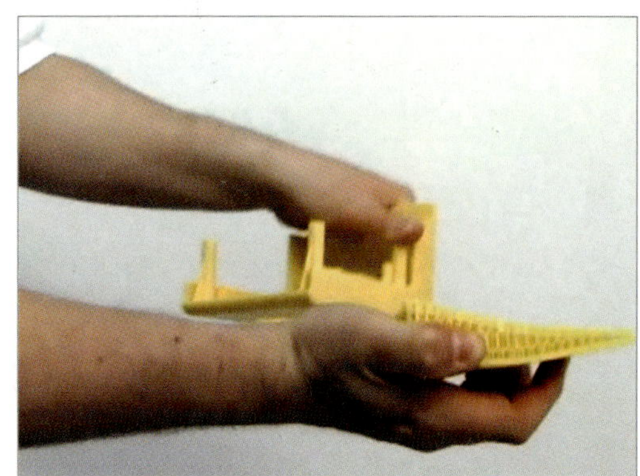

☆ 제작이 완료된 파트의 지지대 떼어내기

최종 완성된 파트는 표면조도가 우수하며, 사용재료인 MI 500의 특성상 강도가 매우 높고, 특히 휨 강도(Flexural Strength)가 8740 PSI(60.2 MPa), 물리학적 휨계수(Flexural Modulus : 263 Ksi(1810 MPa))로 구부려도 쉽게 부러지지 않는 모델 제작에도 적합하다. 화학적 저항성, 습도, 온도 에 강해 치수정밀도가 요구되는 파트의 제작에도 사용할 수 있다.

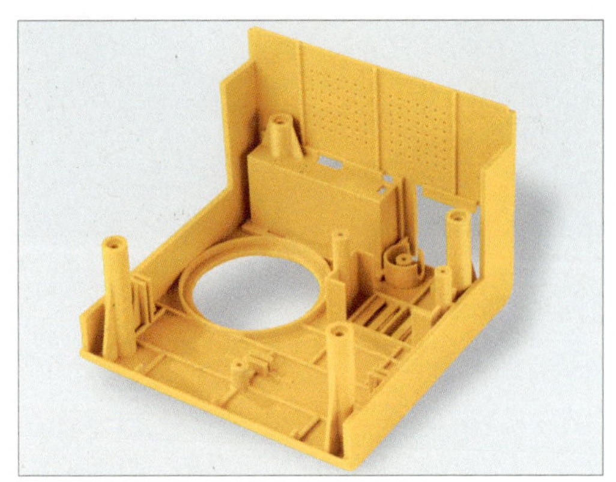

☆ 완성된 최종 파트 모습

☆ 완성 파트의 디테일

Perfactory ULTRA® 출력 결과물

울트라 ULTRA에서 제작된 파트는 고정밀도에 고해상도 파트로 표면조도면에서 계단현상(Stair-Effect)이 거의 보이지 않을 정도로 양호하다. 적용 용도로는 디자인 평가를 위한 모델, 디자인 형상, 조립성, 기능 검토, 디자인 컨셉 모델의 개선과 커뮤니케이션 명확화에 유용하다.

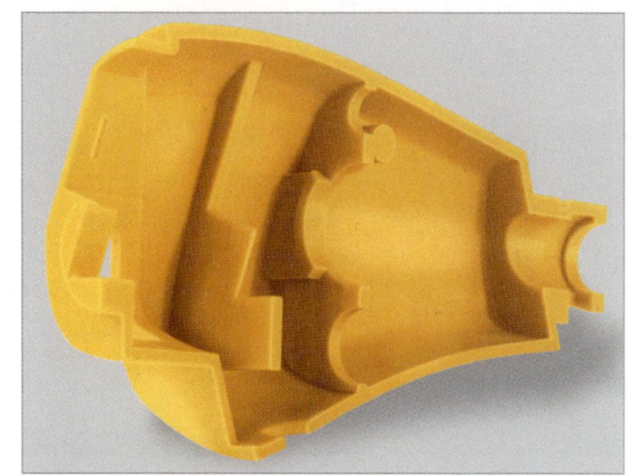

⬆ 청소기 외장 부품

⬆ 충전용 건전지 삽입 팩

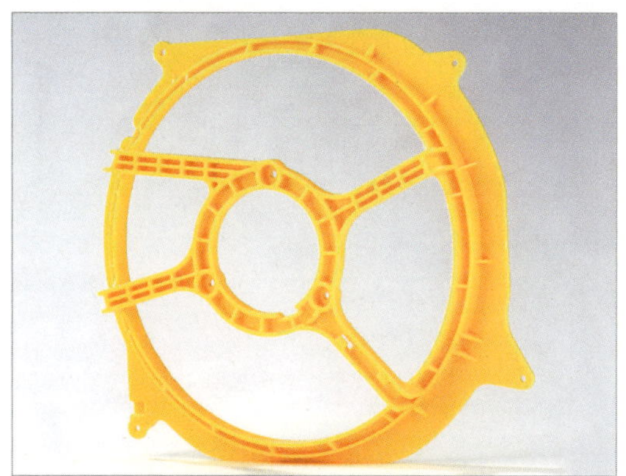

⬆ PC 환기용 팬 마운트

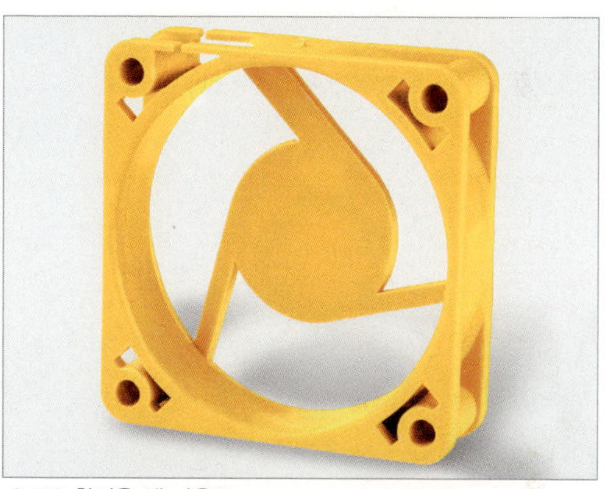

⬆ PC 환기용 팬 마운트

⬆ 안경테 디자인 검증

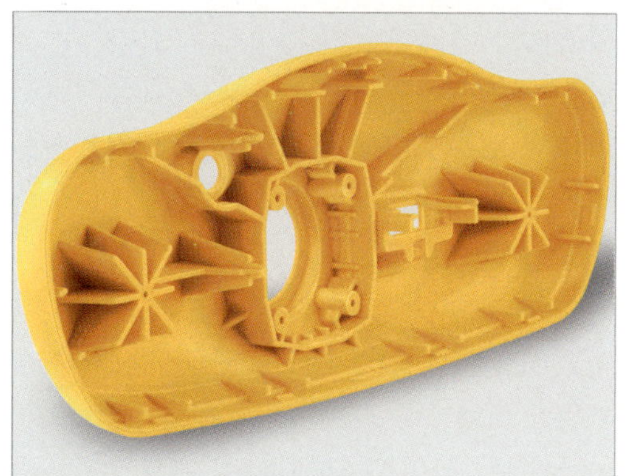

⬆ 형상확인, 조립성, 기능 테스트용 파트

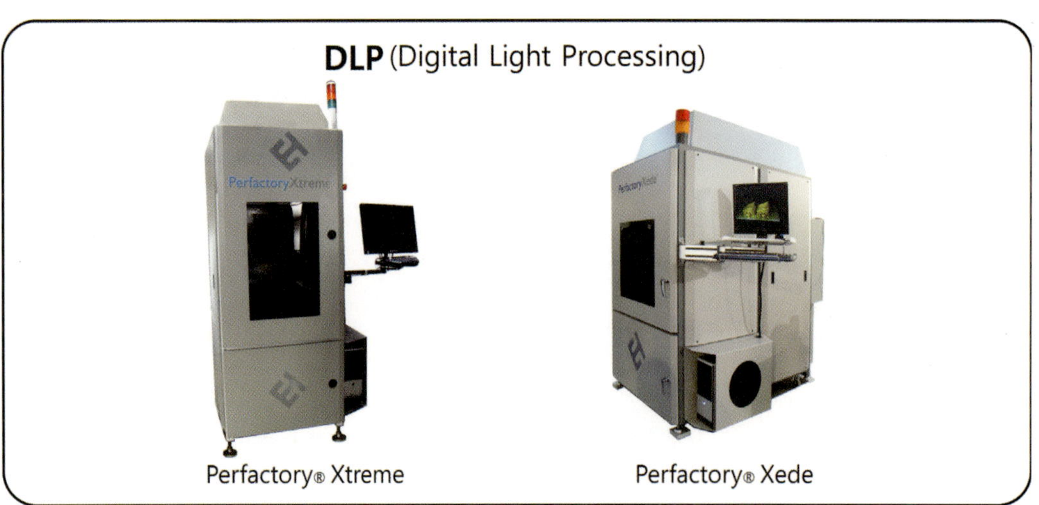

⬘ DLP(Digital Light Process) 공정 원리도

2007년 독일 EuroMold에서 선보인 PerfactoryXede®와 Perfactory Xtreme®은 우선 앞선 Perfactory 소형장비에 비하면 조형 가능 크기면에서 큰 변화를 가져왔다. PerfactoryXede의 조형 한계는 508×304×457mm(20×13.3×18 inches)이며, PerfactoryXtreme의 경우 304×228×381mm(12×9×15 inches)이다. 여기서 PerfactoryXtreme은 예전 Vanquish 장비의 표면만 바꾼 정도 즉 "Reskinned" 정도로 생각할 수 있지만 PerfactoryXtreme 장점은 최신 개발 소프트웨어와 하드웨어로 제작되었다는 것이다. 물론 공정 원리는 앞서 설명한 DLP(Digital Light Processing) 방식으로 비트맵(Bitmap) 이미지를 광경화성수지에 마스크 프로젝션하여 선택적 경화로 조형하는 원리이다. 이때 비트맵 이미지는 픽셀의 메트릭스 구조로 25에서 150 Microns(0.001에서 0.006 inch)의 두께(Layer Thickness)로 설정, Z축 조형이 가능하다. 이때 100-Micron(0.004-inch) 레이어 두께(Layer Thickness)를 기준으로 시간당 약 2.5mm(1 inch)의 조형 속도를 구현한다. 참고로 2008년 Q3에 새로이 공개된 PerfactoryXedeXL은 560×535×635(22×21×25 inches)의 매우 큰 모델 제작 범위를 가지고 있다. 이러한 장비들은 모두 PC workstation에서 네트워크를 통해 Job 파일로 변환 작업이 손쉬우며 STL 데이터 또한 함께 제공되는 소프트웨어(Perfactory Software Suite)를 통해 쉽게 Voxel Plane들로 변환시킬 수 있다.

재료 사용 측면에서는 PerfactoryXede®와 PerfactoryXtreme®의 경우 3차원 컨셉 모델 제작이나 기능 모델 제작에 대응하도록 다양한 광경화성수지수지(Potopolymer) 기반의 재료들이 준비되어 있다. 2007년 말에 발표된 ABS-like의 SI500이 대표적인데 매우 내구성과 정확성이 뛰어나고 매우 고품질의 형상을 제작할 수 있다. SI500은 Beige 색상과 Yellow 색상이 있다. 이와 비견되는 타사 재료는 DSM Somos에서 DMX SL-100 정도이다. 추가로 폴리프로필렌(Poly propylene), Glass filled Nylon 등이 있으며 이러한 광경화성수지에는 Aluminum Oxide, Zirconium Oxide, Silicon Oxide와 Paraffin Wax 또한 함유시켜 새 장비에서 사용이 언제든지 가능하다.

7) PerfactoryXede® 출력 결과물

자동차 휠이나 배기 매니폴드 같은 대형 파트의 조형에 적합하도록 PerfactoryXede의 조형 한계는 508×304×457mm(20×13.3×18 inches)이며, PerfactoryXtreme의 경우 304×228× 381mm(12×9×15 inches)이다. 조형속도 또한 시간당 10~25mm로 다량의 파트를 동시에 조형 할 수 있다.

☆ 자동차 휠 모형

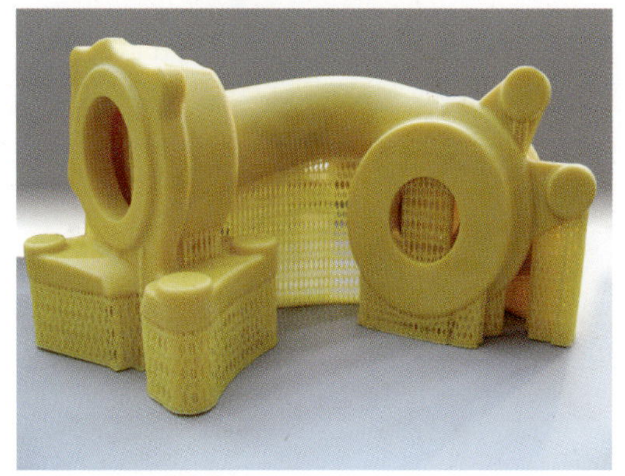
☆ 자동차 배기 메니폴드

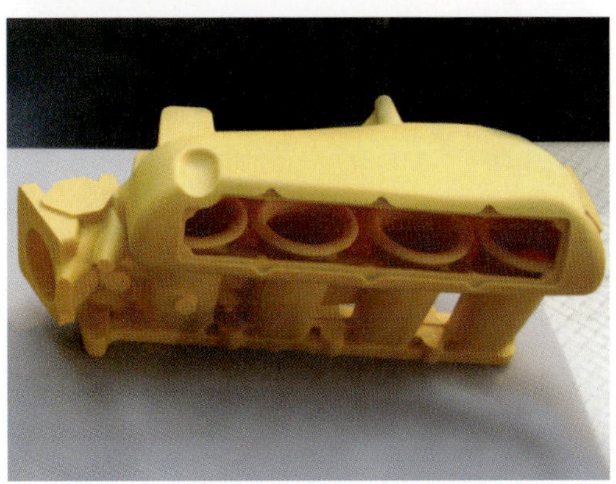
☆ 자동차 배기 메니폴드

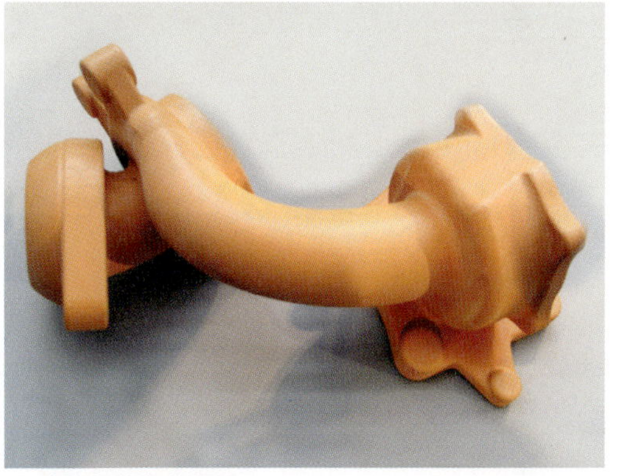
☆ 자동차 배기 메니폴드

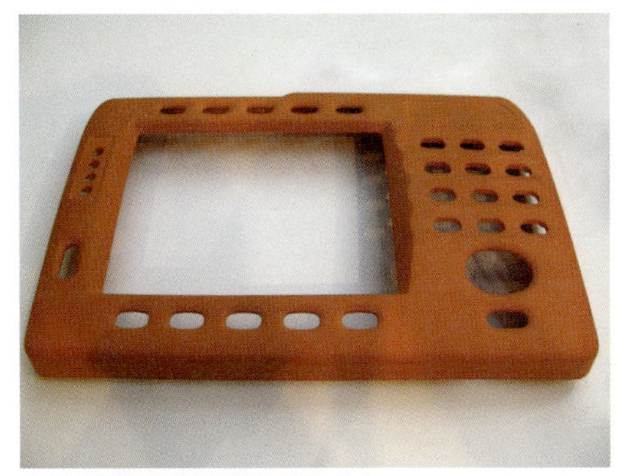
☆ 디스플레이 프런트 패널 커버 전면

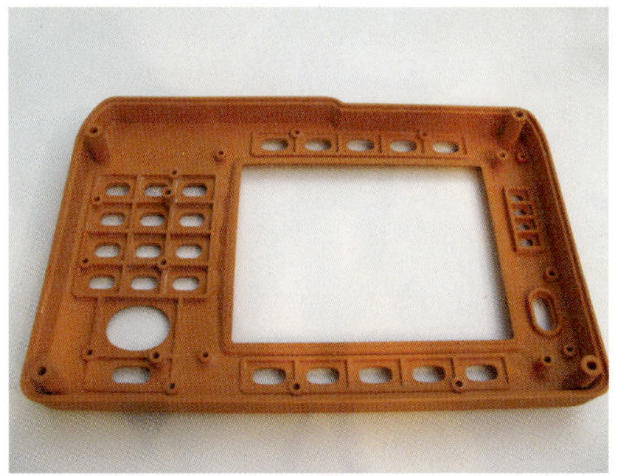
☆ 디스플레이 프런트 패널 커버 후면

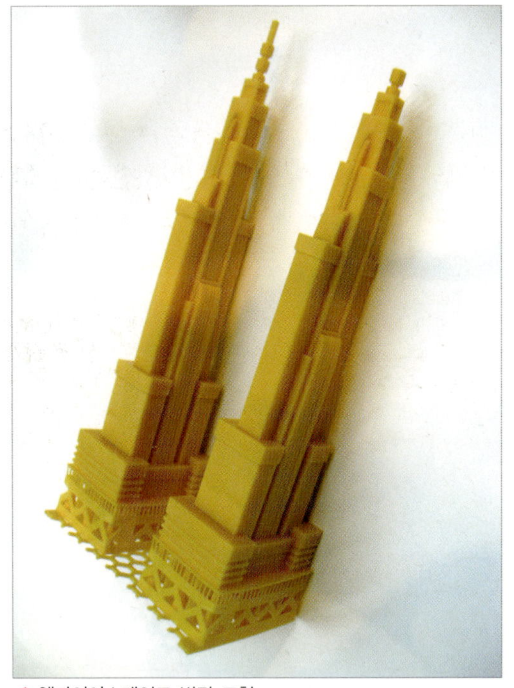
🔺 엠파이어스테이트 빌딩 모형

🔺 자유의 여신상. 자료제공 : Envisiontec. 2007

9. Envisiontec 사 시스템 공통 활용 영역(Application Areas)

Perfactory 시스템은 크게 5가지의 활용 영역을 가지고 있다. 주얼리 산업(Jewellery Industry), 보청기 산업(Hearing Aid Industry), 치의료 산업(Dental Industry)과 장난감 산업(Toy Industry and Animation), 정밀부품 및 제품 산업 등이다. 한국의 경우도 비슷한 활용 양상을 보이고 있으며 그 중 주얼리 산업 (Jewellery Industry) 분야에 활용이 매우 활발하다.

1) 주얼리 산업(Jewellery Industry)

Envisiontec의 Perfactory 시스템은 주얼리 산업에서 단연 최상의 선택이다. 정밀한 모델 제작과 우수한 표면 조도에 의한 직접 주조(Direct Casting)가 가능하기 때문이다. 또한 완전연소가 가능한 재료와 주조성을 대폭 향상시킨 다양한 재료들도 중요한 몫을 하고 있다. 간단한 반지를 기준으로 약 5시간 정도면 총 15개 정도의 반지 원본을 조형할 수 있다. 스텐다드 모델에서 종전의 레이저나 프린팅 방식보다 정밀한 15미크론(Micron)의 모델 조형이 가능한데 이것은 마이크로 파베(Micro Pave)나 인비져블(Invisible) 세팅에도 최상의 정밀도를 보장해 준다.

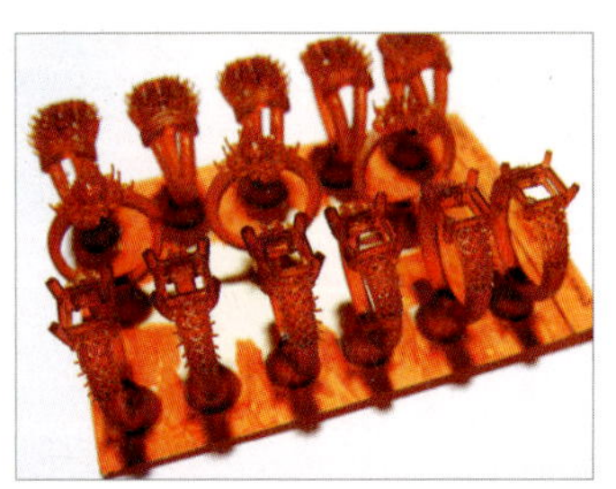

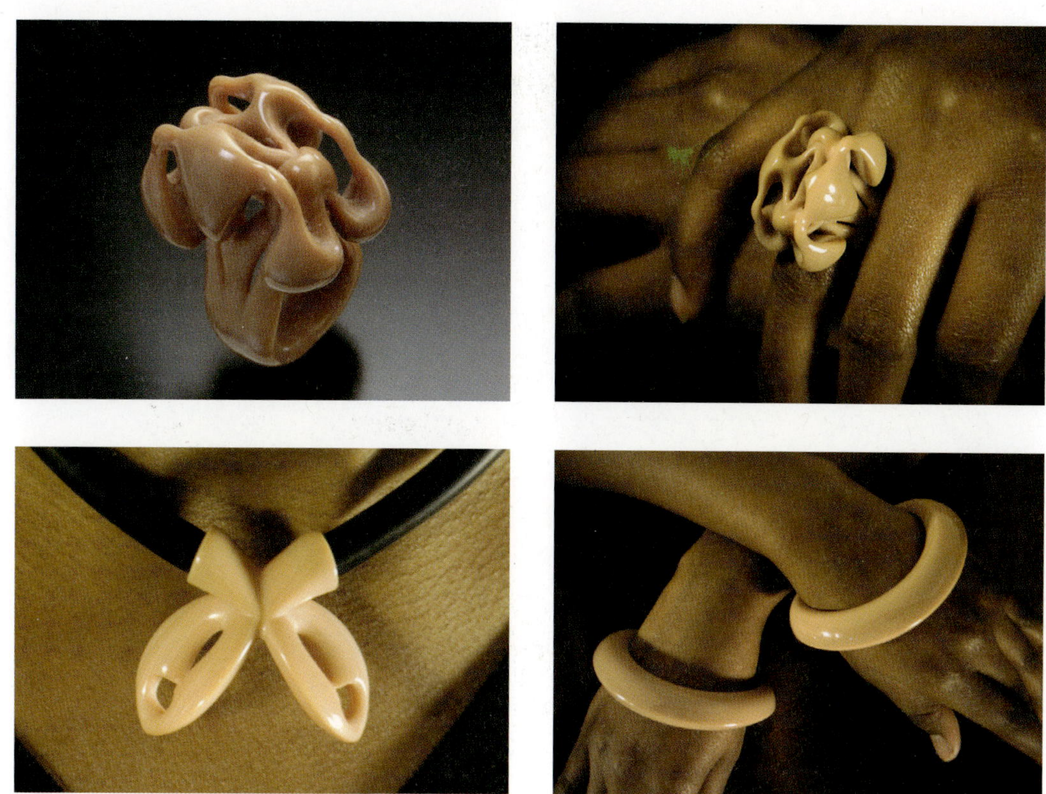

2) 보청기 산업(Hearing Aid Industry)

Envisiontec의 Perfactory는 다양한 피부 컬러와 빨강, 파랑, 투명, 장미색 투명 등을 포함 약 8가지의 생물학적 재료를 제공하기에 보청기 산업에 매우 적합하다. 보청기의 Ear Mold나 외피(Shell) 제작에 적합한 고정밀 출력과 맞춤형 재료들은 하나의 순환고리로 연결되어 있다. Perfactory 시스템은 보청기 산업에서 90분에 약 30개 이상의 외피(Shell)를 제작할 수 있어 매우 경제적인 선택이 된다.

3) 정밀부품 및 제품 형상 및 조립성 확인

Envisiontec의 Perfactory 시스템은 뛰어난 정밀도와 표면조도로 디자인 검사 모델 제작과 컬러 도색, 도금을 통한 모델 제작에 사용할 수 있다. 또한 재료들의 다양성으로 정밀 조립성 테스트에도 무리 없이 사용 가능하다.

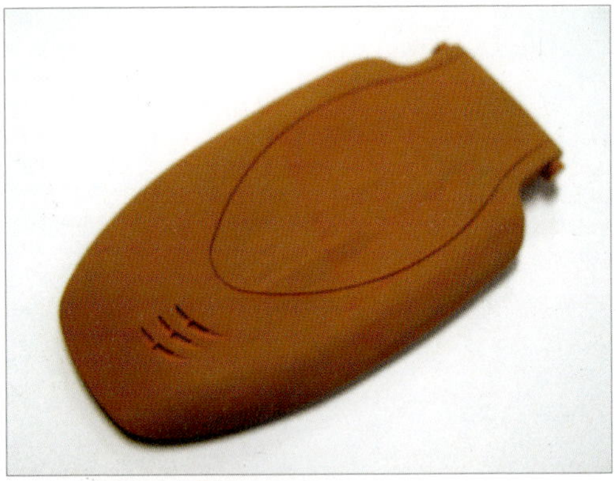

삼성 휴대폰 디지털 Mock-up

삼성 휴대폰 디지털 Mock-up

삼성 휴대폰 디지털 Mock-up

Apple 사 MP3 디지털 Mock-up

휴대폰 디지털 Mock-up

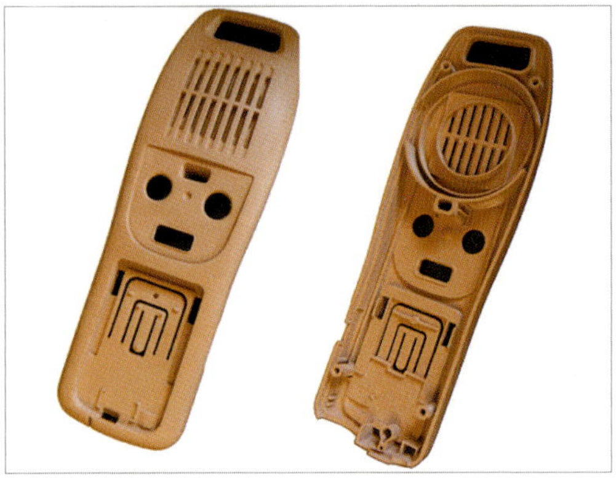

전자제품 케이스 파트

4) 치의료 산업(Dental Industry)

Perfactory DLP 프로세스는 모델 제작의 정확도(Accuracy)와 빠른 속도(High Speed)를 만족시켜
치의료 산업분야에 가장 이상적인 선택이라 할 수 있다. 특히 다중 파트(Multiple parts)의 경우 DLP
프로세스는 동시에 작업이 이루어져 생산성을 향상시킬 수 있다. 손이나 CNC 제작 시 한 개씩 별도
의 가공이 필요하지만 DLP 프로세스의 경우 2시간 이내에 약 80개 이상의 캡(Cap)을 제작할 수 있
다. 또한 정확성이 뛰어나 반복되는 결과물의 피팅(Fitting) 정밀도가 매우 우수하다.

특히 하나의 장비로 다양한 재료들을 사용할 수 있다. 예를 들어 캐스팅을 위한 Wax재료, 세라믹이
함유된 수지 재료들을 사용하여 캡(Cap), 코우핑(Coping-없는 보형물), 크라운(Crown-치관) 등의
직접 생산이나 대량 복제가 가능하다.

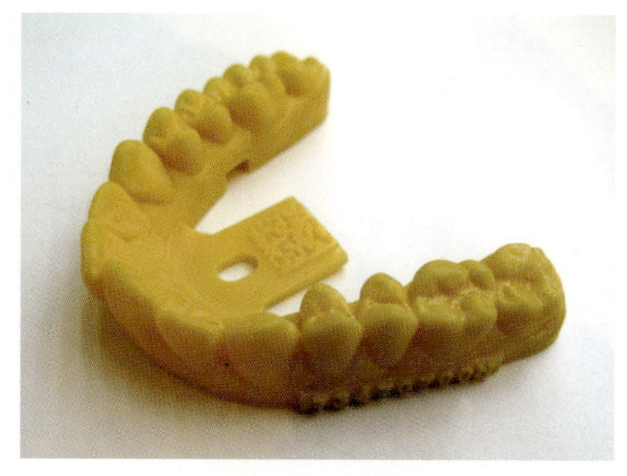
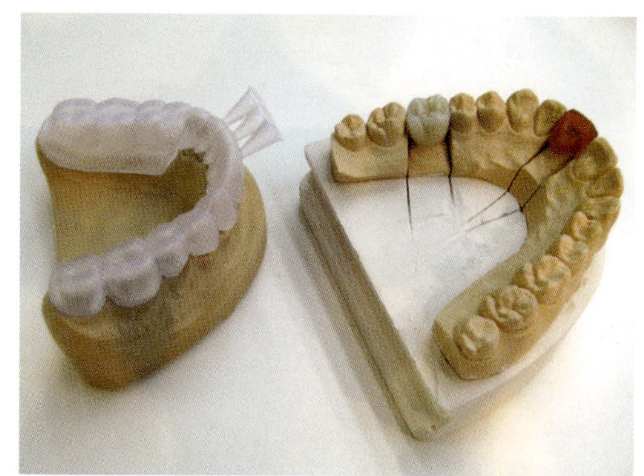
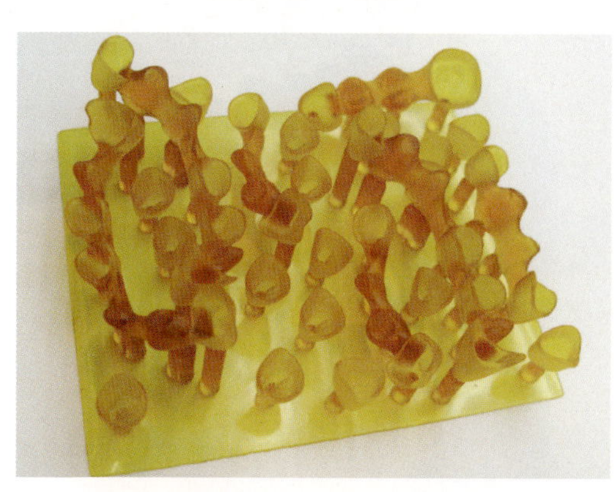

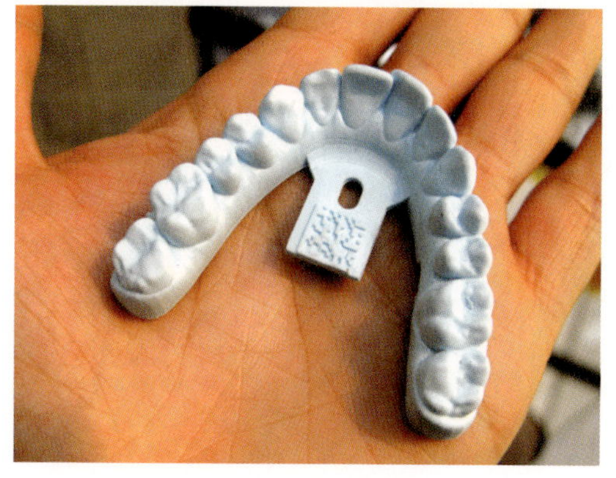

5) 캐릭터 피규어, 장난감 산업과 애니메이션산업(Toy Industry and Animation)

캐릭터 피규어, 장난감, 영화와 애니메이션 산업에서는 사용되는 사진 또는 영화 촬영용 Mock-up이나, 주조(Molding)를 위한 모델제작을 위해서는 고품질의 디테일 표현과 표면 조도가 요구된다. Perfactory 장비군의 DLP프로세스는 이러한 정밀도와 표면조도를 충분히 만족시켜 준다. 특히 출력된 모델의 경우 우수한 표면조도와 재료의 완전연소가 가능하여 직접 주조(Direct Casting)나 고무몰드(Rubber Molding) 등 별도의 표면 후처리 없이도 모델을 대량으로 복제할 수 있다.

지지대가 붙어 있는 배(Ship) 정밀모형

교황과 토루소 정밀 모형 2007. EuroMold. 독일

🔺 영화 – 캐리비안 해적 주연 캐릭터, 자료제공 : SNC 코리아

🔺 다중 복제 제작되는 Figure 모습, 자료제공 : SNC 코리아

10. Envisiontec 사 DLP 방식 활용 사례

1) 반지 3D CAD 모델링

아이디어 스케치와 렌더링을 통하여 최종 선택된 반지(Ring)를 Rhino3D로 정교하게 모델링하는 단계로 전체적인 형태를 잡아주고, 반지의 살두께와 속파기, 보석 세팅을 위한 난집과 홈을 파주는 과정들이 포함된다.

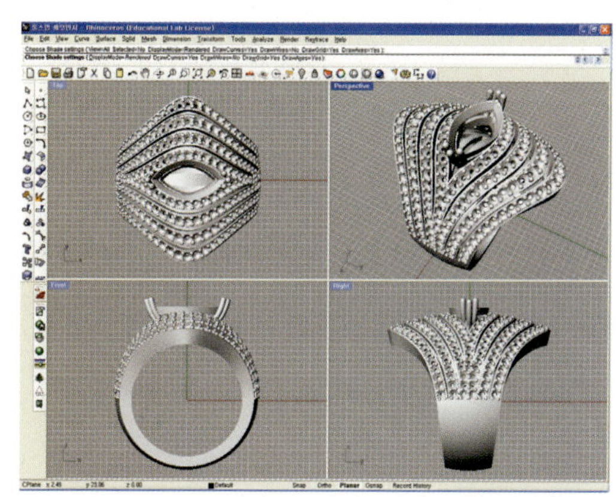
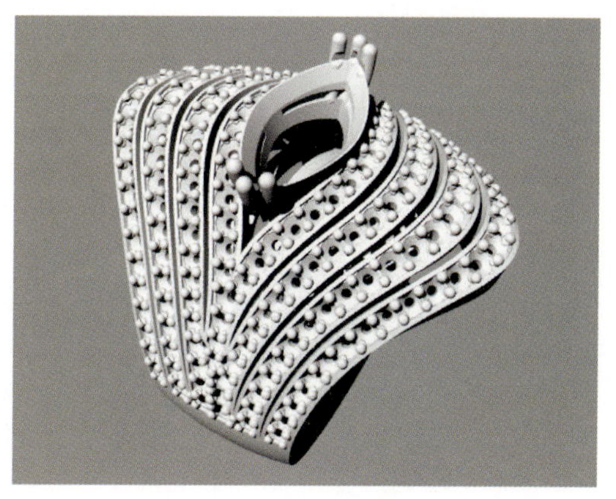

2) 테크잼(TechGems4.2)을 통한 홈파기와 보석 세팅

라이노3D 자체로도 난발 및 난집의 배열과 제작은 가능하지만 테크잼(Plug-in)을 활용하면 보다 효과적이다. 특히 다양한 종류의 보석과 홈을 파기 위한 드릴(Drill)기능은 매우 유용하다. 이러한 보석들은 렌더링시 고유의 색상과 굴절율 값을 가지고 있으며, 플라밍고(렌더링 Plug-in)과 함께 실사 렌더링을 가능하게 도와준다.

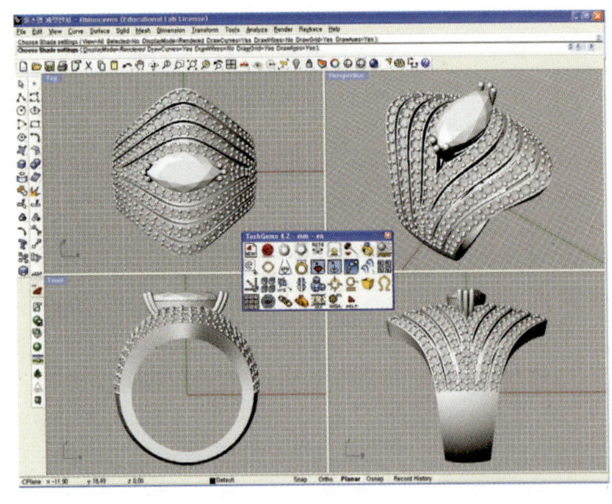
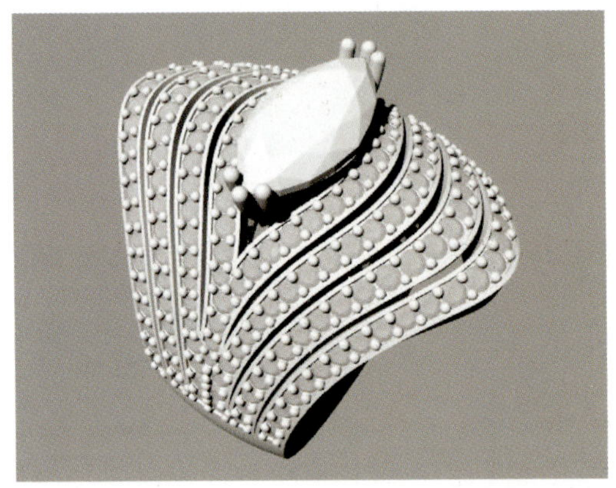

3) RP 제작을 위한 STL 파일 변환과 오류 체크

Rhino3D로 모델링된 가상의3D 모델을 손으로 만질 수 있는 3차원의 객체로 출력하기 위해서는 라이노3D NURBS 파일을 Mesh 구조의 STL(Stereolithograpy) 파일로 변환시켜 주어야 한다. Mesh 데이터는 작은 삼각형의 면들이 모여 근사치 면들로 연산하여 전체 모델 형상을 정의하게 된다. 이때 보석은 STL 변환을 하지 않으며 지워준다. 이러한 STL 데이터 변환에서는 출력 모델의 해상도에 관련된 Mesh 설정이 이루어지게 된다. 또한 RP 제작을 위한 데이터들은 완전한 솔리드(Solid) 상태여야 하기에 면과 면 사이에 틈이 존재해서는 안 된다. 이러한 오류 체크 항목의 자세한 사항은 본문 내용 중 RP 제작을 위한 STL 파일 변환과 수리 부분을 참조바란다.

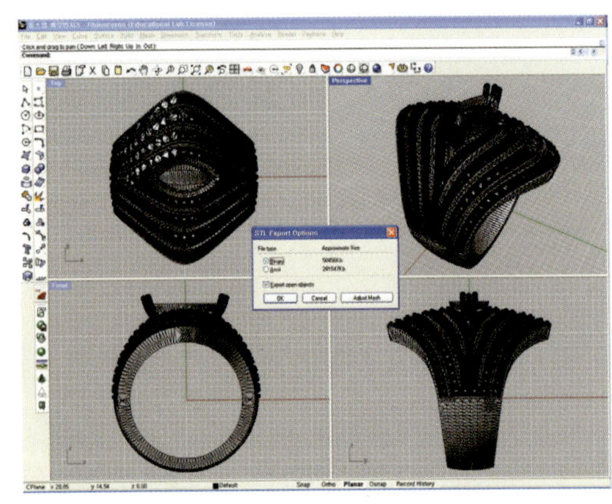
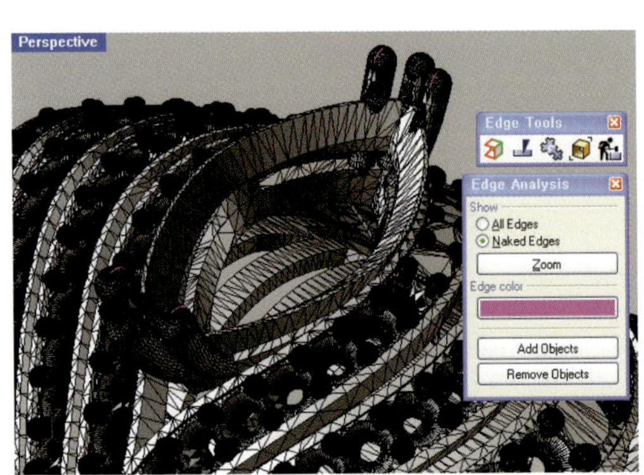

4) RP 장비 전용 소프트웨어로 STL 파일 오류 검사와 지지대 구성

EnvisionTec 사의 Perfactory RP 장비는 STL 데이터에 대한 보다 효율적인 오류 검사, 수정 및 지지대(Support)의 경제적인 배치, 레이어별 슬라이싱 처리 등 독자적인 소프트웨어(Masics Envisiontec)를 장비와 함께 제공한다. 특히 Rhino3D에서 손보지 못한 파일 오류들을 수정하는데 매우 편리하다. 물론 라이노3D에서 정상적인 결과를 얻었다면 오류는 없는 상태이다. 다만 지지대(Support)를 대주는 작업을 수행한다.

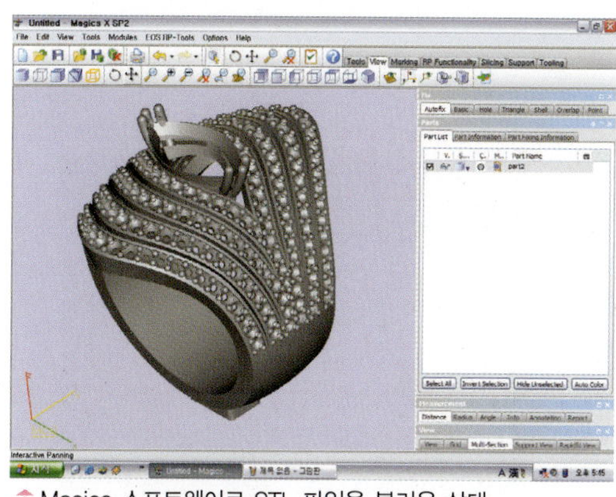

✖ Masics 소프트웨어로 STL 파일을 불러온 상태

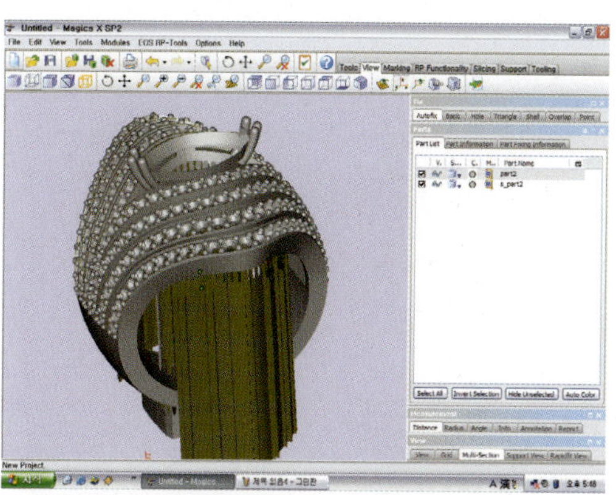

✖ 지환부에 지지대(Support)를 구성한 모습

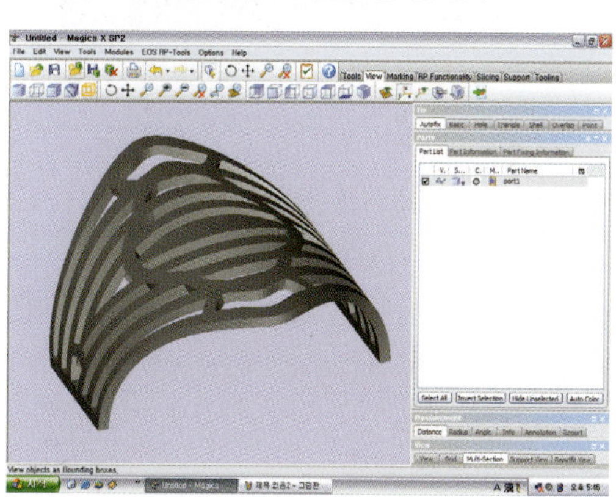

✖ Masics 소프트웨어로 STL 파일을 불러온 상태

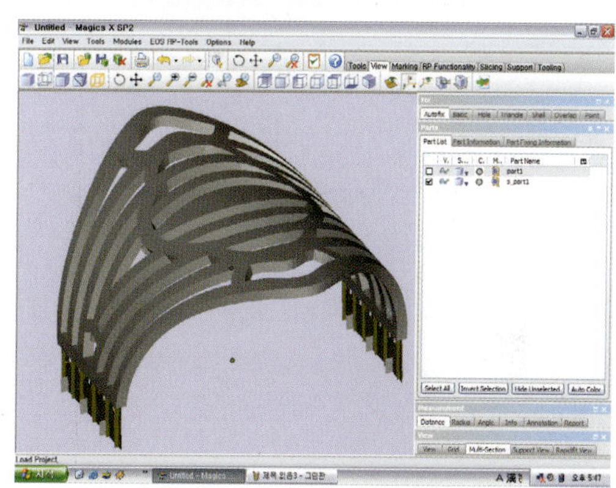

✖ 안장식에 지지대(Support)를 구성한 모습

5) RP 장비에 제작 데이터 전송을 위한 Job File 제작

오류 검증과 지지대, 물줄기 등의 모든 작업이 완료되었다면 이제 RP 장비로 데이터를 전송하여 가공하는 과정이 남았다. RP 장비로 전송을 위한 Perfactory StartCenter(Perfactory RP 2.0) 프로그램을 켜고 Job File을 제작한다. 여기서는 실제 기계적인 가공과 관련한 설정을 해주는 과정으로 이해하면 된다. 작업물의 배치와 갯수 설정, 슬라이싱 정밀도, Job File 제작 등이 포함된다. 특히 Job File은 작업의 모든 과정을 자동으로 기억시켜 나중에 생길 수 있는 문제점을 찾거나 수정하는 모니터링이 가능하다. 이제 제작을 위해 RP 장비로 데이터를 전송한다. 물론 전송 전에 RP장비는 가공을 위한 준비가 되어 있어야 한다.

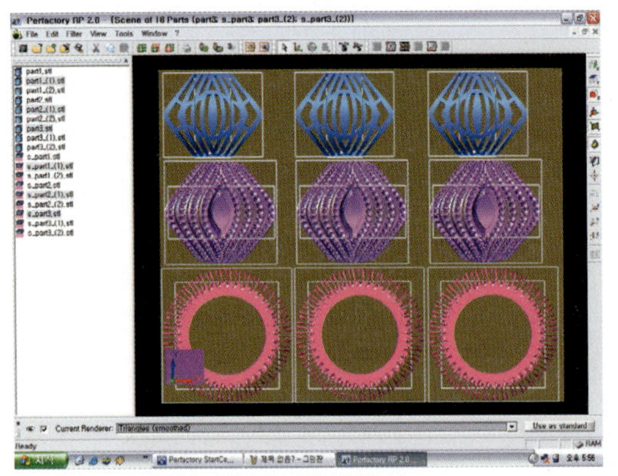
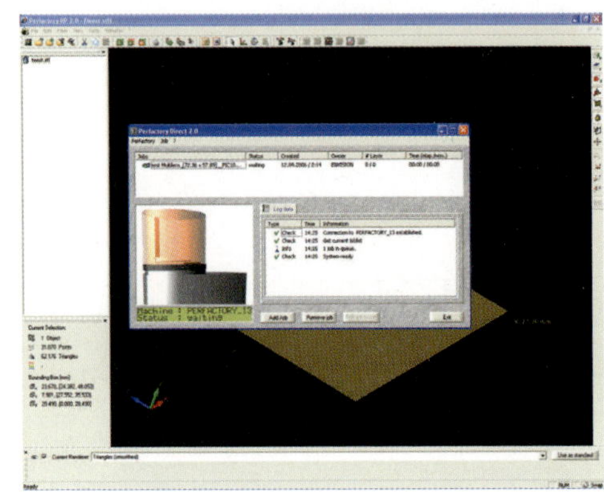

▲ 제작 모델의 갯수 설정과 자리 배치모습

6) Perfactory RP 장비로 모델 제작

RP 장비에서 실제 작업이 이루어지기 전에 우선 장비에 광경화성수지(Photopolymer)를 충진해 준다. 충진은 자동, 수동으로 가능하며, 그림에서처럼 바닥에서 약3mm 정도의 액상이 채워지면 작업이 가능하다. 현재 사용 재료는 Perfactory PIC100으로 엷은 Lemon Yellow 색상을 가진 액상 재료이다. 화학적 명칭은 Acrylate라 부르며 인체에 무독하다. 주얼리나 치과 치아 원본 제작 시 완전연소가 가능해 석고 주물 원본으로 사용되며 제작된 파트의 강도 또한 기존 WAX 재료에 비해 단단해 만지는데 별도의 큰 주의를 요하지 않는다.

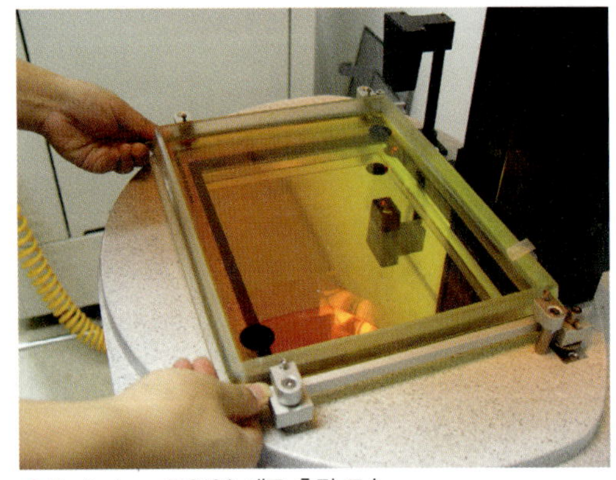

▲ Perfactory PIC100 재료 충진 모습

▲ 작업을 위해 커버를 내린 모습

앤비전텍의 Perfactory RP 시스템은 미국 텍사스 인스트루먼트사(TI : Texas Instruments)에서 개발한 첨단 디지털 광처리 프로세스 기술(DLP : Digital Light Processing)을 사용 모델을 만들게 된다. 이것은 3D CAD의 슬라이싱 데이터를 그림파일(Bitmap)로 전환하여 소프트웨어 상에서 Digital Mask를 생성 DLP 칩에서 고해상도의 프로젝션 광으로 쏘아 마스크 투영(Digital Mask Projection)에 의한 액상의 광경화성 수지를 한층 한층 경화시켜 적층하는 원리이다. 특히 마스크 투과된 광이 전체 수지층을 한 번에 경화시키므로 어떠한 형상과 수량에 상관없이 모델 조형이 가능하다. 특히 아래 그림처럼 모델이 조형판에 거꾸로 매달린 상태로 만들어 진다는 것이 특징적이다.

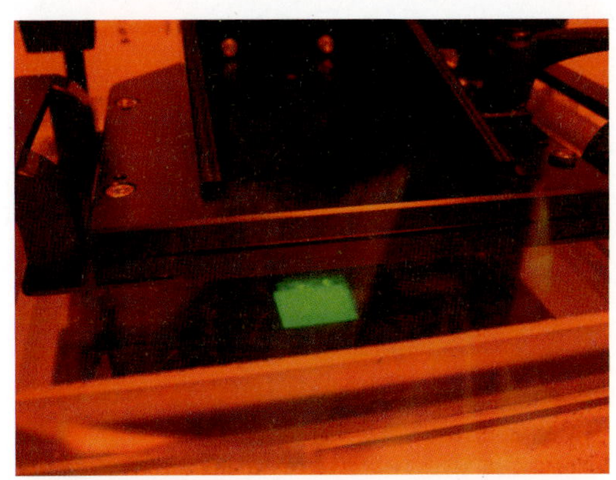

▲ DLP 프로젝션에 의한 제작 모습

▲ 모델의 80%가 조형된 상태의 모습

▲ 모델링 모두 조형된 상태의 모습

조형판을 본체에서 분리한 후 그림과 같이 조형물을 유연성을 가진 나이프나 해라를 이용하여 떼어낸다.

▲ 조형판을 분리한 상태의 모습

▲ 조형판에서 RP 조형 원본 떼어내기

모델 재료인 액상 잔류물을 세척해 주기 위하여 초음파 세척을 해준다. 알콜을 넣어 세척해 주면 된다.

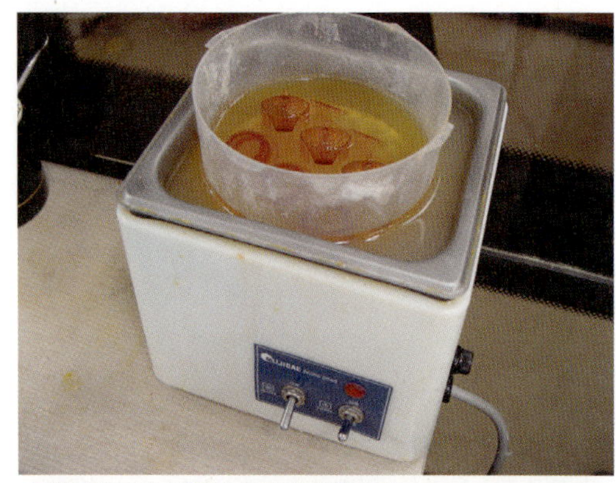

▲ 알콜에 담긴 반지와 초음파 세척 모습

▲ 에어건을 통해 RP 파트에 남아 있는 액체성분들을 모두 제거

EnvisionTec 사의 전용 UV 건조기를 통해 파트를 확실하게 건조, 경화시켜준다. 아래 그림은 최종 완성된 RP 원본을 보여 주는데, 표면조도와 정밀도가 매우 뛰어남을 확인할 수 있다. 이것은 Direct Casting을 위한 최상의 결과이다.

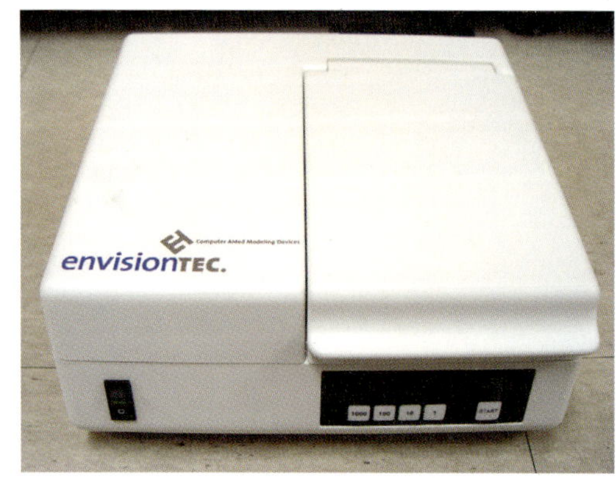

▲ 자동 UV 경화기 모습/경화시간 디지털 설정

▲ UV 경화기로 경화된 최종 RP 원본 모습

7) 주형 제작(Invsetment Moulding)과 주조(Casting) 작업

가공이 완료된 WAX master 모델에 지지대(Support)를 제거한 후 탕도(Sprue)를 만들어 준다. 탕도
는 매몰 주형 시 쇳물 통로가 된다. 다음 탕구 베이스에 탕도와 WAX master를 부착 트리구조를 만들
어 준다. 진공탈포 및 매몰재(Investment)를 채운 플라스크(Flask) 작업까지 모두 마무리되었다면 고
온의 소성로에서 왁스를 탈납시켜준다. 주형 제작을 완료한다. 다음 왁스 소성이 마무리되면 그림과
같이 은을 녹여 주물 틀(플라스크 내 매몰재)에 은을 녹여 부어준다. 이제 트리구조(Treeing method)
의 탕도를 따라 은이 침투하여 브로치 주물이 만들어진다. 응고가 완료되고 플라스크 열이 적정선으
로 내려가면 플라스크를 꺼내어 브로치 원본 주물을 세척해준다. 주조 작업이 마무리되었다.

♨ 은을 녹여 탕도에 부어 넣는 모습

♨ 플라스크 석고 주형 안으로 매몰이 완료된 상태

♨ 플라스크를 꺼내어 상온에서 일정 시간 식힘

♨ 플라스크를 식힌 후 석고를 분리시키는 모습

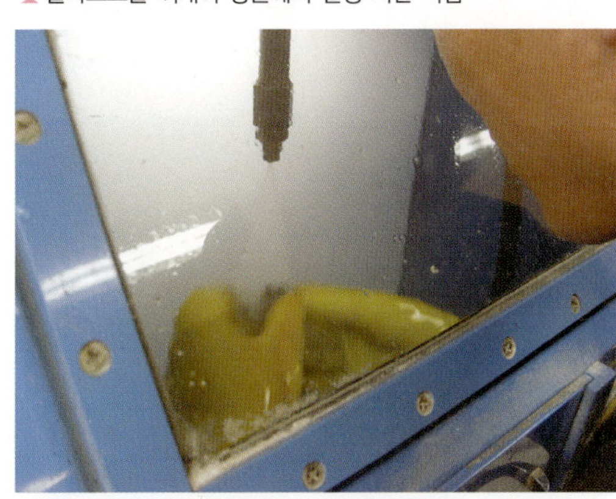

♨ 주조에 붙은 석고 분말을 제거하는 모습

8) 주조(Casting) 후 주물의 마무리 가공

불필요한 물줄기(탕구)들을 잘라주고 제작을 위한 원본만을 얻는다. 물줄기의 절단(Sprue Cutting)은 실톱이나 펜치로 절단하고 수량이 많은 경우 고속 절단기를 사용한다.

9) 표면 손보기 〉 광택내기(Polishing), 스트리핑(Stripping), 세척

주물 표면을 살펴보면 거친 부분이 많이 보이게 되는데 이러한 부분은 반드시 표면 연마 및 광택내기 등의 과정을 거치게 된다. 특히 화학약품인 청산가리(KCN)나 시안화나트륨(NaCN)으로 금속 표면을 순간적으로 강하게 세척하고 과산화수소로 표면에 산화피막을 형성시켜 브로치에 광택이 나게 한다.

♣ 산세척 후 초음파 세척모습

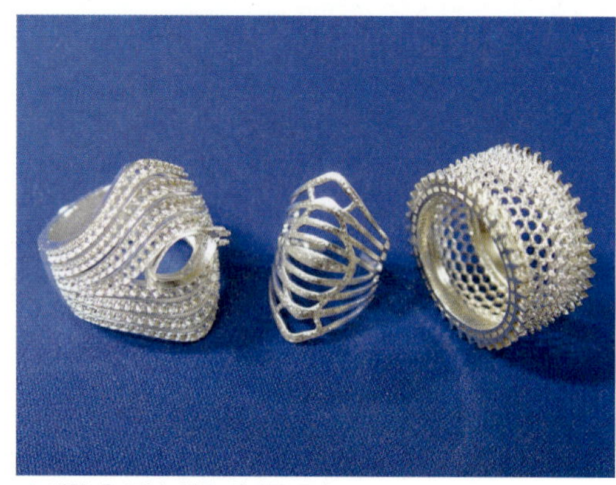

♣ 세척 후 주물 최종 결과물 모습

10) 보석 세공 (Gems Setting)과 최종 실물 반지의 완성

♣ 표면 광택 처리 및 도금 후 보석 세팅 최종 결과물

06 미국 3D Systems 사의 V-Flash(DLP + FTI 혼합형) 방식

3D Systems 사는 2007년 1월 V-Flash라는 이름으로 소형 데스크탑 3D프린터를 발표하였다. 기술적인 이슈로 BETA 테스트를 거치다가 2008년 4월 첫번째 상업용 버전을 출시했다. 생산된 시스템은 Canon USA 디비젼인 Canon Virginia를 필두로 리셀러들에 의하여 판매가 이루어졌다.

V-Flash 데스크탑 시스템은 3D Systems 사에서 독자적으로 개발한 FTI(Film Transfer Imaging) 기술로 불리며 등장하였다. 이 방식은 독일 Envisiontec 사의 Perfactory와 매우 유사한 DLP(Digital Light Processing) 방식이지만 광경화성수지(Photopolymer)가 필름에 묻어 운반되기에 또 다른 시스템으로 볼 수 있다. 다만 FTI 방식도 제작 파트가 조형판에 거꾸로 매달려 조형되는 것은 독일 Perfactory와 동일하다. 사용되는 DLP 칩은 1024×768의 해상도를 가진다. 최소 제작 벽두께는 0.64mm이다.

최대 조형 크기는 230(x축)×170(y축)×200(z축)mm이며 데스크탑에 맞게 장비의 크기는 660×690×790mm로 매우 컴팩트한 편이다. 물론 장비 무게는 메커니즘 구조상 약 66kg의 무게를 가진다. 픽셀 사이즈는 0.22mm이며 레이어 두께는 0.1mm로 우수한 편이다. 파트(Part)와 지지대(Support)의 재료는 동일하며 재료는 카트리지에 밀봉된 상태로 공급된다. 재료는 1.8kg으로 1회용이며, 재료명은 FTI-GN Material이며 제작 결과물은 연한 상아색을 띤다.

1. DLP + FTI 방식 장비 외관

DLP+FTI (Film Transfer Imaging)

V-Flash Desktop 3D Printer

V-Flash Desktop 3D Printer 〉 색상은 블랙과 아이보리

2. 모델 조형 공정

V-Falsh의 모델 조형 공정을 쉽게 이해할 수 있도록 제작 과정을 설명한다.

단계 1 장비를 열어 상단부에 조형판을 설치한다. 조형판은 쉽게 탈부착이 가능하다.

단계 2 카트리지(Cartridge)형식의 재료함을 우측 하단부에 끼워 준다. 재료는 약 1.8kg이며 1회용이다. 다음 조형작업을 시작한다. 조형작업을 시작하면 좌측 하단부의 재료함에서 필름이 평면상으로 좌측으로 이동한다. 이때 필름에는 액상의 광경화성 재료가 묻어있다.

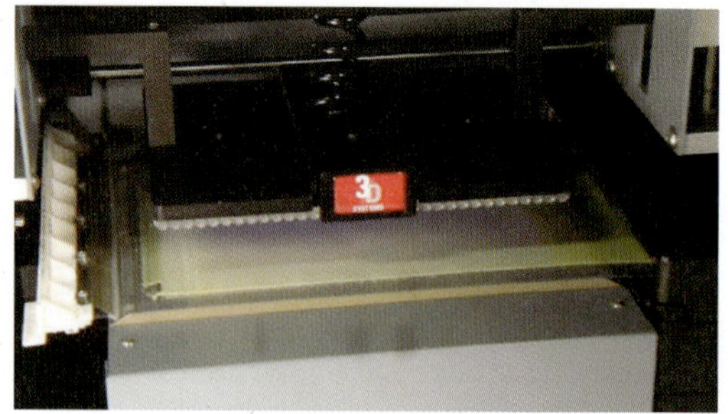

단계 3 상단부의 조형판이 종전의 필름이 있는 하단부까지 내려온다. 조형판과 하단부가 살며시 밀착되면 필름판 하단부에서 DLP 프로젝션 광이 투사된다. 이 광원은 자외선으로 볼 수 있다. 투사된 마스크 이미지데이터는 조형판에 순간적인 형상 경화를 시켜준다. 이렇게 한층 한층 반복적인 작업이 모델이 완성될 때까지 계속된다.

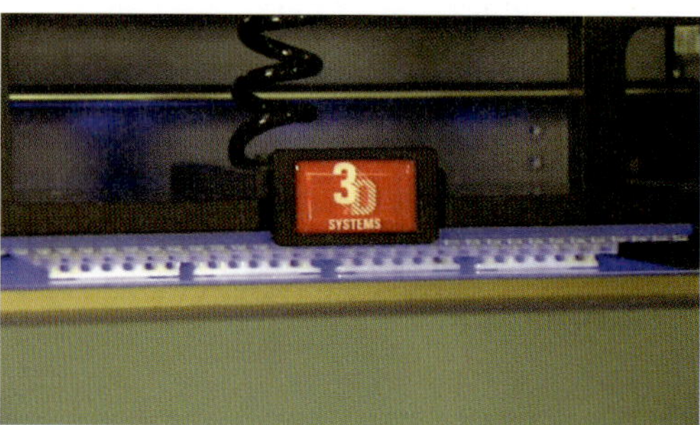

 이러한 일련의 과정이 반복된다. 아래 그림은 조형판에 형상이 조형된 상태이다. 또한 하단부 필름이 좌측과 우측을 번갈아 오가며 재료를 계속 조형판에 묻혀준다.

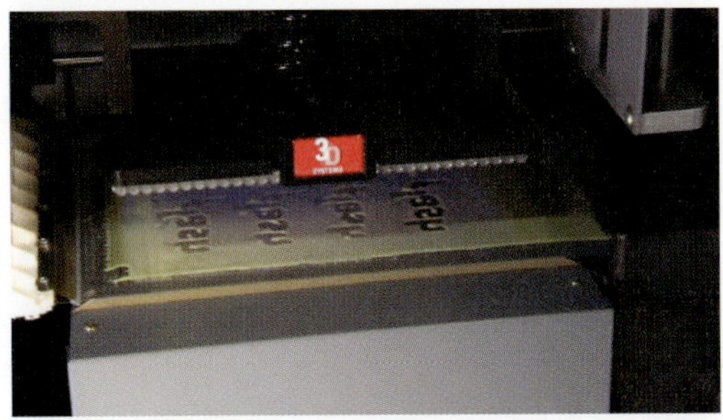

▲ 필름에 모델이 투과되어 재료가 사라진 모습

▲ 재료를 필름에 재코팅하기 위해 재료함으로 이동하는 모습

▲ 필름이 우측 재료함에 들어간 모습

 조형작업이 모두 완료되면 조형판은 자동으로 상단부로 이동한다. 조형판에 거꾸로 붙어 있는 파트를 볼 수 있다.

▲ 조형 완료 모습

▲ 조형판 분리하기

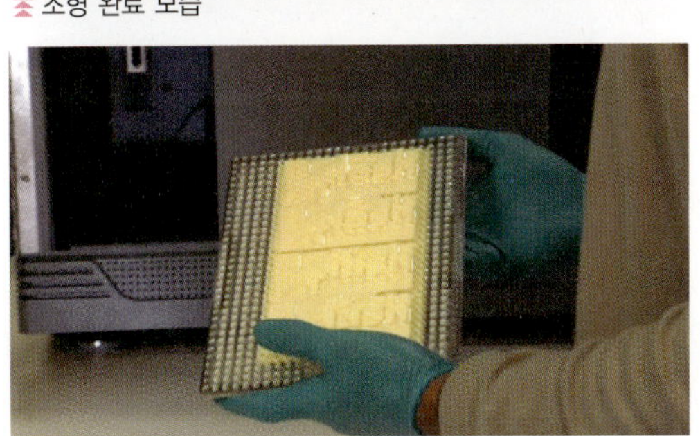

▲ 조형판을 떼어낸 모습

▲ 결과물 모습 〉 지지대를 제거하면 마무리 됨

3. V-Flash를 활용한 용기 디자인 샘플 제작 사례

V-Flash는 조형공정이 단순하여 초보자들도 쉽게 이해하고 조작이 가능하다. 아래 예는 2010년 호서대학교 중소기업 컨소시업사업 중 "RP 디자인 기술 및 시제품 생산 교육"의 일환으로 진행된 용기 디자인 제작 사례이다. 모델링은 Rhino3D로 제작되었으며, 병의 두께처리와 뚜껑이 개폐가 가능하도록 나사산의 설계가 이루어진 모델이다. 실전 예를 통해 보다 정확하게 장비의 사용법과 활용법에 대해 이해할 수 있다.

단계 1 3D CAD 모델링과 데이터 결함 체크 후에 그림과 같이 모든 RP 제작 데이터는 두께가 있는 솔리드 파트여야 한다. 또한 뚜껑과 같이 돌려 빼는 구조가 있는 경우 부드럽게 돌려 뺄 수 있도록 0.1~0.2mm 정도의 Gap을 주어야 한다. 공차라고도 한다.

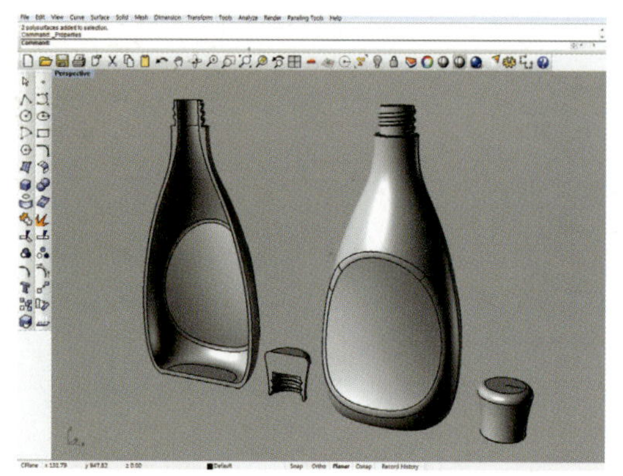

Modeling 〉 Rhino3D

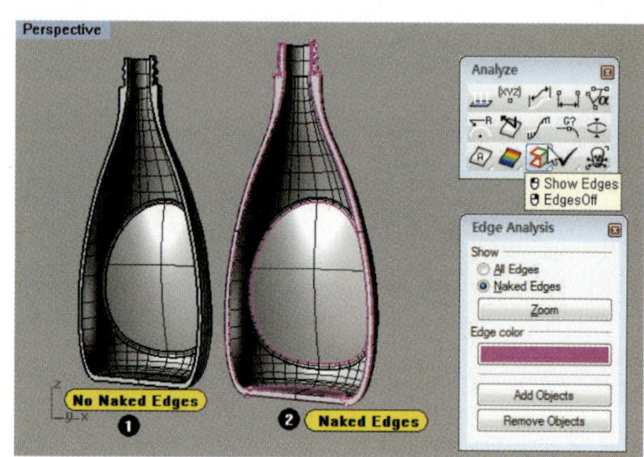

오류나 결함 검사와 수정

단계 2 장비를 열고 조형판과 재료 카트리지를 장착한다. 재료명은 FTI GN Material이다.

V-Flash의 도어를 연 상태의 모습

우측 하단에 장착하는 재료 카트리지

 .stl 저장된 용기 파트를 불러온 V-Flash Desktop Modeler로 제작 전 작업대에 작업물을 배치한다.

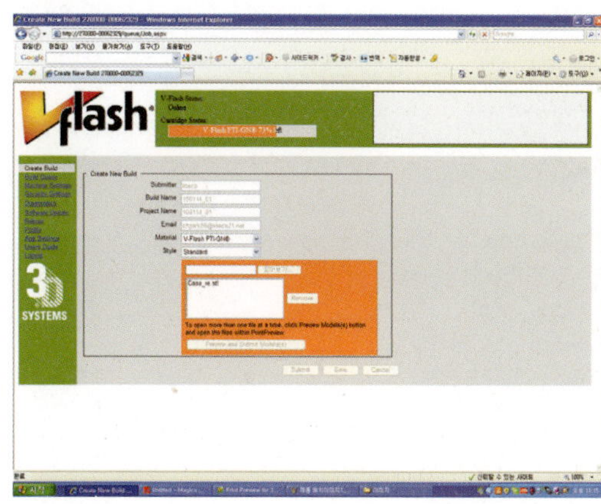

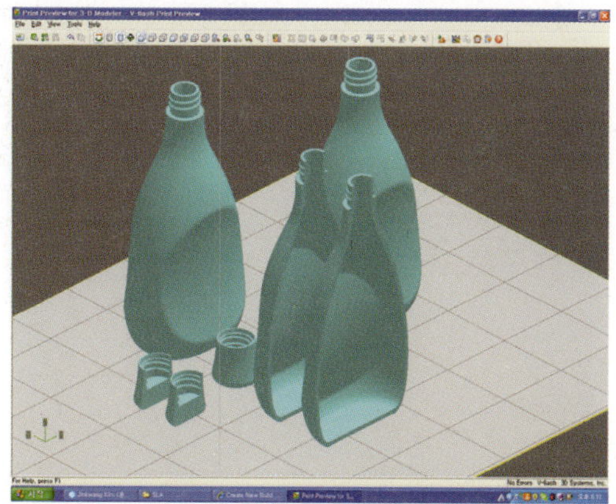

 작업물의 총 제작 소용시간을 우선 체크해 준다. 작업 시간 확인은 필요하다. 하단 우측 그림은 지지대(Support)를 생성하는 모습이다.

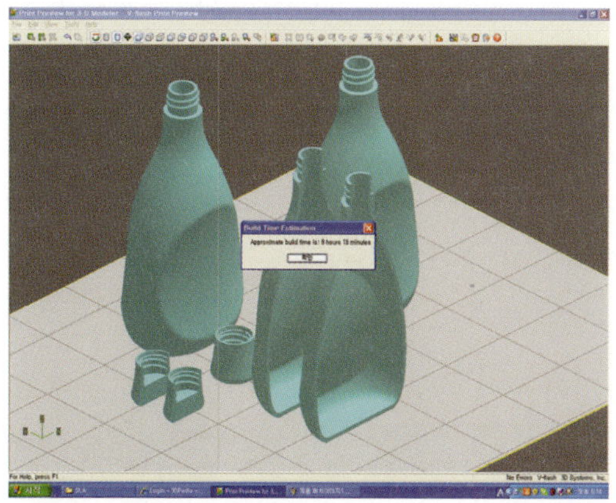

▲ 작업 시간 확인

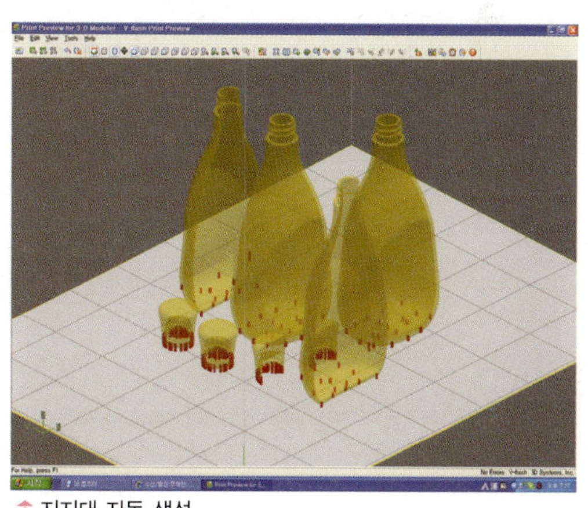

▲ 지지대 자동 생성

 작업 파일 생성을 마무리한다.

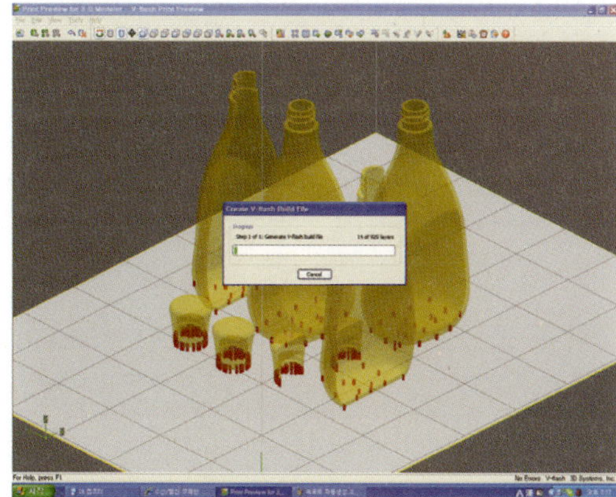

▲ 작업 파일 생성 과정

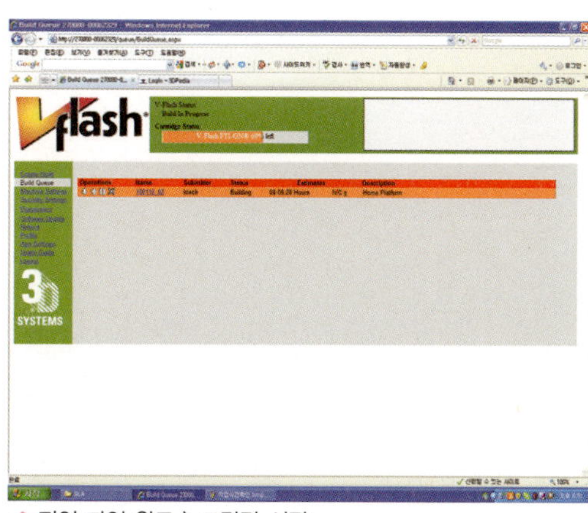

▲ 작업 파일 완료 〉 프린팅 시작

<table><tr><td>

단계 6 작업이 시작되면 커버를 열어두는 것은 좋지 않다. 작업 중 이물질이 들어가거나 기계의 안정적인 작업성에 영향을 줄 수 있다. 아래 그림은 작업 초기 모습으로 초기엔 제작된 파트의 두께가 얇아 형체를 구체적으로 알아보기 어렵다. 하지만 우측 하단의 그림처럼 작업이 어느 정도 진행되어 도어를 열어보면 그림과 같이 실제적인 파트의 모습이 보인다. 거꾸로 매달린 상태로 작업이 이루어진다.

▲ 작업 전 상단부 조형판과 하단부의 필름모습

▲ 작업 중간 모습

단계 7 제작이 모두 완료되면 제작 상태를 모니터를 통해 쉽게 알 수 있다.

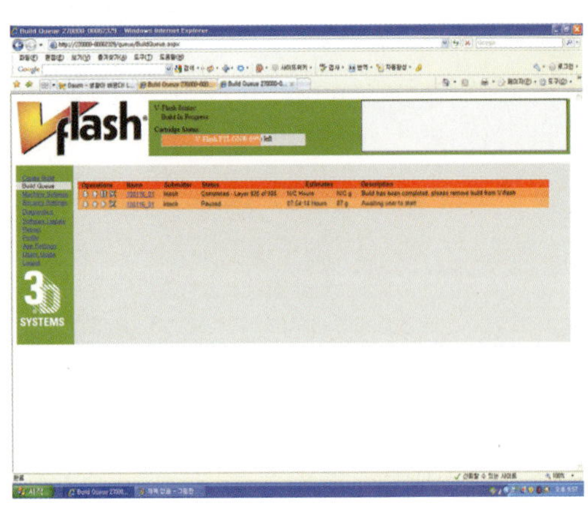

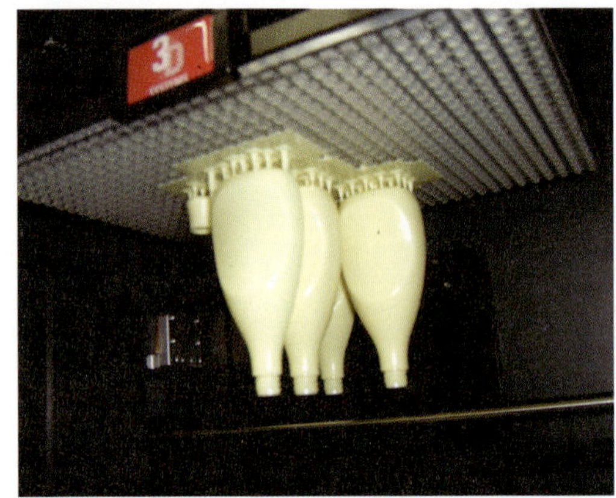

신속조형기술 RP활용가이드

 제작이 모두 완료되면 조형판에서 파트를 분리하여 세척을 해 주어야 한다. 세척은 잔류 재료를 깨끗이 씻어내는 작업이다. V-Flash 전용 세척기를 사용한다. 우측 그림은 세척이 진행되고 있는 모습이다.

⬢ 세척기 모습

⬢ 세척 모습

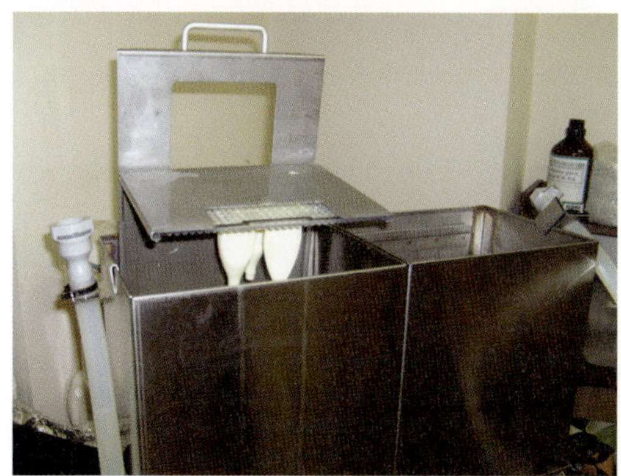
⬢ 세척 후의 모습

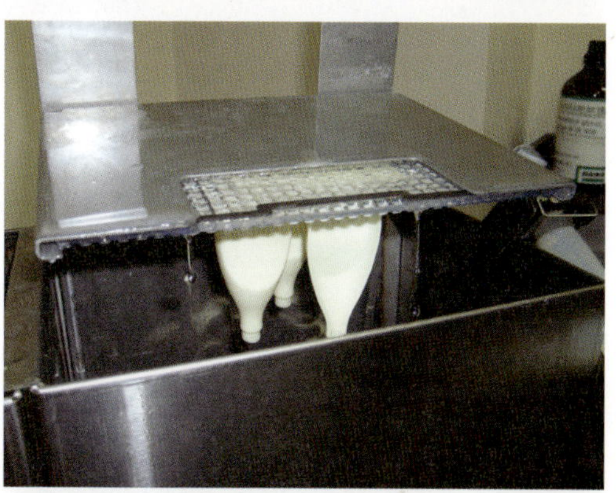
⬢ 잔류 세척액을 중력 방향으로 떨어뜨려 줌

⬢ 세척이 완료된 모습

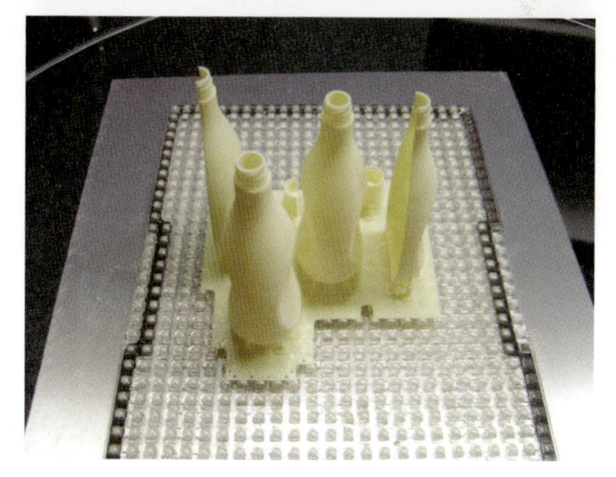

 세척이 완료되면 조형판에서 그림과 같이 니퍼나 펜치를 이용하여 파트를 떼어낸다.

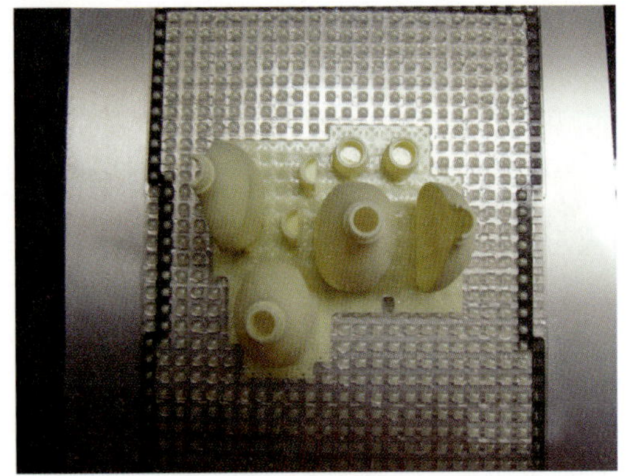

♠ 조형판에 지지대가 붙어 있는 모습

♠ 지지대를 제거하는 모습

단계 10 떼어낸 파트는 자외선 건조기에 넣어 후경화를 시켜준다. 후경화는 파트의 내구성을 증가시켜주며 표면 가공 시 끈적이지 않아 편리하다. 건조기 내부는 자외선 형광등이 반사판과 함께 설치되어 있다.

♠ V-Flash 전용 자외선 건조기 〉 온도설정 타이머

♠ 건조기 내부에 파트를 올려 둔 모습

단계 11 용기 파트 제작이 모두 완료되었다. 뚜껑도 끼워보면 문제 없이 잘 돌아가며 표면 조도 또한 양호한 편이다. 재료의 내구성 또한 강한 인상을 준다.

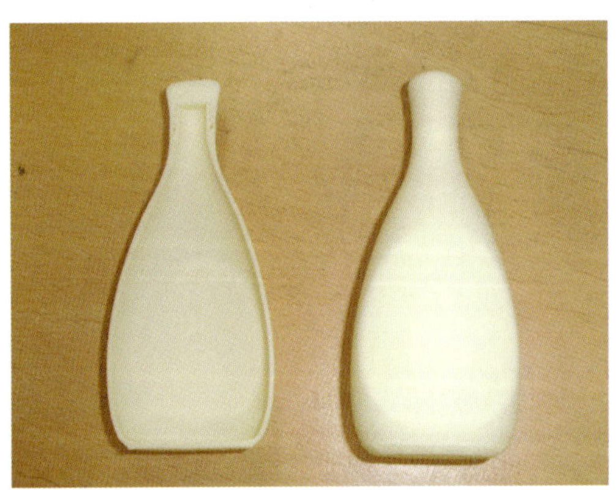

♨ 최종 제작 결과물 〉 크기 : 높이 180mm, 폭 90mm

4. 활용 사례 갤러리

V-Flash Desktop Modeler의 가장 큰 장점 중의 하나는 누구나 손쉽게 조작이 가능하다는 것이다. 또한 데스크탑 환경에서 단 몇 시간 내에 견고하고 내구성 있는 3D 모형을 제작할 수 있다. 제작된 파트의 표면은 부드럽고 정교한 편이다. 여기에 도정, 접착, 드릴링, 또는 표면 증착 작업도 가능하다. V-Flash는 외형적인 크기는 작지만 비교적 큰 파트의 제작도 가능하여 활용성이 좋은 편이다. 아래 이미지들은 활용 사례를 보여주고 있다.

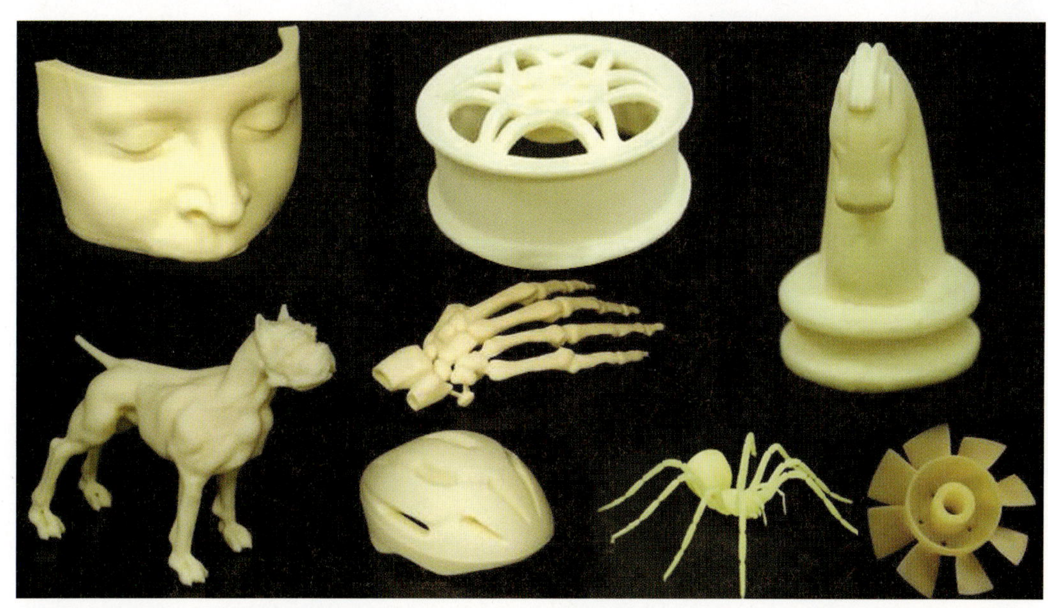

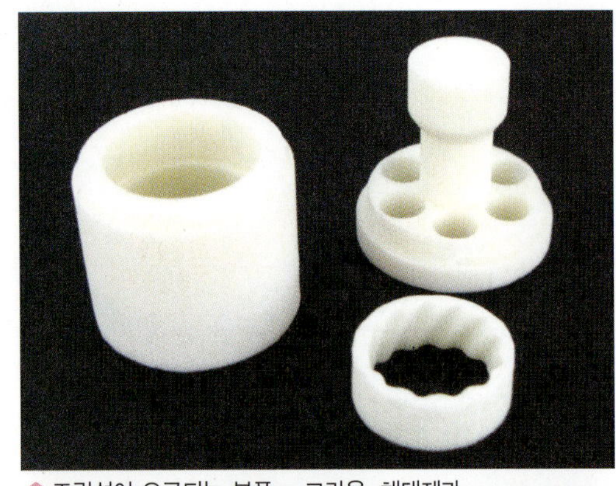

▲ 조립성이 요구되는 부품 – 크라운. 해태제과

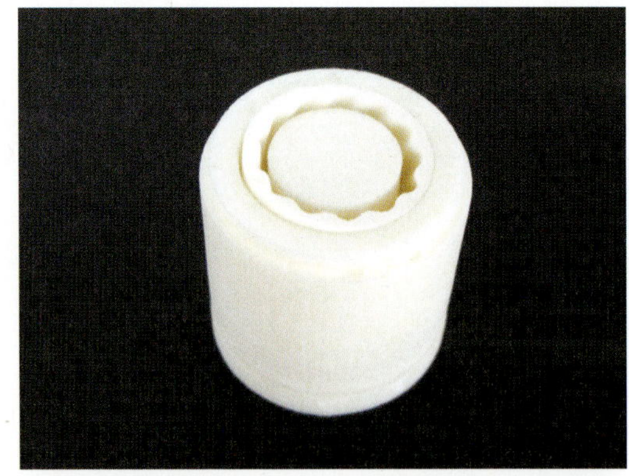

▲ 크기 : 높이 25mm 지름 18mm 부품 조합

▲ 캐릭터형 이쑤시시개통 모델 제작 샘플

▲ 크기 : 높이 91mm 폭 59mm

▲ 후면에 문자 각인과 뚜껑 개폐 모습

V-Flash Desktop Modeler의 스마트 카트리지는 재료의 사용의 효율성을 향상시키고 오랫동안 변함없이 재료의 상태를 유지시켜 준다. 근무 외 시간에도 무인으로 생산할 수 있도록 제작되었다. 또한 제작 중 언제라도 파트의 손상 없이 재료를 추가할 수 있다. 부가적인 액세서리는 필요 없다. 향후 고등학교, 대학과 같은 학교나 연구실, 디자인 전문회사, 소규모 건축 사무소에서 사용하기에 유용한 장비 중의 하나이다.

07 이탈리아 DWS(Digital Wax Systems) – SLA 방식

2008년부터 현재까지 DWS(Digital Wax Systems) 사는 초기 Next Factory라는 회사로 알려진 이탈리아 Zané에 위치한 장비 제조회사로 주얼리 및 덴탈 산업에 적합한 DigitalWax 028과 029 모델을 주력 모델로 생산하고 있다. 이들 장비는 UV(Ultra Violet) 이용한 SLA(sterolith-ography) 공정을 가진 장비들로 2009년에 발표되었다. 이들 제품군은 Low End와 Mid Range 마켓을 염두에 두고있다.

DWS 사 장비의 가장 큰 특징이라면 지금까지 광경화성 액상수지(Photopolymer)에서 볼 수 없었던 왁스와 유사할 정도로 완전연소가 가능한 정밀주조용 파트 원본을 제작할 수 있다는 것이다. 이는 지속적인 연구를 통해 안정적이고 빠른 스캔 스피드를 갖는 UV 다이오드 레이저 컴포넌트의 직접개발과 이에 최적화된 광경화성수지재료의 성공적인 개발에 있다. 현재 DWS 사의 장비들은 주얼리산업, 패션액세서리, 안경산업, 장난감, 치과, 생활과학, 보청기 분야, 소비자 전기제품 개발 분야에 폭 넓게 활용할 수 있다.

1. SLA 장비 외관

DWS(Digital Wax Systems) 사 장비는 Entry급으로 Digital Wax008이 있으나 주력장비는 DigitalWax 028, DigitalWax 029 모델이다. DigitalWax 028은 레이저 소스로 Solid State BluEdge BE-1500을 사용한다. 작업영역은 65×65×90mm이다. 레이어 두께의 경우 0.01~0.10mm로 표면 조도 또한 우수하다. DigitalWax 029는 레이저 소스로 Solid State-BluEdge BE-1700을 사용한다. 특히 작업영역이 110×110×70 mm 로 큰 편이며, 레이저 스캐닝 속도가 2600mm/sec로 빨라 DigitalWax 028 모델에 비해 많은 수량의 파트의 제작이 가능하다.

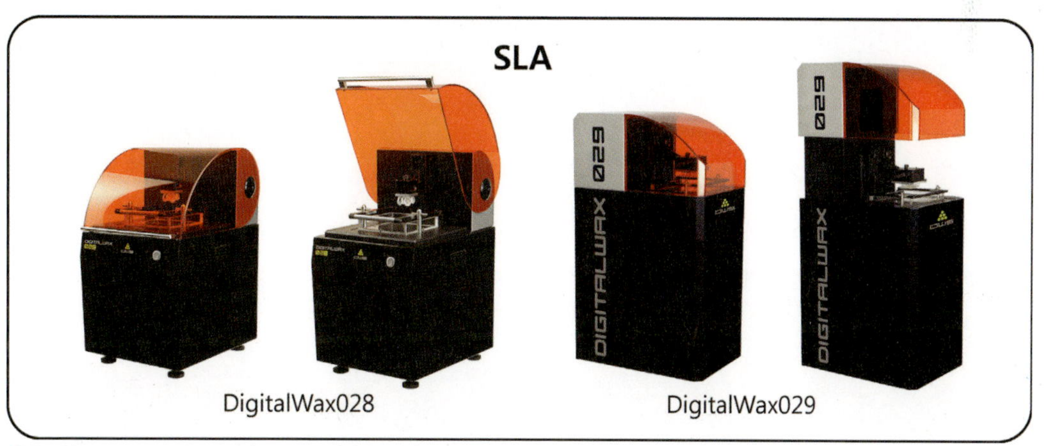

♣ DWS(Digital Wax Systems) – SLA 장비군

2. 모델 조형 공정

DWS 사의 Digital Wax 장비들은 모두 광경화성수지를 UV경화하여 제품을 제작하는 SLA 방식
이다. 다만 Digital Wax 장비들의 특징이라면 제작 파트가 조형판에 거꾸로 매달린 채로 제작된
다는 것이다. 스캐닝 방법으로 신뢰도가 높은 갈바노미터 Galvanometer 타입을 사용하여 제작
속도가 빠른 편이다. 원리는 간단하다. 우선 3차원 CAD 모델 데이터가 STL 데이터로 변환, 슬라
이싱 데이터로 장비에 전송되면 투명 사각 용기에 담긴 광경화성 수지를 하단부의 UV 레이저가
통과하면서 경화되어 한층 한층 조형하게 된다. 조형작업은 레이저 조사 후 조형판이 잠시 올라갔
다 다시 내려오며 액상수지가 앞선 경화층에 담가지면 다시 레이저가 반복적으로 조사되어 모델
이 완성될 때까지 반복된다.

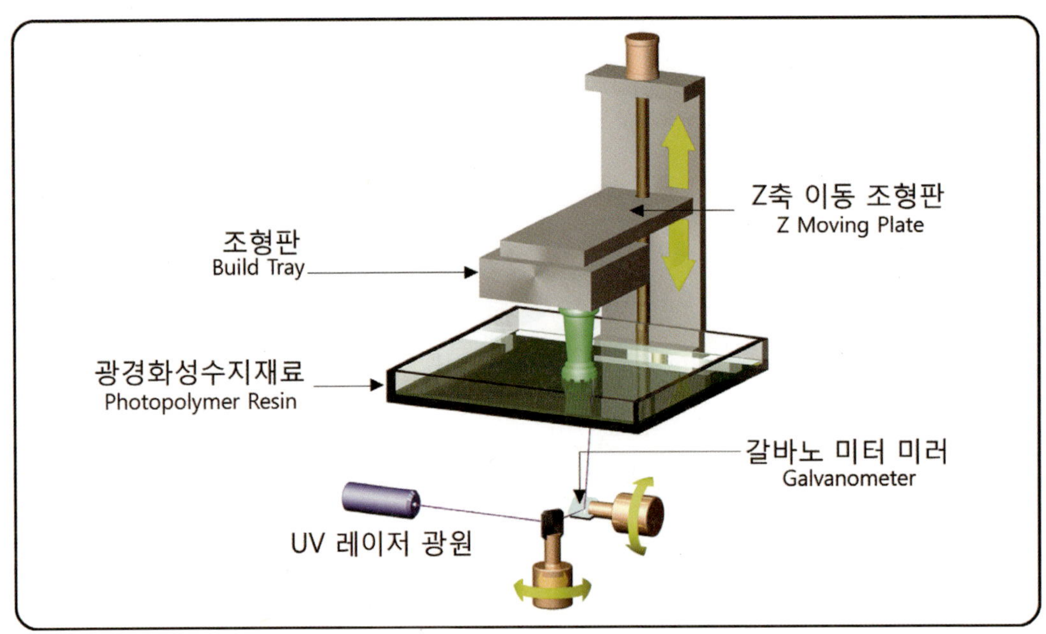

⬆ Digital Wax 장비 작동 원리도/ 스캐닝 방법 〉 Galvanometer Type

제작 공정의 이해를 돕기 위하여 아래 그림은 DigitalWax 028 모델의 작업 모습들을 보여 주고
있다. 사용된 재료는 DC 400 / DC 500이다.

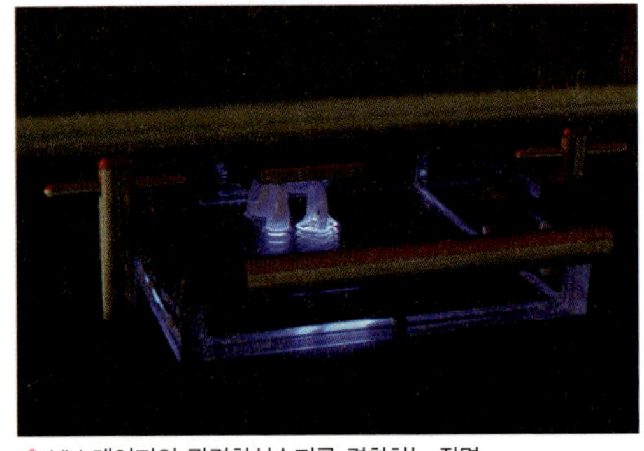

⬆ UV 레이저의 광경화성수지를 경화하는 장면

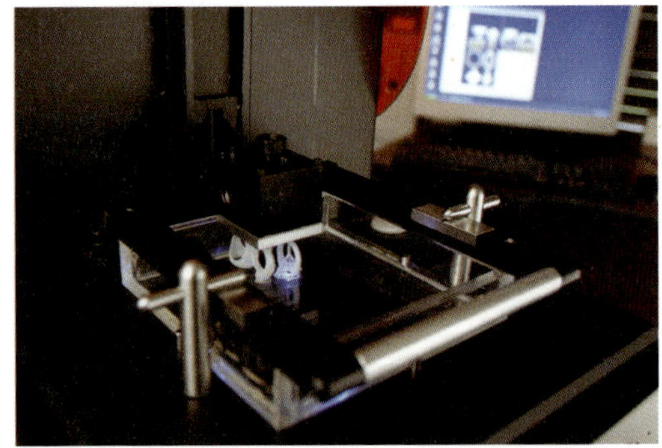

⬆ 조형판에 거꾸로 붙어 작업되는 모습

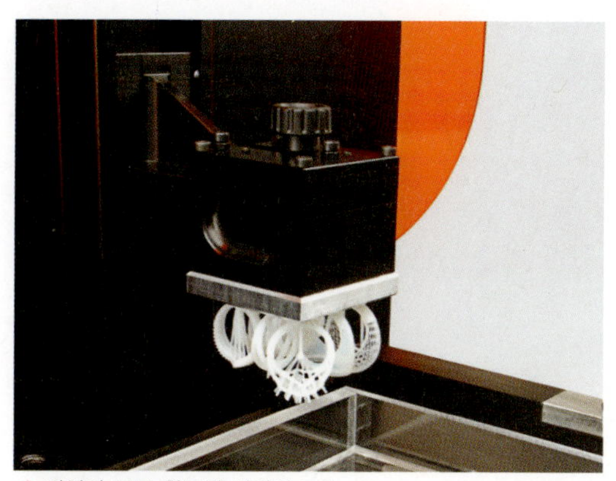

⬆ 작업이 모두 완료된 상태의 모습

⬆ 조형판을 분리해 낸 모습

⬆ 사용 재료를 달리하여 DigitalWax 028에서 작업한 주얼리 원본

다음은 제작 공정의 이해를 돕기 위하여 아래 그림은 DigitalWax 029 모델의 작업 모습들을 보여 주고 있다.

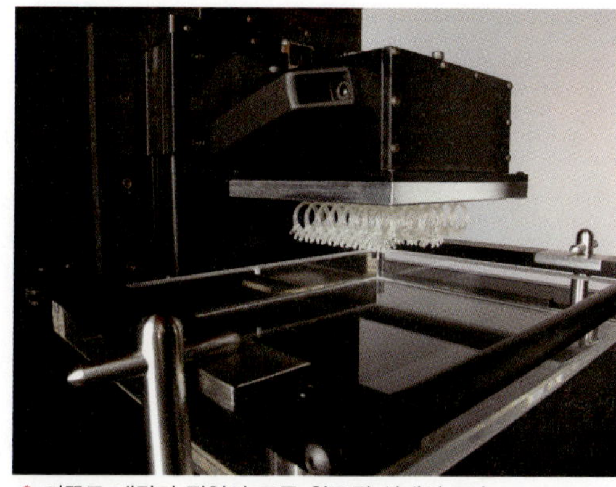

⬆ 거꾸로 매달려 작업이 모두 완료된 상태의 모습

⬆ 제작시간 : 5시간 45분 소요

3. 조형 재료(Materials)

DWS 사 SLA 조형 재료 (Digital Wax Systems > SLA Materials)	
DC100	
Direct casting >High accuracy, low shrinkage	
DC110	
Direct casting > High accuracy, low viscosity	
DC400	
Direct casting > Wax-like, high growth factor	
DC500	
Direct casting > Wax-like, easy burnout	
DC550	
Direct casting > Wax-like, smooth surface	
DC206	
RTV moulding용 > Polymer-like, general purpose	
DC210	
HTV moulding용 > Nano-filled ceramic, smooth surface	
DC075	**DC095**
Dental	Dental

4. DWS(Digital Wax Systems) 사의 UV 경화기 사양

제조사 / 이탈리아	UV Curing Unit "S"	UV Curing Unit "M"
www.dwssystems.com		
Ventilation	Forced ventilation inside	Forced ventilation inside
User controls	On/ Off button Timer Safety device on door opening	On/ Off button Timer Safety device on door opening
타이머세팅 Timer setting	0~30 분	0~30 분
경화영역 Curing area dimensions	160x160x160mm	225x250x225mm
파워 Power consumption	80W	120W
장비크기(mm)	265x300x330mm	370x330x480mm
장비무게(kg)	11.8kg	20.5kg
공급전원(Power)	220V / 50~60 Hz	220V / 50~60 Hz

5. DWS(Digital Wax Systems) 사의 장비별 사양

제조사 / 이탈리아	DigitalWax 008	DigitalWax 028	DigitalWax 029
www.dwssystems.com			
적용 기술	SLA (Stereolithograpy)	SLA	SLA
레이저 소스 Laser source	Solid State BluEdge BE-1000	Solid State BluEdge BE-1500	Solid State BluEdge BE-1700
제작 한계(mm)	65x65x90mm	65x65x90mm	110x110x70mm
레이어 적층 두께 (μm)	0.01~0.10mm	0.01~0.10mm	0.01~0.10mm
레이저 스캐닝 스피드	0-40mm/sec	0-2200mm/sec	2600mm/sec

Laser scanning speed				
스캐닝 방법 Scanning method		Plotter X-Y	Galvanometer	Galvanometer
소프트웨어		Digital Wax 008 Controller	Digital Wax 028 Controller	Digital Wax 029 Controller
운용 온도		22도~25도	22도~25도	22도~25도
재료/광경화성수지	**DC100**	Direct casting >High accuracy, low shrinkage		
	DC110	Direct casting > High accuracy, low viscosity		
	DC400	Direct casting > Wax-like, high growth factor		
	DC500	Direct casting > Wax-like, easy burnout		
	DC550	Direct casting > Wax-like, smooth surface		
	DM206	RTV moulding용 > Polymer-like, general purpose		
	DM210	HTV moulding용 > Nano-filled ceramic, smooth surface		
지지대/제거		모델재료와 지지대 재료가 동일		
장비크기(mm)		380x495x560mm	380x495x670mm	545x800x1350
장비무게(kg)		45kg	50kg	220kg
공급전원(Power)		AC 230/115V/50-60Hz		

참조 사용재료 : DC Series : Direct Casting용 재료, DM Series : Rubber Mould 전용 재료

6. DWS 사 SLA 방식 활용 사례

다음은 와이어 캐스팅(Wire Casting) 테스트를 위하여 작업되는 과정을 보여준다.

단계 1 라이노3D를 이용한 3D 모델링 데이터 생성

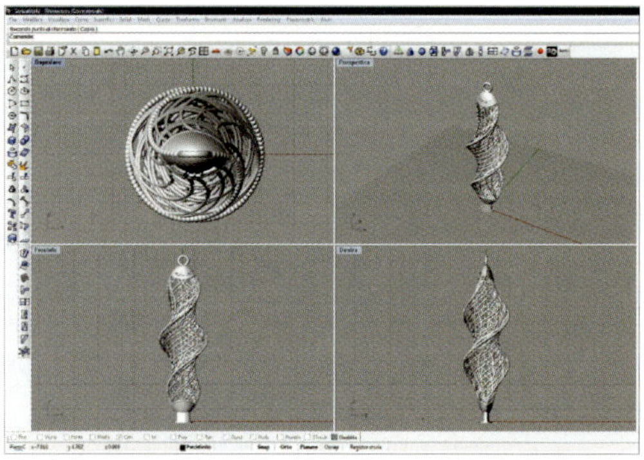

라이노3D 모델링 화면

참조 모델링 소프트웨어로 JCad3나 JewelCAD, Type3 3D Design도 모두 RP 파일 생성이 가능

단계 2 RP 장비를 이용한 출력

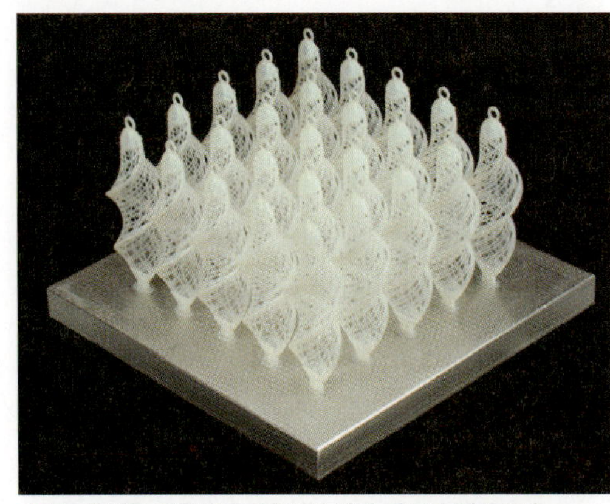

▲ RP 장비를 이용하여 연속적인 반복 파트의 제작 모습

단계 3 주조 Casting 준비과정은 왁스(WAX) 트리에 원하는 개수만큼의 와이어 RP 파트를 붙여 준다.

▲ 왁스 트리에 RP 원본을 붙인 모습 〉 탕구/물줄기 제작은 필수적인 공정

단계 4 주조 Casting 단계는 제작된 트리를 석고에 넣고 탈포하여 고열의 용해로에서 내용물을 녹인 후 그림과 같이 은제품을 얻게 된다.

▲ 주조된 트리모습 – 탕구/물줄기 및 와이어 구조의 제작 상태가 좋음

▲ 완성된 와이어 구조 펜던트(Pendant) RP 원본과 주물 결과 비교

Rapid **Prototyping**

가루 상태의 재료를 이용한 신속조형시스템 소개

가루 상태의 재료를 이용한 신속조형시스템 소개

소결의 대표적인 방식인 SLS(Selective Laser Sintering) 방식은 대부분 Rapid Tooling이나 Rapid Manufacturing을 위해 사용되기에 액체 상태의 재료를 조형하는 SLA와 강도나 재료 종류 면에서 차이가 있다. 또한 3DP 방식은 SLS에 비해 강도가 약하지만 컨셉모델 제작이나 주물 제작을 위한 패턴으로 사용가능하다. 제시되는 장비들이 국내외에 가장 활발히 사용되고 있는 장비들이다. 01. 독일 EOS 사의 레이저소결시스템 SLS, 02. 미국 3D Systems 사의 SLS, 03. 미국 Z Cor- poration 사의 3DP, 04. 독일 VoxelJet 사의 3DP 순으로 소개한다.

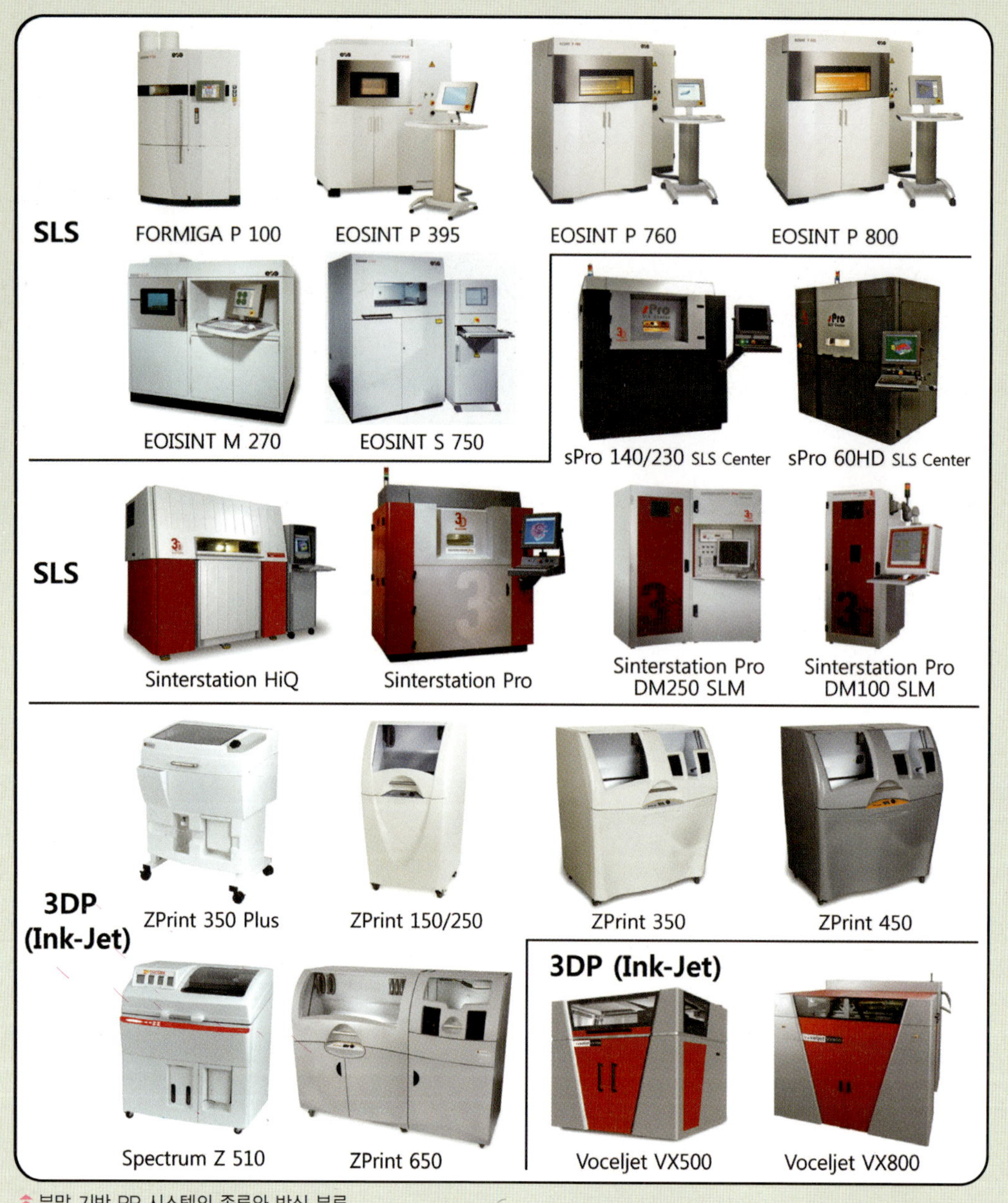

분말 기반 RP 시스템의 종류와 방식 분류

Section-01

독일 EOS 사의 SLS

이오에스(EOS : Electro Optical Systems GmbH) 사는 1989년 Dr Hans J. Langer 박사에 의해 독일의 뮌헨(Munich) 근처 Graefelfing에 설립되었다. EOS 사의 사업 핵심은 신속조형(Rapid Prototyping)과 신속 툴링(Rapid Tooling)을 통한 e-제조업 기술의 실현에 있다고 볼 수 있다. 특히 신속조형시스템 기술 중 레이저소결(Laser Sintering) 시스템을 생산하는 세계적인 회사이다. EOS 사는 유럽의 신속조형시스템 제조업자론 처음으로 1991년 STEREOS 400 laser-stereolithography 시스템을 제조하여 BMW에 상업적 판매를 하게 된다.

이후 1992년에는 세계에서 가장 큰 Build Size(600mm×600mm)를 구현하는 STEROS 600을, 1995년에는 세계 최초로 Direct Metal Laser-Sintering(DMLS) 시스템인 EOS M 250을, 같은 해 세계 최초의 직접 생산(Direct Manufacture) 주물(Foundry sand) 제작을 위한 Casting Mold와 Core를 바로 제작할 수 있는 EOSINT S700을 선보였다. EOS 사는 현재 지속적인 기술 향상과 장비 라인업으로 EOS 프랑스, EOS 이탈리아, EOS 핀란드, EOS 영국, EOS 미국, 남아메리카 등에 이르는 지사를 설치 전 세계 글로벌 마켓을 펼치고 있다. 한국의 경우 파트가 큰 자동차 분야와 제품 디자인 기능성 파트 제작 등에 주로 사용되고 있다.

01 SLS 방식 장비외관

EOS의 레이저소결(Laser Sintering) 시스템은 재료와 조형공정에 따라 다양한 시스템들을 선보이고 있는데 플라스틱, 금속, 모래 등의 사용 재료에 따라 EOSINT P(Plastic), EOSINT M(Metal), EOSINT S(Sand) 등으로 구분된다. 물론 사용 재료의 형태는 P(플라스틱 파우더), M(금속 파우더), S(모래 파우더)의 형태로 보면 된다. 아래 EOSINT-P800 장비는 플라스틱 파우더, EOSINT-M270은 금속 파우더, EOSINT-S750은 모래성분의 재료를 사용하는 주물사(Foundry) 제작장비이다.

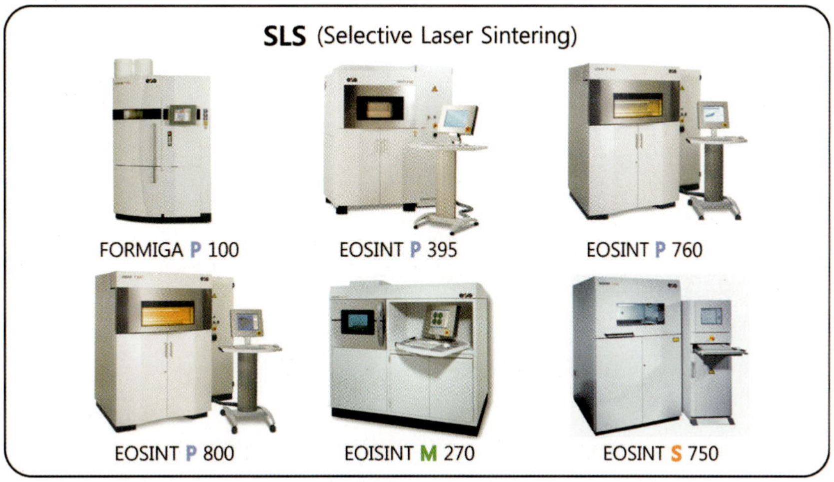

EOS 사의 SLS(Selective Laser Sintering) 장비군

레이저 소결(Laser Sintering)의 개념

EOS 사의 레이저소결 SLS(Selective Laser Sintering) RP 시스템은 분말 재료에 레이저를 선택적으로 주사하여 서로 용융점이 다른 분말을 바인더(Binder) 없이 용융착시키는 소결(燒結)이라는 원리를 사용한다. 제시된 그림은 금속분말 소결에 관한 과정을 보여주고 있다.

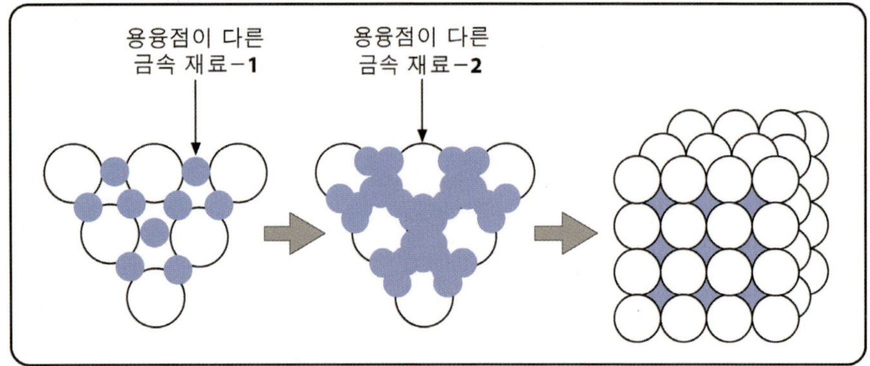

SLS(Selective Laser Sintering) 소결 과정

어떤 분말을 사용하였는가에 따라 플라스틱(P), 금속(M), 모래(S)와 같은 성질의 물성을 가지게 된다. 원리상 Z-Corp. 사나 Contex 사의 3D Printer와 같이 분말을 사용한다는 점에서는 같지만 재료 결합을 위해 액상의 바인더(Binder)를 사용하는 3D Printer의 점착(粘着) 방식과 달리 레이저를 사용하여 재료를 용융착한다는 점이 큰 차이를 보인다.

모델 조형 공정

아래 그림은 플라스틱 분말을 사용한 SLS 모델 조형 공정을 시각화한 것으로 사용 재료만 다를 뿐 조형 공정은 모두 동일하다.

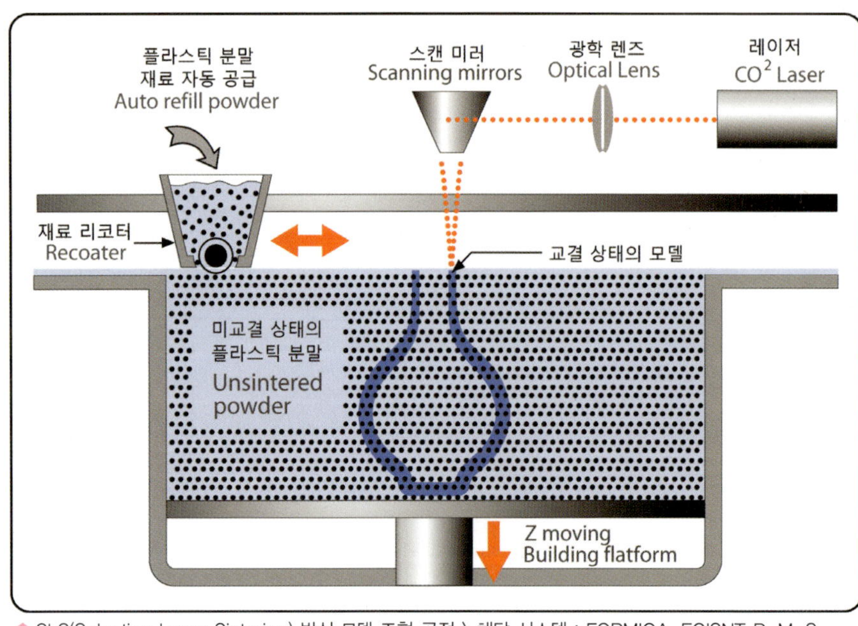

SLS(Selective Laser Sintering) 방식 모델 조형 공정 〉 해당 시스템 : FORMIGA, EOISNT P, M, S

SLS 시스템의 모델 조형 공정은 매우 간단하게 설명된다. 우선 자동 제어되는 리코터(Recoater)가 작업대에 재료공급과 동시에 평탄화 작업을 수행한다. 그 위에 레이저가 주사되어 한층의 레이어가 완성되면 Z축으로 작업대가 0.1~0.15mm까지 내려간다. 다음 Recoater가 재료공급과 함께 평탄화(정지작업)를 마무리하면 다시 레이저가 조사하며 이러한 일련의 과정이 모델이 완성 될 때까지 계속된다. 레이저 소결 시 조형실의 내부는 온도가 높으며 소결과정상 화재 위험방지를 위해 질소(Nitrogen)가스로 채워져 있다. 소결시 발생하는 연소 연기들은 필터를 거쳐 외부로 안전하게 빠져 나가게 된다. 또한 작업 과정 중 미소결 분말 재료(Unsintered Powder)들은 재활용된다. SLS 방식들의 미소결 재료들은 모델 조형 시 지지대 역할을 해주기에 별도의 지지대가 필요 없는 공정이다. 여기에 재료의 재활용은 매우 경제적 효과를 가져다준다. 단, 재활용 시 사용된 재료의 종류에 따라 사용할 수 있는 구재료와 신재료의 배합비율과 횟수를 준수하는 것이 좋다. 재생율(Refreshment rates)은 PrimeCast101의 경우 100% 사용 가능하지만 CarbonMide는 재생 불가하다. PA 2200/2201의 경우 신재료와 구재료의 재생 배합비율은 50:50, PrimePart 30:70 정도가 적당하다. 단, 재생 횟수에 따라 비율이 달라질 수 있으니 유념한다.

04 EOS 사 장비별 파트 제작 과정

1. EOS 사 플라스틱 파트 제작 SLS 장비군

플라스틱 분말을 소결하여 파트를 제작하는 장비군은 FORMIGA P100, EOSINT P395, EOSINT P760, EOSINT P800 시스템 등이 있다. P 시스템들의 파트 제작 공정을 간략하게 보면 우선 준비된 CAD 데이터를 장비로 보내면 레이저소결이 진행되면서 파트가 제작된다. EOS 사의 장비군은 실제 기능성 파트 제작은 물론 다품종 소량 생산을 위한 생산 시스템으로도 사용될 수 있다.

☀ CAD 데이터 전송

☀ 레이저소결 모습

☀ 대량 파트의 제작 결과

2. EOS 금속 파트 제작 SLS 장비군

금속 분말을 소결하여 파트를 제작하는 장비군은 EOSINT-M250X, EOSINT-M270 시스템 등이 있다. M 시스템들의 파트 제작공정을 간략하게 보면 우선 준비된 CAD 데이터를 장비로 보내면 레이저소결이 진행되면서 파트가 제작된다. 마찬가지로 EOS 사의 장비군은 실제 기능성 파트 제작은 물론 다품종 소량 생산을 위한 직접사출 금형 제작을 통한 생산 시스템으로도 사용될 수 있다.

⬆ EOSINT-M270의 금속분말 소결 모습

⬆ 휴대전화기 금형 코어 소결 모습

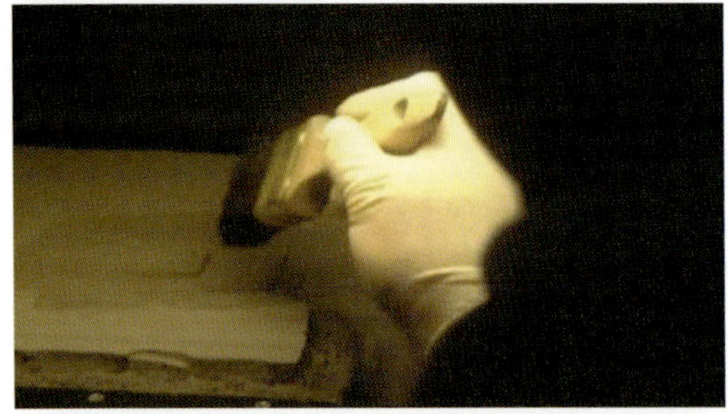

⬆ 소결 후 작업 체임버에서 주변 분말 제거 모습

⬆ 모습을 보이는 금형 코어 모습

⬆ 고압 분사되는 인조다이아몬드 가루나 모래 가루로 표면 연마 〉 전문 작업자에 의해 최종 표면 연마 필수

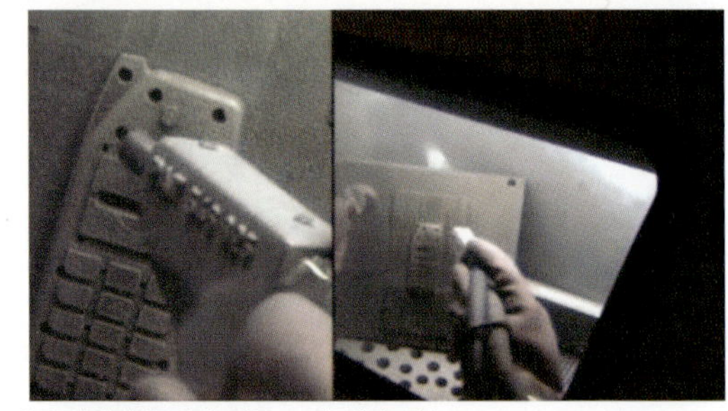

⬆ 최종 표면 연마가 완료된 금형 코어 모습 〉 사출기에 장착 직접 사출 가능

3. EOS 모래 파트 제작 SLS 장비군

모래 분말을 소결하여 파트를 제작하는 장비군은 EOSINT-S750 시스템이 있다. S 시스템의 파트 제작공정을 간략하게 보면 우선 준비된 CAD 데이터를 장비로 보내면 레이저소결이 진행되면서 파트가 제작된다. 특히 S 시스템은 사형(Foundry Sand)을 제작하는 목적이 가장 크며 이를 통하여 정밀한 표면의 주물 파트를 제작할 수 있다. S 시스템의 작업 과정은 다음과 같으며 번호 순이 작업 순서이다.

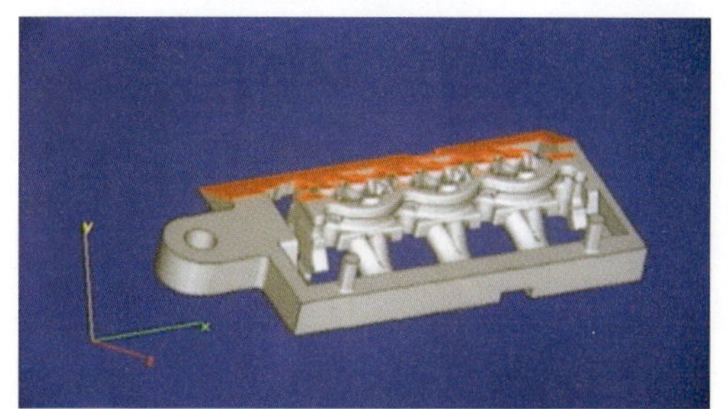

① 3D CAD 모델링

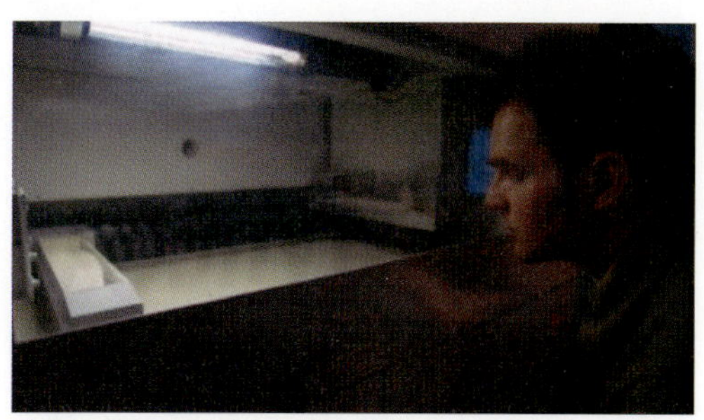

② EOS S 750 장비에서 사형 제작

③ 재료공급과 리코터 정지 작업

④ 레이저에 의한 재료 소결 모습

⑤ 제작 완료 후 파트 꺼내기

⑥ 붓으로 주변 모래 제거-사형 꺼내기

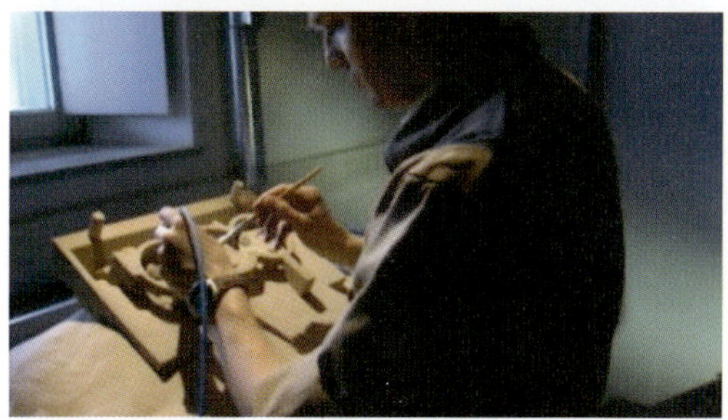

⑦ 세부 에어건 청소

⑧ 토오치를 통해 표면 굳히기

⑨ 모래형 제작을 위한 코어 삽입

⑩ 용해로에 넣기 위한 준비 작업

⑪ 사형 코어 제작 완료

⑫ 사형 코어 제작 완료

⑬ 사형을 이용한 최종 주물 결과물

⑭ 사형을 이용한 최종 주물 디테일

출처 : www.eos.info, SNC 코리아 제공

조형 재료

1. 플라스틱 파트 제작에 사용 가능한 조형 재료

EOS 장비들은 레이저 소결이라는 방식을 사용하기에 레이저로 녹일 수 있는 재료라면 사용 가능성이 높아진다. 따라서 향후 재료 사용의 다양성을 확보할 수 있는 시스템이다. EOS 사의 장비들은 위에서 언급한 바처럼 사용되는 재료에 따라 EOSINT P(Plastic), EOSINT M(Metal), EOSINT S(Sand)군으로 나뉜다. 이중에 P 장비에서 사용가능한 재료들은 모두 플라스틱 재료(Plastic Materials)이다.

EOSINT P(Plastic) 장비군인 FORMIGA-P100, EOSINT-P395, EOSINT-P760, EOSINT P800의 주 재료는 폴리스틸렌(Polystyrene)과 폴리아미드(Polyamide)가 대표적이다. 폴리스틸렌이 경우 낮은 온도에서 소결되기에 재료 수축이 적어 제작된 파트의 치수 정밀도가 우수하다. 폴리아미드(Polyamide)는 흰색의 파우더 재료로 내구성과 탄성이 뛰어나 매우 강한 기능성 파트 제작이 가능하며, 매우 가볍고, 높은 탄성율과 단단한 물성을 지니고 있다. 물론 착색도 가능하다. 현재 EOSINT P800의 경우 단일 제작 파트크기 조형 한계는 700mm×380mm×580mm에 이른다.

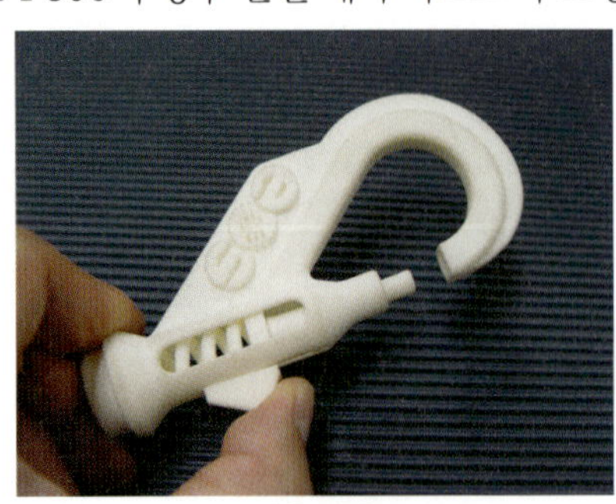
☁ PrimePart 재료 사용 사례

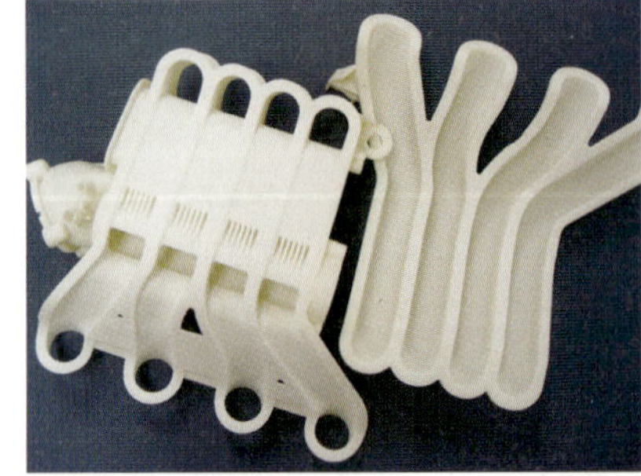
☁ PA3200GF 재료 사용 사례 〉 배기메니폴드

그 외의 대표적인 분말 재료로는 PrimePart로 간이금형 마스터, 진공주형용 마스터, Full 기능성 파트 제작, 수천 개 수량에 End Part 등의 E-Manufacturing에 사용 가능하다. 다음 PA3200GF의 경우 고강도, 고온의 기능성 파트 제작에 사용된다. Prime cast101은 진공주형용 Master plastic investment casting용 패턴 제작, Alumide는 소량의 사출금형 제작, 고무 Part용 간이금형 제작, Metalic한 질감의 기능 Part 제작, Somos 201은 고강도 기능성 파트의 제작, 간이금형 마스터 파트 제작에 사용된다. 자세한 사항은 재료표를 참조한다.

EOS 사 SLS 방식 플라스틱 조형 재료
(Material for EOSINT P / FORMIGA systems)

Alumide
- Material Type> Aluminium이 혼합된 PA 12
- 치수 정확도 우수, 기계적인 공구 가공 가능, 열전도성
- 기능성 파트, Tooling inserts, Jig 제작용 재료로 적합

CarbonMide
- Material Type> Carbon fiber filled polyamide 12
- 저중량, 매우 단단함, 매우 강함, 전도성 있음
- 기능성 파트, 기계적인 응력에 강한 파트 제작에 적합

PA 2200/2201
- Material Type> Fine Polyamide
- 탄성율, 복원력 우수, 저중량, 생체에 거부 반응 적음, 기계적인 가공
- 설명모델, 기능성 파트, 최종 제품, 여분 제품 등 가장 광범위한 사용성

PA 2202 Black
- Material Type> Polyamide 12 black mixture
- 검정색 컬러, 고온이나 기계적인 가공에 강함

PA 2203 Gray
- Material Type> Polyamide 12 black mixture
- 검정색 컬러, 고온이나 기계적인 가공에 강함

PA 2210 FR
- Material Type> Flame-retardant polyamide 12
- 화학적 불꽃 억제 재료(연료통 테스트 파트), 기계적인 파트 제작
- 화재로부터 보호하기 위한 기능성 제작에 적합

PA 3200 GF
- Material Type> Glass-filled polyamide 12
- 기계적인 내구성 우수, 고온에 강함
- Housing 구성품 제작에 적합

♨ EOS 사 P 장비에 사용 가능한 플라스틱 파트 제작 재료, 상세 재료별 물성치는 www.eos.info 참조

EOS 사 SLS 방식 플라스틱 조형 재료
(Material for EOSINT P / FORMIGA systems)

EOS PEEK HP3

- Material Type> Polyaryletherketone
- 기계적, 화학적 내성, 내열성, 불꽃 억제, 인체 무해한 복합 소재
- 인체 무해한 복합 소재

PrimeCast 101

- Material Type> Polystyrene
- Lost patterns, master patterns for plaster / vaccum casting

PrimePart

- Material Type> Polyamide 12
- 인체 무해, 경제적인 재료, 기계적인 내구성과 열에 강함
- 설명모델, 기능성 파트, 최종 제품, 여분 제품 제작에 적합

PrimePart DC

- Material Type> Polyamide 11
- 충격 강도에 강함, 가소성 재료

PrimePart ST

- Material Type> Soft material
- 매우 유연한 재질, 탄력성이 좋음
- 공기가 새어 나가지 않아 방수 재료로 적합

☆ EOS 사 P 장비에 사용 가능한 플라스틱 파트 제작 재료, 상세 재료별 물성치는 www.eos.info 참조

2. 금속 파트 제작에 사용 가능한 조형 재료

EOSINT M(Metal) 장비군인 EOSINT-M250X, EOSINT-M270 시스템은 Direct Metal Laser-Sintering(DMLS)을 위한 주재료로 청동(Bronze)을 기본으로 합금형식의 강철과 스텐인레스 스틸(Stainless steel)이 대표적이다. 또한 티타늄(Titanium)과 슈퍼합금 기반의 경금속으로 코발트크롬(Cobalt-chrome)이 있는데 이것은 의료 장비 산업과 우주선 관련 파트 제작에 사용된다.

대표적인 금속 분말 재료를 소개하면 우선 Direct Metal20으로 청동(Bronze) 계열의 가루 혼합 재료로 Direct metal 기능성 파트 제작이 가능하며, 수백 개에서 수천 개 수량의 사출금형 제작용으로 사용된다.

▲ Direct Metal20으로 제작된 기능샘플

다음 Direct Steel H20으로 고강도 강철(Steel) 계열의 가루 혼합 재료로 Direct metal 기능성 파트 제작, 프레스(Press)금형 파트의 제작, 수백만 개 수량의 사출금형 제작, Direct Casting과 수백 개 정도의 소량 메탈 파트의 제작이 가능하다.

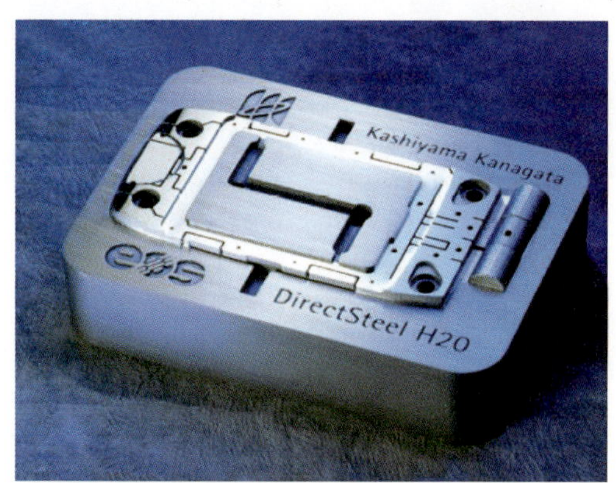

▲ Direct Steel H20으로 제작된 금형과 사출물

▲ Direct Steel H20으로 제작된 금형

다음 Direct Metal20 재료는 강철(Steel) 계열의 가루 혼합 재료로 Direct metal 기능성 파트 제작, 프레스(Press)금형 파트의 제작, 수만 개에서 수십만 개의 수량의 사출금형 제작용으로 사용된다. 또한 Direct Casting과 수백 개 정도의 소량 메탈 파트의 제작도 가능하다. 기타 재료들은 재료표를 참조한다.

EOS 사 SLS 방식 금속 조형 재료
(Material for EOSINT M systems)

	**EOS Aluminium AlSi10Mg** - Material Type> Aluminium based mixture - 저중량, 높은 열전도율/직접생산, 기능성 파트 제작 - 작은 제품 생산, 알루미늄 다이캐스팅을 위한 자동차, 엔지니어링, 모터 레이싱, 우주항공 분야에 활용
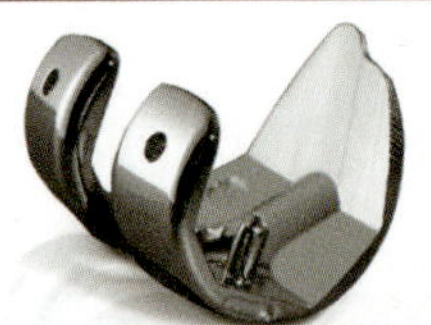	**EOS CobaltChrome MP1** - Material Type> CoCrMo superalloy - 고강도, 열저항성 큼(500 - 600℃), 고온 기계적인 시작품 및 관련 제품 - 터빈, 의료, 덴탈 분야에 파트 제작
	**EOS CobaltChrome SP2** - Material Type> CoCrMo > Cobalt-Chrome-Molybdenum based metalic material - 덴탈 복원 분야에 적합(Crowns, Bridges etc.) - 고강도, 고온, 침식 저항성 큼, 바이오 관련 파트 제작에 적합
	**DirectMetal 20** - Material Type> Bronze-based mixture - Injection moulding 툴링, Rapid Tooling, 빠른 기능성 시작품 제작 - 수백, 수천 개 가량의 사출 삽입 툴 제작 - 기능성 테스트, 툴링 파트, 윈드 터널 테스트 파트
	**EOS MaragingSteel MS1** - Material Type> 미국 18 % Ni Maraging 300/유럽1.2709 조성 - 마르텐자이트(Martensite - 담금질한 강철조직의 하나) 강철과 유사 - 기계적인 절삭성 우수, 열전도성 양호, Injection moulding 시리즈 - 알루미늄 다이캐스팅, 우주항공 파트, 엔지니어링 파트 제작에 적합

♨ EOS 사 M 장비에 사용 가능한 금속 파트 제작 재료, 상세 재료별 물성치는 www.eos.info 참조

EOS 사 SLS 방식 금속 조형 재료
(Material for EOSINT M systems)

	**EOS NickelAlloy IN718** - Material Type> Neckel 기반 고열 저항성 합금 - 고열(700 C)에 강함, 우주 항공, 로켓 관련 구성품 분야 파트 제작 - 천연가스 산업, Oil, 화학 산업, 비행기 터빈 파트 제작에 적합
	**EOS StainlessSteel GP1** - Material Type> Stainless steel - 화학적인 조성은 미국 분류로 17-4, 유럽 1.4542, 독일 X5cRnIcUnB 16-4 - 기능성 금속 시작품, 절삭성 우수, 소형파트, 엔지니어링 파트 제작
	**EOS StainlessSteel PH1** - Material Type> Hardenable Stainless steel - 고강도, 기능성 시작품, 엔지니어링, 의료 관련 파트 제작에 적합
	**EOS Titanium Ti64** - Material Type> Ti6AI4V light alloy - 저중량 재료, 메디컬 장치 제작, 인체 친화력 양호(세포 성장 실험) - 시작품 및 관련 제품, 우주항공, 자동차, 스포츠 용품(자전거) 파트

☝ EOS 사 M 장비에 사용 가능한 금속 파트 제작 재료, 상세 재료별 물성치는 www.eos.info 참조

3. 모래 파트 제작에 사용 가능한 조형 재료

모래 성분의 파트 제작에 적합한 EOSINT S(Sand) 장비인 EOSINT S750은 Foundry Sand(주물사) 재료를 사용하여 금속 주물(Casting) 제작을 위한 주형/거푸집(Mold)과 심형(Core)을 제작할 수 있는 재료이다. Foundry Sand의 색상은 모래알갱이가 결합된 느낌의 황갈색을 띠게 된다.

EOS 사 SLS 방식 모래 조형 재료
(Material for EOSINT S systems)

	**Ceramics 5.2** - Material Type> Aluminium silicate sand 성분 - 주물사 > 주물/거푸집(Mold), 심형(Core) 제작 > 금속 주물 제작
	Quartz 4.2 / Quartz 5.7 - Material Type> Quartz (석영) Sand 성분 - 주물사 > 주물/거푸집(Mold), 심형(Core) 제작 > 금속 주물 제작

☝ EOS 사 S 장비에 사용 가능한 모래 파트 제작 재료, 상세 재료별 물성치는 www.eos.info 참조

EOS 사 SLS 장비별 사양

1. Plastic 재료 사용 장비 1

제조사 / 독일	FOMIGA P 100	EOSINT-P 395
	 www.eos.info		
적용 기술	SLS (Selective Laser Sintering)	SLS (Selective Laser Sintering)
제작 한계(mm)	200x250x330	340x340x620
레이저 타입	30W, CO2	50W, CO2
스캔 속도	Max 5.0 m/s	Max 8.0 m/s
레이어 적층 두께(mm)	0.1mm	0.06-0.10-0.12-0.15-0.18mm
적층 속도	시간당 24mm (Height)	시간당 31mm (Height)
작업 파일 형식	stl	stl
구동 소프트웨어	PC / Windows OS, EOS RP Tools, Magics RP(Materialise),	PC / Windows OS, EOS RP Tools;EOSTATE, Magics RP(Materialise),
사용재료	Alumide, CarbonMide, PA 2200, PA 2202 Black, PA 2203 Gray, PA 2210 FR, PA 3200 GF, PrimePart, PrimePart DC, PrimePart ST, PrimeCast 101	Alumide, CarbonMide, PA 2200, PA 2202 Black, PA 2203 Gray, PA 2210 FR, PA 3200 GF, PrimePart, PrimePart DC, PrimePart ST, PrimeCast 101
장비 특징	경제적 운용, 플라스틱 분말 사용 장비중 최소 크기 디자인 컨셉, 기능성 파트, 주조용 마스터 패턴, 교체용 부품 제작 등	디자인 컨셉 모델, 기능성 파트, 주조용 마스터 패턴, 로스트 왁스 패턴, 양산을 위한 최종 파트, 교체용 부품 제작 등
장비크기(mm)	1,320(W)x1,067(D)x2,204(H)	1,840(W)x1,175(D)x2,100(H)
장비무게(kg)	약 600kg	약 1,060kg
전력 소비(최대)	2Kw	2Kw
공급전원(Power)	16A	32A

참조 EOS 사의 장비에 관한 자세한 사항은 www.eos.info. 부분을 참조한다. 또한 장비명과 세부 사양은 예고 없이 변경될 수 있다.

2. Plastic 재료 사용 장비 2

제조사 / 독일	EOSINT-P 760	EOSINT-P 800
적용 기술	SLS (Selective Laser Sintering)	SLS (Selective Laser Sintering)
제작 한계(mm)	700x380x580	700x380x580
레이저 타입	2x50W, CO2	2x50W, CO2
스캔 속도	Max 5.0 m/s	Max 2x6 m/s
레이어 적층 두께(mm)	0.06-0.10-0.12-0.15-0.18mm	0.12mm
적층 속도	시간당 32mm (Height)	시간당 32mm (Height)
작업 파일 형식	stl	stl
구동 소프트웨어	PC / Windows OS, EOS RP Tools, Magics RP(Materialise),	PC / Windows OS, EOS RP Tools Magics RP(Materialise),
사용재료	Alumide, CarbonMide, PA 2200, PA 2202 Black, PA 2203 Gray, PA 2210 FR, PA 3200 GF, PrimePart, PrimePart DC, PrimePart ST, PrimeCast 101	Alumide, CarbonMide, PA 2200, PA 2202 Black, PA 2203 Gray, PA 2210 FR, PA 3200 GF, PrimePart, PrimePart DC, PrimePart ST, PrimeCast 101, **EOS PEEK HP3**
장비 특징	대형 파트, 디자인 컨셉 모델, 기능성 파트, 주조용 마스터 패턴, 로스트 왁스 패턴, 양산을 위한 최종 파트, 교체용 부품 제작 등	대형 파트, 디자인 컨셉 모델, 기능성 파트, 주조용 마스터 패턴, 로스트 왁스 패턴, 양산을 위한 최종 파트, 교체용 부품 제작 등
장비크기(mm)	2,250(W)x1,550(D)x2,100(H)	2,250(W)x1,550(D)x2,100(H)
장비무게(kg)	약 2,300kg	약 2,300kg
전력 소비(최대)	3.5Kw	4.5Kw
공급전원(Power)	32A	32A

> **참조** EOS 사의 장비에 관한 자세한 사항은 www.eos.info. 부분을 참조한다. 또한 장비명과 세부 사양은 예고 없이 변경될 수 있다.

3. Metal 재료 사용 장비

제조사 / 독일	EOSINT-M250X	EOSINT-M270
적용 기술	SLS (Selective Laser Sintering)	SLS (Selective Laser Sintering)
제작 한계(mm)	250x250x200	250x250x215
레이저 Laser	최소 200W, CO2	200W, Yb fiber 레이저
스캔 속도 Maximum Scan Speed	Max 3.0 m/s	Max 3.0 m/s
레이어 적층 두께(mm)	0.02~0.1mm	0.02~0.1mm
작업 파일 형식	stl	stl
구동 소프트웨어	PC / Windows OS, EOS RP Tools, Magics RP(Materialise), Expert Series(DeskArtes)	PC / Windows OS, EOS RP Tools, Magics RP(Materialise), Expert Series(DeskArtes)
사용재료	DirectMetal 50 2V, (금속분말형태)	DirectMetal 50 2V, EOS Aluminium AlSi10Mg, EOS CobaltChrome MP1, EOS CobaltChrome SP2, DirectMetal 20, EOS MaragingSteel MS1, EOS NickelAlloy IN718, EOS StainlessSteel GP1, EOS StainlessSteel PH1, EOS Titanium Ti64
장비 특징	Ditect part 제작, 사출 금형 직접제작,	Ditect part 제작, 사출 금형 직접제작
장비크기(mm)	1,950(W)x1,100(D)x1,850(H)	2,950(W)x1,000(D)x1,950(H)
장비무게(kg)	약 900kg	약 900kg
전력 소비(최대)	6Kw	4.5Kw
공급전원(Power)	400 VAC 32A	400 VAC 32A

> **참조** EOS 사의 장비에 관한 자세한 사항은 www.eos.info. 부분을 참조한다. 또한 장비명과 세부 사양은 예고 없이 변경될 수 있다.

4. Foundry Sand – 재료 사용 장비

제조사 / 독일	EOSINT S 750
www.eos.info	
적용 기술	SLS (Selective Laser Sintering)
제작 한계(mm)	720x380x380
레이저 타입	2x100W, CO2
스캔 속도	Max 3.0 m/s
레이어 적층 두께(mm)	0.2mm
적층 속도	시간당 2,500 cm3/h
작업 파일 형식	stl
구동 소프트웨어	PC / Windows OS, EOS RP Tools, Magics RP(Materialise),
사용재료	수지 코팅 모래 재료> Ceramics 5.2, Quartz 4.2 / Quartz 5.7
장비 특징	주물사> 주물/거푸집(Mold), 심형(Core) 제작> 금속 주물 제작
장비크기(mm)	1,420(W)x1,400(D)x2,150(H)
장비무게(kg)	약 2,300kg
전력 소비(최대)	6Kw
공급전원(Power)	32A

참조 EOS 사의 장비에 관한 자세한 사항은 www.eos.info. 부분을 참조한다. 또한 장비명과 세부 사양은 예고 없이 변경될 수 있다.

EOS 사 SLS 방식 활용 사례 갤러리

1. EOSINT P(Plastic) 장비 활용 사례

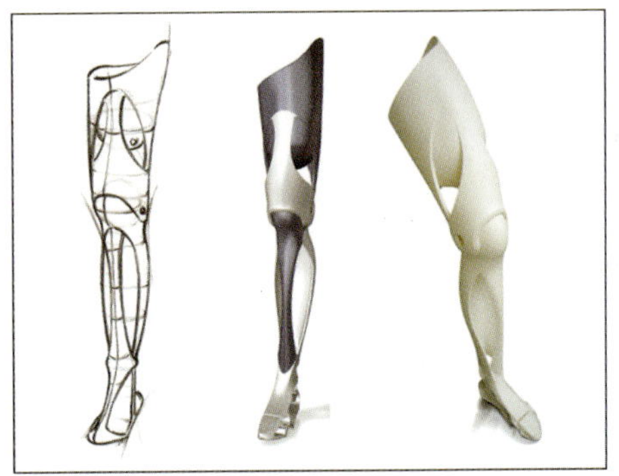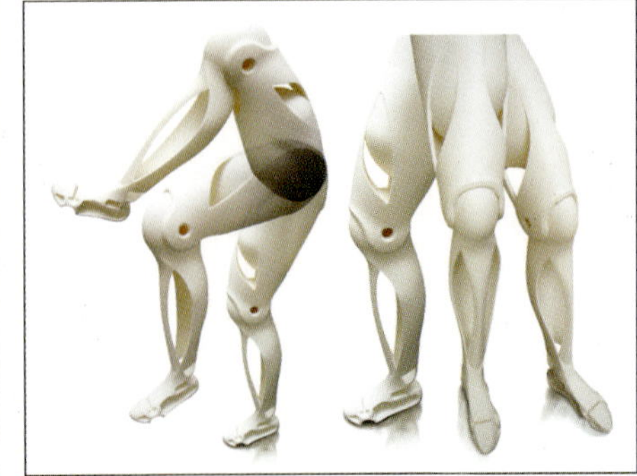

⚑ 의족(Leg prosthesis) 파트, 재료 : PA2200, 제작 : EOSINT P730 시스템, 출처 : www.eos.info.

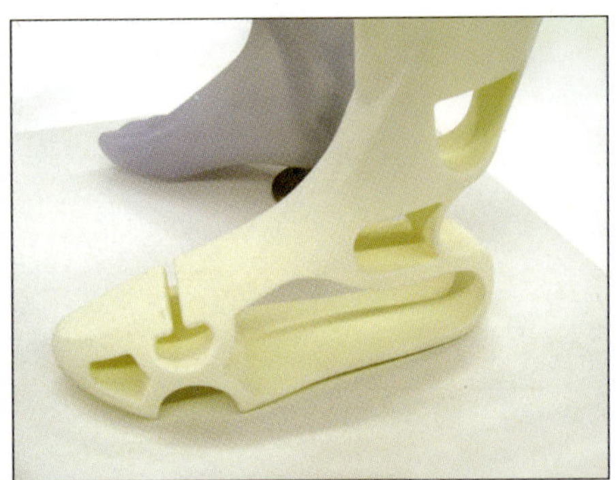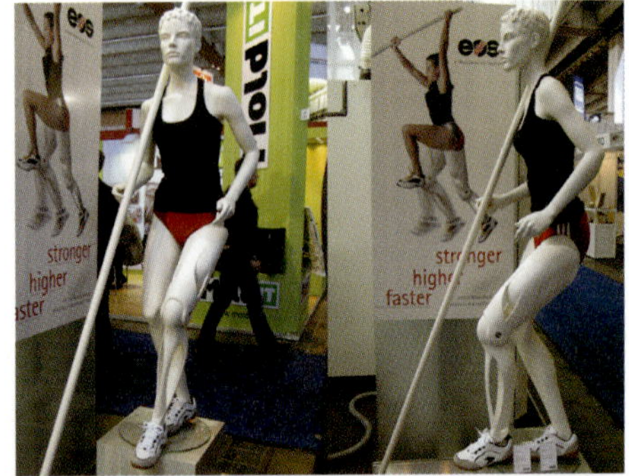

⚑ Project : EOS Electro Optical Systems, Mr. Breuninger(Designer nextep) : IPA, 독일 프랑크프르트 메세 유로몰드 전시. 2007.

⚑ 스포츠용품 디자인 컨셉 Mock-up, 재료 : PA2200, 제작 : EOSINT P730, 독일 프랑크프르트 메세 유로몰드 전시. 2007.

⚑ 스니커즈 디자인 컨셉 Mock-up, 재료 : PA2200, 제작 : EOSINT P730, 독일 프랑크프르트 메세 유로몰드 전시. 2007.

전시장을 위한 조명 디자인, 재료 : PA2200, 제작 : EOSINT P730, 디자인 독일 EOS 사. 2007.

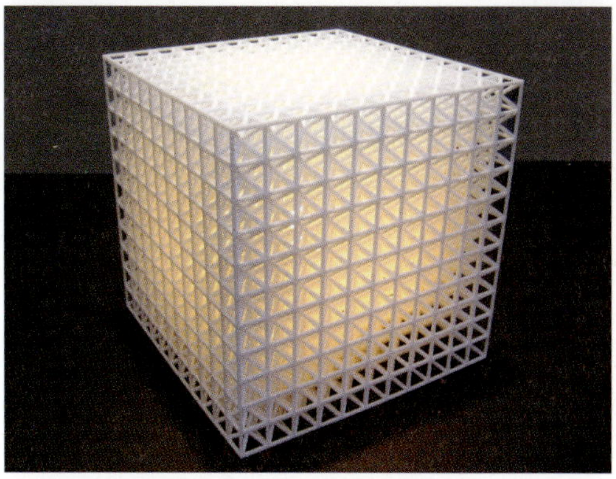
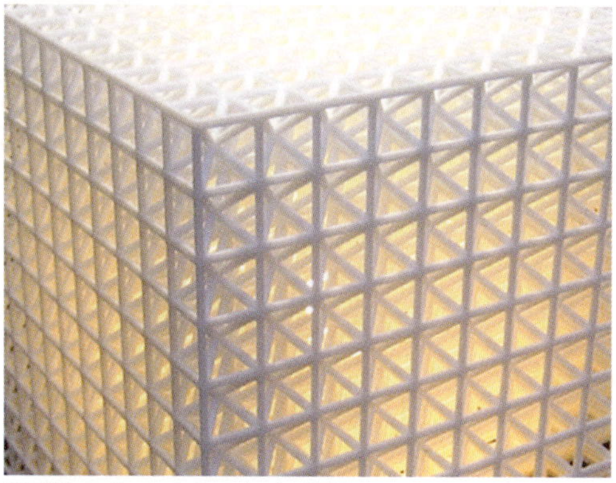

CUBE 〉 Table Lamp Shade, Jiri Evenhus, SLS Polyamide, FOC(Freedom of Creation). 2005.

Table Lamp, SLS Polyamide, 네덜란드 FOC(Freedom of Creation). 2007.

☗ PUNCHBAG, Janne Kyttanen, SLS Polyamide,
FOC(Freedom of Creation). 2005.

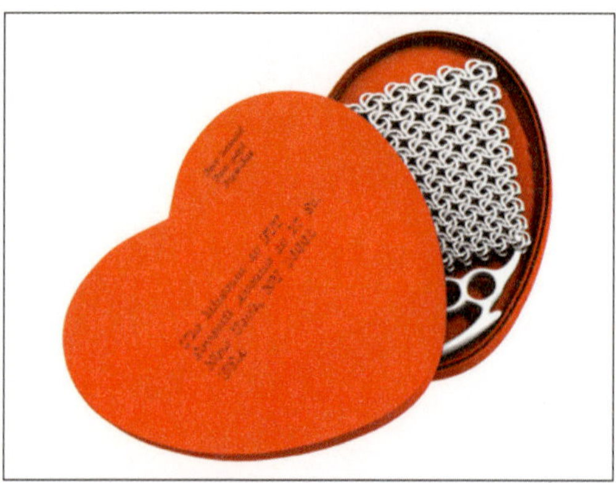

☗ 미국 FIT 대학 소장 작품, FOC.

☗ 3차원 패턴 연구, FOC, SLS Polyamide.

☗ Bag, SLS Polyamide, 네덜란드 FOC(Freedom of Creation). 2007.

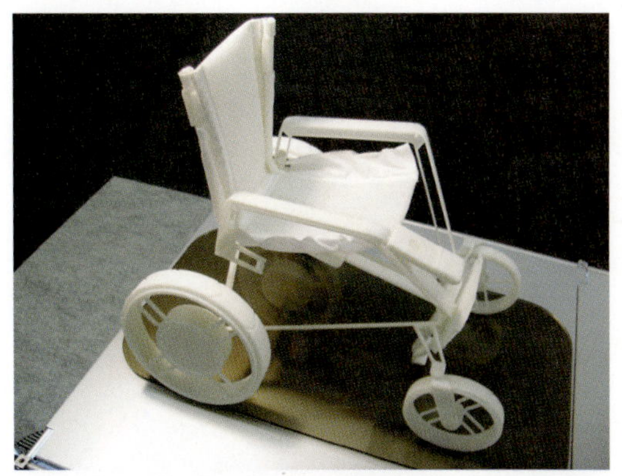 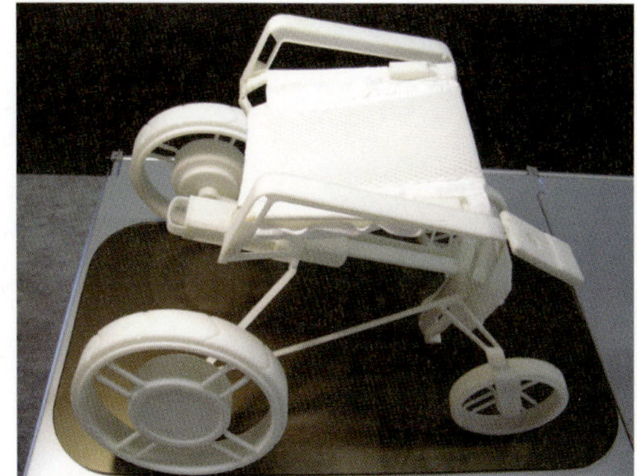

☝ 접이식 이동형 의자 컨셉 파트, 기능성 파트, SLS, PA, 독일 EOS 사. 2007.

☝ 쇼핑 Cart 컨셉 디자인 미세 파트, SLS, PA, 독일 FTI 사.
2007.

☝ 돼지 모형 디테일 구조, 독일 FTI 사, 2007.

☝ 복잡한 형상 출력 예, SLS, Polyamide, 돼지크기 : 900mmX470mm, 독일 FTI 사. 2007.

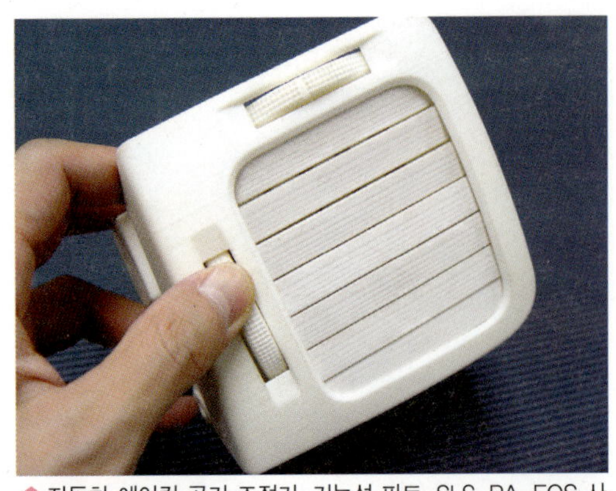 

 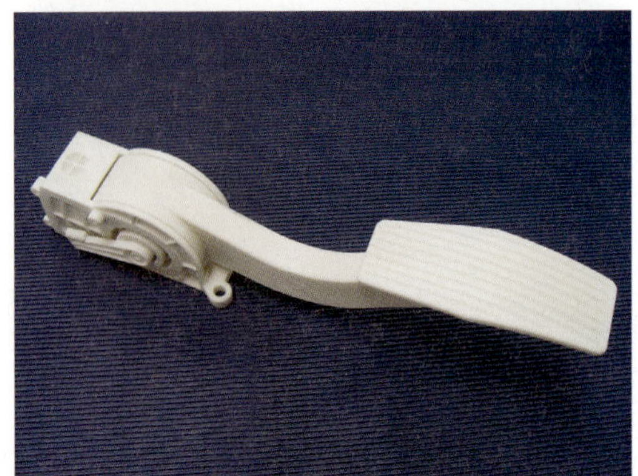

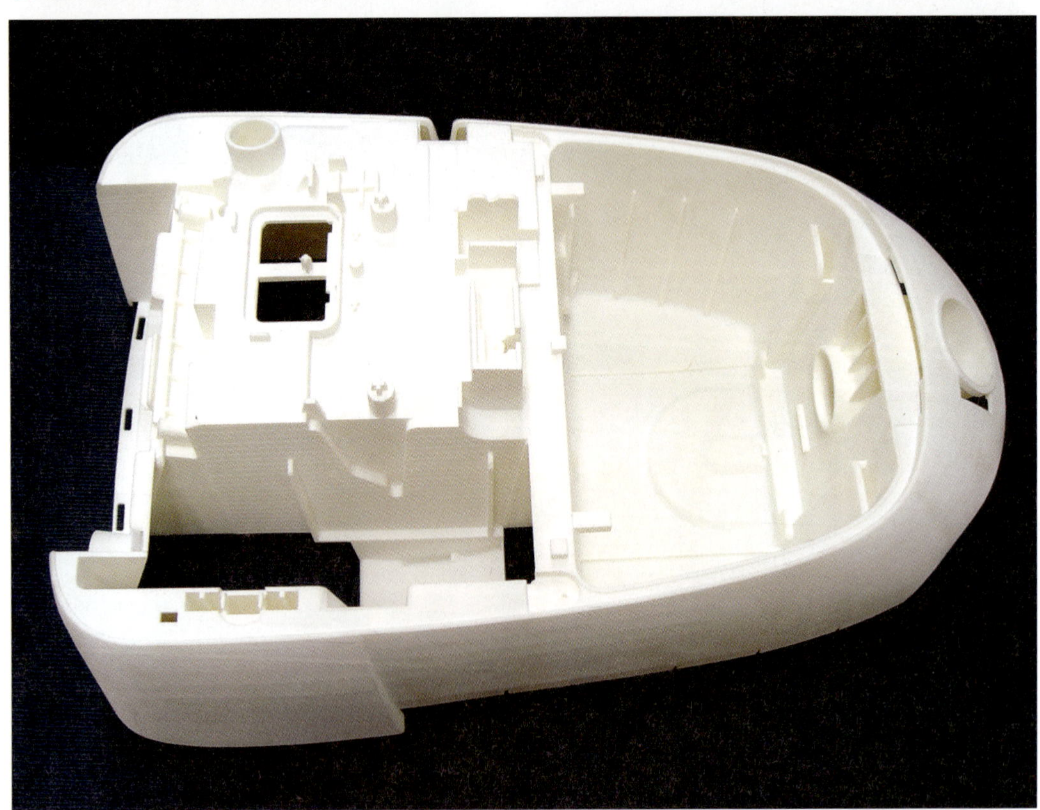

자동차 에어컨 공기 조절기, 기능성 파트, SLS, PA, EOS 사. 자료제공 : SNC 코리아

자동차 클러치 기능성 파트, SLS, PA, EOS사. 자료제공 : SNC 코리아

대형 청소기 케이스, SLS, PrimePart, EOSINT P700으로 제작, 독일 EOS 사, 2006. 자료제공 : SNC 코리아

2. EOSINT M(Metal) 장비 활용 사례

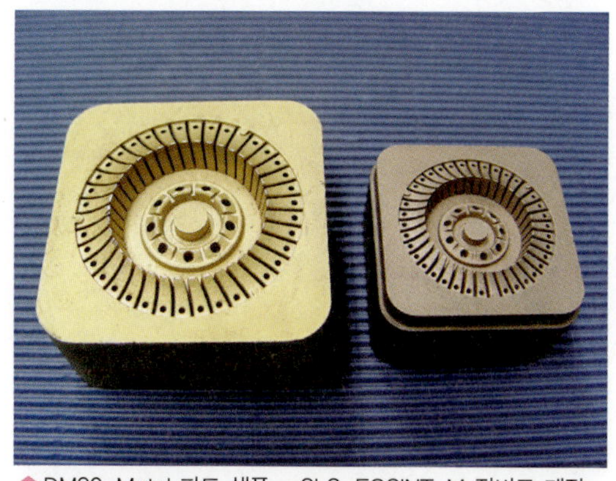

☖ DM20-Metal 파트 샘플 - SLS, EOSINT-M 장비로 제작

☖ Metal 파트 - 코발트크롬 - SLS, EOSINT-M270 장비로 제작

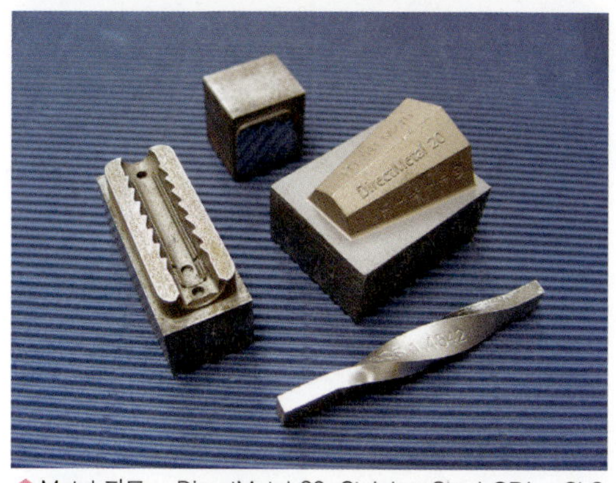

☖ Metal 파트 - DirectMetal 20, StainlessSteel GP1 - SLS, EOSINT - M270 장비로 제작 / 자전거 페달

☖ DM20-Metal 파트 샘플 - SLS, EOSINT-M 장비로 제작

🔺 Metal 파트 – 코발트크롬, 비너스흉상, SLS, EOSINT-M270 장비로 제작

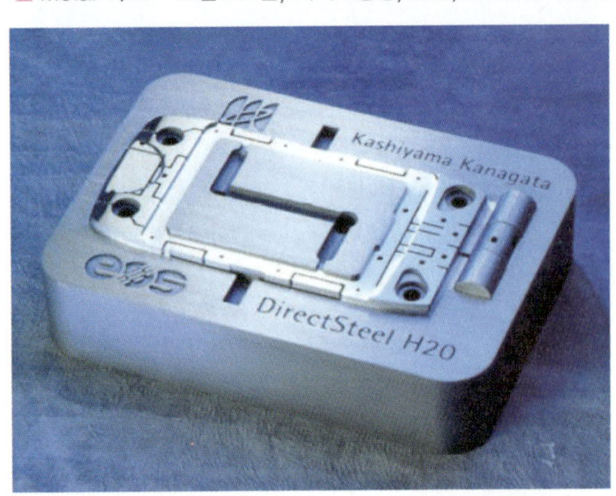

🔺 DirectSteel H20 직접금형 코어, EOSINT-M 270

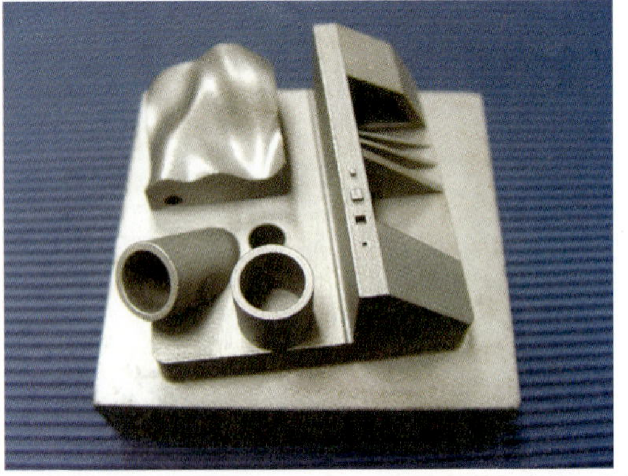

🔺 Metal 파트 – 코발트크롬 –SLS, EOSINT-M270 장비로 제작

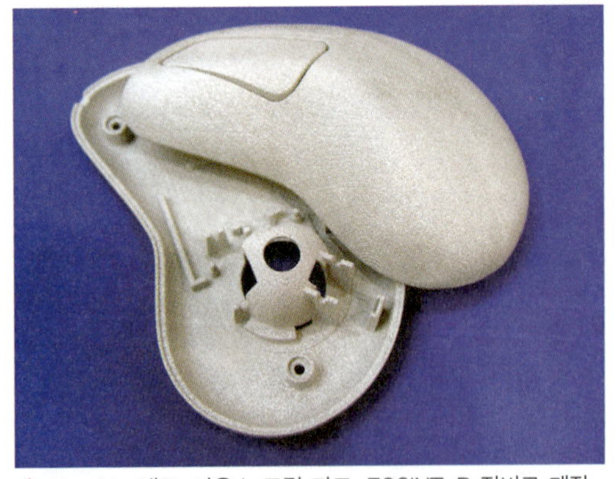

🔺 Alumide 재료, 마우스 조립 파트, EOSINT-P 장비로 제작

🔺 Foundry Sand 코어와 주물 결과물, EOSINT-S장비로 제작

EOS 사의 SLS 방식 활용 사례 / 조명 제작 사례

소개되는 RP 활용 사례는 연세대학교 산업디자인학과 졸업하고 활동 중인 디자이너 성백규의 헬리혜성이라는 명칭의 조명(Halley's Comet Lighting)이다. 2009년 대학 졸업 작품으로 디자인 실험에 해당하는 연구 주제로 "RP를 활용한 조명디자인 연구"의 결과물이다. 연구목적은 조명디자인을 통해 RP의 조형적 가능성을 모색하고 형태자유도를 극대화할 수 있는 형상을 연구하는 것이었다. 연구의 배경은 형상의 제약 없이 단일품이나 소량으로 생산할 수 있는 가장 타당성 있는 생산방식인 RP가 20년의 상용화 역사를 가지면서 과거의 프로토타입 모형 제작을 넘어 최종 실제품 제작까지 그 활용의 범위가 점차 확장되고 있기 때문이었다. 특히 RP 최대의 장점은 조형형상의 자유도이다. 즉 상상하여 모델링된 어떤 현상도 제작이 가능하다. 지금까지 일반적인 성형방식으로는 불가능했던 많은 제조상의 제약 요소들을 보완해 주어 혁신적인 디자인 제품은 물론 디자이너에게 표현을 한계를 극복해 준다. 아직 제작 크기나 재료의 물리적 성질이 발전단계이지만 새로운 조형 형상을 구체화시킬 수 있다는 점에서 고무적인 일이기 때문이다.

헬리혜성 조명은 작동 가능한 모형(Mock-up) 제작을 빠른 시간 안에 제작하는 방법으로 신속조형 기술(Rapid Prototyping)을 선택했다. 또한 조명이라는 특성상 열에 견디는 재료와 디자인된 형상의 특성을 살리기 위한 탄성이 좋은 재질이 요구되었다. 이 모두를 해결하기 위하여 다수의 신속조형시스템과 재료를 검토 후 최종적으로 독일 EOS(Electro Optical Systems) 사의 선택적 레이저소결시스템(SLS-Selective Laser Sintering) EOSINT-P700 시스템이 사용되었다. 조명의 길이가 400mm가 넘어 대형 SLS 장비가 요구되었다. 사용 재료로는 열에 잘 견디는 나일론계 PA(Polyamide) 2200이 사용되었다. 재료의 물성이 조명을 제작하는데 가장 적합했다. 최종 조명 갓(Shade) 파트가 제작되면 형광등, LED와 같은 광원을 넣어야 하기에 초기부터 내부 구조도 중요하게 디자인되었다.

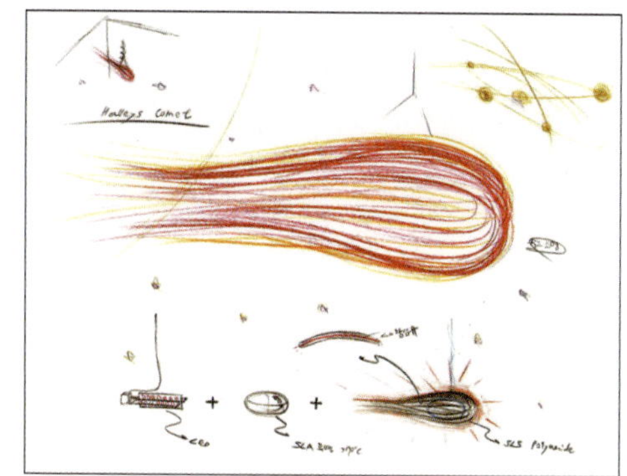

♣ Design Concept Images and Halley's Comet Lighting 스케치, 성백규 작, 2009.

분말 기반의 신속조형시스템 중 SLS는 레이저를 사용하며, 분말은 플라스틱 고분자 화합물이다. 다음 단계별 제작 공정을 통해 명확한 활용법을 이해할 수 있다.

정리된 아이디어를 현실화하기 위한 첫 단계로 모형(Mock-up) 제작이 필수이다. 신소조형기술(RP : Rapid Prototyping)을 활용하기 위해서는 그림과 같이 3D CAD 모델링 데이터가 요구된다. 모델링은 디자이너들이 많이 사용하는 Rhino3D, Alias, 3D MAX 등과 하이엔드급 설계 소프트웨어를 사용해도 좋다. 다만 이렇게 모델링 파트들은 열린 면이 없는 모두 솔리드(Solid) 객체여야 한다.

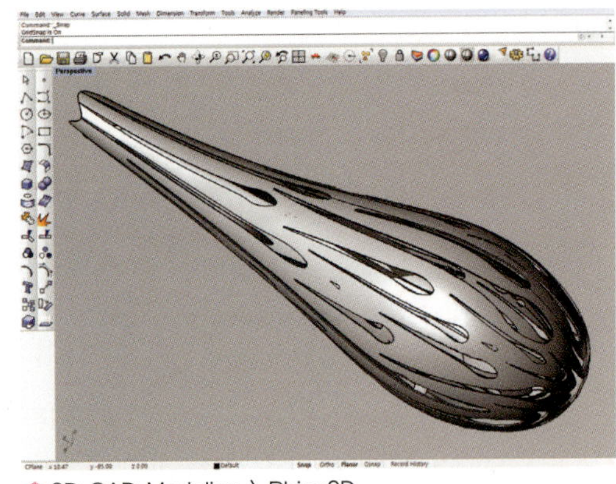

♨ 3D CAD Modeling 〉 Rhino3D

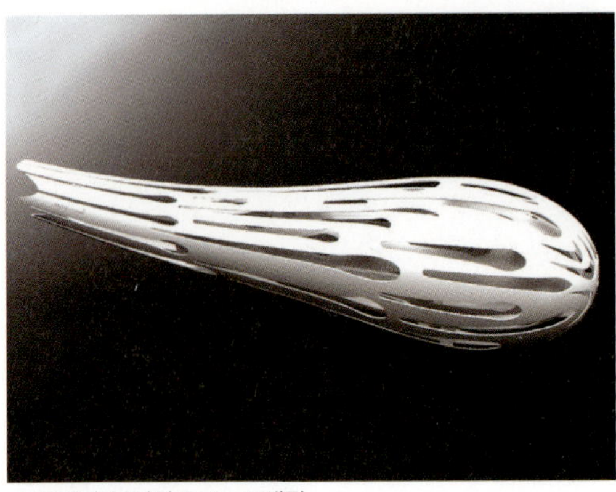

♨ 두께가 부여된 Solid 모델링

단계 2 .STL 파일 변환과 저장

STL 파일 포맷은 RP 제작 시 표준 포맷으로 보면 된다. 변환된 객체를 자세히 살펴보면 그림과 같이 삼각형 또는 사각형의 면들이 붙어 전체적인 형상을 이루고 있는 모습이다. 이것을 우리는 폴리곤메쉬(Polygon Mesh)라고 부른다. 폴리곤 메쉬는 자세히 보면 각이 져 있기에 저장된 형상 데이터가 완전한 형상이 아닌 미세한 각을 가진 근사치 모델이라 한다.

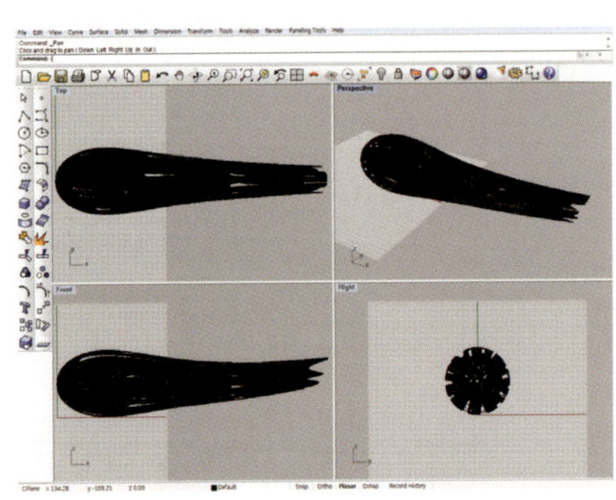

♨ Stl. 파일 변환 모습

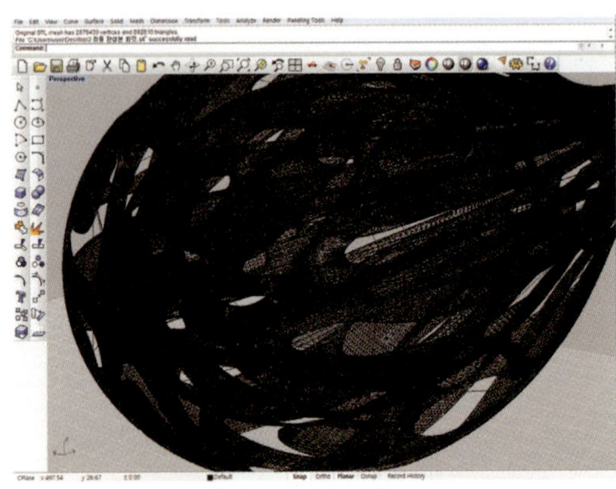

♨ MESH 구조로 변환된 3D CAD 파일

단계 3 RP 장비 세팅과 데이터 전송

제작을 위하여 우선 RP 장비를 세팅하고 재료상태를 확인한다. 데이터가 전송되면 바로 제작이 행해진다. EOS 사의 SLS 시스템들은 모든 제작 상황을 모니터를 통해 실시간으로 볼 수 있다. 헬리혜성 조명은 길이가 긴 편이어서 EOS 장비 중 가장 큰 EOSINT P700이 사용되었다.

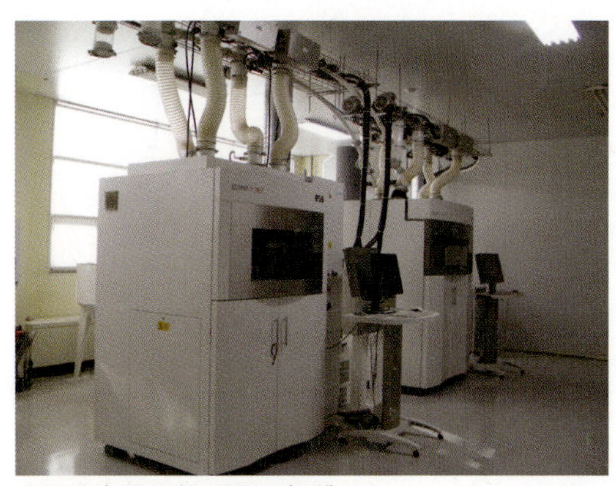

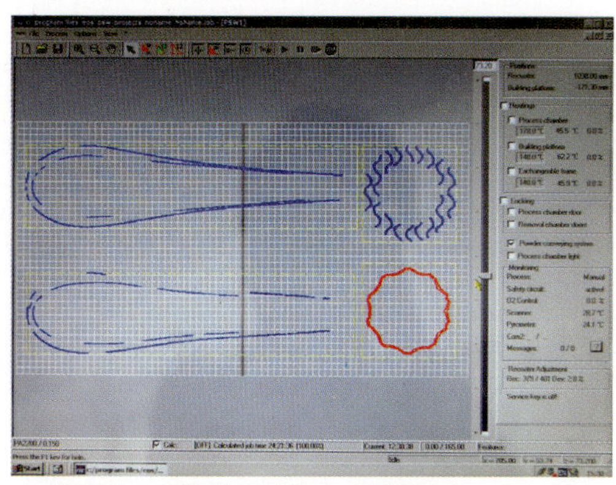

△ EOS사 EOSINT-P700 시스템　　　　　　　△ 작업과정 모니터링 〉 단면부 디스플레이 모습

 조형 작업 시작

조형 작업은 진공상태의 시스템 내부에서 이루어지며, 플라스틱 분말에 레이저를 쏘아 소결하는 방법이다. 내부를 촬영하기는 곤란하기에 원리설명 부분이나 앞서 설명된 내용들을 참조하면 된다. 작업 시 체임버 내의 온도가 140~160도의 고온이며 소결연소 연기와 가스가 발생한다. 자동 흡입 시스템으로 내부가 유지된다.

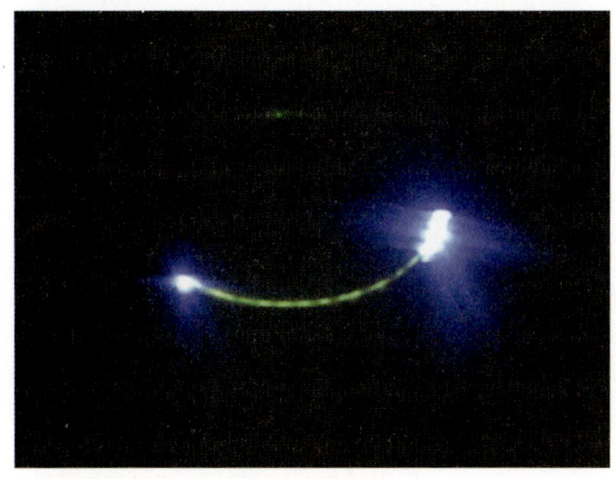

 파트 식히기(Cooling Time)

조형작업이 모두 마무리되면 기계 내부 온도가 높기에 파트를 바로 꺼낼 수 없다. 식히는 시간이 대략 2~4시간 정도면 좋다. 급속히 강제적인 쿨링은 파트의 변형을 야기한다. 또한 중간에 꺼내면 파트 경화가 일정하지 않게 되어 파트가 뒤틀리는 변형이 올 수 있다.

충분한 쿨링 시간이 되었다면 시스템의 커버를 열고 그림과 같이 온도를 체크한 후 조심스럽게 파트를 꺼낸다. 원칙적으론 기계 내부에서 꺼내는 것이 아니며 운반 카트를 이용하여 재료통 자체를 빼내어 파트를 꺼내는 것이 바람직하다. 여기서는 바로 꺼낸다. 초기 미세한 부분은 붓으로 세밀하게 분말을 제거해가며 파트를 꺼낸다.

단계 7 파트 잔유 가루 제거

장치에서 꺼낸 파트는 아직 온기가 있을 수 있다. 우선 꺼낸 파트에 잔유 가루가 남아 있기에 손과 붓으로 천천히 제거한다. 다음 에어 콤프레셔를 이용하여 낮은 공기압으로 세밀한 분말 제거를 한다. 공기압이 너무 세면 파트가 부러질 수 있다.

단계 8 샌드 블라스트(Sand Blast) 표면 마감

표면 상태를 좋게하기 위하여 그림과 같이 모래 가루가 공기압으로 분사되는 샌드 블라스트 처리를 한다.
공기압이 세기에 조심스런 작업이 요구된다.

단계 9 파트 제작 과정 완료

마지막으로 에어건으로 최종 분말 가루를 제거해 준다. 참고로 물에 잠시 담가 둔 후 가루를 제거하면 편리하다. 그런 다음 공기압으로 물기를 제거, 건조해 주면 마무리된다.

 파트 제작 완료

재작된 파트를 보면 탄성이 있으며, 빛이 어느 정도 투과되도록 두께가 적당히 제작되었다. 이제 내부에
조명관련 회로와 LED 광원을 넣어 주어야 한다.

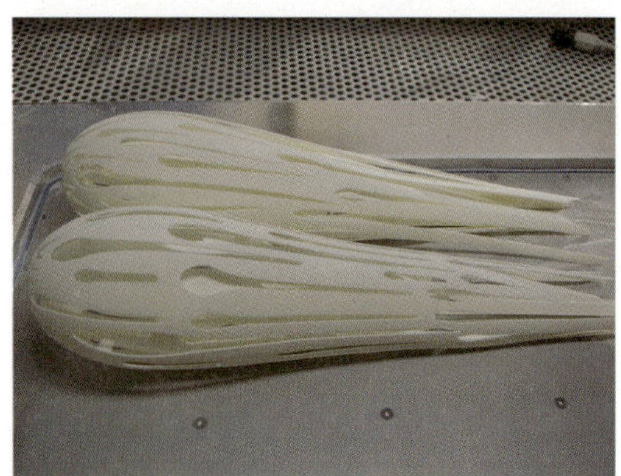

 내부 회로 및 기구물 조립

미리 준비된 내부 회로와 기구물을 제작된 RP 파트에 조립, 장착해 준다. 본 조명은 LED, 일반 벌브형
전구, 네온 형광등까지 장착이 가능하다. 여기서는 LED 광원을 사용했다. 광원을 넣는 것은 재료의 탄성
을 이용하는데 조명의 꼬리부분을 손으로 벌리고 밀어주면 쉽게 장착되도록 디자인되었다. LED는 열이
많이 나지 않기에 PA 재질이 충분히 견딜 수 있다.

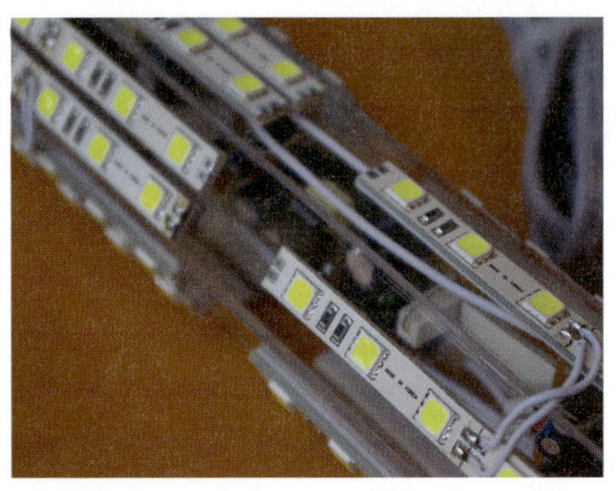
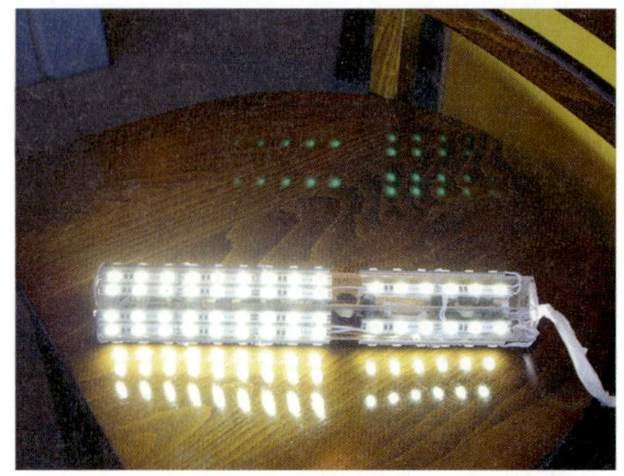

 최종 제품 완성

조명의 내부 작업이 모두 마무리된 상태에서 전원 스위치를 테스트한다. 문제 없이 점등이 되어 최종 헬리혜성 조명이 완성되었다. 색상 변화에 따라 다양한 분위기의 혜성 느낌을 준다.

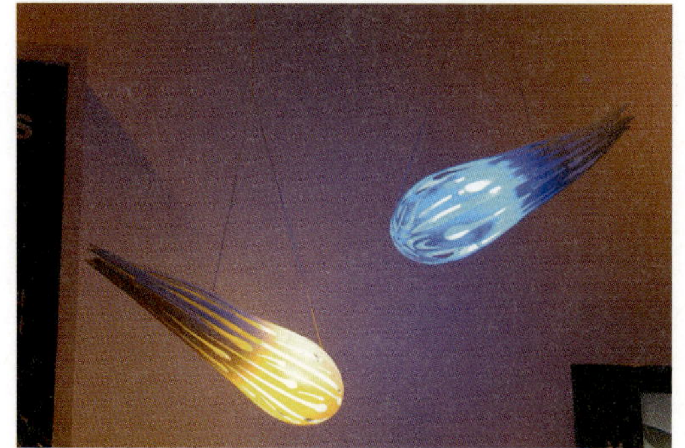

⚑ Halley's Comet Lighting 설치 모습

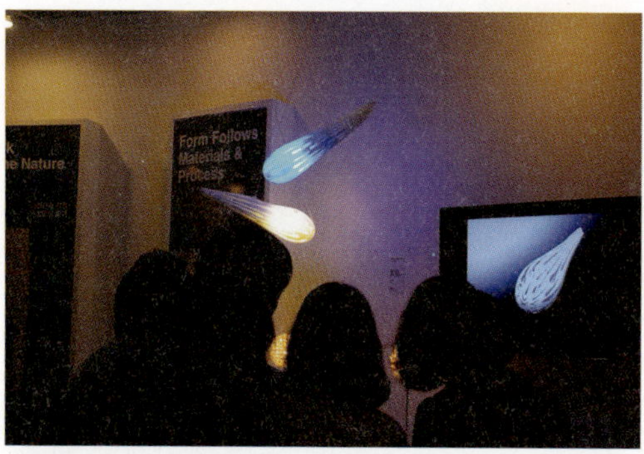
⚑ Halley's Comet Lighting 외부 전시 모습

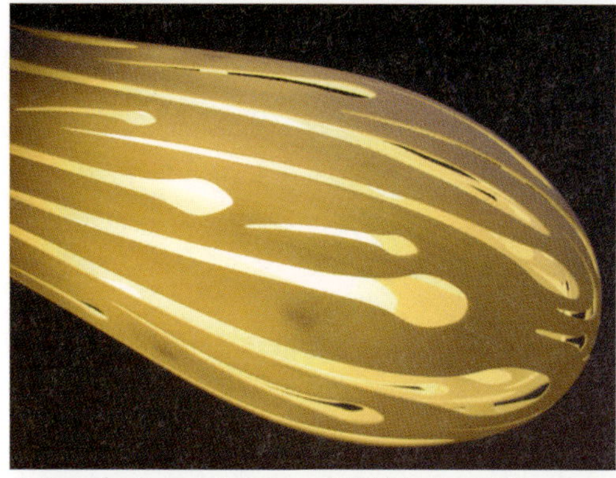
⚑ Halley's Comet Lighting 디테일 〉 Yellow 광원

⚑ Halley's Comet Lighting 디테일 〉 Blue 광원

⚑ Halley's Comet Lighting, 천장형 무드 조명, RP(Rapid Prototyping) 〉 SLS, 장비 : EOSINT P 700, 성백규 작, 2009.
　기타 램프 : 형광등 40W, 사용전원 : 220V, 크기 : 500X160mm, 두께 : 2mm, 무게 : 470g,

참조　상기 조명 디자인(Halley's Comet Lighting)은 연세대학교 산업디자인학과 성백규님의 2009년도 졸업작품으로 rapiddesign 최성권 대표의 지도하에 ㈜필룩스, ㈜재영솔루텍의 협조로 제작되었다.

미국 3D Systems 사의 SLS 방식

3D Systems 사는 앞서 언급한 것처럼 세계 최초로 SLA(Stereorithograpy Appa-ratus) 장비를 상용화한 회사로 유명하지만, SLA 장비군을 포함 크게 3가지 장비군을 제작, 공급하고 있다. 첫째 3-D Printer 장비군, 둘째 SLA 장비군, 셋째 SLS 장비들이 그것이다. 이중 SLS(Selective Laser Sintering)는 SLA 장비와 레이저를 사용한다는 것은 동일하지만 사용재료의 초기 상태가 다르다는 차이를 가진다.

SLA는 액상의 수지에 레이저를 조사하여 형상을 조형하지만 SLS는 가루성분의 재료에 레이저를 조사하기에 별도의 지지대가 필요한 형상이 만들어진다는 것이다. 특히 SLS의 경우 레이저로 소결이 가능한 모든 재료는 재료로 사용이 가능한 확장성을 가지고 있다. 그중 대표적인 혼합재료가 플라스틱계열을 포함 금속, 비철금속류, 모래 등이 그것이다. 이는 SLA 장비로 구현이 불가능한 부분이기도하다. 앞서 설명된 독일 EOS 사의 EOSINT P, M, S 계열을 생각하면 이해가 쉽다. 물론 3D SYSTEMS 장비와 EOS 장비의 원리는 거의 같은 SLS 장비이다. 다만 제작 공정상의 차이라면 3D SYSTEMS의 SLS는 모델 조형 공정 시 분말상태의 혼합재료공급과 정지(평탄화)작업을 수평 롤러에 의해 이루어지지만, EOS의 경우 분말을 슬릿노즐을 통해 공급하고, 슬릿노즐에 공급된 재료는 리코터(Recoater)와 같이 이동되며, 정지작업을 동시에 수행하는 차이이다.

SLS의 이러한 특징으로 수지나 왁스 재료로 제작된 SLA 파트에 비해 재료의 선택 폭이 넓고, 생성 파트의 강도가 우수하여 기능성 파트는 물론 다이렉트 툴링으로 응용이 용이하다. 현재 3D SYSTEMS의 SLS 장비로는 Sinterstation Pro SLS 시스템, Sinterstation HiQ 시리즈 SLS 장비들이 있다.

01 SLS 방식 장비 외관

SLS (Selective Laser Sintering)

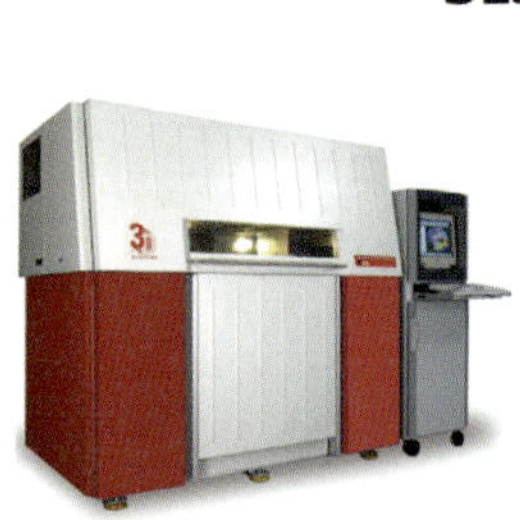

Sinterstation HiQ

Sinterstation Pro

sPro 140/230 SLS Center

sPro 60HD SLS Center

Sinterstation Pro
DM250 SLM

Sinterstation Pro
DM100 SLM

☝ 미국 3D Systems 사의 SLS(Selective Laser Sintering), SLM(Selective Laser Melting) 장비군

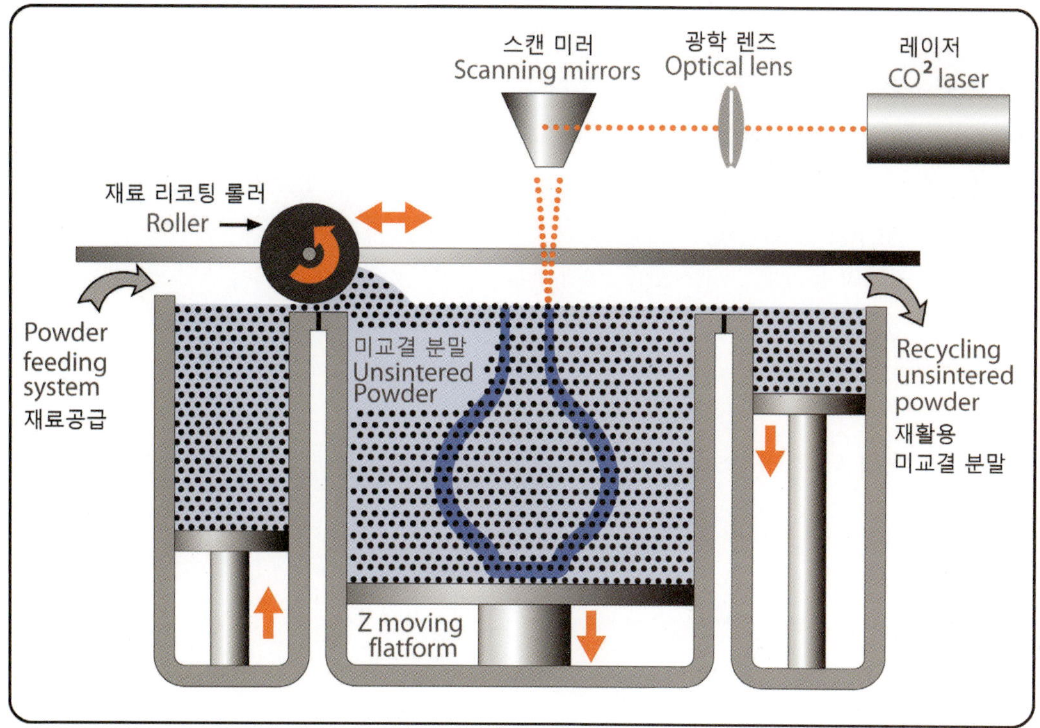

☆ 미국 3D Systems 사의 SLS(Selective Laser Sintering) 방식 조형 공정

미국 3D Systems 사의 SLS(Selective Laser Sintering) 방식은 미국의 DTM 사에서 개발되었 지만 2001년 3D SYSTEMS 사에 합병되어 현재에 이르고 있다. SLS는 앞장에서 설명된 독일 EOS 사의 SLS와 거의 같다. 시스템 내부의 모델 조형공정은 간단하다. 우선 자동으로 제어되는 재료공급장치에서 재료가 조형판에 공급되면 재료 리코팅 롤러가 평탄화를 시켜준다. 다음 상단 부에서 레이저가 주사되면서 한층 한층 파트가 제작된다. 파트는 가장 밑바닥 부분부터 레이어 적 층이 이루어지며, 이러한 작업은 파트가 완성될 때까지 계속된다. 완성된 파트는 쿨링타임과 후처 리 과정이 필요할 수 있다.

☆ 리코팅 롤러와 조형판에 재료가 충진된 모습

☆ 작업 종료 후 식히기(Cooling Time) 과정

이러한 SLS 방식은 선택적 부분에 레이저를 주사하기에 주사되지 않은 곳의 분말 재료들은 모델의 지지대 역할을 하게 된다. 이는 분말타입 장비인 Z-Corp 3D 프린터와 같다. 또한 간단한 절차를 거쳐 재활용이 되므로 경제적이다. 이때 레이저는 소결제가 코팅된 분말재료들의 결합재만 녹여주는 정도의 파워만이 소용된다. 금속 분말의 경우 결합재가 녹아 금속 분말들이 느슨하게 결합된 원하는 형태를 그린파트(Green Part)라 한다. 그 다음 그린파트를 로(Furnace)에서 후처리하는데 결합재가 타서 없어지게 되고 금속 분말들은 소결이 된다. 이를 브라운 파트(Brown Part)라 한다. 브라운 파트는 결합재가 타 없어지면서 또 공간이 생기게 되는데 이 공간을 최소화시켜주기 위하여 제 2의 용침재(Infiltrant)를 로에 추가한다. 이 금속은 로 안에서 녹아·결합재가 타서 없어진 공간을 채워 보다 치밀한 파트를 만들게 된다. 플라스틱 분말의 경우 소결제가 녹아 결합된 그대로 완성 파트가 된다.

SLS 모델 조형 세부 공정

단계 1 제작할 파트의 3D CAD 모델링 데이터를 준비하고 RP 시스템을 체크한다. 또한 재료의 상태를 체크한다.

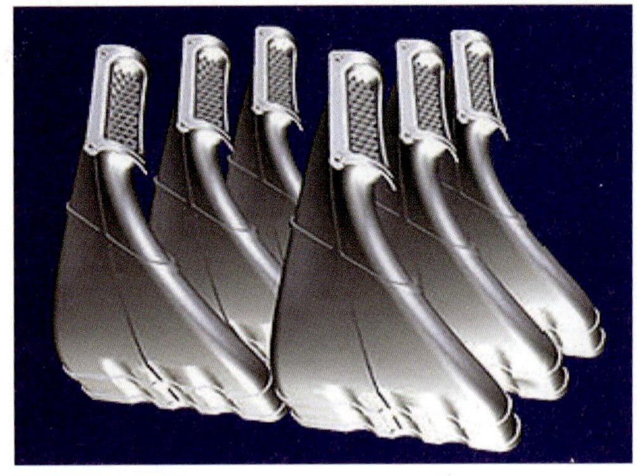
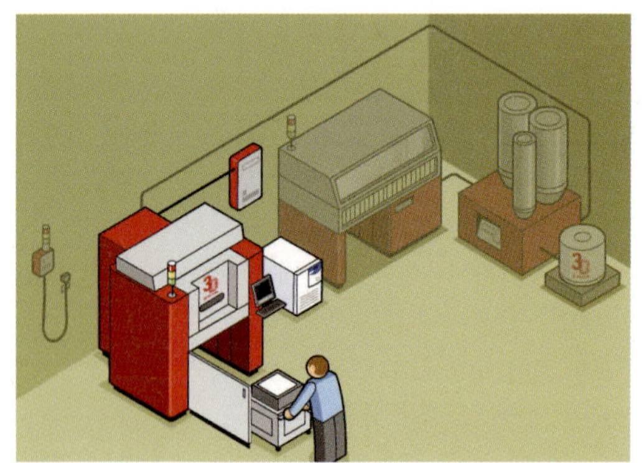

단계 2 조형판에 재료가 공급되고 리코팅 롤러에 의해 재료의 평탄화 과정이 진행된다. 이제 재료에 레이저를 주사하기 위한 준비가 완료된 상태이다. 레이저가 주사되면 그림과 같이 선택적으로 모델의 단면에 주사된다. 주사와 동시에 소결되어 경화가 이루어진다.

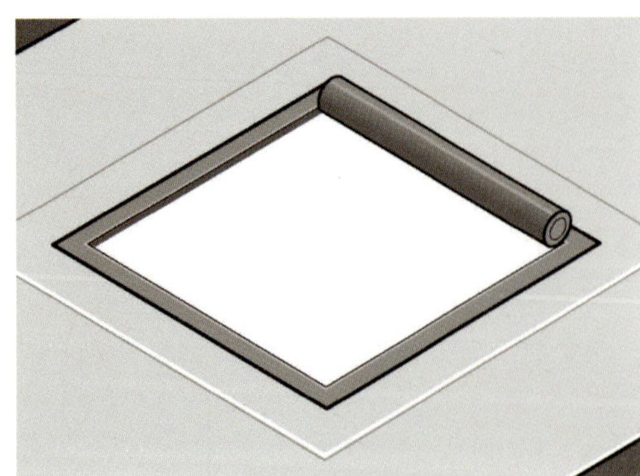
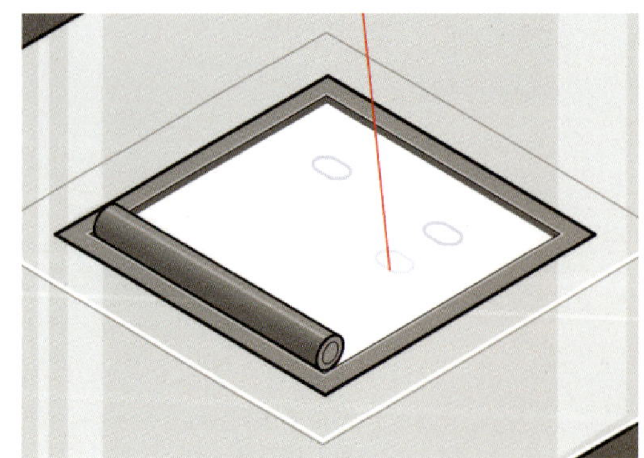

 한층이 조형되면 조형판이 미세하게 내려가며 다음 리코팅 작업이 시작된다.

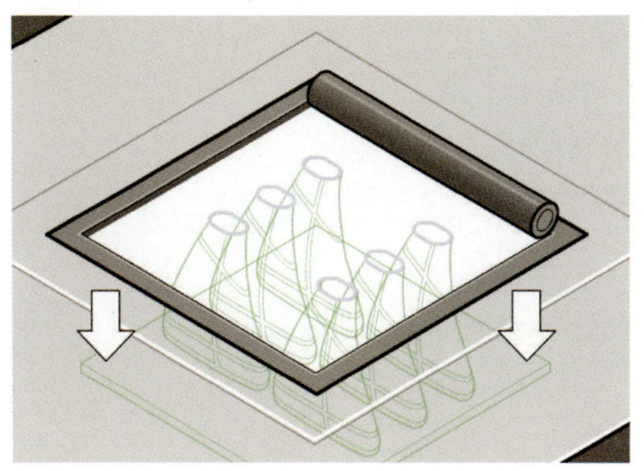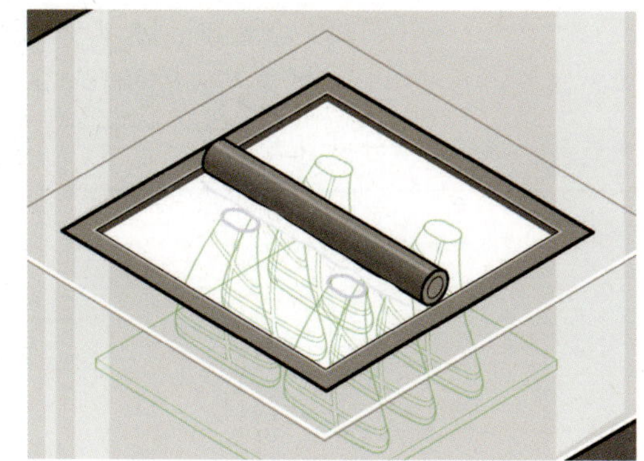

 재료 평탄화가 마무리되면 앞선 과정처럼 레이저가 선택적인 레이조를 주사하여 또 한층의 단면을 만들어 간다. 이러한 과정은 파트의 완성까지 반복된다.

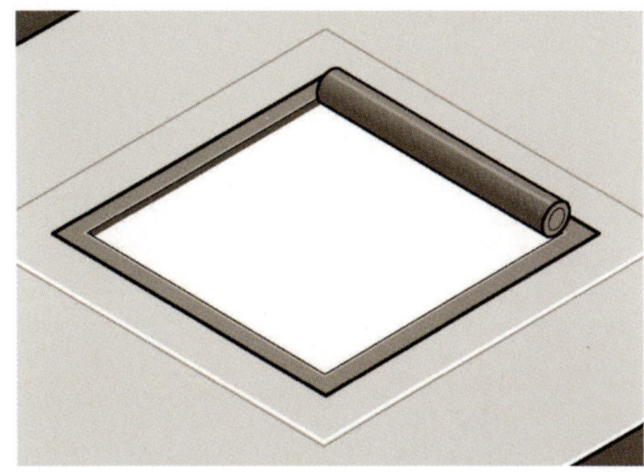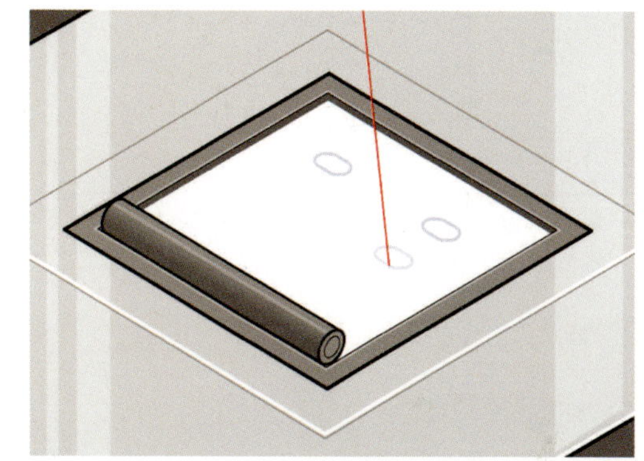

 파트의 조형이 모두 완료되면 냉각시간(Cooling Time)을 가진 후 시스템 내부에서 파트를 꺼낸다. 파트를 꺼내면서 주변의 남은 분말 가루들은 옆의 구멍(Holes)으로 떨어뜨려 주면 재활용된다. 이제 모든 조형 공정은 마무리된다.

일러스트 출처 : 미국 3D Systems 사 홍보 영상, 2008.

SLS 시스템 레이아웃과 운영

3D Systems 사의 SLS 시스템은 단일 장비로 운용되는 것이 아니며, 재료 충진과 소결, 재료 재활용 과정까지 일련의 시스템으로 운영된다. 대부분 일련의 공정들은 자동적으로 처리된다. 시스템들은 설치공간에 다음과 같은 Room Layout 기준으로 시스템화된다.

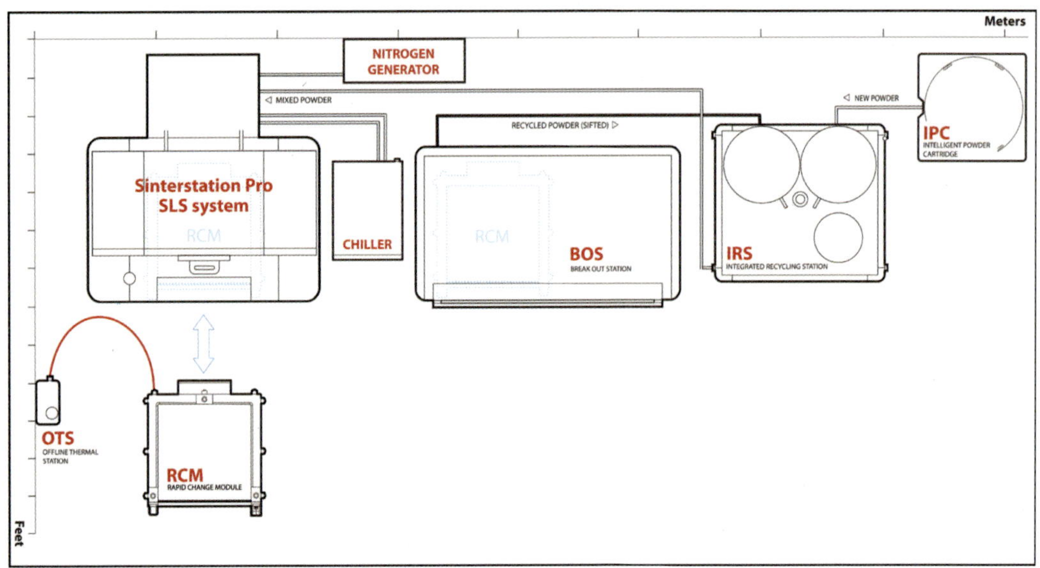

🔺 3D Systems 사 Sinterstation Pro SLS 시스템 Room Layout 예

🔺 3D Systems 사 Sinterstation Pro SLS 시스템 Room Layout 예

설치되는 부가 장치들은 1.OTS(Offline Thermal Station) 2.RCM(Rapid Change Module) 3.Sinterstation Pro SLS System 4.Nutrogen Generater 5.Chiller 6. BOS(Break Out Station) 7. IRS(Integrated Recycling System) 8. IPC(Intelligent Powder Cartridge) 등으로 구성된다.

특히 재료의 재활용을 위한 시스템이 편리하다. 이러한 SLS의 부대 장비는 작업 공정을 지원해 주는 장비로 보면 적당하다. 우선 재료 신속교환모듈(RCM)은 SLS에 사용되는 재료를 담아 작업 시 공급하는 장치로 RCM 용량에 따라 소용량과 대용량으로 나뉜다. 또한 작업 시 소결되지 않는 재료들을 모델 파트에서 분리하고 재활용할 수 있도록 처리해 주는 BOS(Break Out Station)부대장비가 있다.

▲ RCM(Rapid Change Module)

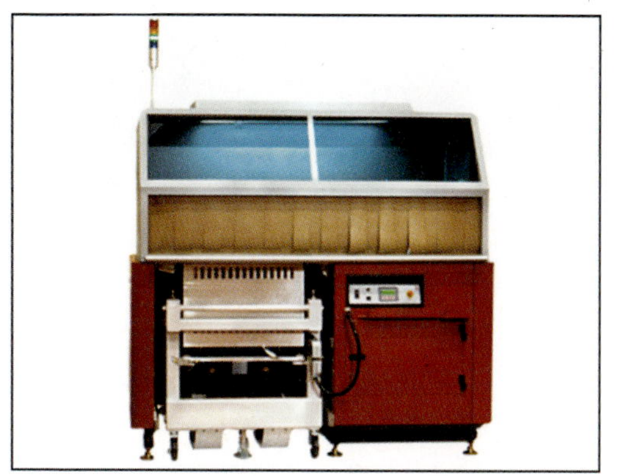

▲ BOS(Break Out Station)

재활용될 재료는 IRS(Integrated Recycling System)에 의해 New Powder로 다시 태어나며 지능형 패키지(IPC)에 의해 패킹된다.

▲ IRS(Integrated Recycling System)

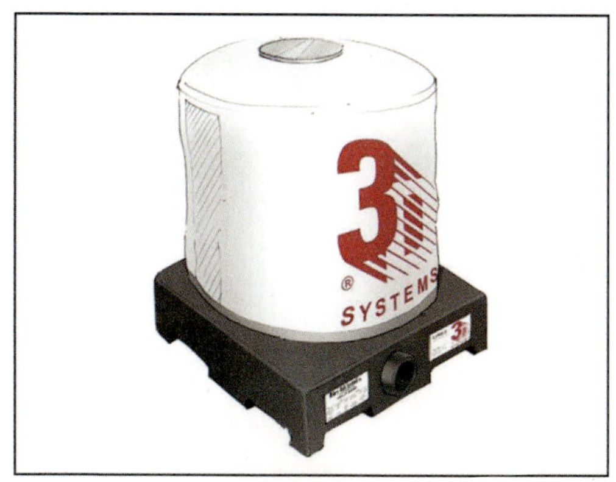

▲ IPC(Intelligent Powder Cartridge)

기타 부대 장비

1) Laser Form Oven은 SLS 파트의 후처리를 위한 부대장비로 자동으로 운전된다. 약 1070°C 범위까지 온도조절이 자동으로 되며, 앞에서 언급된 Green 파트를 로에서 태워 생긴 내부 다공층에 금속분말을 용침(Infiltration)시켜 보다 치밀한 파트를 최종적으로 얻기 위한 부대 장비이다.

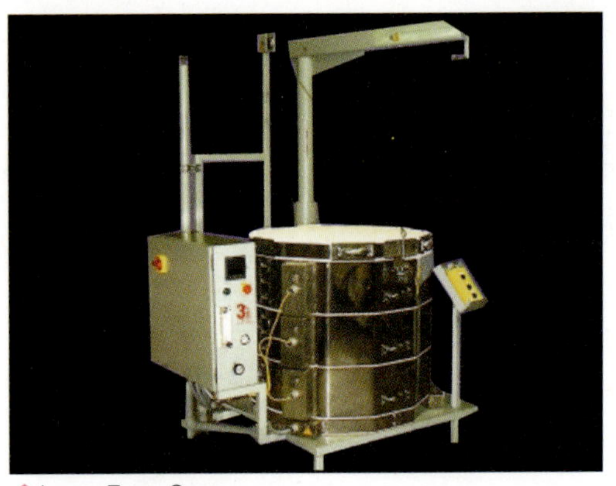
⚌ Laser Form Oven

⚌ Nitrogen Generator

2) Nitrogen Generator가 있는데 이것은 SLS 공정상 레이저로 재료가 소결되면서 연소에 의한 화재의 위험이 발생할 수 있다. 이를 방지하기 위해 SLS 작업공간 내부는 질소가스(Nitrogen Gas)로 채워지게 되는데 이를 효율적으로 생성, 공급, 통제하는 장비이다. 보통 벽에 붙일 수 있는 보일러처럼 생겼으며, Sinterstation 2500pl, Vanguard, Sinterstation HiQ / HiQ+HS, Sinter-Station Pro 140/230 시스템에 순도 98% 정도의 질소 가스를 공급할 수 있다.

조형 재료(Materials)

3D Systems 사의 장비군 중 SLS 방식의 시스템에 사용하는 재료는 DuraForm® Materials, LaserForm® Materials, CastForm® Materials로 크게 3가지로 구분된다. DuraForm® Materials은 내구성이 강한 고품질의 파트 제작용 재료로 DuraForm PA(Polyamide nylon)과 유리섬유가 포함된 DuraForm FG (Glass Filled Nylon)가 대표적이다.

⚌ DuraForm PA

⚌ DuraForm AF Plastic

⚌ DuraForm AF Plastic

LaserForm® Materials은 내구성이 강한 기능성 금속(Metal) 파트와 주형(Mold) 제작용 재료로 A6 금속 재료, 동(Bronze)과 스테인레스 스틸이 복합된 ST-100 금속재료, ST-200 금속재료 등이 대표적이다.

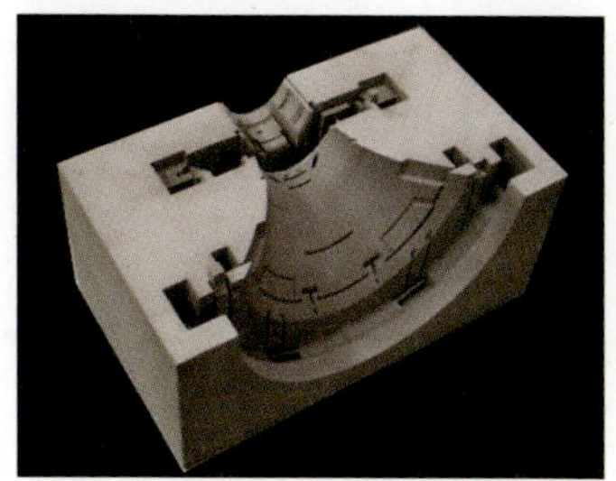

▲ Laser Form A6 재료

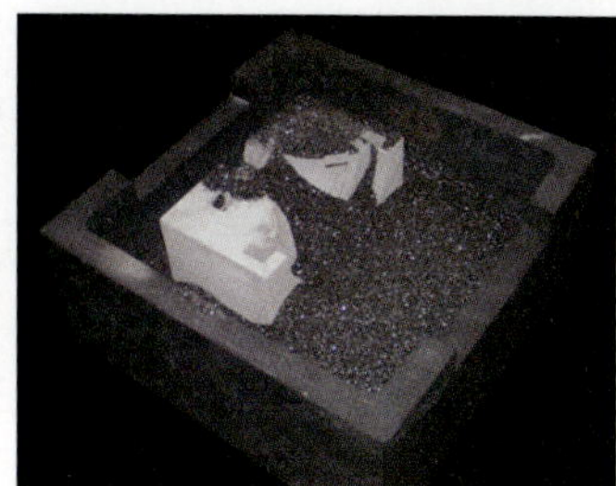

▲ 로(Furnace)에서 소결

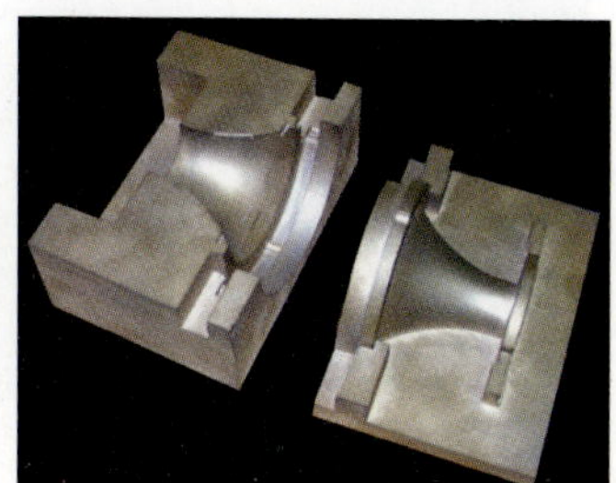

▲ Bronze 침투 메탈 얻음

CastForm® Materials 재료는 복잡한 정밀주조 패턴을 제작하기 위한 재료로 CastForm PS 재료가 대표적이다. 파우더 주성분은 열가소성플라스틱(Thermoplastic)이다.

▲ CastForm PS 재료

▲ 왁스 용침 과정

▲ 메탈 캐스팅 완성

기타 SOMOS Materials 재료는 고무와 같은 탄력성이 있는 재료로 분말의 주성분은 엘라스토머 열가소성 플라스틱(Elastomer Thermoplastic)이며, SOMOS 201이 대표적이다.

재료별 특징과 활용 분야는 3D Systems 사 SLS 방식 조형 재료표를 참조한다. 다만 국내의 경우 사용량에 따라 재료를 한정적으로 보유하고 있기에 제작 시 반드시 재료 상태를 우선 확인해야 한다.

<table>
<tr><td colspan="2" align="center">3D Systems 사 SLS 방식 조형 재료
(3D Systems SLS Materials)</td></tr>
<tr><td rowspan="1">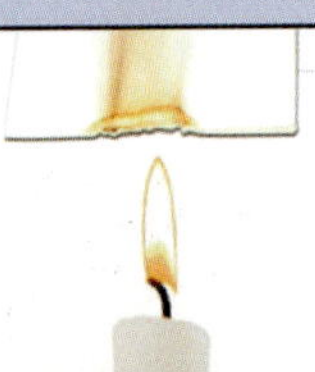</td><td align="center">DuraForm FR100 Plastic</td></tr>
<tr><td></td><td>- 불꽃 발생 저항력이 우수/- 사출 몰드 플라스틱과 같은 단단함 제공
- 기능성 테스트에 대한 내구성이 우수
- 우주항공 구성품, 자동차 범퍼, 데쉬보드, 컴퓨터 관련 파트 제작
- 각종 비지니스 장비, 소비재 전기, 전자제품의 파트 제작</td></tr>
<tr><td rowspan="1">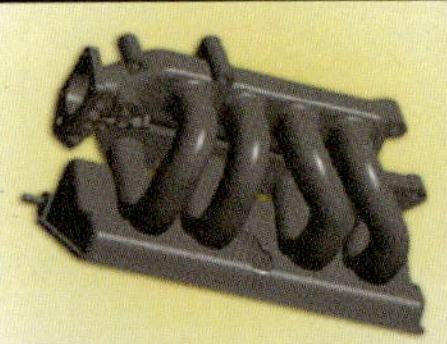</td><td align="center">DuraForm GF Plastic</td></tr>
<tr><td></td><td>- Material Type> Glass-filled polyamid(nylon)
- 기계적 강도 우수, 온도 상승에 대한 저항성 양호
- 치수 안정성, 표면 조도 양호, 하우징과 잉클로우저, 기능성 파트 제작
- 소, 중형의 Rapid Manufacturing 파트 제작</td></tr>
<tr><td rowspan="1"></td><td align="center">DuraForm PA Plastic</td></tr>
<tr><td></td><td>- Material Type> Polyamide
- 표면조도, 디테일 표현 우수
- 화학적 저항성 우수, 하우징과 잉클로우저, 데쉬보드 콘솔, 의료 장비
　임펠러와 커넥터, 소비재 스포츠 상품, Snap-fit 파트 제작에 적합</td></tr>
<tr><td rowspan="1">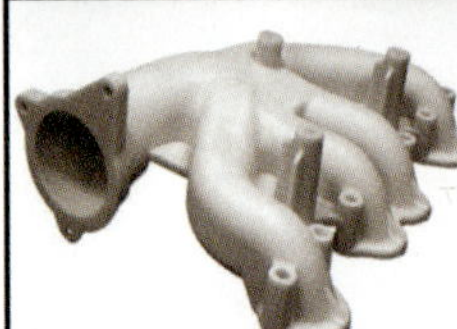</td><td align="center">DuraForm HST Plastic</td></tr>
<tr><td></td><td>- Material Type> Fiber-reinforced plastc composite
- 실제 사용 가능한 기능성 파트나 low-volume의 생산
- 온도 상승에 대한 저항성이 우수> 온도 민감 파트 제작에 적합
- 기능성 파트, 하우징과 잉클로우저, 임펠러, 커넥터, 단단한 파트 제작</td></tr>
<tr><td rowspan="1"></td><td align="center">DuraForm EX Plastic (Black)</td></tr>
<tr><td></td><td>- 충격에 강함, 사출 몰드된 Polypropylene과 ABS의 단단함을 제공
- 모터 스포츠, 우주항공, 하우징과 잉클로우저, 커넥터, 범퍼 제작
- 각종 기능성 파트, low-volume의 생산</td></tr>
</table>

♣ 미국 3D Systems 사의 SLS(Selective Laser Sintering) 방식 조형 재료

3D Systems 사 SLS 방식 조형 재료
(3D Systems SLS Materials)

DuraForm EX Plastic (Natural)

- 충격에 강함, 사출 몰드된 Polypropylene과 ABS의 단단함을 제공
- 모터 스포츠, 우주항공, 하우징과 잉클로우저, 커넥터, 범퍼 제작
- 각종 기능성 파트, low-volume의 생산

DuraForm Flex Plastic

- Material Type> Thermoplastic elastomer material
- 고무와 같은 매우 유연한 기능성 파트 제작
- 가스킷, 호스와 실(Seal), Soft-touch overmold grips,
  Form, fit 또는 각종 기능성 파트 제작, 운동화 관련 파트 제작

LaserForm A6 Metal

- 복잡한 금속파트의 제작, Rapid Tooling, Rapid Manufacturing
- 사출몰드와 다이 캐스팅을 위한 복잡한 툴링 인서트, 표면 강도 우수
- 냉각 또는 히팅 채널 파트 제작에 적합
- 표면 마감 우수, 머시닝과 EDM 공정, 폴리싱 가능

CastForm PS Plastic

- 별도의 툴링 없이 복잡한 정밀주조 패턴제작과 직접 생산
- 매우 짧은 연소 사이클
- 각종 기능 부품과 기능성 테스트 파트 제작 가능

미국 3D Systems 사의 SLS(Selective Laser Sintering) 방식 조형 재료

07

3D Systems 사 SLS 장비별 사양

제조사 / 미국	Sinterstation PRO SLS System	Sinterstation HiQ SLS System
적용 기술	SLS (Selective Laser Sintering)	SLS (Selective Laser Sintering)
제작 한계(mm)	PRO140 > 550x550x460(XYZ) PRO230 > 550x550x750(XYZ)	381x330x457(XYZ)
레이저 타입	70 watt CO2 Laser	HiQ sys. : 30 watt CO2 Laser HiQ+HS sys.:100 watt CO2 Laser
스캔 속도	10 m/s	HiQ system : 5m/s / HiQ+HS system10m/s
레이어 적층 두께(mm)	0.1mm(Min)~0.15mm(Max)	0.1mm(Min)~0.15mm(Max)
작업 파일 형식	stl	stl
구동 소프트웨어	PC / Windows OS, Magics RP(Materialise), Proprietary SLS Software	PC / Windows OS, Magics RP(Materialise), Proprietary SLS Software
사용재료	Nylon : DuraForm PA, DuraForm EX Nylon with Glass Fiber : DuraForm GF Aluminum Filled Nylon : DuraForm AF Investment : CastForm PS	Nylon : DuraForm PA, DuraForm EX, Nylon with Glass Fiber : DuraForm GF Rubber Like : DuraForm Flex, Investment : CastForm PS,Metal : LaserForm A6
장비 특징	대형 기능성 테스트용 시제품 제작 자동화된 공정 시스템 쾌적한 환경유지와 사용자의 수작업 최소화 를 위하여 전공정 자동화	다양한 Application 가능 : DuraForm 플라스틱 파트, LaserForm 금속 파트, CastForm, 정밀주조 (Investment - Casting)파트 제작, 인젝션 몰드, 다이캐스팅용 몰드 제작
장비크기(mm)	1,840(W)x1,850(D)x2,340(H) 1,840(W)x1,850(D)x2,570(H)	1,840(W)x1,175(D)x2,100(H)
장비무게(kg)	PRO140 > 약 1,480kg PRO230 > 약 1,730kg	Process Station > 약 2,060kg Computer Cabinet > 약 195kg
작동온도범위	16~27도	16~27도
공급전원(Power)	208 VAC, 63A, 3단상	240 VAC, 12./5kVA, 50/60Hz, 3상 380 VAC, 12./5kVA, 50/60Hz, 3상

3D SYSTEMS
www.3dsystems.com.

제조사 / 미국	sPro SLS140/230 SLS Center	sPro 60 HD SLS Center
적용 기술	SLS (Selective Laser Sintering)	SLS (Selective Laser Sintering)
제작 한계(mm)	sPRO140 / sPRO140HS >550x550x460(XYZ) sPRO230 / sPRO230HS>550x550x750(XYZ)	sPRO60HD >381x330x457(XYZ) SPro60HD-HS >381x330x457(XYZ
레이저 타입	70W, CO2 Laser / 200W, CO2	30W/CO2 Laser / 70W/CO2
스캔 속도	10m/s / 15m/s	6m/s / 12m/s
레이어 적층 두께(mm)	0.08mm(Min)~0.15mm(Max)	0.08mm(Min)~0.15mm(Max)
작업 파일 형식	stl	stl
구동 소프트웨어	PC / Windows XP, Magics RP(Materialise), Proprietary SLS Software	PC / Windows XP, Magics RP(Materialise), Proprietary SLS Software
사용재료	Nylon : DuraForm PA, DuraForm EX Nylon with Glass Fiber : DuraForm GF Aluminum Filled Nylon : DuraForm AF Investment : CastForm PS	Nylon : DuraForm PA, DuraForm EX, Nylon with Glass Fiber : DuraForm GF Rubber Like : DuraForm Flex, Investment : CastForm PS,Metal : LaserForm A6
장비 특징	대형 기능성 테스트용 시제품 제작 자동화된 공정 시스템 쾌적한 환경유지와 사용자의 수작업 최소화 를 위하여 전공정 자동화	다양한 Application 가능 : DuraForm 플라스틱 파트, LaserForm 금속 파트, CastForm, 정밀주조 (Investment - Casting)파트 제작, 인젝션 몰드, 다이캐스팅용 몰드 제작
장비크기(mm)	1,840(W)x1,850(D)x1,970(H) 1,840(W)x1,850(D)x2,150(H)	2,077(W)x1,429(D)x2,040(H)
	PRO140 >약 1,480 PRO230 >약 1,730	Process Station >약 2,060 Computer Cabinet >약 195
작동온도범위	16~27도	16~27도
공급전원(Power)	240V/12.5Kva, 50/60Hz, 3-phase(System) 200-240V/1-PHASE, 50/60Hz, 13A(Chiller)	240 VAC, 12./5kVA, 50/60Hz, 3상 200-240V/1-PHASE, 50/60Hz, 13A(Chiller)

참조 3D Systems 사의 장비에 관한 자세한 사항은 www.3dsystems.com. 부분을 참조한다. 또한 장비명과 세부 사양은 예고 없이 변경될 수 있다.

3D Systems 사 SLS 방식 활용 사례 갤러리

1) 제품 디자인과 기능성 샘플 테스트

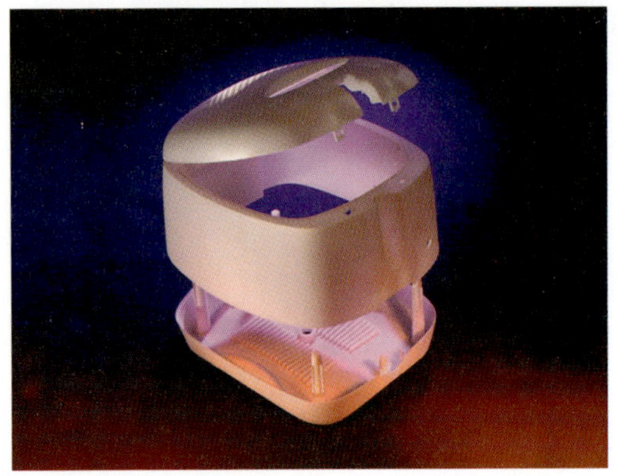

DuraForm PA Plastic

프린터 〉 DuraForm PA Plastic

2) 전자 부품 기능성 샘플 테스트

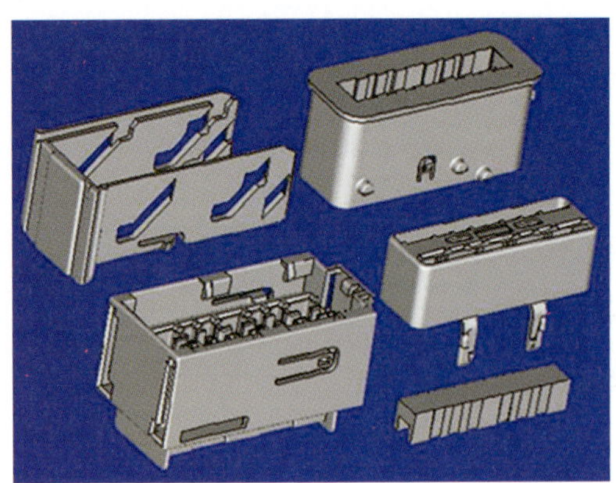

전기 커넥터 3D 모델링

DuraForm PA Plastic

3) 자동차 부품 기능성 샘플 테스트

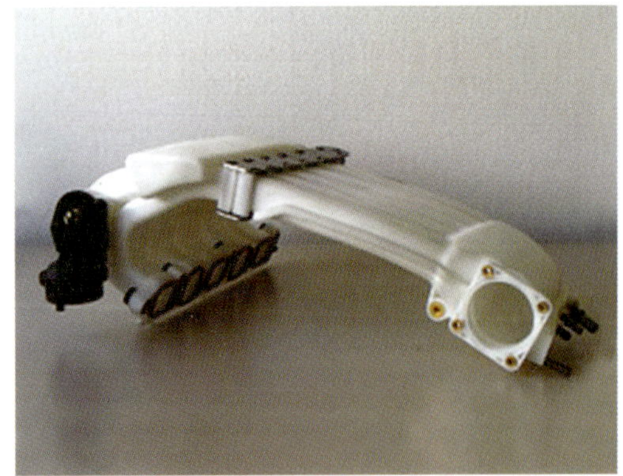

DuraForm PA Plastic

Working Test

4) 운송기기 샘플 파트

▲ DuraForm PA Plastic

▲ Working Test

5) 우주, 항공 분야 기능성 파트

▲ Space Shuttle 〉 DuraForm PA Plastic

▲ Nitrogen Gas Pipe 〉 Weight 감소

6) 사형주조와 메탈 캐스팅

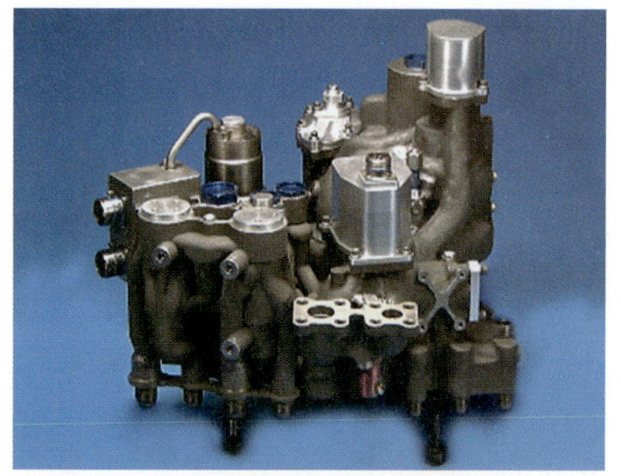

▲ 재료 : SandForm

▲ Sand-Cast Aluminum Fuel Control System

7) 메탈 툴링 분야

▲ LaserForm ST200

▲ Complex Metal Tooling

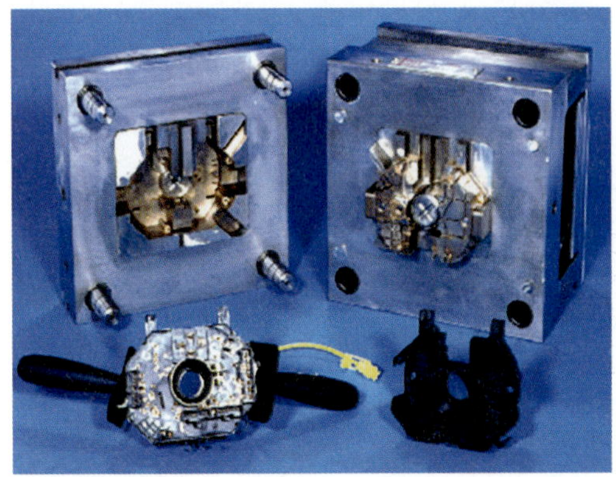

▲ 재료 : LaserForm ST100 Italy for PIAT

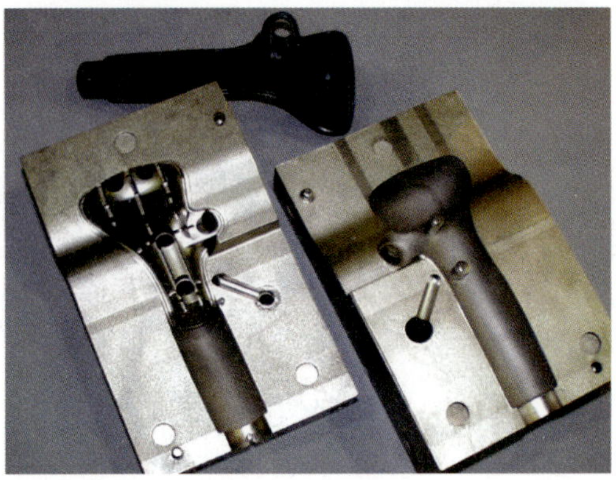

▲ LaserForm A6 〉 NACCO Handle

자료제공 : 미국 3D Systems 사 한국 시스템 공급사 〉 ㈜한국기술

참조 3D Sysyems 사 SLS 활용 사례는 본서의 정림건축 조명 디자인 활용사례편을 참고한다.

미국 Z Corporation 사의
3DP(3DP : 3D Printing=InkJet) 방식

Z Corporation 사는 1994년 미국에서 Marina Hatsopoulos, Dr. Walter Bornhost, Tim Anderson과 Jim Bertt에 의해 공동 회사로 설립되었으며, 1993년 미국 MIT(Massachusetts Institute of Technology) 사크(Sachs) 교수에 의해 시작되어 발명특허된 3DP(Three-Dimensional Printing Technology) 기술을 라이센싱하여 관련 장비 개발과 판매를 시작했다. 1997년 첫 3DP(3D Printing) 기술기반의 상업용 Z402 시스템이 출시하였으며, 이어 Z406(단종), 대형장비인 Z810(현재 단종), ZPrinter310plus(2003/2005), Spectrum Z510(2005년), ZPrint 450(2007년), 2008년 ZPrint 650까지 출시하면서 가장 대중적인 분말기반 3D Printer 개발 및 공급 업체가 되었다. 다소의 변화라면 덴마크(Denmark)의 세계적인 대형 스캐너 및 이미징 솔루션 업체인 Contex A/S(Alleroed, Denmark) 사가 Z-Corporation을 인수 합병한 것이다. 물론 각사 사업 영역의 강점을 살려 같은 제품이지만 멀티 브랜드 전략으로 시스템이 안정되게 공급되고 있다. 장비에 사용된 3DP(3D Printing) 기술의 공통된 특징이라면 가루상태의 재료에 액체 결합제 또는 교결제(Binder)를 프린터 헤드의 노즐을 통해 분사하여, 단색이나 컬러로 모델을 조형하는 것이다. 특히 3DP는 빠른 제작 속도와 경제적인 유지비용, 컬러파트의 자유로운 제작이 가능하여 교육, 소비재, 국방, 건축, 의료, 자동차 분야의 디자인 개념모델과 응용모델 제작에 최적의 솔루션 중 하나로 평가받고 있다. 현재 Z Corporation 사는 한국은 물론 프랑스, 독일, 이탈리아, 일본, 싱가포르 등 전 세계 61개국에 약 180여 곳의 서비스 및 판매망을 가지고 있다.

01 3DP(Ink Jet) 방식 장비 외관

Z Corporation 사의 3D 프린터 모델 라인업을 보면 가장 소형인 ZPrinter® 310Plus(단색출력), Zprinter® 150, Zprinter® 250, Zprinter® 350 ZPrint® 450(컬러출력), Spectrum® Z510(컬러출력), ZPrint® 650(컬러출력) 순이다. 물론 같은 제품이지만 Contex 사의 3D 프린터는 디자인 메이트(Designmate)로 불리는데 Designmate-mx(단색), Designmate-cx(컬러출력)라는 명칭으로 공급된다.

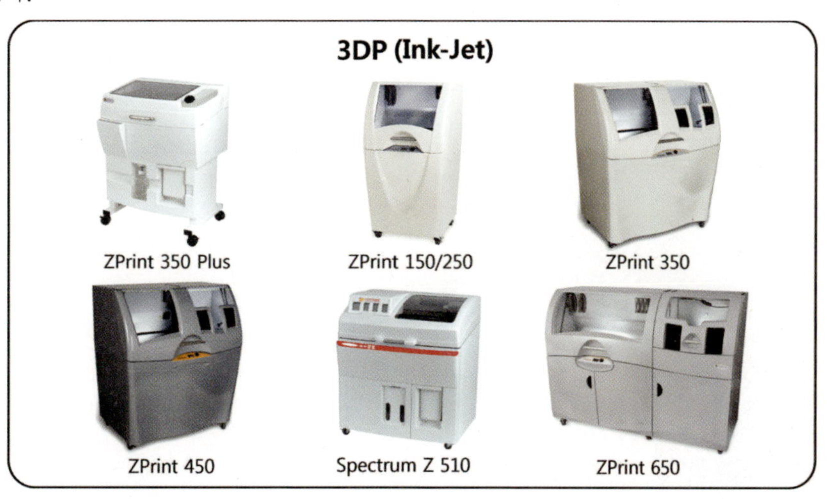

모델 조형 공정 – 3D Printing Process

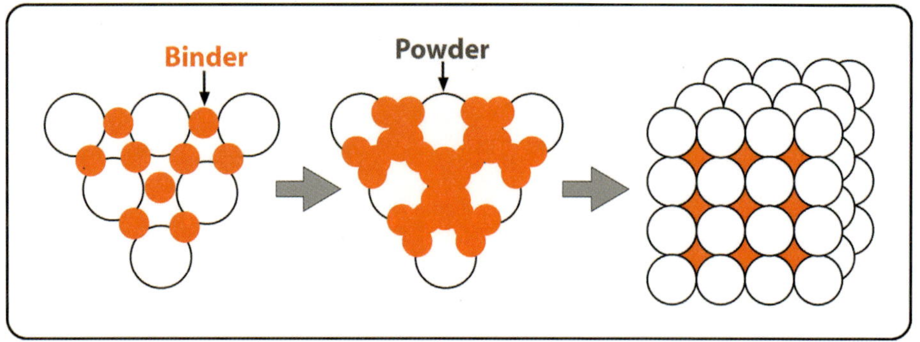

☙ 분말(Powder)재료에 바인더(Binder)침투 교결 과정

Z-Corporation 사의 3D Printing 공정은 얇은 파우더 층에 액상 바인더(Liquid Binder)를 프린팅 헤드를 통해 번갈아 분사하여 한층 한층(Layer by Layer) 적층해가며 모델을 조형하는 Inkjet printing 기술을 사용한다. 이것은 기존 2D 프린터가 헤드 밑으로 종이가 공급되어 인쇄된다면 3D Printing의 경우 종이 대신 분말 (Powder bed) 위에 레이어 별 이미지들이 적층 인쇄된다고 보면 된다. 이때 액상 바인더는 장비 종류에 따라 단색과 컬러로 구분되며 파우더(분말) 속으로 침투하여 분말들을 결합시켜 형태를 유지하도록 해준다.

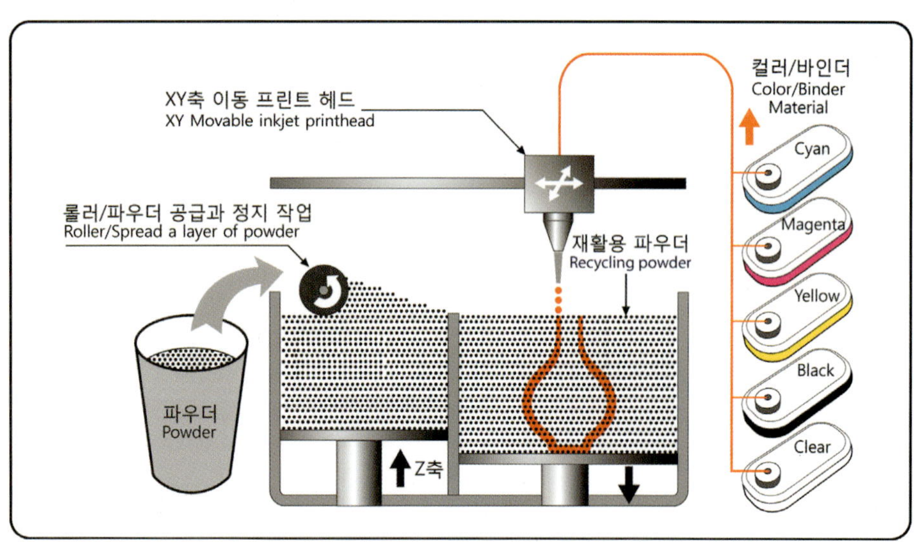

☙ Z-Corporation 사의 3D Printing 조형 원리도 〉 다중 컬러용

☙ 컬러 3D 프린팅 모습

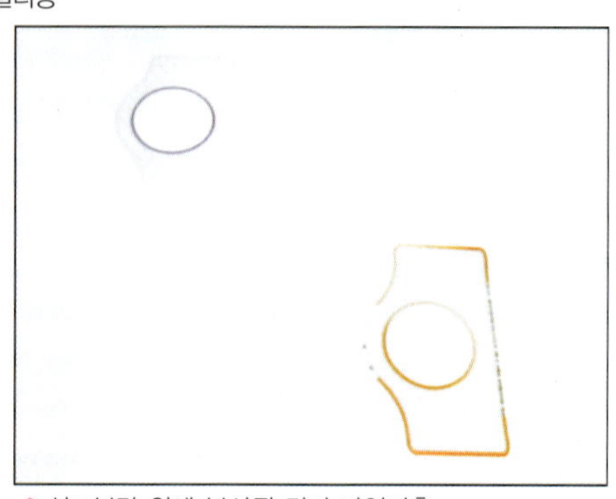

☙ 석고분말 위에 분사된 컬러 바인더층

세부 작업 공정을 살펴보면 다음과 같다. 우선 디자이너가 작업한 3D CAD 파일을 .stl, wrl, ply, sfx와 같은 파일로 저장한다. 다음 Z-Corporation 사의 장비 운용 소프트웨어인 ZPrint에 의해 3D Printer로 슬라이싱 데이터를 넘긴다. 데이터가 장비로 넘어오면 우선 양쪽 파우더 함이 Z축 피스톤으로 제어되며 재료를 공급하고 롤러 시스템에 의해 조형 작업이 이루어질 파우더 표면을 고르게 정지작업한다. 정지 작업이 완료되면 XY축으로 움직이는 프린팅 헤드가 움직이며 원하는 레이어별 단면 이미지를 프린팅하게 된다. 즉 단색 또는 컬러 액상 바인더를 파우더 위에 분사하는 것이다. 컬러 바인더의 경우 Cyan, Magenta, Yellow, Black, Clear 등이 대표색이며 분사시 혼합되면 Full-Color 표현이 가능하다. 한 층의 바인더가 도포되면 파우더와 결합하여 굳어지게 된다. 프린터 헤드에는 일반 HP 프린터헤드를 사용하며 헤드비용이 저렴하고 청소와 교체가 편리하다. 한 층이 경화되면 작업대가 피스톤에 의해 Z축으로 0.1016mm(0.004″)아래로 내려가고 그 위에 다시 새로운 좌측 파우더가 우측 파우더 작업대로 공급된다. 그러면 다시 정지작업이 이루어지고 그 위에 두 번째 레이어를 바인딩하여 또 한 층을 만들게 된다. 이러한 과정은 모델링 완성될 때까지 계속된다.

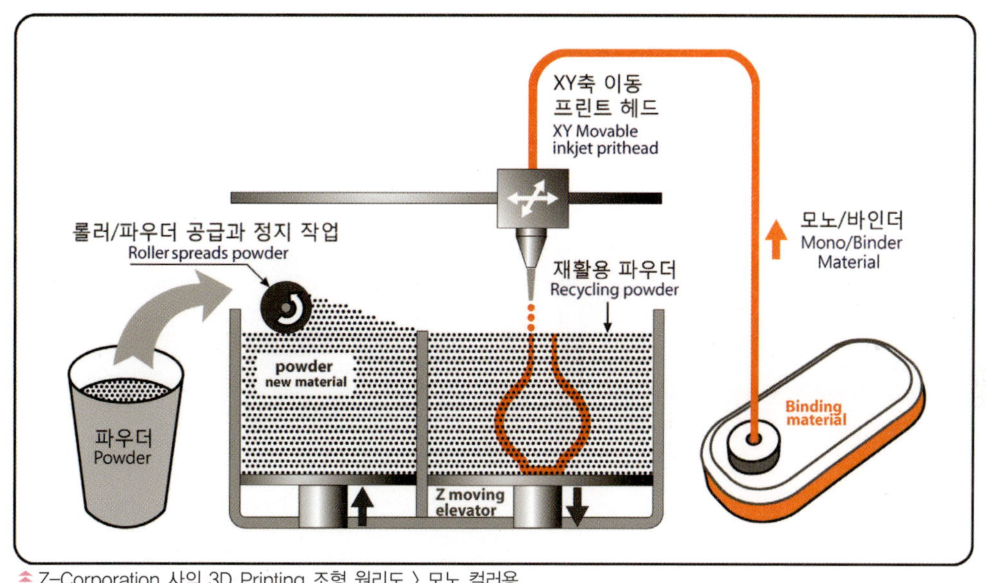

♨ Z-Corporation 사의 3D Printing 조형 원리도 〉 모노 컬러용

일반적으로 3D Printer의 잉크젯 프린트 헤드의 해상도는 600 dpi(dots per inch)이며, 제작속도는 시간당 Z축으로 25mm - 50mm까지 가능하기에 파트조형속도가 매우 빠른 편이다. 이렇게 3D Printing 공정이 완료되면 제작실 파트는 일종의 지지대 역할을 해주는 분말에 둘러싸이게 된다. 사용자는 조형물의 재료가 굳을 때까지 기다렸다가 제작실에서 파트를 꺼낸 다음 Printing되지 않고 주변에 남은 모든 잔유 분말은 오버플로우슈트 즉 재활용 플랫폼으로 떨어뜨려 다음 작업 시 재활용할 수 있다. 물론 깨진 파트를 부수어 사용하는 것은 불가하다. 이렇게 꺼낸 완성 파트의 면이나 틈에는 아직 붙어 있는 파우더들이 존재하는데 이것은 에어건으로 분말을 털어주거나 진공 흡입기로 제거해주면 된다. 이러한 작업은 초보자라도 쉽게 할 수 있으며 처리시간도 매우 짧다. 이것은 Z Corp의 3D Printer가 별도의 지지대가 필요 없다는 것이며 지지대의 역할을 해 준 나머지 파우더 재료들은 모두 재활용이 가능하다는 점에서 매우 경제적이다.

Z Corporation 사의 장비별 특징과 활용

1. ZPrinter 310 Plus

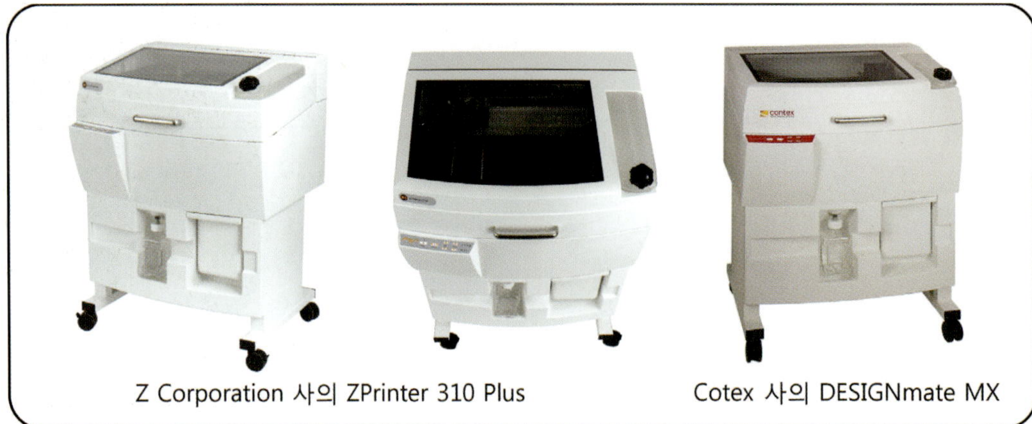

Z Corporation 사의 ZPrinter 310 Plus   Cotex 사의 DESIGNmate MX

2003년 출시된 ZPrinter310을 모델이 2005년 10월 ZPrinter 310 Plus라는 보다 개선된 모델로 출시 되었다. ZPrinter 310 Plus는 외관상 장비크기가 작고 사용 시 소음이 적어 사무실이나 교육환경에 적합하다. ZPrinter 310 Plus는 처음 3D 프린터 RP 장비를 도입하는 유저들에겐 매우 다양한 장점과 기능들을 제공해 준다. 우선 장비 가격이 저렴한 편이며, 사용되는 재료비 또한 경제적이기에 효율적인 장비운영이 가능하다. ZPrinter 310 Plus는 단색(Monochrome) 3D 프린팅 시스템이다.

☎ 내부 석회 분말가루와 우측 바인더 공급 탱크

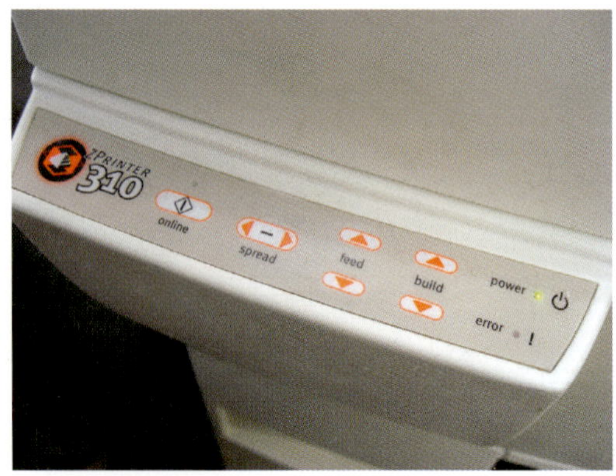

☎ 쉽고 간단한 조작반 / 310 모델과 동일

☎ 장비 내부의 헤드 청소 시스템(헤드 1개)

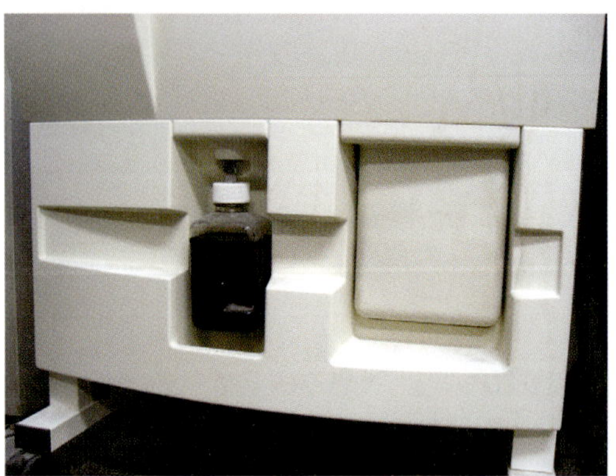

☎ 헤드 청소 잔류액과 우측 파우더 재활용 수거함

모델 제작 속도면에서도 기존 3D 프린터 군 RP 장비 중 분당 2~4 레이어 적층으로 매우 빠른 편이어서 디자인된 제품컨셉모델출력을 단 몇 시간만에 출력할 수 있다. 레이어 두께는 작업 시 사용자가 선택이 가능한데 0.089~0.203mm로 조절이 가능하며, 해상도는 300×450dpi이다. 사용성도 뛰어나서 그저 2D프린터를 다루듯 간단해 초보자들도 출력이 가능하다. 제작크기는 203×254×203mm(8×10×8)의 모델 조형 영역을 가지고 있으며, 주 사용재료는 고성능 합성 흰색 분말형태의 석회 분말(Plaster Composite)을 사용하며, 프린터 헤드를 통해 분사되는 단색(Monochrome) 바인더(교결제)에 의해 석회 분말의 경화가 레이어별로 이루어져 전체 형상이 조형되는 전형적인 3DP 기술을 사용하고있다. 물론 바인더 컬러를 바꾸면 단색 컬러 출력도 가능하다. 재료 성분에 따라 스냅핏(Snap-fit)이 가능한 제품이나, 탄성을 요하는 제품, 직접주조나 정밀주조가 가능한 재료로도 출력이 가능하다.

활용 사례

ZPrinter 310 Plus의 활용 분야는 자동차 산업, 제품 컨셉 모델제작, 프리젠테이션 모델, 신발 산업, 메탈 캐스팅, 건축 모형, 교육, 구조 해석, 지리정보, 소비재 제품, 기능성 모델, 의료 등 다양한 적용과 활용이 가능하다.

제품 디자인 〉 컨셉모델링, Alarm-clock
제공 : ZCorp.com 2009.

액자 디자인 (Picture-frame)
제공 : ZCorp.com 2009.

건축 디자인 〉 컨셉모형, 제공 : ZCorp.com 2009.

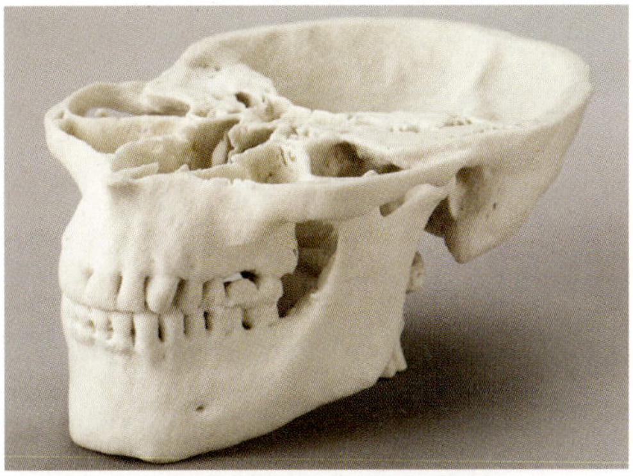

의료분야 인체 파트, 제공 : ZCorp.com 2009.

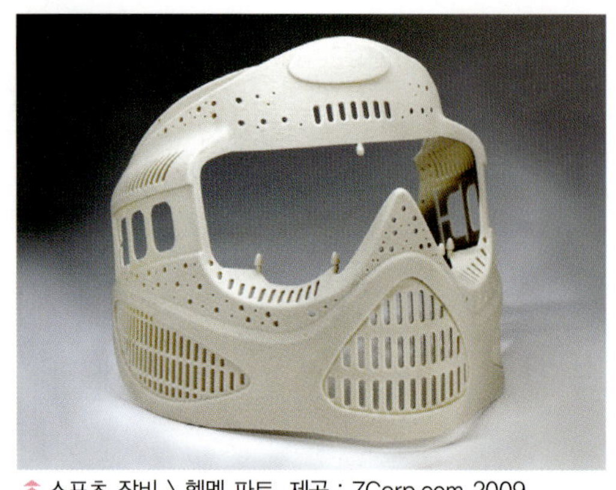

☝ 스포츠 장비 〉 헬멧 파트, 제공 : ZCorp.com 2009.

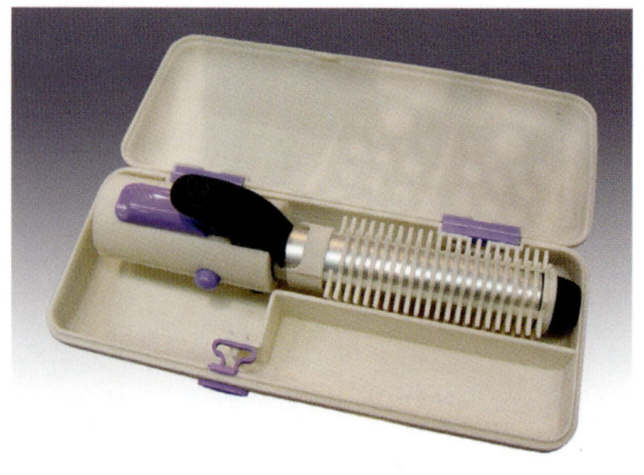

☝ 소비재 제품 〉 고데기 디자인 모형

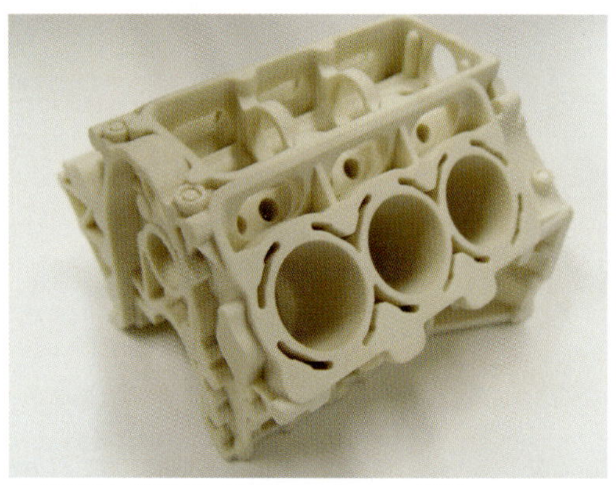

☝ 자동차 〉 엔진블럭, 제공 : ZCorp.com 2009.

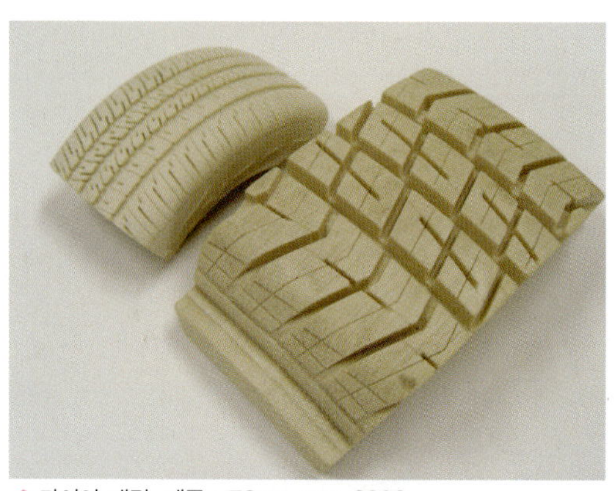

☝ 타이어 패턴, 제공 : ZCorp.com 2009.

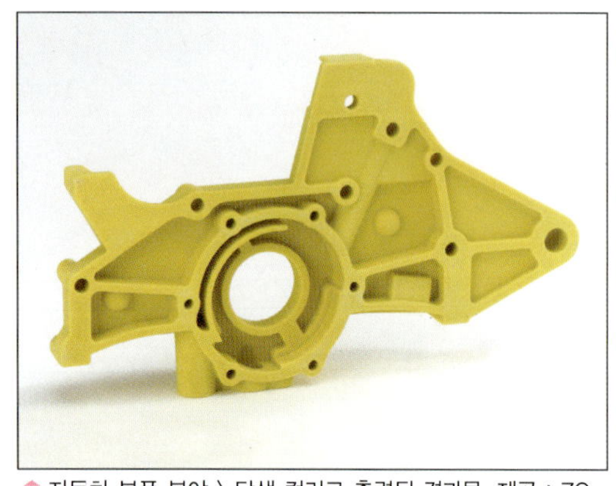

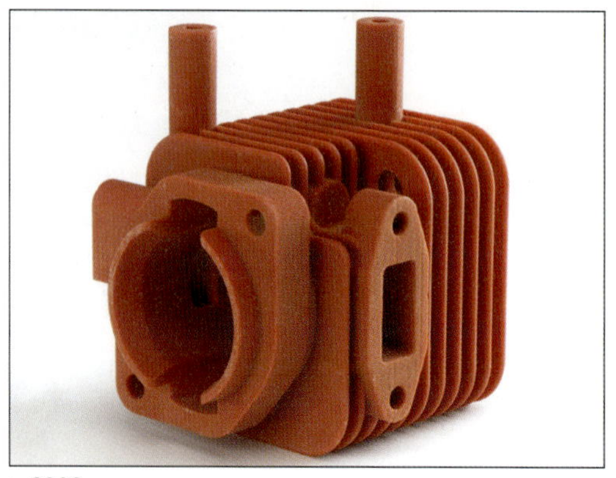

☝ 자동차 부품 분야 〉 단색 컬러로 출력된 결과물, 제공 : ZCorp.com 2009.

2. ZPrinter 150/250

ZPrinter 150은 가장 경제적이며, 가장 공간을 적게 차지하는 사무실 환경에 적합한 3D 프린터 시스템이다. 구현 색상은 단색(Monochrome)이며, 시간당 세로축 적층 속도는 20mm이다. 사용재료는 고성능 복합재료인 High Performance Composite이다. 호환 파일 포맷은 STL, VRML, PLY, 3DS, ZPR 등 다양하다. 해상도는 300×450 dpi이다.

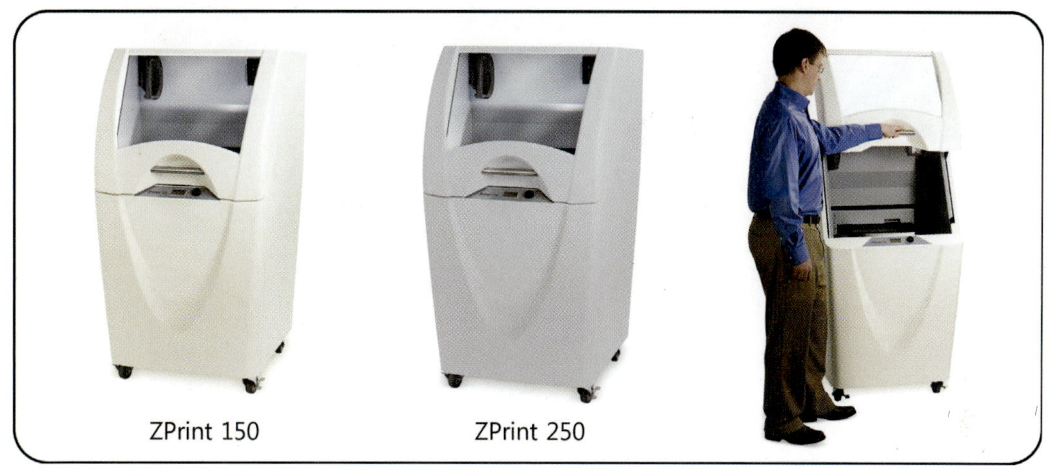

ZPrinter 250은 소형이면서 컬러 구현이 가능한 것이 특징이다. 시간당 세로축 적층 속도는 20mm이며 레이어 두께는 0.1mm이다. 조형 Build 크기는 236×185×127mm로 작은 편이 아니다. 사용재료는 고성능 복합재료인 High Performance Composite이다. 호환 파일 포맷은 STL, VRML, PLY, 3DS, ZPR 등 다양하다. 해상도는 300×450 dpi이다.

활용 사례

3. ZPrinter 350

ZPrinter 350은 단색(Monochrome) 파트의 제작이 가능하며, 사무실 환경에 적합한 장비이다. 우측
에서 후처리 관련 공정을 바로 진행할 수 있는 장점이 있다. 조형 Build 크기는 203×254×203mm
이며, 사용재료는 고성능 복합재료인 High Performance Composite이다. 호환 파일 포맷은 STL,
VRML, PLY, 3DS, ZPR 등 다양하며, 해상도는 300×450 dpi이다.

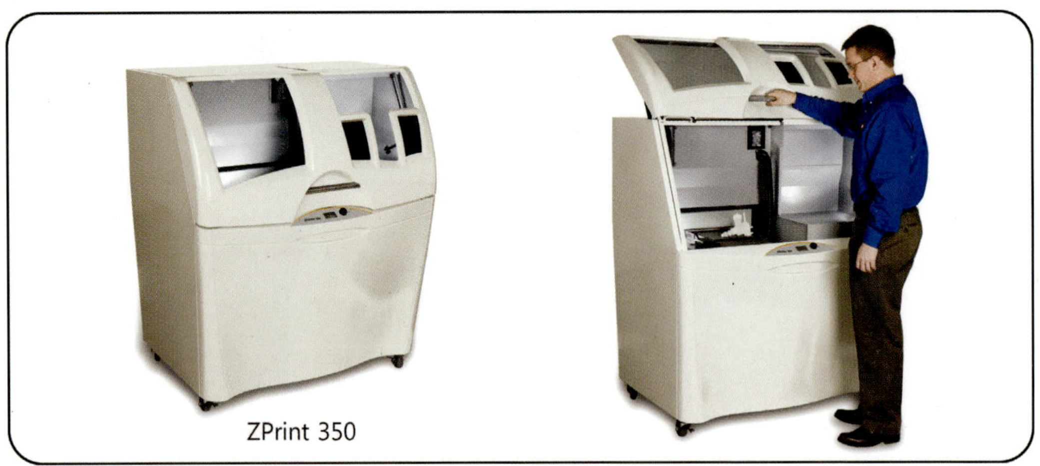

활용 사례

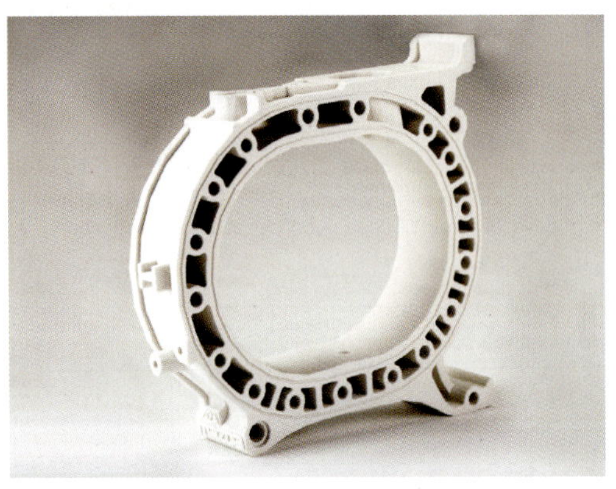
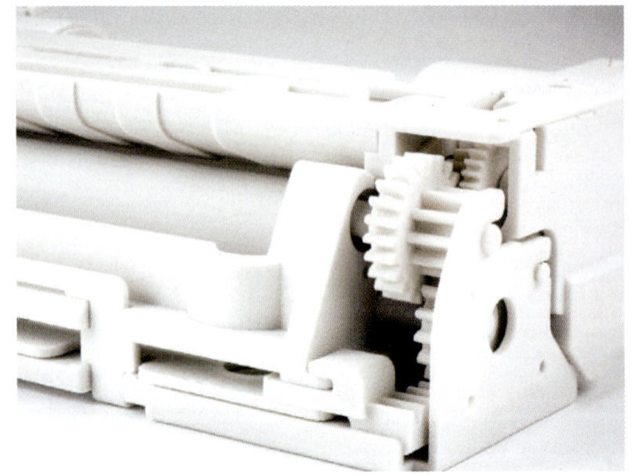

4. ZPrinter 450

2007년 출시된 ZPrinter®450은 세계에서 가장 자동화된, 저렴한 컬러 3D 프린터 중의 하나로 놀라
운 시간 절감과 선명한 고해상도 출력물을 얻을 수 있다. 또한 풀컬러(Full Color) 지원으로 제품 디자
인, 시제품과 건축구상 그리고 교육, 의료에서 예술분야까지 광범위한 분야에서 사용된다.

제품 외관은 사무실 환경에 적합하도록 최소한의 면적을 차지하는 부피와 미려한 디자인을 겸비하고 있다. 사용성 면에서 버튼 하나로 단계별 작업이 자동화 진행되는 모니터링 시스템, 작업 시 저소음 실현, 독성이 없는 카트리지 형태의 친환경 재료의 사용, 모델 제작 후 잔여 파우더 제거와 재활용의 자동화 시스템은 사용자의 편리성을 극대화시켜 주며 깨끗한 환경을 유지하도록 해 준다.

모델 제작 속도 면에서 보면 기존 컬러 3D 프린터군 중 분당 2~4 레이어 적층으로 최고의 속도를 보여준다. 이는 기본적인 크기의 모델의 경우 대부분 몇 시간 정도면 실물을 출력해 볼 수 있다는 것이다. 레이어 두께는 작업 시 사용자가 선택이 가능한데 0.089~0.102mm로 조절이 가능하며 해상도는 300×450dpi이다. 제작크기는 203×254×203mm(8×10×8)의 모델 조형 영역을 가지고 있다. 주 사용 재료는 고성능 복합재료(High performance composite)이다.

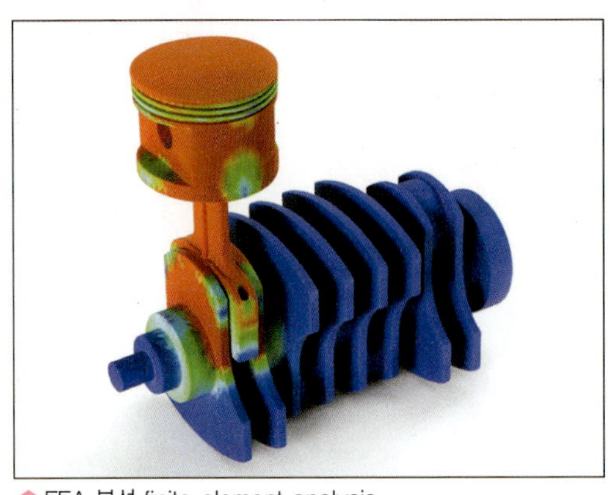

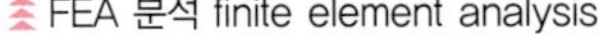
FEA 분석 finite element analysis

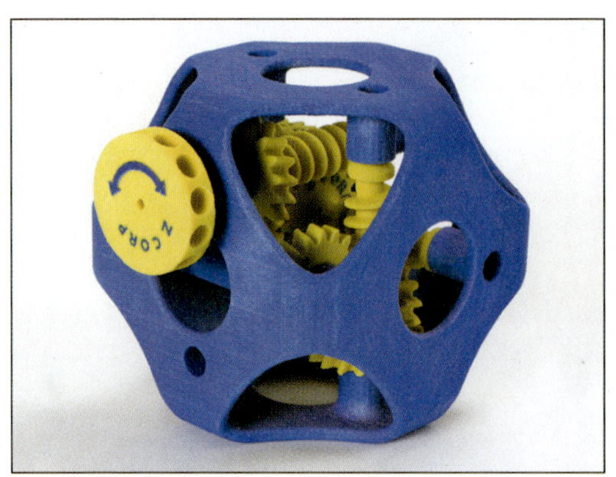
기어 기능 테스트 샘플

04 모델 조형 과정 1

단계 1 제작하고자 하는 3D CAD 데이터 모델을 ZPrint software로 임포트하여 프린팅 자동 체크, 원하는 작업대 위치에 모델을 위치시킨 후 프린터 장비에 제작 데이터를 전송한다.

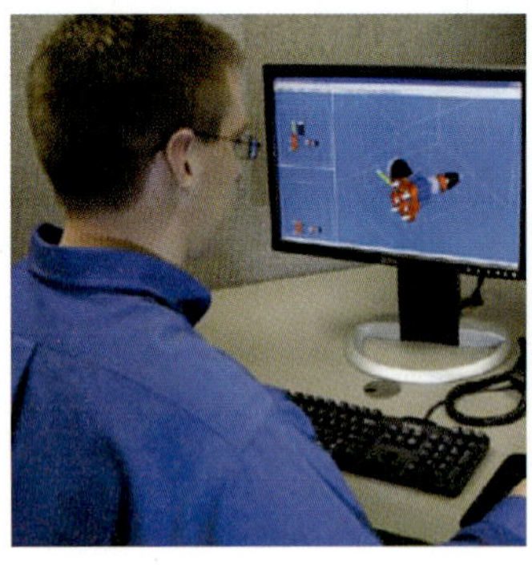

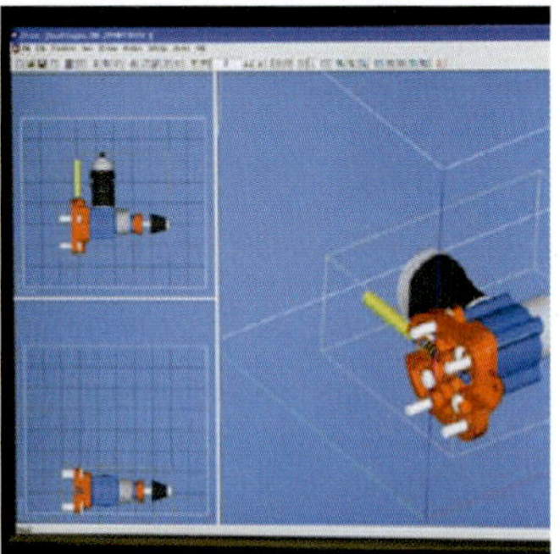

단계 2 바인더 공급은 1리터짜리 카트리지(zb 59/Clear Binder Solution)를 장비의 좌측 상단에 넣어 주면 되며, 분말 재료 공급은 파우더 Canister를 통해 자동 공급된다. 프린트 헤드는 3개의 컬러헤드가 하나로 집접화된 카트리지로 간단하게 끼워 넣을 수 있다.

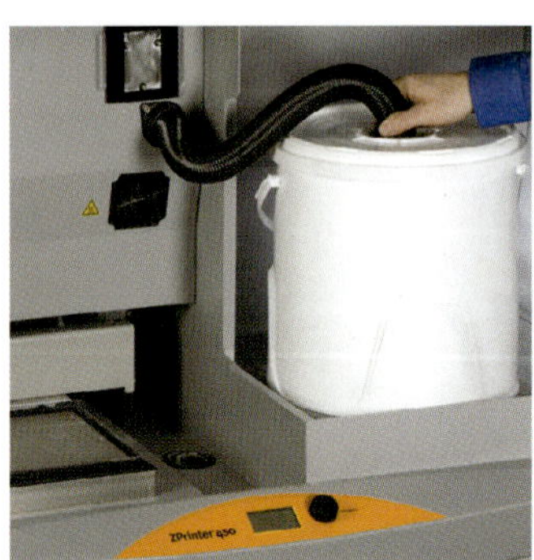

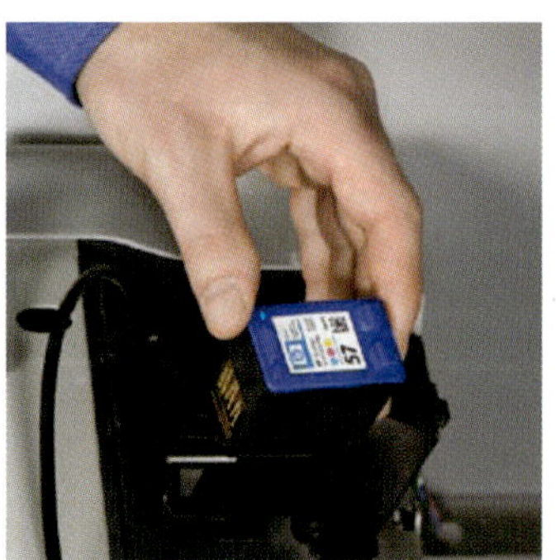

 노브(Knob)를 돌려가며 프린팅 관련 제어를 쉽게 할 수 있으며, 프린트를 하기 위해 "3D Print"에 맞춘 후 노브(Knob)를 눌러 주면 조형 작업이 시작된다.

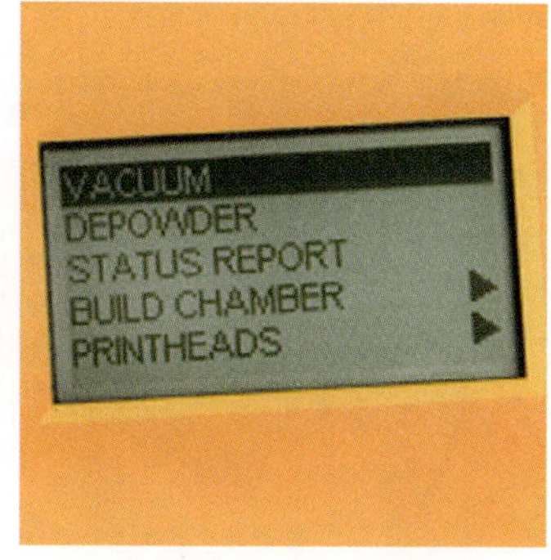

 프린팅 작업이 완료되었으면, 진공 바이브레이션(진동) 시스템에서 자동으로 모델에 붙어 있는 파우더 잔유물을 제거해준다. 약 80%정도 제거된다. 잔유물(파우더)은 수거되어 향후 재활용할 수 있다.

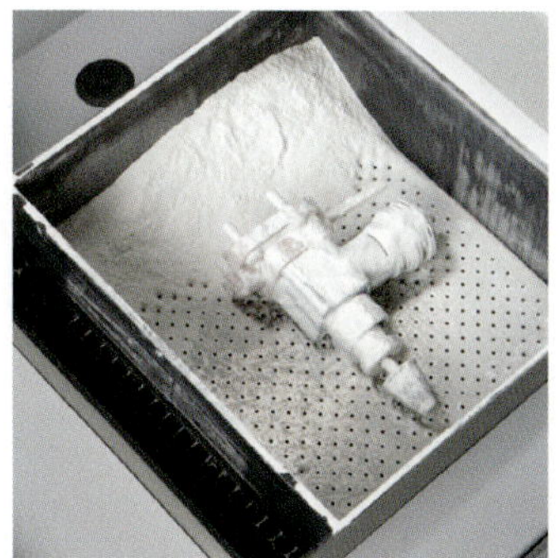
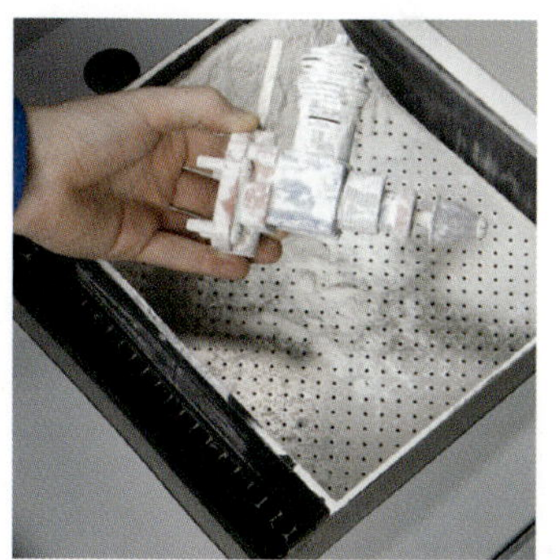

 모델에 남아 있는 나머지 파우더는 통합 파우더 제거실에서 에어건을 이용하여 깨끗이 제거해준다. 이때 불필요하게 날카로운 송곳이나 칼날과 같은 별도의 툴은 사용하지 않도록 한다.

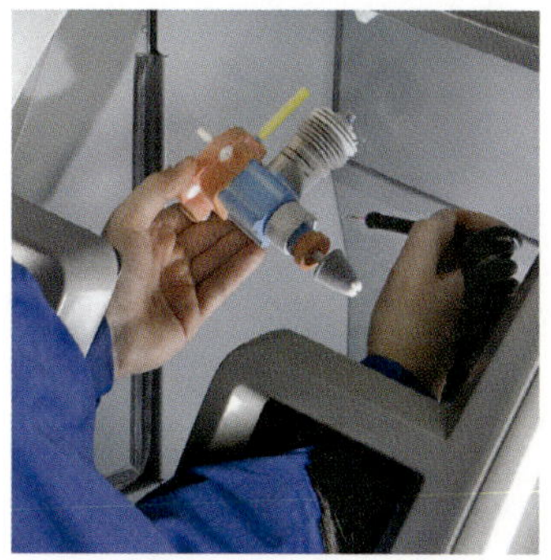
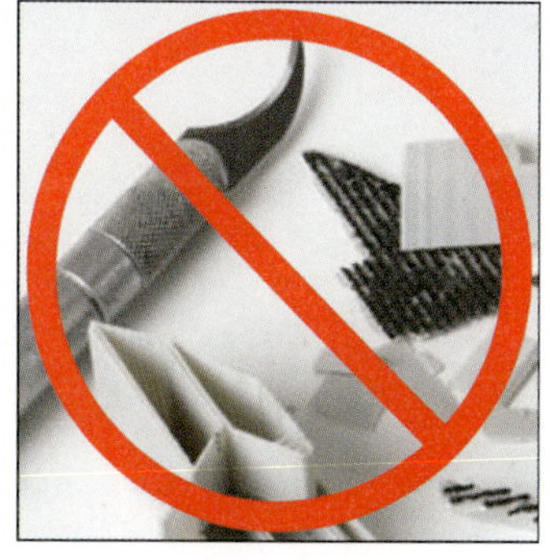

 완성된 모델의 마무리와 강도 보강을 위해 전용 Z-Bond 실란트(Sealent)에 담가주거나 Z-Max를 제품 표면에 가볍게 브러쉬를 이용하여 발라준다. 충분한 건조 후 완성 파트를 손으로 쥐어 보면 표면이 매우 딱딱하게 경화된 것을 알 수 있다.

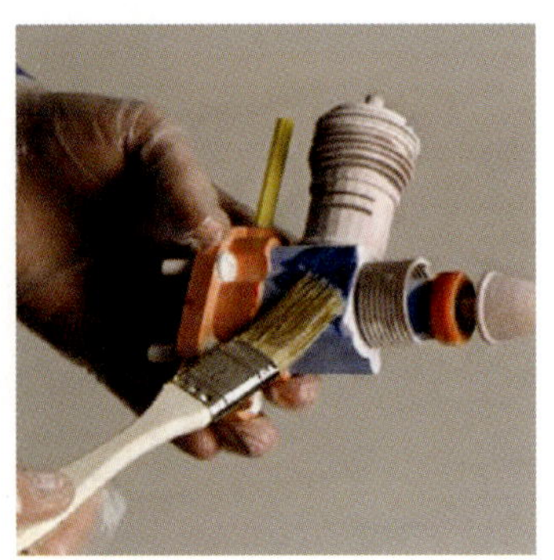

1. ZPrint Z 510/Spectrum 510

2005년 출시된 ZPrint Z 510/Spectrum 510은 Full Color 지원으로 고해상도의 컬러 파트를 빠르고 경제적인 가격으로 제작할 수 있다. Spectrum Z510의 풀 컬러 시스템은 최상의 잉크젯 Printing 기술로 정확한 색상을 지닌 파트를 만들기 때문에, 마무리 단계에 있는 설계 개념의 형상 모델을 인쇄하고 평가하는데 매우 유용하다.

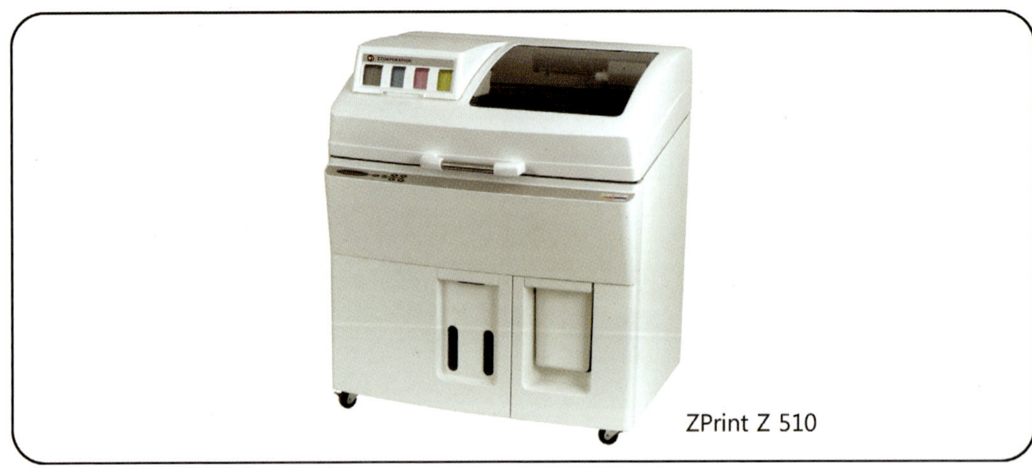

ZPrint Z 510

24비트 컬러의 3D Printing 기능으로 제작된 컬러모델은 기존 단색의 쾌속 조형물보다 더 많은 정보, 예를 들어 풀 컬러 디자인제품의 확인, 조립된 부품간의 구분, 엔지니어링 라벨링, 정확한 유한요소해석(FEA) 등 다양한 정보를 전달해 주기 때문에, 제품 개발 측면에서 시간 단축을 통한 제품 경쟁력을 높일 수 있다. ZPrint Z 510/Spectrum 510의 내부 구조는 ZPrinter 310 Plus 와 큰 차이가 없어 보이지만 다중 컬러 지원을 위한 컬러 프린터 헤드를 갖추고 있으며 모델 제작 크기가 254×356×203으로 큰 편이다.

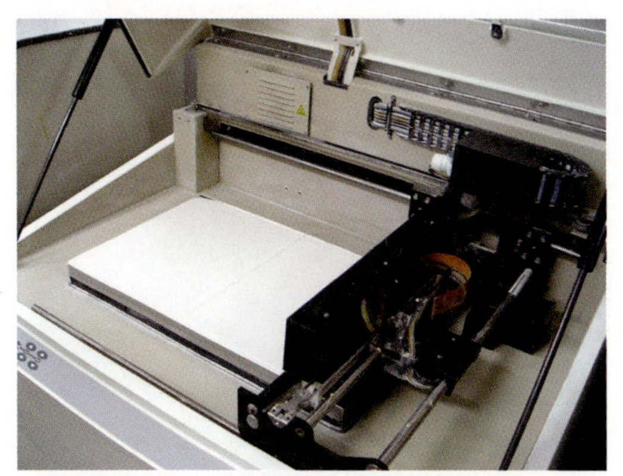
✥ 컬러장비 내부의 파우더 배드 및 프린터 헤드 모습

✥ 파우더 정지 작업을 위한 롤러 시스템

✥ 파우더 공급을 위한 Z축 메커니즘

✥ 잔유 파우더 수거함 – 재활용 가능

Spectrum 510은 컬러 표현을 위해 총 4가지 컬러 Water Clear, Yellow, Magenta, Cyan의 바인더를 장착할 수 있다. 바인더들은 투명 케이스에 담겨 있기에 잔류량 구분이 용이하다. 4가지 컬러의 바인더는 조형 작업이 진행되면 총 4개의 프린터 헤드(W, Y, M, C)로 각각 공급되어 분사되게 된다.

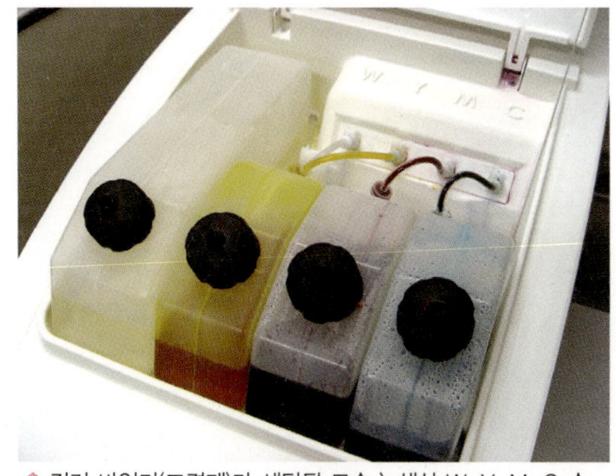
✥ 컬러 바인더(교결제)가 세팅된 모습 〉 색상 W, Y, M, C 순

✥ 컬러 프린팅을 위한 W, Y, M, C 헤드가 장착된 모습

Spectrum 510의 컬러 프린팅 조형 속도는 분당 2~4 레이어 적층으로 매우 빠른 편이어서 디자인된 제품 컬러 모델을 단 몇 시간만에 출력해 볼 수 있다. 레이어 두께는 작업 시 사용자가 선택이 가능한데 0.089~0.203mm로 조절이 가능하며 해상도는 300×450dpi이다. 사용성도 뛰어나서 그저 2D 프린터를 다루듯 간단해 초보자들도 출력이 가능하다.

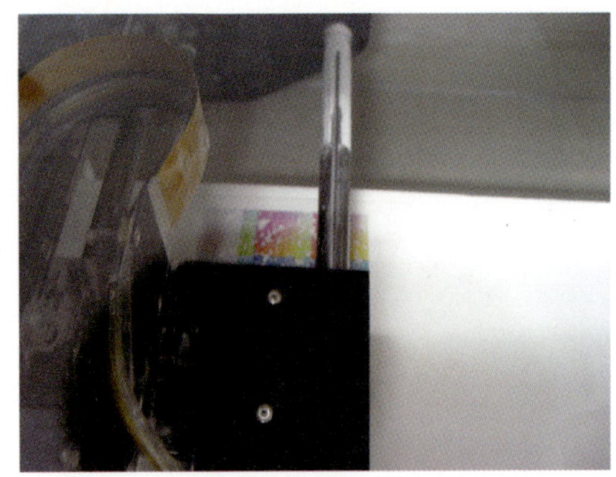

⬆ 헤드의 X, Y축 이동을 통한 컬러 프린팅 모습

⬆ 지지대 역할의 파우더 제거 모습

컬러 출력된 결과물은 지지대 역할을 해 주었던 주변 파우더를 브러쉬로 조심스럽게 제거해 주면 볼 수 있다. 보다 효율적인 분말 제거 방법은 에어건을 사용하여 세밀한 부분에 끼어 있는 파우더를 제거해 주는 것으로 몇십 초에서 몇 분이면 작업을 마무리할 수 있다.

⬆ 파우더 제거는 부드러운 브러쉬가 적당

⬆ 에어건을 사용한 세밀한 부분의 파우더 제거

이렇게 세부적인 파우더 제거 작업이 끝나면 모델 표면에 전용 Z-Bond 101이나 경화제(순간접착제) 등을 사용하여 표면 코팅을 통한 강도를 보강해 준다. 색상이 보다 선명해지는 효과도 얻을 수 있다. 물론 습도에 대한 저항력을 주기 위하여 별도의 왁스(WAX) 코팅 과정을 추가로 진행할 수 있다. 자세한 사항은 후처리 과정을 참조한다.

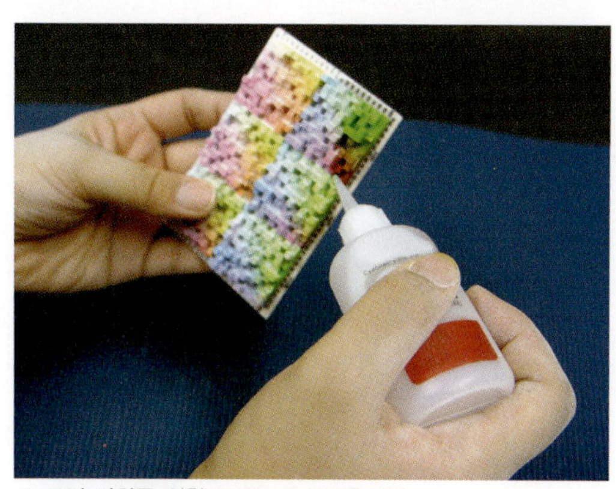

🔺 표면 강화를 위한 Z-Bond 101 후처리

🔺 최종 컬러 조형물

Spectrum 510의 활용 분야는 컬러 출력의 장점을 살려 자동차 산업, 제품 컨셉 모델제작, 프리젠테이션 모델, 신발 산업, 메탈 캐스팅, 건축모형, 교육, 구조해석, 지리정보, 기능성 모델, 의료 등 다양한 적용과 활용이 가능하다.

🔺 Footwear : DMX Shear Sole

🔺 Sea doo / Industry

🔺 Sea doo / Industry

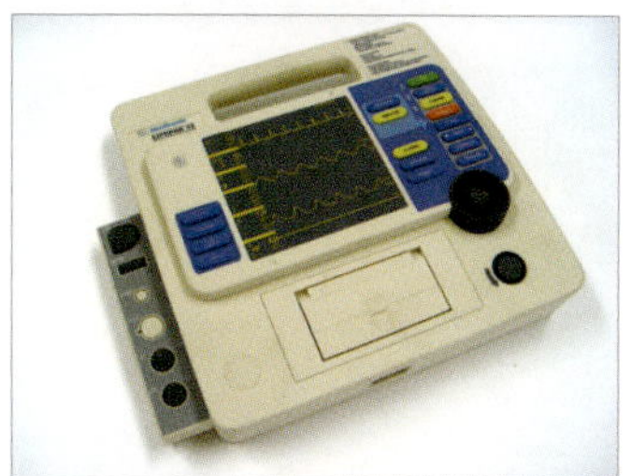

🔺 Life pack

🔺 GIS(Geographic Information Systems)

🔺 Compelx Geometry

🔺 Fashion Parts

🔺 Bottle Design

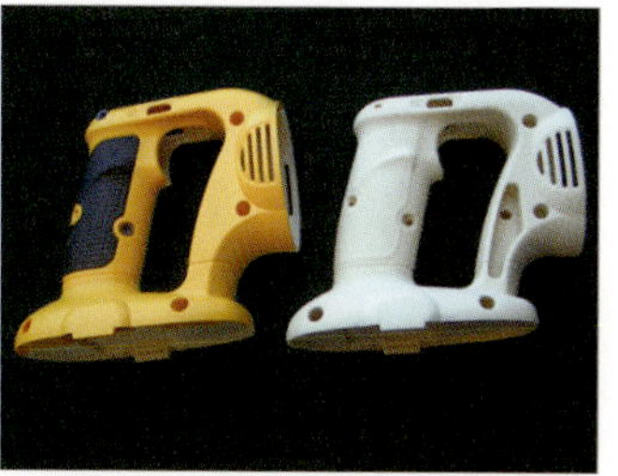

🔺 블랙앤데커 사의 전동공구 외피 제작

2. ZPrinter 650

2008년 말 ZPrint 650 영국 중부의 공업도시 코번트리(Coventry) TCT 전시회에서 그 모습을 드러 냈다. ZPrint 650은 앞서 소개된 다중 컬러 지원 3D 프린터 중 제작크기, 컬러 표현 능력, 제작속도, 모델 해상도 등에서 최고의 성능을 보여 준다.

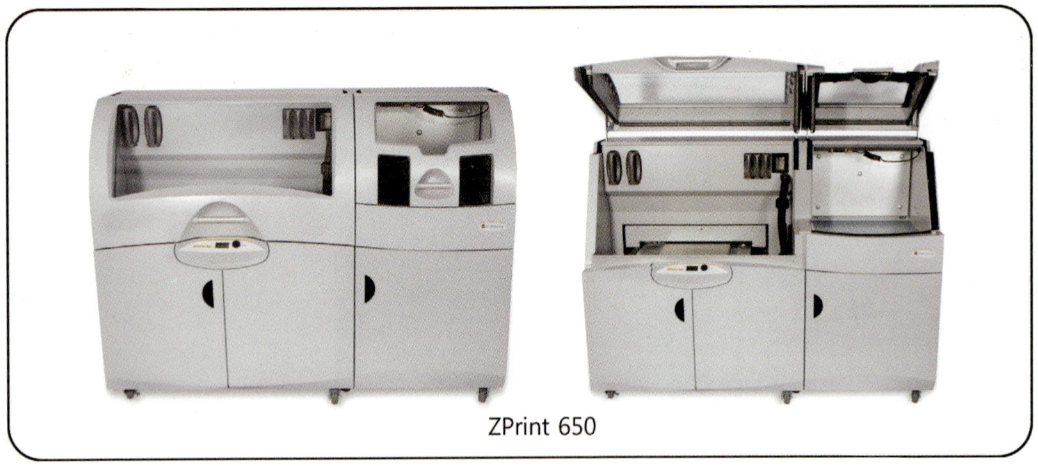
ZPrint 650

우선 제작크기(Build Size)가 254×381×203mm로 매우 큰 편이어서 대형 파트의 제작이 용이하며 다량의 소형 파트를 동시에 제작할 수 있다. 컬러 표현의 경우 Full-Spectrum 24-bit 컬러 지원과 5 개의 헤드(Clear, Cyan, Magenta, Yellow, Black)에 의해 분사되는 다중 컬러에 의해 보다 선명하 고 풍부한 색상의 출력물을 얻을 수 있다. 해상도(Resolution)는 600×540dpi로 앞서 소개된 장비에 비해 약 2배 정도의 고해상도 파트 제작을 할 수 있다. 이것은 보다 정밀한 파트의 제작과 우수한 표면 조도를 가능하게 해준다. 레이어 적층 두께는 0.089~0.102mm로 조절 선택이 가능하며, 프린팅 조 형 속도는 분당 2~4 레이어 적층으로 매우 빠른 편이다. 사용성면에서는 초보자라도 쉽게 조작이 가 능하며, 별도의 부대 장비가 필요없는 일체형이어서 사무실, 교육 환경에 적합하다. 전체적인 활용 영 역은 공학, 교육, 건축공학 및 건설 (AEC), 지리정보시스템 (GIS), 엔터테인먼트의 적용에 이상적인 프린터이다.

모델 조형 과정 2

단계 1 제작하고자 하는 3D CAD 데이터 모델을 ZPrint soft- ware로 불러들여 프린팅 자동 체크를 하고, 원하는 작업대 위치에 모델을 위치시켜 준 후 프린터 장비에 제작 데이터를 전송한다.

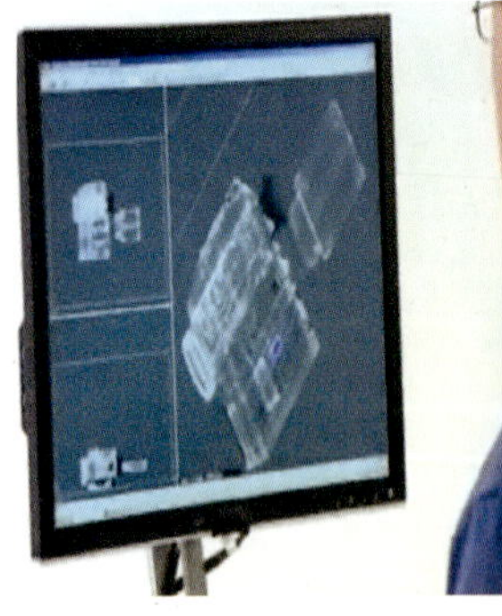

 바인더 공급은 카트리지(zb 61/Clear Binder Solution)를 장비의 좌측 상단에 넣어 주면 되고, 분말 재료 공급은 파우더 Canister를 통해 자동 공급된다. 프린트 헤드에는 Cyan, Magenta, Yellow, Black, Clear 등 총 5개가 장착된다.

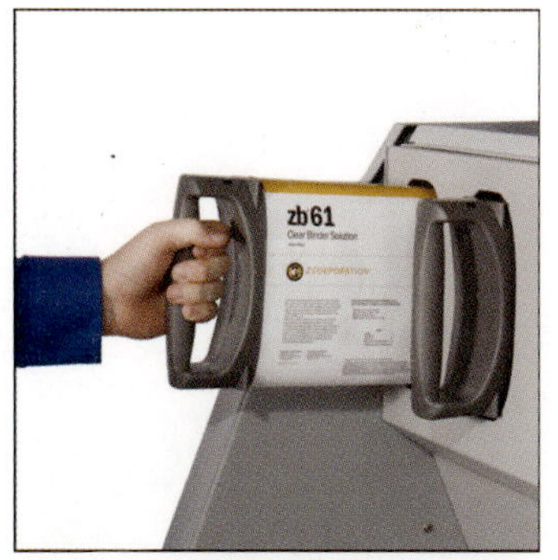

 노브(Knob)를 돌려가며 프린팅 관련 제어를 쉽게 할 수 있으며, 프린트를 하기 위해 "3D Print"에 맞춘 후 노브(Knob)를 눌러주면 조형 작업이 시작된다.

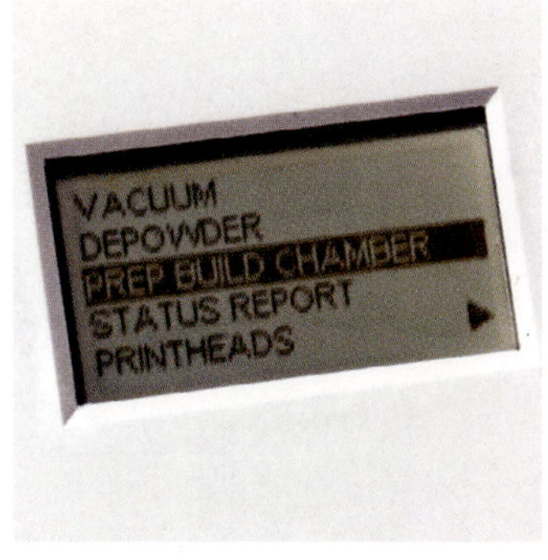

 프린팅 작업이 완료되었으면, 진공 바이브레이션(진동) 시스템에서 자동으로 모델에 붙어 있는 파우더 잔유물을 제거해 준다. 약 80%정도 제거된다. 잔유물(파우더)은 수거되어 향후 재활용할 수 있다.

 모델에 남아 있는 나머지 파우더는 통합 파우더 제거실에서 에어건을 이용 깨끗이 제거해 준다. 이때 불필요하게 날카로운 송곳이나 칼날과 같은 별도의 툴은 사용하지 않도록 한다.

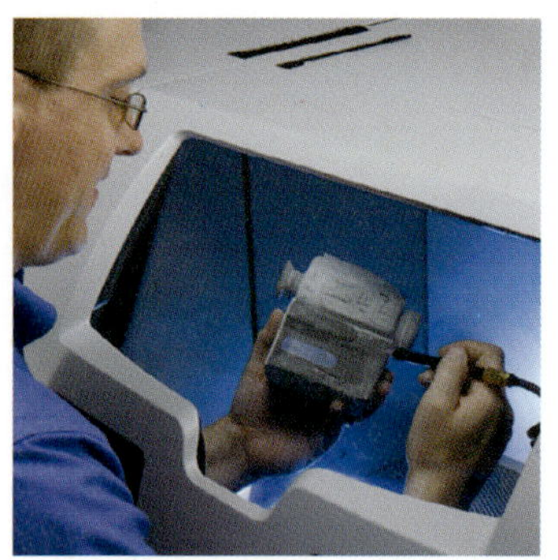

 완성된 모델의 마무리와 강도 보강을 위해 전용 Z-Bond 실란트(Sealent)에 담가주거나 Z-Max를 제품 표면에 가볍게 브러쉬를 이용해 발라준다. 충분한 건조 후 완성 파트를 손으로 쥐어 보면 표면이 매우 딱딱하게 경화된 것을 알 수 있다.

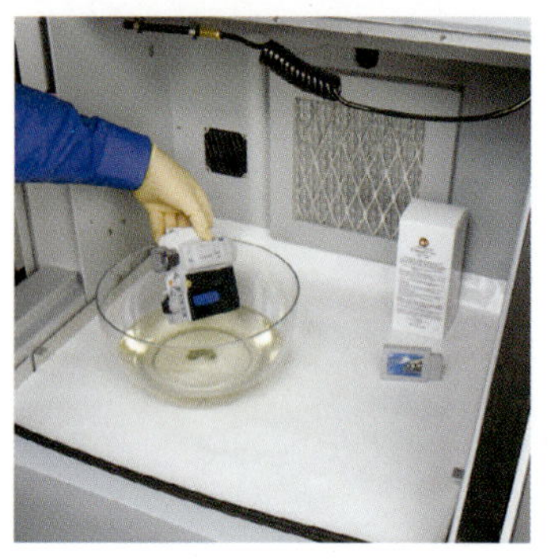

 최종 결과물

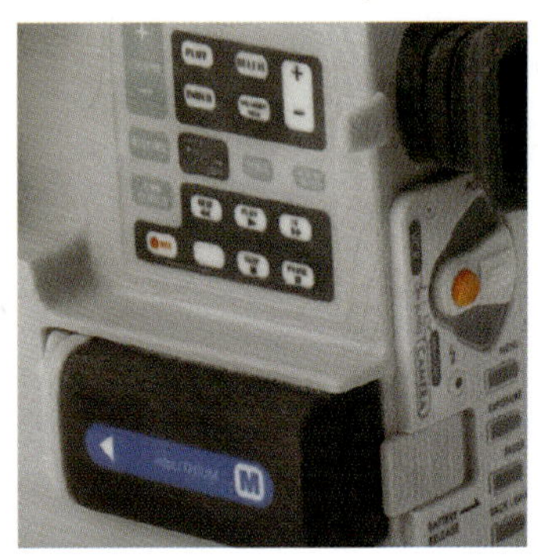
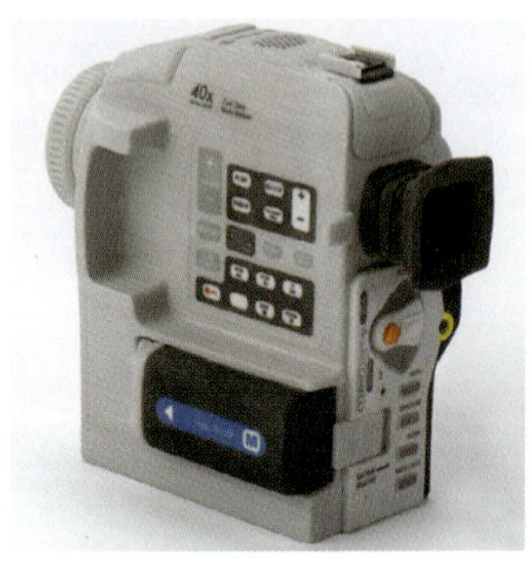
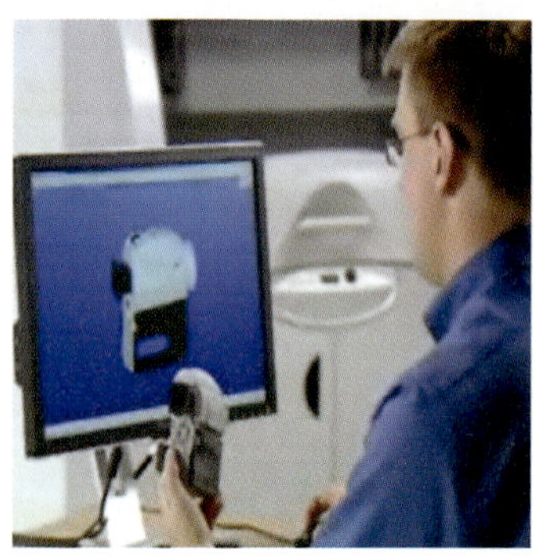

ZPrint 650의 활용 분야는 컬러 출력의 장점을 살려 자동차 산업, 제품 컨셉 모델제작, 프리젠테이션 모델, 신발 산업, 메탈 캐스팅, 건축모형, 교육, 구조 해석, 지리정보, 소비재 제품, 기능성 모델, 의료 등 다양한 적용과 활용이 가능하다.

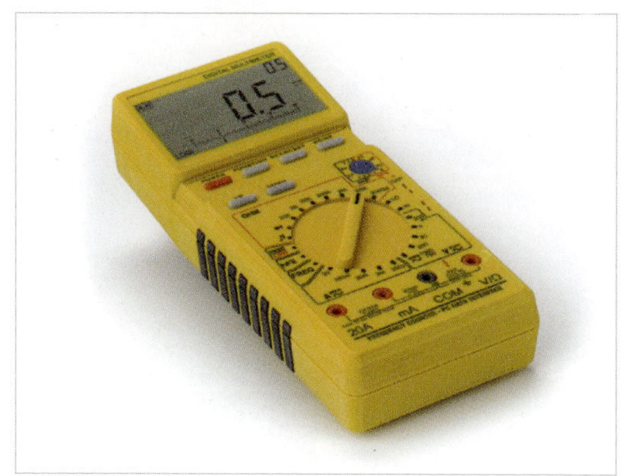

▲ 측정기 Multimeter

▲ 건축물 모형

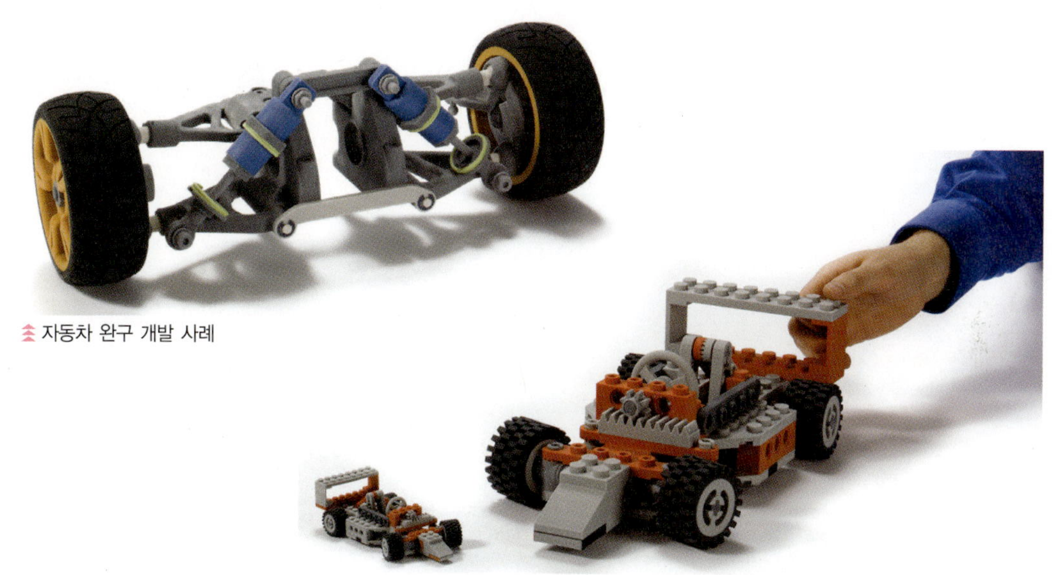

▲ 자동차 완구 개발 사례

▲ 레고 블록 개발 사례

▲ 조이스틱 사례 〉 인체공학적 테스트

재료 선택 사항(Material Options)

Z Corporation 장비에 사용되는 재료는 파우더(Powder), 바인더(Binder), 침투재(Infiltrant) 등 몇 가지로 구분된다. 파우더 재료는 일반 모델 제작 시 가장 많이 사용되는 zp 131, zp 140이 대표적이며 주조 재료는 ZCast 501, ZP 14 등이 있다. 바인더(Binder)는 일종의 접착제로 교결 재라고도 한다. 바인더가 되는 색상은 Cyan, Magenta, Yellow, Black, Clear 등이 대표적이며, 단색 모델 제작엔 ZB 58 Clear Binder가 사용된다. 바인더는 프린터 헤드에서 분사된다. 침투재 (Infiltrant system)는 일종의 특수재료로 재료의 물성을 변경시켜 원하는 파트를 제작한다. 탄성이 요구되는 스냅 핏(Snap-fit)의 경우 Z-Snap™ 재료가 고무성질이 요구되면 zp 15e로 일레스토머(Elastomer)가 첨가된 재료를 사용할 수 있다.

1. 고성능(High-performance Composites) 재료

zp 130은 고성능 복합 재료로 견고한 고해상도 파트 제작 시 사용되며 특히 고해상도의 컬러 파트를 프린팅하는 데 적합하도록 제작된 재료이다. 강화 석고 재료로 표면마감, 해상도, 파트강도의 품질을 향상시켜주는 다양한 첨가제로 구성되어 있다. 이 재료는 고강도 요구 사항, 섬세한 파트, 벽이나 얇은 파트, Fit이나 기능성 파트 제작, 다중 컬러 프린팅이 요구되는 곳에 사용한다.

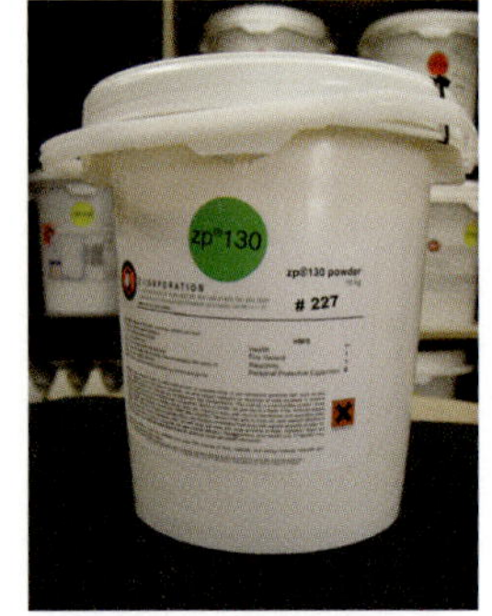

🔺 Zp 130 Powder 패키지

zp 140은 고성능 복합재료로 견고한 고해상도 파트 제작 시 사용되며 특히 고해상도의 단색 (Monochrome)파트의 프린팅을 하는 데 적합하도록 제작된 재료이다. 강화 석고 재료로 표면마감, 해상도, 파트강도의 품질을 향상시켜 주는 다양한 첨가제로 구성되어 있다. 물에도 쉽게 희석되며 가장 안전한 환경친화적 재료이다. 재료비가 저렴하며 색상은 매우 맑은 흰색 분말이다.

zp 150은 zp 140보다 더욱 개선된 고성능 복합재료로 견고한 파트 제작 시 사용된다. 특히 고해상도의 단색과 고선명 컬러 프린팅을 하는 데 적합하도록 제작된 재료이다. 강화 석고 재료로 표면마감, 해상도, 파트강도의 품질을 향상시켜 주는 다양한 첨가제로 구성되어 있다. 물에도 쉽게 희석되며 가장 안전한 환경친화적 재료이다. 재료비가 저렴하며 색상은 매우 맑은 흰색 분말이다.

2. 컬러 바인더(Binder) 재료

컬러 바인더 재료들은 밀폐된 용기에 보관되며 사용시 커버를 열고 부족한 부분에 주입하도록 되어 있다.

🔺 바인더 재료통

🔺 컬러 바인더 재료 zb58

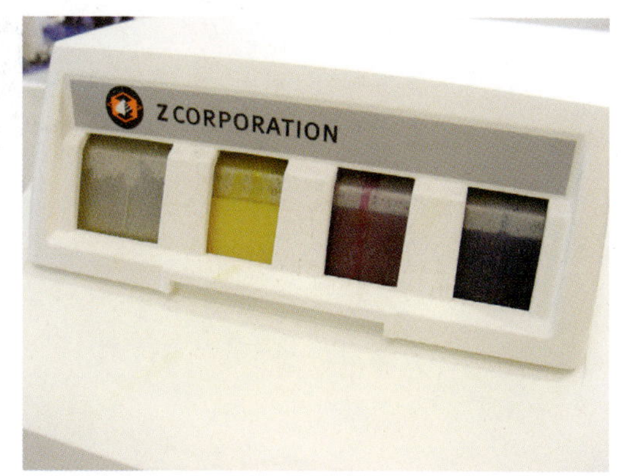

⬆ ZPrint Z 510 〉 컬러 바인더 잉크 장착 모습

3. 주조(Casting Materials) 재료

ZCast 501은 직접 주조(Direct Metal Casting) 재료로 알루미늄과 같은 저융점 비철 재료용 모래 주형을 만들 수 있다. 마치 전통적인 모래 알갱이를 이용한 주물틀 제작과 거의 흡사하다. 하지만 전통적인 방식에 비해 경제적이며 빠르게 제작된다. 이 재료는 주물사와 석고, 기타 표면 마감이 좋고 튼튼한 주형을 만드는 데에 도움이 되는 첨가제를 혼합한 것으로 비철 재료의 주조에 필요한 열을 견딜 수 있도록 설계되었다. 실제 ZCast 501로 제작된 주형의 표면은 모래 알갱이들이 집접된 모습이다.

⬆ Z-Cast 501 Powder 재료 패키지

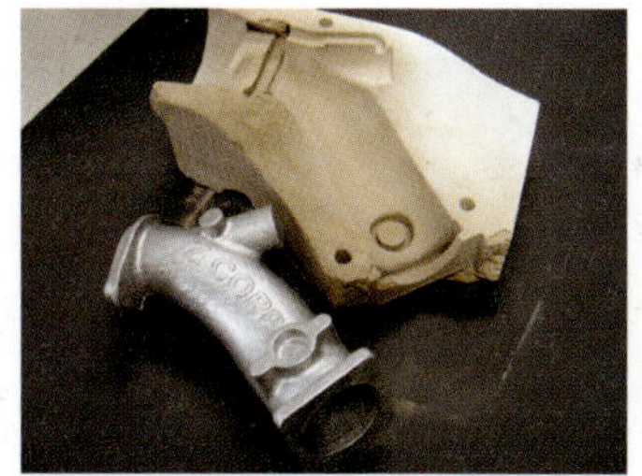

⬆ 제작시 덩어리 표면 질감

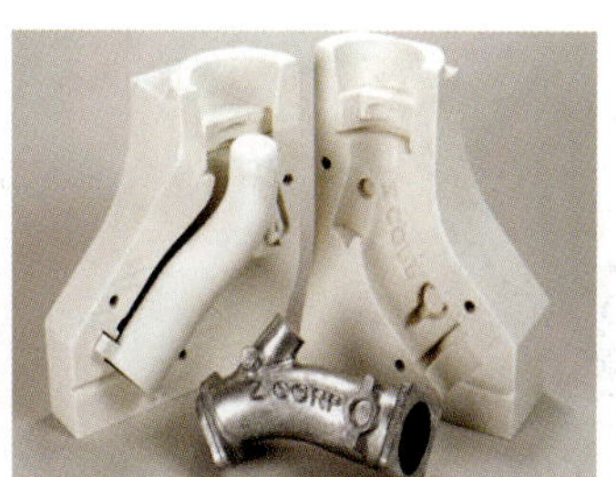

⬆ ZCast 조형과 주물

⬆ ZCast 조형과 주물

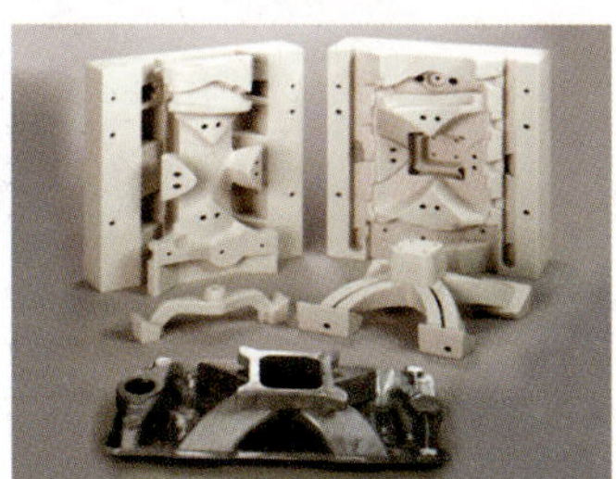

⬆ ZCast 조형과 주물

⬆ ZCast 조형과 주물

ZP 14는 정밀 주조(Investment Casting) 재료로 왁스(Wax)에 담글 수 있는 파트를 신속하게 제작하여 정밀 주조 패턴을 만들 수 있다. 이 재료는 혼합 셀룰로오스로 구성되며 특히 왁스 흡수를 극대화하고 연소 처리 과정에서 발생하는 잔여물을 최소화하는 동시에 정확한 파트를 만들 수 있게 해 주는 특수 섬유와 기타 첨가제가 들어 있다.

는 스냅 맞춤 재료로 에폭시와 함께 침투시켜 스냅 맞춤에 이상적인 플라스틱형 휨 특성을 가진 파트를 만들 수 있도록 최적화되어 있으며, Z-Snap 침투재를 좀 더 많이 흡수할 수 있도록 다공성 매질을 가진 파트를 만드는 석고 기반 재료이다.

ZP 15e 고무 재료는 일레스토머(Elastomer)와 함께 침투시켜 고무와 같은 특성을 가진 파트를 만들 수 있도록 최적화되어 있다. 이 재료는 혼합 셀룰로오스, 일레스토머(Elastomer)를 흡수하여 고무와 같은 특성을 가진 정확한 제품을 만들 수 있는 특수 섬유 및 기타 첨가제로 구성된다.

재료 옵션을 사용하는 것 외에 Z Corporation 파트를 연마하고, 구멍을 뚫고, 두드리고, 도색하거나 도금함으로써 파트의 마감 후 특성을 한층 다양화할 수도 있다.

후처리 재료와 장비

일종의 후처리에 사용되는 재료로 제작된 파트의 표면 강도 보강이나 내습성들을 증가시켜 주기 위하여 표면에 침투시켜 주는 액상의 재료이다. 대표적인 침투재로는 Z-Bond 101과 왁스 코팅을 위한 Paraplast X-TRA가 있다.

분말기반 프린팅 파트의 경우 전분(Starch)가루 또는 석고(Plaster)가루와 같은 파우더에 교결제(Binder)가 침투되어 결합되는 구조이므로 액상의 수지에 빛이나 레이저에 의해 용융착하는 SLA나 SLS 방식과 비교하여 견고성에서 차이가 있다. 즉 제작될 파트가 너무 가늘거나 벽이 얇게 되면 쉽게 부서질 수 있다는 것이다. 이러한 강도문제를 보강하고 후가공을 하기 위해 파트의 외피에 경화제를 침투시켜 단단한 파트로 후처리를 하게 된다. 파트를 보다 단단하게 만들어 주는 이러한 과정은 매우 쉬우며 매우 짧은 시간 안에 쉽게 이루어진다. 사용되는 경화제로는 Z-Bond 101이 대표적이며 국산 순간접착제로도 강도보강이 가능하다. Z-Bond 101의 용량은 100g과 454g 타입이 공급된다. 컬러 파트에도 동일하게 적용된다.

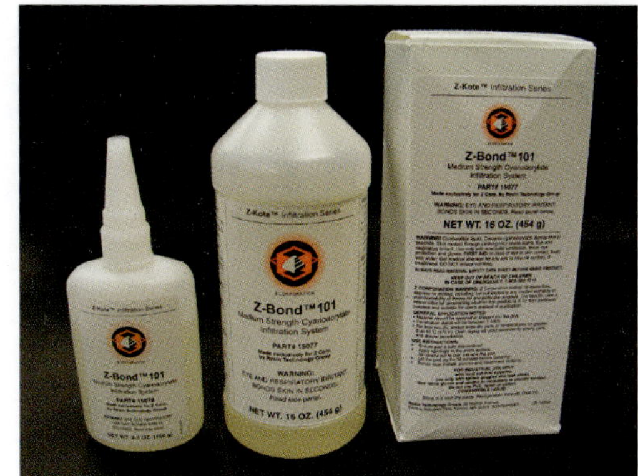
▲ Z-Bond 101 패키지

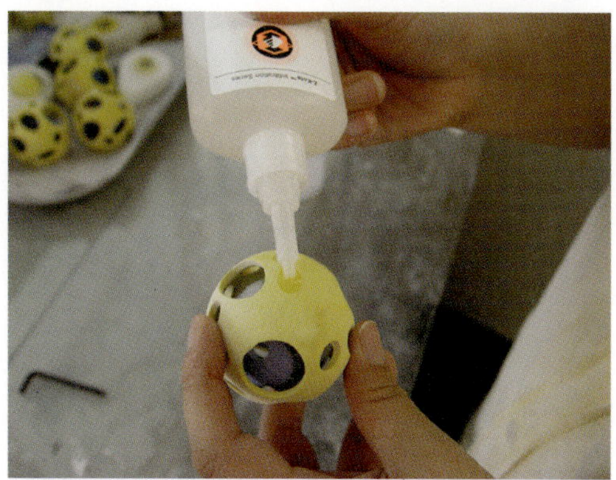
▲ 표면에 Z-Bond 101 본드 피막 처리

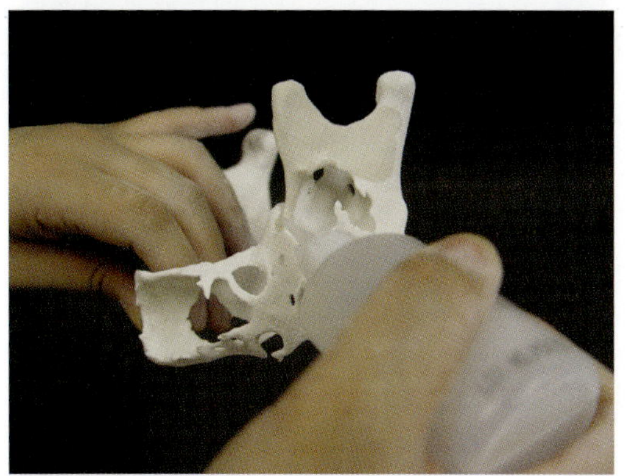
▲ 표면에 Z-Bond 101 본드 피막 처리

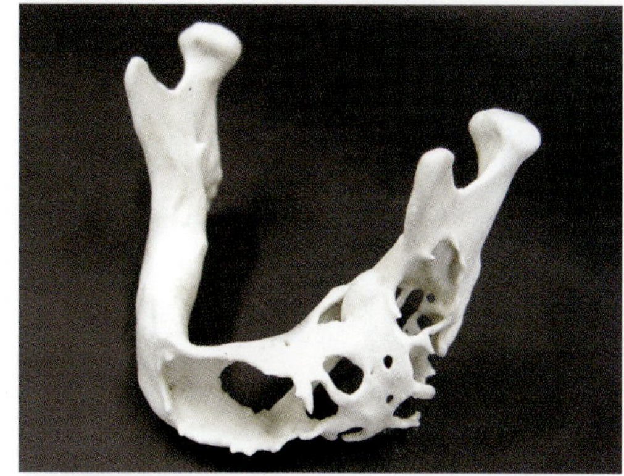
▲ 표면 경화된 상태의 턱뼈 모습

파트의 장기보관을 위한 방법으로 경화 처리된 파트에 왁스를 침투시켜 파트의 표면에 습기나 기타 공기가 침투하여 파트가 손상되거나 컬러파트의 색이 바래는 것을 최대한 방지하는 방법이 사용된다. 물론 이것은 사용자의 필요에 따라서 수행되는 후과정이므로 필수적인 공정은 아니다. 왁스를 침투시키는 방법은 자동과 수동이 모두 가능하다.

▲ PARAPLAST 1Kg 패키지

▲ 왁스 알갱이

왁스 침투 시 약 60도의 온도에서 이루어지며 파트를 ZW4의 선반에 올려 놓으면 자동으로 내려가서 하단의 용융된 WAX 통에 담가지게 된다. 왁스 침투(코팅)가 완료되면 자동으로 올라오며 꺼내어 드라이어로 말려 주면 왁스표면처리 공정이 마무리된다. 왁스처리된 파트가 마르면 파트가 끈적이는 일은 없다.

▲ PARAPLAST 1Kg 패키지

▲ 왁스 알갱이

일단 파트 제작이 완료되면 파우더가 파트 표면에 붙어 있게 되는데 이는 분말기반의 시스템 특징이다. 별도의 지지대 없이도 주변의 미사용 파우더들이 파트의 지지대 역할을 해주기 때문이다. 하지만 모델이 모두 완성되면 이를 모두 털어주어야 한다.

▲ Depowdering System

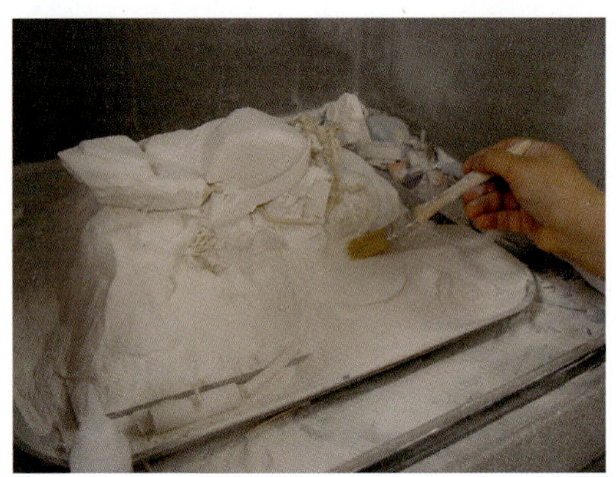

이러한 작업은 매우 쉽고 빠르게 이루어진다. 우선 솔로 털어낸 후 에어건이 있는 폐쇄된 Depowdering System에서 세부적인 잔류 파우더를 말끔히 제거한다. 이는 필수 부가 장비이다. 물론 통합 장비인 ZPrinter 450, ZPrinter 650의 경우 별도의 Depowdering System은 갖출 필요가 없다.

08

Z Corporation 사의 장비별 사양

제조사 / 미국	ZPrinter310 Plus	ZPrinter 150	Spectrum 250	ZPrinter 350
적용 기술	3DP (3D Printing)	3DP	3DP	3DP
다중 컬러 출력 Muti-Color	단색(Monochrome)	단색(Monochrome)	다중컬러 (64 unique colors)	단색(Monochrome)
제작 한계(mm)	203x254x203	236x185x127 (최소사이즈-0.4mm)	236x185x127 (최소사이즈-0.4mm)	203x254x203
레이어 적층 두께 (mm)	0.089-0.203mm	0.1mm	0.1mm	0.089-0.102mm
적층 속도	분당 2-4 Layer	시간당 20mm (세로축적층속도)	시간당 20mm (세로축적층속도)	시간당 20mm (세로축적층속도)
해상도 (Resolution)	300x450 dpi	300x450 dpi	300x450 dpi	300x450 dpi
프린터 헤드 수	1	1	2	1
젯트 수 Number of Jets	304	304	604	.304
프린팅 파일 포멧	STL, VRML, PLY, 3DS, ZPR	STL, VRML, PLY, 3DS, ZPR	STL, VRML, PLY, 3DS, ZPR	STL, VRML, PLY, 3DS, ZPR
운영체제	Windows	Windows XP Pro/Windows Vista	Windows XP Pro/Windows Vista	Windows XP Pro/ Windows 7
재료 / 옵션 Material Options	석고분말Plaster composite / direct casting, elastomeric, investment casting 고성능 복합재료, 고 무, 직접 주조, 정밀 주조	석고분말 High performance Plaster composite 고성능 복합재료	석고분말 High performance Plaster composite 고성능 복합재료	석고분말 High performance Plaster composite 고성능 복합재료
지지대/제거	별도의 지지대 없음/ 분말을 에어건으로 털어내면 됨			
장비크기(mm)	740x860x1090	740x790x140	740x790x140	1220x790x1400
장비무게(kg)	115	165	165	179
공급전원(Power)	115V or 230V	110V or 120V, 240V	110V or 120V, 240V	100-240V

www.zcorp.com

제조사 / 미국	ZPrinter 450	Spectrum Z 510	ZPrinter 650
Z CORPORATION www.zcorp.com			
적용 기술	3DP	3DP	3DP
다중 컬러 출력 Muti-Color	다중 컬러	다중 컬러	다중 컬러
제작 한계(mm)	203x254x203	254x356x203	254x381x203
레이어 적층 두께 (mm)	0.089-0.102mm	0.089-0.203mm	0.089-0.102mm
적층 속도	분당 2-4 Layer	분당 2-4 Layer	분당 2-4 Layer
해상도 (Resolution)	300x450 dpi	300x450 dpi	600x540 dpi
프린터 헤드 수	2	4	5
젯트 수 Number of Jets	604		1520
프린팅 파일 포멧	STL, VRML, PLY, 3DS, ZPR	STL, VRML, PLY, 3DS, ZPR	STL, VRML, PLY, 3DS, ZPR
재료 / 옵션 Material Options	석고분말 High performance Plaster composite 고성능 복합재료	석고분말 High performance Plaster composite 고성능 복합재료, 고무, 직접 주조	석고분말 High performance Plaster composite 고성능 복합재료
지지대/제거	별도의 지지대 없음/ 분말을 에어건으로 털어내면 됨		
장비크기(mm)	1220x790x1400	1070x790x1270	1880x740x1450
장비무게(kg)	193	193	340
공급전원(Power)	110V or 115V, 230V	100V or 115V, 230V	100-240V

참조 ZCORPORATION 사의 장비에 관한 자세한 사항은 www.zcorp.com 부분을 참조한다. 또한 장비명과 세부 사양은 예고 없이 변경될 수 있다.

독일 Voxeljet 사의 3DP 방식

독일 복셀젯 Voxeljet 사는 1991년 5월 Generis라는 회사명으로 Dr. Ingo Ederer 와 대학교수인 Dr. Heinzl and Rainer Hochsmann에 의해 설립되었다. 2004년 회사명을 Voxeljet Technology GmbH로 변경하여 현재에 이르고 있다. 2004년 7월 3DP(InkJet)방식의 3D 프린팅 시스템 개발 업체인 미국의 Z Corperation 사와 일부 비배타적인 특허구입과 라이센스를 맺고, 대형 파우더(Power)기반의 3D 프린팅 시스템을 생산하고 있다.

사용된 3DP 기술은 미국 MIT와 Z Corp. 사에서 개발 상업화된 원천 기술로 원리가 동일하다. 다만 Voxeljet 사의 시스템들은 소형파트의 제작보다는 Sand mold나 core 제작, Metal Casting 등 모두 실질적인 생산환경에 걸맞는 대용량, 대형 파트를 제작하는 데 시스템과 사용재료가 최적화되어 있다. Voxeljet 사의 첫 번째 시스템은 독일 프랑크프르트 멧세의 EuroMold 2005에서 VX800을 소개하였으며, 그 해 첫 상업적인 판매가 이루어 졌다. 이후 2007년 10월 VX500 시스템이 같은 방식으로 소개되었다.

01 3DP(InkJet) 방식 장비 외관

복셀젯 사의 시스템은 대용량 부분을 기본 컨셉으로 하며 시스템의 종류는 VX500과 VX800 두 종류가 있다. 원리상의 차이는 없으며, 처리할 수 있는 파트 제작 크기에 차이가 있다. VX500은 VX800에 비해 경제적이며, 향상된 속도와 시스템 크기가 컴팩트하다. 재료의 경우 모델을 제외한 사용된 나머지 재료는 100% 재활용이 가능하다.

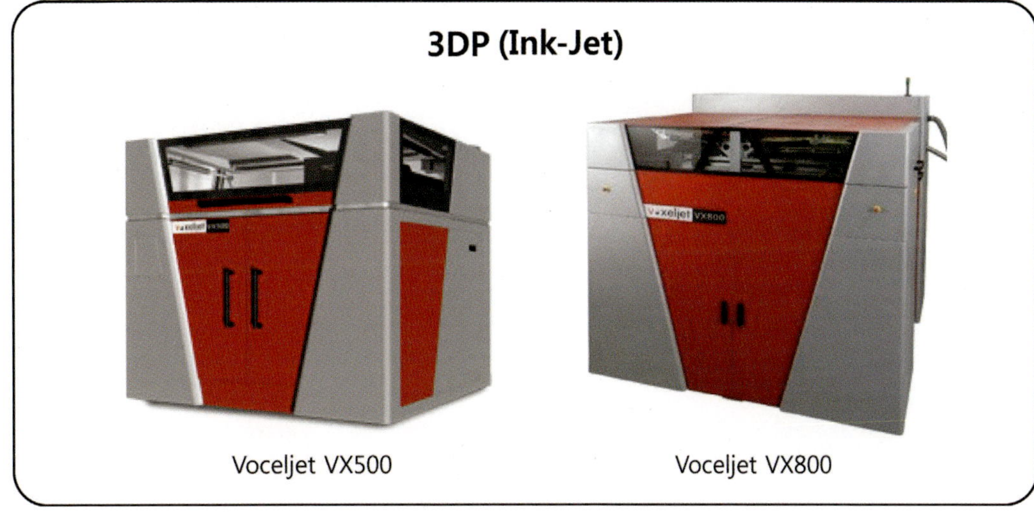

⬆ Voxeljet VX500　　　　⬆ Voxeljet VX800

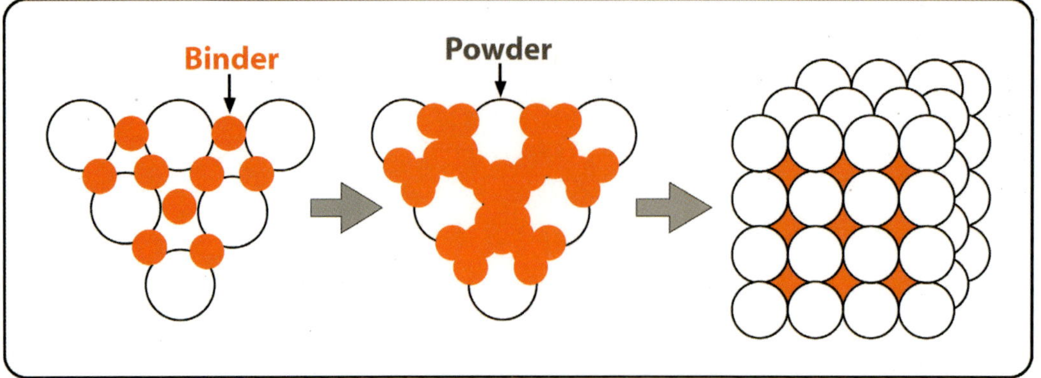

⬆ 분말(Powder)재료에 바인더(Binder) 침투 교결 과정

Voxeljet 사의 VX800과 VX500 시스템의 모델 제작원리는 Z Corperation 사의 Z Print와 같은 3DP 방식이다. 준비된 파우더(분말) 재료 위에 프린트 헤드가 바인더를 분사하여 모델을 한 층 한 층 적층해 가는 원리이다.

⬆ 프린트 헤드와 조형이 이루어지는 파우더 베드 모습

단계 1 Powder Recoating

조형 작업을 위하여 파우더 리코더는 재료 공급과
평탄화 작업을 자동으로 진행한다.

단계 2 Binder Injection

조형판의 정지 작업이 완료되면 프린터 헤드에서
는 액상의 바인더를 분사해 준다. 프린터 헤드에
는 약 700여 개의 분사 노즐이 있으며, 200dpi
해상도로 형상이미지 패턴을 분사해 준다.

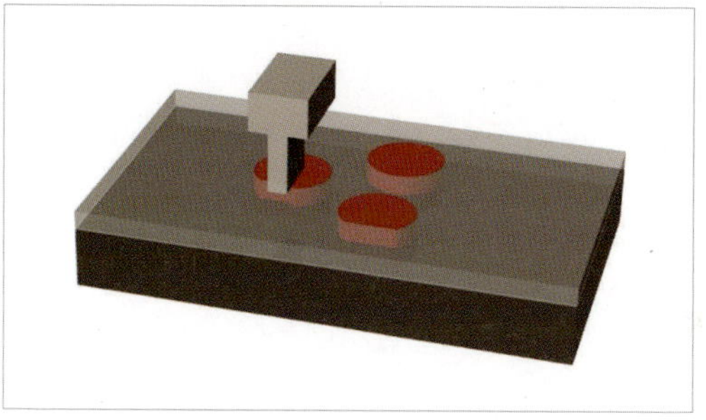

단계 3 Powder Recoating & Binder
Injection

바인딩 분사가 완료되면 다시 파우더 리코팅이 이
루어진다. 이러한 과정은모델 제작이 모두 완료
될 때까지 계속된다.

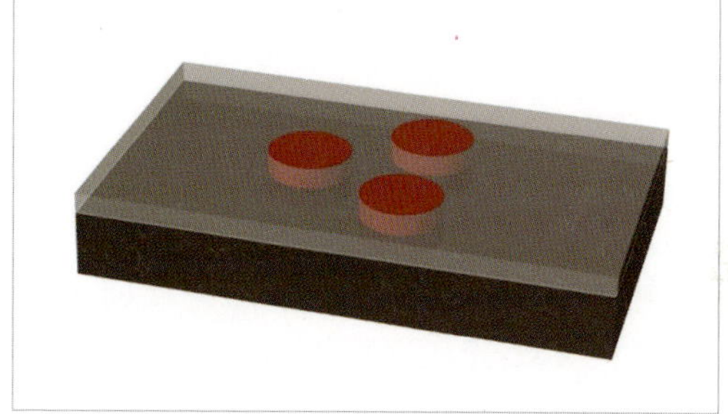

단계 4 조형 완료 〉 파트 제작 완료

파트 제작이 완료되면 모델 재료를 제외한 주변의 파우더 재료를 진공 흡입기로 빨아들인 후 파트를 꺼
내면 작업이 완료된다.

자료 출처 〉 www.voxeljet.com

Voxeljet 사의 장비별 사양

제조사 / 독일	VX800	VX500
www.bitsfrombytes.com		
적용 기술	3DP (3D Printing)	3DP
제작 한계(mm) 작업 영역	850x450x500mm	500x400x300mm
Z 축 레이어 적층 두께(mm)	0.1~0.2mm	0.1~0.2mm
해상도 x,y Resolution	100x100미크론(250dpi) 0.1mm	100x100미크론(250dpi) 0.1mm
제작 속도 Build Speed	12 – 48mm/h	12 – 48mm/h
제작 데이터 형식 Data Interface	STL	STL
사용재료	PMMA (Acrylic 계열 재료)	PMMA (Acrylic 계열 재료)
장비크기(mm)	2,600x2,350x2,300mm	1,790x1,852x1,660mm
장비설치공간 Installation Space	5,300x4,300x3,000mm	3,000x4,000x2,200mm
장비무게(kg)	2,500kg	1,200kg
공급전원(Power)	Input supply voltage> 400V, 3Phase 50Hz	Input supply voltage> 400V, 3Phase 50Hz

사양에 관한 상세정보 제공 〉 www.voxeljet.com, info@voxeljet.de

조형 재료(Materials)

Voxeljet 시스템들에 사용되는 모델 재료인 파우더(Powder)와 교결 재료인 바인더(Binder)는
VX500, VX800에 최적화되어 최상의 결과물이 만들어지도록 최적화되었다. 파우더의 경우 아
크릴 계열의 PMMA를 사용하며, 접착 교결 재료인 바인더의 경우 화학적 Monomeric 액상 바인
더를 사용한다. 모델 제작 시 독립된 768개의 노즐을 통해 분사된다.

모델 재료 Base materials		
	PolyPor	Base material > **PMMA**
		Tensile strength > 3.6 MPa
		Yield point > 1.30 %
		Melting tempertature > 74°C
		Color > White
		Advantages >- true-to-size, - low-wrap
	SoluPor	Base material > **PMMA**
		Tensile strength > 3.6 MPa
		Yield point > 1.30 %
		Melting tempertature > 60°C
		Color > Bright Red
		Advantages >- chemically soluble, - low maximum thermal expansion

침투 재료 Infiltration materials

다양한 침투 재료를 통해 물리적인 성질의 변화와 개선이 가능

	Wax	Epoxy	PU (Polyurethane)	Acrylic
Tensile strength	4 MPa	25 MPa	14 MPa	30 MPa
Yield point	0.80%	1.30%	1.0%	1.2%
Melting tempertature	70°C	80°C	67°C	99°C
Burn-out-temperature	450°C	-	-	-
Characteristics	smooth surface, liquid tight	Solid material, dyeable	Flexble, Shockproof machinable	Deep infiltration Hard, solid

사양에 관한 상세정보 제공 〉 www.voxeljet.com, info@voxeljet.de

장비 운영 시 시스템 레이아웃

1. VX 500 시스템 레이아웃

가로 7m×세로 4m의 공간 안에 모든 시스템 세팅이 가능

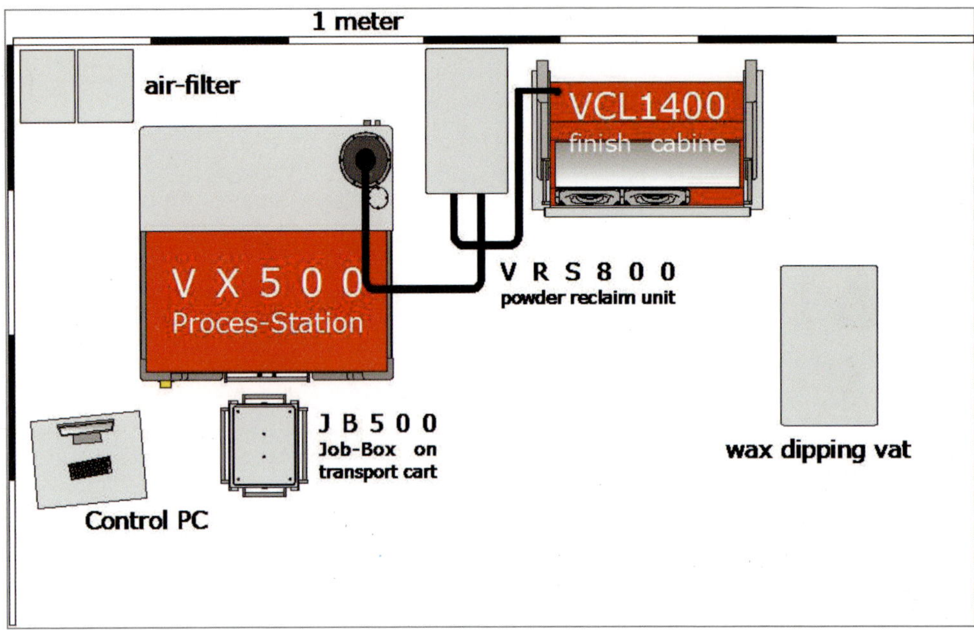

자료 출처 〉 www.voxeljet.com

2. VX 800 시스템 레이아웃

가로 8m×세로 5m의 공간 안에 모든 시스템 세팅이 가능

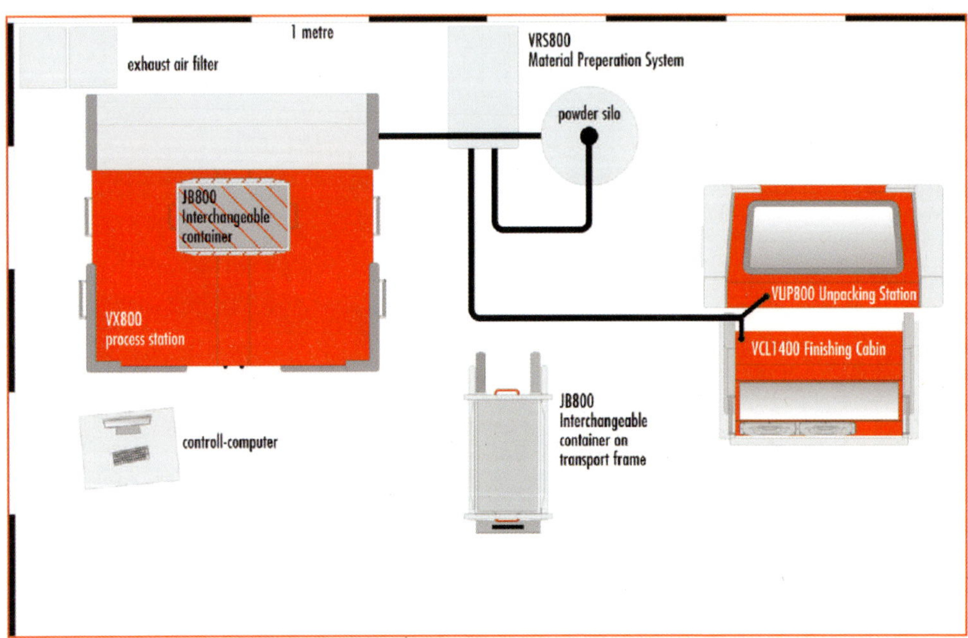

자료 출처 〉 www.voxeljet.com

07

부대 장비

VX500과 VX800을 효율적으로 활용하기 위하여 추가적인 부대 장비가 요구된다. Unpacking Station VUP 800과 Unpacking Station VUP 500은 완료된 작업박스를 운반하여 패킹을 분리하는 장비이다. Powder Recycler VRA 800은 다시 사용할 재활용 재료를 분리 및 수거하는 장치이다. Finishing Component는 에어건을 통해 완성파트에 아직 남아 있는 분말 조각 재료들을 청소하는 장치이다.

⏶ Unpacking Station VUP 800

⏶ Unpacking Station VUP 500

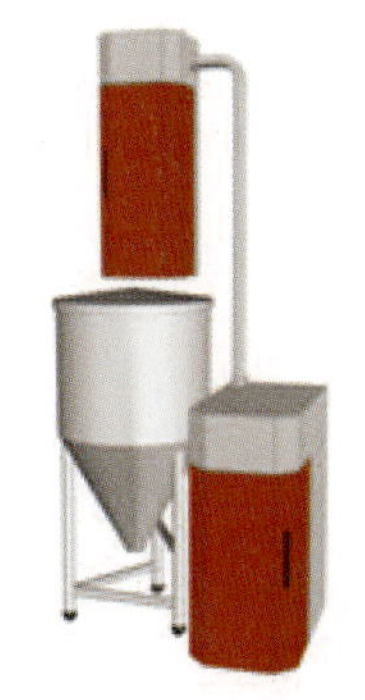
⏶ Powder Recycler VRA 800

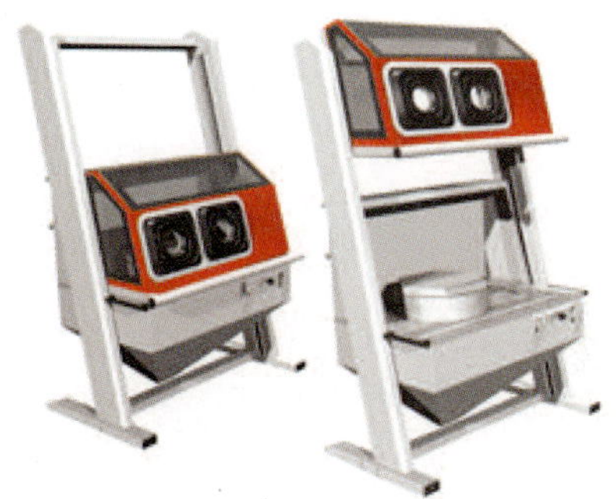
⏶ Finishing Component

재료 공급과 리필(Refill)

재료 공급의 경우 매우 간단하다. 사용 후 재활용 재료 또한 쉽게 공급이 가능하다.

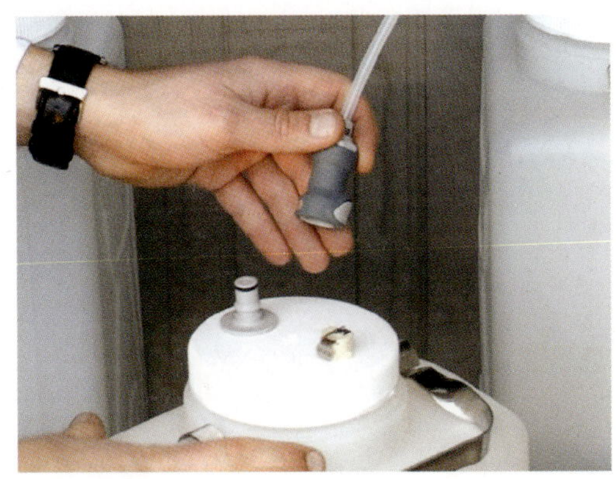

시스템 도어 개폐

전면 중앙부를 보면 작업 박스(Job Box)가 삽입된 상태를 보여주며, 작업이 완료되면 운반 카트를 이용하여 Unpacking Station으로 이동한다.

♨ Voxeljet VX500

Voxeljet 시스템 파트 제작 사례

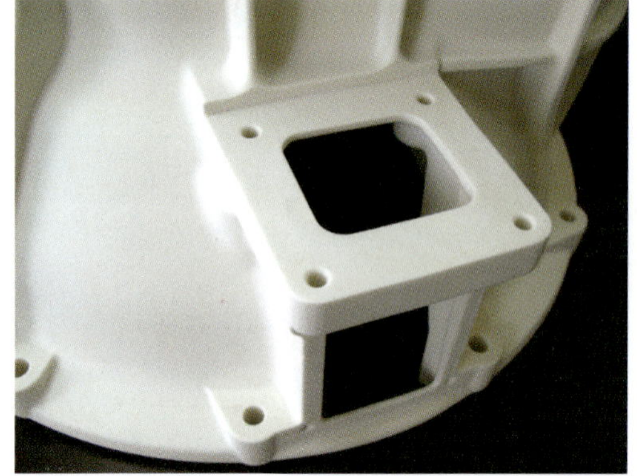

♨ 자동차 미션 주물용 파트 디테일 〉 자료제공 : KTCMET

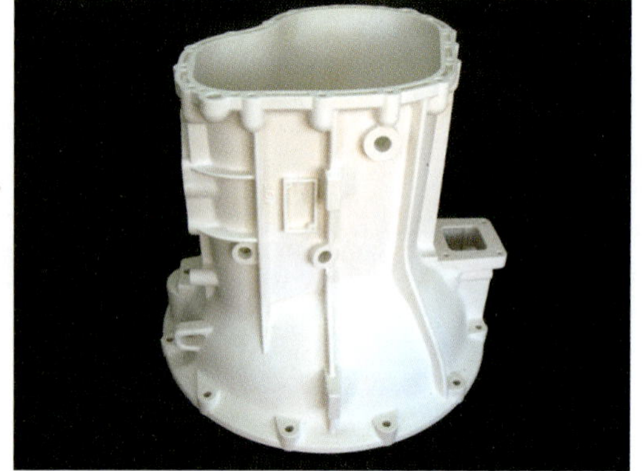

♨ 자동차 미션 주물용 파트 〉 크기 : 500x400mm
자료제공 : KTCMET

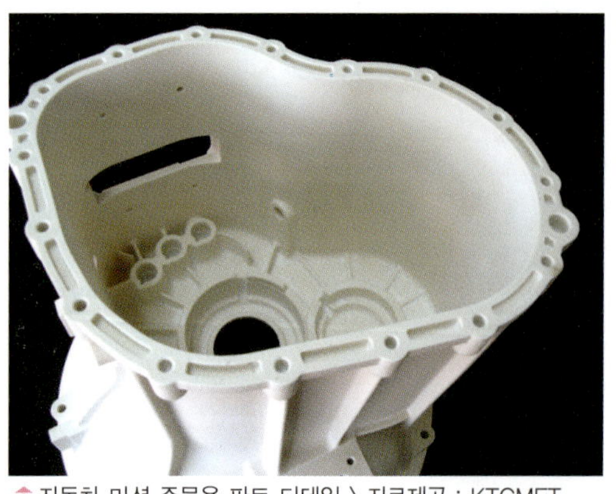

♨ 자동차 미션 주물용 파트 디테일 〉 자료제공 : KTCMET

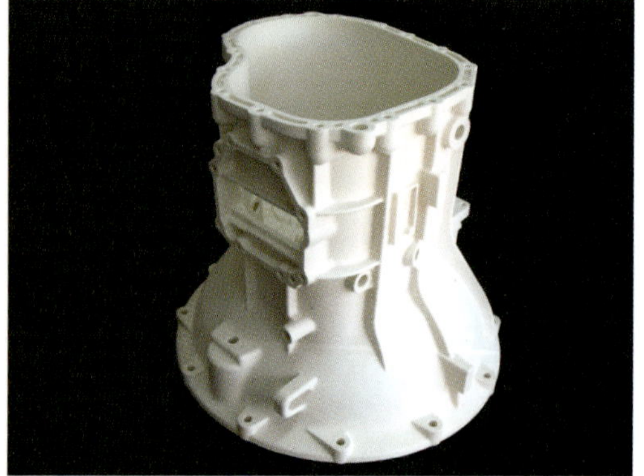

♨ 자동차 미션 주물용 파트 〉 크기 : 500x400mm
자료제공 : KTCMET

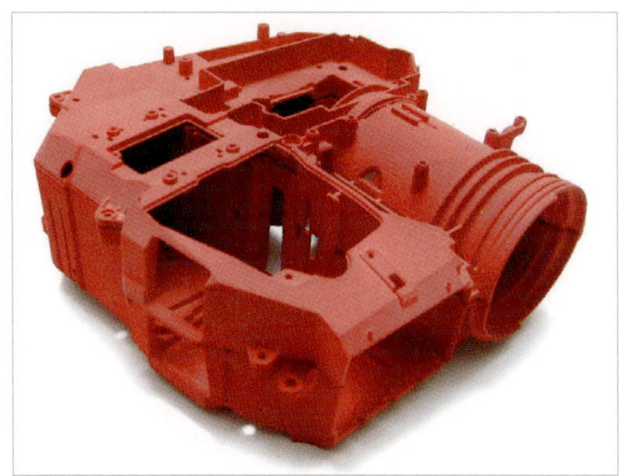

🔺 RP 파트 〉 크기 : 375x280x100mm 〉
　자료제공 : KTCMET

🔺 RP 파트 〉 크기 : 375x280x100mm 〉
　자료제공 : KTCMET

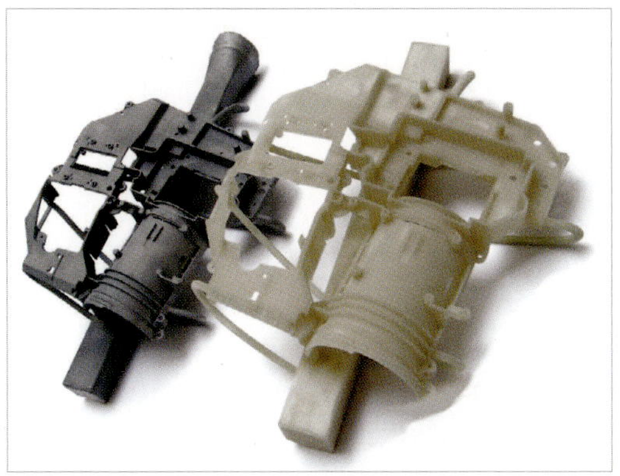

🔺 RP 파트와 주물 파트 〉 크기 : 400x350mm 〉
　자료제공 : KTCMET

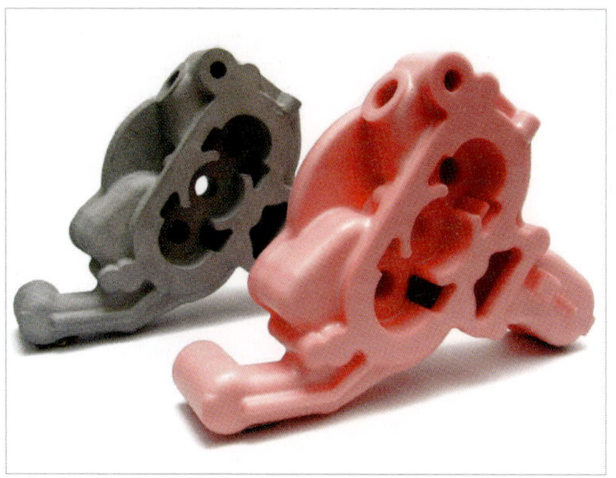

🔺 RP 파트와 주물 파트 〉 크기 : 310x260mm 〉
　자료제공 : KTCMET

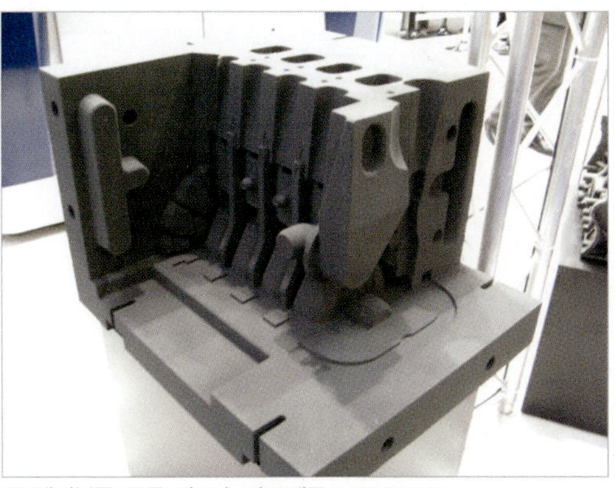

🔺 엔진블록 주물 파트 〉 자료제공 : KTCMET

🔺 엔진블록 완성 주물 〉 자료제공 : KTCMET

CHAPTER 04

고체 상태의 재료를 이용한 신속조형시스템 소개

고체 상태의 재료를 이용한 신속조형시스템 소개

재료의 공급 전 상태가 고체상태이다. 고체라 함은 딱딱한 플랏트기 필라멘트 상태이거나 왁스와 같이 굳은 상태를 말한다. 이러한 고체 재료는 신속조형장비 내에서 열에 의해 용융되거나 녹아 프린트 헤드의 노즐을 통과하여 모델을 적층하게 된다.

대표적인 방식으로 용용압출적층방식인 FDM(Fused Deposition Modeling)이 있다. 또한 InkJet (3DP) 방식으로 프린터 헤드의 미세 노즐에서 용융된 왁스 재료를 분사하여 매우 정밀한 주얼리나 기계부품 원형을 제작하는 시스템들이 포함된다.

01. 미국 Stratasys 사의 FDM, 02. 영국 BFB 사의 FDM, 03. 미국 Solidscape 사의 InkJet, 04. 미국 3D Systems사의 MJM 등의 시스템을 소개한다.

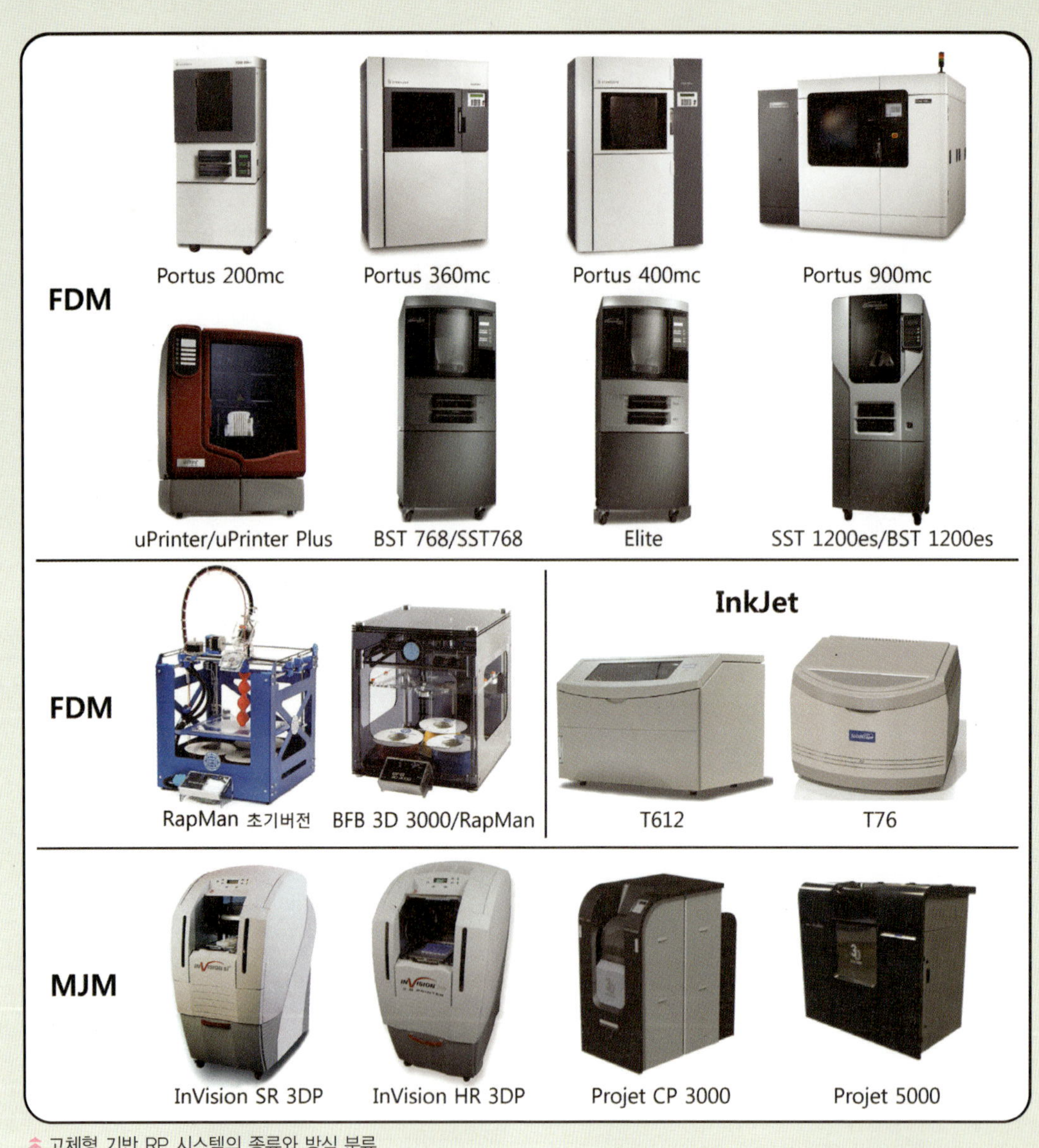

고체형 기반 RP 시스템의 종류와 방식 분류

미국 Stratasys 사의 FDM 방식

용융 압출 적층 모델링 FDM(Fused Deposition Modeling)

Stratasys 사는 미국에서 1988년 Scott Cramp에 의해 개발된 FDM(Fused Deposition Modeling)기술을 기반으로 하여, 1989년 공동 창업자인 그의 아내 Lisa의 공동 투자로 설립되었다. 1992년에는 FDM(Fused Deposition Modeling)기술 특허를 획득하게 된다.

FDM 기술을 한마디로 표현하면 용융 압출 적층 모델링으로 볼 수 있다. 필라멘트(Filament)나 와이어(Wire) 상태의 고체 수지 재료를 용융압출헤드에서 녹여, 2개의 노즐을 통해 분사, 모델을 적층 조형하는 기술이다. 초기엔 low-end 시스템으로 인식되었지만 기술적 진전으로 현재 high-end 시스템에 의한 DDM(Direct Digital Manufacturing) 분야에서도 좋은 응용 사례들을 보여주고 있다.

FDM 방식은 조형공정 특성상 열가소성(Thermoplastic) 재료만을 사용해야 한다는 것, 제작된 파트의 표면조도와 치수 정밀도가 광조형방식과 비교할 때 다소 제한이 있다. 하지만 재료비가 경제적이며 인체에 무해하고 중 · 대형 파트나 컬러파트의 제작이 가능하다. 특히 습도와 무관하며 재료의 강도가 매우 우수하다. 이러한 이유로 현재 고강도 기능성 파트나 워킹 모델을 제작해야 하는 자동차 산업분야, 엔지니어링 기능성 샘플분야, 제품디자인 컨셉 모델 제작분야에 걸쳐 활용할 수 있는 최적의 솔루션 중 하나로 평가받고 있다.

01 FDM 방식 장비 외관

Stratasys 사의 FDM 장비군은 2009년 현재 FORTUS라는 브랜드 명으로 개칭되었으며, 3D Production Systems라는 부제를 달아 가장 진보된 FDM기술을 적용, 라인업이 이루어졌다. 특히 Stratasys 사의 장비군은 산업분야에 적합한 Fortus 200mc, Fortus 360mc, Fortus 400mc의 중 · 소형 파트 제작 장비와 2007년 독일 EuroMold에서 발표된 Fortus 900mc와 같은 중 · 대형 파트를 제작할 수 있는 장비로 구분된다. 참고로 장비명에 "mc"의 의미는 Manufacturing Center의 약자이다.

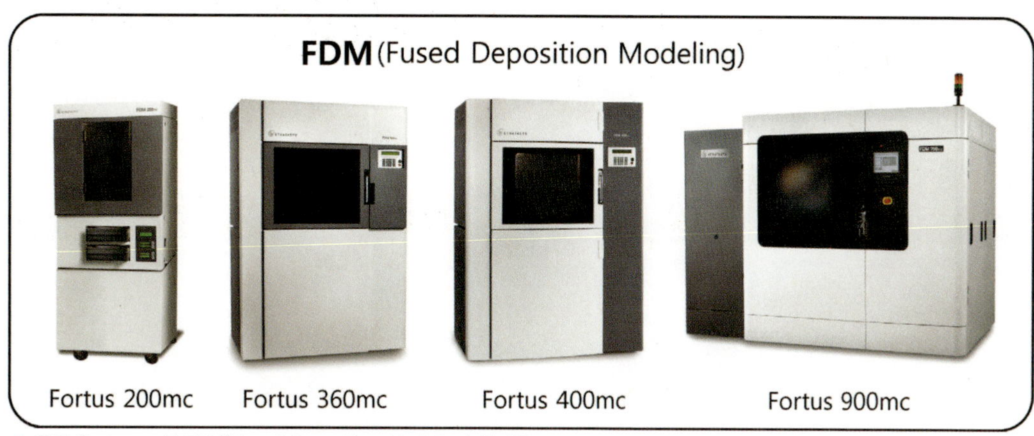

미국 Stratasys 사 FDM(Fused Deposition Modeling) 장비군

모델 조형 공정

Stratasys사의 FDM 장비군인 FORTUS mc 시리즈와 Dimension 3D Printing 장비군인 Dimension SST, BST, uPrinter 등 모든 장비들은 공통된 FDM(Fused Deposition Modeling) 기술을 사용한다.

FDM(Fused Deposition Modeling) 공정은 해당 재료를 열에 의해 녹여 일정 압력으로 노즐을 통하여 압출해가며 적층 조형하는 방식이다. 공급되는 재료의 형태는 필라멘트(Filament)나 와이어(Wire) 모양으로 되어 있으며, 보호 카트리지나 실타래와 같은 롤(Roll)에 감겨져 지속적으로 공급된다. 이러한 고체의 재료들은 온도 조절이 가능한 용융압출헤드(Temperature Controlled Head)를 통과하면서 액상에 가까운 재질로 연화, 압출되어 한층 한층 융합 적층과정을 거쳐 3차원 모델이 만들어지게 된다. 자세한 조형 공정은 아래와 같다.

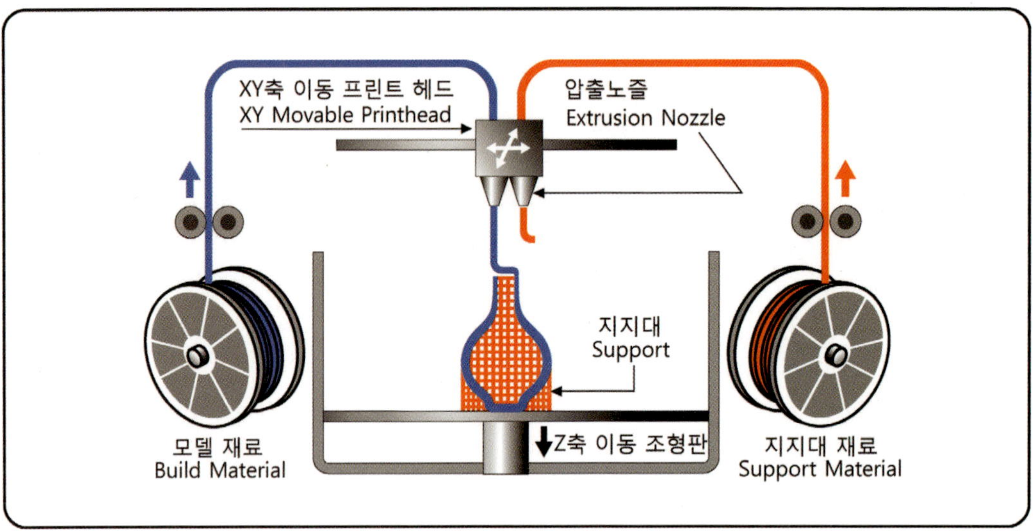

☎ FDM(Fused Deposition Modeling) 방식 모델 조형 원리

☎ FDM(Fused Deposition Modeling) 작업중 모습

☎ 프린터 헤드에서 용융압출되는 모델 재료 모습

컴퓨터로 작업된 3차원 솔리드(Solid) CAD 데이터를 RP 제작을 위해 STL 파일로 변환 후 장비 전용 소프트웨어(Catalyst 또는 InSight)로 읽어 들인다. Catalyst에서 작업대에 모델 배치와 지지대 자동 생성, 슬라이싱 데이터와 헤드가 움직일 궤적인 툴 패스(Toolpath)를 자동 정의한다. 자동 정의된 툴 패스의 궤적을 따라 Print Head가 움직임과 동시에 미리 준비된 와이어(Wire) 또는 필라멘트(Filament) 형태의 재료가 실타래처럼 생긴 롤(Roll)이나 카트리지에서 공급되어 고온으로 제어되는 Print Head(Heated chamber)를 지나면서 점성이 있는 용융 상태의 재료로 변화가 된다. 이것을 일정한 압력으로 제어하며, 2개의 분사 노즐(Nozzle-지름 1.78mm)에서 분사, 적층하여 3차원 모델을 조형하게 된다. 이때 2개의 노즐(Nozzle)은 모델이 될 빌드(Model Build) 재료와 오버행(Overhang)구조나 언더컷(Under Cut)과 같은 형상 등 모델이 안정적으로 작업되도록 지지해 주는 지지대(Support) 재료를 압출하게 된다. 이러한 지지대는 제거하기 용이하도록 얇은 격자 구조와 비슷한 벽으로 만들어진다. 특히 Heating Head에 부착된 분사 노즐에서 나온 재료는 열가소성 수지이며, 모델에 적층 순간 경화가 진행된다. 한 층이 완료되면 모델 조형대(Build Platform)는 한 층 두께인 0.127~0.33 mm정도 Z축으로 내려가고 FDM Print Head는 다음 층을 조형하게 된다. 이러한 공정은 모든 작업이 종료될 때까지 반복된다.

03 Stratasys 사의 FORTUS 900mc 소재와 활용 사례

Stratasys 샤의 FDM 900mc는 2007년 12월 독일 EuroMold에서 처음 공개되었다. "mc"라는 명칭은 Manufacturing Center의 약자로 직접 생산을 의미하며, 장비의 특징을 가장 잘 표현한 말이다. 다른 말로는 직접 디지털 제조(DDM)을 위한 RP 장비로 이해하면 된다. 과거에 발표된 Stratasys의 FDM 장비들은 RP(Rapid Prototyping), 즉 신속 모형 제작 정도로 사용이 한정되어 있었던 것이 사실이다. 하지만 FDM 900mc의 경우 RP뿐만 아니라 직접 디지털 생산(Direct Digital Manufacturing)이 가능한 목적으로 개발되었다. 참고로 DDM이란 최종 제품으로 사용되는 파트를 직접 만드는 기술로 제조 현장에서 필요한 도구인 Jig나 Fixture를 만드는 것과 End Use Part(EUP)로 다품종 소량생산에 대응하는 최종 상품을 직접 만드는 것을 의미한다. FDM 장비는 현재 내구성이 요구되는 매우 강한 기능성 파트를 제작할 수 있다는 강점 때문에 자동차, 우주항공, 소비재, 중장비산업 등 전반에 걸쳐 사용되고 있다.

900mc의 제품 제작 크기(Build Volume)는 914×610×914 mm로 FDM 장비군 중 최대 크기의 모델 제작이 가능하다. 특히 이전의 FDM 장비들이 Head 부분을 Belt 방식으로 작동시켰다면 이번 FDM 900mc의 경우 Ball Screw 기술을 적용하여 앞선 장비들에 비해 위치 정확성(Positional accuracy)과 파트 허용 공차(Tolerance)를 크게 향상시켰다. 또한 적층 헤드의 움직임이 앞선 장비들에 비해 1.5배 속도 향상이 이루어졌다. 이외에도 시스템 구동 소프트웨어의 수정과 개선, 생산량, 내구성, 장비의 신뢰성이 향상되었다.

Stratsys 사는 이번 Fortus 900mc 시스템 개발에 FDM으로 직접 제작한 32개의 파트를 사용했다. 예를 들어 Touch Screen, Bezel, Door Latch, Filler, Pull Handles, Status Base, Cable Strain

Relief Bracket 등이 그것이다. 이는 기존의 전통적인 툴링으로 생산했을 때에 비해 무려 100,000 달러 정도의 비용 절감과 6주 정도의 개발기간을 절약하는 효과를 얻었다고 한다.

▲ Fortus 900mc 장비의 외관

▲ 900mc로 제작된 대형 파트의 모습

1. FORTUS 900mc의 재료 공급과 제어

재료는 소모품으로 캐니스터 형태의 철재 통 안에 들어 있으며, 전자 신호에 의해 정확한 재료 공급이 제어된다. Fortus 900mc의 재료 구성은 본체 정면의 우측 도어를 열면 총 4개의 카트리지 홈이 있다. 상단부 2개는 모델재(Build)이며, 하단부 2개는 지지대(Support) 재료이다. 수십 시간의 무인 작업이 가능하며, 모든 재료 소요량과 잔류량은 본체에 장착된 LCD 화면을 통해 쉽게 확인할 수 있어 편리하다.

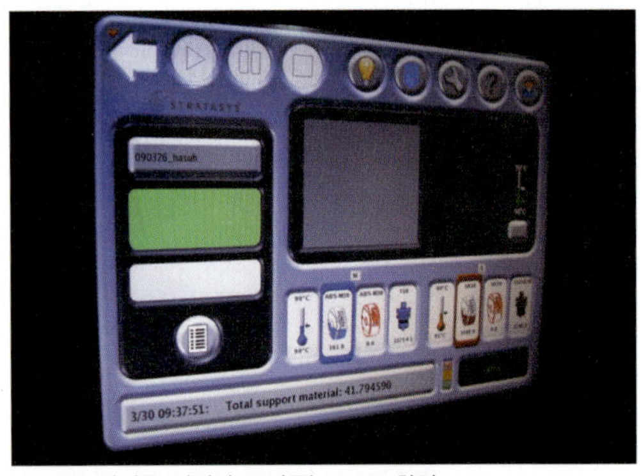

▲ 재료 상태를 실시간 보여주는 LCD 화면

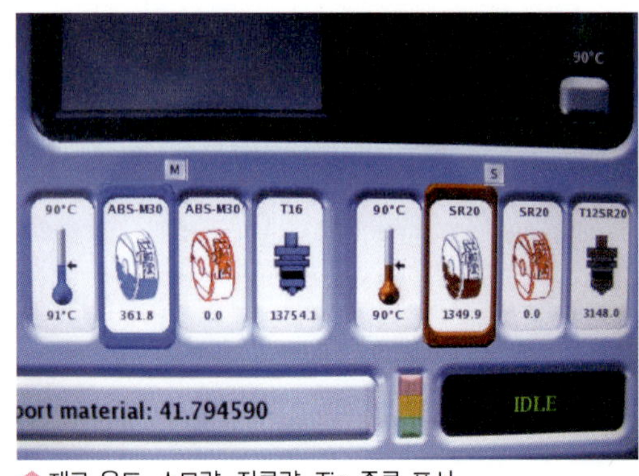

▲ 재료 온도, 소모량, 잔류량, Tip 종류 표시

▲ 캐니스터 형태의 재료 모습 〉 안에는 필라멘트 형태의 재료가 들어있음

⬆ 2개의 모델재료(Build)가 장착된 모습

⬆ 2개의 지지대(Support) 재료가 장착된 모습

2. FORTUS 900mc의 헤드와 T12 Tip

헤드블록에는 모델재료와 지지대 재료가 각각 용출되는 총 2개의 Tip이 장착된다. Tip의 규격은 T12 이며 용출시 Tip의 종류에 따라 한층의 두께(mm)는 0.178/0.254/0.330으로 적층이 가능하다. Tip 은 작업 전과 후에 늘 이물질이 묻거나 막히지 않도록 청결을 유지하여야 한다.

⬆ 헤드 블록에 삽이되는 T12 Tip 모습

⬆ T12 Tip의 미세 노즐 모습

⬆ 헤드 블록의 이송 장치와 블록 모습

⬆ 헤드 블록에 T12 Tip이 장착된 모습

3. FORTUS 900mc의 모델 제작과 지지대 제거

차트 제작이 완료되면 지지대 제거를 위해 작업대로부터 파트를 분리하여 꺼낸다. 900mc의 경우 금 속 작업대 위에 내열 투명 플라스틱판을 진공으로 흡착시켜 고정한 후 그 위에 지지대와 모델재가 한층 한층 적층되어 모델이 조형된다. 이 때문에 완성 파트를 떼어내는 것은 매우 손쉽고 편리하다. 하지만 작업시 유지되는 내부의 높은 온도 때문에 금속작업대와 채임버가 뜨거운 상태이므로 바로 꺼낼 시 주의를 요한다.

▲ 파트의 제작이 모두 완료된 모습

▲ 파트를 작업대에서 분리하는 모습

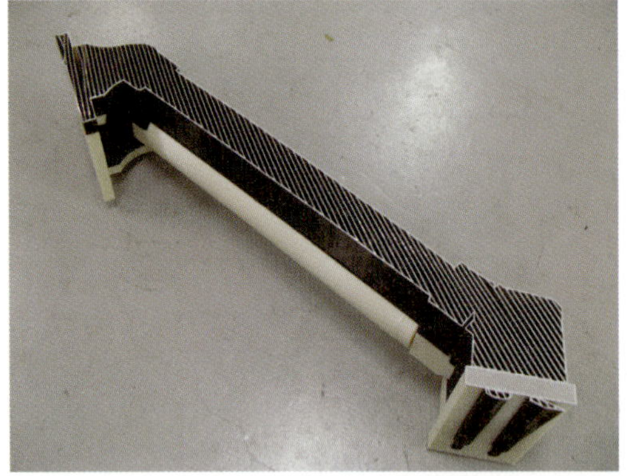

▲ 작업 결과물 : 수문조절용 유압실린더 파트 – 제공 : 프로토텍 / 완성 파트에 붙어 있는 수용성 지지대 모습(브라운컬러 부분)

우선 900mc로 제작되는 파트가 그림처럼 클 경우 지지대를 바로 수용성 용액에 담그면 지지대를 녹이는 시간이 많이 소요되기에 큰 부분의 지지대들은 손이나 니퍼를 통해 미리 제거 작업을 해 주는 것이 좋다.

▲ 1차적으로 손으로 지지대 제거 가능

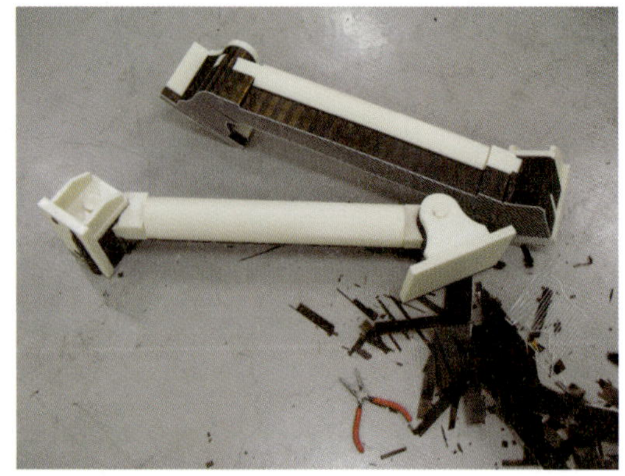

▲ 니퍼nipper를 사용한 세부 지지대 제거

어느 정도 지지대 제거가 완료되면 이제 보이지 않는 부분의 지지대를 제거해 주기 위해 그림과 같이 온도조절이 가능한 수용성 용액(수산화나트륨)이 담긴 세척기에 넣어준다. 세척기의 온도는 대략 60도 정도로 유지되며 대략 수 시간이면 완전히 지지대는 녹아 제거된다.

☝ 지지대 제거를 위한 세척기(Clean Station)

☝ 파트를 세척기에 넣기

지지대가 모두 녹아 제거되었다면 그림과 같이 깨끗한 물에 세척하여 마무리한다.

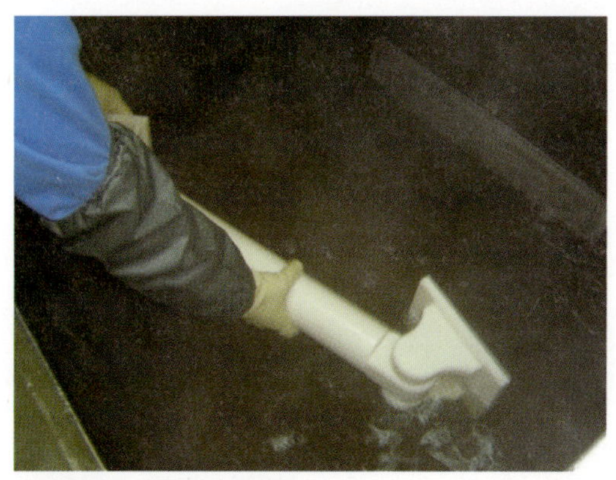

☝ 지지대가 모두 제거된 상태

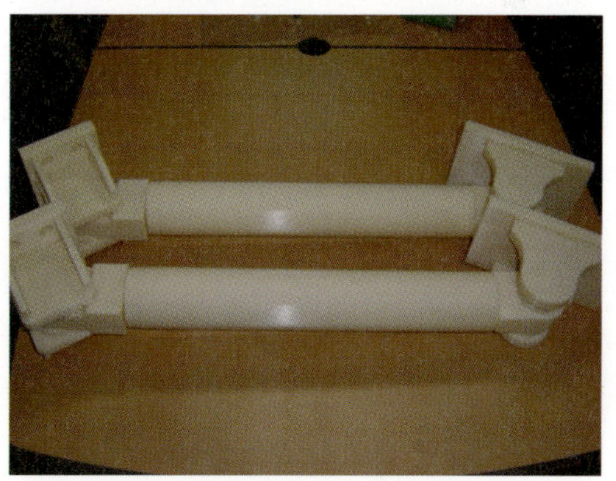

☝ 세척된 파트를 최종 상온 건조하는 모습

참조 제작샘플 크기 약 600mm의 기계부품. 샘플제공 : ProtoTech. 샘플제작 : 경북대학교 시제품 개발실.

조형 재료(Materials)

FDM 방식의 재료들은 대부분 기능성 파트를 제작하는 데 적합한 물성치를 가지고 있다. 다만 FDM 조형원리의 특성상 기본 해상도시 표면 조도는 다소 거친 편이다.

Stratasys 사 FDM 방식 조형 재료
(Stratasys FDM Materials)

ABSplus (acrylonitrile butadiene styrene)

- ABSplus는 기존 Stratasys 사의 ABS 재료보다 약 40% 정도의 강도 향상
- 환경친화적인 안정성을 가진 재료로 뒤틀림, 수축율, 습기 흡수율에 대한 저항성이 큰 재료
- Ivory, Black, Dark Gray, Red, Blue, Olive Green, Nectarine, Fluorescent Yellow 컬러 구현

ABS-M30 (acrylonitrile butadiene styrene)

- 기존 표준 Stratasys 사의 ABS 재료보다 약 25-70 % 정도 강한 재료
- 고장력, 고충격성을 가지며 굽어지는 강도가 높은 재료
- 레이어 접착을 통해 보다 내구성이 강한 파트를 제작
- 형합 모델과 기능성 파트 제작에 적합
- Ivory, White, Black, Dark Gray, Red, Blue 컬러 구현 가능

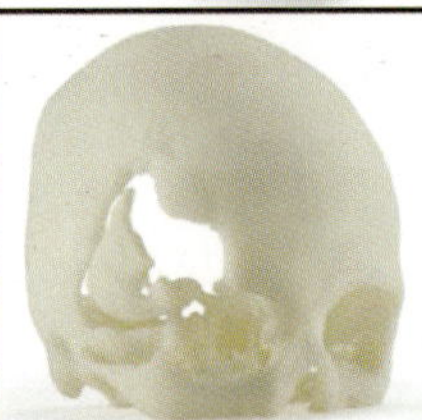

ABS-M30i (acrylonitrile butadiene styrene)

- 생체에 적합한 재료(ISO 10993인증)로 의료 분야, 약병, 음식물 패키지용
- Ivory 컬러 구현이 가능
- 감마선이나 Ethylene Oxide로 살균이 가능한 멸균 제품 제작에 적합

ABSi

- 투명도가 있는 재료로 자동차의 후미등과 같은 렌즈를 제작
- Translucent natural, Translucent red, Translucent amber 컬러 구현 가능

PC-ABS(Polycarbonate-acrylonitrile butadiene styrene)

- PC의 내열성, 기계적 성질, ABS가 가진 우수한 성질만을 가진 혼합재료
- 고 충격강도에 견디며 만들어진 면의 표면도 우수
- 자동차, 전자공학, 전자통신공학 분야에 활용도가 높음
- Black 컬러 구현

참조 해당 재료의 장비별 사용 가능 여부는 FDM 장비별 사양표를 참조한다. 재료에 대한 상세정보는 www.stratasys.com을 참조한다.

Stratasys 사 FDM 방식 조형 재료
(Stratasys FDM Materials)

PC(Polycarbonate)

- 산업분야에서 가장 광범위하게 사용되는 열가소성 플라스틱 재료
- 정확도와 내구성이 뛰어나 견고한 파트를 제작하는 적합
- ABS보다 강한 강도를 가지며, 높은 온도에서도 사용 가능한 재료
- White 컬러 구현이 가능

PC-ISO

- 생체에 적합한 재료(ISO 10993인증), 의료장치분야, 약통, 음식물 패키지용
- 감마선이나 Ethylene Oxide로 살균이 가능한 멸균 제품 제작에 적합
- White, Translucent Natural 컬러 구현이 가능

ULTEM*9085

- FST(Flame, Smoke, Toxicity)인증 재료로 약 160℃ 정도의 고온에서도 견딤
- 불꽃을 내지 않는 난연성 재료
- 항공기, 버스, 기차, 보트 등 운송 기기 재료로 적합한 고강도 재료

PPSF/PPSU (Polyphenylsulfone)

- 상기 모든 재료 중 가장 강하고 열과 화학약품에 가장 안정적인 재료
- 스팀 살균, 화학적 살균, EtO 살균, 플라즈마 살균, 방사선 살균
  등이 필요한 의료제품과 우주항공, 자동차 파트 제작에 적합

참조 해당 재료의 장비별 사용 가능 여부는 FDM 장비별 사양표를 참조한다. 재료에 대한 상세정보는 www. Stratasys.com을 참조한다.

Stratasys 사의 장비별 사양

제조사 / 미국	Fortus 200mc	Fortus 360mc	Fortus 400mc	Fortus 900mc
적용 기술	FDM	FDM	FDM	FDM
제작 한계(mm)	203x203x305	355x254x254 406x356x406(up)	355x254x254 406x356x406(up)	914x610x914
레이어 적층 두께 (mm)	0.178-0.33mm	0.127-0.33mm	0.127-0.33mm	0.178-0.33mm
정밀도(mm) (Accuracy)	+-0.254mm	+-0.127 or 0.0381mm	+-0.127 or 0.0381mm	+-0.0762 or 0.0254mm
구동 소프트웨어 /무료제공	Catalyst/Control Center/FDM TEAM	Catalyst/Control Center/FDM TEAM	Catalyst/Control Center/FDM TEAM	Catalyst/Control Center/ FDM TEAM

사용재료	모델재료		Fortus 200mc	Fortus 360mc	Fortus 400mc	Fortus 900mc
		ABSplus	O	X	X	X
		ABS-M30	X	O	X	O
		PC-ABS	X	O	O	O
		PC	X	O	O	O
		ABSi	X	X	O	X
		ABS-M30i	X	X	O	O
		PC-ISO	X	X	O	O
		ULTEM* 9085	X	X	O	O
		PPSF	X	X	O	O

지지대	
	ABSplus / ABS-M30 / PC-ABS / ABSi / ABS-M30i 모델재의 경우 Soluble 지지대 구조 Soluble의 경우 수용성으로 용액으로 제거
	PC / PC-ISO / ULTEM* 9085 / PPSF 모델재의 경우 Bass 지지대 구조 Bass의 경우 부수거나 공구로 제거

	Fortus 200mc	Fortus 360mc	Fortus 400mc	Fortus 900mc
모델재료Cartridge	1 Cartridge	2 Cartridge/1508cc	2 Canisters/1508cc	2 Canisters/1508cc
지지대재료 Cartridge/Canisters	1 Cartridge	2 Cartridge/1508cc	2 Canisters/1508cc	2 Canisters/1508cc
장비크기(mm)	686x864x1041	1281x895x1692	1281x895x1692	2772x1883x2281
장비무게(kg)	136	593	593	2861
공급전원(Power)	110-120V or 220-240V	230V	230V	230V

☆ Tip 사양의 경우 T12를 공통으로 사용하며, Fortus 900mc 장비의 경우 별도의 Air Compresser가 요구된다. 또한 Fortus 200mc을 포함한 모든 장비가 컬러 재료 사용과 출력이 가능하다.

Stratasys 사의 Dimension 3D Printing Group

Stratasys 사는 또한 별도의 Dimension Business 분야로 Dimension 3D Printing 장비들을 공급하고 있다. Dimension 3D Printing 장비군은 그림에서 보여주듯 시스템 크기들이 작아 소규모 공간이나 사무실에 적합하도록 디자인된 것이 특징이다. 물론 조형방식인 용융압출작층 FDM(Fused Deposition Modeling) 방식은 동일하다.

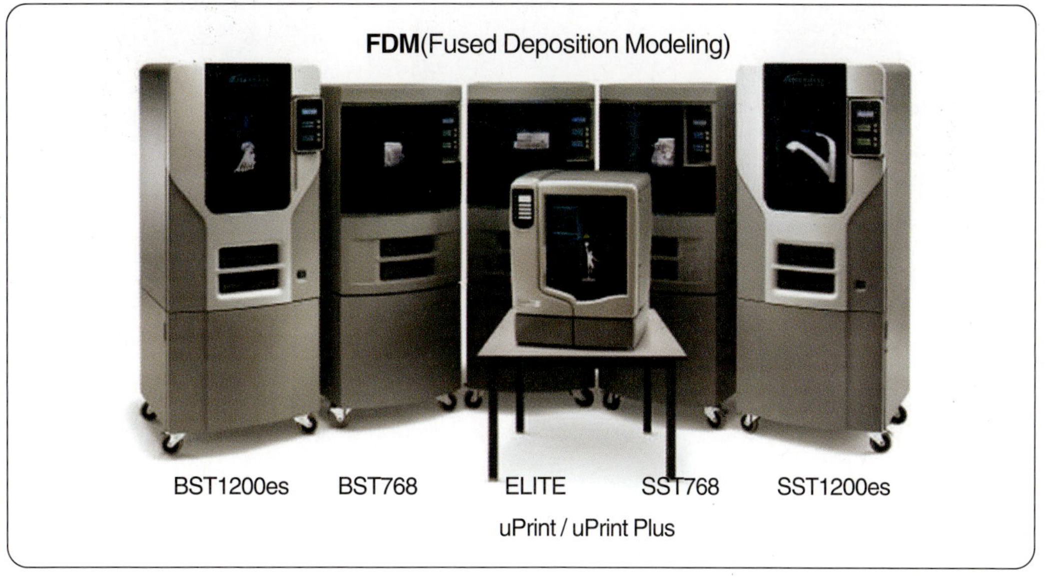

Dimension 3D Printing 장비들은 사용성 면에서도 자동화된 편리성을 제공하고 있다. 카트리지를 끼워 넣으면 자동으로 재료가 공급되며, 모든 작업 과정은 LCD 패널을 통해 한 눈에 확인할 수 있다. 또한 작업 시 함께 제공되는 Catalyst 소프트웨어는 자동으로 STL 파일을 읽어 들인 후, 파트의 제작 방향 설정, 자동 슬라이싱, Support 자동생성, 정밀한 적층 경로 생성, 제작 시간, 재료 상태 및 장비 상태 등 사용자가 큰 부담 없이 조작할 수 있는 인터페이스를 제공한다.

Dimension 3D Printing 장비들은 무인상태에서도 작업이 가능한데 외출 중인 상태에서도 인터넷이나 이메일을 통해 시스템 상태나 파트 완성 정보를 받아볼 수 있다. 지지대의 경우 두 가지의 방법 중 선택할 수 있다. Catalyst 소프트웨어에서 지지대의 자동생성이 이루어지는데 Break Away Support System(BASS)은 완성된 파트로부터 지지대를 손으로 부수어 쉽게 떼어내는 방법이다. BASS의 경우 비수용성 파트 재료이다. Dimension SST 모델의 경우는 Soluble Support System(SST)으로 수용성 지지대이기에 수산화나트륨 알갱이를 희석하여 녹인물에 지지대를 담가 파트로부터 쉽게 제거할 수 있다. 다른 말로 Water Works 수용성 지지대(Support)라고도 한다. 지지대 제거에 대한 자세한 사항은 후처리 과정을 참조한다.

특히 2009년 상반기에 출시된 가장 작은 크기의 퍼스널3D프린터인 uPrint는 개인 사용자들의 요구에 대응할 수 있는 시스템이다. 이것은 디자이너들이 가정이나 개인 사무실에서도 쉽고 빠르게 아이디어를 실체화하고, 컨셉 모델의 형태 확인, 형합같은 기구검토, 기능성 테스트 등을 보다 손쉽게 하여 생산성과 경쟁력을 제고할 수 있다.

Stratasys 사의 uPrint / uPrint Plus 소개와 활용 사례

특징 : uPrint / 최소형 데스크탑 3D 프린터로 학교나 디자인 사무실에 적합

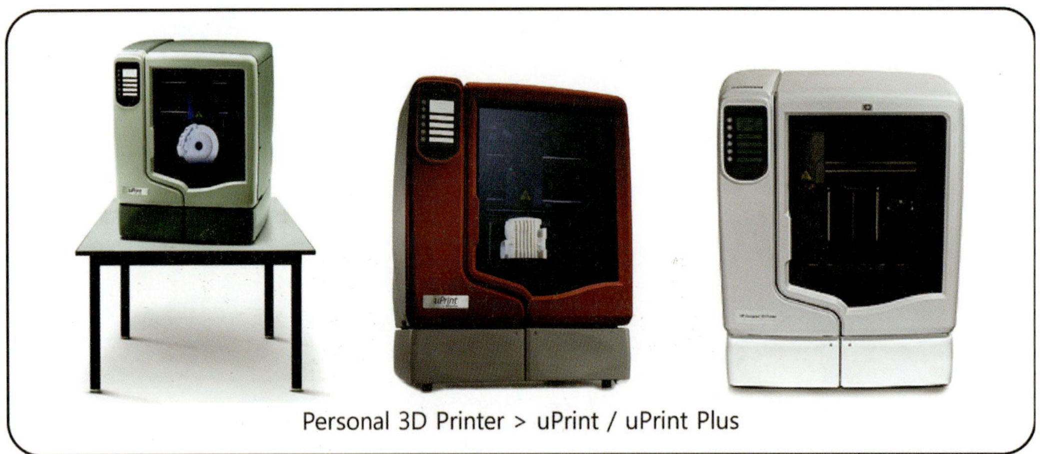

Personal 3D Printer > uPrint / uPrint Plus

미국 Stratasys의 Dimension 3D Printing Group은 2008년과 2009년 초에 신제품을 소개했는데 그중 가장 작은 크기의 u-Print는 진정한 개인용 데스크탑 3D 프린터(Personal 3D Printer)로 보아도 무방하다. 물론 조형 방식은 기존 중·소형장비와 같은 FDM(Fused Deposition Modeling) 방식이다. uPrint는 3가지의 외관 컬러를 가지며, 조형장비의 크기는 책상 위에 쉽게 올려 놓을 수 있는 635×660×787mm의 작은 크기이다.

외형크기는 현저히 작아졌지만 조형크기(Build Size)는 uPrint의 경우 203×152×152mm, uPrint Plus의 경우 이보다 큰 203×203×152mm의 빌드 볼륨을 가진다. 이는 결코 타 소형 프린터군에 비해 작은 편이 아니다. 2010년 좀 더 상향된 uPrint Plus의 경우 재료로 ABSplus를 사용하는데 이는 기존 ABS에 비해 내구성이 약 40% 향상된 것으로 매우 강해 기능성 테스트에 사용할 수 있다. 장비 하단부의 재료공급면에서도 1개의 카트리지 외에 추가 카트리지 베이(Second Material Bay)를 장착할 수 있어 장시간 작업을 수행하는 데 무리가 없다.

이러한 재료들은 특히 지지대(Support) 재료는 알카리 용매를 넣은 물에 파트를 담가 놓으면 수용성(Soluble Support)으로 쉽게 제거가 가능하다. uPrint Plus의 경우 SR-30 서포트를 사용하여 서포트 제거시간을 개선하였다. 지지대 즉 서포트가 제거된 파트는 샌딩, Soda Blasting, 페인팅, 도금 등의 후처리가 가능하다.

다음은 uPrint의 제작 공정을 통해 FDM(Fused Deposition Modeling) 공정을 보다 쉽게 이해
할 수 있도록 단계별 공정을 이미지로 보여 준다.

단계1 3D CAD 모델링과 RP 제작을 위한 STL 파일 저장

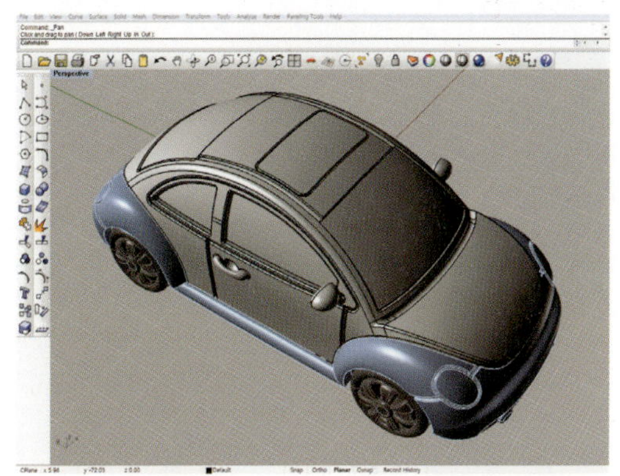

⬆ 3D CAD 모델링 데이터 제작 〉 두께가 있는 솔리드파일

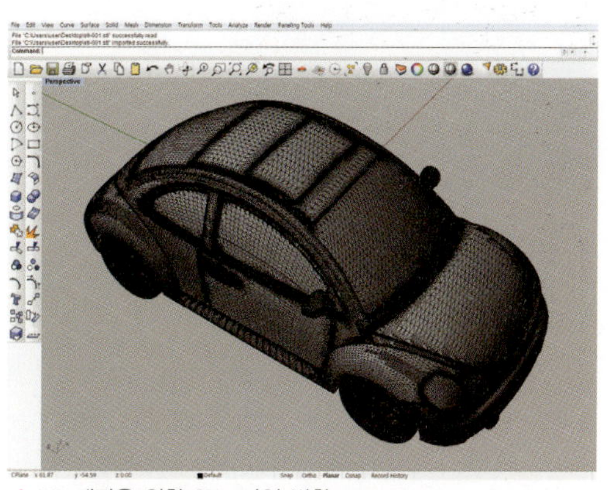

⬆ RP 제작을 위한 STL 파일 변환

단계2 MasicsRP와 같은 소프트웨어를 이용한 STL 파일 오류 체크와 수정

STL 파일에 큰 문제가 없다면 그림과 같이 지지대를 제작한다. 다음 uPrint 전용 구동 소프트웨어인
Catalyst로 데이터를 불러온다.

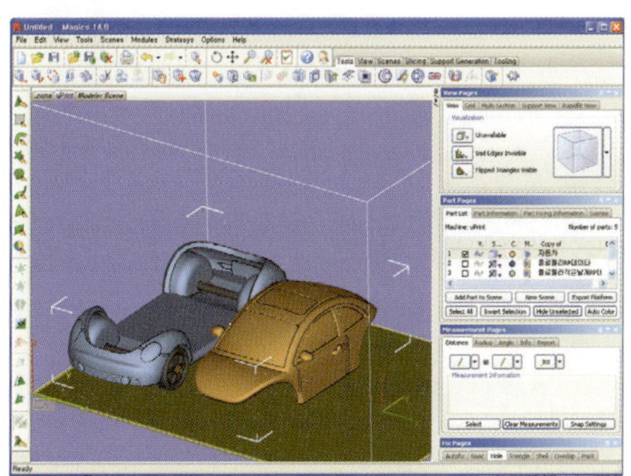

⬆ Masics RP에서 지지대와 슬라이싱 제작

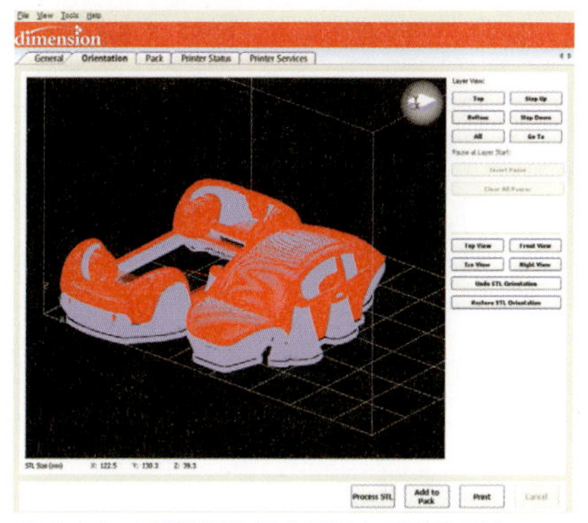

⬆ Catalyst 작업대에 모델 배치 〉 데이타 전송

Catalyst는 제작하고자 하는 자동차 파트를 실시간으로 시뮬레이션을 해 볼 수 있다. 이 과정은 제작 과정의 오류를 미리 찾을 수 있는 과정이다. 아래 그림은 그러한 시뮬레이션 중 단면을 보여주고 있다.

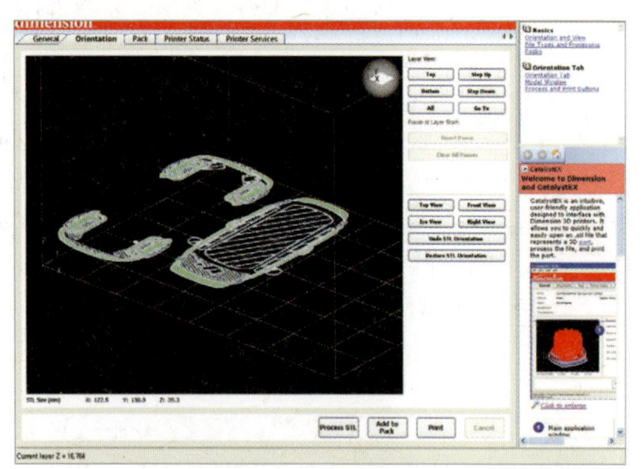

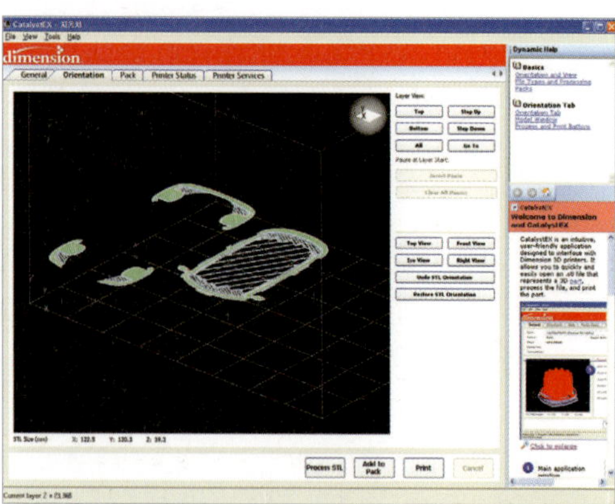

☝ 제작 과정 시뮬레이션 〉 적층 과정이 실시간으로 시뮬레이션 됨

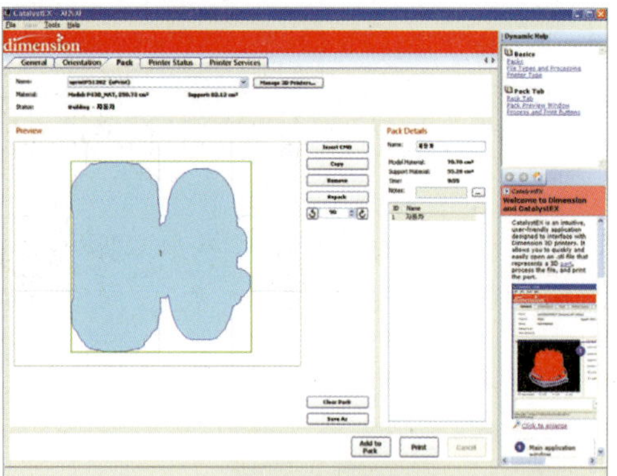

☝ 조형판에 배치된 자동차의 Top View 모습

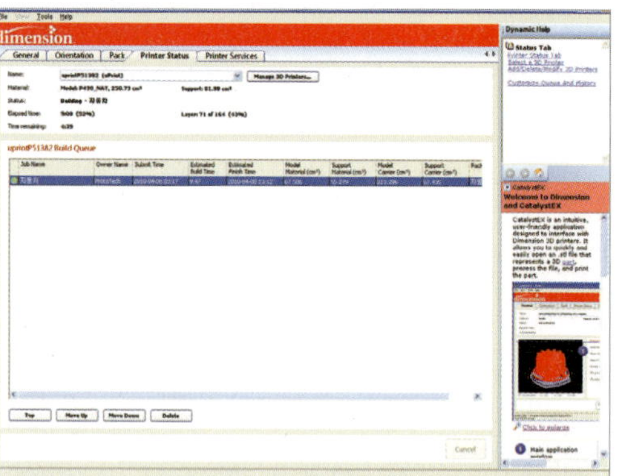

☝ 3D 프린팅 모니터링

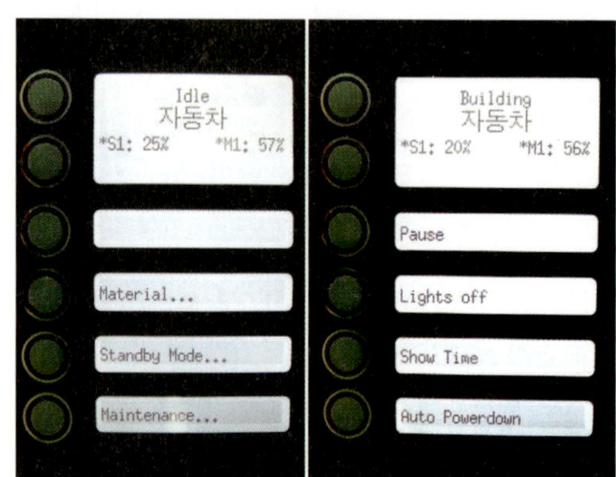

☝ uPrint 좌측 상단의 조작반 〉 진행상황을 명확하게 보여줌

우선 프린터 내부의 모습은 단순하다. 제일 중요한 프린터 헤드는 총 2개의 노즐이 부착되어 있다. 하나는 모델 재료를 용출하는 노즐이며 나머지 하나는 지지대 재료를 용출하는 노즐이다. 작업전 헤드 청소를 하고 예열이 시작된다.

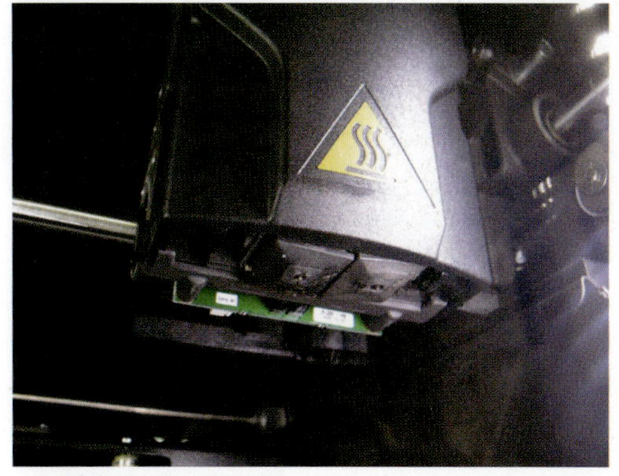
☝ 프린터 헤드와 노즐 모습

☝ 프린터 헤드와 노즐의 이물질 청소 모습

프린팅이 시작되면 그림과 같이 조형판 위로 진브라운 컬러의 지지대를 바닥에 조형한다. 다음 그 위에 하얀색의 모델 재료를 용융 압출하여 자동차의 단면 단면을 한층 한층 쌓아간다.

☝ 초기 조형판에 지지대를 우선 조형하는 모습

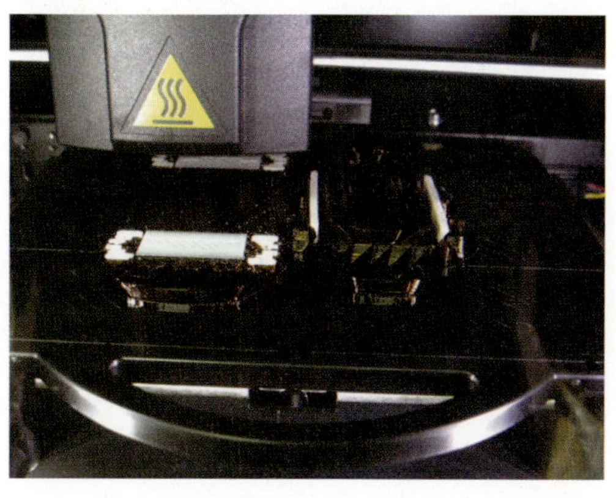

재료소비와 작업속도를 증가시키고 불필요한 무게를 줄이기 위하여 대부분 자동차의 외벽들을 제외하고 보이지 않는 안쪽은 그림과 같이 격자구조로 만들게 된다. 물론 선택이 가능하다.

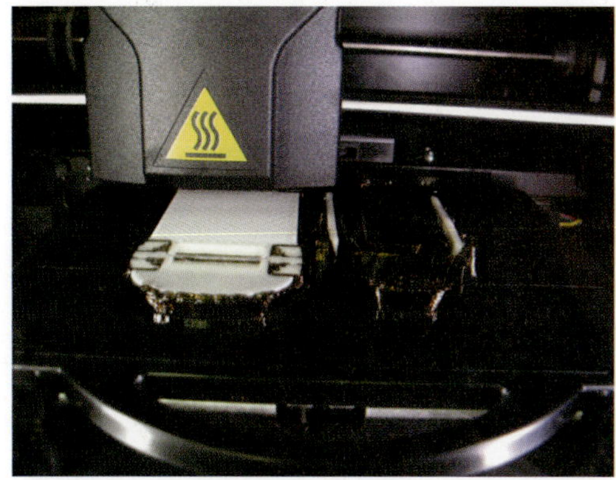
☝ 자동차의 가장 밑부분이 조형되는 모습

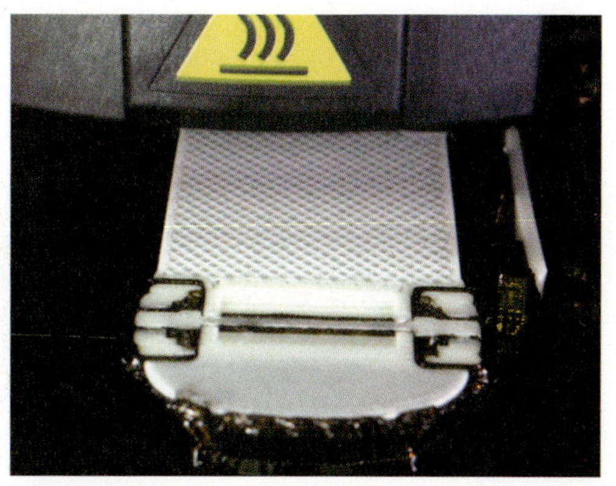

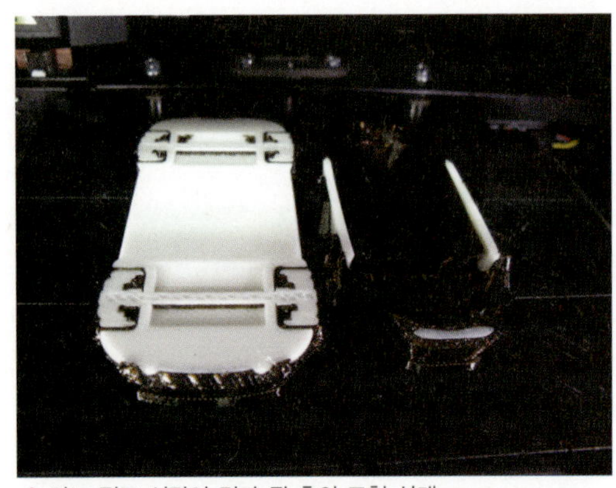

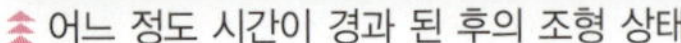
🔺 어느 정도 시간이 경과 된 후의 조형 상태

단계 5 조형작업 완료

모든 조형작업이 수 시간 동안 무사히 진행되어 그림과 같이 제작이 완료된다. 현재 우측 자동차의 천정 부위를 보면 레이어 층이 보인다. 이것은 FDM 방식뿐만 아니라 모든 RP 장비에서 조형 후볼 수 있는 계단 현상이다. 이 계단 현상은 자동차의 놓은 방향에 따라 현저하게 줄일 수 있다. 또한 고해상도 구현되는 RP 장비를 사용하면 그만큼 계단 현상은 줄일 수 있다.

🔺 조형 작업이 완료된 상태 〉 지지대와 모델재가 서로 붙어 있음

단계 6 조형판 꺼내기와 지지대 제거

우선 작업이 모두 완료되면 조심스럽게 도어를 열고 안에 있는 조형판의 죔쇠를 풀어 밖으로 꺼내준다. 이때 아직 장치 내부 온도가 뜨거우니 주의한다.

🔺 조형이 완료되어 도어를 연 모습

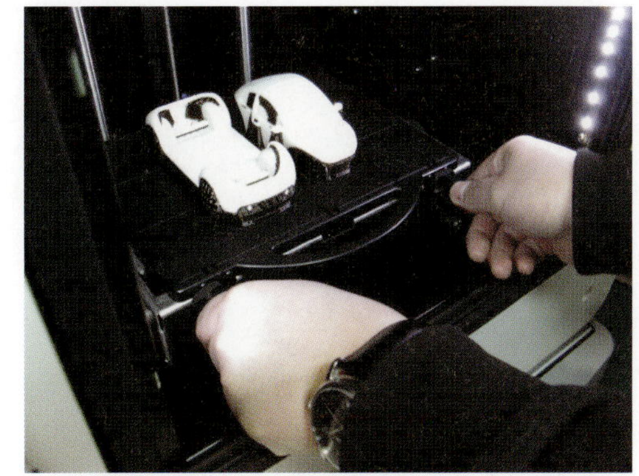
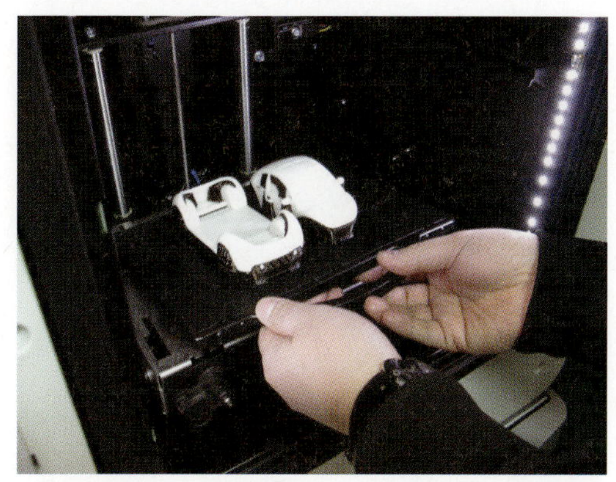

🔺 조형판을 장비로부터 분리하는 모습

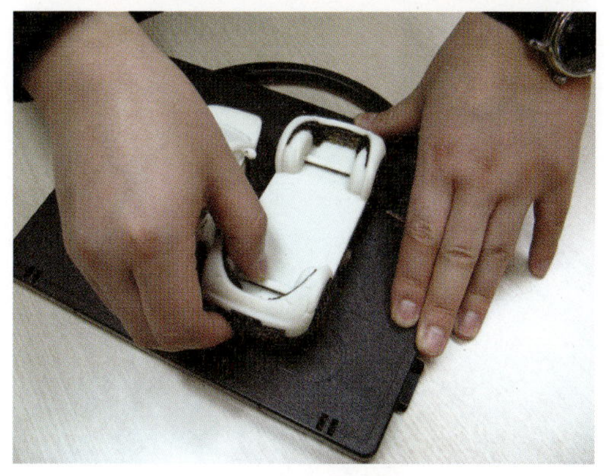

🔺 조형판에 붙은 모델을 손으로 떼어내는 모습

🔺 조형판에서 분리된 모델 파트

🔺 모델엔 아직 지지대가 붙어 있음

조형판으로부터 분리된 모델에는 지지대가 아직 그대로 붙어있다. 지지대는 손으로 어느 정도 제거가 가능하지만 니퍼나 송곳과 같은 공구를 사용하는 것이 편리하다.

♨ 조형판에서 분리된 자동차의 상부와 하부 모델 파트 모습

♨ 손이나 니퍼로 지지대를 제거하는 모습

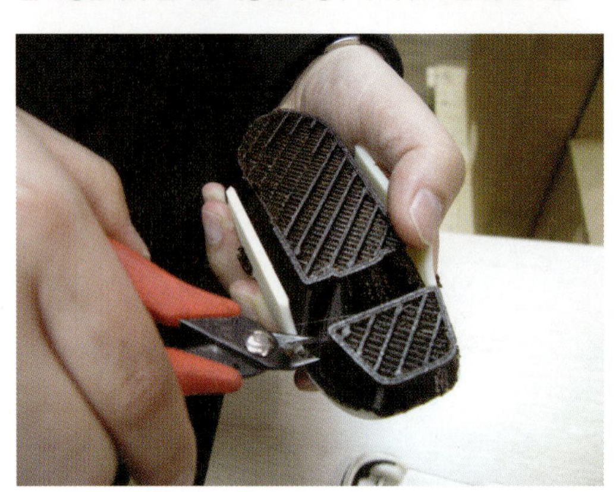

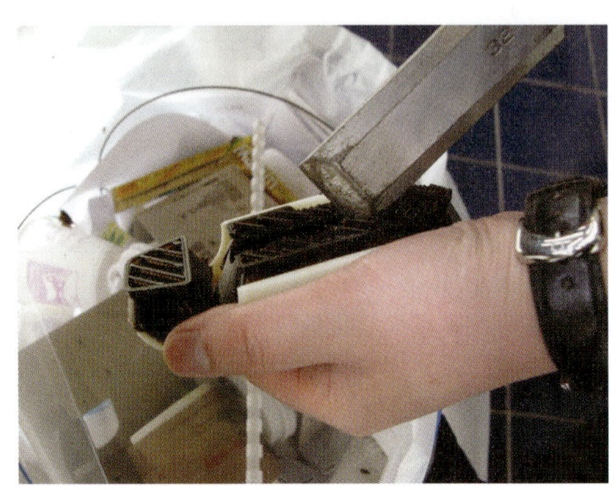
♨ 내부 지지대 제거 모습

아주 단단하거나 넓은 면적은 그림과 같이 큰 공구로 제거한다. 이것은 수용성 지지대를 수산화용액에 담가 녹일 때 시간을 단축하기 위함이다. 어느 정도 면적의 지지대가 제거되면 그림과 같이 나머지는 수용액에 담가 지지대를 녹여준다.

수용성 지지대이기에 전용 세척기에 파트들을 넣고 약 60도 정도의 온도를 주면 서서히 내부에 붙은 지지대들이 녹아 없어지게 된다. 이때 촉진제 역할을 하는 수산화나트륨 가루를 약간 넣어 준다. 세척 후 쉽게 모델 파트들을 꺼낼 수 있도록 망사 바구니에 넣어 지지대를 녹여주면 편리하다.

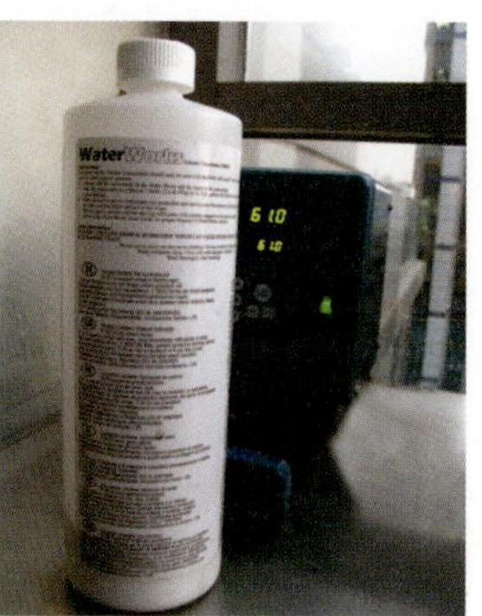

🔺 수용성 지지대를 녹이기 위한 촉진제 – 수산화나트륨 가루

🔺 망사 바구니에 파트 넣기

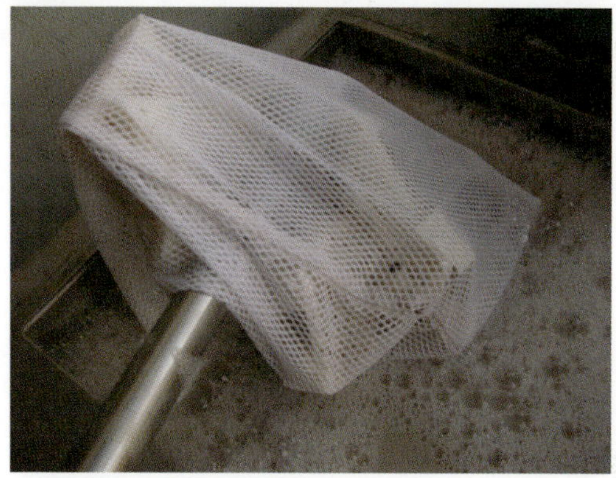

🔺 수용액에 담가 지지대 녹이기

지지대가 모두 제거되기까지 다소의 시간이 소요된다. 아래 자동차 파트는 모든 세척 과정이 완료된 상태의 모델이다.

단계 9 모델 제작 공정 완료

uPrint는 FDM 방식의 특성상 표면 조도는 미흡했지만 두 파트를 체결하는 것은 매우 정확한 형합이 이루어졌다. 또한 ABS Plus 재료의 내구성이 겉으로도 느껴진다. 모델은 매우 수월하게 제작되었다.

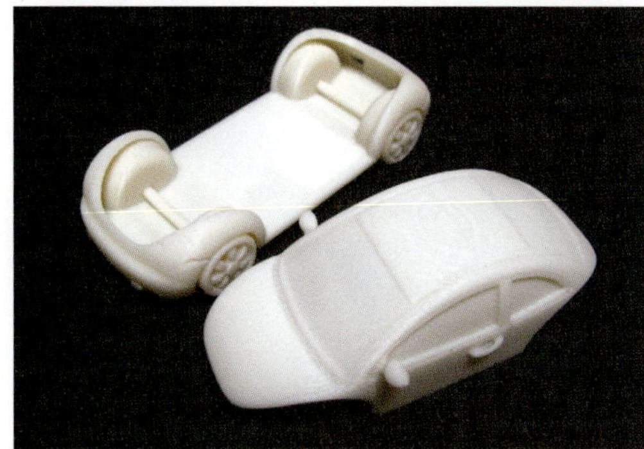

🔺 uPrint 최종 완성된 자동차 모형 〉 조립 전 모습

🔺 uPrint 최종 완성된 자동차 모형

08

재료의 공급

uPrint의 재료는 ABS Plus로 매우 내구성이 뛰어나다. 재료 공급 형태는 그림과 같이 카트리지에 넣어 장비에 장착할 수 있다. 재료는 전자신호에 의해 정확하게 빠져나가며 필라멘트 형태로 되어있다.

🔩 초기 은박지에 밀봉 포장

🔩 전자 감응장치에 재료를 통과시킴

🔩 카트리지 커버 열기

🔩 카트리지에 재료 넣기

🔩 재료 공급 전자 감응 장치

🔩 튀어나온 부분이 지지대 재료 필라멘트임

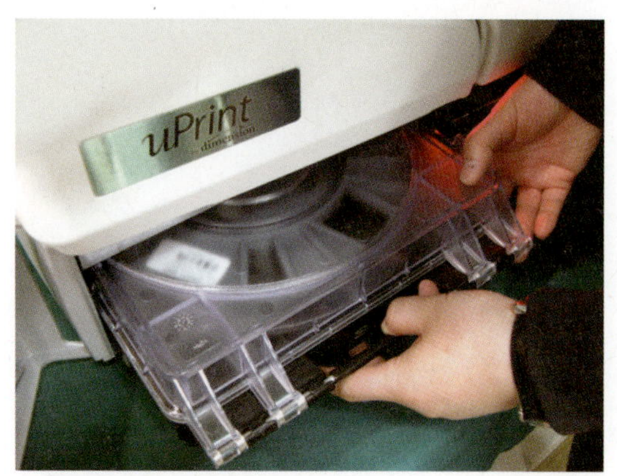

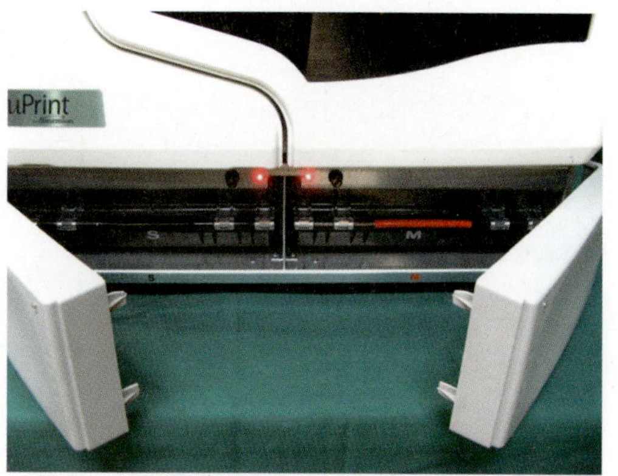

▲ 작업 전 미리 재료를 충전

▲ 좌측 지지대(Support), 우측 모델 재료 (build) 모습

재료는 장비의 정면 하단 도어를 열고 카트리지를 장착한다. 다음 후면으로 필라멘트를 빼내어 그림과 같이 M 부분에 모델재료 필라멘트를 꽂아주고 S 부분에는 지지대(Support) 재료를 꽂아주면 자동으로 감지하여 공급한다. 재료 공급은 쉬운 편이다.

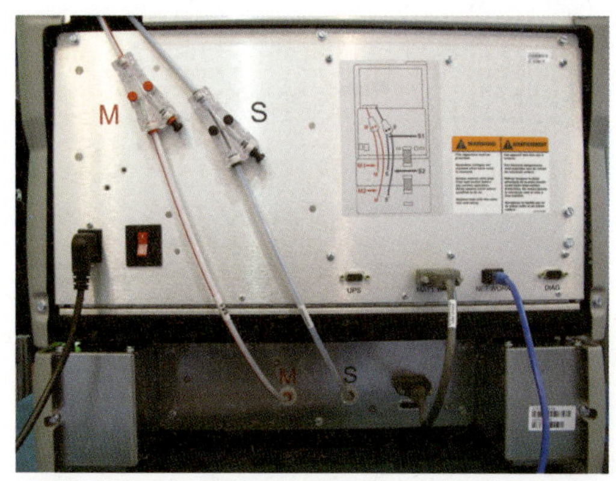

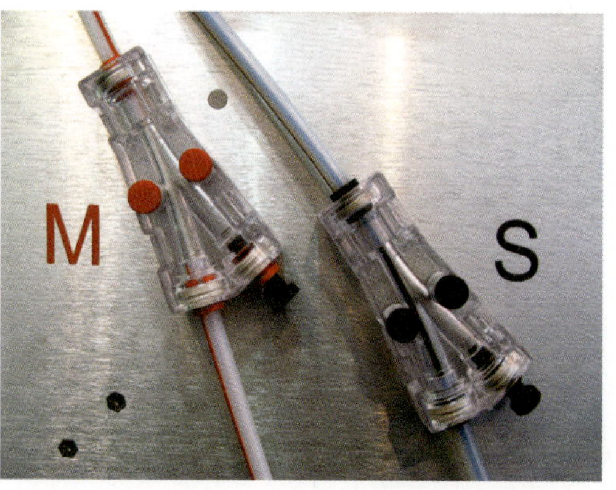

▲ 장치 뒷면 모습 〉 M은 모델 재료, S는 지지대 재료 공급선

조형 재료(Materials)

uPrint를 포함한 Dimesion 제품군의 경우 사용 재료는 아래 5가지가 대표적이다.

Stratasys 사 FDM 방식 조형 재료
(Stratasys FDM Materials)

ABSplus (acrylonitrile butadiene styrene)

- ABSplus는 기존 Stratasys 사의 ABS 재료보다 약 40% 정도의 강도 향상
- 환경친화적인 안정성을 가진 재료로 뒤틀림, 수축율, 습기 흡수율에 대한 저항성이 큰 재료
- Ivory, Black, Dark Gray, Red, Blue, Olive Green, Nectarine, Fluorescent Yellow 컬러 구현

ABS-M30 (acrylonitrile butadiene styrene)

- 기존 표준 Stratasys 사의 ABS 재료보다 약 25-70 % 정도 강한 재료
- 고장력, 고충격성을 가지며 굽어지는 강도가 높은 재료
- 레이어 접착을 통해 보다 내구성이 강한 파트를 제작
- 형합 모델과 기능성 파트 제작에 적합
- Ivory, White, Black, Dark Gray, Red, Blue 컬러 구현 가능

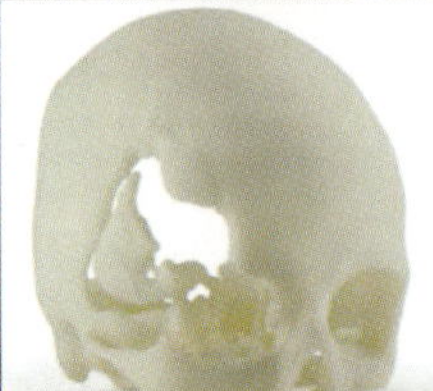

ABS-M30i (acrylonitrile butadiene styrene)

- 생체에 적합한 재료(ISO 10993인증)로 의료 분야, 약병, 음식물 패키지용
- Ivory 컬러 구현이 가능
- 감마선이나 Ethylene Oxide로 살균이 가능한 멸균 제품 제작에 적합

ABSi

- 투명도가 있는 재료로 자동차의 후미등과 같은 렌즈를 제작
- Translucent natural, Translucent red, Translucent amber 컬러 구현 가능

PC-ABS(Polycarbonate-acrylonitrile butadiene styrene)

- PC의 내열성, 기계적 성질, ABS가 가진 우수한 성질만을 가진 혼합재료
- 고 충격강도에 견디며 만들어진 면의 표면도 우수
- 자동차, 전자공학, 전자통신공학 분야에 활용도가 높음
- Black 컬러 구현

> **참조** 해당 재료의 장비별 사용 가능 여부는 FDM 장비별 사양표를 참조한다. 재료에 대한 상세정보는 www.stratasys.com을 참조한다.

조형 재료의 재질별 컬러

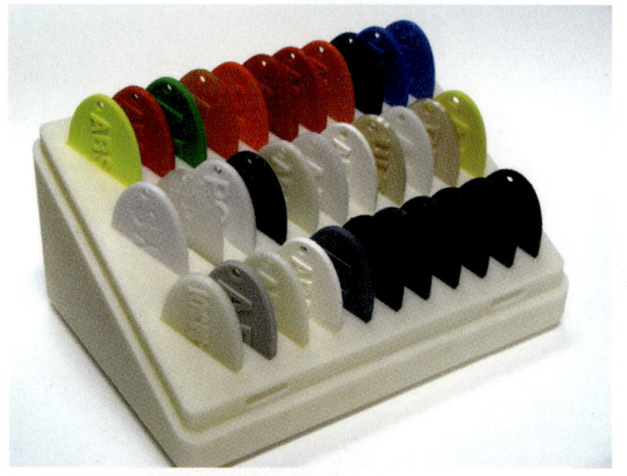

☝ FDM 재료 컬러 칩 케이스와 컬러칩

☝ 컬러 재료로 출력한 다양한 파트

Stratasys 사 FDM 방식 조형 재료 칩
(Stratasys FDM Materials)

ABSplus	**ABS**plus	**ABS**plus	**ABS**plus	**ABS**plus
ABSplus	**ABS**plus	**ABS**plus	**ABS**plus	ULTEM9085
ABS-M30	ABS-M30	ABS-M30	ABS-M30	ABS-M30
ABS-M30	ABS-M30	ABS-M30	PC-ABS	PC-ISO
PPSF	PC	ABSi	ABSi	ABSi
ABS	ABS	ABS	ASS	ABS
ABS	ABS	ABS		

참조 해당 재료의 장비별 사용 가능 여부는 FDM 장비별 사양표를 참조한다. 재료에 대한 상세정보는 www.stratasys.com을 참조한다.

후처리를 통한 파트 표면 개선방법

대부분 FDM 파트는 방식의 특성상 타 RP 파트에 비해 표면 조도가 다소 떨어지는 편이다. 하지만 이러한 표면을 약간의 후처리로 매끄러운 결과를 얻을 수 있다. 아래 내용은 화학적인 방법으로 파트의 표면을 순간적으로 녹여 표면을 좋게 하는 방법이다. ACRYLIC을 붓으로 파트의 표면에 페인트 칠하듯 발라주면 파트의 표면이 순간적으로 녹아내려 표면이 좀 더 매끄러워진다. 물론 적절한 조절이 필요하다.

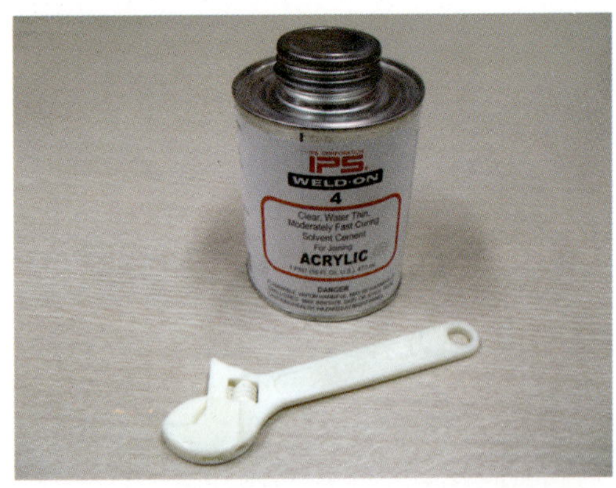

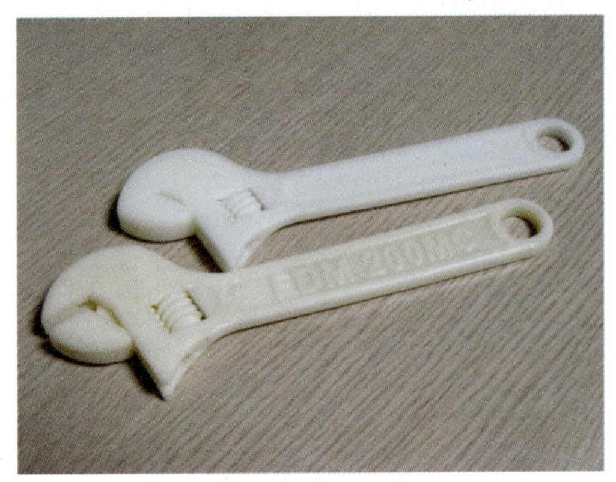

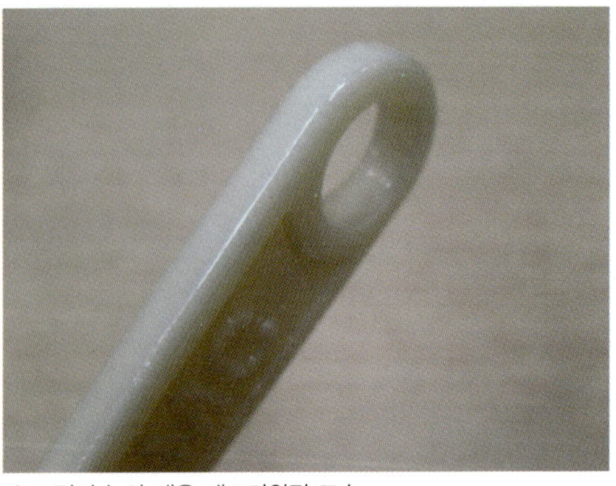

☙ 작업 전과 후의 표면 비교

☙ 표면이 녹아 매우 매끄러워진 모습

물론 이 방법은 파트를 녹이기 때문에 최선의 방법이라 할 수 없지만 가장 빠른 시간 안에 표면을 후처리하는 방법이다.

Stratasys 사의 Dimension 3D Printer 장비별 사양

제조사 / 미국	uPrinter uPrinter Plus	BST 768/ SST 768	Elite	SST 1200es/ BST 1200es
	dimension. www.dimensionprinting.com			
적용 기술	FDM	FDM	FDM	FDM
제작 한계(mm)	203x152x152 203x203x152(uP)	203x203x305	203x203x305	254x254x305
레이어 적층 두께(mm)	0.254mm 0.254/0.330mm(uP)	0.245-0.33mm	0.128-0.254mm	0.245-0.33mm
구동 소프트웨어	Catalyst® EX	Catalyst® EX	Catalyst® EX	Catalyst® EX
사용재료	ABSplus	ABS	ABSplus	ABSplus
지지대 제거	Soluble Support Technology(SST) 수용성 지지대로 64도의 물에 담가 쉽게 제거 Braekaway Support Technology(BST) 비 수용성으로 손으로 쉽게 떼어내어 제거			
모델재료 컬러 사용	칼라 : Ivory (uPrint) : Ivory, Blue, Yellow, Black, Red, Gray, Pink 등(uPrint Plus)	White, Blue, Yellow, Black, Red, Green, Steel Gray 등	White, Blue, Fluorescent Yellow, Black, Red, Olive Green, Nectarine, Gray 등	White, Blue, Fluorescent Yellow, Black, Red, Olive Green, Nectarine, Gray 등
모델재료 Cartridge	1 Cartridge (Material carrier)	1 Cartridge	1 Cartridge	1 Cartridge (ABSplus재료)
지지대재료 Cartridge	1 Cartridge (Support carrier)	1 Cartridge	1 Cartridge	1 Cartridge
장비크기(mm)	635x660x787 (Material Bay1개시) 635x660x940 (Material Bay2개시)	686x914x1041	686x914x1041	838x737x1143
장비무게(kg)	76kg (Material Bay1개시) 94kg (Material Bay2개시)	136kg (300 lbs.)	136kg (300 lbs.)	148kg (326 lbs)
공급전원(Power)	110-127V or 220-240V	110-120V or 220-240V	110-120V or 220-240V	110-120V or 220-240V

참고
1) uPrint의 경우 장비의 외형 색상이 총 3가지 컬러인 Gray, Green, Red로 구성되어 있다.
2) ABSplus 재료의 경우 기존 ABS 재료에 비해 강도가 약 40% 정도 향상된 재료로 기능성 파트의 제작, 드릴(Drill)에 의한 구멍 뚫기, 샌딩(Sanding), 도색(Painting), 크롬 도금 등의 후 처리도 가능하다.
3) uPrint의 경우 서포트 재료로 SR-20, uPrint Plus 의 경우 SR-30(서포트 제거시간 단축)을 사용한다.

Stratasys 사의 FDM 방식 파트 제작 사례

Stratasys 사는 중, 대형 파트 제작이 가능한 Portus 시스템군과 주로 소형 파트 제작을 위한 Dimension 3D 프린팅 시스템들이 잘 어우러져 다양한 분야에서 성공적인 활용 사례를 보여주고 있다. 특히 기능성 파트 제작 분야에서는 강점을 가지고 있다. 활용 사례를 보면 크게 Concept Model 제작, 기능성 프로토타입 제작, 생산을 위한 툴(Tools) 제작, 마지막으로 End Use 파트 제작 등으로 나누어 볼 수 있다. 이외에도 조립성 테스트, 마케팅 도구, 진공주형 파트, 사출 Blow 몰딩, 제품 기밀성 테스트, 건축 모형 제작, 자동차 및 항공 부문 관련 장치의 제작까지 매우 광범위하다.

1. 디자인 형상 확인 및 조립성 테스트

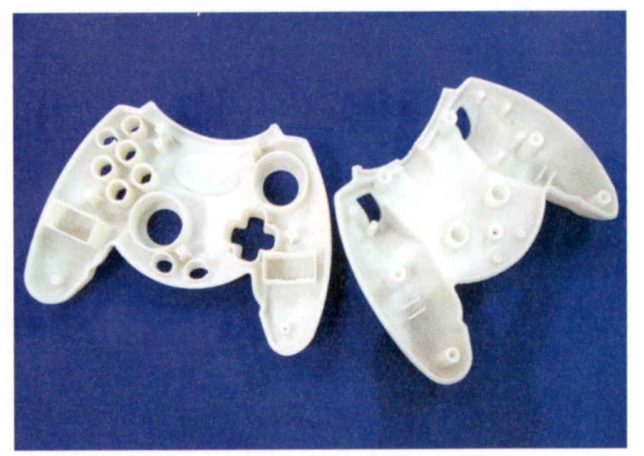

⛟ 조이스틱 게임기 파트

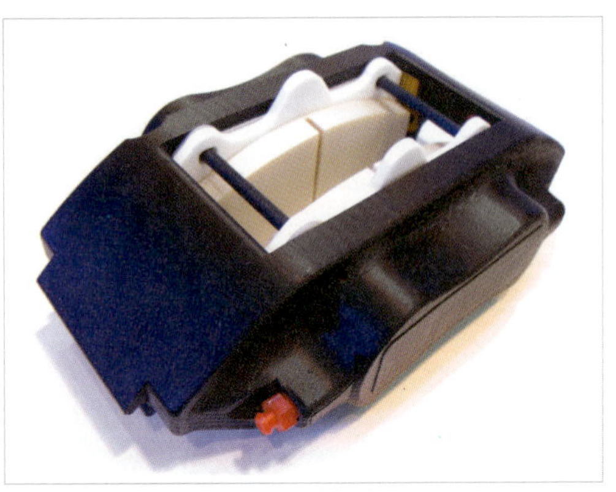

⛟ Brake Caliper Prototype, 사용 재료 : ABS-M30, ABSi, PC-ABS, PC, PPSF, AP Racing 사, FDM 재료의 다양성과 정교한 파트의 조립성을 보여 주는 예, 자료제공 : ProtoTech. 2009.

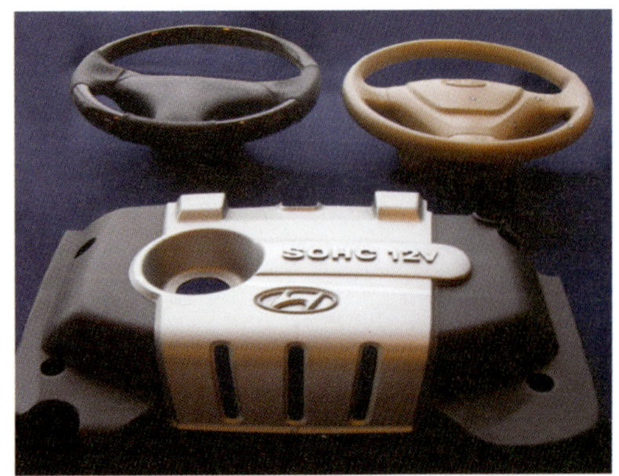
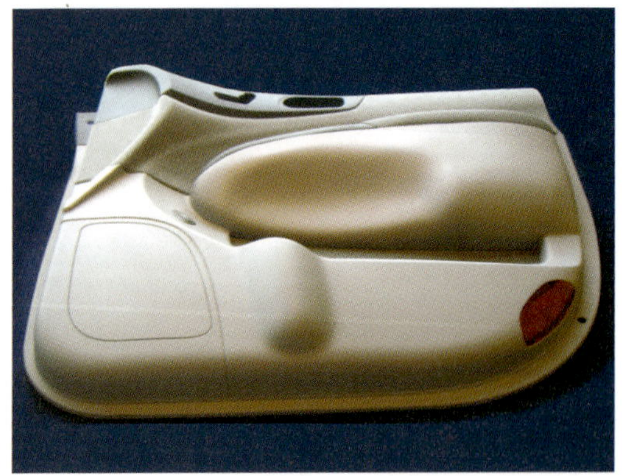

⛟ 엔진 덮개 – 현대 자동차

⛟ 자동차 도어 – 현대 자동차

⬆ 조향장치와 프레임 기능, 조립성 테스트 – 현대 자동차

⬆ 완구 형상 및 기능성 테스트 파트. 2007.

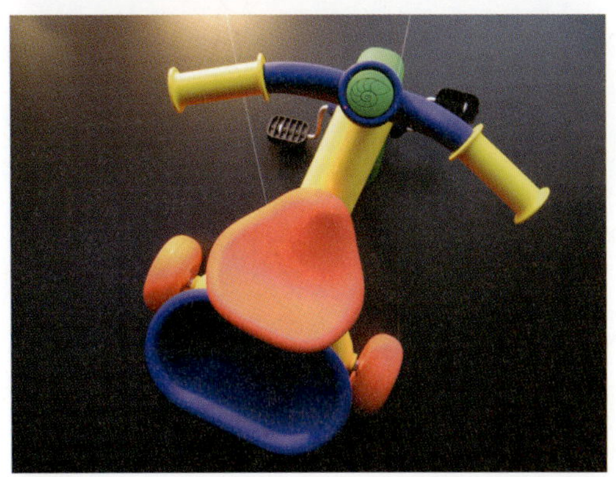

⬆ 어린이용 자전거 컬러파트 〉 형상 및 기능성 테스트, 파트 전체 크기 650mmX550mm

⬆ 어린이용 자전거 컬러파트 〉 형상 및 기능성 테스트

⬆ BOSCH 사 전동톱 손잡이 기능성 파트

☗ BOSCH 사 전동톱 손잡이 기능성 파트 테스트

☗ 내열 기구파트 기능성 테스트 〉 커피 메이커, 자료 제공 : ProtoTech. 2009.

 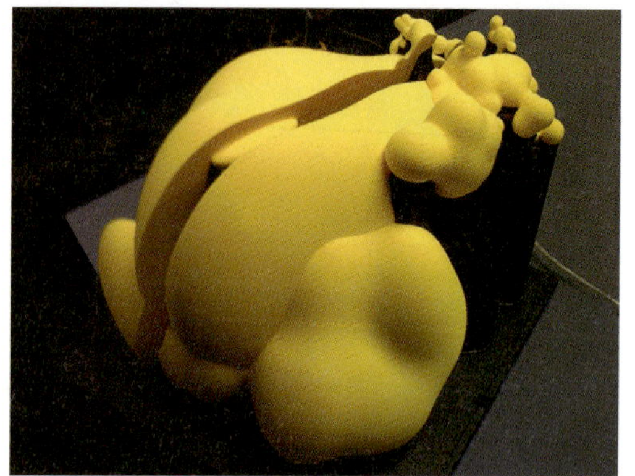

☗ LCD 전자 액자 〉 금형으로 제작이 불가한 제품을 직접 생산

2. 부품 실장을 통한 기능성 테스트

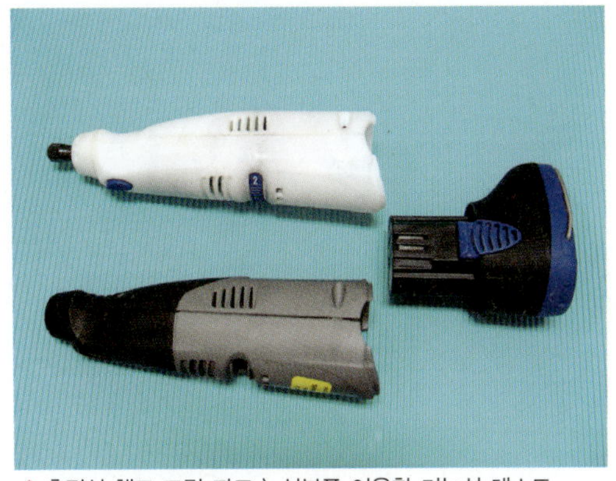

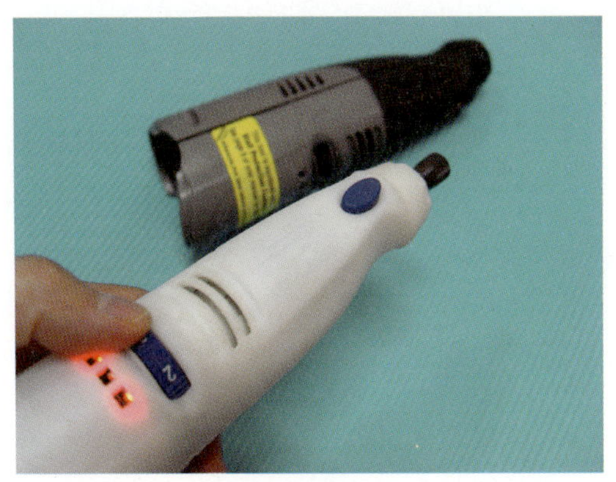

⚓ 충전식 핸드 드릴 파트 〉 실부품 이용한 기능성 테스트

3. 블로우 성형을 위한 사출 틀 제작

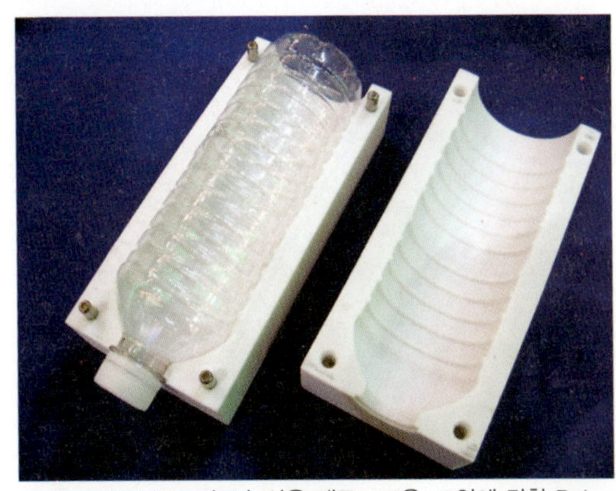

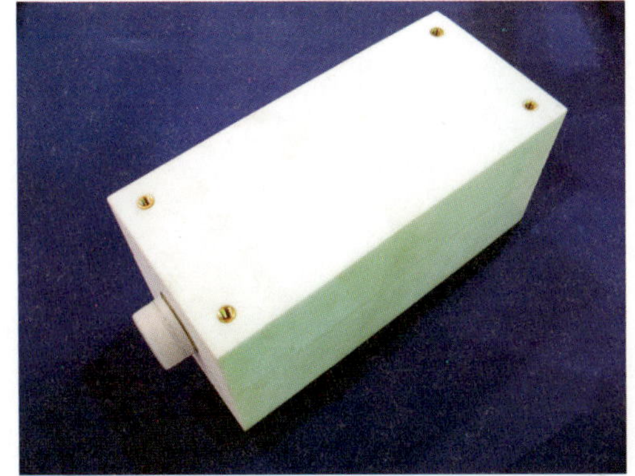

⚓ Blow Molding 파트 〉 사용 재료 : 고온, 고압에 강한 Polycarbonate (PC), ProtoTech 제공.

4. 페이퍼 펄프 몰드 제작

⚓ PAPER PULP MOLD 파트 제작

5. 진공성형(Vaccume Forming)

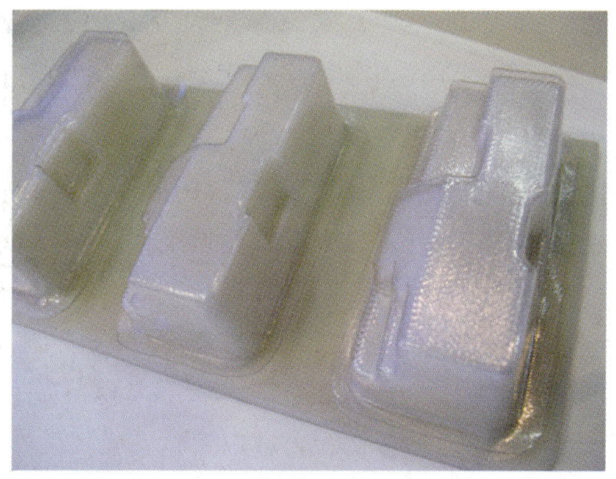

▲ 진공성형을 위한 고강도 형틀의 제작 〉 PVC 패키지로 활용

6. 실리콘 주형을 위한 마스터 패턴 제작

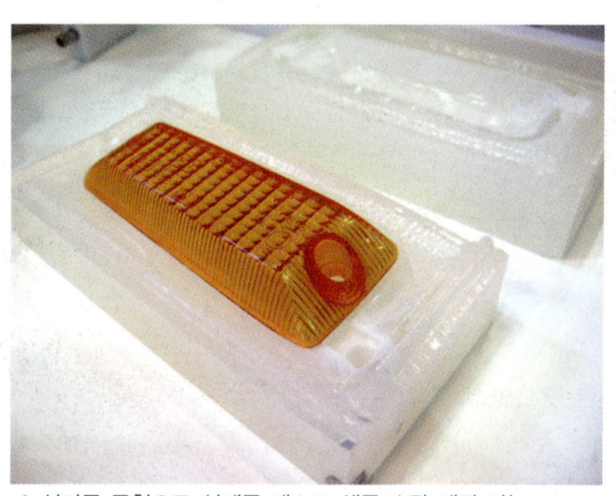

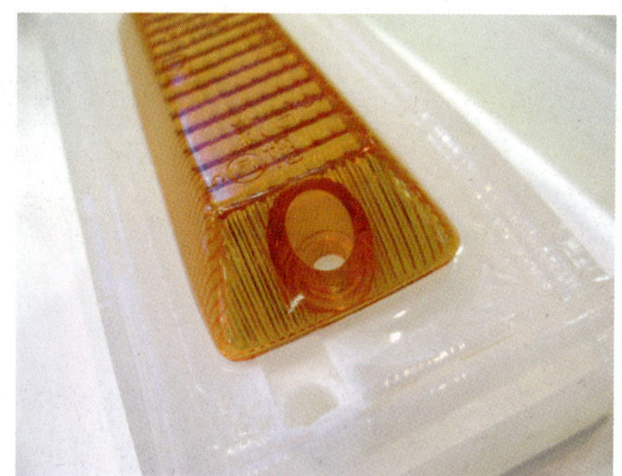

▲ 실리콘 주형으로 실제품 테스트 샘플 소량 제작 가능

Stratasys 사의 FDM 방식 활용 사례

뉴욕시 자전거 주차장(Bike Rack) "Alien"디자인
디자이너 : FADarchitecture의 Francis Bitonti
사용기술 : FDM 방식 신속조형기술 〉 제작지원 RedEye ARC(건축 프로토타 전문제작)
자료제공 : 프로토텍 ProtoTech

FDM 신속조형기술을 활용한 예로 뉴욕 자전거 주차장(Bike Rack) 콘테스트 작품을 소개한다. 뉴욕시의 교통과와 Cooper-Hewitt National Design Museum은 편리한 교통수단의 방법으로 자전거 타기를 장려시키기 원했다. 안전하게 언제 어디서든 자전거를 세워 놓을 수 있는 곳이 부족한 점이 자전거 이용을 방해하는 가장 큰 이유라는 것이 밝혀진 이후에, 두 기관은 도시에서 자전거 이용을 높일 수 있는 자전거 주차장(Bike Rack) 개선안을 위한 콘테스트를 열었다. 이에 FADarchitecture(www.fadarch.com)의 사장인 Francis Bitonti가 참여하여 "Alien"이라는 명칭의 작품을 제작, 실제 설치까지 완료한 작품이다.

작품제작을 위해 FDM 방식의 신속조형기술이 이용되었다. 제작 파트가 대형에 속하고 강한 내구
성과 가벼워야 하는 문제를, 적정한 FDM 재료를 선택하여 해결하였다. 파트 내부는 무게를 줄이
기 위한 벌집구조(Honeycomb)를 가지며 마감은 자동차 도료로 내구성을 증강시켜 외부 환경에
잘 견디도록 디자인되었다. 사용된 재료는 내구성이 뛰어난 PC, PPSF 재료가 주로 사용되었으
며 파트들은 별도로 조립, 접착되어 전체가 완성되었다.

단계 1 FDM 방식으로 3차원 RP 제작

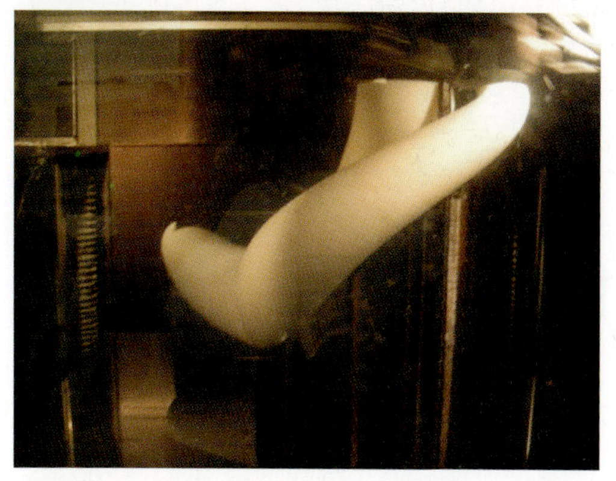

단계 2 각 파트의 접착과 조립

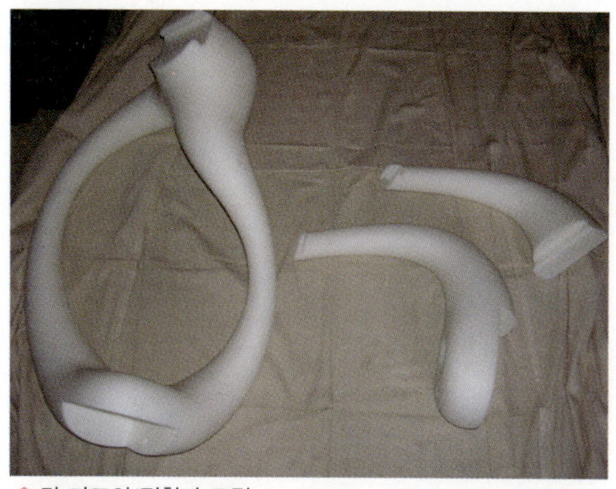
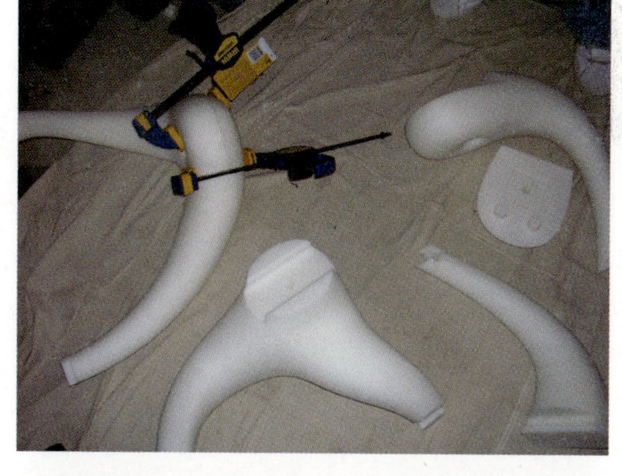

▲ 각 파트의 접착과 조립

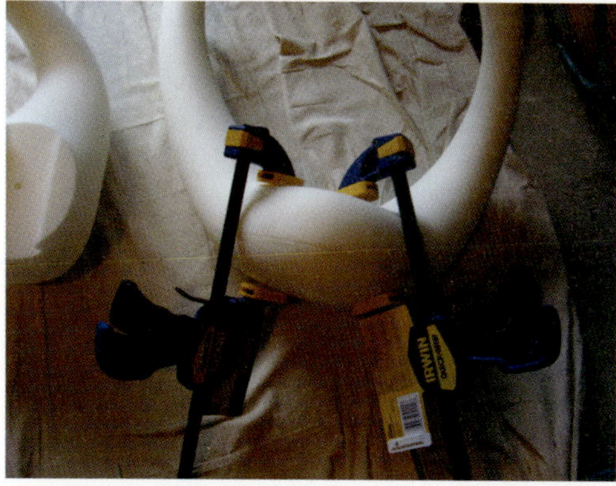

▲ 고정장치를 이용하여 파트의 접착과 조립 완성도를 높임 〉 조립 완료

 조립 파트의 면 처리와 페인팅

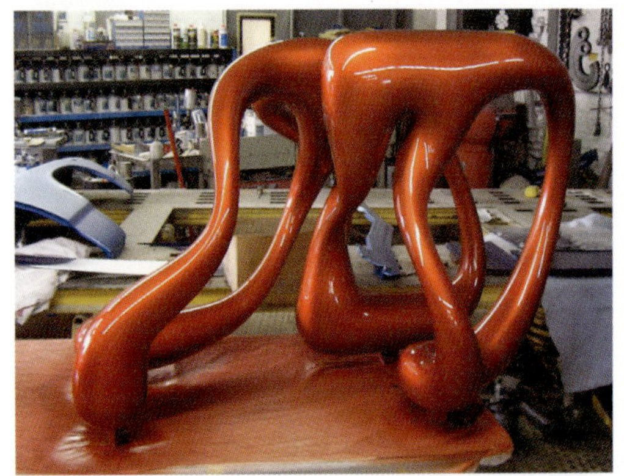
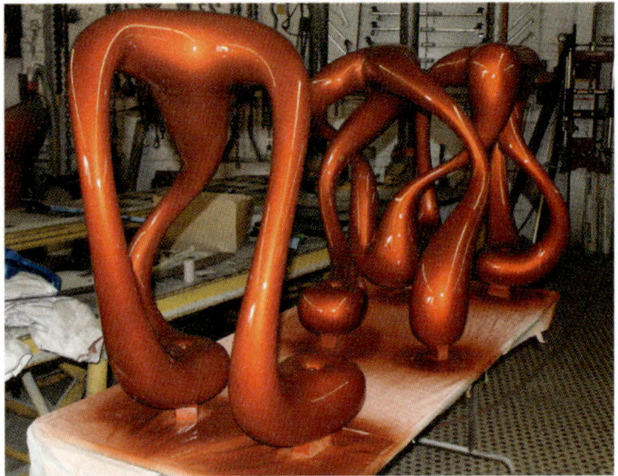

☏ 제작된 ABS 플라스틱 재료를 광택내기 위해 Bitonti는 automotive deep red-orange로 페인팅했다.

단계 4 완성품 실제 설치

☏ 뉴욕시 거리에 설치된 자전거 거치대

☏ 기념조형물로 설치된 모습

Bitonti는 그의 새로운 rack 디자인은 부족한 보도 공간에 자전거를 최대한 많이 주차할 수 있고, 보행자들은 충분히 많은 공간을 차지할 수 있다고 한다.

참조 본 활용 사례는 ㈜프로토텍의 자료 협조로 이루어졌으며, 상세 정보는 www.prototech.co.kr을 참조한다.

영국 BFB 사의 FDM 방식
용융 압출 적층 모델링 FDM(Fused Deposition Modeling)

영국 BFB(Bits From Bytes Ltd.) 사는 BFB 3D 3000(일명 RapMan Pro)이라는 명칭으로 저가형 데스크탑 3D 프린터를 개발 공급하고 있다. 조형방식은 미국 스트라타시스(Stratasys) 사의 FDM 방식과 거의 같다고 볼 수 있다.

용융 압출 적층 모델링 FDM(Fused Deposition Modeling)은 고체 필라민트(Filament) 상태로 재료가 공급되면 헤드 부분에서 고열로 용융 압출하여 한층 한층 모델을 적층해 가는 원리이다.

처음부터 저가형으로 제작되었기에 스트라타시스 사의 장비처럼 레이어 두께가 얇거나 표면조도가 뛰어나지 않다. 다만 레이어 두께가 두껍기에 제작속도가 상당히 빠른 편이며, 제작된 파트의 표면은 형상을 확인하는데 전혀 문제가 되지 않는다. 결과적으로 시스템 가격이 낮고, 공급 재료 또한 저렴하여 유지비가 적게 들어 교육 및 디자인 형상 확인용으로 적합하다. 출력데이터 형식은 stl.과 GCode File 모두 가능하다.

특이한 점은 다른 저가형 3D 프린터와 달리 영국에서 시판된 모델들은 RapMan 버전별 매뉴얼을 보고 소비자가 직접 조립할 수 있게 포장되어 판매되기도 했다. 쉽게 DIY가 가능한 Kit 개념으로 공학도들에게 오픈 소스를 통한 프로그래밍과 키트조립 학습 도구로 활용되었다.

01 **FDM 방식 장비 외관**

초기 버전 RapMan과 최신 버전은 원리상의 차이는 없으나 헤드수가 증가된 것이 차이이다. 또한 하드웨어적인 디자인이 약간 달라진 것이 외형상의 특징이다. 다만 버전이 높아짐에 따라 제어 소프트웨어가 기기적 안정성과 함께 향상되었다.

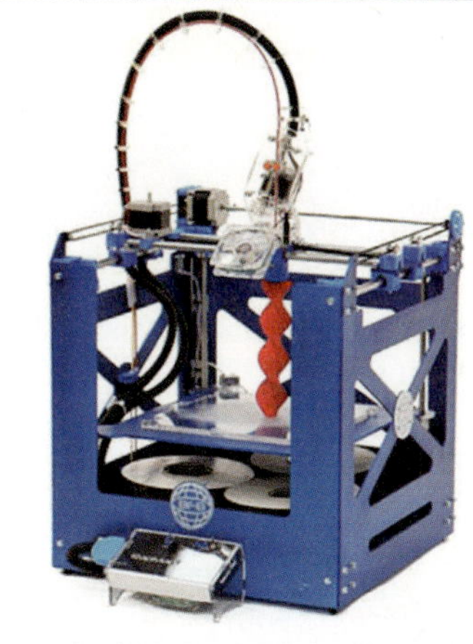
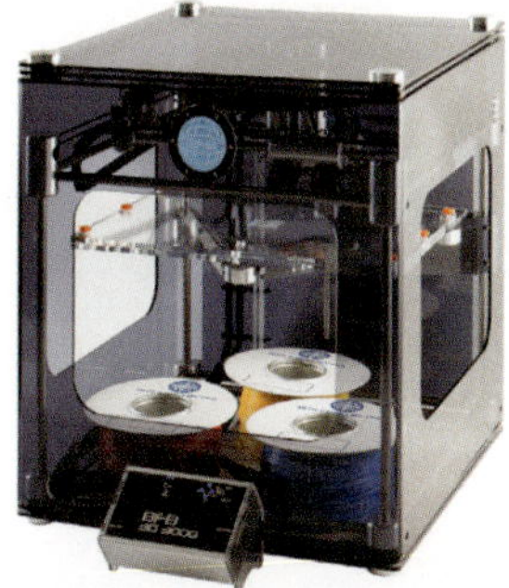

초기 버전 RapMan / 싱글 헤드   최신 버전 BFB 3D 3000 / RapMan

모델 조형 공정

단계 1 · 3D 모델준비와 배치 데이터 제작

3D 프린팅을 위해서는 그림과 같이 솔리드 모델링 데이터가 요구된다. 준비된 데이터를 STL 파일 포맷
으로 저장하여 Netfabb Studio로 불러들인 후 지지대와 작업물 배치를 해준다.

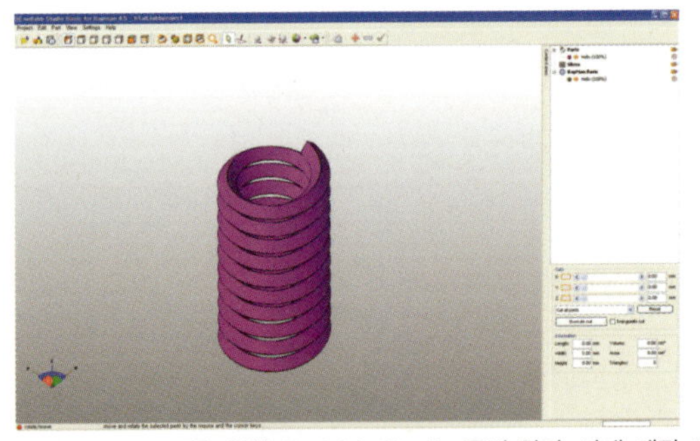
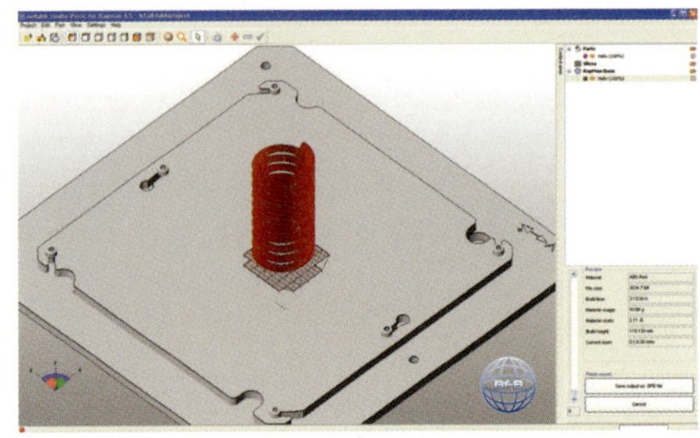

☝ RapMan 4.5를 위한 Netfabb Studio 준비 화면, 아래 제작 모델과는 다른 예임 〉 자료 제공 : RMS

단계 2 · 제작 데이터 SD 카드에 저장 〉 프린터에 SD 카드 삽입 〉 작업 시작

제작된 3D 데이터는 SD 카드에 저장하여 3D 프린터 장비 앞에 붙어 있는 컨트롤 박스 우측에 SD 카드
소켓에 꽂아 3D 프린팅을 시작한다. 컨트롤 박스에는 작은 LCD 창이 있는데 작업 상태를 모니터링한다.
작은 화면에서는 SD 카드에 담긴 파일 수, 재료 Extruder 온도, 헤드 속도, 작업시간, G Code 등 다양
한 정보를 제공한다.

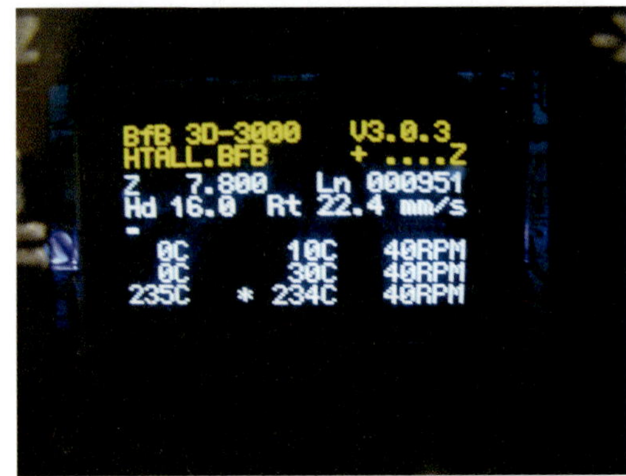

☝ BFB 3D 3000 컨트롤 박스   ☝ 모니터링 액정 디스플레이

단계 3 · 재료 공급

작업 전 미리 재료 공급 준비가 완료되어야 하겠지만 어떤 방법으로 헤드에 필라멘트 재료가 공급되는지
를 다음 그림을 보면 알 수 있다. 현재 ABS(Red Color) 재료만이 흰색 튜브에 삽입된 상태이다. 희색 튜
브는 헤드 수에 맞게 총 3개가 준비되어 있는데 원하는 색상을 튜브에 꽂아주면 헤드로 필라멘트 재료를
운반하는 기어에 물려 헤드쪽으로 재료가 당겨 올려지게 된다.
장비 바닥에는 총 3개 정도의 재료를 놓을 수 있는 공간이 있다.

☝ 장비 바닥에 미리 준비된 재료의 공급 모습

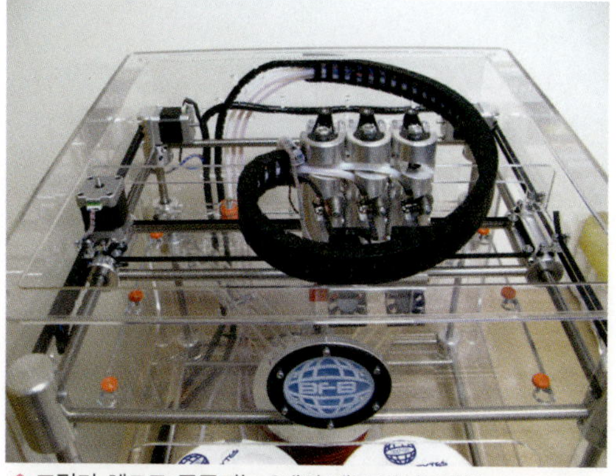

☝ 프린터 헤드로 공급되는 3개의 재료 파이프라인

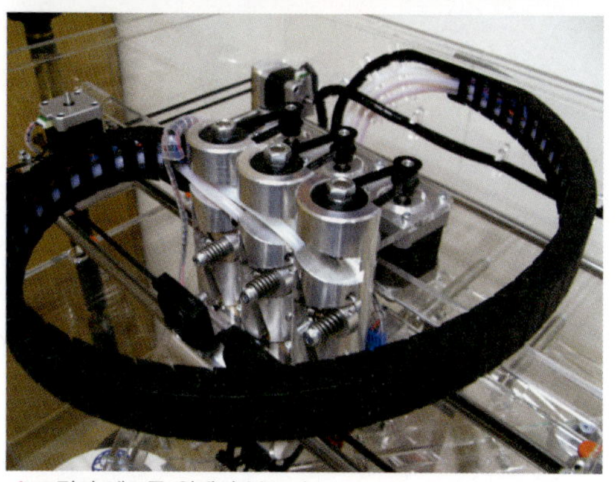

☝ 프린터 헤드를 위에서 본 모습

☝ 작업 전 3개의 프린트 헤드를 아래에서 본 모습

단계 4 3D 프린팅 1단계 〉 지지대 적층하기

기계적인 세팅과 재료가 정상적으로 공급되면 작업이 시작된다. 제일 먼저 진행되는 과정은 조형판에 지지대를 적층하는 과정이다. 지지대는 조형판에서 바로 모델을 만들어 올리는 것이 아니라 베이스 작업을 행한다고 보면 된다.

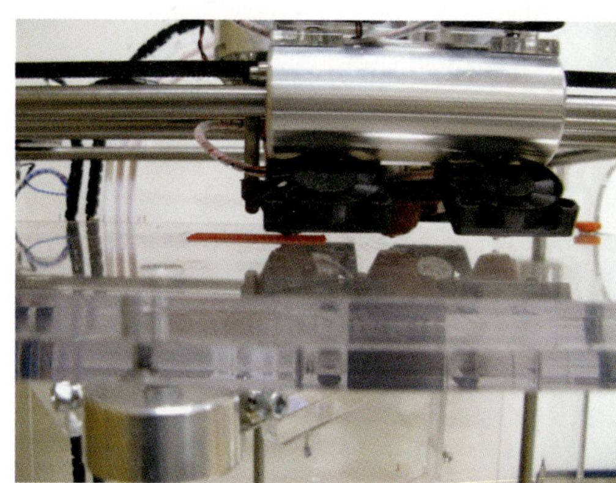

☝ 조형판에 지지대 제작 모습

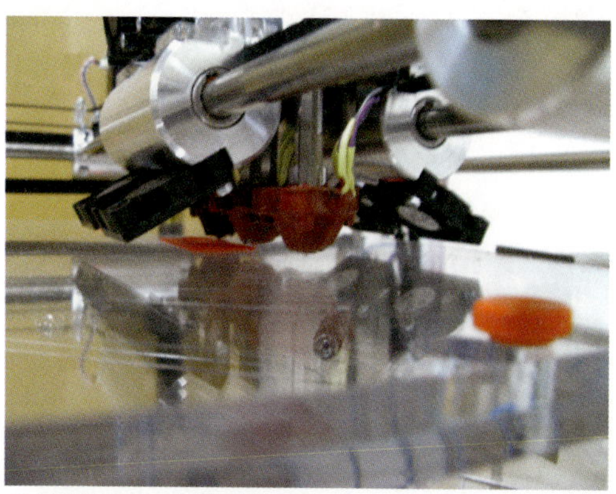

☝ 측면에서 본 지지대 제작 모습

조형판에 지지대가 모두 적층되면 실제 모델이 적층되기 시작한다. 아래 그림은 시간차를 두고 적층 과정으로 이미지로 보여준다. Z축 한 층의 레이어 두께가 0.1mm로 적층되기에 매우 빠른 시간 내에 제작이 이루어진다. 현재 모델의 안쪽은 비어 있는 관 상태로 제작되고 있다.

↥ 모델 제작 초기 단계

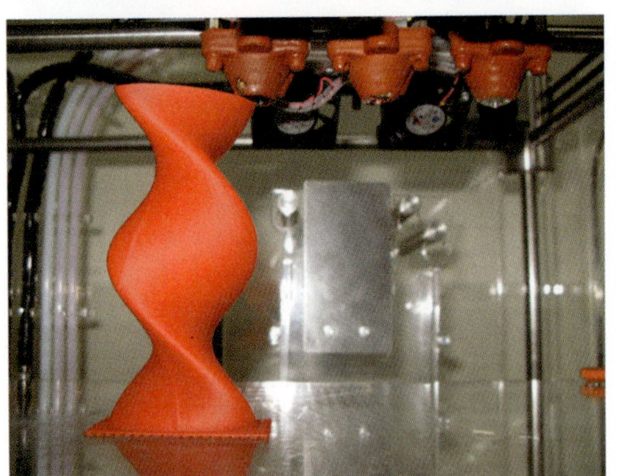 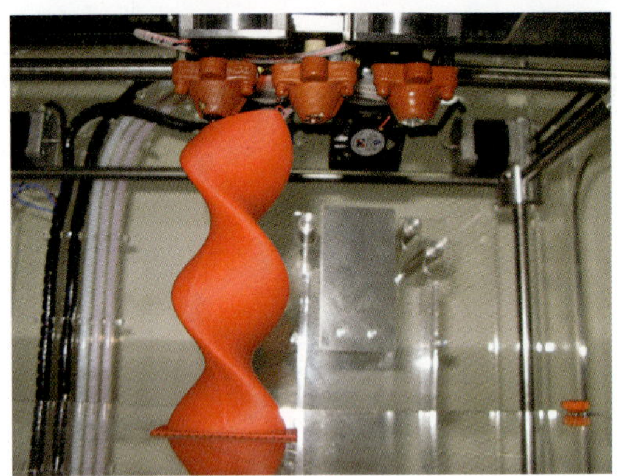

↥ 모델 제작 중반부

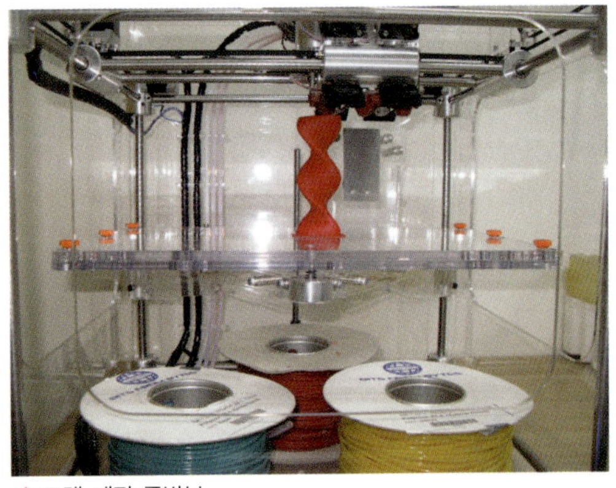 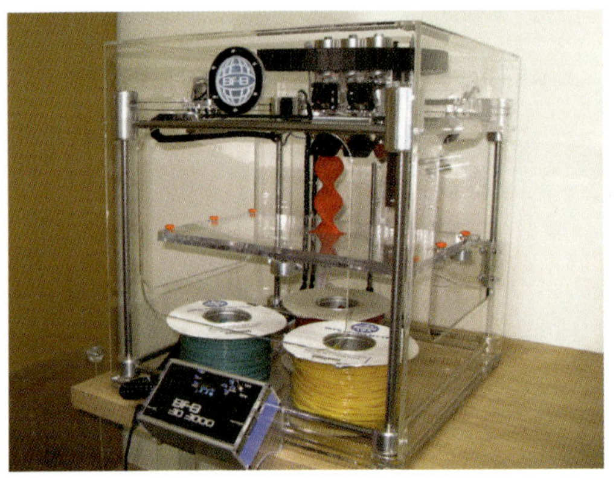

↥ 모델 제작 종반부

 3D 프린팅 3단계 > 모델 떼어내기

모든 조형 과정이 마무리되면 그림과 같이 조형판으로부터 완성된 모델을 떼어낸다. 떼어내는 과정은 그림과 같으며, 떼어낸 후 지지대의 제거는 커터나 펜치를 사용한다.

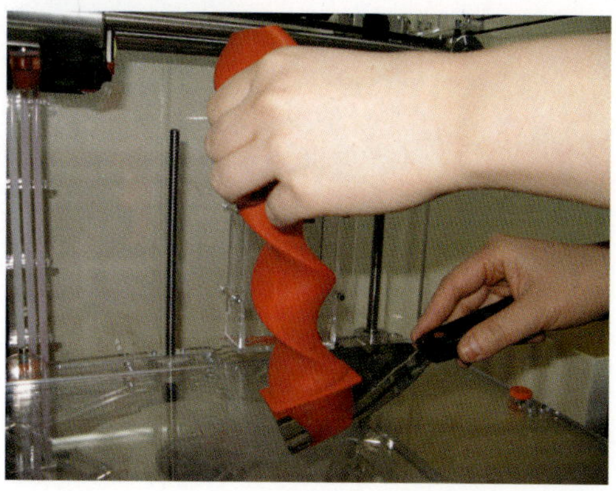

 모델 제작 완료

모델 제작은 생각보다 빠르게 완료되었다. 다만 적층 시작점과 끝나는 부분이 만나게 되는 이음새(Seam) 부분의 결이 아쉽지만 전체적인 제작 시간과 표면 상태는 양호했다.

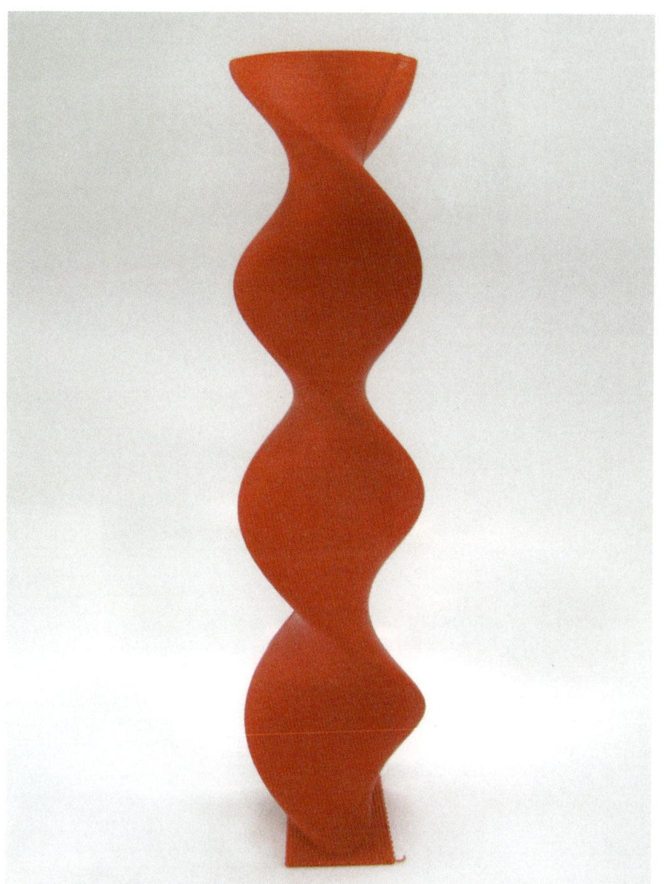

♣ 나선형 파트, 재질 : ABS(Red Color), 크기 : 높이 230mm, 두께 50mm, 파트 제작 지원 : RMS

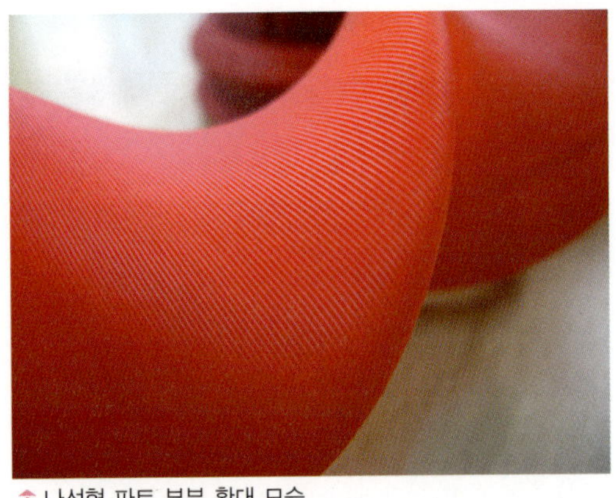

♨ 나선형 파트 부분 확대 모습
재질 : ABS(Red Color), 크기 : 높이 230mm, 두께 50mm, 파트 제작 지원 : RMS

BFB 사의 장비 사양

제조사 / 영국	BFB 3D 3000 > RapMan Pro
www.bitsfrombytes.com	
적용 기술	**FDM** (Fused Deposition Modeling)

제작 한계(mm) >프린트 영역	SINGLE HEAD	320(X축)x300(Y축)x200(Z축)
	DOUBLE HEAD	285(X축)x300(Y축)x200(Z축)
	TRIPLE HEAD	198(X축)x300(Y축)x200(Z축)

Z 축 레이어 적층 두께(mm)	0.1mm(100 microns)
X & Y extruder positioning	0.05mm(50 microns)
프린트 속도	Maximim 15mm 3per second-print (형상과 재료에 따라 다름)
Extruder 온도	280도 (재료에 따라 다름)
장비크기(mm)	580(H)x520(W)x520(D)
장비무게(kg)	31kg(재료 없는 상태)
공급전원(Power)	90W (7.5A, 12V)

출처 〉 www.bitsfrombytes.com

BFB 사의 3D 3000 조형 재료

사용되는 재료는 크게 ABS와 PLA로 구분되며 컬러의 컬러의 다양성을 가지고 있다. PLA의 경우 투명도가 있는 재료이다.

BMF 사 FDM 방식 조형 재료 칩		
(BMF 3D 3000 Polymer Materials)		
ABS(Black)		**ABS**(Red) 
ABS(White)		**ABS**(Blue) 
ABS(Yellow)		**ABS**(Green) 
PLA (Red Translucent)		**PLA**(Natural) 
PLA (Blue Translucent)		**PLA** (Black Solid) 
PLA (Green Translucent)		**PLA** (Blue Solid) 

출처 〉 www.bitsfrombytes.com

BFB 사의 3D 3000 활용 파트 제작 사례

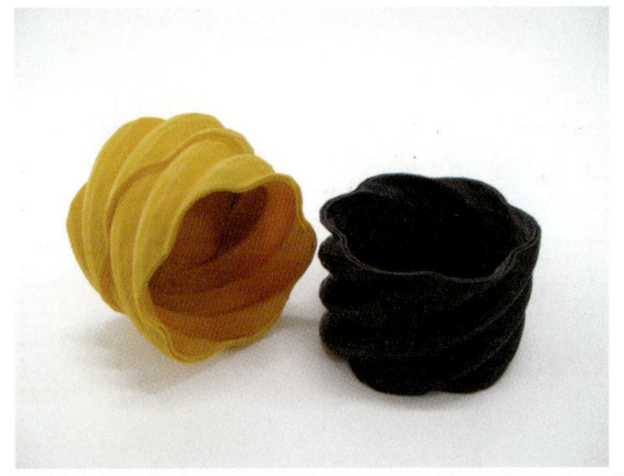

☆ 기어 형상 용기, 재질 : ABS(Yellow), ABS(Black), 이미지 제공 : Sysopt 엔지니어링

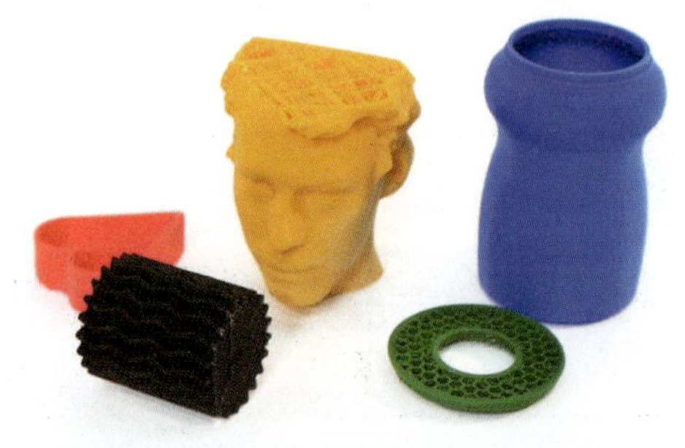

☆ 다양한 제작 파트와 내부 구조 모습

☆ 나선형 파트, 재질 : ABS(Red, Green, Blue, Yellow)
　 Sysopt 엔지니어링

☆ 페이퍼 클립

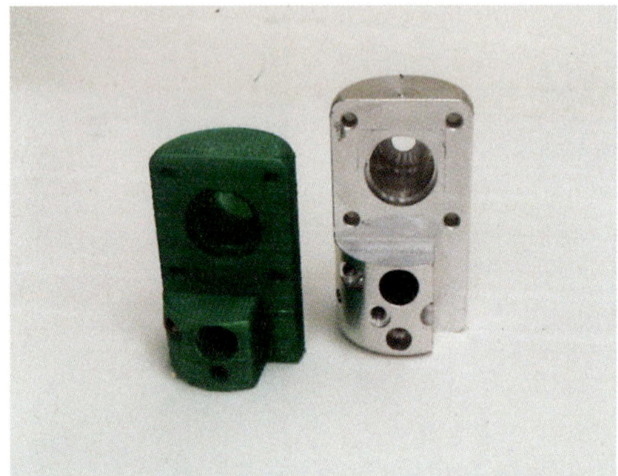

☆ 부품과 표면 도금 파트

출처 : www.bitsfrombytes.com/gallery.

톱니 파트, 재질 : ABS(Black)

부속품 파트, 재질 : ABS(Yellow)

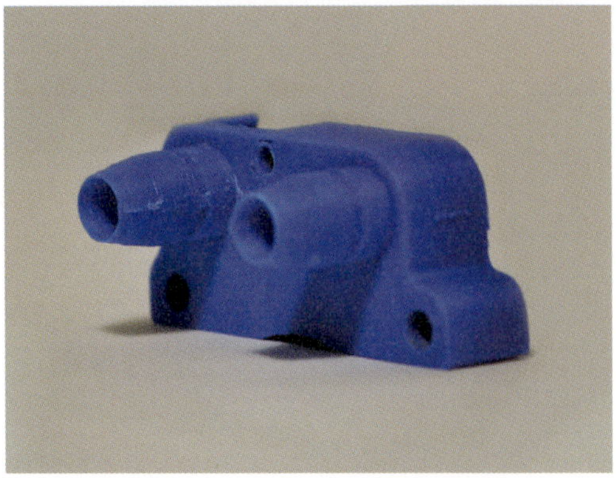

부품 파트 축소 모형, 재질 : PLA(Blue Solid)

소형 엔진 파트, 재질 : PLA(Blue Translucent)

인체 두상 축소 모형, 재질 : PLA(Blue Translucent)

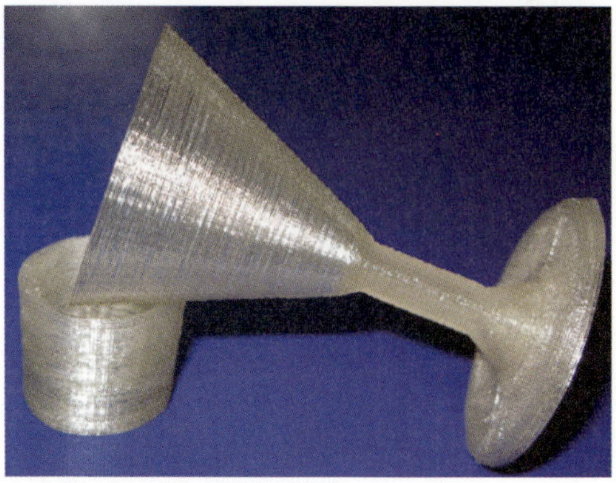

술잔 모형, 재질 : PLA(Natural)

출처 : www.bitsfrombytes.com/gallery.

미국 Solidscape 사의
IM(InkJet Modeling) or 3DP(3D Plotting) 방식

초기 Sanders Prototype Inc.로 알려진 Solidscape 사는 1994년 2월 미국에서 Royden C. Sanders에 의해 설립되었으며, 현재 본사는 미국 뉴 햄프셔 메리막 (Merrimack, New Hampshire)에 위치하고 있다. 현재의 이름은 SSI(Solidscape, Inc.)로 개칭한 것이다. 장비 개발 기반 기술로는 Ink Jet Technology를 사용한다. 1994년 초기에 개발된 ModelMaker는 이러한 잉크젯 기술(Ink Jet Technology)을 기반으로 개발, 제조, 판매된 최초의 시스템이다.

잉크 젯(Ink Jet)기술은 왁스(Wax)와 같은 물성을 갖는 열가소성 플라스틱(Thermo-plastic) 재료인 InduraCast(모델 재료)와 InduraFill(지지대 재료)을 프린터 노즐에서 분사하여 모델을 조형하는 기술이다. 특히 한 층의 적층 두께(Layer thickness)가 0.0127~0.0762mm까지 선택 가능하여 고해상도의 표면조도를 가진 모델을 제작할 수 있다. 1996년 ModelMaker II, 2000년 PatternMaster, 2002년 T66, 2003년 T612, 2004년 T66BT(Benchtop), T612BT(Benchtop) 등으로 이름이 변경되면서 동시에 재료기술과 하드웨어 기술이 한층 업그레이드되어 왔다.

활용분야는 주얼리 분야, 치·의료 분야, 정밀부품 및 산업 제품 분야, 장난감 및 캐릭터 분야 등이다.

01 IM or 3DP 방식 장비 외관

SolidScape 사의 3D Ink Jet 프린터 모델 라인업을 보면, 2009년 현재 임플란트 제작과 같은 치과 전용 장비인 D76, 주얼리 원본 등 직접 주물 제작을 위한 R66, 개수가 많거나 보다 큰 모델을 조형할 수 있는 T612BT(Large Model), 주얼리와 치·의료용 T76이 주력 제품군이다.

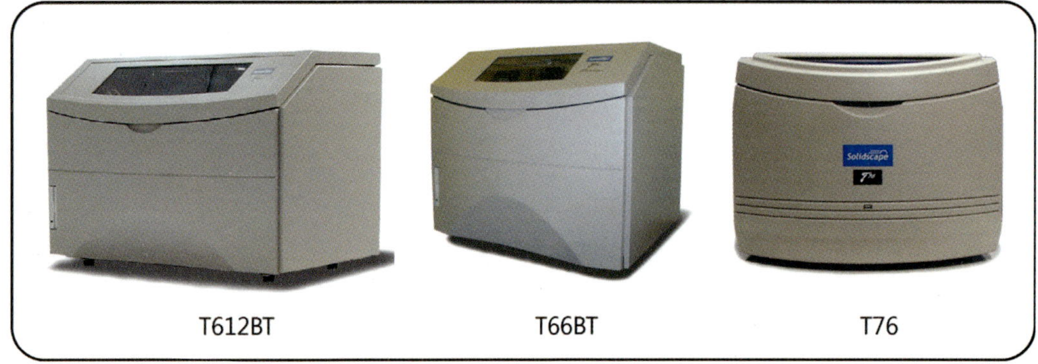

| T612BT | T66BT | T76 |

모델 조형 공정

T612BT와 T66BT의 조형 원리는 Stratasys 사의 FDM(Fused Deposition Modeling) 방식과 3D Printing 기술의 하이브리드 상태로 이해하면 쉽다. 이를 Solidscape 사에서는 "3D Plotting"이라 부른다. 이 공정은 하나의 헤드에 두 개의 잉크젯 프린트 노즐을 사용하는데 하나는 모델재료(Build Material〉InduraCast)를 분사하고, 또 하나는 지지대 재료(Support Material〉InduraFill)를 분사하게 된다. 이때 투입된 고체상태의 WAX 재료들은 54도~76도 범위 내에서 분사하기 좋은 액상으로 자동온도 제어장치에 의해 조절된다. 모델이 처음 만들어지기 위해서는 미리 준비된 판재 상태의 가벼운 스티로폼 조형판에 적층되기에 조형판을 고정하고 자동 제어되는 원통형의 밀링 커터(Slab Cutter)로 평탄화 작업을 거치게 된다. 이때 약 0.025mm의 면을 깎아내어 평탄화 작업을 마무리하게 된다. 조형판이 준비되면 우선 모델을 지지할 지지대(InduraFill)가 한층 한층 쌓이게 되는데 구분을 위해 지지대 재료의 컬러는 자주색을 띤다. 다음 다시 정지작업을 하고, 파란색을 띠는 모델재료(InduraCast)를 한층 한층 쌓게 된다. 이때 프린트 헤드는 X, Y축으로 조형대는 Z축으로 제어되어 움직이며, 이러한 일련의 반복된 노즐(Nozzle) 분사를 통하여 최종 모델이 완성되게 된다.

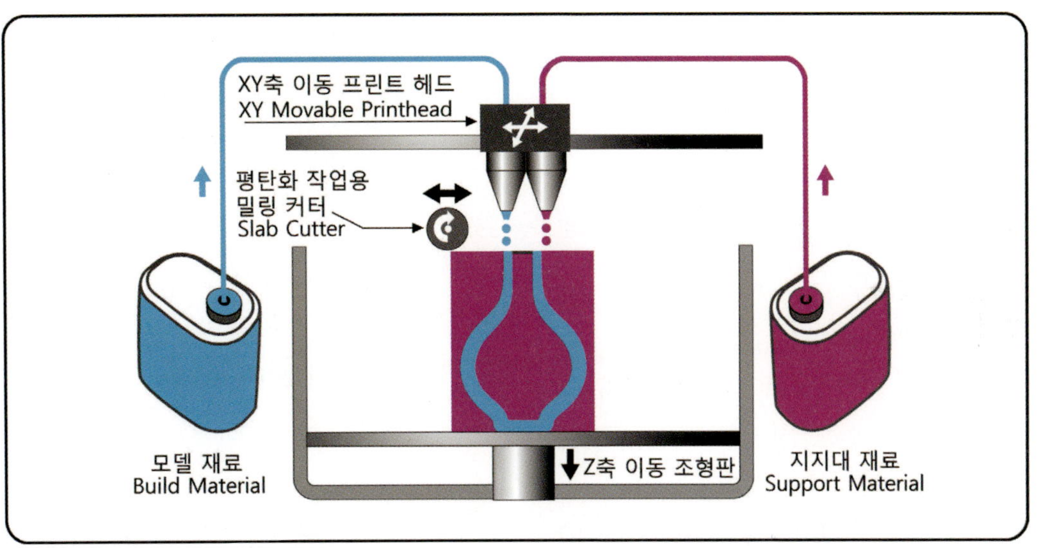

☀ Solidscape 사의 3D Plotting Process

☀ 내측은 반자원형, 외측은 지지재 모습

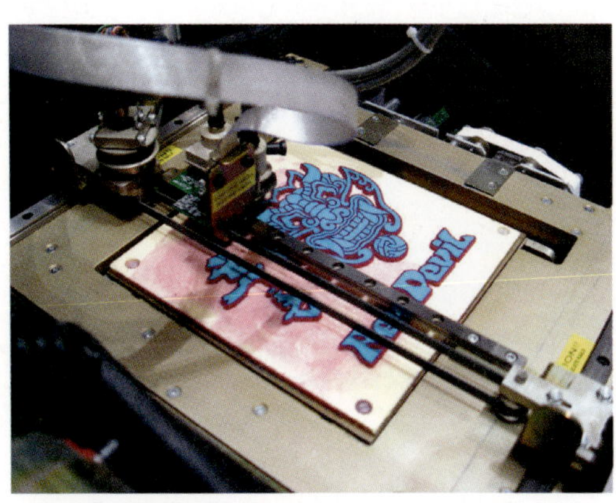

☀ X, Y축 이동 프리팅 헤드 모습

모델에 붙어 있는 지지대(InduraFill)를 제거하기 위해서는 귀금속 세척 시 쓰이는 초음파 세척기와 용해제(솔벤트)를 사용하면 손쉽게 원형을 얻을 수 있으며, 이렇게 만들어진 원형은 주물 제작(Casting) 시 석고틀에서 완전 연소되기에 보다 깔끔한 주물을 얻을 수 있으며, 이렇게 만들어진 마스터 원형 주물은 고무형 몰드(Rubber Molding) 제작 시에도 매우 효율적이다. 현재 T612BT와 T66BT는 주얼리 산업 분야와 정밀 부품파트 제작에서 매우 성공적인 평가를 받고 있다.

다음은 Solidscape 사 R66 3D 프린터의 Ink Jet 공정을 보다 쉽게 이해할 수 있도록 단계별 공정을 이미지로 보여 준다.

단계 1 3D CAD 모델링과 RP 데이터 변환

주얼리 파트의 경우 3D Modeling은 Rhino 3D나 JewelCAD와 같이 전용 소프트웨어에서 작업된다.

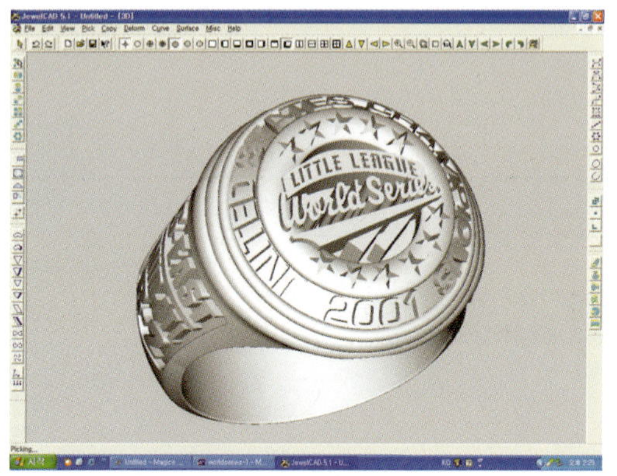
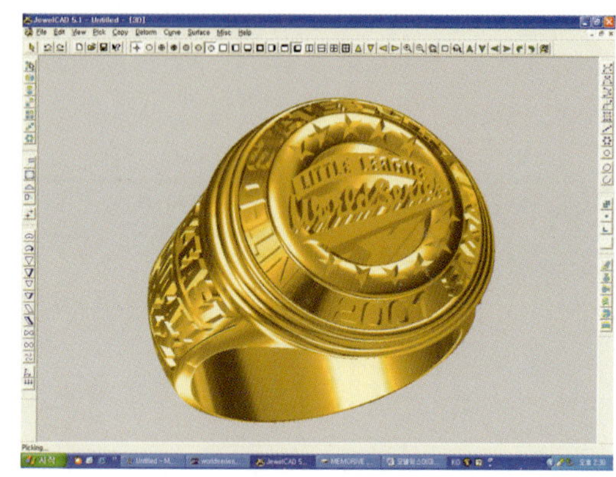

♣ JewelCAD에서 3D CAD 모델링

단계 2 RP 제작을 위한 파트별 배치

ModelWorks와 같은 전용 소프트웨어를 통해 제작을 위한 자리배치를 한다. 그림에서 보기는 십자그리드라인이 작업영역이다.

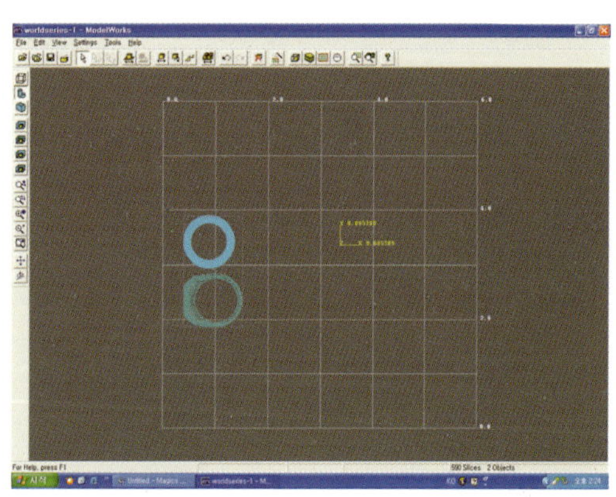
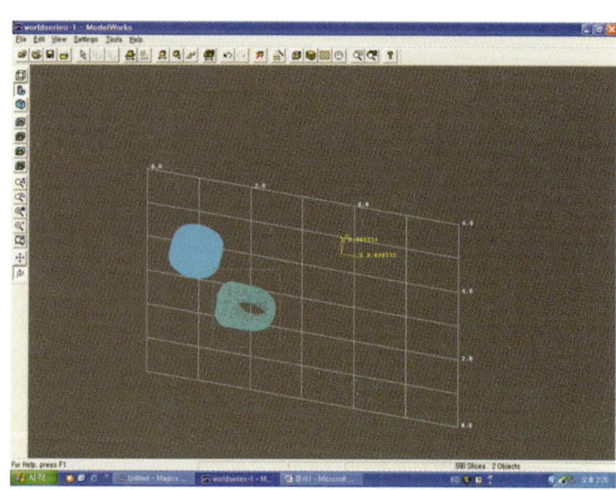

노즐 점검 모습과 프린팅

▲ 조형판 점검

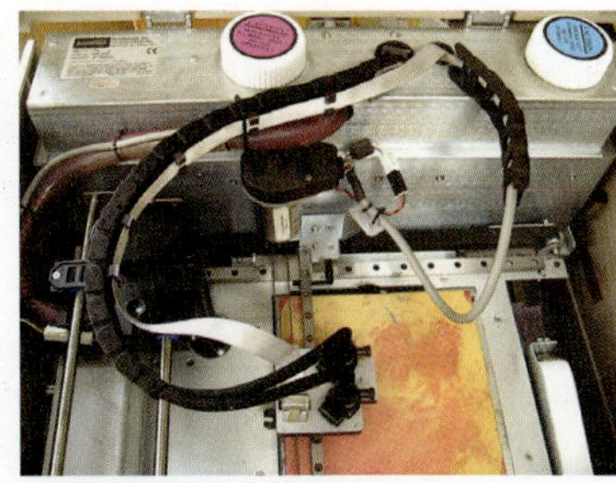

▲ 프린팅 헤드 점검

▲ 프린팅 전 헤드 초점 맞추기

▲ 초기 레이어 적층 모습

반지 제작 과정

▲ 표면 연마 커팅 장치 점검

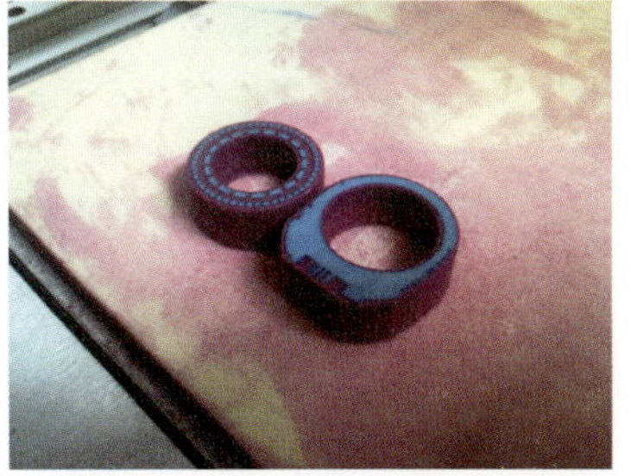

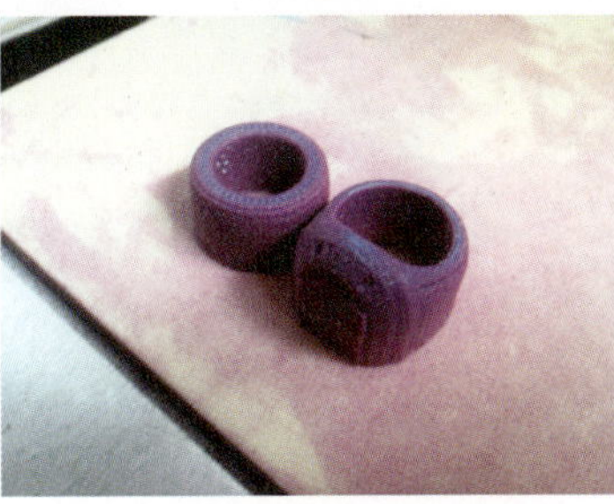

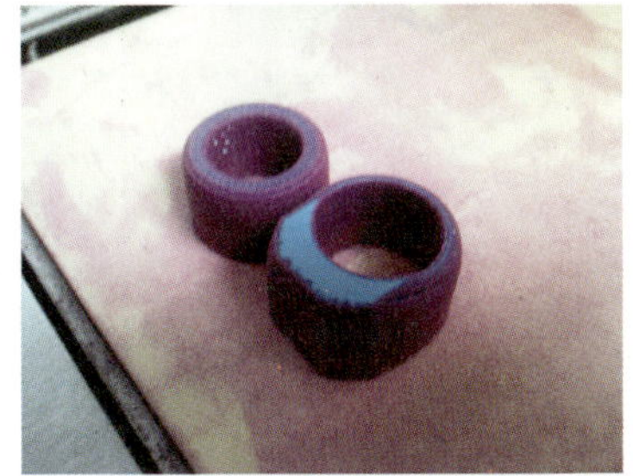

▲ 한 층씩 적층되어가며 파트가 완성됨

프린팅 결과물

▲ 반지 원형을 지지대(Support)가 감싸고 있는 모습

작업완료
– 결과물 세척

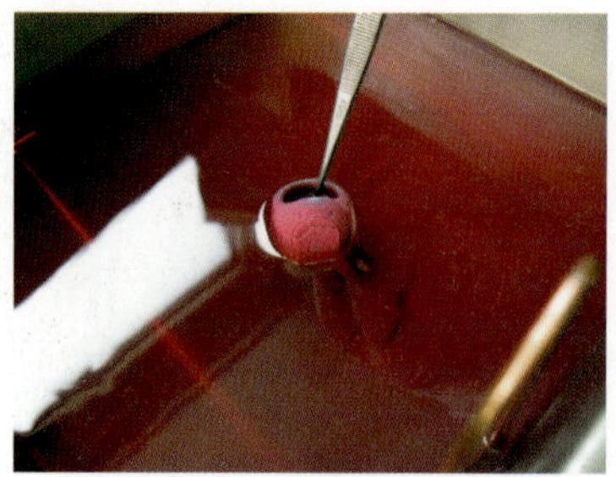

♨ 반지 원형을 지지대(Support)가 감싸고 있는 모습

초음파 세척 모습

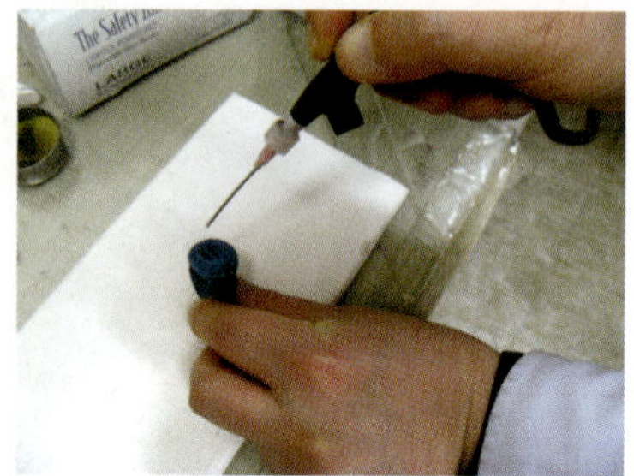

♨ 잔류액은 Air 건으로 제거

최종 출력 결과물

♨ 최종 결과물은 WAX 성질의 물성을 가짐

▲ Indura Cast(Build)와 Indura Fill(Support)

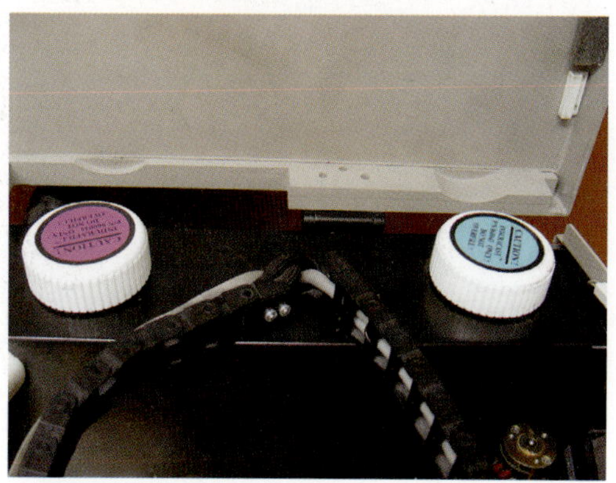
▲ RP66 장비의 재료 투입구 모습

Solidscape 사의 3D 프린터 장비 특징은 조형판의 크기에 따라 장비의 크기만 다를 뿐 외관상이나 내부 메커니즘의 구성엔 큰 차이가 없다. T66BT는 2004년에 출시된 모델이지만 2007년에 출시된 R66, D66과 2008년 4월에 선보인 T76 등과 내부 메커니즘과 외관이 거의 같은 것이 특징이다. 아래 그림은 데스크탑 소형 장비인 T66BT의 내부 모습을 상세히 보여주고 있다.

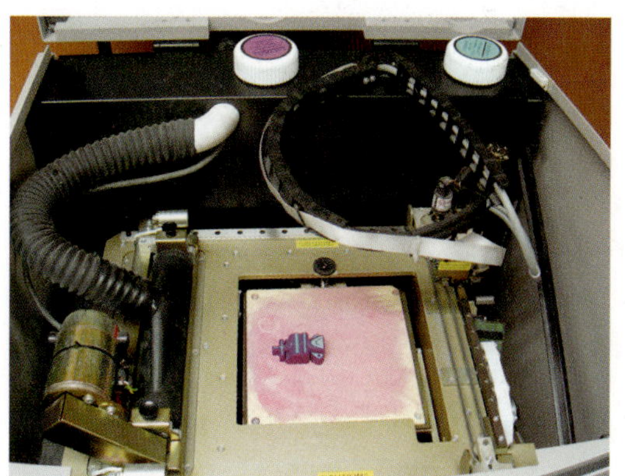
▲ 장비 내부 구성

▲ 프린트 헤드 모습 / 2개의 Nozzle

▲ 평탄화 작업용 Slab Cutter와 진공 흡입관

▲ 평탄화 작업된 모델 모습

⬆ 보다 정밀한 프린트 헤드 이동 레일

⬆ Roll Paper 방식 헤드 자동 청소 시스템

조형 재료(Materials)

Solidscape 사 장비에 사용되는 재료는 InduraCast(모델 재료), InduraFill(지대 재료)이라는 공통의 재료를 사용하며, 재료는 플라스틱 통에 각각 226.8g씩 담겨있다. 내용물을 보면 외형상 예전의 구슬모양의 알갱이에서 조각난 가루모양으로 바뀌어 재료가 보다 효과적으로 녹아 공급될 수 있도록 하였다.

⬆ 재료 보관 통

⬆ InduraCast – 모델 재료

⬆ InduraFill – 지지대 재료

재료 투입은 장치 상단에 있는 두 곳의 뚜껑을 열고 투입한다. 작업 중 소요되는 재료 소모량은 컴퓨터 화면에 자동으로 나타난다. 물론 작업 도중에도 재료 공급이 가능하다. 작업 중에 공급되는 재료가 굳는 일이 없도록 제어하며 온도가 일정하게 유지되도록 재료가 이동하는 관은 히팅 파우프 라인으로 헤드와 연결되어 있다.

⬆ 모델 재료와 지지대 재료 투입구

⬆ 재료 이동을 위한 히팅 파이프라인

부대 장비

조형 후 후처리를 위한 부대 장비는 책상에 올려 놓을 수 있는 크기이거나 책상 밑에 둘 수 있는 소형장비들이다. 우선 작업의 평탄화 과정 중 생기는 가루들을 흡입하는 진공청소기와 같은 원리의 진공흡입기, 제작된 모델을 판에서 떼어내는 열판(Heating Plate), 제작된 파트에 붙어있는 지지대 재료를 세척하기 위한 초음파 세척기 등이 전부이다. 진공흡입기의 경우 계속 켜져 있는 것이 아니라 작업 도중 평탄화 작업 공정 시에만 일시 자동으로 작동되기에 시끄러운 소음이 계속되는 것이 아니다. 그 외에 작업과정은 극히 조용히 작업이 진행된다.

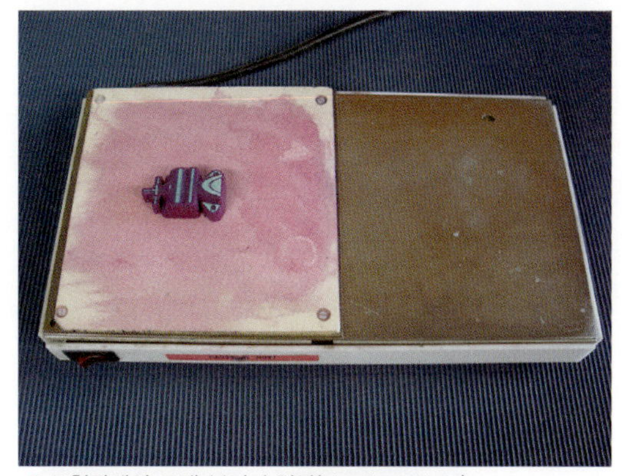

▲ 조형판에서 모델 분리 / 열판(Heating Plate)

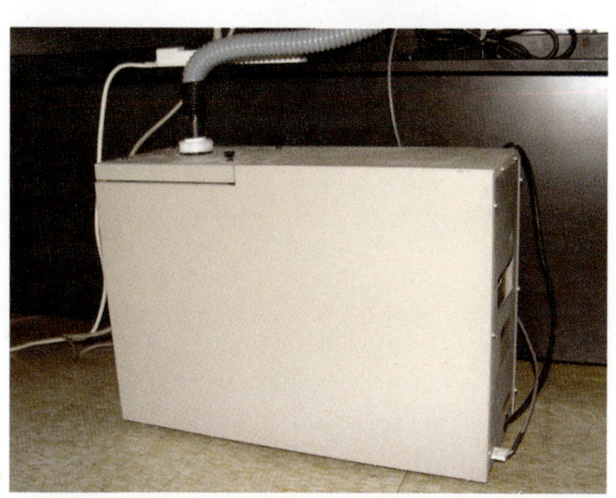

▲ 평탄화 작업 시 발생한 잔유물 흡입기

▲ 초음파 세척기 / 세척된 모습

장비 활용 범위(Application Areas)

Solidscape 장비군은 장비의 크기를 보면 알 수 있듯이 대형보다는 소형 정밀 파트의 제작에 적합하도록 구성되어 있다. 특히 정밀주조(Investment Casting)를 하기 위해 필요한 소형 왁스(Wax) 패턴 제작을 위해 매우 유용한 장비이며, 주 활용 영역은 정밀 부품산업, 주얼리산업, 치 · 의료 분야, 장난감과 캐릭터 분야 등이 대표적이다.

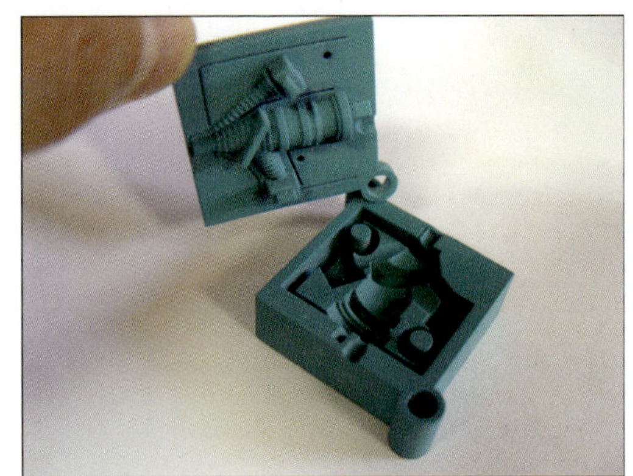

Solidscape
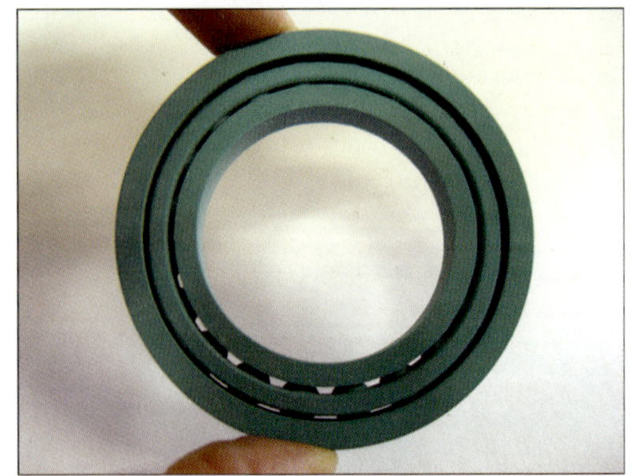

2. 장난감과 캐릭터 산업

WAX 형태의 마스터 원형을 Casting하며 비철금속 형태의 파트는 얻을 수 있음.

3. 의료(Medical & Dental)

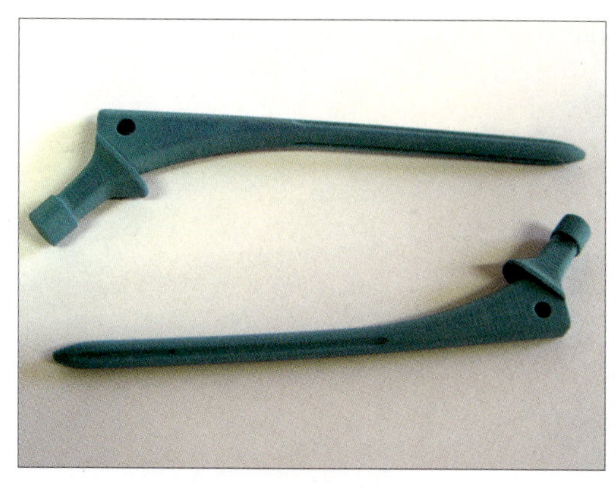

4. 주얼리 산업(Jewelry Industry)

WAX 형태의 마스터 원형을 Casting하며 귀금속 파트 제작이 가능함.

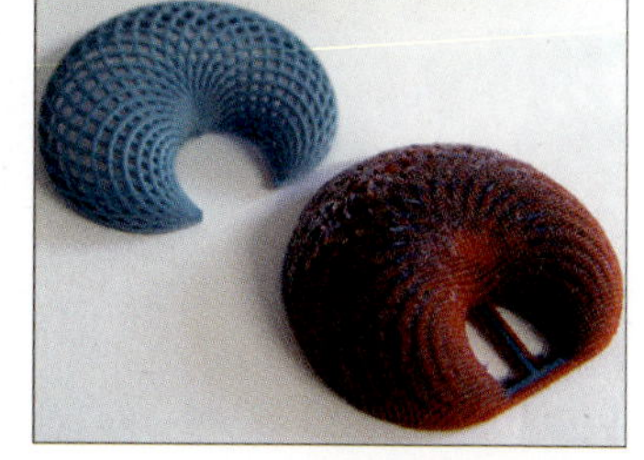

▲ 예명지 작 : 진주 브로치

♨ 자료제공 : 세중정보기술. 2010.

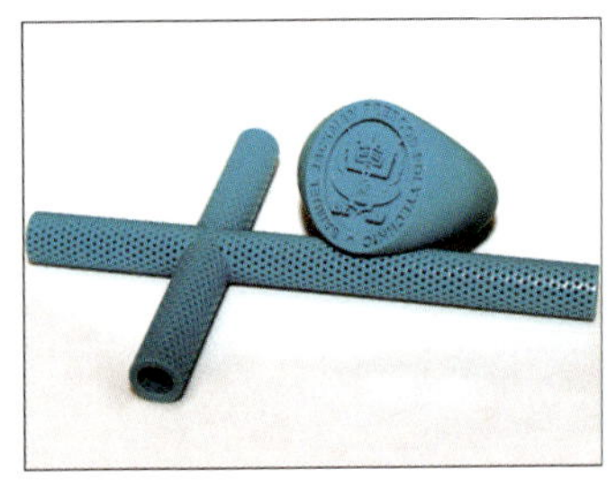

출처 : www.tagrimm.com
T.A. Grimm & Associates, Inc.

제조사 / 미국		T76	D76	R66	T612
적용 기술		3DP (3D Plotting)	3DP	3DP	3DP
제작 한계(mm)		152x152x101	152x152x101	152x152x101	304x152x152
레이어 적층 두께 (mm)		0.013-0.076mm	0.025-0.063mm	0.013-0.076mm	0.013-0.076mm
표면조도		32-63micro-inches (RMS)	32-63micro-inches (RMS)	32-63micro-inches (RMS)	32-63micro-inches (RMS)
최소 조형 크기 (M-feature size)		0.254mm	0.254mm	0.254mm	0.254mm
XY 해상도 (Resolution)		5000x5000 dpi	5000x5000 dpi	5000x5000 dpi	5000x5000 dpi
프린터 헤드		1Head/2Nozzle	1Head/2Nozzle	1Head/2Nozzle	1Head/2Nozzle
프린팅 파일 포멧		STL, SLC	STL, SLC	STL, SLC	STL, SLC
구동 소프트웨어 /무료제공		ModelWorks 지지대, 슬라이싱, 장비제어	ModelWorks 지지대, 슬라이싱, 장비제어	ModelWorks 지지대, 슬라이싱, 장비제어	ModelWorks 지지대, 슬라이싱, 장비제어
사용재료 Material	모델재	InduraCast-Build 열가소성 (Thermoplastic) 무독성 재료 녹는점:95도~110도	InduraCast-Build 열가소성 (Thermoplastic) 무독성 재료 녹는점:95도~110도	InduraCast-Build 열가소성 (Thermoplastic) 무독성 재료 녹는점:95도~110도	InduraCast-Build 열가소성 (Thermoplastic) 무독성 재료 녹는점:95도~110도
	지지대	InduraFill-Support 열가소성 (Thermoplastic) 무독성 재료 녹는점:49도~70도	InduraFill-Support 열가소성 (Thermoplastic) 무독성 재료 녹는점:49도~70도	InduraFill-Support 열가소성 (Thermoplastic) 무독성 재료 녹는점:49도~70도	InduraFill-Support 열가소성 (Thermoplastic) 무독성 재료 녹는점:49도~70도
지지대/제거		솔벤트와 같은 용해제/초음파 세척을 통해 지지대 쉽게 제거 Undercut이나 Overhang의 경우에도 지지대를 녹여 쉽게 제거			
장비크기(mm)		546x489x401	546x489x401	546x489x401	711x495x495
장비무게(kg)				34	155
공급전원(Power)		115V or 230V		115V or 230V	

미국 3D SYSTEM 사의 Multi Jet Modeling(MJM) 방식

3D Systems 사의 시스템은 앞서 언급한 것처럼 제작 파트나 사용 용도, 재료에 따라 다양한 제품 라인업을 가지고 있는데 그중에 하나가 바로 3-D Printer군이다. 원래 MJM 적용 장비가 처음 런칭된 것은 1996년 Acura 2100 모델로 주로 디자인 컨셉 모델 제작에 사용되었다. 그 후 1999년 MJM 기술을 적용한 또 하나의 모델이 Thermojet Printer였다.

뒤를 이어 등장한 InVision si2 3-D Printer와 InVision HR 3-D Printer는 Multi Jet Modeling(MJM)이라는 프린터 기술과, 내구성이 더욱 좋은 Acrylic Potopolymer 재료 기술을 결합하여 모델을 제작하였다. 이 모델은 2010년 현재 ProJet으로 진화하게 된다. ProJet은 다시 이야기한다.

01 MJM 방식 장비 외관

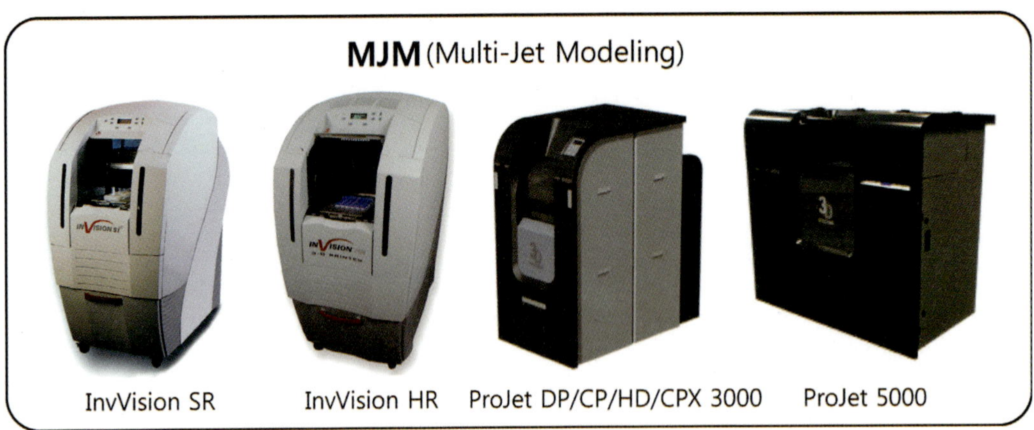

Multi Jet Modeling 시스템은 프린터 헤드에서 모델 재료가 되는 Acrylic Potopolymer와 지지대가 되는 WAX 재료를 동시 분사해 경화시켜 가며 모델을 만들게 된다. 제작된 파트는 표면 조도가 뛰어나며 매우 복잡하거나 정밀도가 요구되는 제품 제작에 적합하다. 특히 InVision SR 3-D Printer 는 검정, 빨강, 파랑, 회색, 흰색 등의 컬러 파트를 조형할 수 있는 것이 특징이다. 제작된 파트에서 지지대를 제거하는 것은 아주 쉬운 편이며 InVision Finisher(Oven)라는 지지대 제거용 별도 장비를 제공하고 있다. InVision Finisher는 VisiJet 지지대를 자동적으로 제거해주는 오븐으로 매우 복잡하거나 정밀한 제품의 지지대를 제거하는 데 용이하다.

반면 InVision HR 3-D 프린터는 InVision SR 3-D 프린터와 모델 조형 공정은 같으나 제작할 수 있는 파트의 크기가 InVision SR 모델에 비해 작은 편이다. 하지만 제작 파트의 해상도가 뛰어나 주얼리 제품이나 치·의료용, 정밀 제품 생산에 적합하다. 또한 표면 조도가 뛰어나고 재료의 연소가 좋은 편이라 정밀 주물용 원형으로 사용할 수 있다. 제작된 모델의 경우 연한 파랑색이며, 지지대는 하얀색을 띤다. 지지대의 제거 또한 InVision Finisher를 사용한다.

02 모델 조형 공정

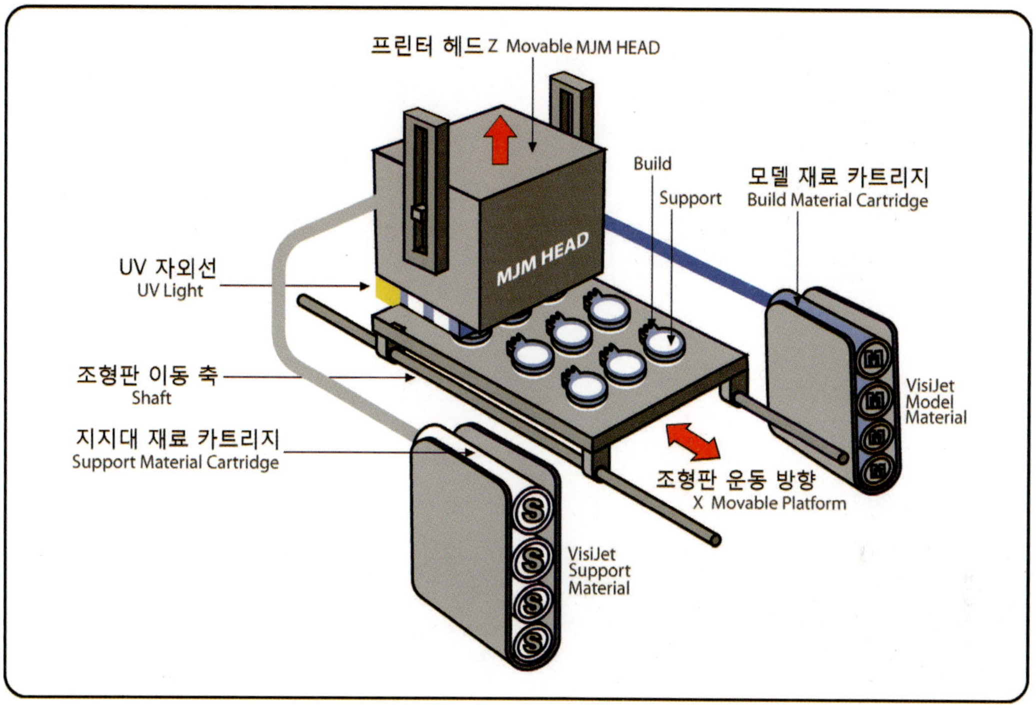

MJM(Multi Jet Modeling) 모델 제작 공정은 프린터 헤드에서 모델 재료가 되는 Acrylic Potopolymer와 지지대가 되는 WAX 재료를 동시 분사 자외선으로 동시 경화시켜 가며 모델을 만들게 된다. 이때 작업대(Platform)는 장비의 정면에서 보았을 때 앞뒤로 왔다 갔다 하면서 정해진 위치에 모델(Build)재료와 지지대(Support)재료가 적층될 수 있도록 X축 방향을 잡아 주게 되며, 모델이 한층 한층 완성되면서 그 높이만큼 MJM 헤드가 Z축 방향으로, 즉 위로 올라가게 된다. 이같은 작업은 모든 조형 과정이 끝날 때까지 반복된다.

조형 재료(Materials)

InVision SR 3D Printer의 주 사용 재료로 대표적인 것은 Accura VisiJet SR200, Accura VisiJet M100이다. SR200의 경우 Acrylic Plastic 계열로 파란색상과 반투명 유백색을 띤다. M100의 경우도 Acrylic Plastic 계열로 검정, 파랑, 회색, 빨강, 유백색 등의 컬러 모델이 가능한 재료이다. 물론 지지대 재료는 Invision HR 3D Printer와 같은 WAX 재료인 Accura VisiJet S100을 공통적으로 사용한다.

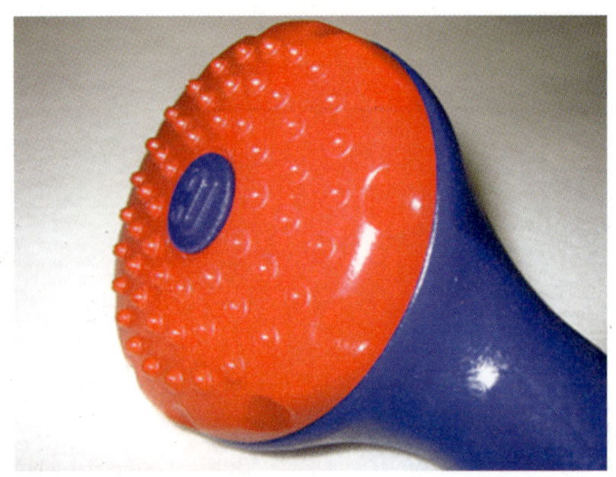

Invision HR 3D Printer의 경우 사용 재료는 주로 주얼리나 액세서리와 같은 정밀작업을 위해 모델 재료로는 Accura VisiJet HR200을, 지지대 재료로는 WAX 성분의 Accura VisiJet S100을 주로 사용한다.

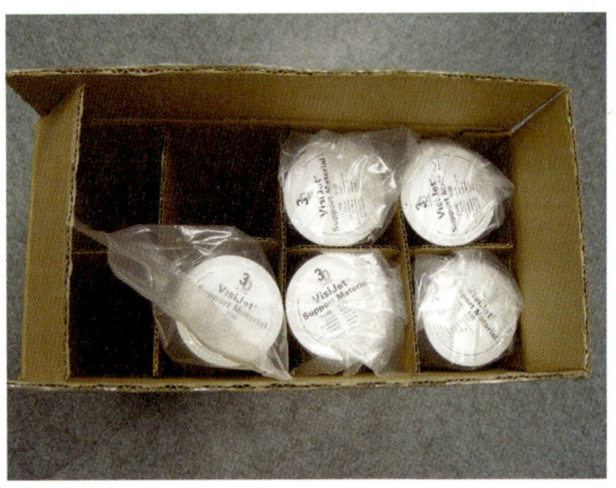
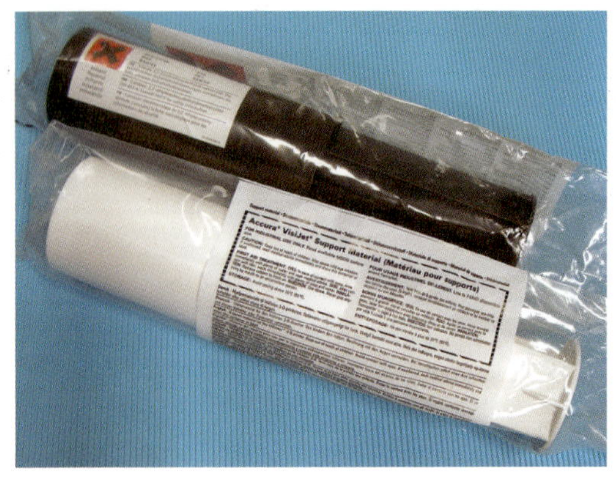

▲ 지지대 재료 : Accura VisiJet S100, 모델 재료 : Accura VisiJet HR200

재료는 실린더 형태의 밀봉된 플라스틱 카트리지에 고체상태로 들어 있으며 이것을 재료 공급 투입구에 넣으면 적정 온도로 녹아 액체 상태로 MJM 헤드로 공급되게 된다. 작업 도중에도 카트리지는 추가 장착이 가능하며 모두 소진된 재료 카트리지들은 바닥으로 모이게 된다.

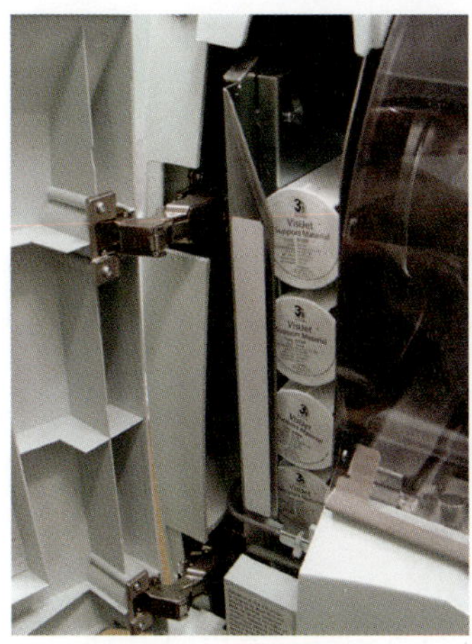
☞ 지지대 재료가 장착된 모습

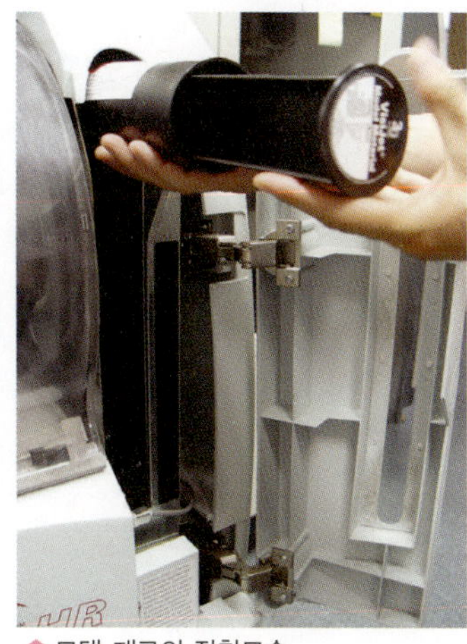
☞ 모델 재료의 장착모습

☞ 모델 재료가 장착된 모습

바닥으로 모인 재료 폐기함에는 3개의 영역으로 나뉘어져 폐기 재료별로 쉽게 구분된다.
다 쓴 카트리지의 모습은 마치 주사기의 피스톤을 안쪽으로 밀어낸 후의 모습과 같다.

☞ 폐기함 내부 모습

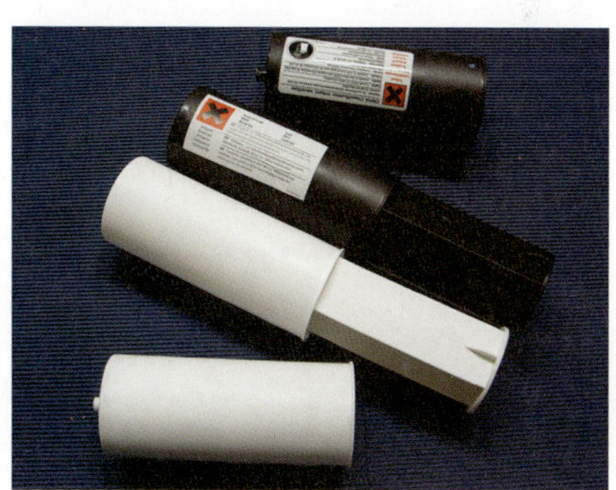
☞ 사용 전 카트리지와 사용 후의 카트리지

모델 조형 과정

지원 장비회사 : 미국 3DSystems / **작업 장비명** : Invision HR 3D Printer
3D 모델링 : Rhino3D , 3DESIGN / **소프트웨어** : InVision Client

단계 1 라이노3D 또는 3DESIGN에서 모델링된 주얼리 샘플을 RP 출력을 위한 STL로 저장한다. STL로 저장된 3D 데이터를 InVision Client 소프트웨어로 불러들인 후 우선 STL 데이터의 오류를 검사한다. 만약 STL 데이터에 예기치 않은 문제가 발생할 경우 자동으로 수리를 한다. 다음 이상이 없으면 작업대의 전체 면적을 고려하여 모델을 적정 배치한다. 배치는 자동과 임의 배치도 가능하다. 이때 또한 Z축 최적화도 병행해 준다.

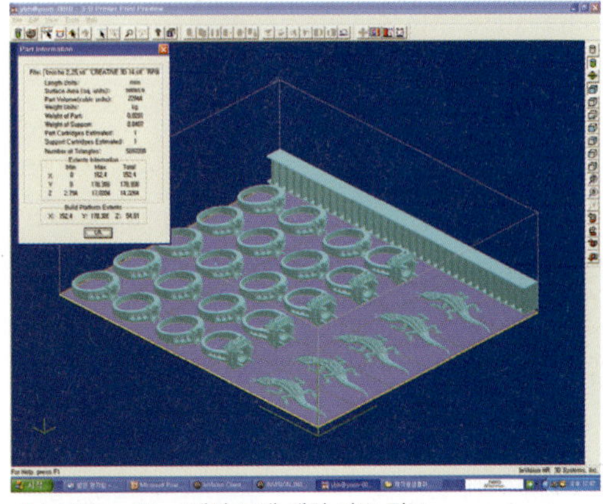

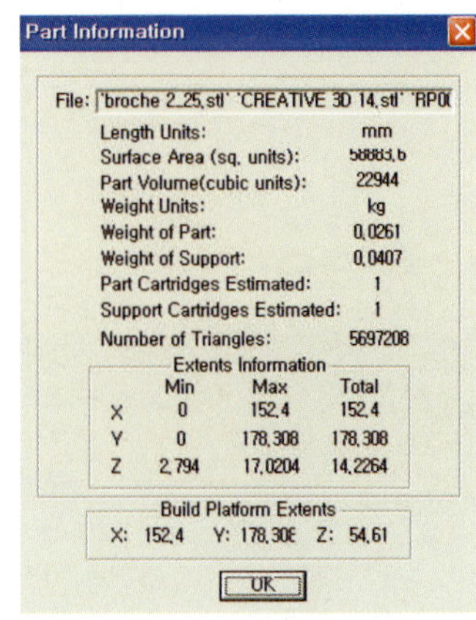

⚞ InVision Client에서 모델 배치 파트 정보

단계 2 모든 준비가 완료되면 Invision HR 3D Printer와 연결된 LAN 선을 통해 데이터를 전송한다. 전송 전 Bulid Time, 즉 모델 조형 완료 추정 시간이 표시된다. 이 표시는 RP 장비의 디스플레이 창에서도 완료 예상 시간으로 표시된다.

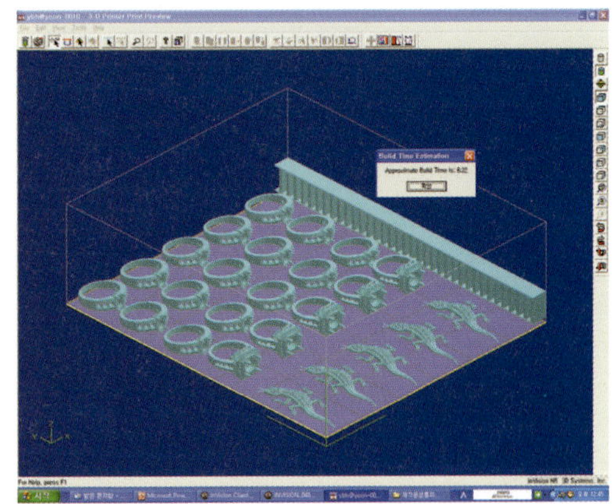

⚞ RP 장비로 모델 데이터 전송 예상 시간

만약 전송받은 데이터에 문제가 있다면 장비의 디
스플레이 창에 작업 상태를 나타내주기 쉽게 2차
데이터 검증이 가능하다. 물론 불완전 데이터의
경우 수리를 하거나 보정해 주어야 작업이 진행되
게 된다.

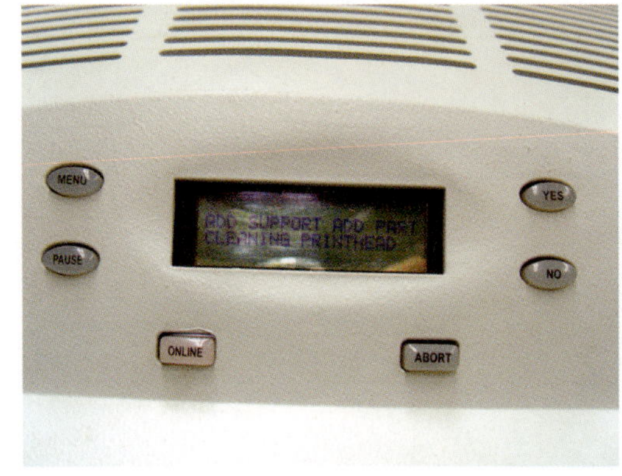
▲ RP 장비 정상 작업 표시창

단계 3 데이터에 문제가 없다면 모델 조형이 자동으로 진행된다. 앞서 설명한 MJM 공정은 우선 밑바
닥에 지지대(Support)가 쌓이게 되고 그 위에 모델재료가 적층되는 방식이다.

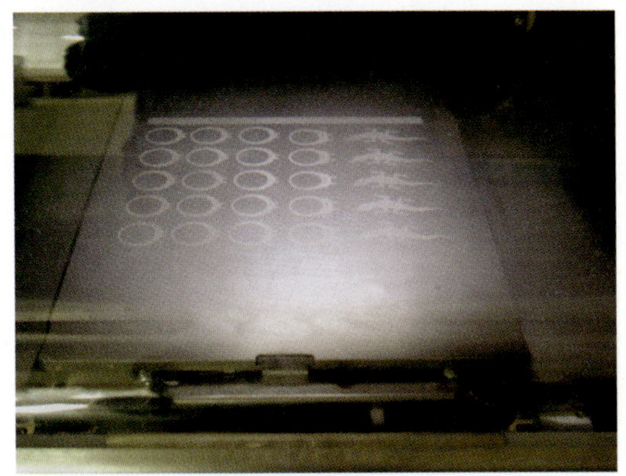
▲ 작업대 위에 지지대(Support) 쌓기

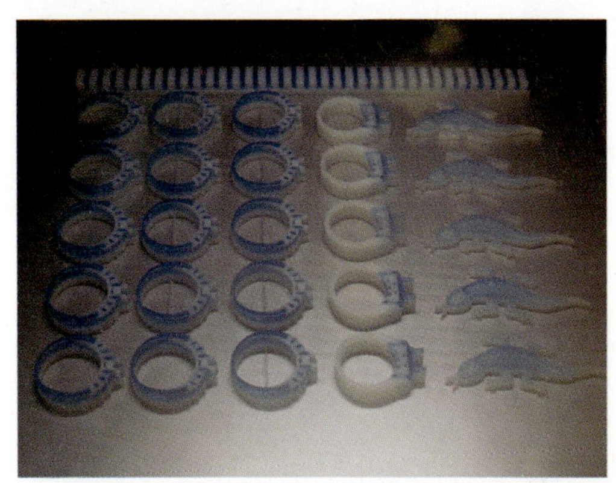
▲ 지지대와 모델재료 적층 과정 중간 단계

이러한 과정은 작업이 종료될 때까지 계속되며, 작업이 완료되면 표시창에 그동안의 경과시간과 완료되
었음을 보여준다. 본 샘플의 경우 6시간 21분 정도가 소요되었음을 표시해 주고 있다. 이렇게 모든 조형
이 완료되면 기계실의 문을 열고 조형판을 꺼내면 된다. 조형판은 알루미늄 재질로 되어 있으며, 견고하
면서도 가벼운 편이다.

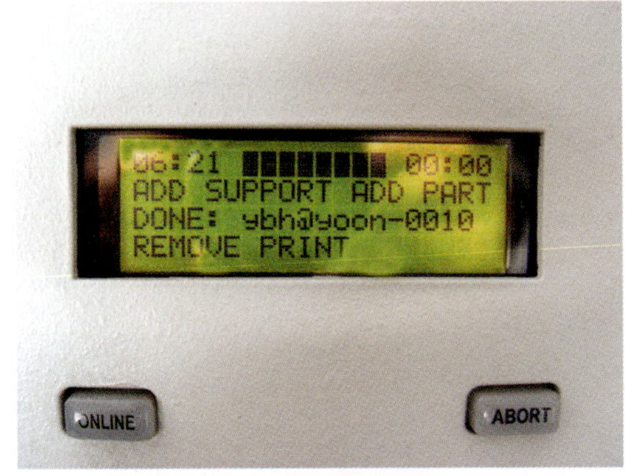
▲ 모든 작업이 완료된 상태 커버를 연 상태

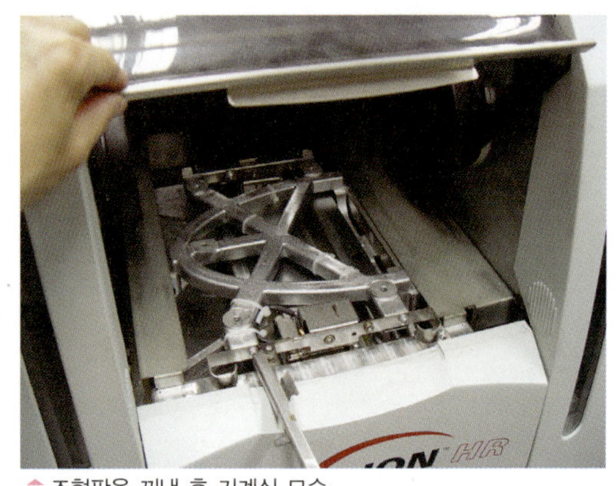

↥ 조형판을 꺼낸 후 기계실 모습

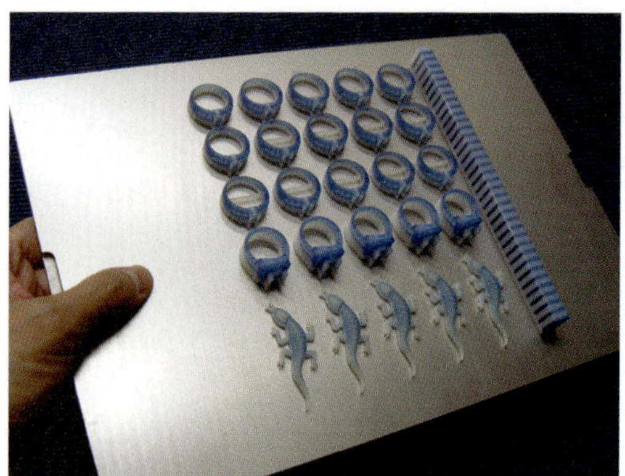

↥ 꺼낸 후의 조형판 모습과 모델

 조형이 끝나면 이제 조형판을 꺼내어 제작된 RP 파트를 떼어낸다. 이때 조형판에서 모델들을 쉽게 떼어내려면 일반 냉장고의 냉동실에 조형판을 넣어 알루미늄 조형판을 차갑게 만들어 주면 정말 손쉽게 별도의 손상이나 지지대 재료가 손에 묻는 일 없이 손으로 떼어낼 수 있다. 물론 그냥 떼어내려면 얇은 칼날을 사용하면 된다.

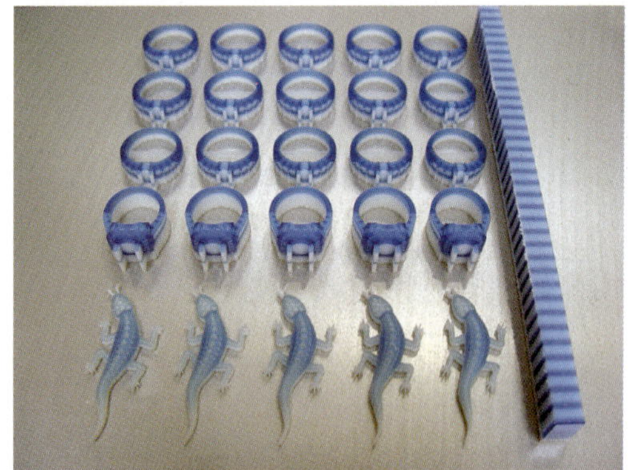

↥ 완성 모델들과 칼리브레이션용 점검 막대

↥ 조형판에 붙어 있는 지지대 모습

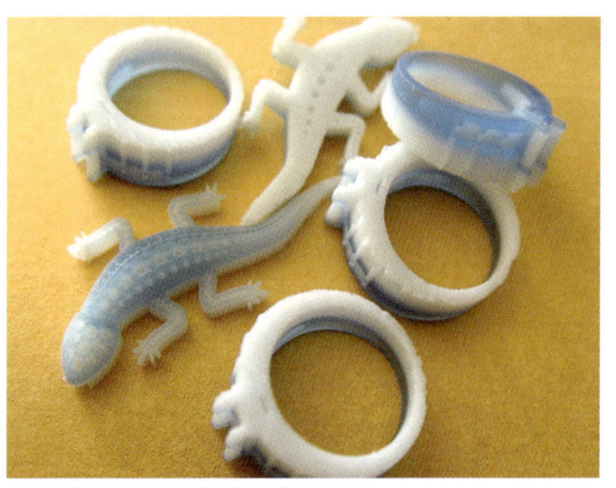

↥ 조형판에서 분리된 최종 파트의 모습

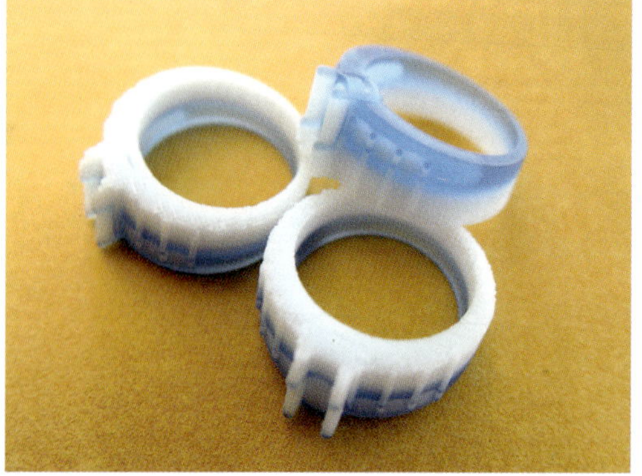

↥ 녹여 없어질 하얀색 지지대 모습

지지대의 제거는 InVision Finisher라는 오븐(Oven)에서 편리하게 진행되는데 InVision 3D Printer의 지지대(Support)재료는 WAX 성분으로 되어 있기 때문이다. 오븐의 내부 온도를 65도~70도 정도로 설정하면 모델에 붙은 흰색의 지지대 재료들이 녹아 제거되며 모델에 손상을 주지 않는다.

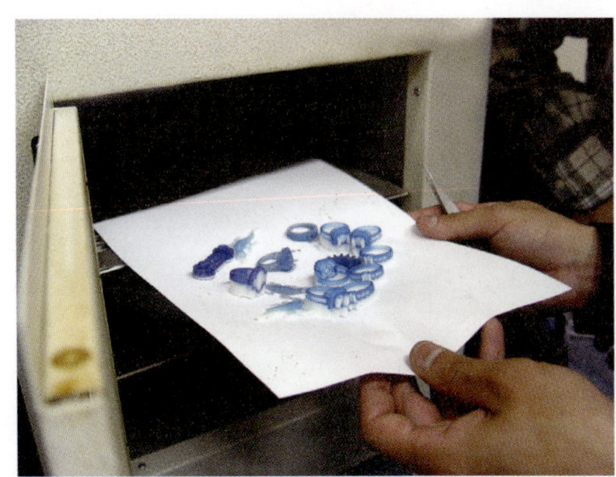

🔺 조형판에서 떼어낸 반지

🔺 오븐에 넣기 위해 종이 위에 반지 정렬

🔺 온도 설정은 65도에서 70도 정도

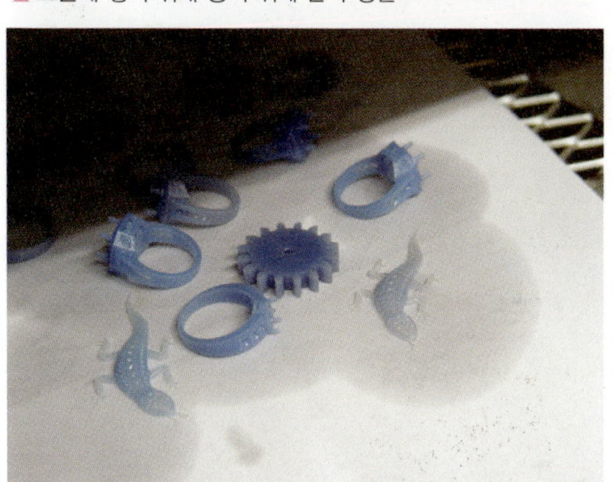

🔺 지지대(Support)가 녹은 모습

단계 5   오븐(InVision Finisher)으로 제거 시 반지의 미세한 홈에 표면 장력이나 마찰력으로 붙은 왁스 성분이 그대로 외부 온도에 노출되면 정밀도나 형상의 정확도에도 영향을 줄 수 있다. 이러한 문제를 해결하는 방법으로 열건(Heating Gun)을 사용하여 잔류 왁스를 녹여 마무리할 수 있다. 물론 열건이 없이 솔벤트에 담가 초음파 세척하면 왁스 성분은 더욱 완벽하게 제거할 수 있다. 사용자는 이중 적정한 방법을 사용해야 한다. 열건 사용 시 온도 조절이 중요하면 너무 열이 세면 반지 원본 모델에도 영향을 주어 변형이 생길 수 있음을 주의한다. 또한 솔벤트의 경우 담가두는 적정 정도를 잘 판단하는 지혜가 필요하다.

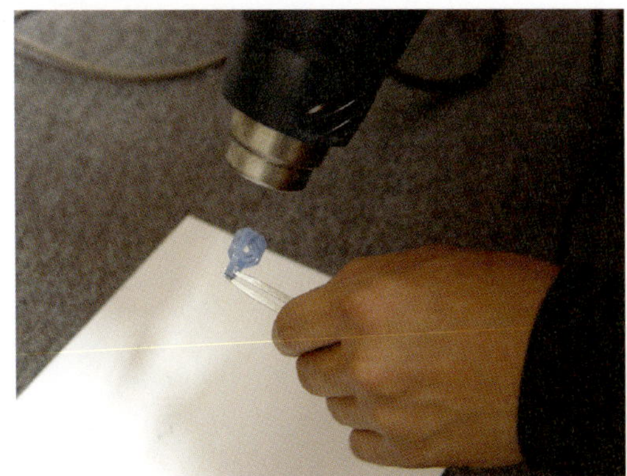

🔺 열건(Heating Gun)으로 잔류 왁스 제거

🔺 제거된 지지대 왁스와 파트들

 아래 그림들은 지지대가 말끔히 제거된 최종 RP 원본을 보여준다. 모델 재료의 색상이 다소 밝아졌는데 과거 M100에서 최신 M200의 모델 재료를 사용한 결과이다.

♠ 지지대가 제거된 반지 원본

♠ 지지대가 제거된 도마뱀 장식품

3D Systems 사의 MJM 방식 장비별 사양

제조사 / 미국	InVision SR 3-D Printer	InVision HR 3-D Printer
3D SYSTEMS www.3dsystems.com		
조형방식	Multi-Jet Modeling(MJM). Thermal material application, with UV-curing	Multi-Jet Modeling(MJM). Thermal material application, with UV-curing
최대 조형 크기 Maximum Build Volume(WDH)	298x185x203mm(WDH)	656x656x800 DPI(XYZ)
해상도 Resolution(X-Y-Z)	328x328x606 DPI(XYZ)	656x656x800 DPI(XYZ)
제작 속도 Build Speed	5mm/h	5mm/h
사용 재료/컬러 Material /Colors	모델 재료 Accura Visit M100 지지대 재료 VisiJet S100 M100-Black,Red, Blue, Gray,White,	모델 재료 Accura Visit M100 지지대 재료 VisiJet S100 HR M100 Blue, S100 Natural
조작 온도	18~28C	18~28C
운영체제 Operating System	Windows 98/ME/NT4.0/2000/XP	Windows 98/ME/NT4.0/2000/XP
데이타 전송 환경	Network ready with 10/100 Ethernet interface	Network ready with 10/100 Ethernet interface
입력 데이터 형식	STL	STL, SLC
재료 공급 Vat	Interchangeable	Interchangeable
장비크기(mm)	770x1,240x1,480mm	770x1,240x1,480mm
장비무게(kg)	254kg	254kg
공급전원(Power)	100~127 VAC, 200~240 VAC,	100~127 VAC 200~240 VAC

MJM 방식 파트 제작 사례 갤러리

1. InVision SR 3D Printer 사례

♠ 오토바이 모형 〉 출처 : RPM

♠ 모형 비행기 〉 출처 : RPM

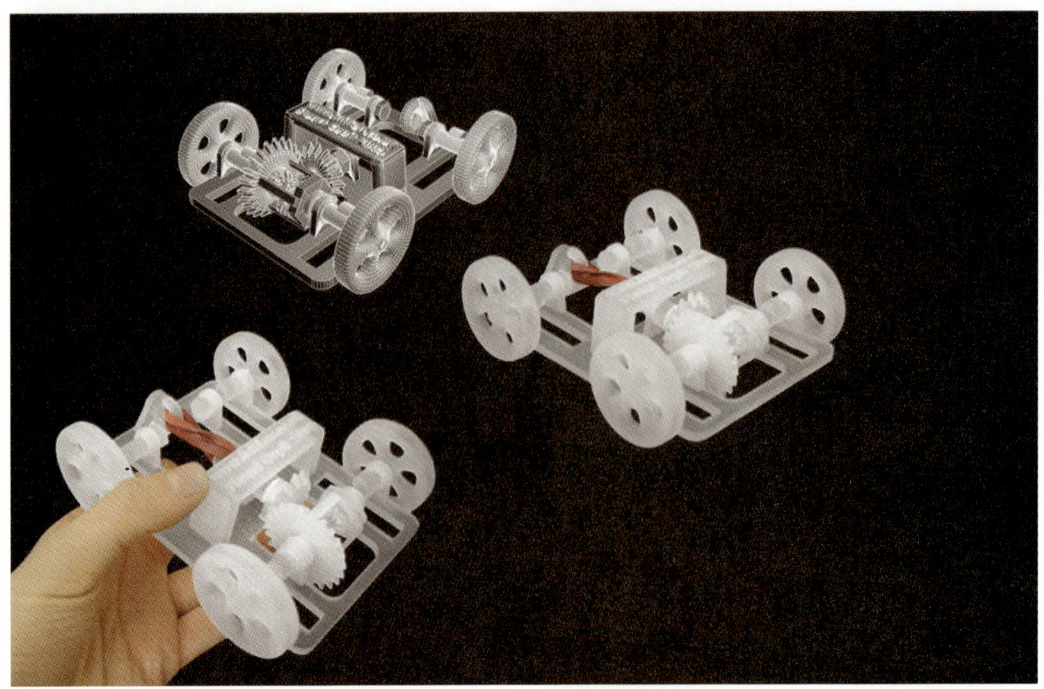

♠ 장난감 기능성 샘플 〉 220mmx185mmx74mm 〉 출처 : 3dmodelprinting.com

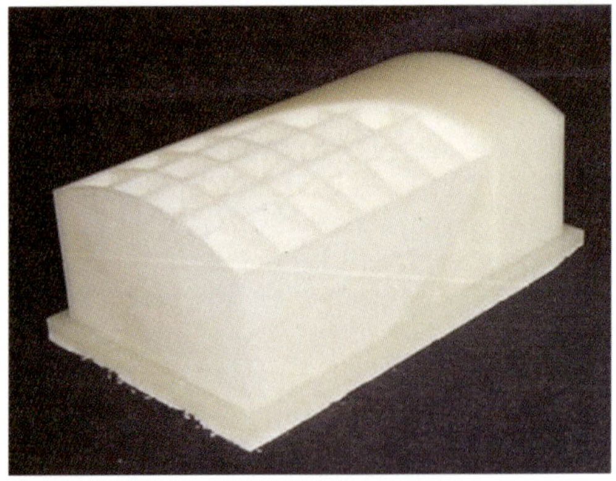

♠ 지지대 제거 전 〉 지지대 제거 후

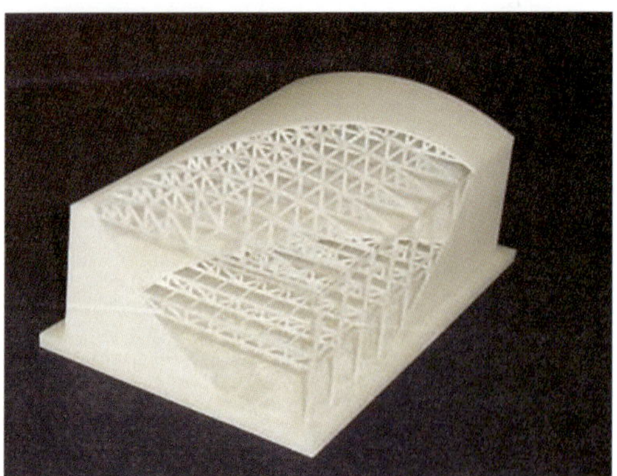

♠ 건축모형 〉 출처 : 한국 기술 제공

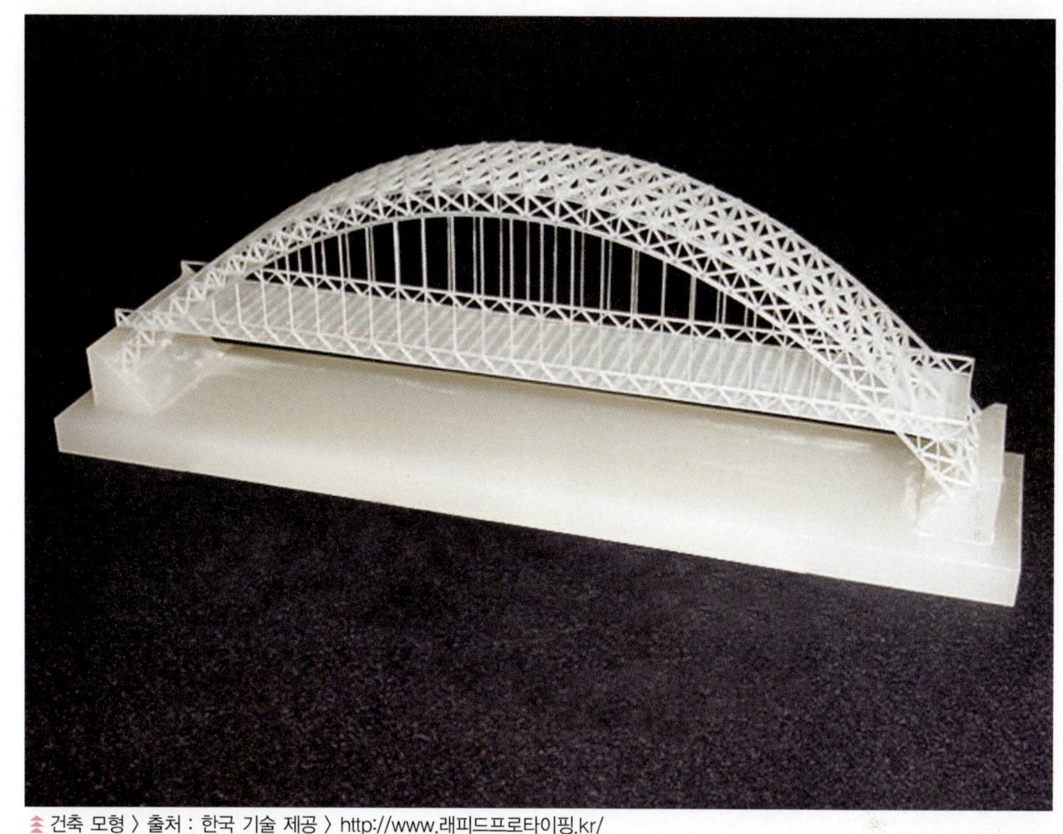

🔺 건축 모형 〉 출처 : 한국 기술 제공 〉 http://www.래피드프로타이핑.kr/

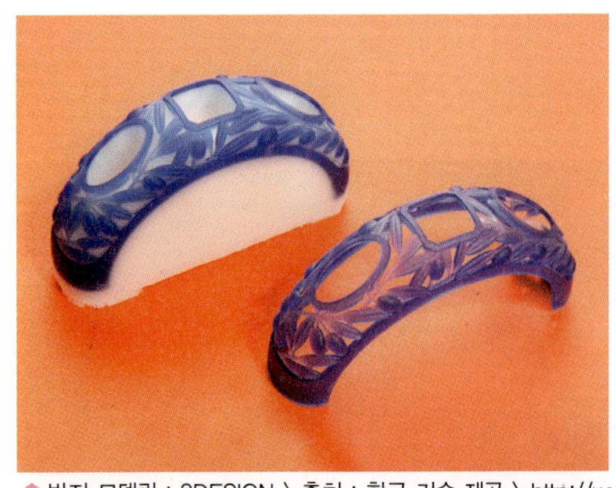

반지 모델링 : 3DESIGN 〉 출처 : 한국 기술 제공 〉 http://www.래피드프로타이핑.kr

반지 모델링 : 3DESIGN 〉 출처 : 한국 기술 제공 〉 http://www.래피드프로타이핑.kr

의료용 집게 모형

2. InVision HR 3D Printer 사례

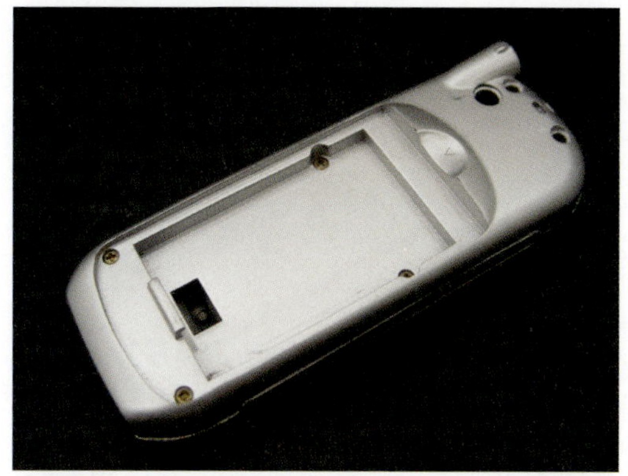

☀ 후처리 〉 페인트 도장

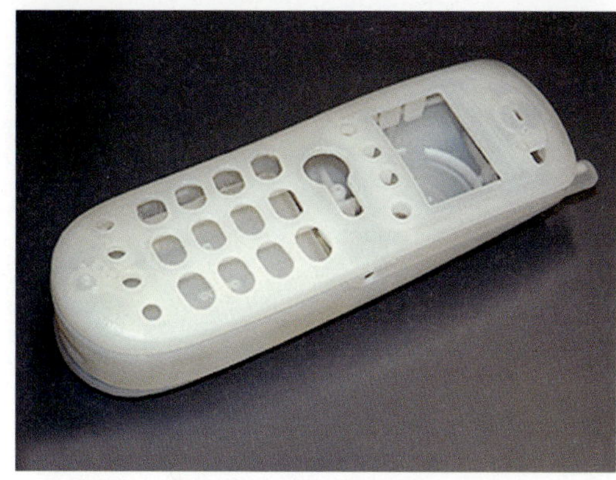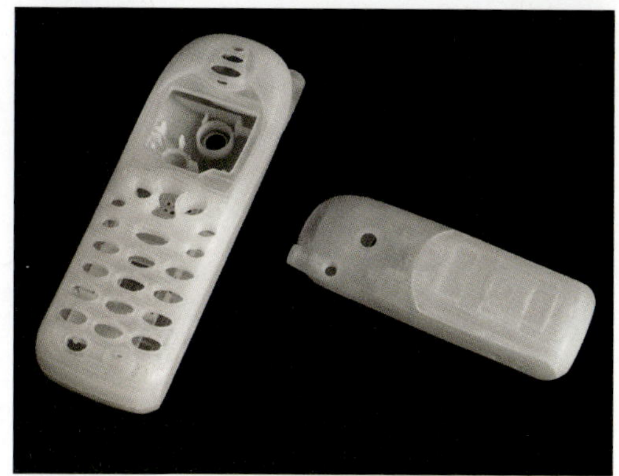

☀ 휴대전화기 모형 〉 출처 : 한국 기술 제공 〉 http://www.래피드프로타이핑.kr/

Rapid **Prototyping**

CHAPTER 05

얇은판 / 시트 재료를 이용한 신속조형시스템 소개

얇은판 / 시트 재료를 이용한 신속조형시스템 소개

재료의 공급 형태가 종이(paper) 또는 PVC(Polyvinyl Chloride) 시트(Sheet)와 같은 경우이다. 이러한 시트들은 두루마리나 잘린 시트 형태로 RP시스템에 공급된다. 대표적인 방식은 종이를 레이저로 절단한 후 열이 나는 롤러(Heated roller)로 압착하는 LOM(Laminated Object Manufacturing) 방식, PVC 시트를 칼날로 자르면서 접착하는 PSL(Plastic Sheet Lamination) 방식, 종이를 칼날로 자르면서 열로 압착하는 PLT(Paper Lamination Technology) 조형 방식 등이다.

이중 국내에서는 이스라엘 Solido 사의 PSL(Plastic Sheet Lamination) 방식과 일본 KIRA 사의 PLT(Paper Lamination Technology) 조형 방식 시스템들이 주로 활용되고 있다. 사용처는 형상확인과 신발산업 분야가 주이다. 국내에서 찾아 보기 힘든 LOM(Laminated Object Manufacturing) 시스템의 경우 미국의 Helysis 사에서 처음 상용화시켰지만 현재 시스템 공급은 미국 Cubital 사에서 진행하고 있다.

LOM, PSL, PLT 방식의 공통적인 장점은 저렴한 유지비용과 제작속도가 빠르다는 것이다. 단점으로는 재료의 재활용이 힘들고, 병과 같이 내부에 공간이 있는 경우 불필요한 부분을 빼내어 제거하기가 힘들다는 것이다. 소개되는 장비는 국내에서 주로 사용되는 이스라엘 Solido 사의 PSL 방식과 일본 KIRA 사의 PLT 방식이다.

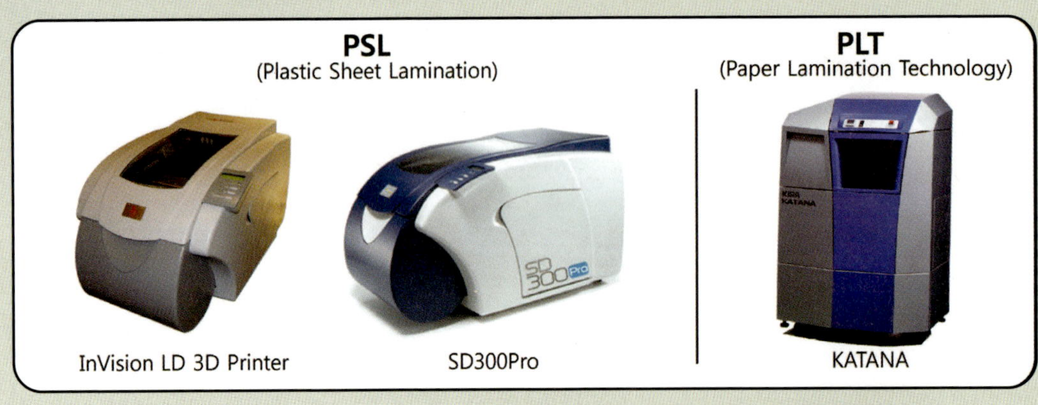

이스라엘 Solido 사의 PSL 방식

Solido 사의 PSL(Plastic Sheet Lamination)방식은 얇은 플라스틱 시트를 재료를 커터로 절단한 후에 접착하여 3차원 형상을 제작하는 장비로는 가장 작은 시스템이다. 사무실의 데스크 탑 환경에 적합하며 경제적인 운영이 가능하다.

SOLIDO(과거 Solidimention) 사는 이스라엘 회사로 데스크탑 환경 하에서 3차원 CAD 데이터를 손쉽게 3차원의 실물 객체로 프린팅할 수 있는 SD300 3D Printer를 개발 공급하고 있다. 현재 SD300은 경제적인 가격의 데스크 탑용 3D 프린터로 3D Systems 사에서는 InVision LD, 일본의 Graphtec 사에서는 XD700이란 모델명으로 판매되고 있다.

SD300은 PSL(Plastic Sheet Lamination)이라는 기술을 사용하는데 이것은 롤 상태로 공급되는 플라스틱재질의 얇은 판재를 한층 한층 재단, 적층하여 모델을 만드는 방식으로 간단하게 설명된다. 원리상 ROM(Laminated Object Manufacturing) 방식과 KIRA 사의 PLT(Paper Lamination Technology)와 유사하나 차이점을 가지고 있다. 우선 ROM 방식과 비교하면 사용하는 재료면에서 종이, 플라스틱, 박막의 금속판(Foil), 유리섬유 등을 사용한다는 면에선 플라스틱 재료를 주로 사용하는 SD300의 PSL 방식과 유사하나 ROM은 커팅을 위하여 고가의 레이저를 사용한다는 것이다. 또한 KIRA 사의 PLT(Paper Lamination Technology)는 금속 커터(Knife Cutting)를 사용한다는 것이 SD300과 같으나 종이만을 사용해야 한다는 차이가 있다. 결국 SD300은 비교된 두 장비 중 재료로는 습기에 취약한 종이 대신 플라스틱을, 커터로는 고가의 레이저 대신 XY 플로팅 방식의 금속 커터(Knife Cutting)를 사용한다는 것이다. 또한 앞선 두 장비에 비해 시스템 크기가 데스크탑에 놓일 수 있도록 최적화되어 있다는 차이점이 있다. 물론 앞선 두 장비에 비해 시스템은 작지만 최대 조형할 수 있는 크기가 160mm×210mm×135mm로 결코 작은 편이 아니다. 참고로 장비를 취급하는 업체에 따라 3D SYSTEMS는 InVision LD 3D Printer, GRAPHTEC은 XD700 3D Printer라는 이름으로 판매되고 있다.

01 PSL 방식 장비 외관

Solido 사의 초기 SD300은 본격적인 데스크탑형 3D 프린터라 할 만큼 작고, 경제적인 시스템으로 사무실환경에서 컨셉 디자인 파트를 매우 손쉽게 출력해 볼 수 있다. 2010년 현재 SD300Pro가 최신 시스템이다.

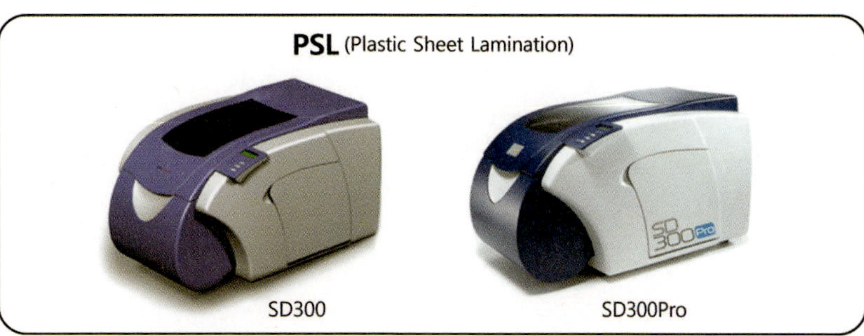

☝ 얇은 판, 시트 재료 기반 RP 시스템 〉 이스라엘 Solido 사의 PSL 방식 RP 시스템

모델 조형 공정

SD300Pro의 PSL(Plastic Sheet Lamination)공정은 롤 상태로 말려 있는 PVC 플라스틱 시트가 조형판으로 열원(Ironing unit)을 통과하면서 시작된다. 조형판에 시트가 공급되면 들어온 시트는 끝단이 자동으로 잘리게 되어 조형판에 안착하게 된다. 다음 접착제 공급 카트리지에서 접착제가 공급되며 동시에 금속 커터에 의해 파트의 단면이 잘리게 된다. 다음 불필요한 부분을 나중에 쉽게 떼어내기 위하여 접착 방지액이 접착 팬 스테이션에서 이동하여 잘린 테두리를 지나다니며 마스킹 액을 발라준다. 이 부분은 접착이 되지 않는 영역이 된다.

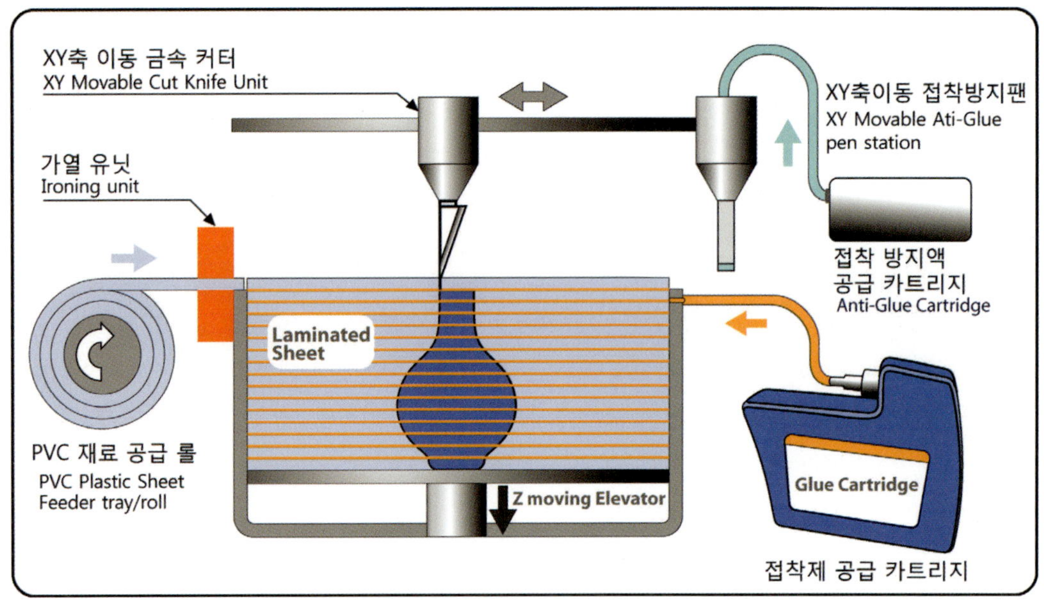

♨ PSL(Plastic Sheet Lamination) 방식 모델 조형 공정

시스템 구동 소프트웨어

3D CAD 모델을 불러와 조형판에 배치하는 작업은 매우 손쉬우며, 간단하게 조작이 가능하다. 마치 일반 2D 프린터를 조작하는 것과 같은 편리성을 제공해 준다. 외부 파일을 조작하기 위해서는 자체적으로 제공하는 시스템 소프트웨어인 SDview로 제어된다.

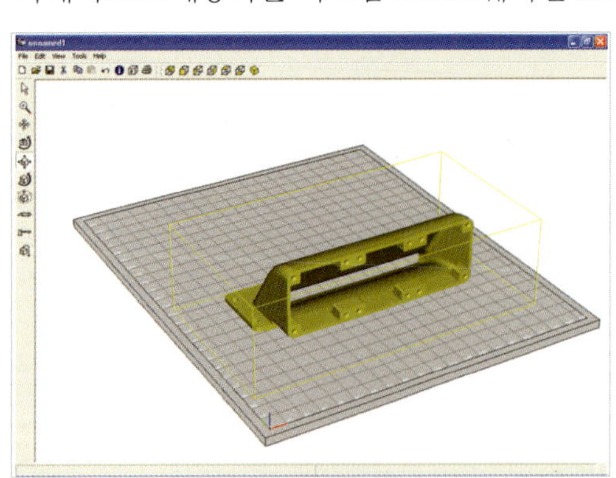

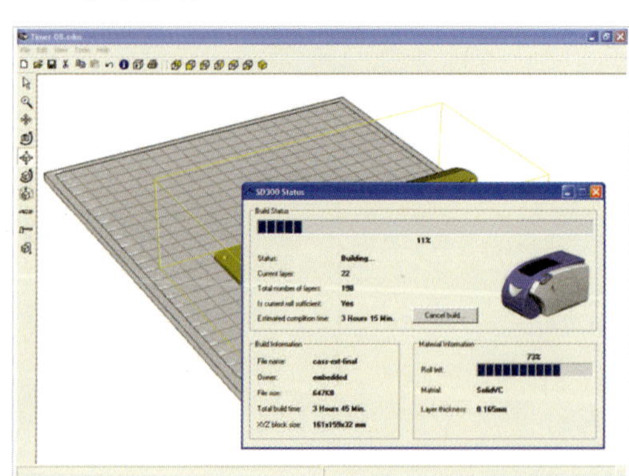

장비 세부 모습

시스템의 커버를 열면 크게 조형판, XY 플로팅 금속 커터, 접착방지 마스킹 팬 등이 보이며 앞쪽 커버를 열면 PVC 롤 재료 공급 트레이, 장치의 우측 옆면을 열면 접착제(Glue Cartridge)를 장착하는 곳으로 구성된다.

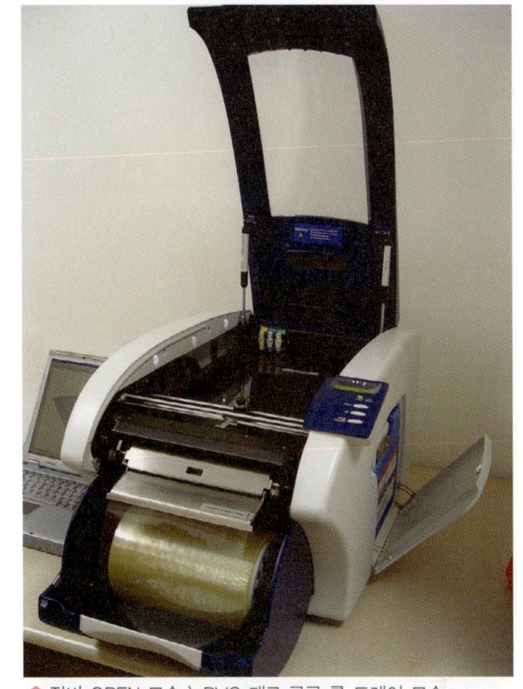

⚞ 장비 OPEN 모습 〉 PVC 재료 공급 롤 트레이 모습

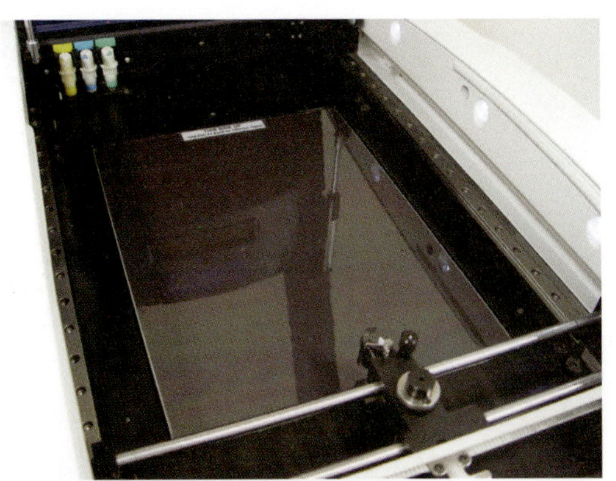

⚞ 조형판과 XY축 이동 Cut Knife Unit모습

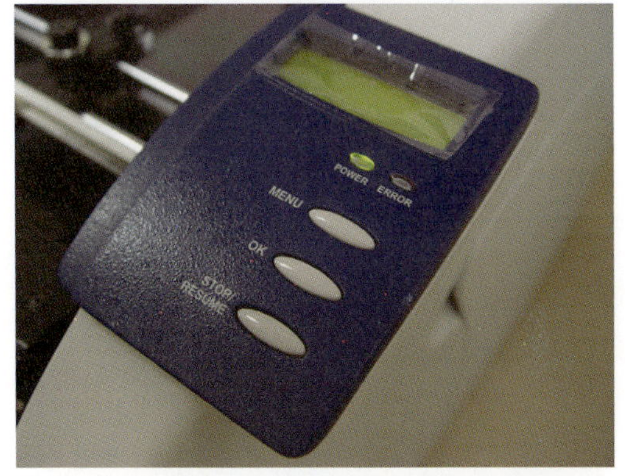

⚞ 시스템 조작 패널

⚞ XY 플로터 방식 금속 커터

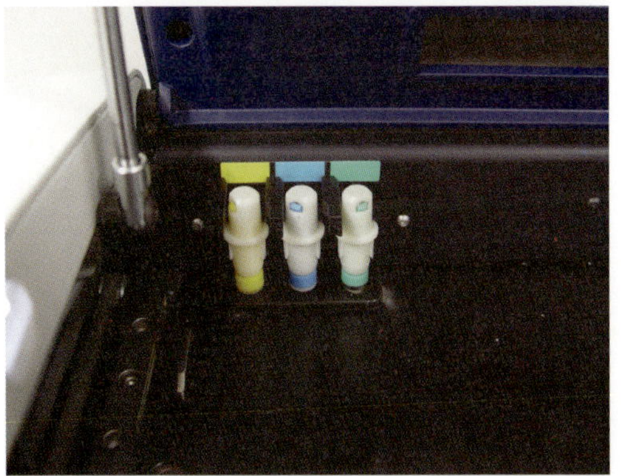

⚞ 접착 방지 마스킹액 도포 팬 시스템

사용 재료

재료는 PVC Plastic 소재로 롤(Roll) 형태로 장착된다. 시트 두께는 0.165mm이며, 재료당 무게는 대략 7.9kg정도이다. 재료 색상은 컬러의 경우 파란색, 빨강색, 회색 등이 있으며 가장 많이 쓰이는 투명 재료들을 사용할 수 있다. 재료 자체가 플라스틱 소재이다 보니 만들어진 파트의 강도가 매우 좋아 기능성 파트의 샘플로도 사용이 가능하다. 플라스틱 시트라 습기에 강하며, 변형이 적고, 구멍을 뚫거나 페인팅 등 후속 작업도 가능하다.

♨ Color PVC Sheet

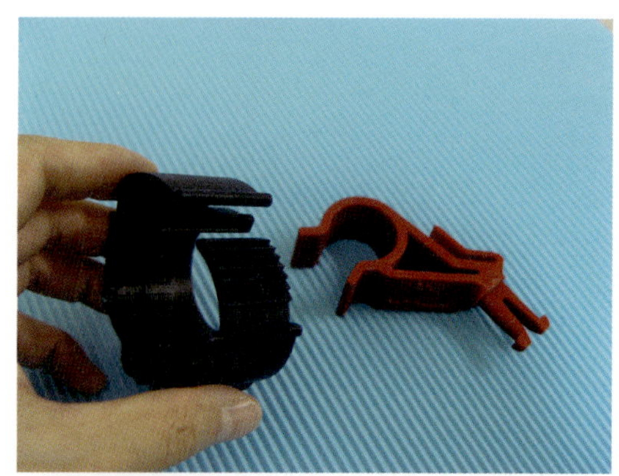

♨ 컬러 재료로 제작된 기능 부품

♨ 투명 PVC Sheet

♨ 투명 재료가 장착된 모습

♨ 투명 재료로 제작된 결과물

접착제 공급

접착제(Glue)는 Cartridge로 밀봉된 케이스에 의해 시스템으로 공급되며, 하나의 접착제 양은 780cc 정도이다. 접착제의 공급은 장비 우측에 있는 커버를 열어 장착할 수 있으며, 대략 한 롤당 하나의 접착제가 쓰인다고 보면 된다.

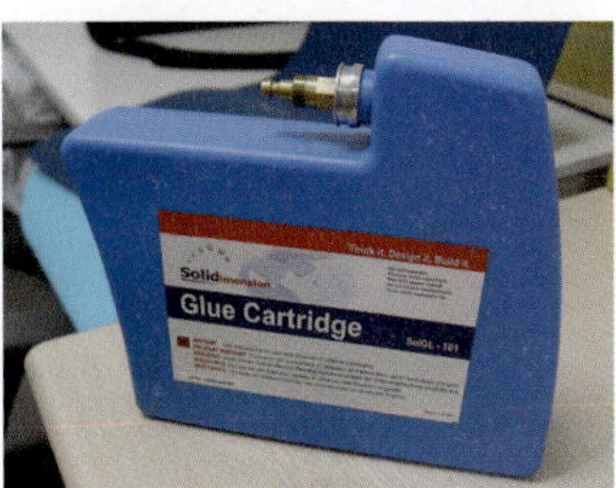
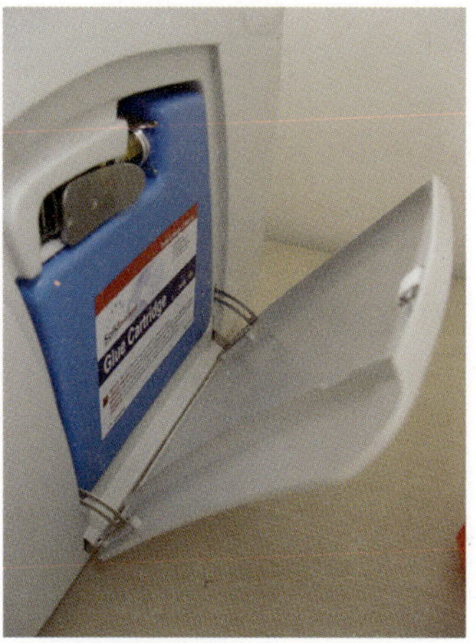

⬆ 접착제 카트리지(Glue Cartridge) ⬆ 카트리지 장착 모습

접착 방지액 도포

접착 방지제(Anti Glue)는 시스템의 후면에 카트리지로 장착된다. 장착된 접착 방지제는 조형판 좌측 끝단에 3개의 팁으로 공급되어 PVC에 도포된다.

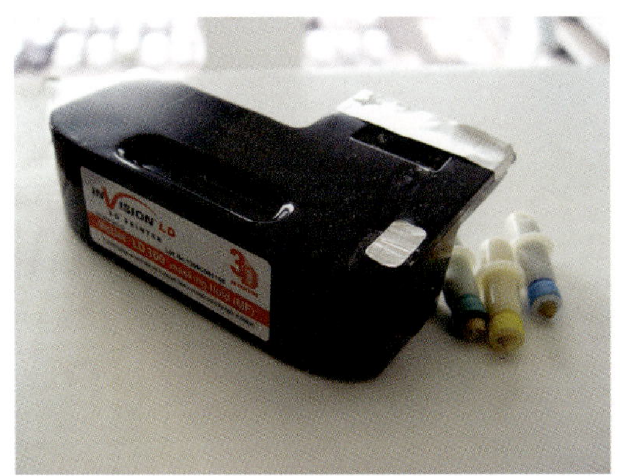

⬆ 접착 방지액이 담긴 카트리지와 장착 모습

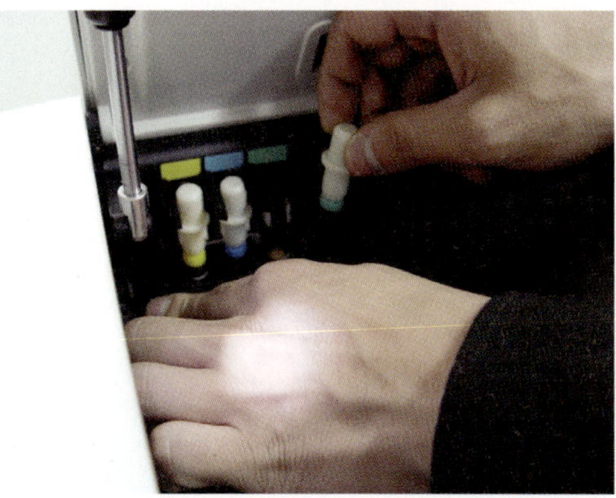

⬆ 접착 방지제 도포 팬 ⬆ 접착 방지제 도포 팬 장착 모습

08 PSL 방식 제작 파트 갤러리

PSL(Plastic Sheet Lamination) 방식으로 제작된 파트들은 기본적인 외형 확인용 파트부터 기능성 파트까지 활용이 가능하며, 제작된 파트는 습기에 강하며 매우 단단하다. 후처리를 위한 컬러 도장도 가능하다. 표면 조도 또한 우수한 편이다.

팬 부품 파트

기어 파트

프로펠러 파트

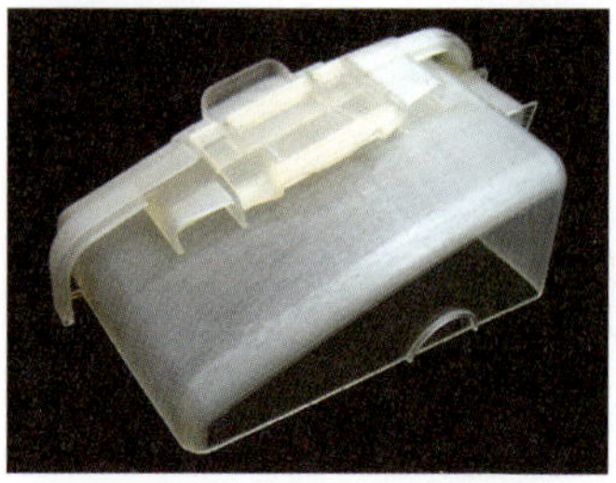

장치 하우징 파트

문양이나 문자 돌출 파트

컬러 PVC 시트 기능성 파트

컬러 재료로 제작된 고양이 파트

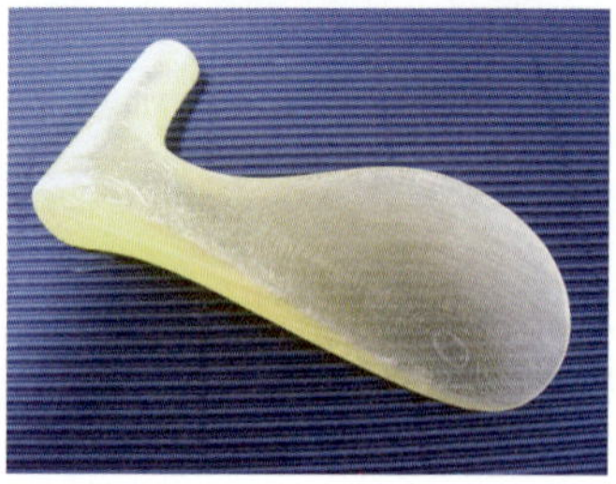

문 손잡이 파트

참조 활용에 관한 상세정보는 www.solido3d.com을 참조한다.

SOLIDO 사의 장비별 사양

제조사 / 이스라엘	SD300	SD300Pro
solido www.solido3d.com		
적용 기술	**PSL**(Plastic Sheet Lamination)	
제작 한계(mm)/ 작업 영역	160mmx210mmx135mm	
PVC 시트 두께(mm) Layer thickness	0.168mm(Z축)	
정밀도(Accuracy)	0.25mm(X,Y축)	0.1mm((X,Y축)
인터페이스(Interface)	USB	
재료 절단(Cutting)	Knife Cutting	
사용 재료(Materials)	Amber Transparent Sheet, Blue Sheet, Red Sheet, Gray Sheet,PVC(폴리염화비닐)Roll : 흰색/폭=215mm, 두께:0.15mm, 롤지름:205mm, 무게:7.5Kg(net)	
입력 데이터 형식 (Import Data Format)	stl., 3ds	
구동 소프트웨어 OS/Software	Windows 2000, Windows XP/SD view	Windows 2000, Windows XP/SD view
장비 크기(WxLxH)	460x770x420mm	465x770x420mm
작동 환경	온도 18~30도C	온도 18~35도C
장비 무게	35kg (net), 44kg (재료 포함)	35kg (net), 45kg (재료 포함)
공급 전원 및 소비 전력	620W/220-240VAC,50/60Hz	
특징	사무실 데스크탑 환경에 적합, 파트 정밀도, 강도, 견고성 우수, 개념모델, 기능성 파트에 적합, 재료 투자 비용 저렴, 드릴링, 샌딩, 접착, 페인팅 가능, 후경화 작업 필요 없음, 작업 비밀 유지 기능, 사용의 편의 제공	

참조 사양에 관한 상세정보는 www.solido3d.com을 참조한다. 사양은 예고 없이 변경될 수 있다.

일본 KIRA 사의 PLT 방식

KIRA 사의 PLT(Paper Lamination Technology) 방식은 롤 상태의 종이를 커터로 절단한 후에 접착하여 3차원 형상을 제작하는 장비로 가장 작은 시스템이다. 사무실의 데스크탑 환경에 적합하며 경제적인 운영이 가능하다.

KIRA Corporation은 일본 기업으로 모태는 1927년 Kazuji Otake의 Yoshida 기계회사로부터 인데 주로 선박용 엔진과 드릴링 머신, 선반 장비 관련 사업을 하였다. 그 후 주로 CNC 드릴링, CNC 밀링 머신, CNC 시스템 생산을 주력으로 성장하여, 1994년 KIRA 기계, KIRA 공업, KIRA 기술을 서로 통합하여 현재의 KIRA Corporation으로 사명을 가지게 되었다. 이때부터 본격적인 Rapid Prototyping 사업이 시작되었다.

현재는 종이 적층형 기술(PLT : Paper Lamination Technology)을 이용한 약명 PLT A4 (1997년 2월 생산), PLT A3, PLT-20 KATANA(2004년 12월 출시)와 같은 신속 조형 시스템을 생산하고 있다. PLT(Paper Lamination Technology)는 컴퓨터에서 작업된 3차원 CAD 데이터를 슬라이싱 처리 데이터로 계산 장비에 보내지면 한 장의 종이가 공급되게 된다. 이때 커터 플로터 (Cutter Plotter)에 장착된 커터(Knife Edge)로 접착제가 코팅된 일정 두께의 종이를 한장 한장 잘라가며 적층하여 모델을 형성하게 된다. 이때 한층 한층의 종이들은 코팅된 접착제에 열이 있는 판으로 압착(Hot Pressing)하여 적층하게 된다. 원래 PLT 방식은 일본인 가와구찌가 발명했으나 KIRA 사에서 상업화했다.

01 PLT 방식 장비 외관

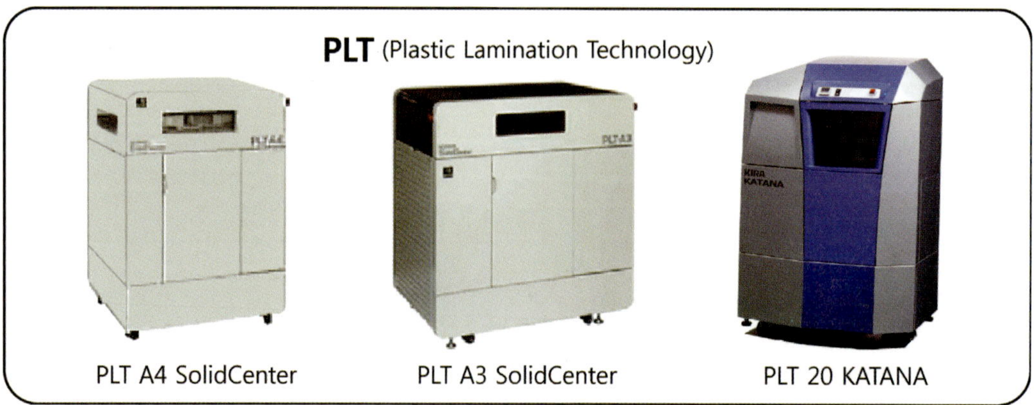

02 모델 조형 공정

PLT(Paper Lamination Technology)공정의 원리는 우선 롤 상태의 전용지를 작업 테이블에 공급하는 단계부터 시작된다. 공급되는 용지의 두께는 0.1~0.016mm까지 가능하다. 용지는 열에 의한 압착판으로 쉽게 접착되도록 접착제가 코팅되어 있다. 공급된 용지는 커터에 의해 작업 영역

에 맞는 일정 크기로 슬리터(Slitter)라는 톱니 모양의 커터에 의해 절단된다. 절단된 상태는 A4
나 A3 용지를 상상하면 된다. 이렇게 절단된 용지는 미리 작업대 가장 바닥에 깔아둔 Under
Block Paper의 위에 놓이게 되고 XY 이동 커터에 의해 모델의 각 레이어별 커팅이 시작된다.

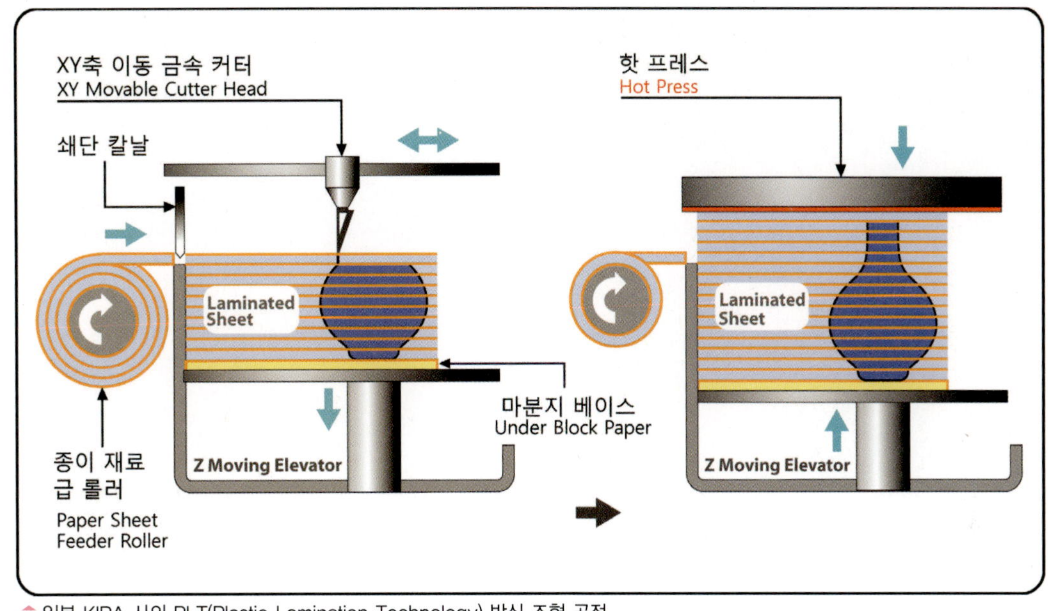

⏶ 일본 KIRA 사의 PLT(Plastic Lamination Technology) 방식 조형 공정

한 층의 레이어 커팅이 끝나면 다시 용지가 공급되고 Z축 이동 엘리베이터 시스템에 의해 위쪽으
로 밀어 올려 위에 마련된 Hot Press에 의해 단단하게 밀착 접착되게 된다. 이렇게 접착된 빌더
(Build)는 다시 밑으로 내려오게 되고, 그 위에 다시 커터가 움직이며 다음 층의 레이어를 자르게
된다. 결국 용지공급(Paper Feeding) (Hot Press)〉 커팅(Cutting)의 이러한 일련의 과정이 모델
이 완성될 때까지 반복된다.

⏶ KATANA 시스템 외관

⏶ KATANA 내부 시트 커팅 장면

KIRA 사의 PLT 조형 공정은 LOM 방식과 종이를 사용한다는 점에서 매우 유사하다. 하지만 같
은 종이라도 롤 상태로 공급되며 작업 영역(모델크기에 맞게)에만 종이가 별도로 절단되어 자동
공급되기에 기존의 일정 규격 사이즈에 의한 모델 제작에 방법에 비해 버려지는 데드스페이스의

재료를 최소화하여 재료를 절약할 수 있다. 또한 PLT의 경우 LOM 방식과 달리 고가의 레이저를 사용하는 것이 아니라 XY 이동형 플로터에 장착된 금속 커터를 사용 재료와 함께 운용비가 최소화 되어 있다. 재료 접착 방법에서도 기존의 롤러방식 대신 고열의 압착(Hot Press)판을 사용한다는 것이다. 이는 롤러에 의한 접착보다 판상태의 프레스에 의한 접착으로 모델 정밀도와 변형에 대한 오차가 최소화된다는 장점이 있다.

03 KIRA 장비 활용 사례

KATANA PLT 시스템의 활용 사례는 작은 컴팩트 카메라의 모형을 제작해 보는 것이다. KATANA는 종이를 예리한 커터를 통해 자르고 압착하여 적층해 가는 원리이기에 제작 속도가 빠르다. 종이라는 특성상 인체에 무해하며 재료비가 저렴한 편이다. 디자인 모형 중 스티로폼이나 우드락 또는 종이를 통해 만드는 스터디 목업을 생각하면 이해하기 쉽다. 다만 스터디 목업 수준보다 높은 질의 파트를 얻을 수 있으며, 제작된 파트는 매우 단단하여 강한 충격에도 잘 견딘다. 다음 작업 공정을 통해 PLT 방식을 바르게 이해할 수 있다.

단계 1 PLTcam에서의 데이터 처리와 작업영역 지정

라이노3D와 같은 3D 디자인 모델링 데이터를 STL로 저장 후 KATANA 전용 PLTcam 소프트웨어로 불러 들인다. PLTcam에서는 불러들인 모델 데이터를 가공하기 위해 작업대의 작업 영역을 지정하거나 용지 절단 면적지정, 파팅라인 지정 등을 하게 된다. 이렇게 완성된 데이터는 RP 장비로 전송하게 되어 작업이 시작되며 이러한 일련의 과정은 매우 짧은 시간에 이루어지게 된다.

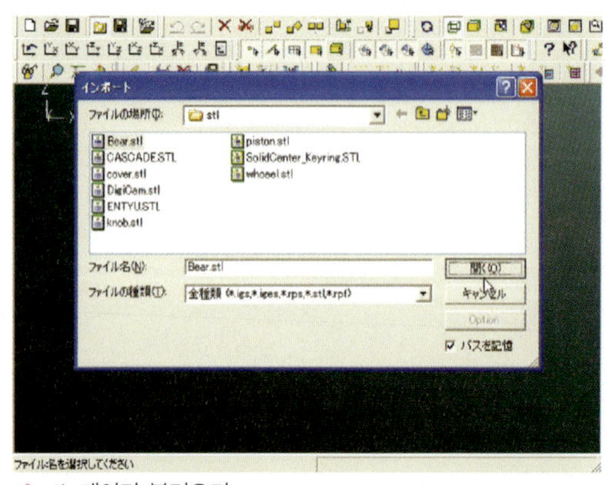

🔺 stl. 데이터 불러오기

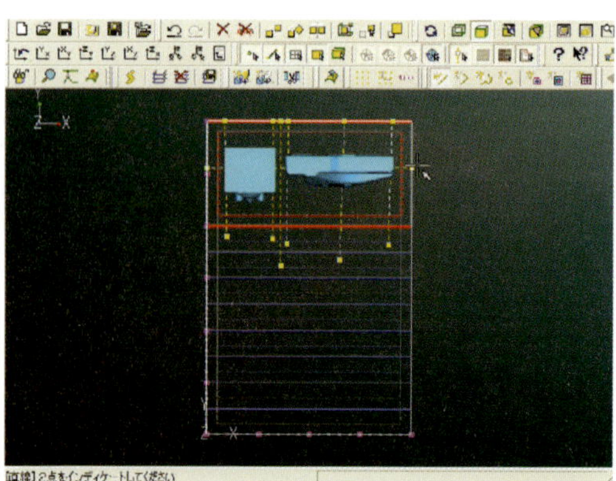

🔺 파팅라인과 작업 영역 설정

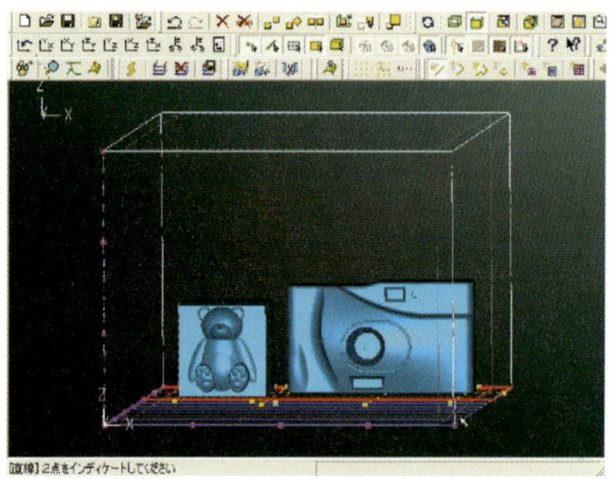

🔺 작업 영역이 모두 정해진 상태

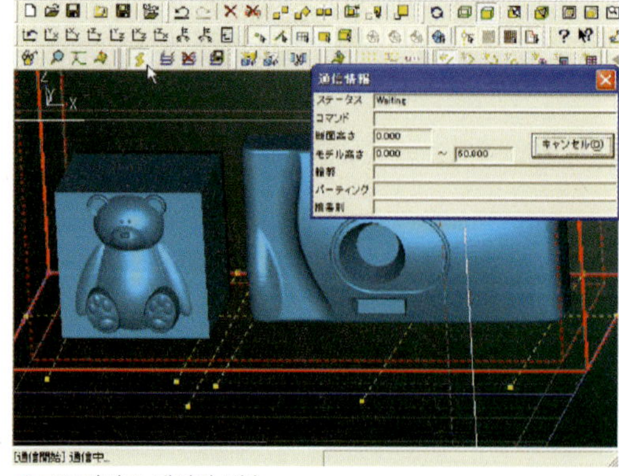

🔺 RP 장비로 데이터 전송

 Under Block Paper를 작업대에 준비

KATANA는 작업 전 작업대 위를 깨끗이 닦고 접착제를 문질러 바른 후 Under Block Paper를 깔아 주어야 한다. 이는 앞으로 만들어질 모델이 적층될 베이스가 된다. 나중에 떼어내기도 용이하다. 이것은 매우 짧은 시간에 이루어진다.

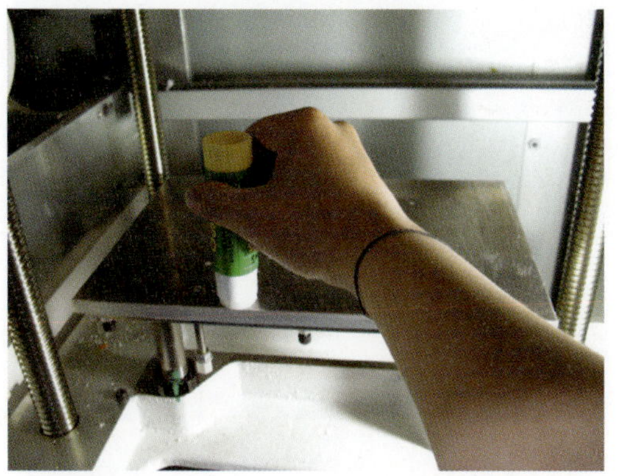

☟ 조형판 준비 〉 깨끗이 닦은 후 접착제 바르기

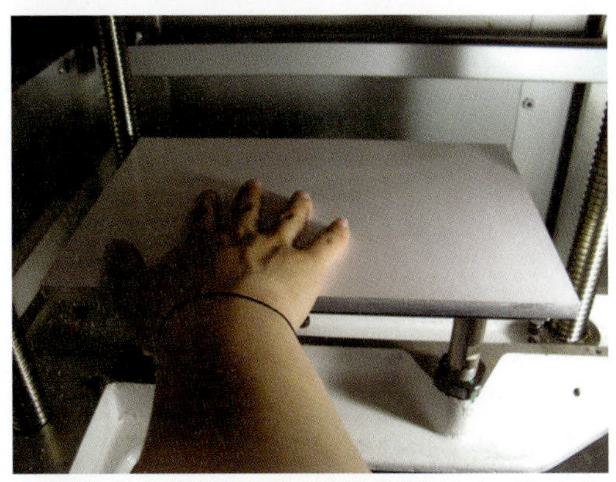
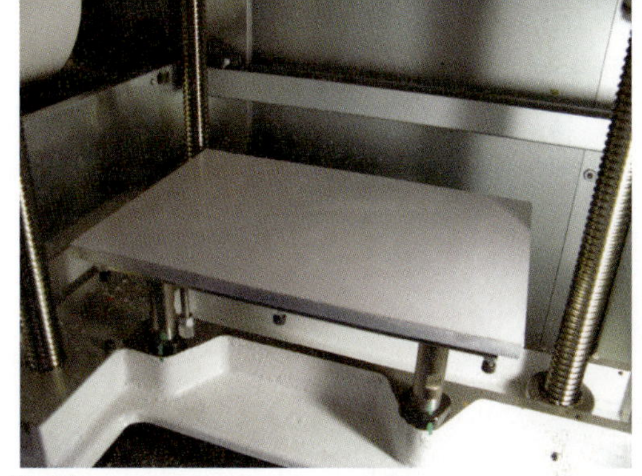

☟ 조형판 위에 마분지와 같은 딱딱한 종이인 Under Block Paper 붙이기

단계 3 **커터 정렬과 장착**

작업 전 커터의 정렬은 별도의 정렬 장치로 조정 후 커팅 헤드에 장착한다.

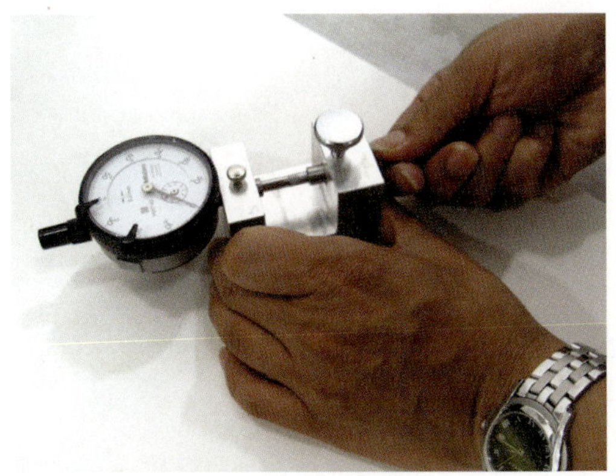
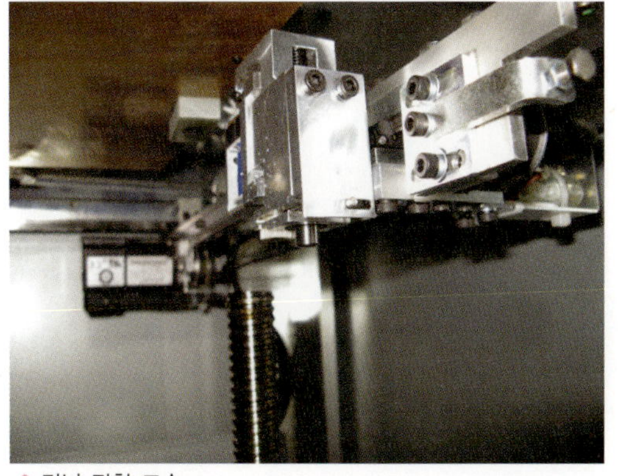

☟ 칼날 돌출 정도 정렬

☟ 칼날 장착 모습

 롤 페이퍼 장착

롤 상태의 페이퍼는 접착제가 특수 코팅된 상태로 공급되며 슬리터(Slitter)라는 커터에 의해 자동 절단되게 된다.

▲ 롤의 장착 모습

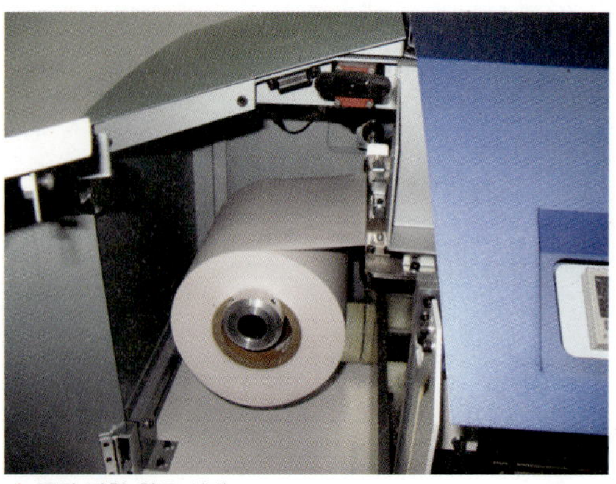

▲ 롤의 장착 완료 상태

단계 5 공급될 종이 재료를 절단 하는 슬리터(Slitter) 커터의 장착

두루말이 형태의 종이가 조형판에 일정하게 들어가도록 잘라주는 역할을 슬리터가 수행한다.

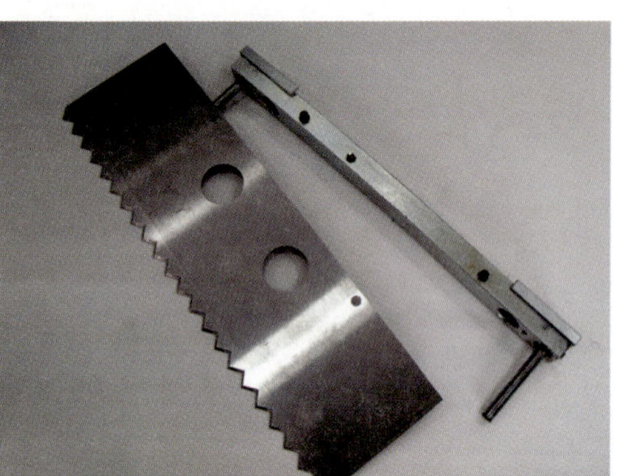

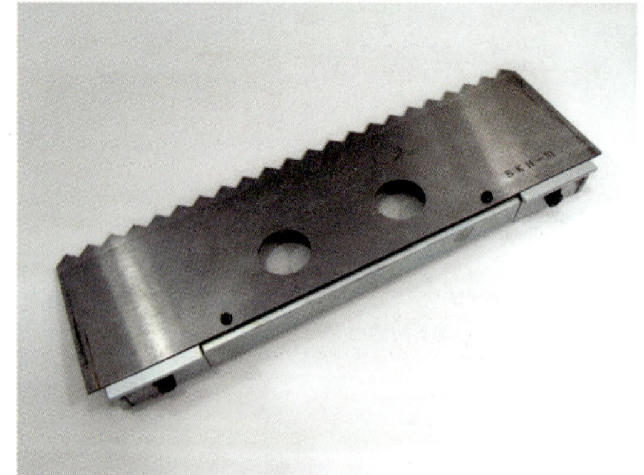

▲ 슬리터(Slitter) 장착 전 모습

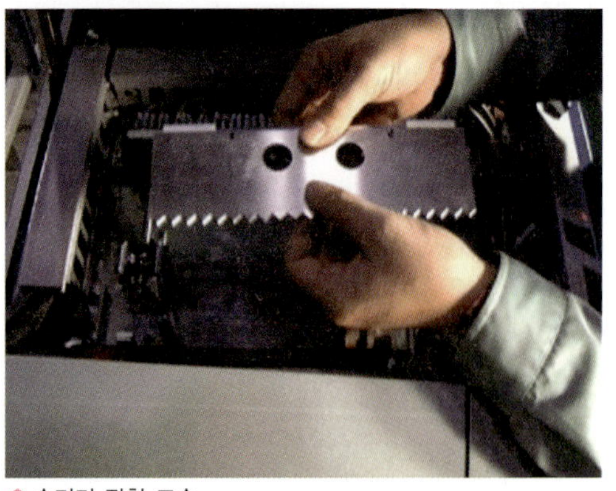

▲ 슬리터 장착 모습

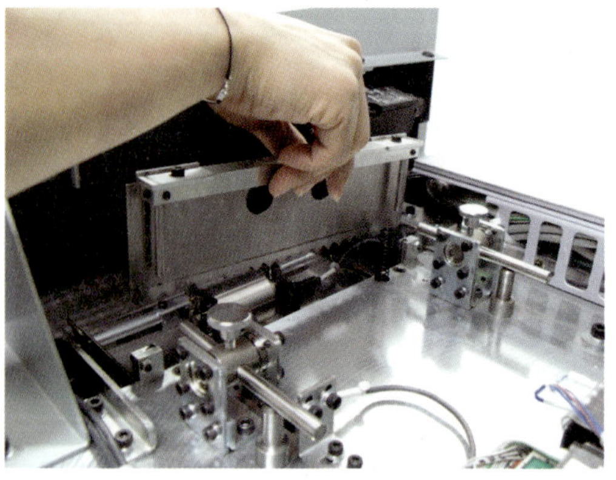

모델 조형은 XY 플로터 커팅헤드가 움직이며 매우 빠른 속도로 이루어진다. 1개의 레이어층이 모두 커팅 완료되면 Z축 엘리베이터 시스템으로 파트를 고온의 프레스 판으로 밀어올려 압착한다. 이는 롤러 방식보다 파트의 견고성 향상과 변형율을 최소화할 수 있다. 작업은 단 몇 초만에 진행된다.

초기 커팅 단계

중반부 커팅 단계

종반부 커팅 단계

Hot Press 압착 모습

 완성 모델의 파트 분리

파트 조형이 완료되면 헤라와 같은 도구를 이용하여 조형판에서 조심스럽게 파트를 떼어낸다. 다음 계획된 파팅라인에 의해 불필요한 파트를 분리, 원하는 모델만을 얻을 수 있으며, 송곳이나 날카로운 도구를 사용하면 쉽게 분리된다.

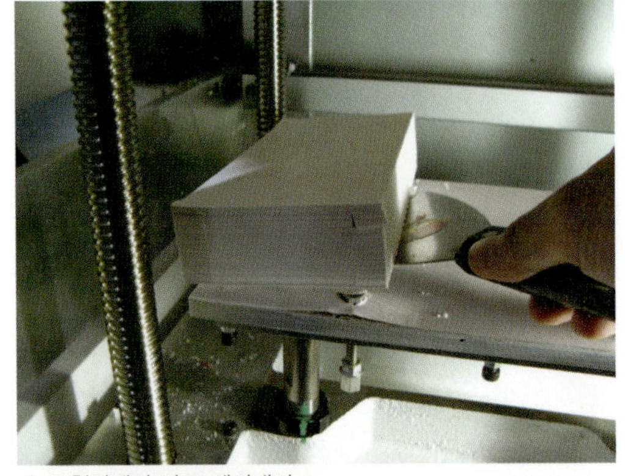

♣ 조형판에서 파트 떼어내기

♣ 불필요한 주변 파트 떼어내기

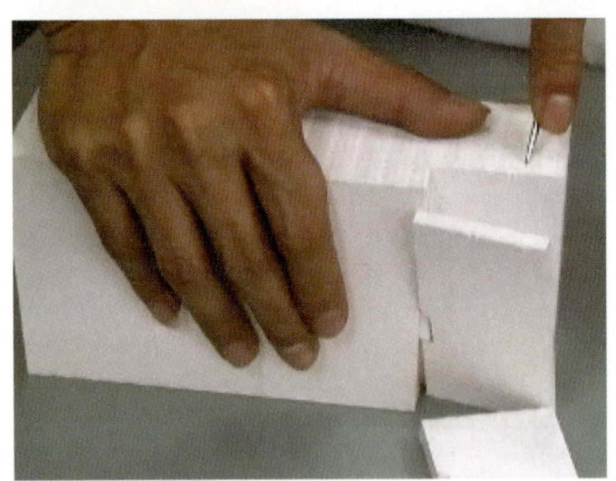

♣ 송곳을 이용 파트 분리 모습

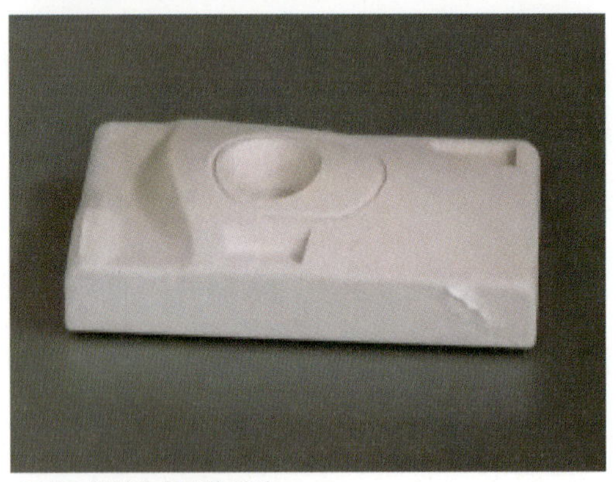

♣ 파트 분리가 완료된 상태

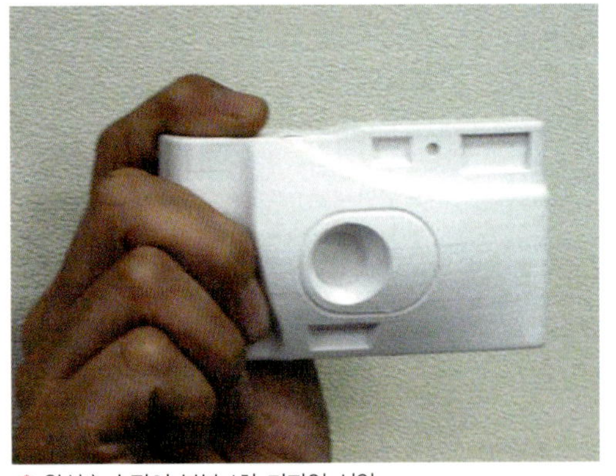

♣ 완성 〉 손잡이 부분 1차 디자인 시안

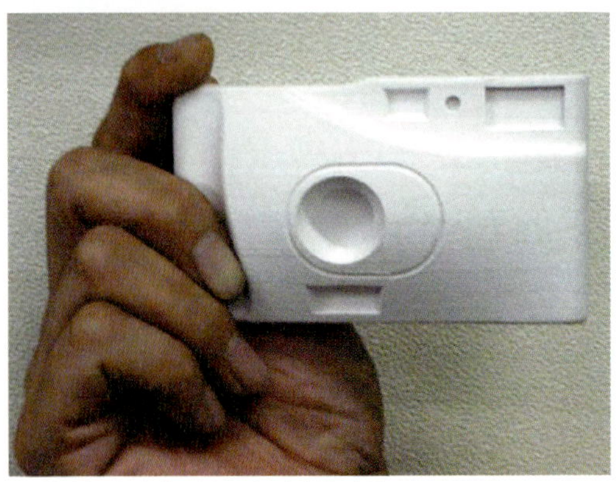

♣ 완성 〉 손잡이 부분 2차 디자인 시안

PLT 공정에 의해 만들어진 파트는 종이 재료이기에 페인팅을 통해 보다 습기에 잘 견디며 프리젠 테이션 모델로 사용이 가능하도록 쉽게 후처리를 할 수 있다. 제품디자인에서 디자이너들이 스티 로폼을 활용 러프한 스터디 모형(Study Model)을 만드는 방법과 유사하다. 하지만 PLT 시스템 의 파트는 보다 빠른 시간과 정밀도를 가진 디자인 시안 제작이 가능하다.

특히 종이라는 재료를 사용하기에 매우 가벼우며 인체에도 무해하다. 속도면에서도 분말기반의 3D Printer인 Z-Corp 시스템과 비슷하여 빠른 디자인 모델 변형과 검증에 유용하다.

♠ 사포 이용 표면 마감

♠ 프라이머 도포

♠ 페인팅 도색

♠ 후처리된 휴대폰 모습

♠ 휴대폰 text 인쇄 디테일 모습

KIRA 사 PLT 장비별 사양

제조사 / 일본	PLT A4 SolidCenter	PLT A3 SolidCenter	PLT-20 KATANA
KIRA www.kiracorp.co.jp www.rapidmockup.com			
모델크기(mm) Model Size	190X280X200(XYZ)	400X280X300(XYZ)	180X280X150(XYZ)
종이두께(mm) Layer thickness	0.08mm / 0.15mm	0.08mm / 0.15mm	0.08mm / 0.15mm
제작속도	1 Sheet / 40 Sec	1 Sheet / 40 Sec	1 Sheet / 25 Sec
정밀도 Accuracy	0.05mm(X,Y) 0.15mm(Z)	0.05mm(X,Y) 0.15mm(Z)	0.025mm(X,Y) 0.10~0.16mm(Z)
사용재료/Materials	Exclusive Use Sheet Paper	Exclusive Use Roll Paper	KATANA 전용지,최소 조형 면적 180x80x150mm,최대 조형 면적 180x280x150mm
재료 절단/Cutting	Knife Cutting	Knife Cutting	Knife Cutting
입력 데이터 형식 Import Data Format	STL / REF / RPS JAMA IGES	STL / REF / RPS JAMA-IGES	STL
구동 소프트웨어 Software	PC / OS Windows NT	PC / OS Windows NT	Windows 2000 or Windows XP
장비크기 (WXDXH)mm	850X1,210X870	1,150X1,230X800	860X660X1,330mm, Cover Open 1,100X1,160X1,735
작동환경			온도 10~30˚C, 습도 10~60 RH
장비무게(kg)	450kg	550kg	320kg
공급 전원 및 전력소비	AC100V+10V, (50/60HZ+1HZ)	3-phase, AC200V±10V, (50/60Hz±1Hz)	3-phase, AC200V±10V, (50/60Hz±1Hz)
특 징	단종 제품	단종 제품	- 디자이너를 위한 신속 Mock-Up 시스템 - 경제적인 장비가격과 낮은 운용/유지 비용 - 강도가 높아 기능성 파트 제작 가능 - 낮은 수축율로 고정밀도 파트 제작 가능

참조 EOS 사의 장비에 관한 자세한 사항은 www.eos.info.부분을 참조한다. 또한 장비명과 세부 사양은 예고없이 변경될 수 있다.

PLT 방식 제작 파트 갤러리

1. 신발 디자인 분야

신발은 PLT 방식을 활용하는 데 매우 효과적이다. 파트의 크기가 적당하며 주로 두께가 있는 신발 아웃솔 제작에 매우 유용하다. 제작된 파트는 매우 단단하기에 표면 가공을 거쳐 실리콘 몰드용 마스터 원본으로도 사용할 수 있다.

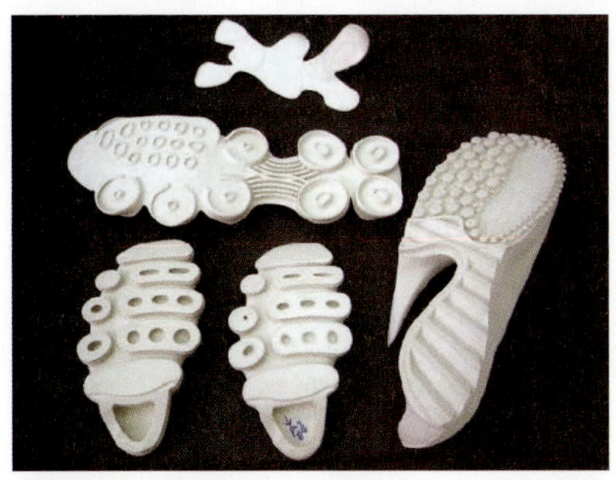
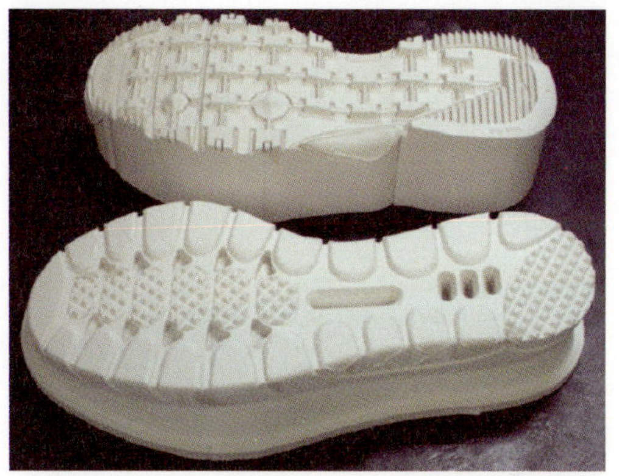

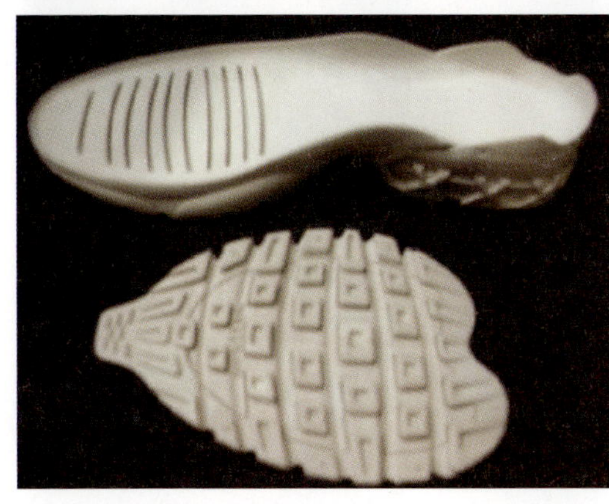
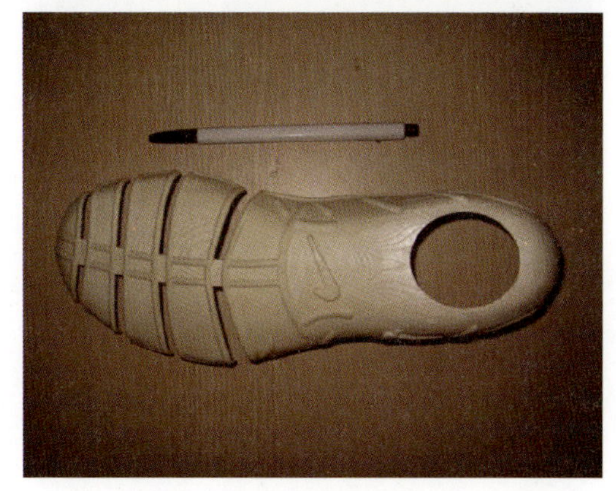

2. 캐릭터와 흉상 제작

파트가 제작되면 결을 메워 준 후 실리콘 몰드를 위한 마스터로 사용이 가능하다. 언더컷이나 내부에 홈이 없는 캐릭터나 인간 얼굴, 흉상을 제작하는 데 유용하다.

3. 기계 부품 제작

약 1cm 정도의 작은 파트도 제작이 가능하기에 그림과 같이 각종 기계 부품의 모형을 제작할 수 있다. 또한 매우 견고한 관계로 기계적인 기능성 테스트도 일부 가능하다.

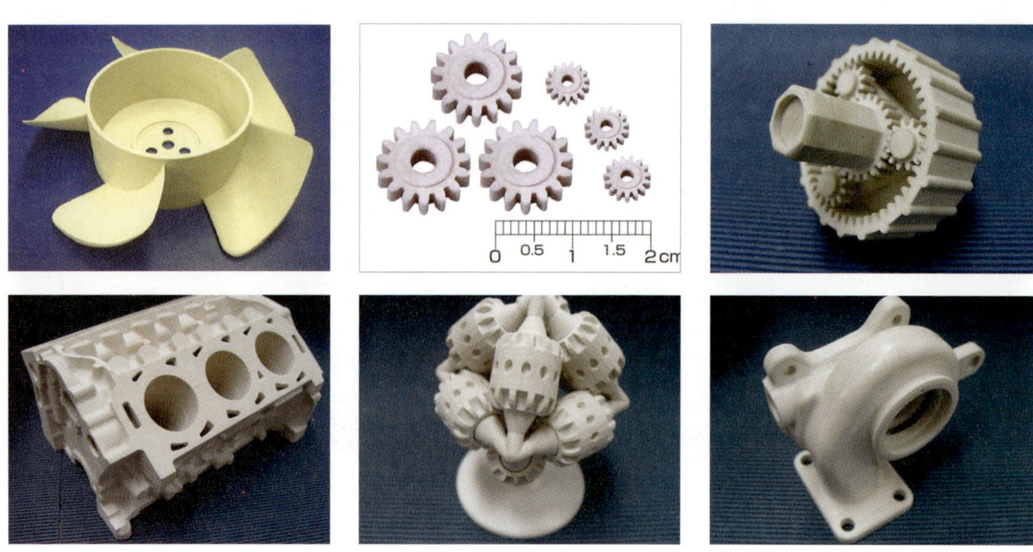

4. 전자 제품 모형 제작

전자 제품의 경우 덩어리 형식의 모델 제작에 유용하다. 또한 표면 정리를 한 후 1차 프라이머를 칠한 후 페인팅을 칠하여 컬러 목업도 가능하다.

 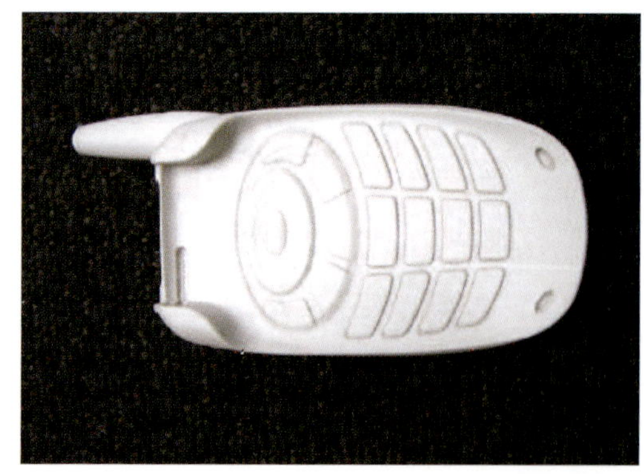

5. 용기류 모형 제작

무엇을 담는 용기는 병 형태나 그릇 또는 접시 형태의 경우 적당한 파트 제작 대상이 된다. 다만 속이 빈 파트의 경우 내부를 파내기가 어렵다는 점을 알아야 한다. 도자기 산업에도 모형 제작 시 매우 유용하다.

자료 출처 : 일본 KIRA 사, 일본 KIRA 사 KATANA, 공식 공급사 SNC 코리아, 2010.

CHAPTER 06

산업디자이너의
신속조형기술 활용

산업디자인분야
신속조형기술의 필요성

산업디자이너에게 디자인 목업(Mock-up) 제작은 디자인 검증과 오류 수정 및 품평을 위하여 필수적이다. 기존의 전통적인 방식에 신속조형(Rapid Prototyping) 기술을 부가하여 사용하면 상상하는 어떤 형상도 제작이 가능하다.
이는 창의적인 작업자들에겐 상상력의 한계와 표현을 확장시켜 보다 혁신적인 제품을 빠른 시간 내에 제작할 수 있게 해준다. 이러한 이유로 점차 신속조형기술인 RP의 필요성은 확대될 것이다.

산업디자인을 포함하여 제품 개발을 수행하는 엔지니어 측면에서 RP(Rapid Prototyping)가 필요한 가장 큰 이유 중의 하나는 현재의 급속한 시장 변화 속도와 소비자의 다양한 요구(Needs)에 가장 빠르게 대응하기 위한 **시간 절약형 기술**이기 때문이다. 또한 이러한 급속한 시간과의 경쟁에서 이기기 위해서 **동시공학적(Concurrent Engineering)** 접근이 필수적인데 그러한 시스템 기술의 한가운데 **RP(Rapid Prototyping)**와 **RT(Rapid Tooling)**가 존재한다. 특히 RT는 RP 단계 수준을 넘어 신속조형기술을 활용한 생산이 가능한 금형을 바로 제작하거나 완성품에 가까운 상품화가 가능한 제품을 곧바로 만드는 기술로 향후 **RM(Rapid Manufacturing)** 기술과 밀접한 관계가 있으며 개발기간을 혁신적으로 줄이는 기술이다.

무엇보다도 이러한 RP 기술의 활용은 디자이너들과 엔지니어들 간에 원활한 커뮤니케이션을 가능케 하여 디자이너에겐 보다 자유로운 표현이 가능하고 엔지니어들은 이러한 디자이너의 의도나 형상에 대한 파악을 확실히 할 수 있게 된다. 또한 이러한 협업의 진전은 시장이 요구하는 다양한 제품 유행과 같은 디자인 트렌드에 가장 빠른 대응이 가능토록 해준다.

신속조형기술이 필요한 이유를 요약하면 다음과 같다.

1) 소품종 대량생산에서 다품종 소량생산으로 제품 다양화

2) 수출이나 트렌드 주도형 제품 디자인의 경우 시간과 런칭 타이밍(시장 출하)이 중요

3) 제품형상과 구조의 복잡성 증대
   기술발달에 따른 전자부품의 소형화, 고밀도화에 따른 조립정밀도 요구, 2D CAD에서 3D CAD로 소프트웨어가 발달되면서 3차원 복곡면을 기본으로 한 제품의 디자인 환경의 변화

4) 제품 납기 단축 요구
   디자인 모형이든 디자인 프로젝트이건 클라이언트에게 빠른 해결책과 결과물을 납기에 맞추어 제시하는 것은 디자이너의 능력이자 디자인 전문회사의 필수 항목

5) 제품의 수명주기(Lifetime) 단축
   새로운 기능과 유행상품에 민감한 상품의 경우 더욱 수명주기가 짧아짐

6) 금형관련 인건비 상승과 NC 가공의 한계성 보완

7) CAD 데이터의 교환으로 보다 원활한 정보교환과 전달 가능

디자인분야
장비도입과 활용 시 장점

신속조형기술의 도입과 활용은 보다 정확하고 빠르게 디자인을 진행하여 기업 경쟁력
과 디자인 경쟁력을 확보하기 위한 것이다.

1. 신속조형기술 장비 도입 시 장점

1) 신속한 실물형상 확인과 디자이너와 설계자 및 기타 작업자와의 의사소통에 효과적임

2) 복잡한 제품의 경우 조립과 간섭 체크를 미리 해 볼 수 있어 디자인과 설계상의 문제점과 치명
   적 오류를 수정하거나 설계 변경에 대한 위험성을 현저히 줄일 수 있음

3) 제품 개발기간이 단축되고 그와 동시에 개발 비용이 절감됨

4) 소량 생산 제품의 경우 별도의 금형 가공 과정 없이 RP 모델을 마스터로 실리콘 고무주형
   (RTV)이나 다이렉트 캐스팅(Direct Casting)이 생산이 가능함

2. 디자이너에게 도입 시 장점

1) 제품 디자인에 대한 상상력의 자유를 보다 확대시켜 준다.

2) 기하학적인 형태나 유기체 같은 형태의 어떠한 객체들도 만들어낼 수 있어 디자인 명확화에 도
   움이 된다(절삭용 5축 가공기로 불가능한 형상까지 제작 가능).

3) 스티로폼, 석고, 클레이, 종이, 나무 등에 공구를 사용 가공하는 전통적인 모델링 방법이 가진
   많은 시간투자와 비용을 최소화할 수 있다.

4) 서로 다른 디자인을 동시 조형하여 비교 평가를 위한 프로젠테이션의 다양성을 제공해 준다.
   이는 마케팅을 위한 디자인 타당성 검토에 필수적이다.

5) 3D 데이터는 모델 수정과 복원이 수월하여 디자인의 정확성과 효율성이 증대된다. 모니터상의
   2D, 3D 가상 렌더링과 달리 손으로 만질 수 있는 완벽한 커뮤니케이션이 가능하다.

6) 엔지니어와 디자이너와의 직접적인 동시 검토가 가능하여 의사소통이 원활해진다.

7) 초기 디자이너가 의도했던 디자인에 가장 근접한 양산품을 기대할 수 있다. 다양한 재료를 통
   하여 워킹 제품, 투명 제품, 탄력성 있는 제품 등을 손쉽게 제작할 수 있다.

8) 다량의 복제 모델이 요구되면 RP 그 자체 실리콘 주형이나 케스팅을 하면 가능하다.

9) 페인팅이나 도금과 같은 표면 처리가 가능하여 보다 정교한 모형 제작이 가능하다.

10) 디자인된 제품의 면 상태나 양감, 그립감 등 인간공학적 체크가 가능하며, 구조적 문제점을 발
    견하여 디자인 오류를 줄일 수 있다.

11) 어떤 장비를 사용하느냐에 따라 별도의 공간이 요구되지 않을 수 있다. 사무실의 책상 위에서
    도 모델 제작이 가능하다.

디자인과 모델제작 (Design & Model Making)과의 관계

하나의 완성된 상품이 시장에 나오기까지 많은 과정이 있다. 이중에서 형상의 아름다움과 기능적인 합목적성, 사용의 편리성, 감성적인 메타포까지 디자인을 통해 반영하고 이를 현실화시키기 위한 모델 제작은 마치 순환고리처럼 반복된다.

공업디자인(Industrial Design)의 최종 목적은 3차원 제품 실체를 합목적에 맞게 디자인하여 인간이 원하는 용도로 사용하게 하는 것이다. 여기에 기업은 소비자의 Needs나 Seeds를 만족하는 제품 실체를 가지고 이윤을 극대화하기 위해 보다 새롭고, 신속히 제품개발과 양산으로 소비자에게 다가서게 된다. 이러한 일련의 과정은 마치 순환 고리처럼 계속된다.

이러한 순환 고리 속에서 공업디자이너는 기업 또는 소비자가 원하는 제품 디자인(Product Design)을 합리적으로 수행하고 최선의 결과를 얻기 위한 일련의 조직적인 디자인 작업, 즉 디자인 프로세스(Design Process)라는 과정을 거치게 된다.

이러한 디자인 프로세스는 최종 결과물을 내놓기까지 다양한 발상과 작업과정상의 피드백(Feedback)을 거치게 되는데 디자인 대상의 보다 구체적인 확인을 위해 3차원 실체에 의한 내용 전달 방법이 반드시 요구된다. 디자이너는 이러한 의도 전달의 한 수단으로 컴퓨터 3D 모델링에 의한 가상 현실 렌더링 형상을 1차적으로 구현하여 확인하게 된다. 하지만 이러한 모니터상의 3D 이미지는 단지 가상의 이미지일 뿐 인간의 촉각을 만족하는 직접적인 확인은 불가능하다.
이러한 한계로 디자이너의 의도를 명확히 3차원 실체로 제작하는데 이를 디자인 모델링(Modeling) 또는 모형제작(Mock-up)이라 한다.

01 디자인 Mock-up의 사용 목적에 따른 분류

1. 러프 목업 모델(Rough Mock-up Model)

디자인 프로세스 상에서 초기에 진행되는 스케치나 개념에 가까운 형태를 3차원 실체로 대략적으로 만들어 전체적인 양감이나 비례 등을 파악하는데 필요한 모델로 주로 주변에서 손쉽게 구할 수 있는 스티로폼, 종이, 석고와 같은 재료를 대표적으로 사용하게 된다.
러프 목업 모델(Rough Mock-up)은 디자이너 자신이 직접 만드는 개략적인 모형으로 스터디 모델(Study Model) 또는 스캠 모델(Scheme Model)로도 불린다.

2. 프레젠테이션 모델(Presentation Model)

제시 모형이라고도 하며 1차적인 러프 목업 모델과는 달리 디자이너가 의도한 최종 제품 이미지에 가장 가까운 모형이다. 주로 NC 가공이나 수작업에 의한 디테일한 모형으로 외관에 컬러 페인팅이나 도금 등의 후처리로 양산품과 거의 흡사한 외형을 가지게 된다. 하지만 대부분 내부 메커니즘 실장이나 작동이 되는 기능성 표현은 불가하거나 어려운 모델이다. 주로 최종 디자인 모델을 결정할 때 프레젠테이션에 제시되는 모형이다.

3. 프로토타입 모델(Prototype Model)

프레젠테이션 모델 중 최종으로 결정된 모델을 제품 개발팀과 함께 기능성이나 내부 메커니즘 실장이 가능한 양산을 위한 금형 설계 모델 전단계의 완전한 모델을 말한다.

프로토타입 모델은 외부는 물론 내부까지 실적적인 최종 실제품과 거의 일치하는 모델로 작동이 되기 때문에 워킹 모델(Working Model)이라고도 한다. 주로 디자이너들의 미검토 사항이나 최종적인 문제점을 파악하여 피드백하기 위해 필요하지만 엔지니어 측면에서 양산에 의한 조립상의 문제, 메커니즘의 간섭이나 작동상태 오류 등을 찾는데 중요한 모델링이 된다.

02 사용 재료에 의한 분류

위의 3가지 대표적인 모델 제작에는 다양한 재료들이 쓰이게 되는데 사용 재료에 따라서 모델 제작 방법을 분류하면 다음과 같다.

- 종이모형(Paper Model) : 골판지 또는 종이를 잘라 붙이거나 압착하여 만드는 모델
- 유리모형(Glass Model) : 유리를 녹여 구부리거나 잘라 만드는 모델
- 석고모형(Plaster Model) : 석고 분말을 물로 교반 틀을 만들거나 경화시켜 만드는 모델
- 점토모형(Clay Model) : 자동차 모델과 같이 산업용 수지점토를 사용하거나 조소와 같이 물점토를 사용하는 모델
- 왁스모형(Wax Model) : 파라핀 성분의 왁스재료를 자르고, 땜하거나, 조각하여 만드는 모델
- 스컬피모형(Sculpy Model) : 스컬피라는 왁스 성질의 재료를 교합하거나 조각하여 만드는 모형
- 목재목형(Wood Model) : 가구, 건축 모델처럼 발사목과 같은 다양한 나무 재료를 사용하여 만드는 모델
- 플라스틱모형(Plastic Model) : 제품 모델 제작에 주로 쓰이며 스티로폼, 아크릴, ABS 등 플라스틱 재료를 사용한 모델
- 금속모형(Metal Model) : 스테인레스, 청동, 황동, 신주 등 금속을 용접하거나 절단, 조각, 도금하여 만드는 모델
- 복합모형(Complex Model) : 위의 재료 중 두 가지 이상의 재료를 사용한 복합적인 모델

이 외에도 재료의 다양성만큼 다양한 모델 분류가 가능하다. 다만 각 재료는 물성에 따라 그 성질을 잘 이해하고 모델 제작을 해야 한다. 적합하지 않은 재료로 만들어진 문제는 다양한 문제를 일으킬 수 있기 때문이다.

그렇다면 본서의 주제이기도 한 RP(Rapid Prototyping) 기술에 의한 신속조형모델제작은 이러한 다양한 모델 제작 방법 중 어디에 위치하는가 생각해 볼 필요가 있다.

아마도 독자들은 RP 모델을 프레젠테이션 모델(Presentation Model)이나 프로토타입 모델(Prototype Model)로 대부분 생각할 것이다. 그렇다면 일단 옳은 판단이다.

하지만 좀 더 생각해 보면 결국 모든 단계의 모델 제작이 가능하다는 결론을 얻게 된다. 거기에 더하여 5축 가공기나 기타 NC로도 불가능한 어떠한 형태의 모델도 제작이 가능하다는 것도 알게 된다. 또한 동시에 여러 개의 다른 디자인 샘플을 동시에 제작하며, 접착은 물론 페인팅이나 도금도 자유롭다는 것에 놀라게 된다.

재료 또한 다양해 플라스틱 강도에 필적하는 단단한 모델 제작, 유리와 거의 흡사한 반투명, 투명 모델 제작, 신발의 아웃솔(Outsole)이나 튜브(Tube)와 같이 고탄성 모델 제작, 고열에 견디는 내열 제품 제작, 칼라 재료에 의한 다양한 색상 제품 제작, 정밀 주조나 진공 주형이 가능한 초정밀 모델 제작 등 RP 모델의 가능성과 적용 범위는 매우 광범위하다.

물론 이에 반하는 다양한 문제점이 있을 수 있지만 제품 디자인에 있어 진정한 디지털 디자인의 마지막 단계가 무엇인가를 가늠해 보는 데는 무리가 없을 것으로 본다. 또한 제품디자이너는 보다 합리적인 엔지니어들과의 원활한 의사소통(Communication)이 보다 요구되는데 그 방법론의 중심에 RP 활용의 중요성이 있다는 것을 인식할 필요가 있다. 즉 제품 개발과 양산을 위해 동시 공학적인 업무 수행 능력이 필수적인데 그것은 곧 기업의 생산성과 경쟁력의 지표가 되기 때문이다. 결국 제품 디자이너들은 이러한 엔지니어와 효과적인 협업을 완성하기 위해서 동시 공학적 업무수행의 이해와 능력이 더 요구되는 게 현실이다. 이제 과거의 아날로그적인 프로세스만으로는 급속한 시장 변화나 소비자의 대응에 한계가 있기 때문이다. 또한 디지털디자인프로세스(Digital Design Process)라는 말처럼 컴퓨터에 의해 이루어지는 일련의 디자인 과정 중 마지막 단계까지도 디지털 데이터에 의한 모델 제작이 가능해야 진정한 디지털 디자인의 완성이라 말할 수 있다. 그만큼 디자이너로서 전통적인 디자인 모델 제작법은 물론 앞으로의 모델 제작법인 신속조형기술(RP-Rapid Prototyping)을 아는 것은 당연하며 매우 중요한 것이다.

다만 이러한 신속조형기술을 통한 모형제작은 반드시 3D CAD 데이터를 만들 수 있는 디자이너의 기본적인 준비가 필수적이다. 좀 더 자세히 풀어 쓰면 3D CAD 활용 능력 〉데이터 생성과 기본적인 오류 수정 가능할 것 〉RP 장비 활용에 대한 지식 겸비 〉최소한의 운용에 관한 지식을 갖추어야 한다.

RP 제작을 위한 3D CAD 모델링 시 주의 사항

신속조형기술을 활용하기 위해서는 반드시 3차원 디지털 데이터가 필요하며 다양한 3차원 모델링 소프트웨어를 사용하게 된다. 단 모델링 시 작업자의 숙련도나 RP 제작 경험 정도에 따라 모델링시 몇 가지 주의 사항을 유념해야 한다. 가장 큰 전제 조건은 반드시 3차원 모델링 데이터가 두께가 있어야 하며 솔리드(Solid)여야 한다.

1 RP 제작을 위한 3D 모델은 이미지 A, B처럼 살 두께가 있거나 완전히 막힌 솔리드(Solid) 상태로 모델링되어야 한다.

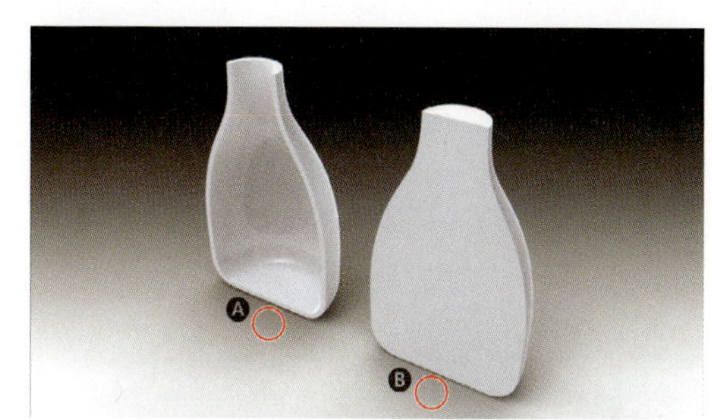

2 RP 제작을 위한 3D 모델은 이미지 A, B, C처럼 면(Surface)이어서는 안 되며, 살 두께가 있거나 완전히 막힌 솔리드(Solid) 상태로 모델링되어야 한다.

3 이미지 A처럼 솔리드(Solid) 봉재는 너무 가늘면 변형이나 부러지기 쉬우며 B처럼 튼튼한 구조로 모델링하는 것이 바람직하다.

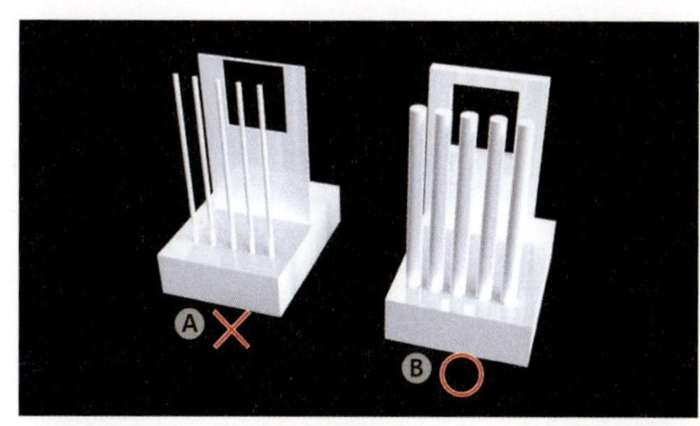

4 RP 제작을 위한 3D 모델은 이미지 A처럼 지지하는 부분이 불안하면 나중에 제작 시에도 문제가 있지만 제작 후에 부러지기 쉽다. B처럼 지지대 부분은 튼튼하게 보강해 준다. 특히 변형 방지를 위하여 안쪽에 보이지 않게 리브(Rib)를 주기도 한다.

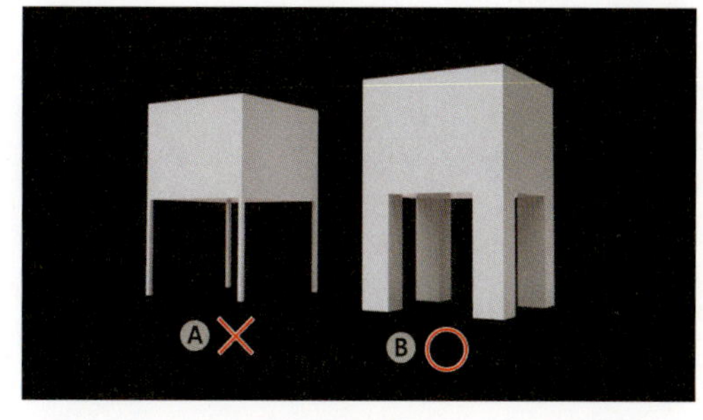

5 구조적으로 무게추와 같이 무엇인가를 가늘게 지탱하는 경우 B처럼 뼈대의 방향과 살두께를 조정해 주어야 한다.

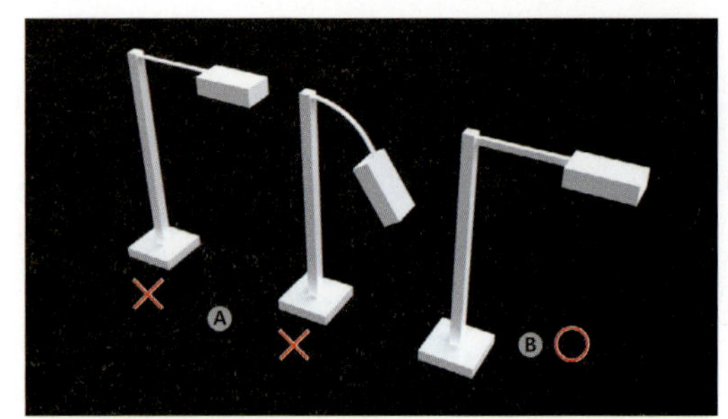

6 서로 조립을 하기 위해서는 A와 B가 결합되는 Gap은 RP 장비의 정밀도에 따라 공차가 다를 수 있지만 대략 0.1~0.2의 틈을 주어야 한다. 또한 자동차 도료처럼 피막이 두꺼운 도료를 칠한 후 피막 두께를 고려하여 결합 시에는 공차를 0.2~0.25mm 정도 고려한다.

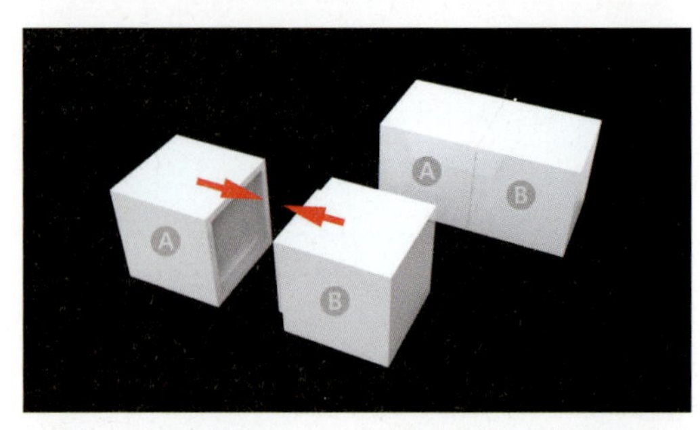

7 나사의 볼트와 너트의 결합이 생기는 경우 화살표가 지시하는 부분의 Gap은 0.25~0.35mm 정도 주면 좋다. 정밀한 나사의 경우 0.15mm면 좋다.

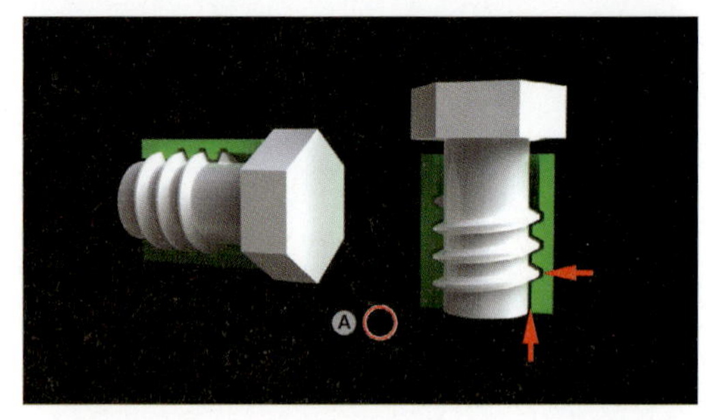

8 이미지 A처럼 겉으로 보면 정상이지만 단면을 자를 경우 B와 같이 면과 면이 서로 교차하거나 오버랩(Overwrap)되면 제작에 문제가 생긴다. Solid의 경우 C처럼 단면이 올바른 경우이다.

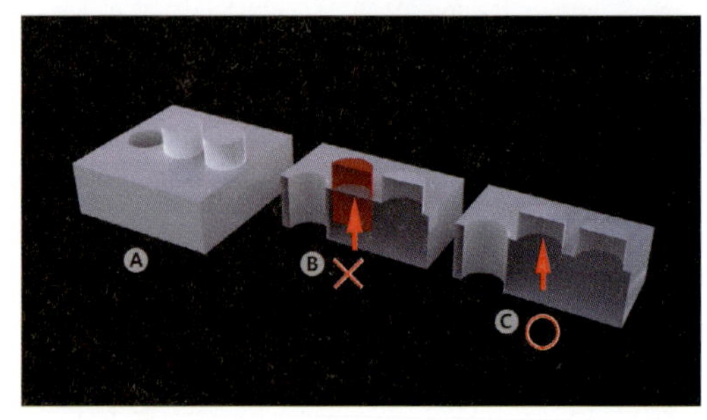

9 Polygon Mesh 저장 상태를 살펴서 그림과 같이 면의 손실이나 구멍이 있다면 제작이 불가하다. 메쉬의 구멍을 완전히 Fill Hole로 수리해 준다.

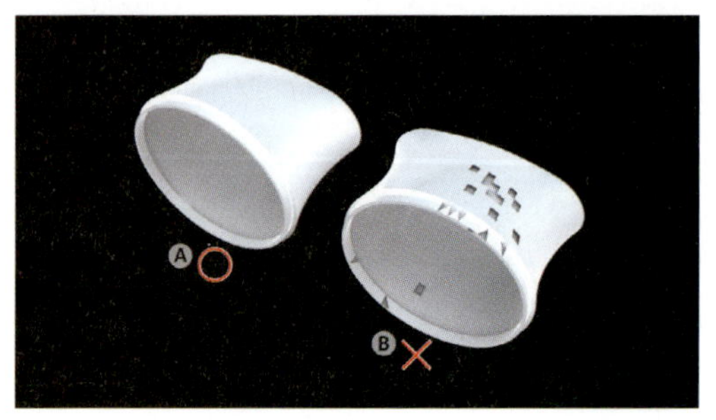

⑩ stl. 확장자로 변환 시 Mesh 상태가 B처럼 저해상도로 저장되면 실제 RP 제작 시에 각이 많이보이거나 고르지 못한 면을 얻게 된다. 메쉬 해상도 변환 시 적정값으로 조정, 변환시켜 준다.

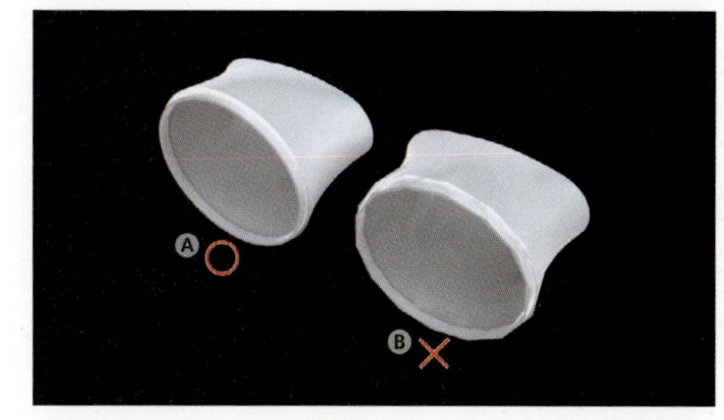

⑪ 3D 모델링 상태에서는 A처럼 매끄럽게 라운드가 보이지만 실제 Mesh로 저장하여 RP 장비로 출력하면 B처럼 미세한 계단현상이 보인다. 특히 이러한 라운드 타입의 모델링 데이터의 경우 반드시 생기는데 장비의 출력 해상도가 낮으면 특히 눈에 띄게 나타난다. 즉 한층 한층의 레이어가 보이는 상황이다. 물론 이럴 때 시간이 걸리지만 물체를 세로방향으로 세우거나 비스듬이 경사지게 조정한 후 출력하면 방지가 가능하다.

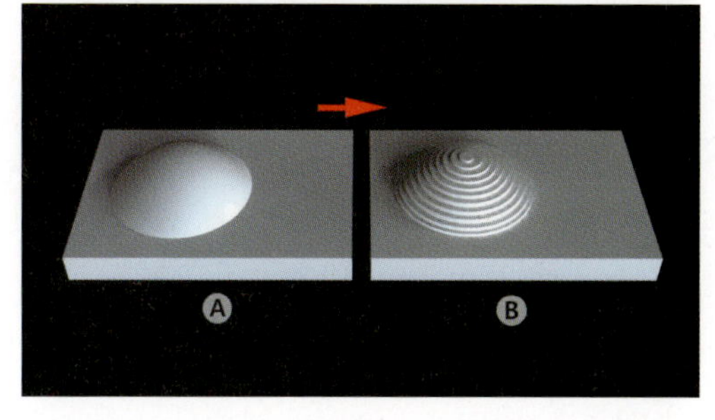

⑫ A처럼 문자나 로고를 표면에 새길 때 음각이나 양각의 경우 너무 미세한 깊이나 높이이면 RP 장비의 해상도에 따라 표현이 잘못되는 경우가 있다. 또한 문자의 크기나 폭이 너무 작으면 문자가 아예 보이지 않거나 뭉개질 수 있다.

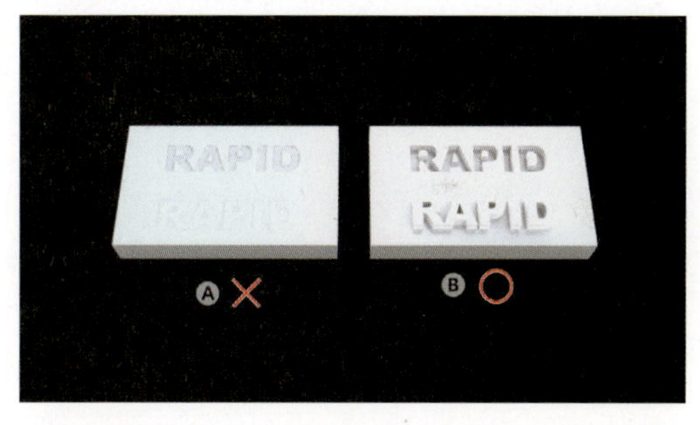

⑬ A처럼 RP 장비의 Build 사이즈를 넘게 모델을 제작해 주면 제작이 불가하다. B처럼 장비마다 최대 제작 사이즈를 잘 알고 X, Y, Z축을 넘지 않게 데이터를 만들어 준다. 또한 큰 물건의 경우 스케일 모델로 출력하는 것이 비용과 시간을 줄일 수 있다. 다만 스케일 시 동시에 스케일되면서 상대적으로 모델의 일부분이 너무 얇아지는 부분은 없는지 주의해야 한다.

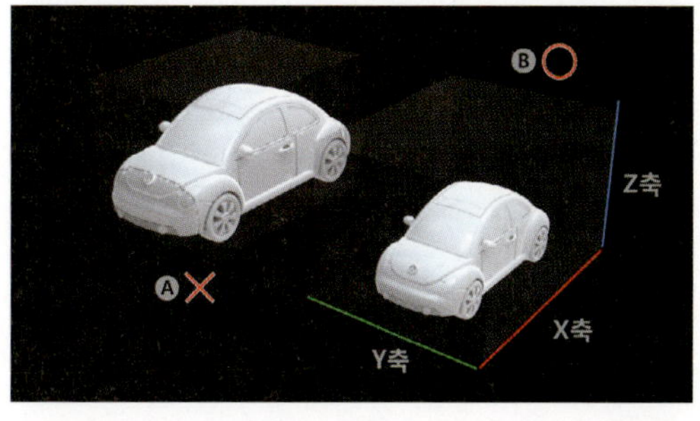

⑭ RP 장비로 출력된 결과물은 특별한 표면 처리나 후처리를 하지 않고 상당시간이 지나면 모델의 끝단이 갈라지거나 그림과 같이 누런색으로 변하는 현상이 발생할 수 있다. 특히 광경화성수지를 사용하는 출력물의 경우 보다 황변 현상이 빠르게 나타날 수 있다. 물론 UV 차폐제나 코팅과 같은 처리를 하면 오래 보존이 가능하

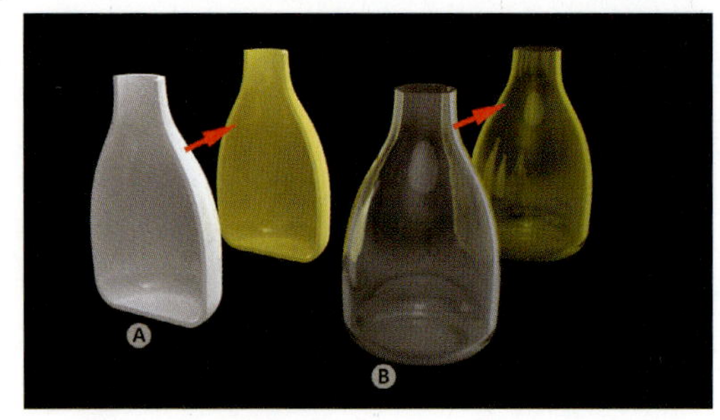

다. 또한 주얼리용으로 개발된 WAX 타입의 재료들은 장시간 방치해 두면 휘발성이 있어 쉽게 부스러질 수 있다. 단 요즘은 많이 개선되어 큰 문제는 안 되고 있다.

⑮ 3D 모델링엔 문제가 없지만 광경화성수지를 사용하는 SLA로 다음과 같은 형상을 제작하게 되면 주둥이가 넓든 좁든 간에 내부 지지대나 수지를 빼내기가 어려워 매우 지저분하게 남을 수 있다. 특히 투명 용기의 경우 내부 언터컷으로 지지대를 만들어 주어야 하는데 지지대 자국까지 남아 주의해야 하는 형상이다. 다만 주둥이 부분, 즉 입구가 충분히 넓다면 문제되지 않는다.

위의 15가지 정도의 기본적인 개념을 가지고 있다면 RP 기술을 활용하는 데 비용과 실수를 최소화할 수 있다. 다만 3D 모델링 데이터가 완벽한 상태일 때 해당된다.

RP 제작을 위한 STL 파일 변환법 이해

신속조형기술을 활용하기 위해서는 반드시 디지털 데이터여야 한다. 여기에 시스템이 인식하는 STL 파일 확장자를 가져야 한다. 단 STL 파일 변환법은 쉽지만 몇 가지 이해해야 할 요소들이 있다. 이러한 핵심 요소들을 점검해 본다.

01 .STL 파일이란?

3D CAD 데이터를 RP 장비를 통해 실물로 만들려면 3D CAD 모델링 데이터를 STL(Stereolithography)이라는 파일 형식으로 변환해 주어야 하는데 STL 파일 형식은 신속조형산업(Rapid Prototyping Industry' s)에서 사실상 표준이 되는 데이터 전송 형식이다.

STL 파일 형식은 우리가 사용하는 3차원 솔리드 모델러나, 서피스 모델러로부터 RP 출력이 가능한 데이터 구조로 변환해 주는 것을 의미한다. STL 파일 형식으로 변환된 데이터 모양을 살펴보면 삼각형 모양의 조각면(Tri-angle Patch)으로 구성되어 있음을 알 수 있다. 이러한 삼각형 모양에 의한 모델의 구성은 구(Sphere)와 같은 곡률 표현 시 모델의 표면을 확대해 보면 가장자리들이 완전한 곡률이 아닌 미세한 각으로 이루어진 구와 거의 유사한 구조의 근사치면임을 볼 수 있다. 이것은 삼각형면과 삼각형면이 결합되면서 생길 수밖에 없는 결과이다. 이러한 이유로 모델에 따라 원하는 근사치 모델을 얻기 위하여 흔히 삼각면의 최대 각도(Maximum Angle)를 줄여 보다 조밀한 삼각면을 구성, 모델링 데이터의 표면 조도를 조정하게 되는 것이다. 즉 STL 파일은 내가 모델링한 3차원 데이터의 원본에 가까운 근사치 모델이다.

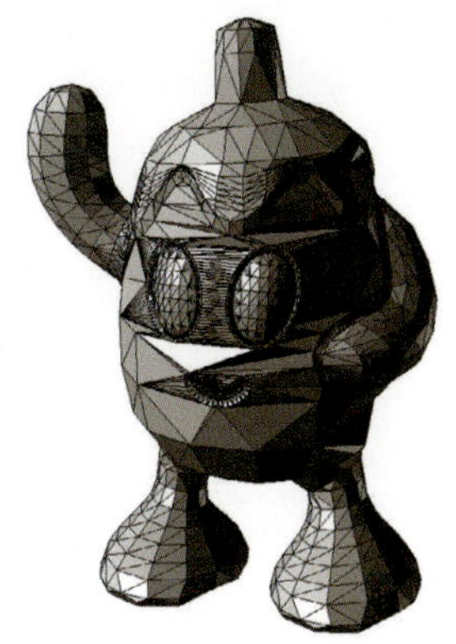

☆ Mesh 값에 따른 stl. 파일의 표면 조도 변화

이러한 STL 파일 형식으로의 변환은 현재 거의 대부분의 3차원 솔리드, 서피스 모델링 CAD 프로그램에서 지원하고 있으며 변환 절차 또한 매우 간단하게 이루어진다. 참고로 변환 시 데이터량과 변환시간을 줄이려면 Ascii 파일 형식보다 Binary File(2진수 파일) 형식을 선택해 STL로 변환해 주면 좋다.

이어지는 상황은 **프로그램에 따른 STL 변환 과정**을 간략하게 정리한 것으로 모델 해상도는 사용자가 원하는 정도를 결정해야 한다. 즉 RP 장비가 가진 모델 제작 해상도와 재료가 낼 수 있는 표면 조도가 STL 변환 시에도 고려되어야 원하는 정밀도의 재질에 파트를 손에 넣을 수 있다.

대체로 STL 변환 옵션 중 파일 크기나 형상의 해상도에 관련된 것은 허용공차(Tolerance)와 삼각면의 각도 제어(Angular Control)값에 영향을 받게 된다. 아주 단순한 모델의 경우 변환 시 몇백 킬로바이트에서 복잡한 모델인 경우 1메가부터 수백 메가바이트까지 변환될 수 있다. 특히 3차원 스캔(Scan) 데이터의 경우 STL로 변환 시 데이터량이 매우 크다. 하지만 데이터가 크다는 것은 그만큼 컴퓨터에 처리한계에 부딪히게 되거나 추가 작업이 불가능할 수 있다는 점에 주의해야 한다.

프로그램 별 .STL 파일 저장법 요약

1. SolidWorks

```
File > Save As
Set Save As Type to STL
Options > Resolution > Fine > OK
Save
```

2. SolidEdge

```
File > Save As
Set Save As Type to STL
Options
Set Conversion Tolerance to 0.001in or 0.0254mm.
Set Surface Plane Angle to 45.00
Save
```

3. ProE

```
File > Save a Copy
Set type to STL
Set chord height to 0. The field will be replaced by minimum acceptable value.
Set Angle Control to 1
Choose File Name
OK
```

4. Unigraphics

File 〉 Export 〉 Rapid Prototyping
Set Output type to Binary
Set Triangle Tolerance to 0.0025
Set Adjacency Tolerance to 0.12
Set Auto Normal Gen to On
Set Normal Display to Off
Set Triangle Display to On

5. I-DEAS

File 〉 Export 〉 Rapid Prototype File 〉 OK
Select the Part to be Prototyped
Select Prototype Device 〉 SLA500.dat 〉 OK
Set absolute facet deviation to 0.000395
Select Binary 〉 OK

6. CADKey

Choose Stereolithography from Export options
Enter the filename
Click OK

7. IronCAD

Right Click on the part
Part Properties 〉 Rendering
Set Facet Surface Smoothing to 150
File 〉 Export
Choose .STL

8. Inventor

Save Copy As
Select STL
Choose Options 〉 Set to High
Enter File Name
Save

9. Think3

File 〉 Save As
Set Save As Type to STL
Save

10. Rhino3D

File 〉 Save As
Select File Type 〉 STL
Enter a name for the STL file.
Save
Select Binary STL Files

하지만 이렇게 STL 파일 형식으로 변환된 데이터를 RP 장비로 바로 넘겨 가공하는 것이 아니다. 즉 STL 파일에는 위상 정보를 갖지 않은 삼각면과 법선 벡터로 구성되어 있기 때문이다. 결국 RP 장비로 넘기기 위해서는 이러한 위상정보(Shell-닫힌 상태의 두께 정보, face-면 분할 정보, loop-면의 연속된 연결고리 정보)가 서로 작용하여 하나의 모델로 위치 정보를 정의해 주어야 비로소 RP 장비에서 제작이 가능해진다. 이러한 이유로 각 장비별 내부 데이터 변환 소프트웨어들이 존재하게 된다. 이러한 장비별 독자적인 소프트웨어들은 STL 데이터를 받아 Tessellation Data(모자이크 모양의 데이터 구조) 형식으로 변환하게 되는데 이러한 Tessellation Data는 위상 정보를 가지게 되어 근사치로 생성 시 발생되는 STL 데이터의 필연적인 문제의 수정이 보다 편리해진다. 예를 들어 삼각 면의 중첩(Overlap), 깨지거나 갈라진 틈(Crack or Broken Edges), 보이지 않을 정도의 미세한 틈(Naked Edges)의 발견과 수정이 가능하다는 것이다. 이러한 소프트웨어는 대부분 RP 장비 구입 시 일괄 제공되지만 이러한 공통적인 작업이 가능하도록 별도의 소프트웨어로 판매되기도 한다. 예를 들어 Materialise 사의 MagicsRP와 같은 소프트웨어가 대표적이다. 또한 이러한 소프트웨어들은 STL 파일의 오류 검색과 수정, 편집이 가능할뿐더러 지지대(Support) 작업 시 최적화와 레이어별 슬라이싱 정도를 조정하는 중요한 역할을 한다.

RP 제작 후 후처리, 마감 공정에 대한 활용과 이해

시스템에서 제작이 완료된 파트들은 방식에 따라 다양한 양상의 파트 특징을 가지게 된다. 예를 들어 지지대를 가지고 있거나 표면이 거칠거나 단색이거나 하는 등이다. 이러한 파트들은 사용 용도에 맞게 후 처리를 통해 보다 현실감 있는 파트로 재탄생 된다.

01 지지대의 제거

지지대(Support)의 제거는 RP 장비로부터 제작된 파트가 나오면 가장 먼저 당면하는 후처리 과정(Postprocessing)으로 모델에 직접적인 손상을 줄 수 있기에 아주 섬세한 손질이 요구되는 부분이다. 물론 어려운 작업은 아니다. 이러한 지지대의 제거는 RP 공정과 사용되는 재료에 따라서도 방법이 다를 수밖에 없다. SLA 공정의 지지대들은 대부분 광경화성수지를 사용하기에 모델재료(Model Build)와 지지대 재료(Support)가 같다. 그래서 대부분 손으로 부수거나 떼어내는 형식으로 지지대가 제거된다. 이러한 지지대의 용이한 제거를 위하여 모델에 붙은 지지대들은 대부분 그 끝이 뾰족한 삼각형 모양으로 접촉면이 최소화되어 쉽게 떨어지도록 되어 있다. 이는 해당 소프트웨어에서 지지대 조정을 해주게 된다.

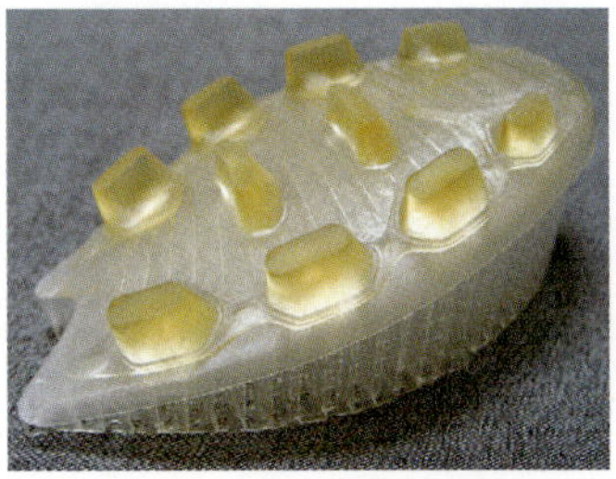
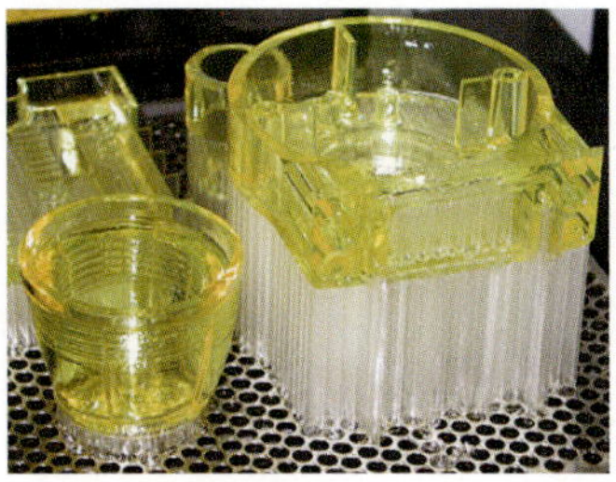
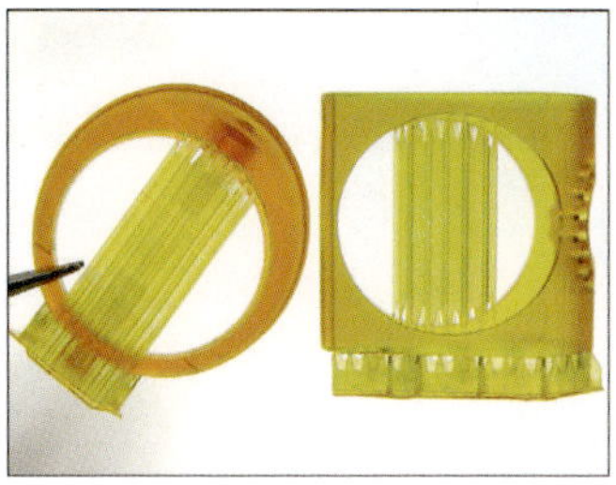

CMET 〉 SLA 3D Systems 〉 SLA Envisiontec 〉 SLA(DLP)

이와는 달리 다중 분사방식 MJM(Mult Jet Modeling) 공정인 3D Systems의 Invision HR, SOLIDSCAPE 사의 Ink Jet Plotting 공정의 T66과 같은 장비의 경우 모델재료와 지지재료가 다르게 동시 분사되어 제거 시 오븐에 녹이거나 솔벤트액에 담가 지지대를 녹여 원본을 얻는 방식이다. 녹여서 지지대를 제거하는 원리는 서로 두 재료가 다른 용융점을 가지게 하면 가능하다.

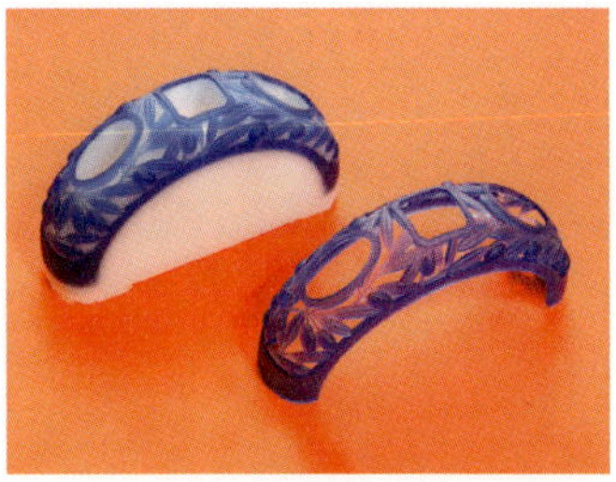
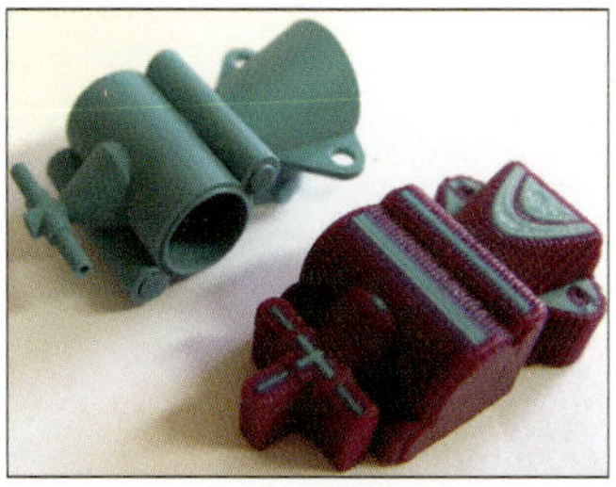

Stratasys FDM 〉 수용성 지지대 3D Systems 〉 MJM SOLIDSCAPE 〉 Inkjetting

FDM 공정으로 제작된 파트에서 지지대를 제거하는 것은 2가지가 있다. 하나는 지지대를 깨뜨려 부수어 떼어내는 비수용성 지지대와 수용액에 넣어 녹여서 지지대를 제거하는 수용성 지지대가 그것이다.

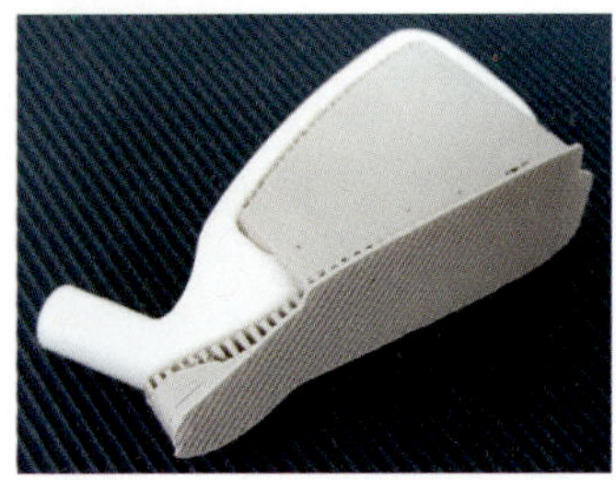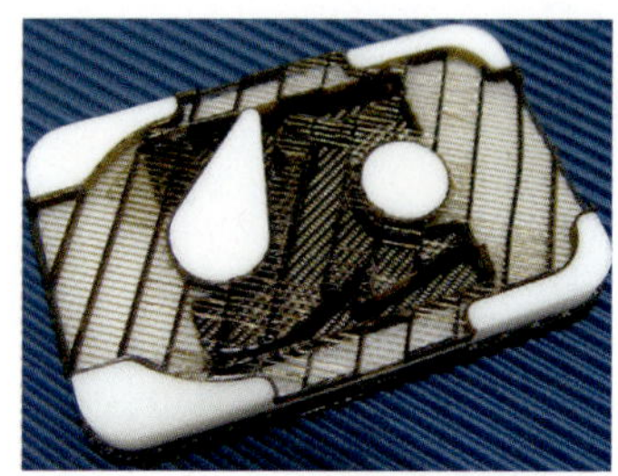

☀ FDM 〉 비수용성 지지대 FDM 〉 수용성 지지대 FDM 〉 수용성 지지대

LOM 공정과 유사한 KIRA 사의 PLT 공정으로 제작된 파트에서 지지대의 제거는 별도의 지지대 재료가 있는 것이 아닌 칼집이 난 주변의 덩어리 종이 조각만을 송곳 같은 것으로 틈을 벌려 가며 쉽게 떼어내는 형식이다.

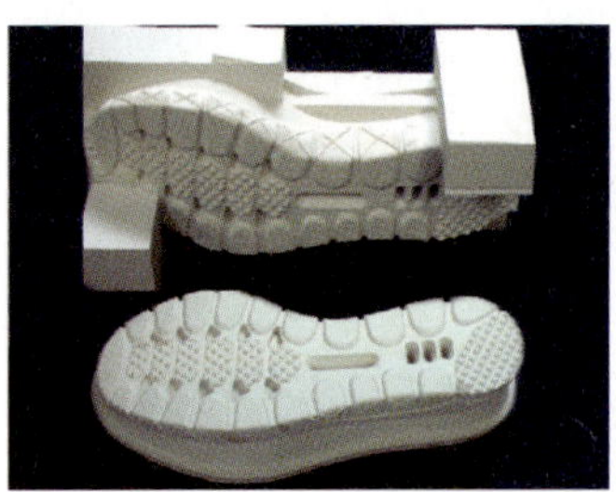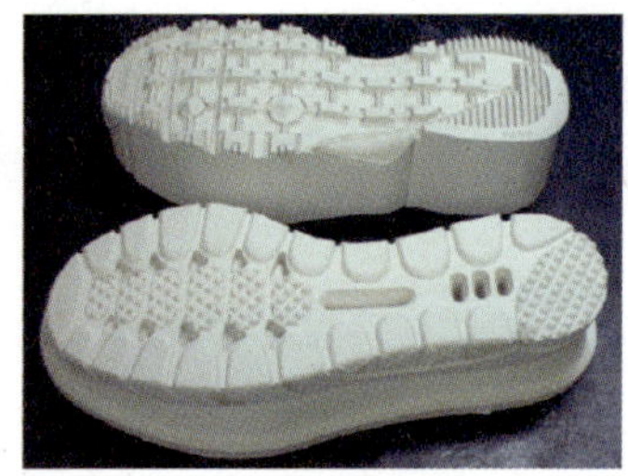

☀ KIRA 〉 PLT 공정 지지대 〉 지지대가 제거된 모습 〉 지지대 일부 제거모습

반면 위의 모든 방법과는 달리 Z Corperatiton 3DP 공정의 파트들은 별도의 지지대가 없고 그냥 주변의 미바인딩(접착제)된 재료들만을 털어내면 된다. 이것은 SLS 공정도 마찬가지이다. 이처럼 공정과 재료에 따라서도 지지대의 제거는 녹이거나 깨뜨려 부수거나, 털어내거나 하는 서로 다른 양상을 보인다. 특히 이러한 방법 중에 SLA 경우는 지지대를 부러뜨려 떼어낼 때 모델에 자국이나 손상을 줄 수도 있기에 주의를 해야 한다.

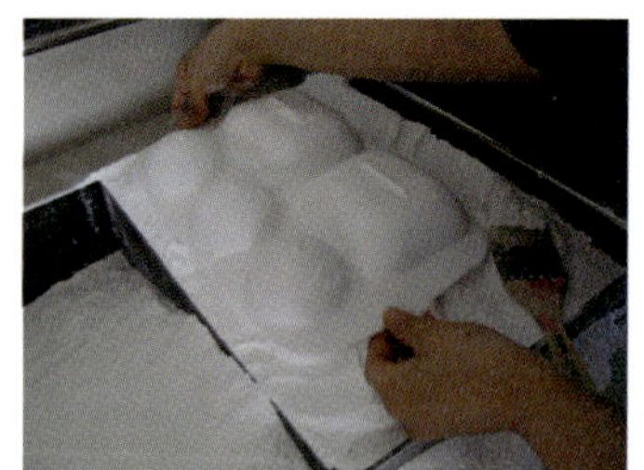

☀ Z Corp.3DP 공정 지지대 제거

02 표면 처리와 마감 공정(Finishing Process)

RP 공정에 의해 만들어진 파트들은 표면상태가 각기 다르며, 원하는 표면 질감과 느낌을 살리기 위해 광을 내거나, 컬러 페인팅, 전기 메탈 도금, CNC와 같은 장비로 구멍을 내거나 밀링(평삭)가공과 같은 마감 처리를 할 수 있다. 이러한 마감처리의 목적은 보다 현실적인 외관을 제작하여 실 제품과 같은 느낌의 파트를 얻기 위함이다. 마감 처리된 파트들은 프레젠테이션 모형이나 마케팅을 위한 용도로 사용될 수 있다.

1. 도금(Plating) / 금속 코팅(Metal Coating)

도금은 금속이나 비금속 등의 표면에 내식성, 내마멸성, 광택성 등의 성질이 우수한 금속 피막을 입혀주는 기법으로 RP 파트에 니켈이나 크롬과 같은 얇은 금속 피막을 입혀 원하는 도금을 하는 방법이다. 특히 RP 파트의 표면이 고르면 고를수록 좋은 결과를 볼 수 있으며, 표면 조도가 우수한 SLA 파트들이 한 예이다. 물론 다른 RP 공정으로 제작된 파트들도 가능하다.

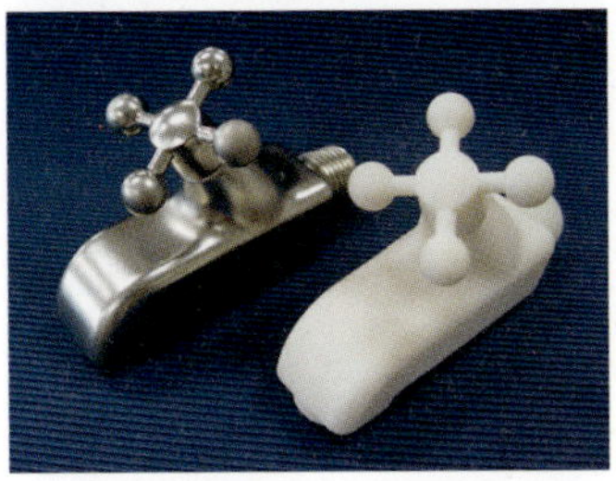

Objet Geometries 〉 Polyjet Z Corperation 〉 3DP CMET-SLA

2. 물전사(Warter Transcription) / 수압전사(Curl-Fit)

전사란 플라스틱, 목재, 금속, 세라믹과 같은 재료에 우드나 기타 대리석 무늬가 인쇄된 필름을 덮어 씌워 제품의 표면 마감에 새로운 가치를 부여하는 방법이다. 전사에는 인쇄필름을 사용하는 필름전사, 잉크를 사용하는 수막전사, 페인트를 사용하는 마블전사 등이 대표작이며 흔히 물전사라 불린다. RP 파트에도 이러한 물전사가 가능하며 표면 마감을 잘 해주면 다양한 무늬의 전사가 가능하다. 자동차의 데쉬보드, 핸들, 콘솔박스 등이 대표적인 전사 대상이 된다.

Z Corperation -3DP

실 자동차 적용 사례

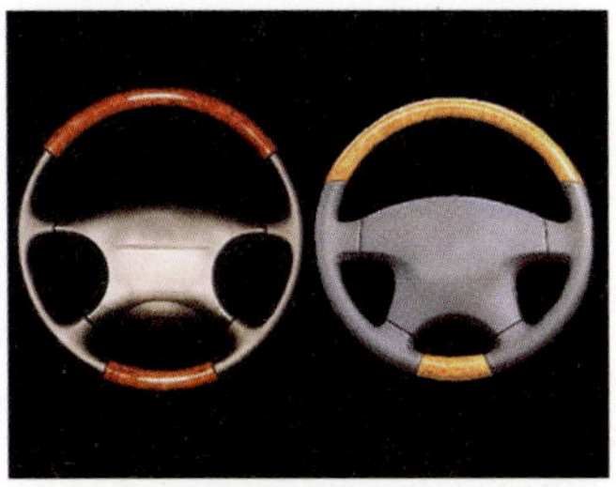

실 자동차 핸들 적용 사례

3. 도장(Painting)

도장 또는 도색을 한다는 것은 RP 파트에 원하는 컬러의 페인트를 칠하는 것으로 페인팅 작업 전 사포(Sand Paper)로 표면을 고르게 다듬어 주어야 한다. 이때 사포는 거친 것부터 부드러운 사포 순으로 작업을 진행한다. 마지막은 물 사포질을 하여 최종면을 얻는다. 사포질이 모두 끝나면 도장 전에 RP 파트 표면에 프라이머(Primer)를 1차적으로 도색 표면을 다시 다듬어 준다. 프라이머는 표면에 생긴 미세 자국들을 메우고 도료가 보다 깨끗하게 점착되도록 해 준다. 도료는 일반 도료와 메탈릭 등 종류가 다양하며 스프레이건을 사용하거나 붓으로도 가능하다. 이때 자동차 도료와 같은 우레탄 도료들은 열처리도 가능하며, 마지막에 슈퍼클리어라는 고광택 투명 페인팅을 하여 마무리하면 양질의 표면색감을 얻을 수 있다.

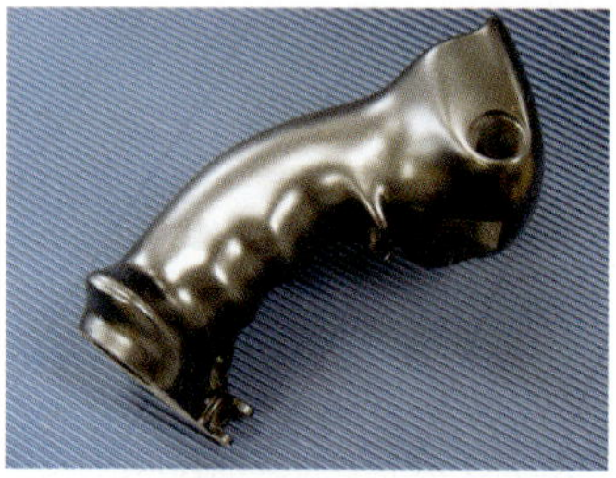

CMET-SLA Z Corperation 〉 3DP Objet Geometries 〉 Polyjet

4. 염색(Dyeing)

염색은 천연염료나 화학염료를 사용하여 RP 파트에 염색이 가능하다. 염색을 위한 염료로는 가죽을 염색하거나 단추와 같은 플라스틱 염색염료를 준비하면 된다. 염색액에 직접 담그거나 탐폰과 같은 스폰지 봉으로도 가능하다. 염색을 한 후에는 투명 락카(Lacquer Spray)로 코팅해 주면 보다 선명한 광택을 얻을 수 있다. 염색은 주로 반투명이나 투명의 RP 파트에 효과적이며 자동차의 선, 후미 라이트 커버에도 적합하다.

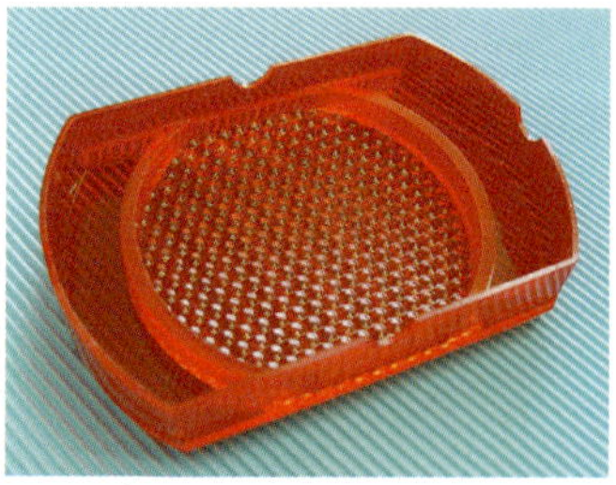

CMET - SLA CMET 〉 SLA Objet Geometries 〉 Polyjet

5. 광택(Polishing)

RP 파트에서 광택이 요구되는 경우는 페인팅을 위한 사전 작업, 투명 파트의 생성 등으로도 중요
하지만 RP 파트 자체에 광택을 주어 표면을 보다 매끄럽게 해주면 실리콘이나 고무주형을 위한
마스터로 사용할 수 있기 때문이다. 또한 SLA 공정으로 만든 수지는 표면이 탁한데 광택을 통하
여 투명도를 향상시킬 수 있기 때문이다. 이는 재료비가 고가인 투명 재료를 사용하는 것을 어느
정도 대체할 수 있다. 불투명 RP 파트의 경우는 광택제가 유효하다. 광택을 내기 위해서 가장 기
본 작업은 사포(Abrasive Paper)를 이용 표면에 요철을 1차적으로 제거하고, 물 사포질을 통해
표면을 더욱 고르게 연마한다. 다음 본격적인 광택연마를 위해서는 모터의 동력을 이용한 소형 핸
드피스(Hand Grinder)나, 버프 연마(Buffing)를 해주면 상당히 고광택의 표면을 얻을 수 있다.
핸드피스는 좁고 깊은 곳의 광택도 가능하다. 버프 연마는 주로 금속 연마 시 사용되는 것이 대부
분이지만 RPM을 조정하면 RP 파트의 연마도 가능하다. 우선 연마포(Buff)가 달린 회전축에 연
마제(Polishing Compound)를 발라가며 연마를 해주는데, RP 파트의 경우 연마제의 성분차이와
고속 연마 시 마찰계수가 높아 손상이 생길 수 있기에 회전속도(RPM) 조절에 주의해야 한다.

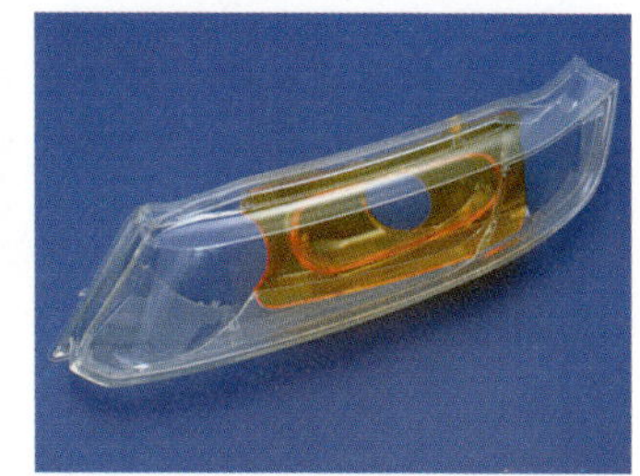

DMEC-SLA CMET-SLA 〉 투명재료에 광택 Envisiontec 〉 SLA(DLP)

6. 수치제어 가공(CNC : Computer Numerical Control)

일반적으로 수치제어(NC) 가공은 RP와 함께 독립적인 기계 가공 방식이지만 금속 RP 파트의 경
우 표면을 마감하기 위하여 사용된다. 예를 들어 SLS(Selective Laser Sintering) 공정으로 제작
된 Metal 파트나 전자빔소결 EBM(Electron Beam Melting) 공정으로 제작된 티타늄과 같은 메
탈파트의 경우 표면이 매우 거칠게 나타나는데 이를 위한 마감공정으로 CNC 장비가 사용된다.
이러한 정밀 수치 제어 작업들은 밀링(Milling), 선반(Lathe), 보링(Boring), 그라인딩(Grind-
ing) 등과 같은 작업도 포함된다.

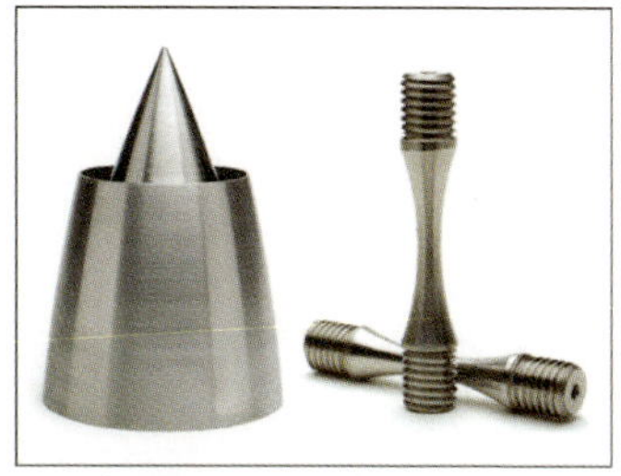

Arcam EBM Metal Part 티타늄 파트 가공 상태, 재료 : Ti6Al4V(티타늄)

산업전반 및 디자인분야
RP 장비의 선택과 도입 기준

1988년 미국 3D Systems 사에 의해 상용화된 RP 시스템이 상업적으로 처음 판매되기 시작한 이래로 전 세계적으로 RP 장비를 개발하고 공급하는 회사만 대략 30여 개에 이르며, 공급 장비의 공정, 기능, 사용 재료 등의 차이에 따라서 가격 또한 수만 달러에서 수백만 달러에 이르기까지 다양하다. 더욱이 이러한 RP 장비들은 상당히 국산화가 된 기존의 CNC 장비들과 달리 전량 수입에 의존해야 하는 외국산 제품이라 RP 장비의 선택과 투자에 매우 신중해야 한다는 것이다. 이러한 이유로 RP 장비 선정과 도입을 위해서는 다음과 같은 사항들이 충분히 비교 검토되어야 한다.

01 합목적성

RP 장비를 어떤 목적으로 사용할 것인지를 결정해야 한다. 이는 RP 장비를 어떤 이유로 꼭 사용해야 하는지에 대한 정확한 이해와 파악에서 출발해야 한다는 의미이다. RP 장비는 위에서 언급한 것처럼 고가의 장비와 재료를 사용해야 하며 그 유지, 보수 또한 상당한 자금이 소요되기 때문이다. 또한 장비별 기계적인 정밀도나 제작 속도에 따른 생산성 편차, 공정 차이에서 오는 후처리의 과정 등은 반드시 경험을 통한 결정이 요구되는 부분이다. 만약 사용 목적에 큰 효용성이 없거나, 떨어지면 장비를 구입하기보다 외주 처리하는 것이 바람직할 수 있다.

02 운용자의 확보

RP 장비는 기본적으로 장비를 운용할 수 있는 운용자 또는 전문 관리자가 필요하다. 물론 장비를 사용한다는 측면에서는 간단할 수 있지만, 장비 또는 그와 관련된 일련의 프로세스를 충분히 알고 있거나 경험이 있는 운용자의 확보가 우선 되어야 한다. 즉 RP 장비 운용자는 최소한 3차원 CAD 모델링 구현 기술과 파일 변환, 수정에 대한 충분한 경험이 요구된다. 또한 RP 장비를 통해서 만들어진 3차원 출력물들을 가지고 대부분 제3의 또 다른 작업으로 이어지는 경우가 많다. 예를 들어 가장 기본이 되는 몰드나 정밀주조에 대한 기본적인 경험과 지식 또한 준비되어 있는 것이 좋다. 이러한 일련의 연계성 있는 운용자가 안정적으로 확보되어 있을 때 보다 효율적이며 생산적인 RP 장비의 활용이 가능하다.
앞선 기본적인 전제 조건이 만족된다면 장비에 대한 실질적인 검토 항목을 점검한다.

03 정밀도

CAD 데이터를 실체의 3차원 객체로 출력하는 장비이니 만큼 결과물에 대한 정밀도는 가장 중요한 검토 사항 중의 하나이다. 정밀도는 장비가 구현할 수 있는 최상의 정밀도와 최저 정밀도를 모두 검토해 보아야 한다. 왜냐하면 정밀도가 높은 만큼 대부분의 장비는 출력 속도가 느려질 수 있기 때문이다. 만약 디자인 외형 검증용이나 프리젠테이션용 덩어리 감만 보는 모델을 제작할 경우에는 최저 정밀도에서의 상태가 좋고 속도가 빠르다면 더욱 효과적이다. 최상의 정밀도는 제작 속도, 즉 시간과의 싸움이기에 나온 결과 또는 그에 상응하는 표면 조도나 후처리에 부담이 최소화될 정도의 해상도가 구현되어야 한다. 예를 들어 주얼리 분야는 어떤 분야보다 표면 조도나 면의 상태에서 최상의 정밀도를 요구하게 되는데 이것은 만들어진 RP 객체가 바로 직접 주물(Direct Casting)로 이용되어질 수 있기 때문이다. 물론 장비가 가진 최대 정밀도는 공정이나 재료에 따라 서로 다른 정밀도를 가지게 된다. 만약 최상의 표면 조도와 같은 정밀도가 필요한 제품 제작이 대부분을 차지한다면 정밀도에 우선을 두고 속도나 사용재료를 고려해야 한다. 참고로 정밀도가 높다면 장비 또한 고가일 수 있기에 디자인교육기관처럼 치수 정밀도가 떨어져도 문제가 되지 않거나, 양산모델을 곧바로 만드는 곳이 아니라면 정밀도보다 제작 속도나 소모품, 유지 보수비 등의 효용성에 기준을 두는 보다 신중한 검토가 요구된다.

04 제작 속도

RP(Rapid Prototyping-쾌속조형)가 말해주듯 모든 RP 장비의 가장 큰 특징은 바로 빠른 속도로 3차원 객체를 현실화시켜주는 것이다. 제작 속도가 빠르다는 것은 작업 효율상 가장 동시 공학적 개념에 근접한 방법이다. 즉 시간을 절약하여 보다 많은 작업의 기회를 주고 생산성을 극대화시킬수 있다는 말이 된다. 또한 보다 큰 파트의 제작이 가능하게 된다는 의미도 된다.

하지만 제작 속도는 정밀도나 공정 차이에 따라 무관할 수 없기에 원하는 공정에서의 실질적인 비교가 선행되어야 한다. 제작 속도가 빠른 장비지만 정밀도가 떨어질 수 있고 반면 제작 속도와 정밀도가 모두 만족스럽다면 보다 많은 영역에 사용이 가능할 수 있다. 물론 비슷한 정밀도지만 제작 속도가 빠르다면 제작 속도가 우선으로 고려된다. 다만 목적한 사용재료의 적합성 검토 및 비교가 선행되어야 한다.

05 사용 재료

RP 제작에 사용되는 재료는 곧 결과물로 나타나기에 RP 결과물을 가지고 실리콘몰드 제작과 같은 연이은 다른 작업을 이어가기 위해서는 보다 신중한 RP 제작 공정상의 사용 재료의 선정은 무엇보다도 중요하다. 특히 재료에 따라 결과물의 후가공이 불가한 경우도 있다.

또한 RP 장비 선택 시 사용할 재료가 많고 물성이 다양하다는 것은 그만큼 다양한 후속 작업을 보장해 준다. 현재 RP 장비에 비해 재료는 매우 다양한 편이다. 만약 자동차의 투명 헤드 램프나 투명 용기를 만든다면, 시계줄이나 탄력이 강한 신발의 아웃솔을 만든다면, 주얼리 제작처럼 정밀 주조를 위한 완전연소 재료가 우선이라면, 휴대폰 안테나의 전파미흡수 테스트용이라면, 기능 테스트를 위해 구동 가능한 기계부품의 일부를 대체해야 하는 경고한 재료가 필요하다면, 헤어드라이어나 다리미처럼 고열에 견디는 재료가 우선이라면, 조립성에 중점을 둔 변형율이 최소화된 재료가 우선이라면, 환경 친화적 무독성 재료를 사용해야 한다면, 재료를 재활용할 수 있는 경제성이 중요하다면 등등 재료는 실질적인 장비를 선택하는 데 가장 중요한 기준중의 하나이다. 또한 재료는 곧 소모품이며 가장 많은 유지비용이 드는 부분 중의 하나이기에 재료비와 재료 공급선의 안정적인 확보 등 종합적인 비교 검토가 요구된다.

장비 및 시스템 가격

장비를 구입하는 경우 장비 가격은 사용 목적에 맞는 장비와 기본적인 검토가 이루어져 구입 시 지불하는 가장 큰 비용 지출부분이다. 장비는 크게 RP 장비와 RP 장비를 지원하는 부대 장비로 이루어진다. 물론 DESKTOP 형태의 작은 RP 장비들은 별도의 시설이나 부대 장비들이 필요 없지만 대부분 산업용 대형 RP 장비들은 부대 장비들이 있다. 이것은 후처리를 위한 장비를 모두 포함한다. 각 장비들은 별도 계산된다. 장비 가격의 경우 3D Printer 개념의 RP 장비의 경우 수만 달러 선에서 형성되어 있지만 대부분 중, 대형 RP 장비들은 백만 달러나 그 이상인 장비들도 있다. 상업용 국산 RP 장비가 없는 한국으로서는 안타까운 일이지만 향후를 기대해 본다.

장비 가격은 컨셉모델 위주의 제작용일 경우 그래도 저렴한 편이지만 레이저를 사용하는 레이저 소결 RP의 경우 매우 고가로 볼 수 있다. 가격의 결정적인 요인은 정밀도와 속도, 제작 파트의 크기, 고출력 레이저의 사용 여부, 재료의 확장성 등에 좌우되는 편이다. 물론 부가적으로 수입 관세를 포함한다. 아래 장비들은 저가형으로 판매되고 있는 3D Printer 군이다.

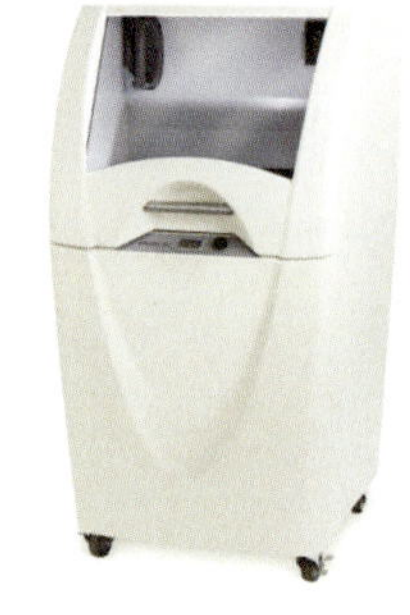

🔺 ZPrinter150

🔺 uPrint

🔺 V-Flash FTI 230

🔺 Alaris30

유지보수 비용

RP 장비는 첨단 재료와 기술로 제작된 장비로 운전 중 고장이 났을 경우 헤드나 프린터 분사 노즐과 같이 쉽게 교체가 가능한 부분 외에 전자적, 기계적인 고장이 발생할 수 있다.

특히 RP 장비 자체가 전량 수입에 의존하고, 국내에 수입된 판매된 제품이 그 수량이 미흡하거나 정보교환이 어려운 경우 이러한 고장이 발생하면 대부분 장비를 판매한 본사에 엔지니어를 불러 문제를 해결하게 된다. 이때 장비 공급회사의 기술지원이 언제든 가능한지 출장비는 어느 정도인지 등에 대한 부분도 구입 시 반드시 고려되어야 한다. 물론 비용 또한 장비를 구입한 쪽에서 대부분 지불하게 된다. 고가 장비지만 보증 기간이 긴 편이 아니라 결국 유지보수에 대한 비용 지출은 피할 수 없는 부분이므로 최소화하는 방법을 지속적으로 연구해야 한다. 장비 유지 시 가장 비용이 많이 드는 부분이라면 모델 재료 가격이나 지지대 재료가격의 소모품과 레이저 파워가 소진되어 교체하거나 다중 프린터 노즐이 막혀 문제가 생기면 유지비가 적지 않게 소용된다. 물론 재활용이 가능한 재료를 사용할 수 있는 장비를 선택할 수 있다면 경제적이다. 결국 손실을 줄이려면 보증기간과 장비운용 시 소모품, 고정 비용을 정확히 구분하여 선정해야 한다.

08 후처리 및 작업성

기본적으로 RP 장비라면 흔히 장비에서 바로 출력된 3차원 객체를 바로 사용한다고 생각할 수 있지만 대부분의 장비는 공정에 따라 후처리 작업은 크게 1) 세척 과정 2) 후경화(Post Curing) 또는 후고화 과정 3) 마무리(Finishing) 단계로 나눌 수 있다.

하지만 대형 장비일수록 모델 재료(Build Material)와 지지대 재료(Support Material)를 최종적으로 떼어 분리하는 후처리를 하는 경우가 많다. 이 같은 후처리는 기본적으로 지지대 재료가 WAX일 경우 초음파 세척기로 쉽게 세척이 가능하지만 불순물의 완전한 제거를 위해서는 수작업이 변행된다. SLA 공정의 장비들 또한 모델 재료와 지지대 재료의 제거를 위해 WarterJet이나 우리가 흔히 말하는 양잿물에 세척 과정을 거치게 된다. FDM의 경우 손으로 지지대를 절단시키거나 기타 수용액에서 Waterworks 작업을 거치게 된다.

어떤 것은 지지대를 제거하는데 간혹 모델면의 일부가 손상되는 경우도 있다. 물론 이러한 후처리는 장비별 별도의 기본 공구나 약품 또는 부대 장비로 어렵지 않게 제거할 수 있다. 다만 후처리에는 RP의 일부가 부러져 서로 접착시키는 것, 최종 면의 상태를 보완하기위하여 사포질을 하는 것(후가공), 모델 재료가 약해 특수 화학적 코팅액을 바르는 것, RP 파트 자체에 드릴로 구멍을 뚫거나 갈아내는 것, 페인팅을 하는 것(후가공)도 후처리 과정에 속한다고 볼 수 있다.

또한 SLA 공정이나 UV에 의해 제작된 파트들은 대부분 일정 시간동안 건조를 시켜주지 않으면 내구성에 일부 문제가 발생하기에 UV 건조기의 사용 또한 후처리 공정상 검토되어야 할 부분이다. 물론 후처리 공정이 그다지 필요없을 정도라면 부대 시스템이나 별도의 공간을 필요로 하지 않아 더없이 경제적인 선택이 될 수 있다. 결국 후처리는 쉽고 단순해야 하지만 후처리 시 재질의 작업성이 어떤지도 반드시 검토해야 한다.

09 사용 가능 환경

RP 장비는 부대 장비를 포함할 경우와 별도의 부대 장비가 필요 없는 경우 사용 가능 환경이 바뀌게 된다. 특히 사무실에서 사용할 수 있도록 기계적 소음이나 유해성이 없는 경우 사용 환경이 별 제약을 받지 않게 되어 동선과 별도 공간 점유를 피할 수 있다. 반대로 화학적 불안정성 재료나 유해 성분의 사용 또는 지나친 소음과 장비의 비대함은 별도 공간을 점유하기에 공간에 대한 사용환경 검토가 기본적으로 이루어져야 한다. 장비가 클 경우 최대한 동선을 줄이고, 재료의 보관과 후처리 공간을 적절히 배치하도록 한다. 특히 온도에 민감한 재료를 사용하는 재료는 온도 조절이 가능한 룸이 준비되어야 한다.

10 사용의 편리성

RP 장비의 사용 편리성은 조작과 사용상의 편리성을 말하며 무인가동을 통해서도 수 시간 또는 수십 시간까지 그 신뢰성과 기계적 안정성이 확보되어야 한다. 또한 운용 중 고장이나 시스템 에러시 작업물을 보호할 수 있는 방어책이 구비되어야 한다. 또한 타 프로그램을 이용하여 파일을 교환하거나 응용 소프트웨어 사용 시에도 직관적인 유저 인터페이스(User Interface)를 제공하여 본 작업 외에 예를 들어 소모품 및 재료를 교체하거나 데이터를 손보거나 등에 소요되는 작업 시간을 최소화시킬 수 있는 사용상의 편리성이 요구된다.

Rapid **Prototyping**

CHAPTER 07

국내 신속조형기술 활용 사례

조각, 설치 예술분야 RP 활용 사례

조각, 설치분야의 경우 국내외에서 활발한 작품 활동을 하고 있는 서도호 작가를 대표 작가로 선정하여 RP 활용을 통한 작품 세계를 본다. 특히 소형부터 대형 작품까지 RP 활용을 가장 적절하게 활용할 수 있는 분야이다.

01 조각, 설치 예술가 : 서도호 Suh, Do-Ho

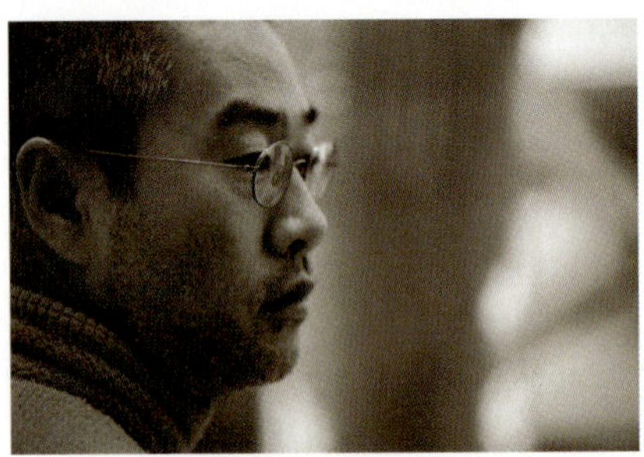

▶ 현 뉴욕에 거주하며 한국(스튜디오명 : 아트Arts) 및 해외에서 작업 중
▶ 1997 미국 예일대학교 미술대학 졸업(조각 전공)
▶ 1994 미국 Rhode Island School of Design 학교 졸업 (동양화 전공, 석사학위)
▶ 1985 서울대학교 졸업(동양화 전공)
▶ 1962 한국, 서울 출생

> **참조** 작가 및 작품에 대한 상세 정보
> http://www.lehmannmaupin.com
> http://www.lehmannmaupin.com/#/artists/do-ho-suh

서도호 작가 한국 스튜디오 아트ARTS 소개

조각, 설치작가 서도호(徐道濩)는 미국 뉴욕에서 거주하면서 한국과 세계 각국의 국제적인 프로젝트를 활발히 진행 중이며, 2010년은 주로 독일에서 주요 작업을 수행하고 있다. 한국에서는 아트Arts라는 명칭으로 서울 성북동과 일산에 스튜디오가 위치해 있다. 성북동의 경우 대부분 소프트웨어적인 기획작업과 컴퓨터 처리작업이 이루어지며, 일산의 경우 하드웨어적인 설치물 제작과 조립에 관한 전반적인 작업이 행해지도록 구분된다. 작가 서도호 작품들은 오랜 기간 작품의 다양성과 맥락의 일관성을 유지하며, 이미 세계적인 작가로 인정받고 있다.

서도호 작가는 작품의 제작과 표현 방법으로 전통적인 방법과 첨단기술 등 사용할 수 있는 모든 방법을 사용한다. 그중 대표적인 표현방법으로 신속조형기술 Rapid Prototyping을 적절히 활용하는 작가이다. 다음에 소개되는 작품들은 그의 많은 작품 중에 극히 일부이며, 신속조형기술과 같은 첨단 기술이 조각, 설치미술과 예술분야에 어떻게 활용되는지를 가장 극적이며, 극명하게 보여주는 대표적인 사례이다.

가장 먼저 소개할 작품 카르마(KARMA)는 다양한 크기와 형태 및 재료로 변화된 작품이다. KARMA의 제작에는 이스라엘 Objet Geometries 사의 Eden 500V 신속조형장비가 사용되었다. 광경화성수지 재료를 PolyJet 방식으로 분사하여 자외선으로 한층 한층 순간 경화시켜 모델을 조형하는 방식이다. 표면 조도가 우수하며, 제작 속도 또한 빠른편이다. 사용된 재료는 VeroWhite로 가장 널리 사용되는 재료로 색상은 아이보리이며, 기본 물성은 ABS와 비슷하다. 특징적인 것은 KARMA 작품의 경우 RP로 제작된 소재 자체가 별다른 소재 변환없이 작품으로도 완성되었다는 것이다. 제작을 위한 3D 모델링 소프트웨어는 포저(Poser), 라이노3D, 폴리웍스(PolyWorks)와 같은 디지털 툴들이 사용되었다.

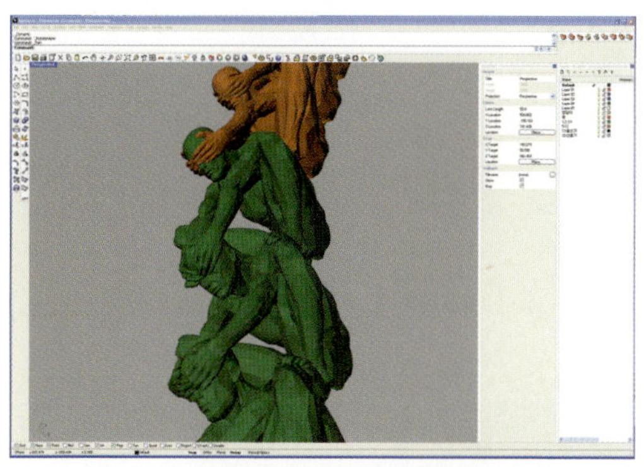

KARMA 〉 RP 제작을 위한 Mesh 모델링 파트 분할과 레이어 설정

카르마 KARMA, 2009, 미국 lehmannmaupin 상설 전시

제작기술 : Rapid Prototyping 〉 PolyJet 방식
재료 : Figures : VeroWhite 〉 광경화성수지 / 받침 : 오석
크기 : 높이 1278mmx하단폭 127mmx상단폭 2.4mm

다음 작품명 또한 **카르마(KARMA)**로 청동으로 제작된 작품이다. 약 300여 명의 인간 피규어
(Figure)가 아래 사람의 어깨에 앉아 하늘로 향하는 모습이다. 서울 영등포구 경방 TIMES
SQUARE 백화점 개관 기념 정문 광장에 설치된 대형 조형물이다. 이 작품은 하단부의 경우 청동
주물을 이용 제작하였으며, 상단부의 작고 정밀한 피규어 부분은 신속조형기술(Rapid Proto-
typing)이 사용되었다. 상단부 피규어들의 RP 원본 제작은 미국 솔리드컨셉(Solid Concept)에
서 제작하였다. 특히 청동 주물 제작을 위하여 RP 제작 시 사용된 재료는 완전연소가 가능한 SLA
방식 재료가 사용되었다. SLA 방식으로 제작된 마스터 원본은 표면 조도와 디테일한 표현이 우수
하다. 제작을 위한 3D 모델링 소프트웨어는 포저Poser, 라이노3D, 폴리웍스(PolyWorks)와 같
은 디지털 툴들이 사용되었다.

🔺 카르마 KARMA, 브론즈, 작품크기 : 7218x7218x7107mm / 2009년 서울 영등포구 경방 TIMES SQUARE 광장 설치

카르마 KARMA, 청동Bronze, 작품크기 : 7218x7218x7107mm
2009년 서울 영등포구 경방 TIMES SQUARE 광장 설치

다음 소개되는 작품은 서울 강남구 청담동에 위치한 하이트 본사 사옥에 설치된 작품명
Cause&Effect이다. 멀리서 보면 마치 회오리 바람처럼 생긴 전체적인 형상은 자세히 살펴보면
작은 사람들이 모여 만들어진 대작이다. 작품에 사용된 인간 피규어만 약 11만 개가 사용되었으
며, 설치 시 각각의 피규어는 스텐레스 와이어와 알루미늄 프레임으로 제작되어졌다. 전체 설치물
의 무게만 거의 2톤에 달하는 조형작품이다. 초기 모델링은 3D 소프트웨어를 사용하여 모델들의
자세와 전체적인 조형물의 구조적인 해석이 진행되었다. 특히 금형 제작까지 진행되는 모델이기
에 구조적인 문제와 조립성에 대한 고려가 중요했다.

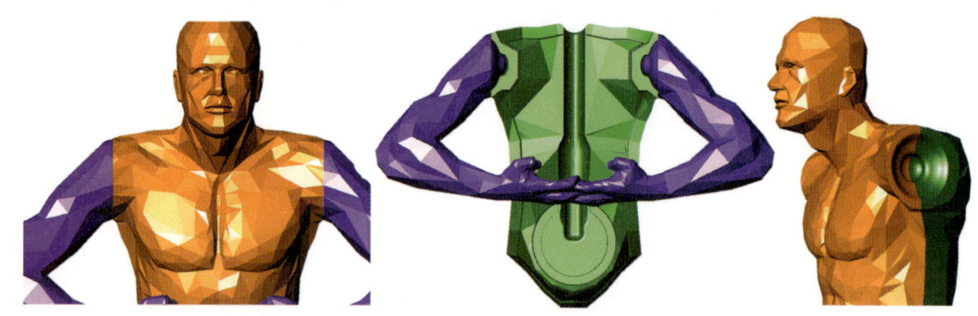
♣ RP 제작을 위해 3D CAD 모델링된 피규어 모습

작업 영역은 워낙 피규어의 개수가 많아 대량생산을 위한 금형제작과 사출에 의한 최종 결과물까
지 진행되었다. 물론 초기 3D 모델링 된 피규어들은 수많은 형상 검증이 이루어져야 했다. 이를
위하여 신속조형기술(Rapid Prototyping)이 사용되었다. 각각의 다른 포즈를 가진 피규어들은
RP 시스템으로 정교하게 제작되었으며, 제작된 RP 결과물은 금형 제작을 위한 최종 MASTER
원본으로 사용되었다.

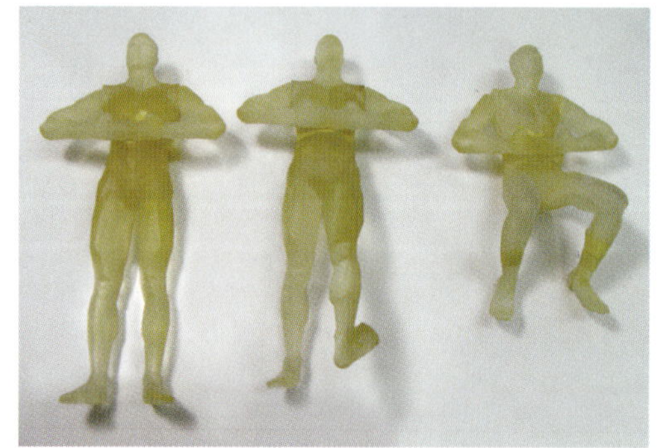
♣ RP로 제작된 각 자세별 피규어 결과물
　 사용재료 : FullCure720 반투명 〉 광경화성수지

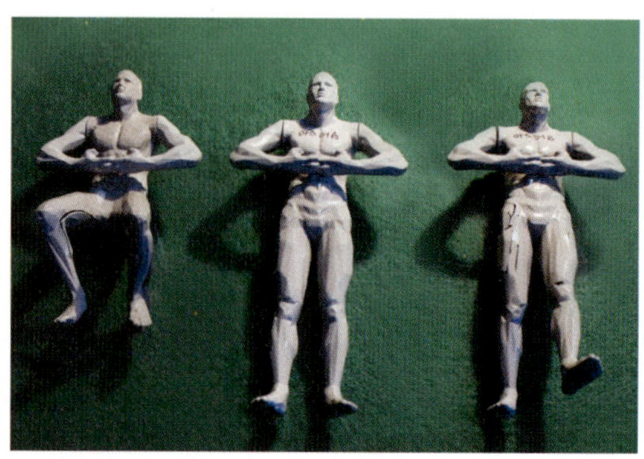
♣ 금형 작업을 위한 최종 RP MASTER 모델 〉 RP 파트에 기
　 본도색

아래 그림은 RP 마스터 원본을 기준으로 최종 금형제작과 사출작업이 진행되는 모습이다. 특히 피규어의 자세별로 각각의 금형이 제작되었으며, 원료에 따라 다양한 컬러의 사출이 이루어졌다.

☷ 사출기에 장착된 피규어 금형 코어Core와 캐비티Cavity 모습

☷ 사출된 피규어의 기본 단위 조립 결과물 〉 조립을 위하여 스텐레스 와이어가 사용됨

작품 Cause&Effect는 하나의 작품 제작을 위해 3D CAD 모델링, RP 제작, 금형 제작, 대량 사출까지 이루어진 보기 드문 예이다. 특히 사출된 각각의 피규어는 정해진 작품 매뉴얼에 따라 수많은 인원이 동원되어 조립되어졌다.

☷ 와이어로 피규어를 연결하는 모습

☆ 연결 작업이 완료된 피규어 모습

🔺 Cause&Effect, 피규어 〉아크릴 플라스틱Acrylic Plastic, 기타 Stainless Steel and Aluminum Frame,
제작년도 : 2009, 설치장소 : 서울시 강남구 청담동 132-12 하이트 빌딩, 설치완료 : 2009. 10. 23.

🔺 Cause&Effect, 사용된 피규어 갯수 : 약 11만 개 〉 작품 무게 약 2000Kg,
작품 크기 : 11580x8685x8000mm

다음 작품은 작품명 FALLEN STAR로 서도호 작가가 미국에 처음 건너가서 생활했던 뉴욕의 거주공간이다. 거주했던 집을 1/5 스케일로 제작하여 작품에 사용하였다. 이 작품에서는 작은 소품이나 집기류, 냉장고 안의 다양한 용기와 음식류, 패브릭 의상과 신발, 천장의 샹들리에까지 정밀 모형 제작을 위하여 신속조형기술Rapid Prototyping을 적극적으로 활용하였다. 특히 작은 용기들은 기본 용기를 모델링하거나 스캐닝하여 RP 원본을 제작하였으며, 이러한 것들은 몰드Mold를 통해 복제되기도 했다. 특히 벽에 걸린 장식용 접시나 테이블 위의 자기류들은 실제 도자기 재료로 구워 제작되었다. 이처럼 실제와 같은 컬러와 패브릭의 구현, 정교한 나무바닥의 자연스런 스크래치 등은 작가의 작품에 대한 열정과 디테일 표현의 진지함을 엿볼 수 있다.

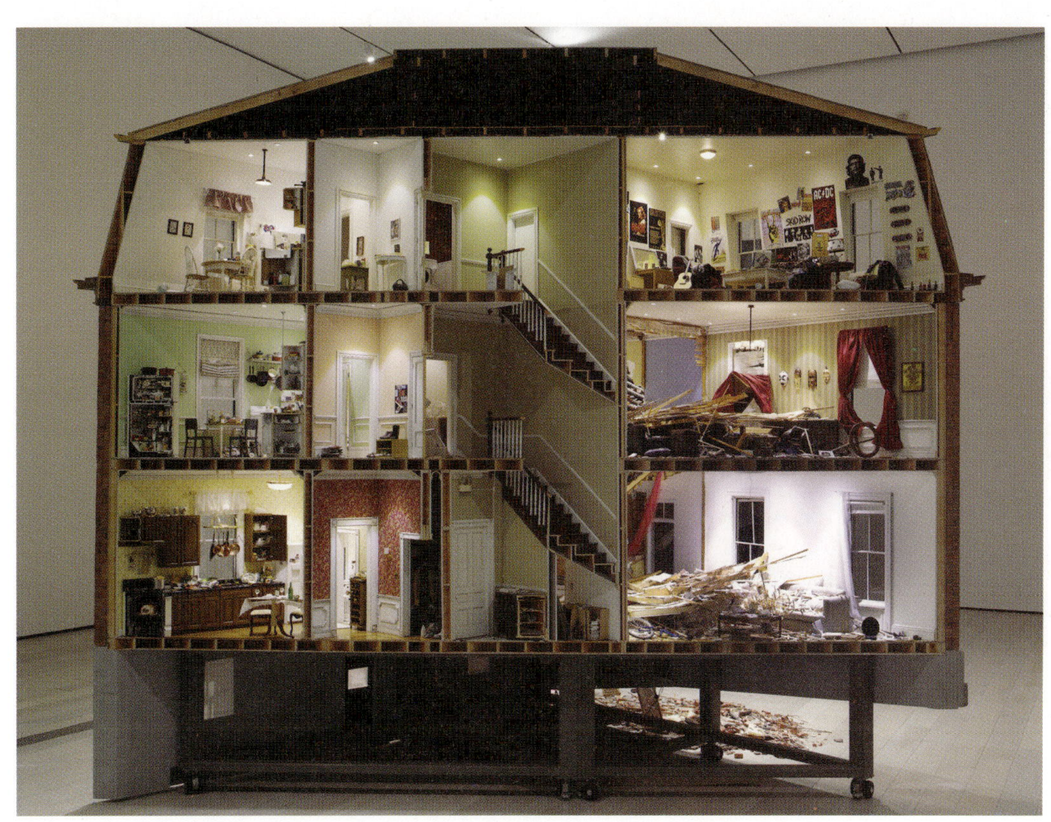

⛄ FALLEN STAR, 스케일 : 1/5, two pieces 각각 332.7x145x304.8cm, ABS, basswood, beech, 합판, ceramic, 유리, 허니컴 보드, LED 조명, 합판, 레진, PVC, 에나멜/락카 페인트, 기타, 설치장소 : The Museum of Fine Arts, Houston, Los Angeles Country Museum of Art, 2008-9.

FALLEN STAR, 스케일 : 1/5, two pieces 각각 332.7x145x304.8cm, ABS, basswood, beech, 합판, ceramic, 유리, 허니컴 보드, LED 조명, 합판, 레진, PVC, 에나멜/락카 페인트, 기타, 2008–9.

🔼 FALLEN STAR, 스케일 : 1/5, two pieces 각각 332.7x145x304.8cm, ABS, basswood, beech, 합판, ceramic, 유리, 허니컴 보드, LED 조명, 합판, 레진, PVC, 에나멜/락카 페인트, 기타, 2008-9.

🔼 FALLEN STAR, 스케일 : 1/5, two pieces 각각 332.7x145x304.8cm, ABS, basswood, beech, 합판, ceramic, 유리, 허니컴 보드, LED 조명, 합판, 레진, PVC, 에나멜/락카 페인트, 기타, 2008-9.

마지막 작품은 작품명 home within home로 서도호 작가가 미국에 처음 건너가서 생활했던 뉴욕의 거주공간이다. 거주했던 집을 3D CAD 모델링 후 스케일로 제작하여 작품에 사용하였다. 이 작품의 특징은 신속조형기술Rapid Prototyping 중 광경화성 수지재료를 레이저로 경화, 적층해 가는 SLA 방식으로 전체가 제작, 마무리되었다는 것이다. 작품은 총 4조각으로 이루어져 있으며, 내부는 한옥 구조로 작품화되었다. 각 조각 하나의 모델 크기는 218.8×243.04× 256.84cm로 큰 편이다. 작품 제작은 미국 SOLID CONCEPTS 사에서 이루어졌으며, 사용된 RP 장비는 미국 3D Systems 사의 SLA 군이다. SLA 방식은 파트 제작 시 정밀도가 높아 공간 내부와 외부의 디테일을 완벽하게 구현해 냈다.

참조 http://www.solidconcepts.com/id-light.html

home within home, 광경화성수지 Photopolymer Resin, 4 Pieces, 각각 623x610x1428mm, 2009.

♧ home within home, 광경화성수지 Photopolymer Resin, 4 Pieces, 각각 623x610x1428mm, 2009.

♧ home within home, 광경화성수지 Photopolymer Resin, 4 Pieces, 각각 623x610x1428mm, 2009.

주얼리디자인 RP 활용 사례

수작업이 거의 불가능한 복잡한 형상도 RP라면 어렵지 않게 가능하기에 정교함을 요구하는 주얼리 분야는 매우 실질적인 활용 분야가 된다. 특히 재료 자체가 완전 연소되기에 직접주조가 가능하다. 이것은 바로 제품 생산이 가능하다는 것으로 생산시스템의 역할을 하게 된다.

주얼리디자인 및 귀금속 산업분야에서 3D CAD를 이용한 모델링과 원본 제작을 위한 신속조형기술, 즉 RP(Rapid Prototyping) 활용은 이제 특별한 기술이 아니다. 한마디로 보편화가 이루어졌다고 할 수 있다. 이는 상업적으로 국내에서 생산되는 주얼리 디자인 제품의 경우 최소한 절반 이상이 컴퓨터로 디자인되고 RP 장비를 통해 3D 원본을 제작한다는 것이다. 이는 국내에 제대로된 주얼리 관련 캐드 소프트웨어가 본격적으로 알려지기 시작한 2001년을 그 태동기로 볼 수 있다. 물론 그 전에 관련 주얼리 캐드들이 있었지만 제작된 결과물의 품질을 받쳐주는 신속조형장비의 기술수준이 적합성에서 다소 떨어져 많은 문제를 가지고 있었다.

하지만 사용하기 쉽고 정확성을 뒷받침해주는 주얼리 관련 CAD 프로그램과 RP 장비기술 및 재료기술의 급진전을 거치면서 2007년부터 급속히 주얼리디자인 패러다임이 CAD화로 바뀌었다고 할 수 있다. 현재 이를 뒷받침해 주는 가장 큰 변화는 생산, 소비시장 중의 하나인 종로의 경우 약 3km 반경 안에 RP 원본 3D프린팅 업체가 대략 십여 군데 이상이 자리하고 있다는 것을 보아도 알 수 있다. 이러한 장비의 집적도는 매우 빠른 것이다. 지금도 RP 장비는 속속 늘어나고 있다. 그만큼 그 작품성의 다양성은 물론 완성도 또한 업계에서 인정받고 있다는 반증이기도 하다. 특히 손으로 제작이 매우 어렵거나 불가능한 형상들을 완벽하게 제작할 수 있도록 도와주는 RP 장비의 기술발전과 소재의 다양성은 국내 주얼리 산업의 발전에도 적지 않은 도움이 되었다. 이는 과거에 보지 못했던 독창적인 주얼리 디자인 상품의 출현으로 알 수 있다.

다음 소개되는 작가와 작품들은 국내에서 초창기 주얼리 관련 3D CAD를 깊이 연구하고, 현재 이 분야의 선도적인 역할을 하고 있는 분들 중에 주은옥, 하재구, 김문배, 김태환, 예명지 등 몇 분을 소개한다.

01

디자이너 : 김태환 Kim, Tae-Whan

▶ 영국 왕립미술대학(RCA) 대학원 졸업
▶ 서울대학교 미술대학 대학원 졸업
▶ 서울대학교 미술대학 졸업
▶ 서울대학교, 경기대학교 출강
▶ 인덕대학 주얼리 디자인과 겸임교수

참조 작가 및 작품에 대한 상세 정보
Ktw1234@hanmail.net

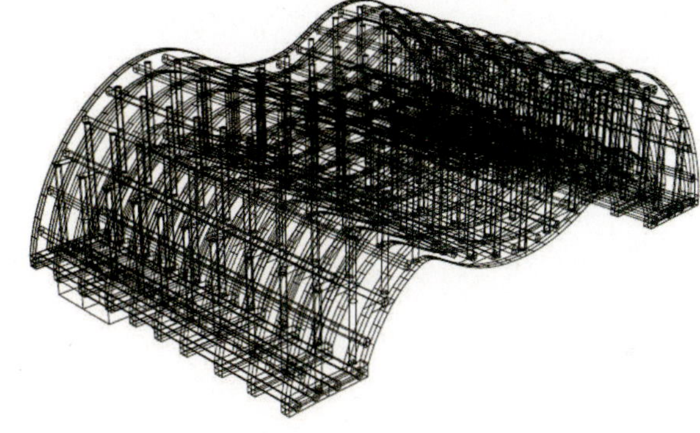

☆ Brooch, 66x41x21mm, Resin 〉FullCure 720에 아크릴계 염색
3D 모델링 프로그램 : 라이노3D / RP 제작 장비 : 이스라엘 Objet Geometries Inc. 〉Eden500V. 2007. 12.

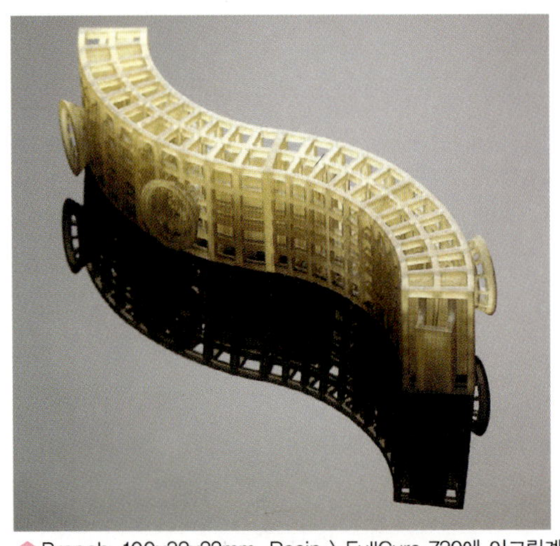 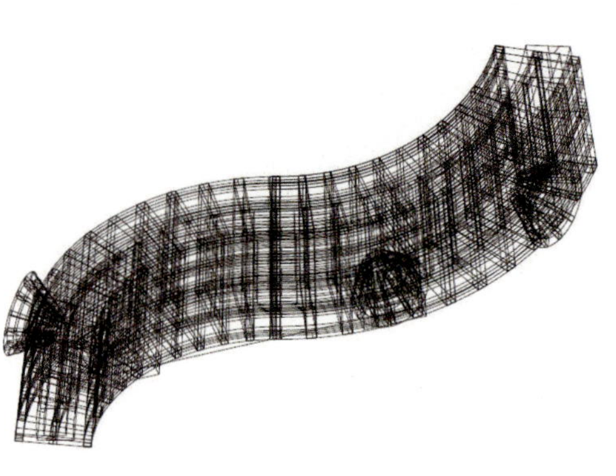

☆ Brooch, 100x32x22mm, Resin 〉 FullCure 720에 아크릴계 염색

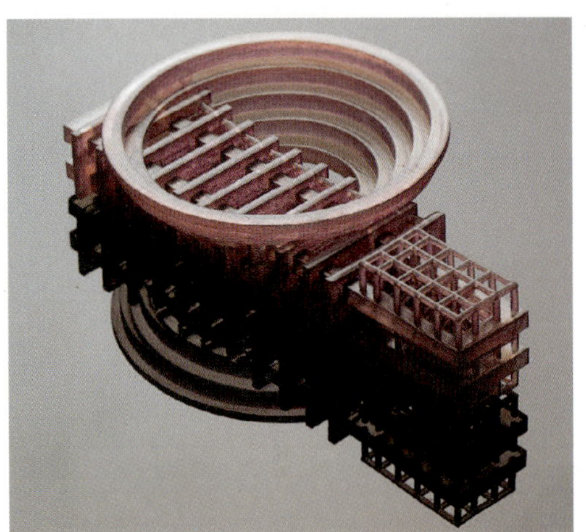 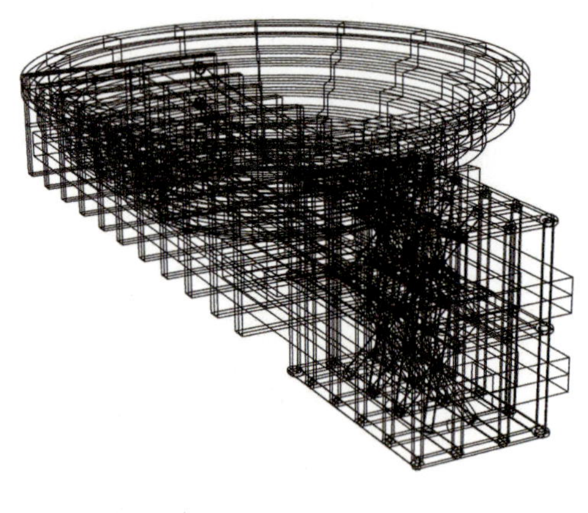

☆ Brooch, 50x80x17mm, Resin 〉 FullCure 720에 아크릴계 염색

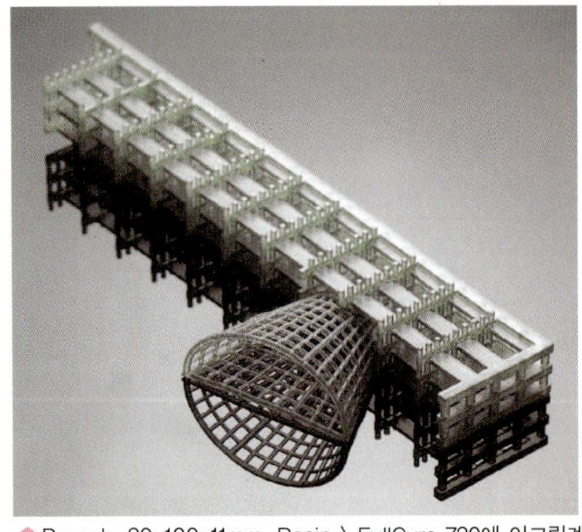 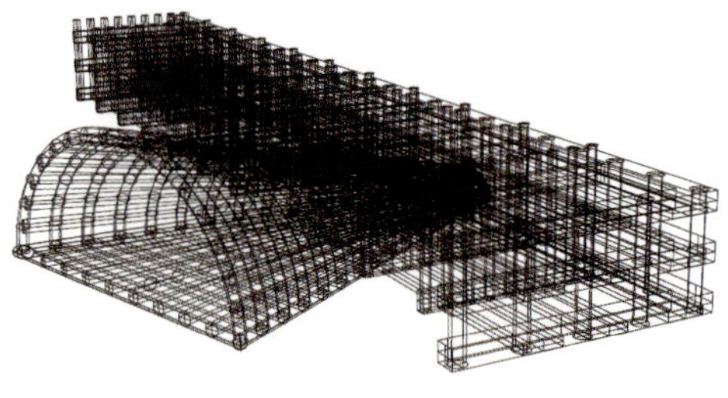

☆ Brooch, 20x100x11mm, Resin 〉 FullCure 720에 아크릴계 염색

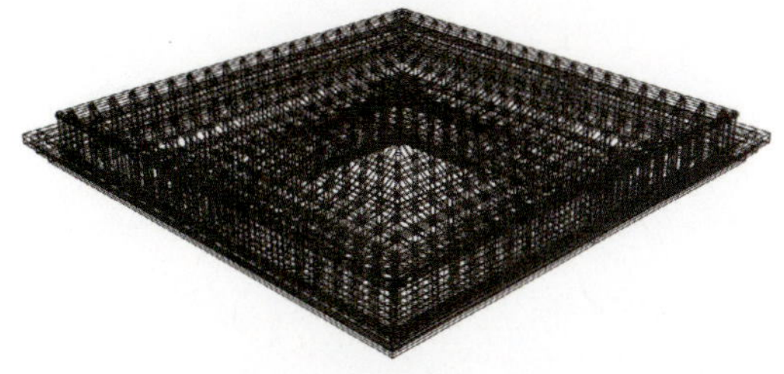

🔺 Pandent, 67x72x12mm, Resin 〉Stering Silver
3D 모델링 프로그램 : 라이노3D / RP 제작 장비 : 독일 Envisiontec〉Perfactory. 2007. 12.

≋ Pendant 〉 S—0859, S.SILVER 〉 Pt. PLATING

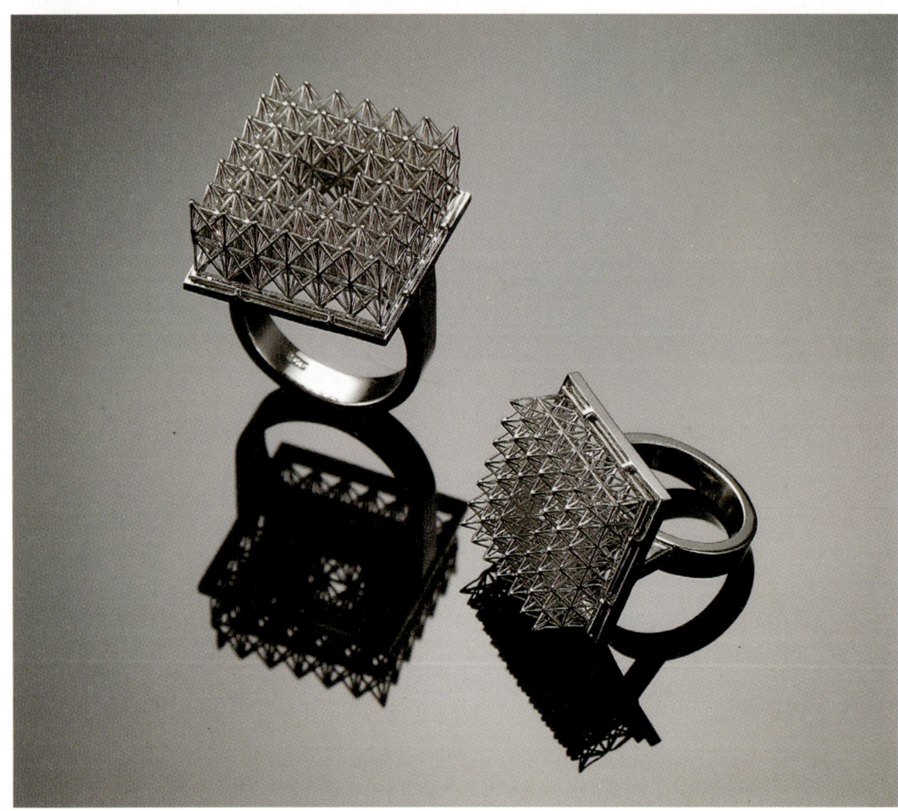

≋ RING 〉 S—0812, S.SILVER 〉 Pt. PLATING

🔺 Pandent와 Ring, S.SILVER 〉 Pt. PLATING, 2010.

🔺 Pandent와 Ring, S.SILVER 〉 Pt. PLATING, 2010.

02

디자이너 : 주은옥 Joo, Eun-Ok

▶ 성신여자대학교 조형대학원 미술학과 졸업, 금속공예전공

▶ 국립서울산업대학교 공예학과 졸업, 금속공예전공

▶ 주은옥 디자인 연구소 대표

▶ 성신여자대학교 공예학과 강사

▶ 영국 보석감정사-FGA

▶ 미국 주얼리 평가사-MV

▶ 국가 공인 보석감정사-AGK

▶ (사)한국 미술협회 회원

▶ (사)한국 공예가협회 회원

▶ (사)한국 귀금속보석디자인협회 회원

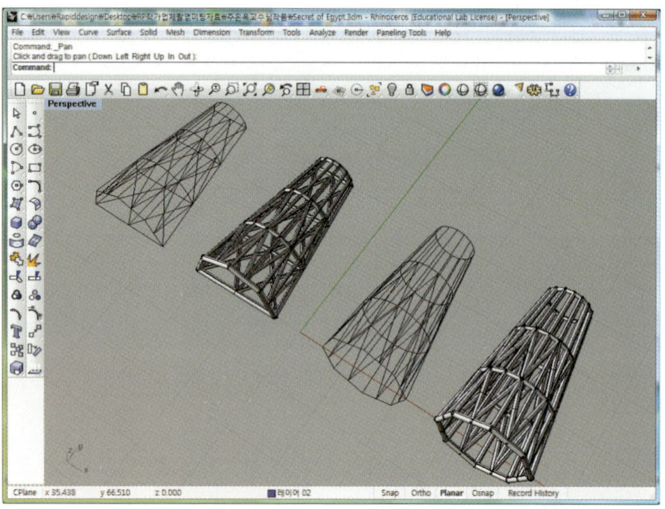

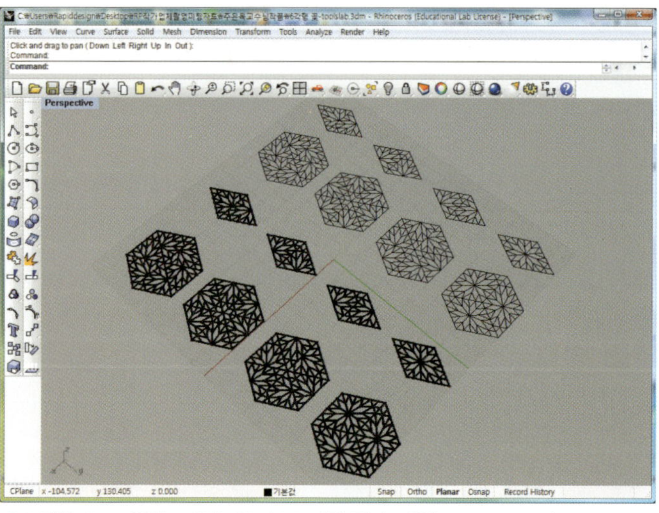

♣ 모델링 소프트웨어 : 라이노3D / RP 제작 장비 : 독일 Envisiontec 〉 Perfactory

☆ 여신의 꿈 / Goddess Dream / 18K Gold, Silver, 다이아몬드, 루비, 사파이어, 차보라이트,
1300X150mm / 2009. 서울 디자인올림픽 〉 Best of Best Jewelry Design.

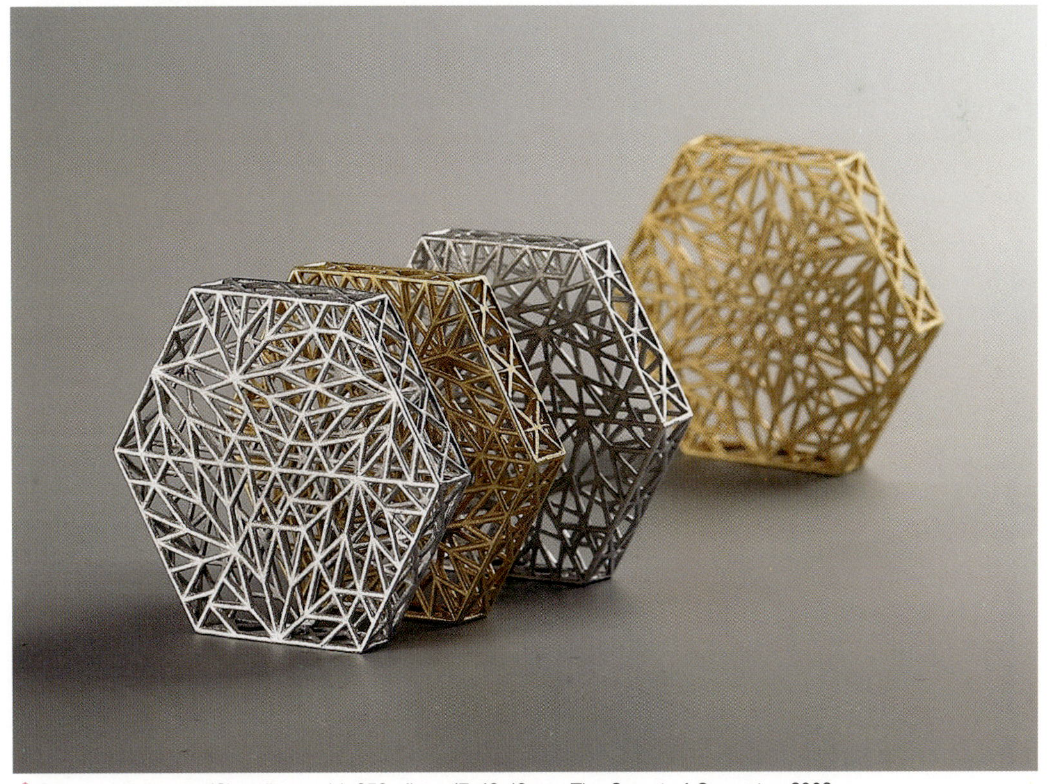

☆ Secret of Hexagon_18k yellow gold, 950 silver 47x40x10mm. The Secret of Geometry. 2008.

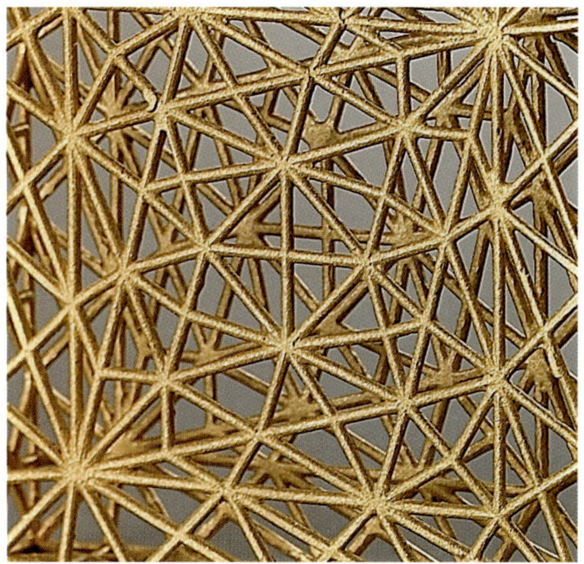

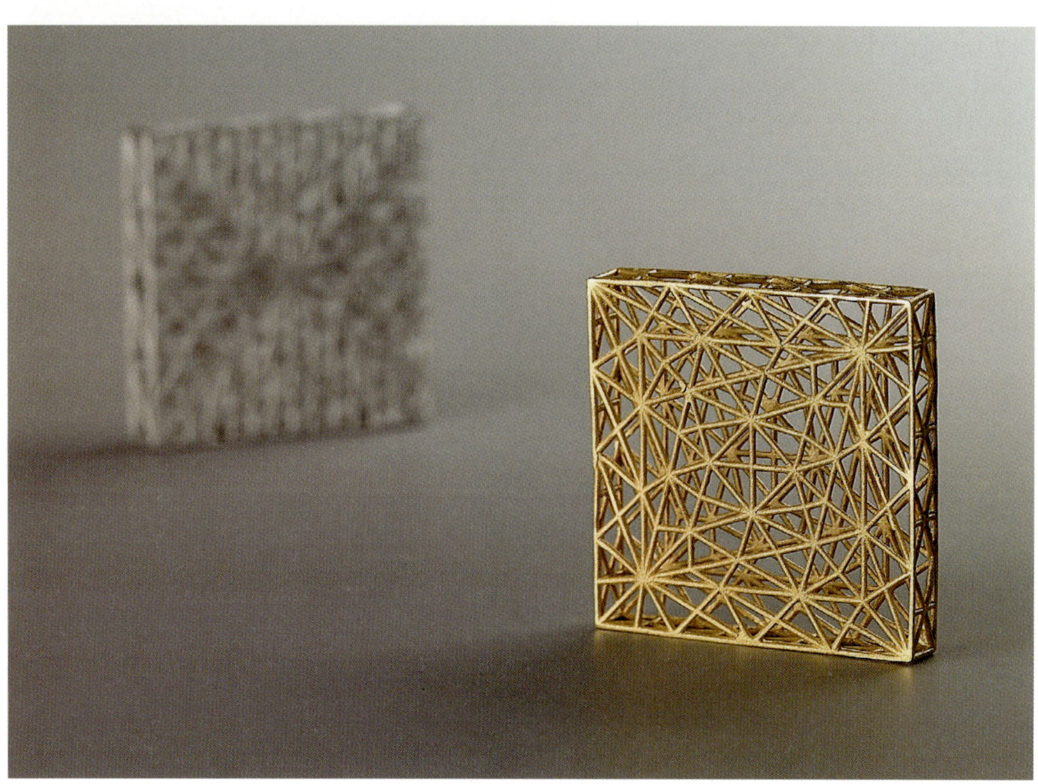

Structure Detail

Secret of Geometry I_18k yellow gold, 950 silver 55x55x10mm. 2008.

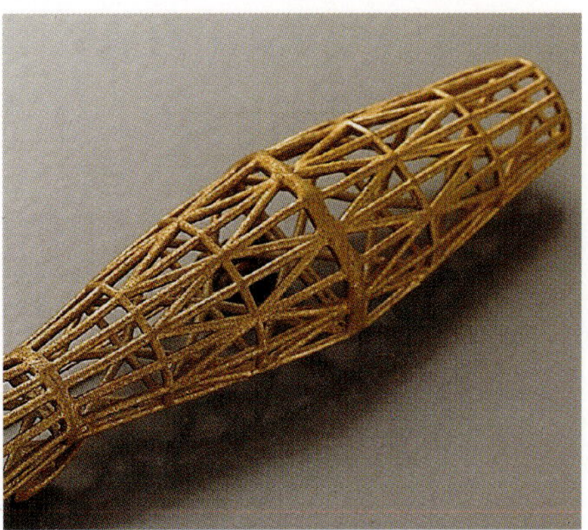

▲ Secret of Geometry I_18k yellow gold. 2008.

▲ Structure Detail

▲ Secret of Geometry I_18k yellow gold, 55x55x10mm. 2008.

디자이너 : 김문배 Kim, Moon-Bae

▶ 서울산업대학교 금속공예디자인학과 졸업
▶ 서울산업대학교 산업대학원 산업공예학과 금속공예 전공
▶ 인덕대학 주얼리 디자인과 겸임교수
▶ 서울산업대학교, 경기대학교, 재능대학 출강
▶ (사) 한국 장식문화예술진흥협회 회원
▶ (사) 한국 미술협회 회원
▶ (사) 대한 산업미술가협회 회원
▶ (사) 한국 공예디자이너협회 회원
▶ (사) 한국 콘텐츠학회 회원

♣ 모델링 프로그램 : 라이노3D

♣ RP 제작 장비 : 독일 Envisiontec 〉 Perfactory / 캐스팅 결과

Pendant, Silver 925 C.Z 47x55x20mm. Harmony + Repetition, 2007.

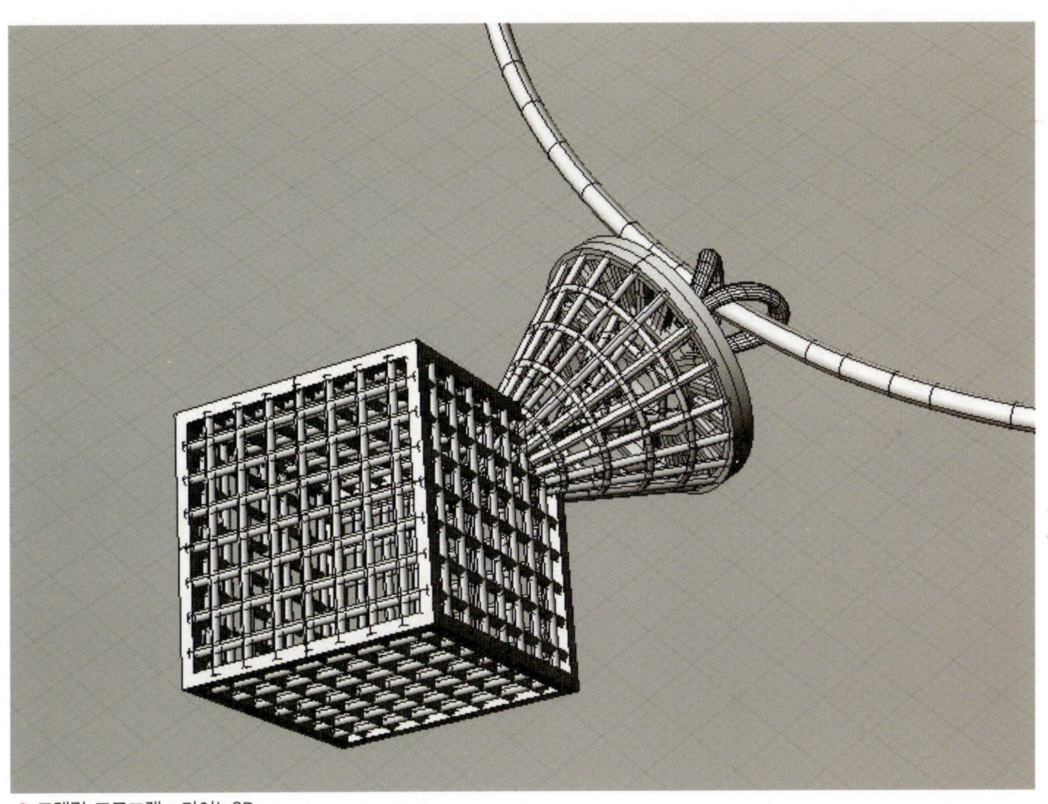

모델링 프로그램 : 라이노3D

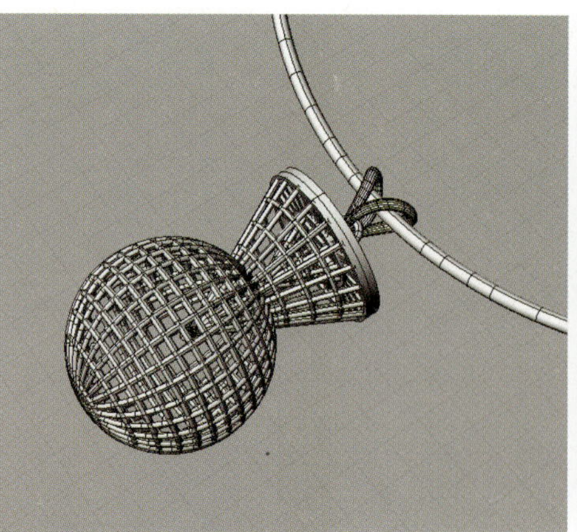

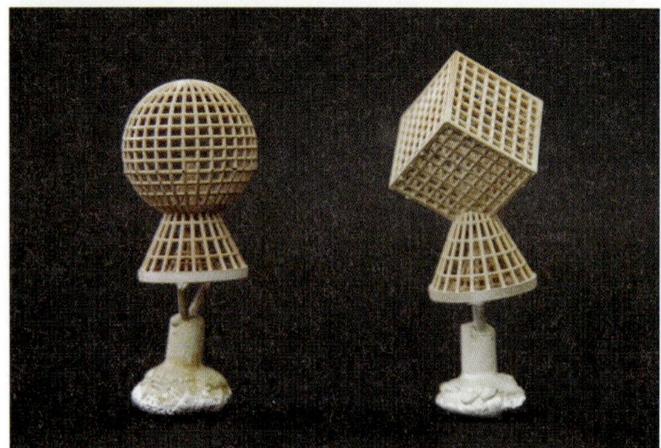

Pendant, Silver 925, 28x60x30mm / Silver 925, 25x60x25mm. Harmony + Repetition, 2007

신속조형기술 RP활용가이드

디자이너 : 예명지 Ye, Myung-Ji

- ▶ 일본 히꼬미즈노 주얼리컬리지 주얼리디자인디플로마
- ▶ 홍익대학교 산업미술대학원 귀금속디자인 전공 석사
- ▶ 국제 진주디자인콘테스트 본상 수상
- ▶ 월드 골드디자인콘테스트 베스트디자인상
- ▶ 1999~2001년 한국밀레니엄상품 3년 연속 수상
- ▶ 우수산업디자인(GD) 산업디자인진흥원장상 2년 연속 수상
- ▶ 청와대 영빈관 전시(예명지 밀레니엄볼)
- ▶ 일본 왕세자비 초청 주얼리쇼(동경 힐튼호텔)
- ▶ Polo RalpLauren 그룹 "Glamourous" 네크리스 제작
- ▶ 이태리 2001년 미스유니버스 쥬얼리쇼 초청

♣ 예명지 밀레니엄볼네크리스 / 3D 모델링 : 주얼캐드(JewelCAD)

♣ 한국밀레니엄상품 청와대 영빈관 전시작, 18K Gold, 130x270mm
　RP 제작 장비 : 미국 Solidscape 사 ModelMaker(MM2), 1999.

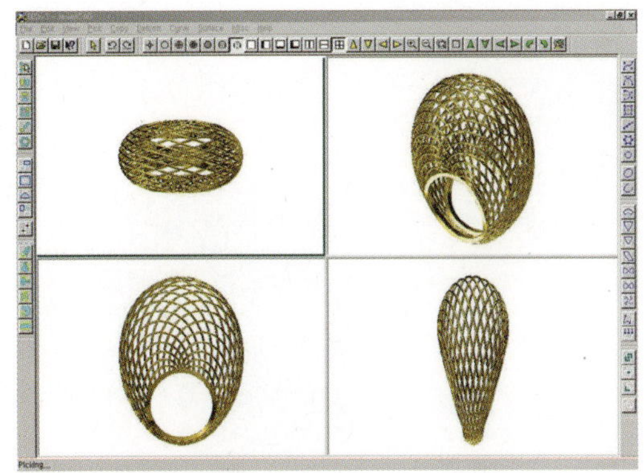

⛄ 3D 모델링 : 주얼캐드(JewelCAD)

⛄ 예명지 블루밍스페이스(Blooming Space) 세트, GD 산업디자인진흥원장상 수상, 18K Gold, 35x41mm,
RP 제작 장비 : 미국 Solidscape 사 ModelMaker(MM2), 2001.

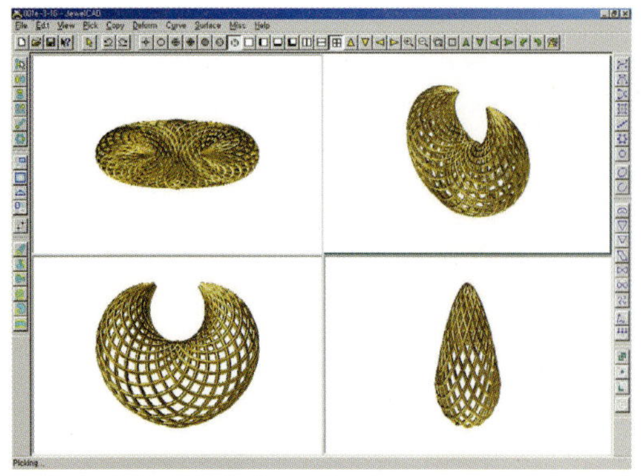

숀 3D 모델링 : 주얼캐드(JewelCAD)

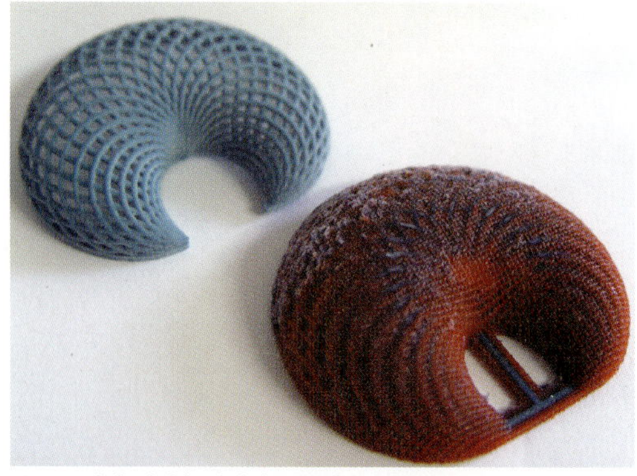

숀 RP 제작 결과 〉 예명지 브로치

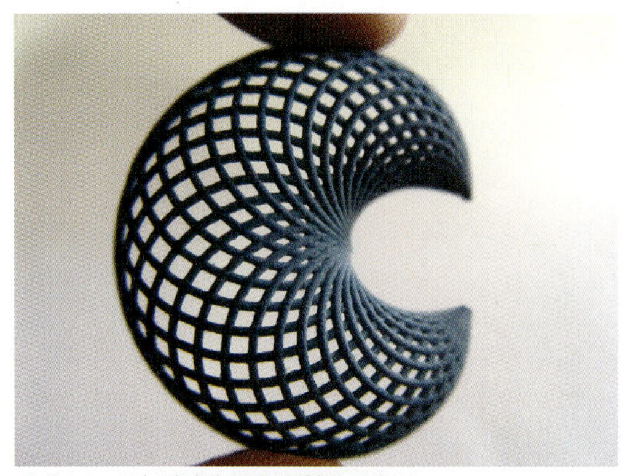

숀 Support가 제거된 브로치 원본 모습

숀 캐스팅 후 실물 완성품 모습

숀 예명지 블루밍스페이스(Blooming Space) Earring, 18K Gold, 2001.

☙ 예명지 블루밍(Blooming) 세트 〉 Earring, Neckless, Ring 18K Gold, 2001.

☙ 3D 모델링 : 주얼캐드(JewelCAD)

☙ 예명지 뉴블루밍(Blooming)Earring 〉 18K Gold, 다이아몬드, 32x43mm, 2009.

자동차, 제품 디자인 RP 활용 사례

자동차처럼 유선형의 대칭형상을 주로 제작할 때 신속조형기술은 매우 정확하고 정밀하게 제작할 수 있다. 특히 기존 클레이 모형 제작보다 작업시간이 매우 빨라 생산적인 작업이 가능하다.

01

디자이너 : 김준영 Kim, Jun-yun / 홍익대학교 산업디자인학과 운송디자인전공 졸업

소개되는 미래형 스포츠카 Concept Design은 홍익대학교 산업디자인학과 운송전공 김준영 학생의 졸업 작품이다. 컨셉 스케치를 보면 알 수 있듯이 일반적인 모형 제작방법으로는 형상 제작이 힘든 구조이다. 이를 해결하기 위하여 알리아스 Alias에서 3D CAD 모델링을 진행하였으며, 모든 프레임 즉 골격들은 Solid로 제작되었다. 실 제작을 위하여 신속조형기술 Rapid Prototyping을 사용하였다. 사용 장비는 일본 CMET 사의 RM6000II 장비가 사용되었다.

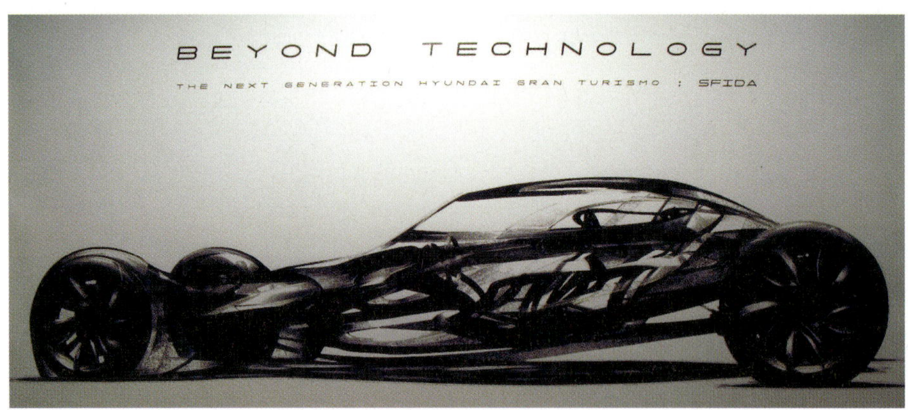

🔺 Concep Sketch. 2009.

자동차가 스케일 모델이다 보니 RP 장비의 제작 한계를 넘어서는 문제가 발생하였다. 대략 자동차 바디의 길이가 1000mm에 달해 한 번에 제작하는 것은 무리가 있었다. 선택한 방법은 반을 나누어 따로 작업해서 서로 파트들을 붙이는 것으로 결론 짓고 제작에 들어갔다.

결론적으로 주어진 시간 안에 후가공까지 마무리 문제없이 졸업작품을 마무리했다.

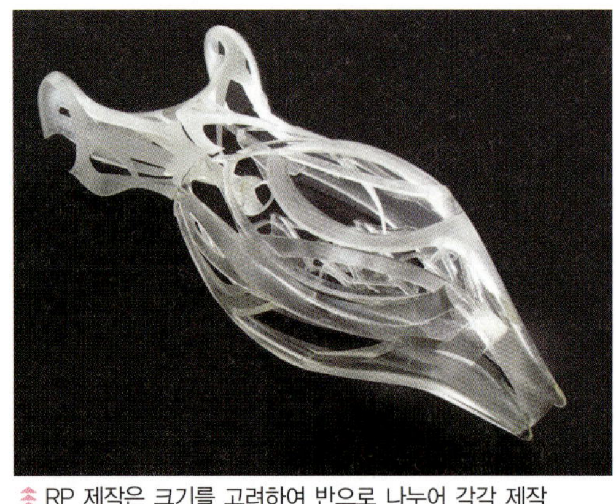

🔺 RP 제작은 크기를 고려하여 반으로 나누어 각각 제작

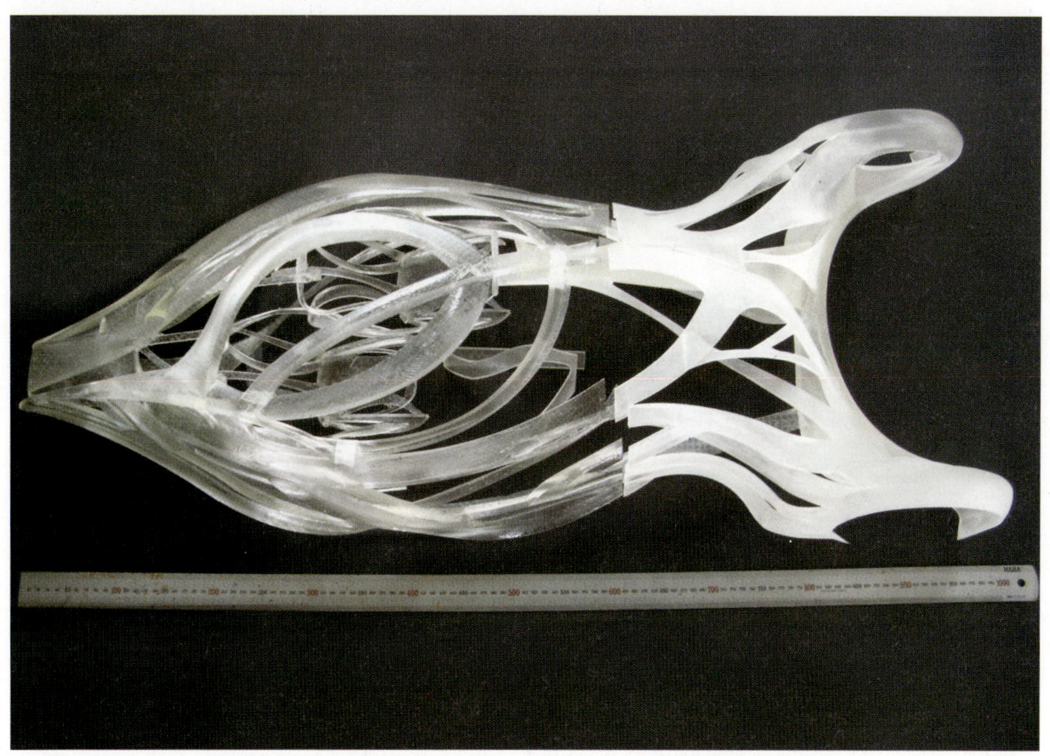

☟ 제작 파트가 1000mm에 육박하기에 파트를 2등분하여 제작 〉 접착 가능 〉 우측은 사포질을 한 후의 모습

☟ Modeling : Alias / Rapid Prototyping : CMET RM 6000II SLA, 1000x400x330mm. 2009.

신속조형기술을 활용한 자동차 스케일 모델은 향후 자동차 디자인 분야에서 활발하게 사용될 것으로 기대하고 있다. 기본 수치제어장비를 이용해도 문제는 없지만 이같이 곡면이 많은 복잡한 형상은 제작이 거의 불가능하기 때문이다. 또한 디자인 요소를 최대한 살리는 학생 작품은 표현한계를 극복하는 것이 하나의 과제가 되었다. 이제 신속조형기술은 시간과 비용을 줄이는 많은 장비들이 등장하고 있어 머지 않아 디자인학과에 필수적인 모형 제작 장비가 될 것이라 본다. 참고로 아래 페인팅 작업은 우레탄도료에 슈퍼클리어로 광택을 준 모습이다. 열처리 과정만 뺀 실제 자동차 도료라고 보면 된다.

♨ 부위별 페인팅 후 조립한 모습

애니메이션, 캐릭터 분야 RP 활용 사례

하나의 피규어를 수작업으로 제작하기 위해서는 숙련자의 조각 솜씨와 감각이 절대적
이지만 3차원 모델링 된 캐릭터는 RP 장비를 이용하여 출력하면 매우 빠르고 정확하
게 출력이 가능하다.

01 피규어 아티스트 Figure Artist : 이찬우 Lee, Chan-Woo

coolrain studio. 대표

▶ DUNKEYS exhibition 3rd , 프랑스 파리
▶ BRIGHT SHOW DUNKEYS exhibition 2nd, 독일 베를린
▶ 16X16 collaboration exhibition, 상상마당
▶ "BlueDot ASIA 2009" DUNKEYS展, 예술의전당 한가람미술관
▶ 삼성 디지털카메라 프로모션 "VLUU GRAPHER"
▶ NIKE "BE THE LEGEND" 박지성 피겨제작 및 전시
▶ Motorola 쇼케이스용 피겨제작 및 전시
▶ omatorae (주)바른손 "Monsterz Crew" 노트제작
▶ KTF show phone 홍보 피겨제작
▶ ToyPOP ART展 , 남산 파빌리온갤러리

참조 작가 및 작품에 대한 상세 정보
www.coolrainz.com

피규어 아티스트 이찬우는 현재 살아가고 있는 젊은이들의 패션과 문화, 라이프스타일을 축소화하여 그들의 에너지와 이야기를 함께 나누고자 하는 명확하며, 간결한 작품의 주제들을 보여주고 있다. 특히 살아 있는 듯한 피규어Figure의 생동감과 소품들의 정교함에서 작가의 작품에 대한 진념과 진지함이 배어난다. 작가 이찬우만의 이러한 작업들은 이미 국내외에서 인정받아 NIKE, Cinelli, PUMA, SAMSUNG, LG, KTF, Motorola, APAROJECT, Kasina, LIFUL, T-LEVEL, Toontoy, KINKI robot, komatorae-(주)바른손, delitoys , sakun 등 다양한 클라이언트와 협업 및 각종 전시 등을 통해 세상에 보여지고 있다.

☀ 자료제공 : COOLRAIN STUDIO.

소개되는 작품들은 이찬우 작가의 많은 작품 중의 일부로 정교한 피규어 작품 제작을 위해 매우 효과적으로 사용된 신속조형기술 Rapid Prototyping의 활용 사례이다. 사용된 장비는 미국 3D Systems 사의 ProJet DP3000이다. DP3000은 DP(Dental Process)가 말해주듯 덴탈 장비로 특화되었지만 0.025mm라는 적층 레이어 정밀도 때문에 고품질의 표면 조도를 요하는 캐릭터 및 정밀 부품과 같은 원형 제작에도 적합한 장비이다. 또한 사용 재료인 VisiJet DP200의 경우 주조가 가능하도록 연소되기에 언제든 캐릭터 원형을 정밀 주조를 통해 금속으로 변환이 가능하다. 또한 지지대가 쉽게 제거되기에 미세한 부품 제작에 뛰어난 제작의 편의성을 제공한다.

⚶ ProJet DP3000 결과물

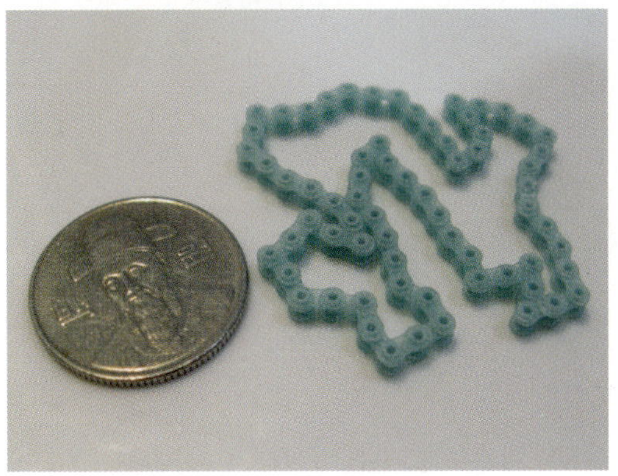

⚶ 실제 작동이 되는 자전거 체인과 페달, 기어 파트 모습

작가 이찬우는 정교한 피규어의 느낌과 자전거 부품을 제작하기 위하여 3D 모델링, 렌더링, 애니메이션 통합 소프트웨어인 소프트이미지 SOFTIMAGE XSI를 사용했으며, 정교한 기어와 체인이 실제 작동되도록 3D 데이터의 공차와 기어 회전비를 계산하여 작품의 완성도를 높였다.

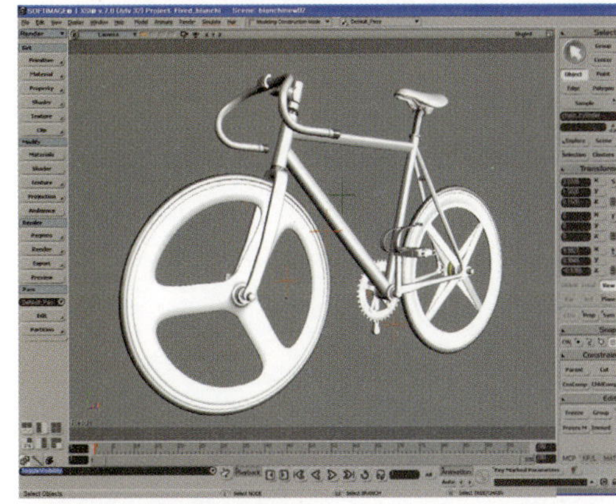

⚶ Cinelli 자전거 3D 모델링

⚶ TLevel 자전거 3D 모델링

아래 작품들은 피규어 저작권자인 **COOLRAIN 스튜디오 이찬우 작가**의 게재 허가 및 승인하에 이루어졌음을 밝힌다. 참고로 신속조형장비(RP) 제작은 서울애니메이션센터 캐릭터 원형제작실에서 제작되었다.

♣ cinelli 자전거와 피규어, 2009.

♨ cinelli 자전거 3D 모델링

♨ cinelli 자전거 RP 제작 및 조립 파트

♨ cinelli 자전거 VIGORELLI Frame, 스케일 1/6, 크기 : 28(L)x17(H)x7(W)cm

▲ MrBull

♨ TLevel 자전거, 2010년 제작, 크기 : 1/6(length 28cm, height : 17cm)
국내 브랜드인 티레벨과의 콜레보레이션으로 제작한 티레벨 건셉 바이크, 독일 Bread and butter 전시용 제작 작품.

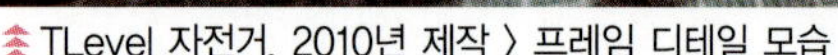
⮝ TLevel 자전거, 2010년 제작 〉 프레임 디테일 모습

⮝ TLevel 자전거, 2010년 제작, 크기 : 1/6(length 28cm, height : 17cm)

픽시드 기어는 뉴욕이나 전 세계 젊은이들에게 많은 인기를 얻고 있고 그들의 스타일과 에너지를
작품으로 표현한 것이다.

02

캐릭터 원형 제작 및 디자이너 : 곽희승 Kwak, Hee-Seung

현 SBA 서울산업통상진흥원 서울애니메이션센터 만화캐릭터팀 / 캐릭터원형제작실 연구원

참조 작가 및 작품에 대한 상세 정보
www.ani.seoul.kr.

소개되는 머신걸(Machine Girl) 로봇 캐릭터 제작과정은 기존의 숙련된 원형 제작사들이 수작업으로 하던 캐릭터 제작을 컴퓨터 모델링과 신속조형기술(Rapid Prototyping)을 활용하여 완전한 Digital Design Process를 기반으로 제작되었다. 이번 주제는 로봇 여전사로 사이보그 같은 자연스런 얼굴과 정교한 전투복과 무기를 가진 인상적인 로봇이다.

사용된 장비는 미국 3D Systems 사의 ProJet DP3000이다. DP3000은 원리 DP(Dental Process)가 말해주듯 덴탈(Dental) 장비로 특화되었지만 0.025mm라는 적층 레이어 정밀도 때문에 고품질의 표면 조도를 요하는 캐릭터 원형 제작에도 적합한 장비이다. 또한 지지대의 제거가 손쉬워 매우 복잡한 형상에 적합하다. 사용 재료인 VisiJet DP200의 경우 주조가 가능하도록 연소되기에 언제든 캐릭터 원형을 정밀주조를 통해 금속으로 변환이 가능하다.

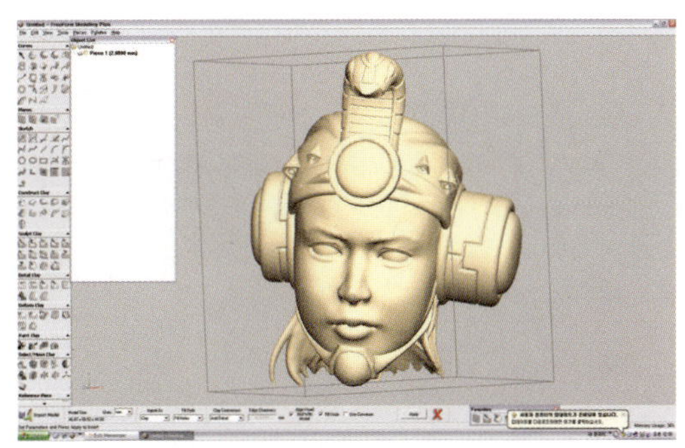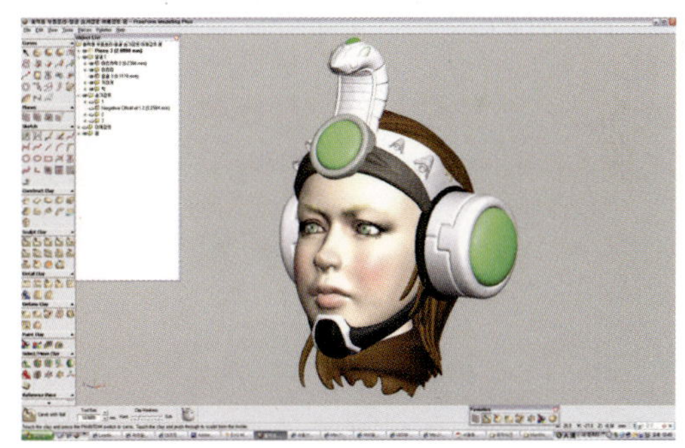

♨ 3D CAD Modeling 〉 SensAble technologies 사 PHANTOM Modeling Plus

이번 여전사 머신걸의 경우 각 관절리 분리되어 움직일 수 있도록 제작하였으며, 각 파트는 매우 정교한 3D 모델링 툴이 이용되었다. 캐릭터의 경우 소프트웨어적인 툴로 Z-Brush, Mud-Box, Modo 등이 있지만 이번 작업에는 미국 SensAble technologies의 PHANTOM Modeling Plus 디바이스와 소프트웨어가 사용되었다.

이것은 햅틱디바이스를 통해 촉각적인 감각을 느끼며 모델링하는 툴이다. 아직 국내 캐릭터 분야의 디지털화가 일부에서 이루어지고 있는 실정이지만 향후 캐릭터-피규어 원형 제작에 본격적으로 3D CAD가 사용될 것으로 기대한다.

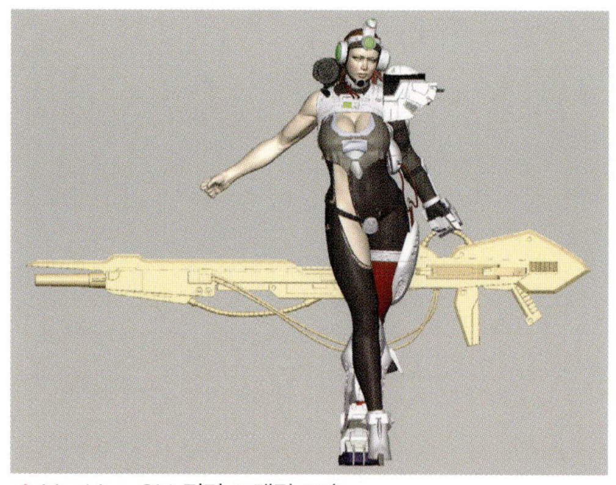

♣ Machine Girl 전면 모델링 모습

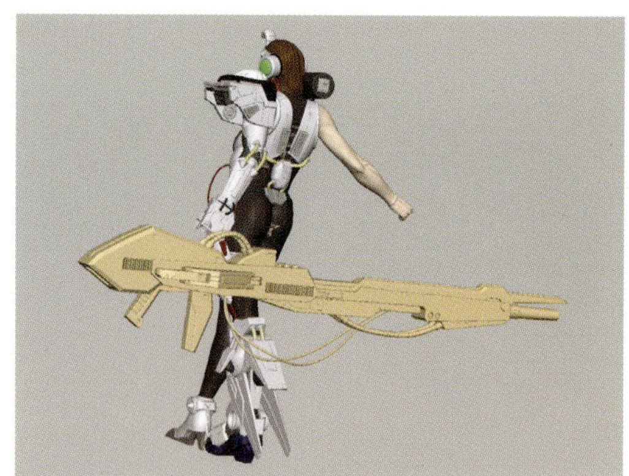

♣ Machine Girl 후면 모델링 모습

♣ 디오라마 구성 베이스 하단부 모습

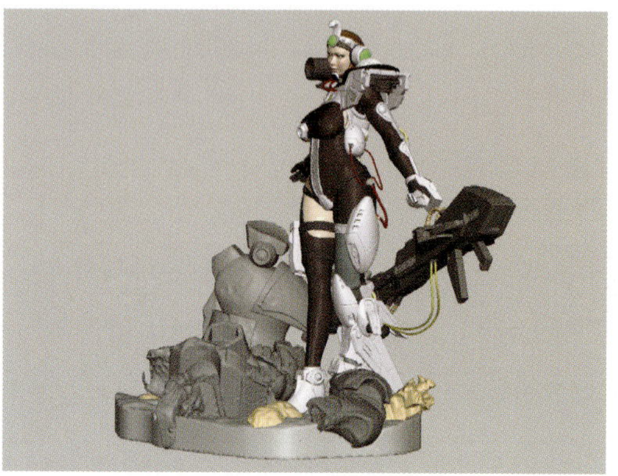

♣ 디오라마 구성 베이스 상단부 모습

♣ Machine Girl 전면 모델링 디테일 1

♣ Machine Girl 전면 모델링 디테일 2

Machine Girl, Rapid Prototyping Parts, 2010. 신속조형기술 제작 파트, 2010.

♨ Machine Girl, Rapid Prototyping 〉 Projet DP3000, MJM, Size : 360mmX240mmX160, 2010. 신속조형기술, 크기 : 360mmX240mmX160, 2010.

참조　조립이 가능한 여전사 로봇 〉 머신걸(Machine Girl) 정밀 캐릭터-피규어 제작 프로세스 공정은 캐릭터 저작권자인 곽희승 연구원의 게재 허가 승인하에 이루어졌음을 밝힌다.

참조 작가 및 작품에 대한 상세 정보
http://www.c-square.or.kr

대구광역시와 대구디지털산업진흥원(DIP)이 조성 중인 IT. CT 산업클러스터 조성의 일환으로 설립된 캐릭터센터는 캐릭터, 만화, 애니메이션 제작에서 캐릭터 상품 및 각종 산업 시제품 제작까지 One-Stop으로 가능한 전문 지원센터이다. 이를 위하여 대구 씨-스퀘어 캐릭터센터 C-Square Character Center는 캐릭터모델링, 캐릭터 RP 출력, 캐릭터 몰드 제작, 역설계 스캐닝 시스템 등 전문 인력과 장비를 활용 캐릭터 산업을 지원하고 있다. 보유 RP 장비로는 초정밀주조 원본 제작이 가능한 독일 Envisiontec 사의 Perfactory MINI ERM, 약 400mm 정도의 RP 파트를 제작하는 독일 Envisiontec 사의 Xtreme, 경제적인 디자인 목업 제작이 가능한 일본 KIRA 사의 KATANA 등이 대표적이다. 특히 KATANA는 종이를 커팅, 적층하여 제작하는 RP 시스템이다. 여기에 고정밀 광학식 스캐너인 독일 브로이크만 사의 smart SCAN 3D와 몰드 제작을 위한 진공주형기 등을 보유하고 있다.

아래 소개되는 RP 활용 사례는 대구 씨-스퀘어 캐릭터센터 C-Square Character Center에서 자체 제작 지원한 구체관절인형이다. 구체관절인형은 인형의 관절(關節)부위를 구(球)모양으로 만들어 관절의 움직임이 자유로운 인형의 포괄적 명칭이다. 조형예술의 한 분야인 구체관절인형은 창작인형이라고 불리우며 얼굴표정, 인체비례, 세부묘사 등 인체와 흡사한 것이 특징이다.주로 가볍고 단단한 돌가루 성분의 점토로 제작되고 그 재료의 다양성은 무척 다양하다. 독일의 초현실주의작가 한스벨머(Hans Bellmer / 1902-1975)에 의해 시도되어 1980년대 일본의 인형작가들에 의해 발전되어져 왔으며, 2000년 한국에서 독자적인 제작기법을 개발하여 현재에 이르기까지 다양한 발전을 하고 있다.

출처 : (사) 한국구체관절인형협회 〉 www.kbjda.com

이러한 다양한 제작 기법 중 최근 몇 년 전부터 각광을 받는 제작기술이 바로 신속조형기술(Rapid Prototyping)을 활용한 구체관절인형의 제작이다. 이것은 기존의 점토에 의한 수제작이 아닌 3D CAD 디지털모델링과 최종 원형을 3차원 RP 장비로 출력하는 방법이다. 다음의 구체관절인형은 이러한 신속조형기술을 어떻게 구체관절인형제작에 활용하는지 그 방법에 대해 보여주고 있다.

신속조형기술을 활용한 구체관절인형 제작 사례는 대구 씨-스퀘어 캐릭터센터 C-Square Character Center 원형제작실 김주연 선임연구원, 신성철 캐릭터 원형 연구원님의 협조로 제작되었다.
구체관절인형 제작을 위하여 사용된 3D CAD 소프트웨어로는 3D MAX, Rhino3D가 주로 활용되었으며, 기타 RapidForm, MagicRP와 같은 검증 소프트웨어들이 사용되었다.

 ## 3D CAD 모델링

동식물이나 구체관절인형과 같은 유기체의 모델링에는 다양한 3D 소프트웨어가 활용된다. 그중에서 Autodesk 3ds Max, Z-Brush, Mudbox, MODO, FreeForm, T-Splines(Rhino3D 플러그인) 등이 대표적이다. 아래 구체관절인형 모델링은 Autodesk 3ds Max와 Rhino3D가 사용되었다. 모델링은 각 파트별 두께를 가진 솔리드SOLID 상태로 모델링되어야 한다.

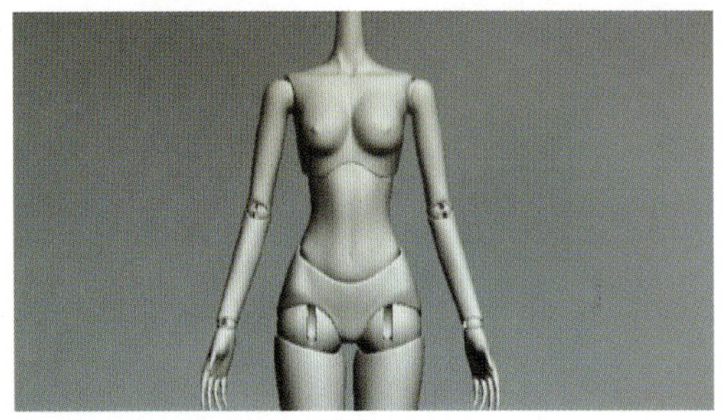
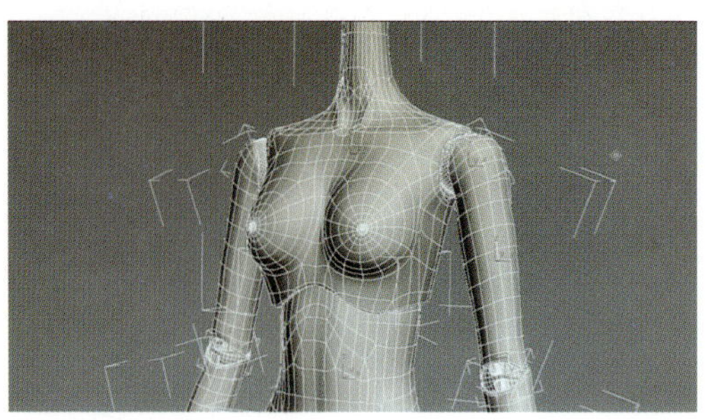

☀ Autodesk 3ds Max 모델링

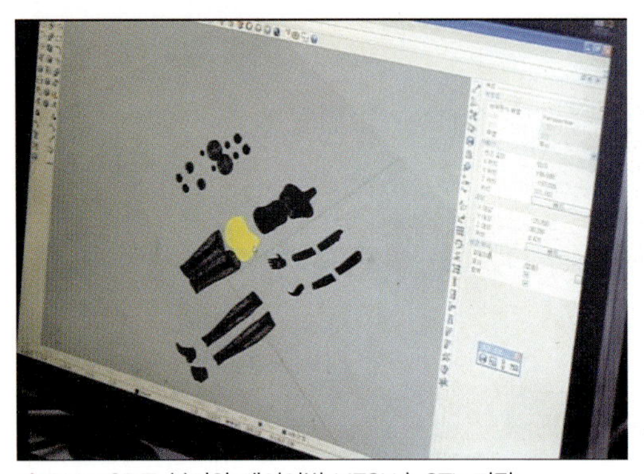
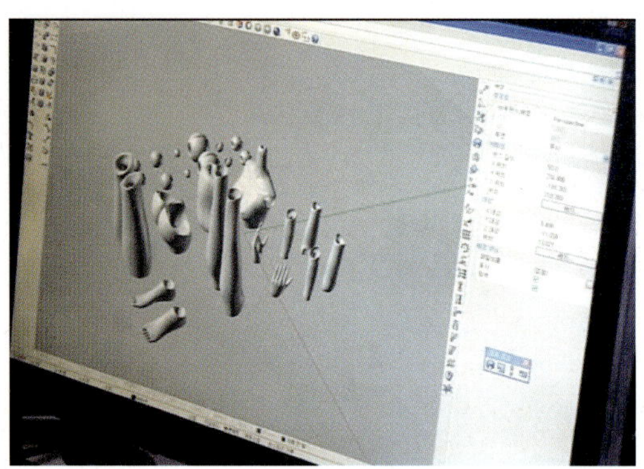

☀ Rhino3D로 불러와 레이어별 MESH 〉 STL 저장

단계 2 ## 서포트Support 제작

서포트 즉 지지대의 제작은 .stl로 저장된 각 파트를 MagicsRP(벨기에 Materialise 사의 제품) 소프트웨어로 불러와 그림과 같이 파트별 지지대를 제작해 준다. 대부분 자동으로 설정할 수 있다. 지지대는 모델이 제작될 때 버팀목이 되는 부분으로 생각하면 된다.

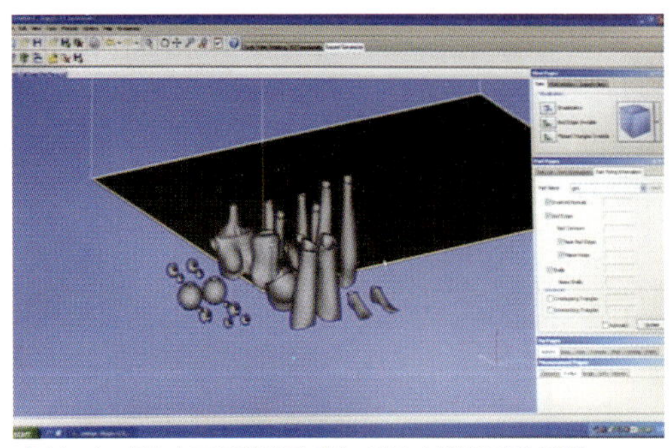
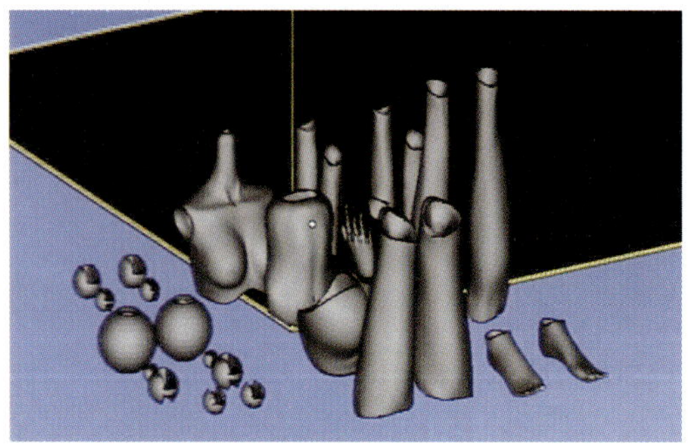

☀ MagicsRP 소프트웨어로 STL 파트 불러오기와 배치

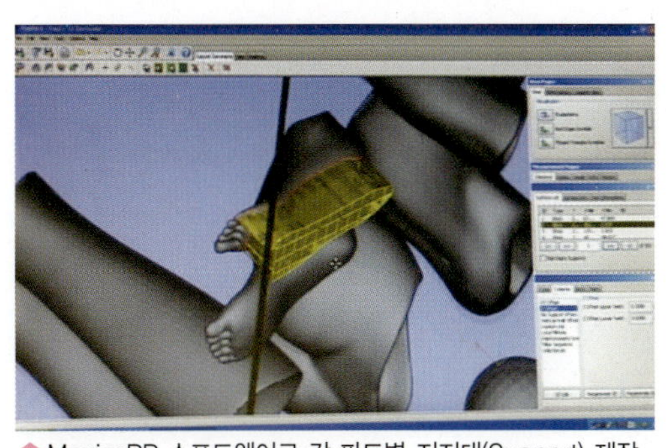
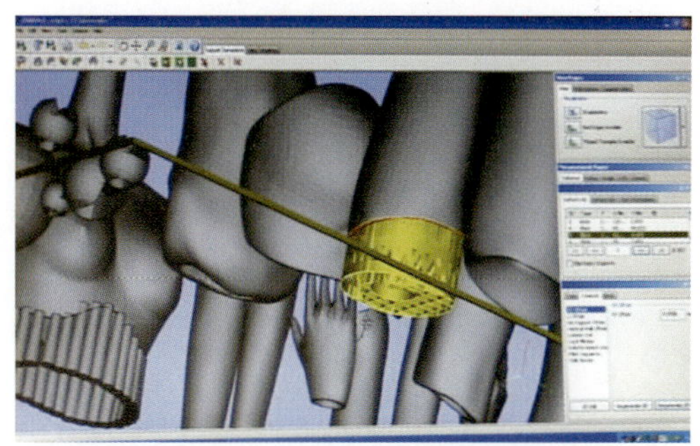

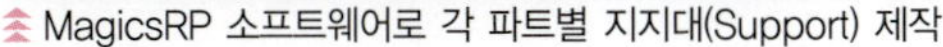
🔺 MagicsRP 소프트웨어로 각 파트별 지지대(Support) 제작

 RP 장비를 통한 원형제작

구체관절인형의 제작을 위하여 사용된 장비는 DLP(Digital Light Processing) 방식의 독일 Envision-tec 사의 Perfactory Extreme이다. 표면 조도가 뛰어나며, 비교적 중형 크기의 파트까지 제작이 가능하기에 원형제작에 적합하다. Extreme 자체 구동 소프트웨어로 앞서 제작해 놓은 파트들을 불러와 작업파일제작과 정밀도, 사용재료 등을 결정 후 출력 명령을 내려주면 RP 장비가 원형 제작을 시작한다.

우선 파트의 단면 데이터를 RP 장비 상단부에 있는 빔프로젝트를 통해 아래쪽 액상 수지부위에 투사하면 그림과 같이 한층 한층 경화층이 만들어져 모델이 만들어지게 된다.

🔺 Perfactory Extreme 장비 내부 DLP 프로젝션 장치 모습

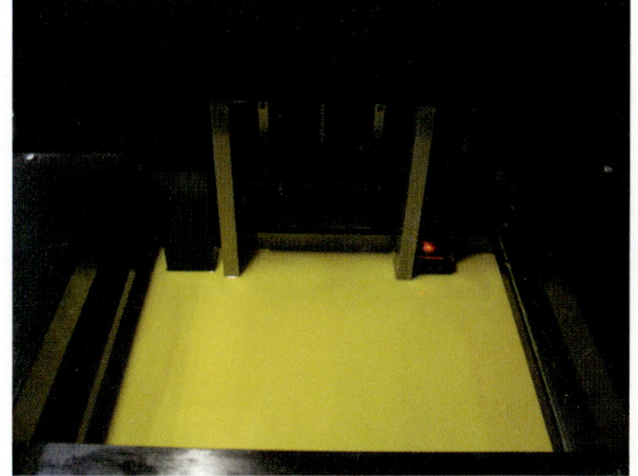
🔺 Perfactory Extreme 장비 하단부 재료 충진 모습

🔺 Perfactory Extreme 장비 내부 조형판 모습

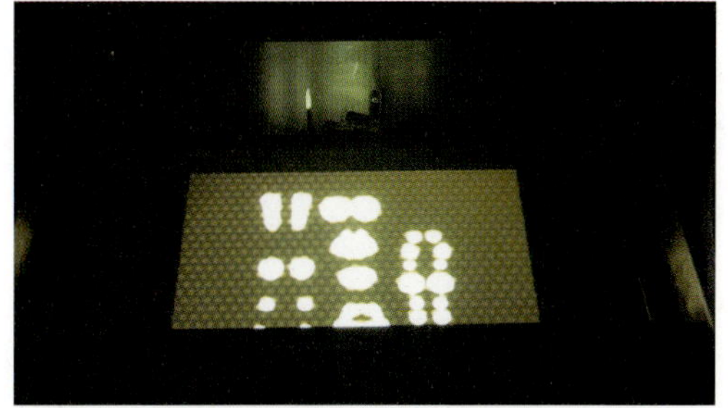
🔺 DLP 프로젝션 모습 〉 상단부 빔프젝트에서 노광

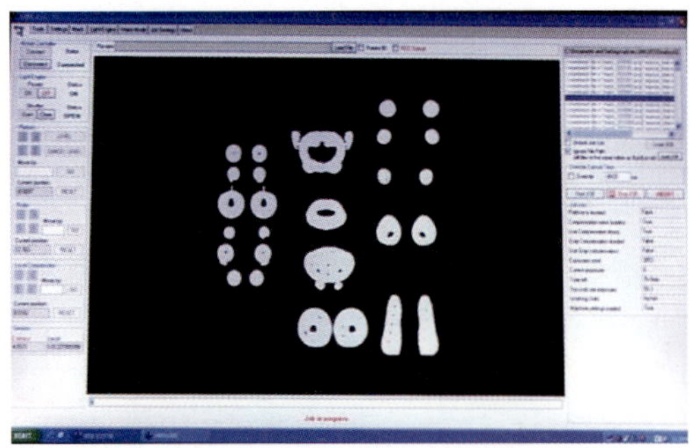
▲ Perfactory Extreme 작업 과정 모니터링 모습

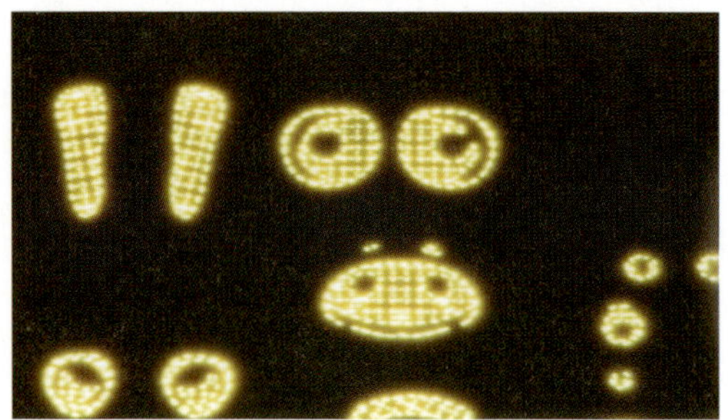
▲ 액상 수지가 빛에 반응해 단면 경화층이 제작되는 모습

 ## RP 장비에서 파트 꺼내기

파트 제작이 완료되면 조형판을 위로 올려 준다. 파트가 조형판에 지지대와 함께 붙어 있게 되는데 파트를 조형판에서 떼어내어 주는 단계이다.

▲ 조형판이 서서히 위로 올라오는 모습 1

▲ 조형판이 서서히 위로 올라오는 모습 2

▲ 조형판이 서서히 위로 올라오는 모습 3

▲ 조형판이 서서히 위로 올라오는 모습 4

▲ 조형판이 서서히 위로 올라오는 모습 5

▲ 조형판이 서서히 위로 올라오는 모습 6

조형판이 모두 올라오면 잠시 시간을 주어 파트에
붙어 있는 잔류 재료들이 모두 밑으로 빠지기를
기다린다. 다음 조형판에서 그림과 같이 조형 파
트들을 떼어내어 흡수지에 올려 나머지 액상 재료
들을 제거해 준다.

♣ 조형판이 완전히 올라온 모습

파트들을 조형판에서 조심스럽게 떼어내 준다. 아직 파트들이 완전 경화가 안된 상태이므로 무리한 힘을
주지 말아야 한다. 날카로운 끌을 사용하면 좋다.

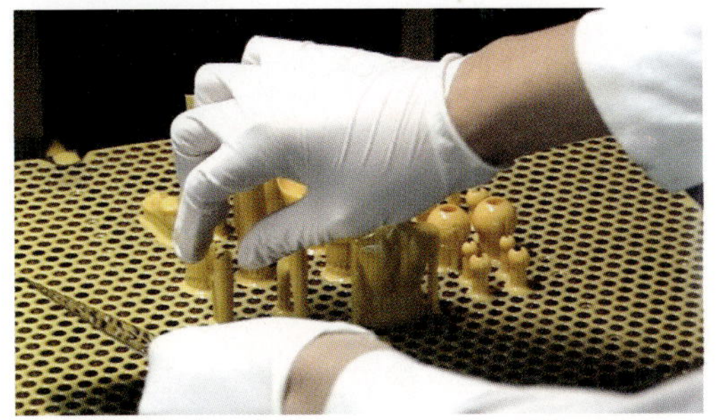

♣ 조형판에서 파트 떼어내기 1

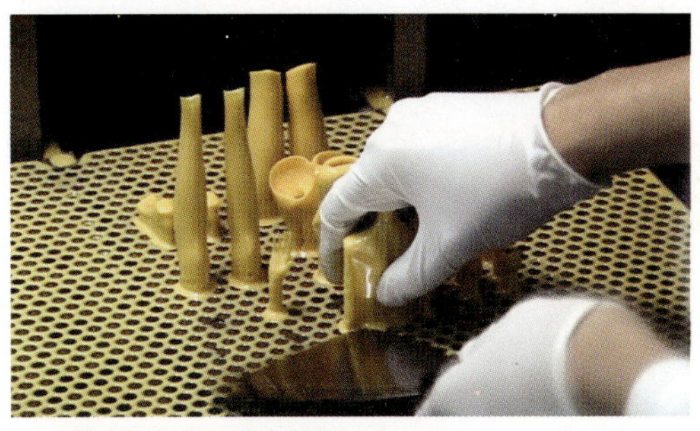

♣ 조형판에서 파트 떼어내기 2

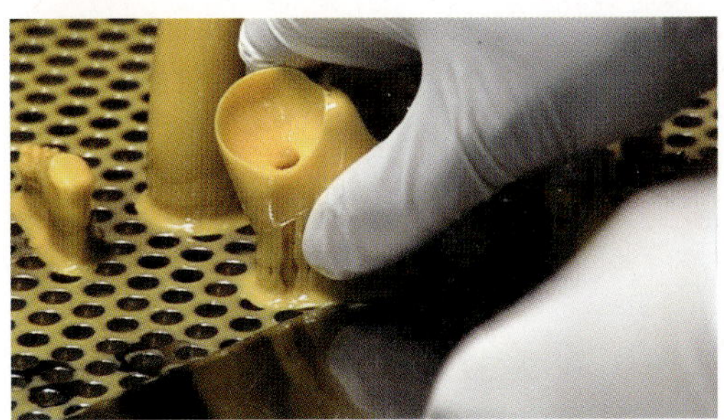

♣ 조형판에서 파트 떼어내기 3

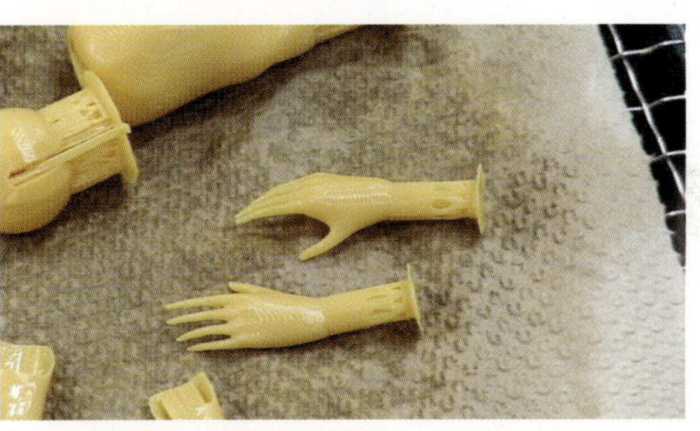

♣ 흡수지에 올려 잔류액 제거하기 1

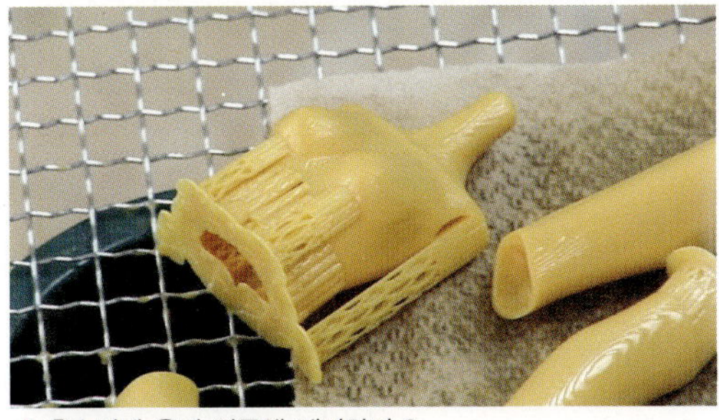

♣ 흡수지에 올려 잔류액 제거하기 2

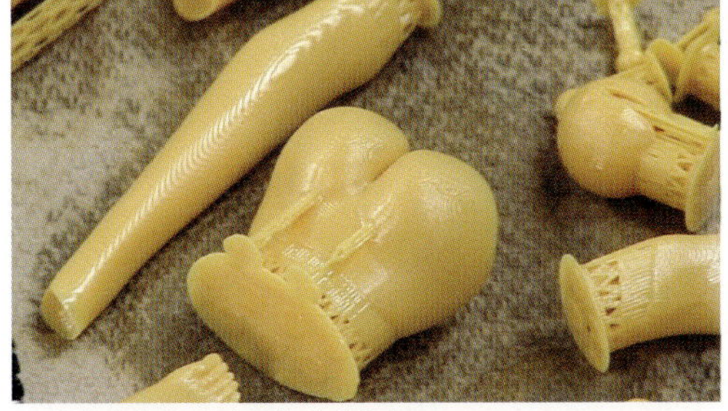

♣ 흡수지에 올려 잔류액 제거하기 3

파트들을 조형판에서 조심스럽게 떼어내 준다. 아직 파트들이 완전 경화가 안된 상태이므로 무리한 힘을
주지 말아야 한다. 날카로운 끌을 사용하면 좋다.

광경화성 방식으로 제작된 파트에는 필연적으로 지지대 또는 서포트Support라는 부분이 파트 하단 부위에 존재하게 된다. 이것은 반드시 제거되어야 하는 부분으로 니퍼나 펜치를 이용 제거한다. 특히 손가락이 들어가기 힘든 부위는 핸드피스를 이용 제거해주면 된다. 마지막 표면 정리는 사포로 정리한다.

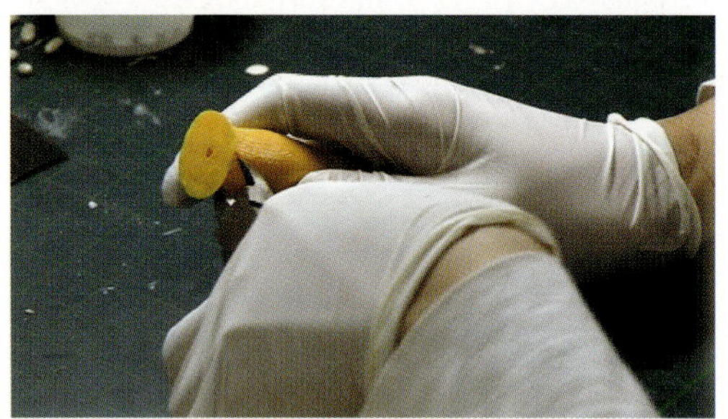
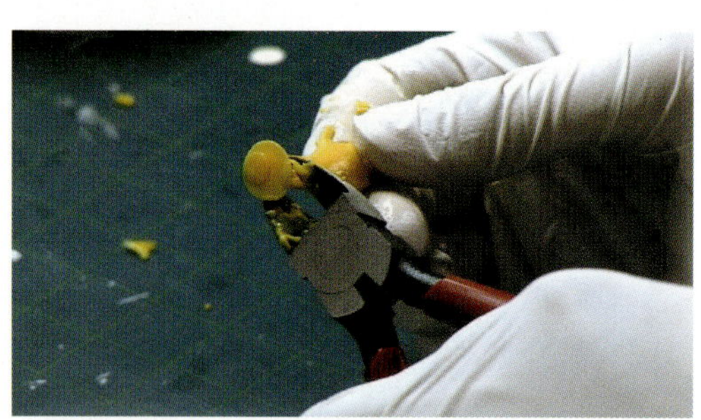

⚞ 니퍼나 펜치를 이용하여 파트에 붙어있는 불필요한 지지대 제거

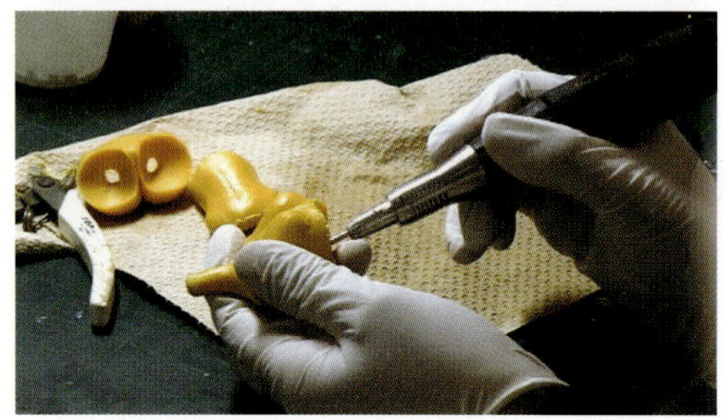

⚞ 핸드피스를 통해 파트에 붙어있는 불필요한 지지대 제거

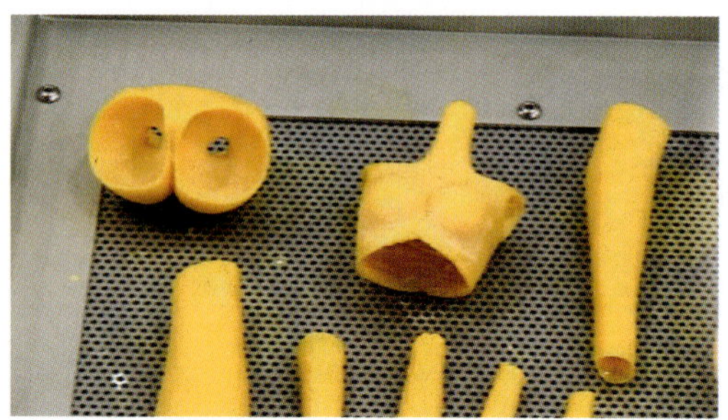

⚞ 지지대 제거가 모두 마무리된 파트 모습

다듬어진 파트들은 최종 경화를 통해 보다 단단하게 만들어 주어야 한다. 최종 경화는 자외선 램프가 있는 경화기에 넣어 시간을 설정해 주면 자동으로 경화가 이루어진다.

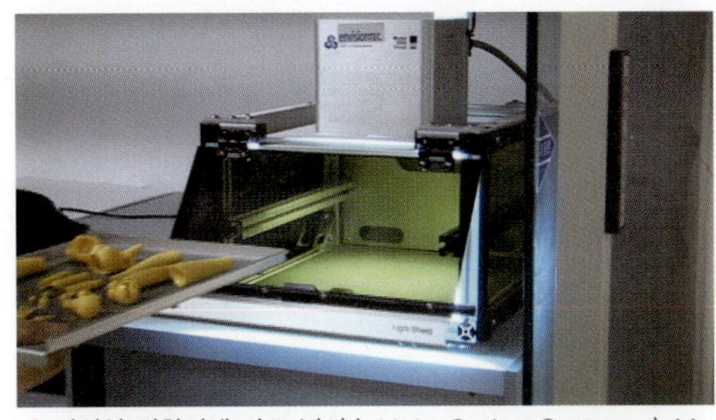

▲ 자외선 경화기에 파트 넣기 〉 Light Curing Systems 〉 Model5000Flood, Envisiontec.

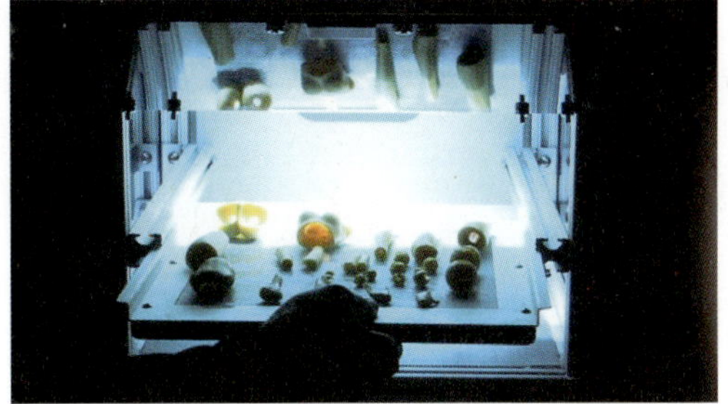

▲ 파트 경화 후 꺼내기

경화가 완료된 파트는 단단한 표면을 가지게 된다. 후처리 중에 도색을 할 경우 그림과 같이 파트의 표면을 보다 섬세하게 다듬어 주어야 한다. 이때 사포를 사용하여 단계별로 진행해 준다. 또한 프라이머를 칠해 표면 상태를 반드시 확인해가며 표면을 다듬어 주어야 한다.

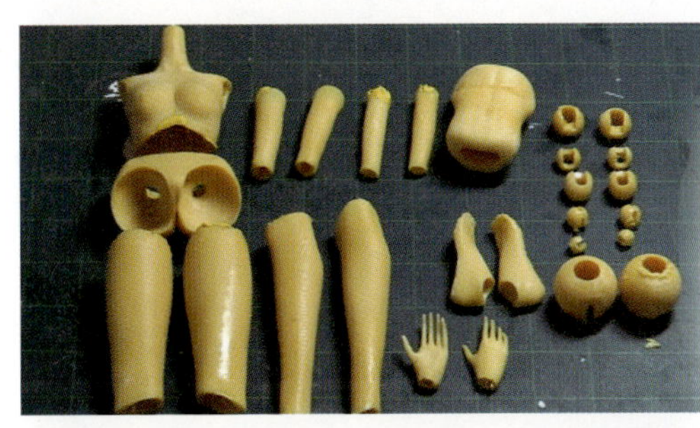

▲ 미세 사포를 사용하여 표면을 다듬어 준다.

🔺 프라이머를 발라 표면을 확인해 가며 다듬어 준다.

 최종 도색 전 파트 조립성 테스트

면 다듬기가 모두 마무리되면 완성된 개별 파트들은 가조립을 통해 최후 보정을 거치고, 3차례의 도장 및 도색(서페이스 도장 〉 바탕 도색 〉 마무리 원색 도색)을 통해 최종 마무리 한다. 참고로 조립 시 그어 놓은 붉은색 라인들은 몰드 제작 시 파팅라인 가이드라인이다. 도색 시에는 불필요하다.

🔺 최종 도색 전 파트 조립성 테스트 1

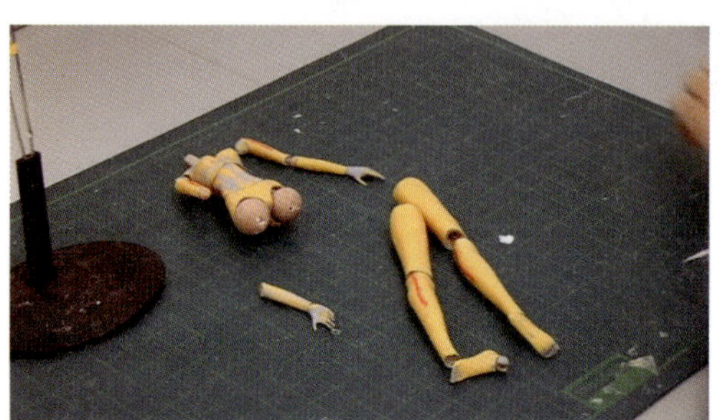

🔺 최종 도색 전 파트 조립성 테스트 2

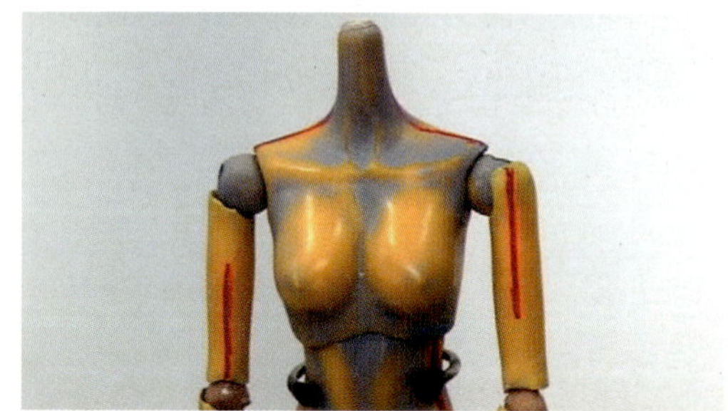

🔺 도색을 위한 기본 칠 모습 〉 에어브러시나 에어건을 이용하여 도색

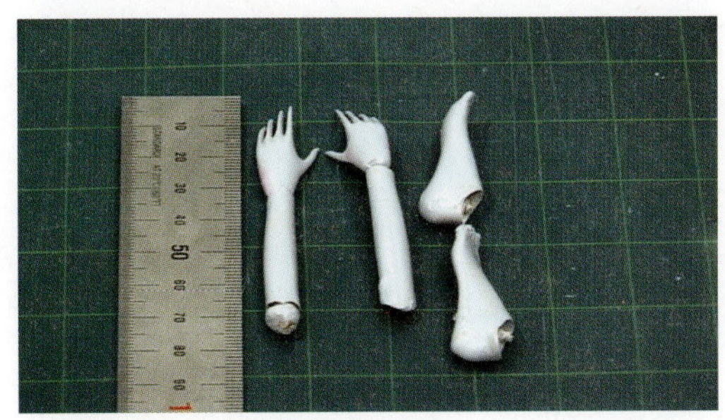

▲ 도색이 완료되어 자연건조하는 모습   ▲ 건조된 파트를 최종 조립한 모습

단계 9   최종 구체관절인형 완성

파트에 도색과 최종 조립이 마무리되면 그림과 같이 모든 과정이 완료된다. 추가로 얼굴제작과 의상을 입혀주면 구체관절인형이 완성된다.

▲ 구체관절인형, 제작지원 : 대구 씨-스퀘어 캐릭터센터 C-Square Character Center, 2010.

(주) 아이코닉스 엔터테인먼트 – 뽀로로 캐릭터

(주)아이코닉스 엔터테인먼트(www.iconix.co.kr)는 애니메이션 기획 및 마케팅 전문회사이다. 국내 및 해외시장에서의 다양한 프로젝트 경험을 통해 축적된 기획력과 노하우, 범세계적 네트워크를 기반으로 국내 창작 애니메이션의 개발과 캐릭터 비즈니스 사업을 전개하고 있다.

1. 제작 캐릭터 소개 : 뽀롱뽀롱 뽀로로

▲ 뽀롱뽀롱 뽀로로 등장 캐릭터군 스케일표

▲ 뽀롱뽀롱 뽀로로 등장 캐릭터 3D 이미지

2. 캐릭터 원형 제작

소개되는 뽀로로 캐릭터 제작과정은 기존의 숙련된 원형 제작자들이 수작업으로 하던 캐릭터 제작을 컴퓨터 모델링과 신속조형기술 Rapid Prototyping을 활용 완전한 Digital Design Process 기반으로 제작되었다. 이번 제작 주제는 뽀로로PORORO 1기로 현재 3기와는 비례의 차이가 있다. 3D 프린팅을 위하여 미국 ZCorporation 사의 ZPrinter 450이 사용되었다. Zprinter는 단색과 컬러 출력이 가능하며, 제작한계는 203×254×203mm로 작은 캐릭터를 동시에 여러 개 출력할 수 있는 작업영역을 제공한다. 레이어 적층 두께는 0.089~0.102mm이다. 가루 타입으로 표면 조도는 광경화성 수지를 레이저로 경화시켜 제작하는 SLA 방식에 비해 다소 떨어지지만 덩어리 개념의 컬러 캐릭터를 제작하는 데 매우 활용도가 높은 장비이다. ZPrinter 450장비보다 컬러 구현과 해상도가 향상된 장비는 ZPrinter 650이다.

캐릭터의 자유로운 곡면과 정교한 동작 및 표정을 표현하기 위하여 모델링 툴로는 미국 SensAble technologies의 PHANTOM Modeling Plus 디바이스와 소프트웨어가 사용되었다. 이것은 햅틱디바이스를 통해 촉각적인 감각을 느끼며 모델링하는 툴이다. 제작된 모델들은 각각의 레이어별 통제가 가능하며, RP 제작을 위해 File 〉 Export 〉 .STL로 저장된다. 또한 컬러 제작을 위해 모델 표면에 컬러 브러시로 색을 칠하고 .ZCP로 저장해 주면 컬러 프린팅이 가능하다.

아래 뽀로로 캐릭터-피규어 제작 프로세스 공정은 캐릭터 저작권자인 ㈜아이코닉스 엔터테인먼트 ICONIX Entertainment Co.,Ltd. 의 게재 허가 승인 하에 이루어졌음을 밝힌다. 또한 뽀롱뽀롱 뽀로로 등장 1기 캐릭터군의 저작권은 SKbroadband / OCON / ICONIX / EBS에 있음을 밝힌다. 추가로 진행된 3D Modeling과 신속조형장비(RP) 제작지원을 위해 서울애니메이션 센터 캐릭터원형제작실 곽희승 연구원이 도움을 주었다.

단계 1 3D CAD 모델링

2D 상태의 뽀로로 캐릭터를 3차원의 디지털데이터로 제작하기 위하여 3D CAD 모델링을 진행한다. 이때 2D 캐릭터를 원본으로 하여 모델링이 진행된다.

⚞ 뽀로로 2D 원형 삼면도 이미지

🔺 뽀로로 3D 원형 이미지

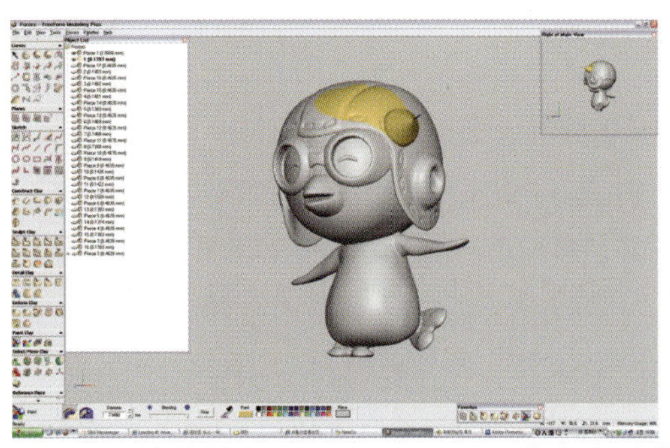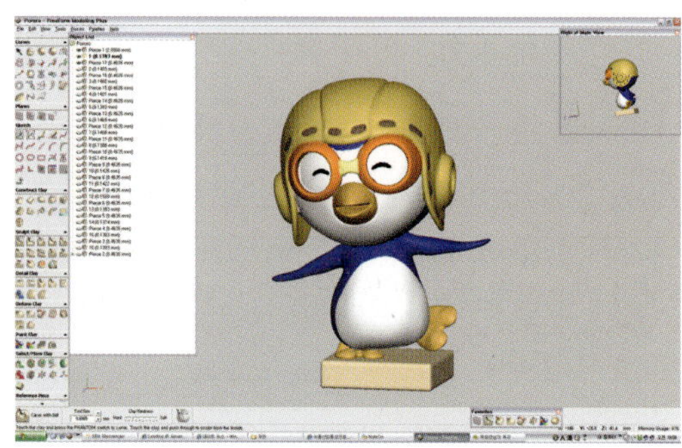

🔺 3D CAD 모델링 〉 Freeform Modeling Plus 촉각 시스템 활용

단계 2 작업물 배치

ZPrinter 450의 조형 한계를 초과하지 않은 범위 내에서 그림과 같이 작업물을 배치해 준다.

제작할 뽀로로 모델은 하나의 크기가 높이 92mmx폭 70mm이며 총 2개를 제작해 본다.

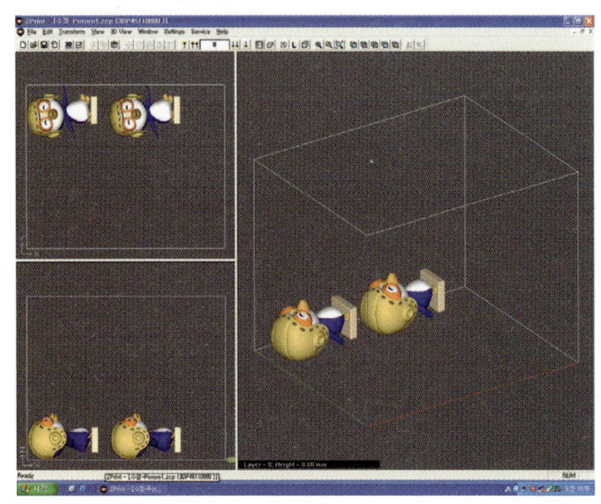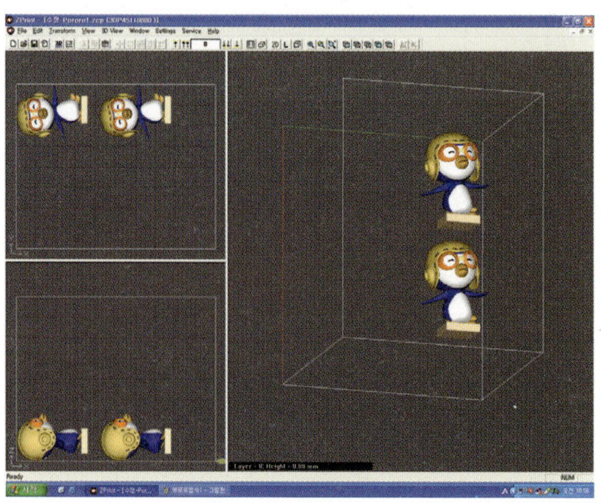

🔺 작업물들이 배치된 모습 〉 제작물 크기 : 높이 92mmx폭 70mm

작업물이 배치가 마무리되면 3D 프린팅을 위한 셋업을 해주어야 한다. 장비 선택 항목에서 Z450을 선택한다. 파우더 타입은 ZP130 재료를 선택해 준다. 마지막으로 출력을 위하여 Layer Thickness=0.0875mm와 0.1mm중 하나를 선택한다. 여기서는 레이어 두께를 0.0875mm로 제작한다. 최종 Print 상태를 체크한 후 Print 버튼을 클릭하여 제작에 들어간다.

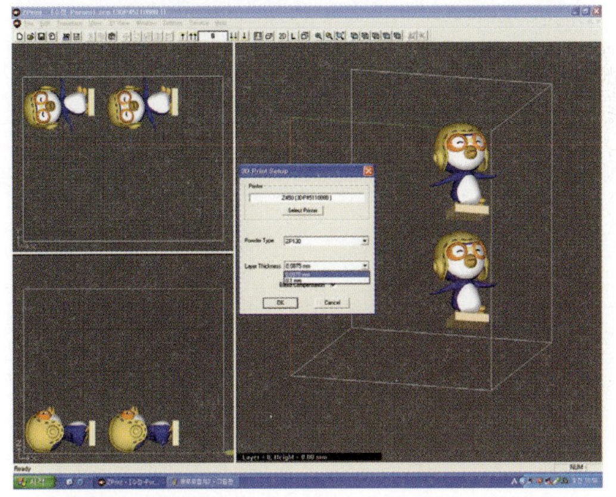 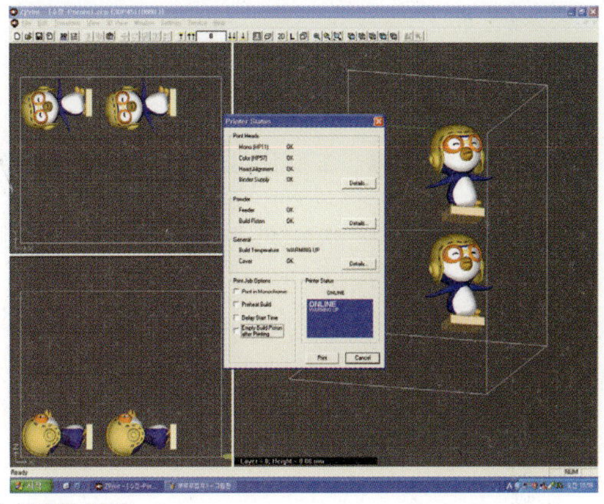

프린팅을 위한 장비, 재료, 레이어 두께 설정 / 프린터 상태 파악 〉 프린팅 시작

단계 4 ZPrinter 450에서 3D 프린팅

프린팅은 장비 중앙에 있는 조작반을 보고 간단하게 실행할 수 있으며, 좌측에 꽂혀 있는 것은 카트리지는 바인더로 접착제로 보면 된다. 이외에 컬러 잉크는 프린터 헤드를 통해 한층 한층 바인더와 동시에 분사되어 모델을 제작하게 된다. 시작 전 조형판의 재료 정지작업이 이루어진다.

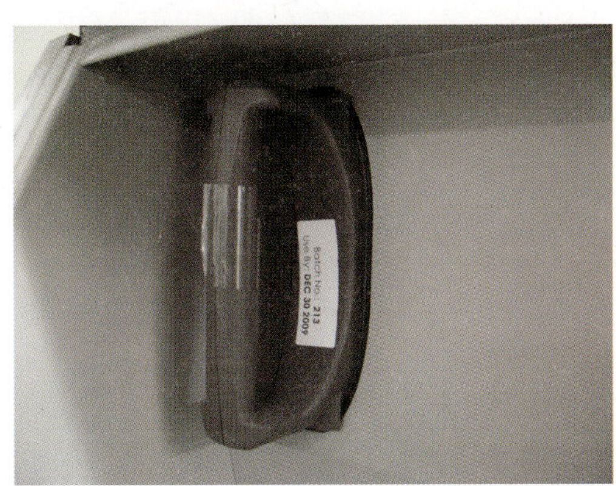 

바인더(Binder) 〉 접착 재료 카트리지

조형을 위한 재료의 정지 작업 과정

단계 5 조형 작업 진행

그림과 같이 조형 작업이 시작되면 뽀로로의 단면을 컬러 프린팅 헤드에서 재료에 분사하여 프린팅이 시작되며, 바인더로 불리는 접착제 또는 교결제가 동시에 분사되어 한층 한층이 굳어지게 된다. 모든 작업은 모든 레이어가 쌓아질 때까지 계속된다.

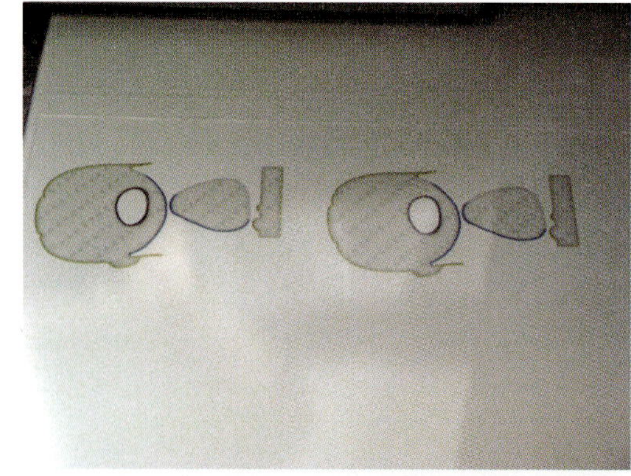

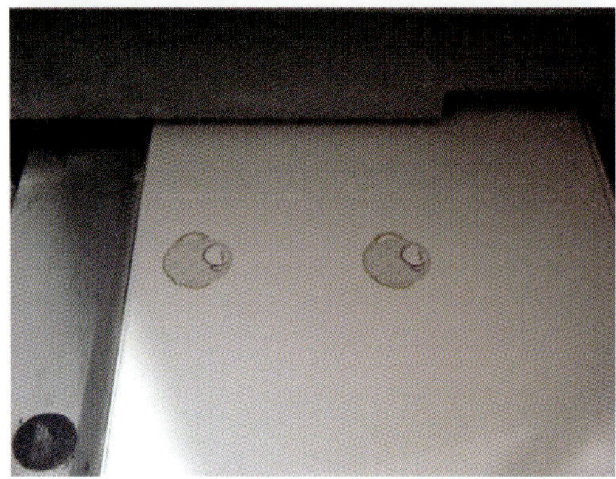

작업이 이루어지는 과정은 모두 컴퓨터 모니터링이 가능하다. 아래 그림은 뽀로로의 조형 작업의 거의 마무리되는 시점의 단면 제작 부분을 모니터링하는 모습이다. 모델 제작시간은 총 3시간 정도가 소요되었으며, 조형 작업 완료 후 장비 내에서 바인더가 굳어지는 여유 시간이 요구된다. 그러므로 작업 후 바로 꺼내는 것이 아니라 1~2시간 정도의 시간이 필요하다.

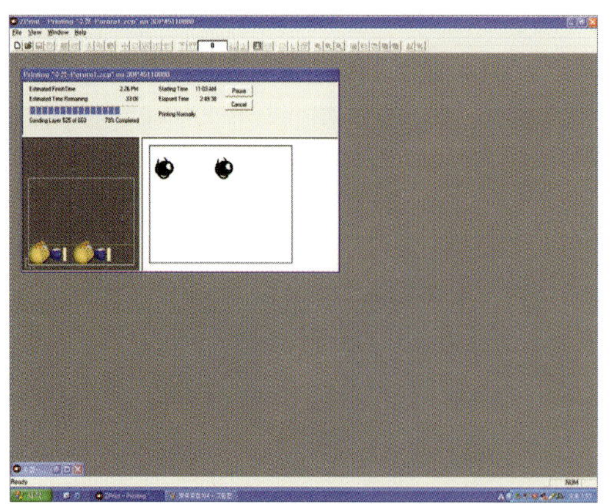
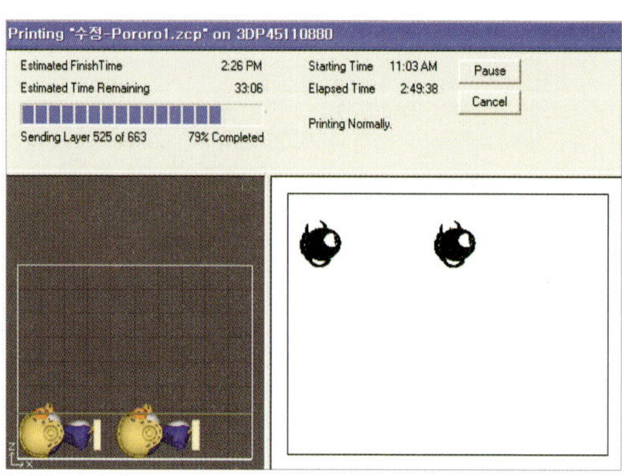

⚜ 뽀로로 캐릭터 작업 후반부 모니터링 모습 〉 우측 검은 이미지는 단면을 나타냄

작업이 모두 완료되면 그림과 같이 조형물을 꺼내준다. 이때 지지대의 역할을 해 준 석화가루를 털어내는 것으로 충분하다. 진공청소기와 같은 흡입관을 이용하여 그림과 같이 조형판 주변에 재료들을 빨아들이면 그림과 같이 결과물이 보인다.

☝ 조형물을 꺼내기 위한 재료 흡입 장면

☝ 주변 재료들이 대부분 제거된 모습

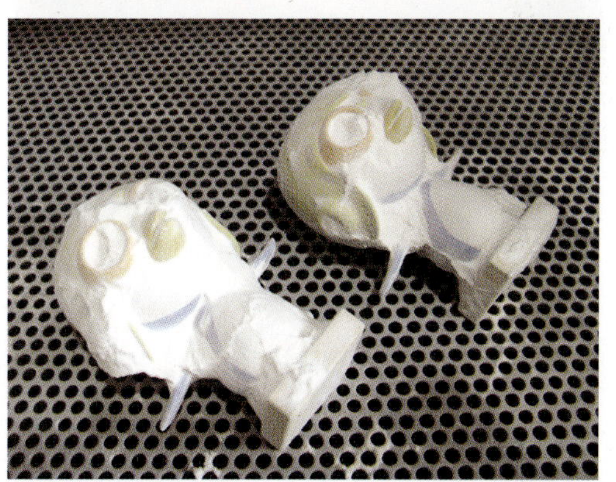

세부적인 잔유물 제거는 그림과 같이 에어건을 이용하여 세밀하게 제거해 준다. 가루 타입은 무리한 공기압을 이용하여 잔유물을 제거하는 것은 삼가해야 한다. 아직 경도가 약하기 때문이다.

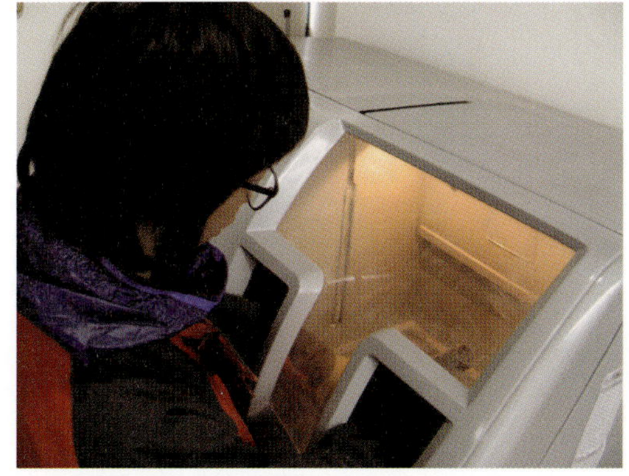

☝ 에어건을 통한 주변 재료의 제거 모습

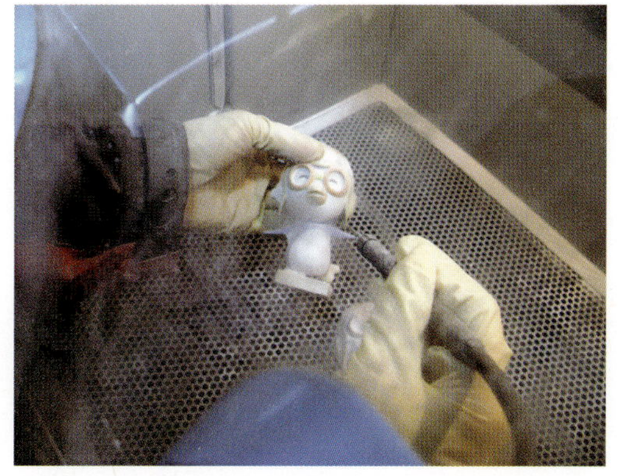

 조형물에 코팅하여 강도 높이기

가루 타입의 제작된 모델의 경우 장비의 특성상 강도가 약할 수 있다. 또한 컬러 색상의 농도가 다소 흐리게 출력되면 Z-Bond 90을 사용하여 그림과 같이 표면에 부어 주어 색상 선명도와 표면 강도를 증가시킬 수 있다. Instant Infiltrant로 보면 된다. 이외에도 표면에 왁스처리를 하여 표면을 부드럽게 보이게 하거나 내습성을 증가시키는 경우도 있다. 기본적인 후처리가 완료되면 선선한 곳에서 건조시켜 마무리한다.

⚘ Z-Bond를 이용하여 표면 강도 강화

⚘ Z-Bond를 이용하여 표면 색상 선명도 증가

 3D 프린팅 작업 완료

ZPrinter 450은 컬러 출력이 가능하기에 별도의 페인팅 작업이 필요 없으며, 그림과 같이 컬러 검증을 위한 디자인 모델 제작에 매우 유용하다. 또한 지지대와 모델재료가 동일하며 지지대가 가루 형태로 모델을 지지하기에 지지대를 별도로 만들어 줄 필요가 없다. 특히 덩어리 형상의 제작에는 매우 유용하며 제작시간도 빨라 경제적이다.

⚘ 뽀로로 최종 3D 출력 결과물

(주) 씨엘코 엔터테인먼트 캐릭터 원형제작(마시마로 Mashimaro)

씨엘코 엔터테인먼트(주) / www.mashimaro.com는 기업의 캐릭터, CI, BI 전문개발업체로 이미 "마시마로"라는 국내 대표 캐릭터를 발굴해 내서 캐릭터 산업에 획기적인 반향을 불러 일으켰으며 국내외 온 · 오프라인 사업을 통해 축적된 노하우를 바탕으로 다양한 형태의 브랜드 산업을 이끌어가고 있다.

1. 제작 캐릭터 소개 : 마시마로 Mashimaro

마시마로 Mashimaro는 2000년 8월 여름 인터넷에서 마시마로와 숲속이야기 플래쉬애니메이션으로 처음 선보이면서 널리 알려지게 되었다.

☀ 2D 원형 이미지

☀ 3D 원형 이미지

이외에 마시마로와 함께 어울리는 스토리상의 식구들로 "마시마로 숲속 이야기"에 등장하는 캐릭들 모습이다.

☀ 눈누(Noonoo), 메로(Mero), 부갈로&부마(Boogaloo & Booma), 피요즈(Piyoz), 피스타&피스타치(Pista & Pistach) 순

2. 캐릭터 원형 제작

소개되는 마시마로 캐릭터 제작과정은 기존의 숙련된 원형 제작사들이 수작업으로 하던 캐릭터 제작을 컴퓨터 모델링과 신속조형기술Rapid Prototyping을 활용하여 완전한 Digital Design Process를 기반으로 제작되었다. 이번 주제는 갑옷을 걸친 캐릭터 남녀 한 쌍으로 구성되며 부속물로 칼을 들고 있는 형상이다. 사용된 장비는 미국 3D Systems 사의 ProJet DP3000이다. DP3000은 원리 DP(Dental Process)가 말해주듯 덴탈장비로 특화되었지만 0.025mm라는 적층 레이어 정밀도 때문에 고품질의 표면 조도를 요하는 캐릭터 원형 제작에도 적합한 장비이다. 또한 사용 재료인 VisiJet DP200의 경우 주조가 가능하도록 연소되기에 언제든 캐릭터 원형을 정밀주조를 통해 금속으로 변환이 가능하다. 이번 마시마로의 경우 각 관절이 분리되어 움직일 수

있도록 제작하였으며, 각 파트는 매우 정교한 3D 모델링 툴이 이용되었다. 캐릭터의 경우 소프트웨어적인 툴로 Z-Brush, Mud-Box, Modo 등이 있지만 이번 작업에는 미국 SensAble technologies의 PHANTOM Modeling Plus 디바이스와 소프트웨어가 사용되었다. 이것은 햅틱디바이스를 통해 촉각적인 감각을 느끼며 모델링하는 툴이다. 아직 국내 캐릭터 분야의 디지털화가 일부에서 이루어지고 있는 실정이지만 향후 캐릭터-피규어 원형제작에 본격적으로 3D CAD가 사용될 것으로 기대한다. 이는 국내 주얼리 시장의 급속한 CAD화로의 변화와 같은 맥락으로 볼 수 있다. 현재 주얼리 모델링은 예전의 수작업 원본 제작사들을 찾기 쉽지 않으며 3D CAD와 RP 장비를 활용한 디자인 및 생산이 일반화되어가고 있다.

조립이 가능한 정밀 캐릭터-피규어 제작 프로세스 공정은 캐릭터 저작권자인 ㈜마시마로 Mashimaro의 게재 허가 승인 하에 이루어졌음을 밝힌다. 또한 3D Modeling과 신속조형장비(RP) 제작지원을 위해 서울애니메이션센터 캐릭터원형제작실 곽희승 연구원이 도움을 주었다.

단계 1 3D CAD 모델링

캐릭터 모델링은 제품과 달리 매우 정교한 디테일의 표현이 중요하다. 이를 위하여 3D 모델링은 Sensable 촉각 시스템인 Freeform Modeling Plus가 사용되었다. 아래 이미지는 모델링 결과이다. 특히 각 부위별 파트들이 조립이 가능하도록 모델링되었다.

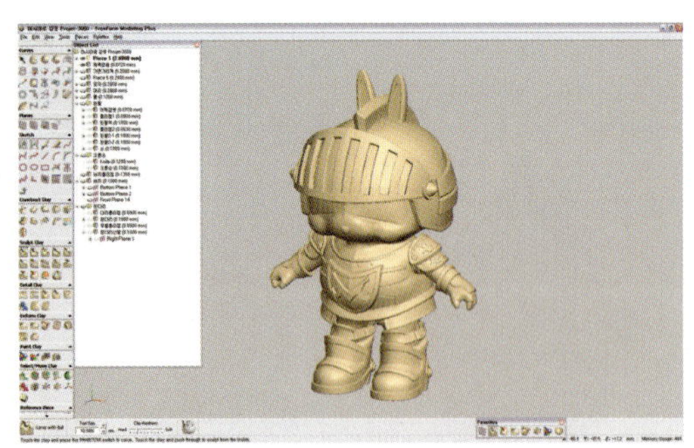

🔺 3D CAD모델링 〉Freeform Modeling Plus 촉각 시스템 활용

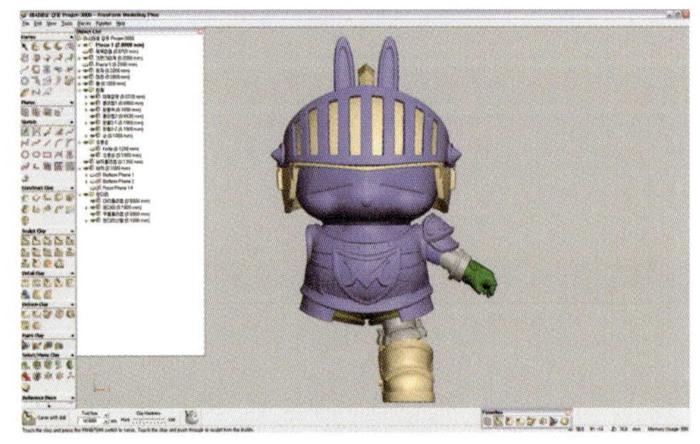
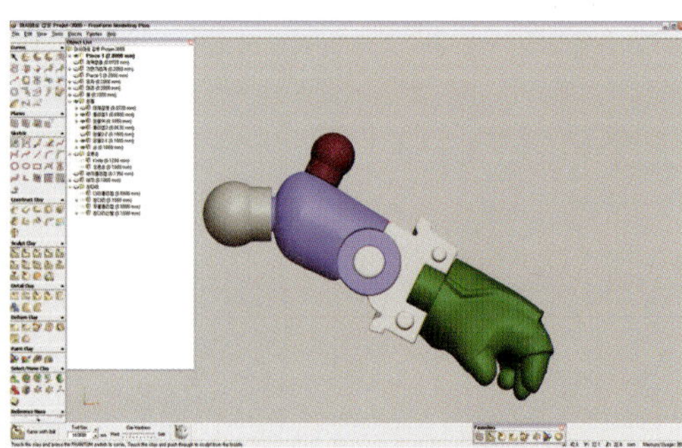

🔺 각 부위별 조립이 가능하도록 모델링

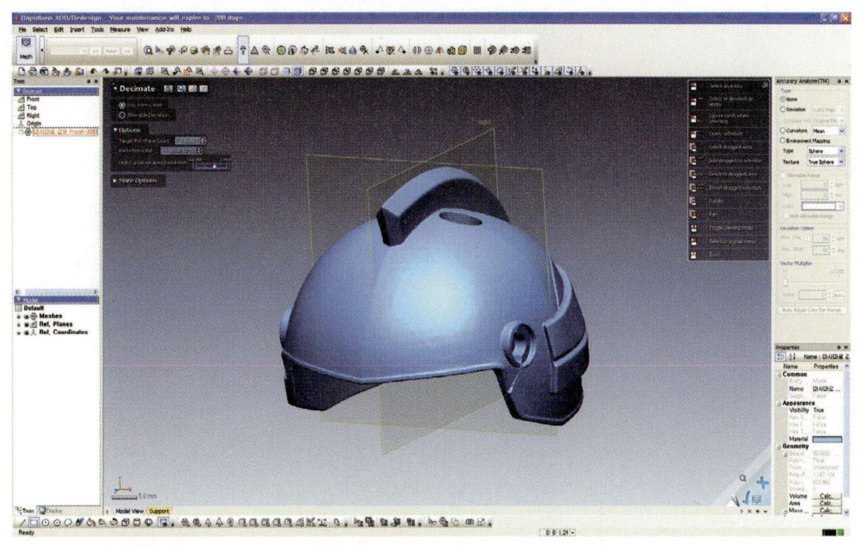

△ 모델링된 Mesh 데이터를 적정한 용량으로 줄이는 작업

 작업물 배치

ProJet3000 소프트웨어로 모델 데이터를 전송하여 Printing을 위한 작업물의 배치를 마무리한다.

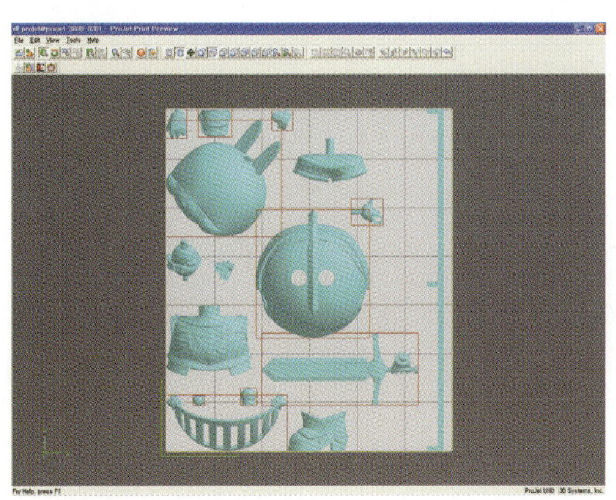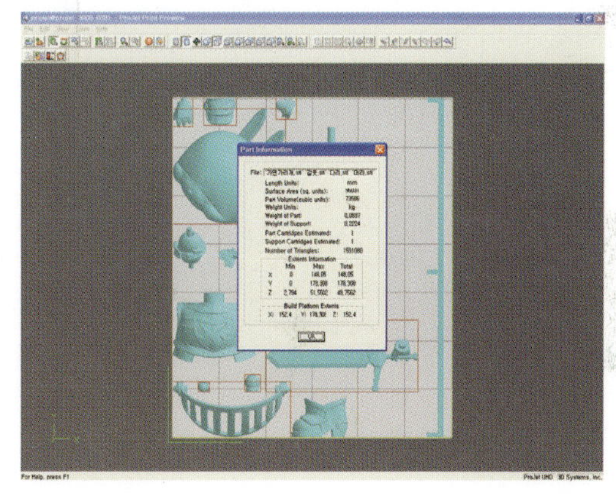

△ 작업물들이 배치된 모습

 장비 세팅

RP 장비 커버를 열고 조형판을 끼운다. 조형판은 알루미늄판으로 반영구적으로 사용이 가능하다.

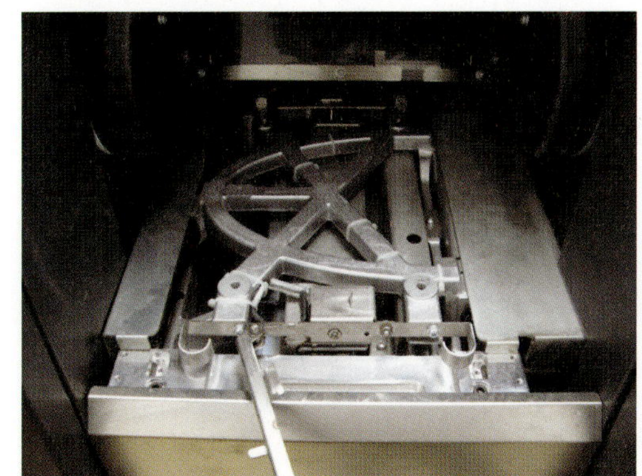

ProJet DP 3000은 다중잉크젯프린팅 방식이기에 작업 전 카트리지 형식의 재료를 본체에 장착해 주어야 한다. 우선 검은색 카트리지는 VisiJet Model Material로 장치 우측 하단에 장착해 준다. 물론 최대 4개까지도 가능하다. 다음 좌측 하단에는 흰색 카트리지인 지지대(Support) 재료를 장착해 준다.

▲ 모델 재료와 지지대 재료 카트리지 모습

▲ 재료 장착 모습

▲ 장착된 지지대 재료 카트리지 모습

▲ 모델 재료를 장착하는 모습

향후 작업이 완료되면 그림과 같이 하단부 커버를 열고 흘러내린 잔유물들을 청소한다. 물론 모두 소모된 카트리지들은 이곳으로 떨어진다.

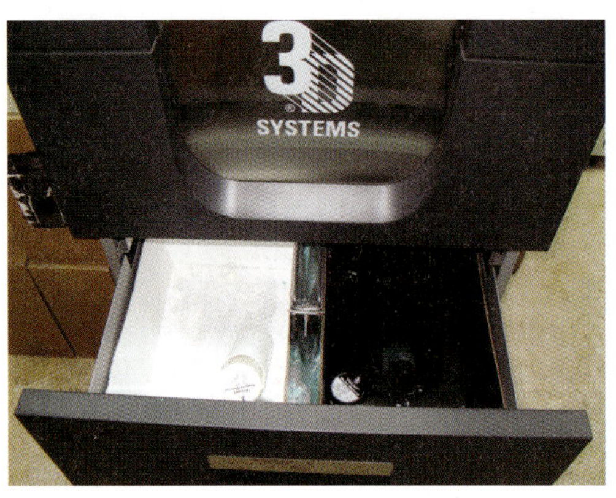

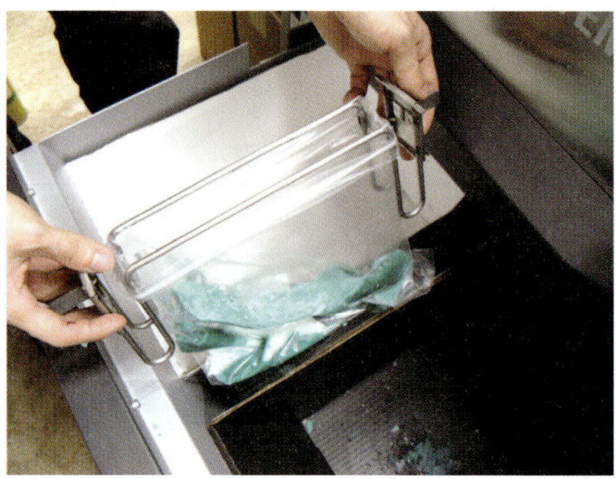

장비 세팅이 마무리되면 장비의 우측 상단의 조작 판넬에 프린터 명령을 내린다. 프린팅이 시작되면 조형
판이 앞뒤로 수평 운동하면서 동시에 프린터 헤드에서 조형판에 재료를 분사한다. 분사와 동시에 조형물
의 경화가 이루어지도록 자외선 광이 조사된다.

☖ 프린팅 조작 판넬

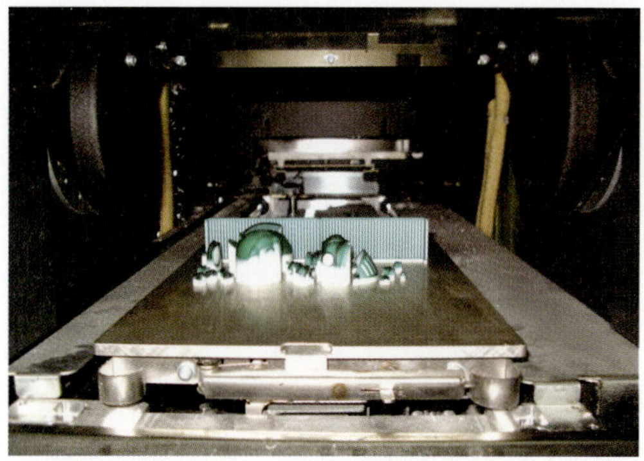
☖ 조형 작업 중간 모습 〉 내부에 제작물들이 보인다.

단계 6 조형 완료 〉 조형판 꺼내기

모든 조형 작업이 마무리되면 장비에서 조형판을 밖으로 꺼낸다. 꺼낸 조형판에는 하얀색의 지지대재료와
녹색의 모델이 붙어있다. 하얀색의 지지대는 수용성으로 쉽게 제거할 수 있다. 참고로 광경화성수지를 사용
하는 SLA 방식 RP 장비의 출력물에는 수용성 용액으로 녹지 않는 지지대가 붙어 있다. 다행히 본 장비는
녹아 없지는 지지대이다. 이는 지지대 제거 시간을 단축해주고 깔끔한 모델을 제작할 수 있도록 해준다.

☖ 제작이 완료된 모습

☖ 조형판 꺼내기

☖ 꺼내온 조형판과 파트 모습

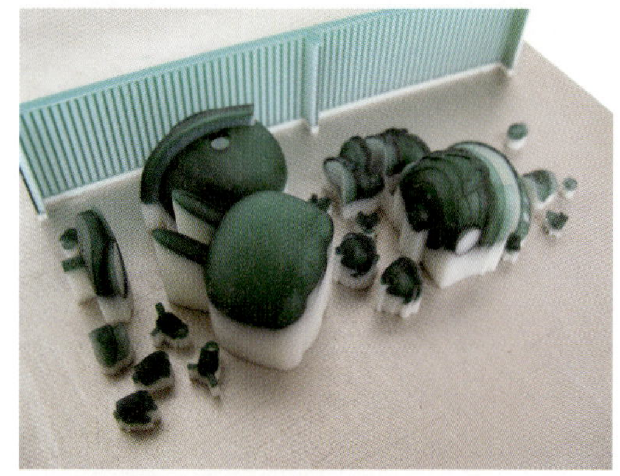
☖ 녹색은 모델 파트, 하얀부분은 지지대

파트가 손상되지 않도록 최대한 약한 힘으로 떼어낸다. 모두 떼어낸 후 조형판은 다음 작업을 위하여 그림과 같이 잔류물을 제거한다. 제작된 파트는 손으로 만져도 쉽게 부서지지 않으며 견고하다.

▲ 조형판에서 파트 떼어내기

▲ 조형판 청소하기

떼어낸 파트에는 하얀 지지대가 붙어 있다. 이것을 완전히 제거해야 하기에 수용성 용액이 있는 초음파 세척기에 넣는다. 초음파 세척기는 온도 조절이 되며 내부의 지지대를 녹여준다. 작은 파트들은 나중에 꺼내기 쉽게 망사형 용기에 담아 담궈놓는다.

▲ 초음파 세척하기

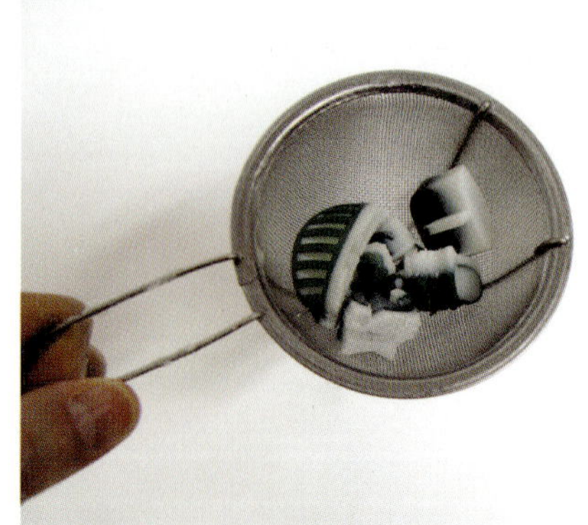

▲ 세척이 이루어지는 모습

▲ 내부 하얀색 지지대가 모두 녹아 내린 모습

♨ 내부 지지대가 모두 제거된 모습

♨ 빠지지 않은 잔류 지지대 송곳으로 제거

♨ 지지대는 WAX 성분으로 쉽게 빠짐

♨ 신나 또는 솔벤트 희석액에 최종 잔유물 세척

♨ 신나 또는 솔벤트 희석액에 최종 잔유물 세척

♨ 세척 완료 후 건조

세척이 완료된 상태에서 파트별 조립성을 테스트해 본다. 이것은 페인트를 칠하게 되면 도막 두께로 조립성이 떨어질 수 있기에 미리 조립성을 확인해 보는 과정이다. 정확한 모델링 결과로 그림과 같이 정확하게 조립되었다.

▲ 조립 전 파트 모습

▲ 조립 후 파트 모습

참고로 건조 후에 하얗게 보이는 부분은 모델 제작 시 지지대 재료가 붙어 있던 곳에 미세한 왁스 잔유물이 존재하기에 보이는 현상으로 무시해도 된다. 표면 조도에는 영향을 주지 않는다.

▲ 조립된 마시마로 정면

▲ 조립된 마시마로 측면

컬러 계획에 따라 파트를 마스킹 처리하고 프라이머와 밑칠을 한 후 최종 페인팅을 해 준다. 캐릭터(피규어)의 경우 크기가 작기에 섬세한 마스킹 작업이 필요하다. 컬러 도장은 스프레이건을 사용하거나 락카 페인트를 사용해도 된다. 락카 페인트는 약 20~30cm 거리를 유지하고 골고루 뿌려 주어야 칠이 흐르거나 뭉치지 않는다.

🔺 도색 장면 〉 프라이머로 우선 밑칠하기

🔺 사포질 후 다시 밑칠하기

🔺 필요에 따라 마스킹을 하여 본 컬러를 칠해준다.

🔺 도색 완료 모습

🔺 도장 작업 완료 후 최종 조립된 마시마로

🔺 갑옷을 입은 마시마로 남과 여

건축분야 RP 활용 사례

주로 스케일 모델을 제작하는 건축 모형은 섬세한 부분이 많다. 또한 반복적인 패널의 형상이나 구조들이 수작업으로 하기에는 비효율적이다. RP는 이러한 우려를 해결해 주며 현재 BIM과 연계하여 다양한 시뮬레이션과 비선형건축 형상 제작에 최적이다.

01 정림건축(JUNGLIM ARCHITECTURE)

1967년 건축설계 전문회사로 출발한 정림건축(www.junglim.co.kr)은 풍부한 경험에서 비롯된 차별적인 디자인과 우수한 기술력으로 국내외 대형 프로젝트를 성공적으로 완수해 왔다. 또한 현대사회에 부합하는 합리적이고 미래지향적인 환경을 창출하는 정림건축은 디자인의 창의성과 기술적인 원숙함을 겸비한 시설별/ 분야별 전문가 그룹으로서 초기 개발기획단계는 물론 시공관리에 이르는 체계적인 토털 디자인을 통해 건강한 건축문화를 창달하는 세계적인 건축설계기업으로 도약하고 있다.

건축가 소개 : 노휘 NUD Lab 소장

> **참조** 작가 소개
> http://nudljl4.blogspot.com
> nudl@junglim.com

CLAM

다음에 소개되는 RP 활용 사례는 정림건축 NUDL팀이 2008년 10월 초기 Concept Design 진행을 시작하여 2009년 본사 사옥 8층 북카페 오픈에 맞추어 제작 설치된 조명 디자인에 관한 사례이다. 조명 디자인은 최종결과를 얻기 위하여 신속조형기술(Rapid Prototyping) 중 선택적 레이저 소결법 SLS(Selective Laser Sintering)을 활용하였다. 사용된 장비는 미국 3D Systems 사의 HiQ Sinterstation이다. SLS 공정은 지지대(Support)를 만들 필요가 없기에 복잡한 형상을 제작하는 데 적합한 선택이다. 또한 나일론계 재료로 내구성이 뛰어난 장점도 가지고 있다. 장비의 내부 체임버 작업온도가 180~200도에 달해 제작된 파트는 열에 대한 저항성도 양호한 편이라 조명 쉐이드(Shade) 디자인에 활용되었다.

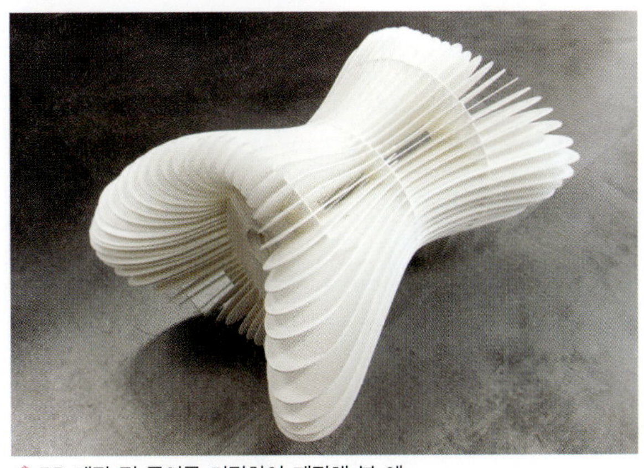
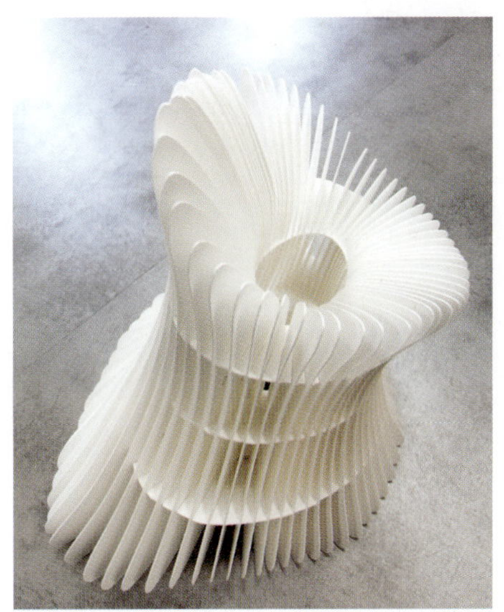

↥ RP 제작 전 종이를 커팅하여 제작해 본 예

사용 장비 : 미국 3D Systems Inc. HiQ Sinterstation
조형 방식 : SLS : Selective Laser Sintering Technology
사용 재료 : DuraForm PA / Polyamide LS Material / Germany
색상 : White

곡면 형상으로 복잡한 패턴의 조명을 디자인 계획하였다. 원하는 형상을 확인하기 위해 먼저 종이 모형을 제작하였고, 그 형상에 적합한 패턴을 찾고 실물로 제작하기 위하여 신속조형기술(Rapid Prototyping)을 사용하였다. 정림건축 8층 북카페(Lounge. J)의 여러 가지 오브제 중 하나인 조명은 테이블 형(T-type)과 스탠드형(S-type) 두 가지로 디자인되었다.

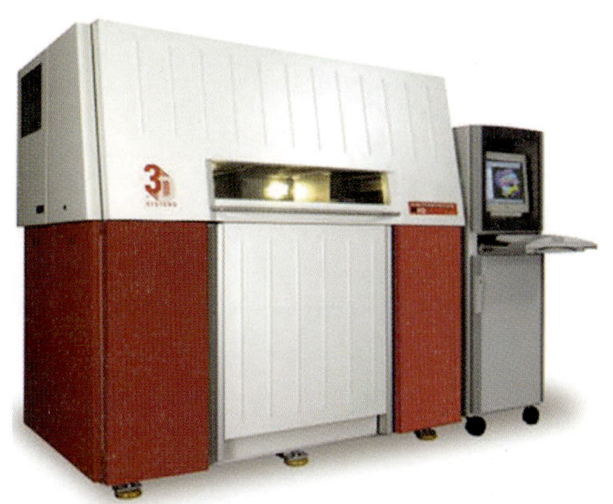

↥ SLS 장비 〉 HiQ Sinterstation

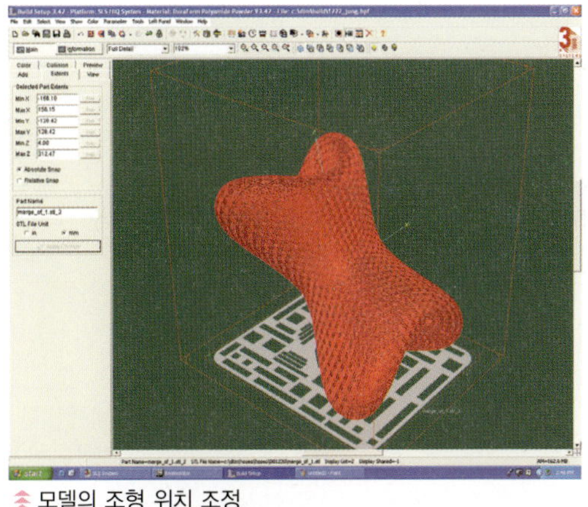

↥ 모델의 조형 위치 조정

↥ SLS 작업실 내부와 사용 재료 모습

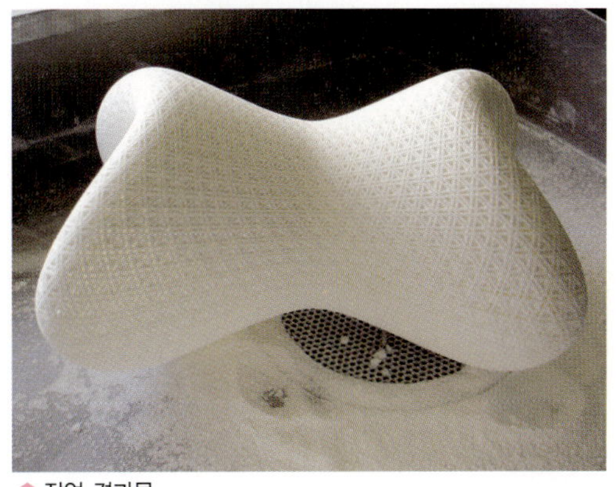

↥ 작업 결과물

CLAM은 조명인 동시에 장식물의 역할을 한다. 표면의 내피는 서로 다른 패턴을 가지고 있으며 표피의 방향과 장력의 변화에 따라 유기적으로 변하는 패턴의 조합은 규칙의 선상에 있다. 패턴의 크기와 두께는 한지 조명의 효과를 재현하고 있다. 디자인 결과물은 아날로그적인 방법으로는 제작이 불가능하므로 향후 RM(Rapid Manufacturing)과 같은 디지털 생산 기술이 전제된 디자인이다.

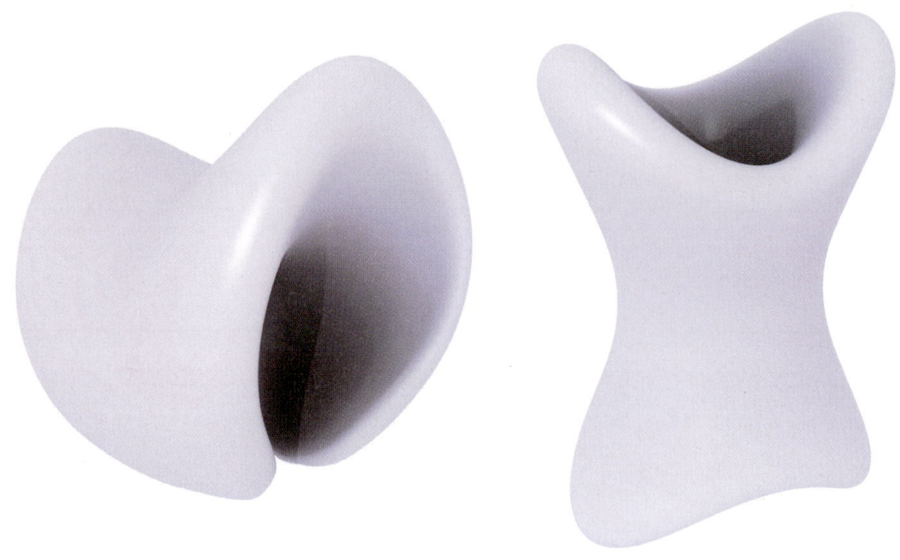

CLAM. Dimensions : 254x220x267mm(T-type), 234x188x350mm(S-type)

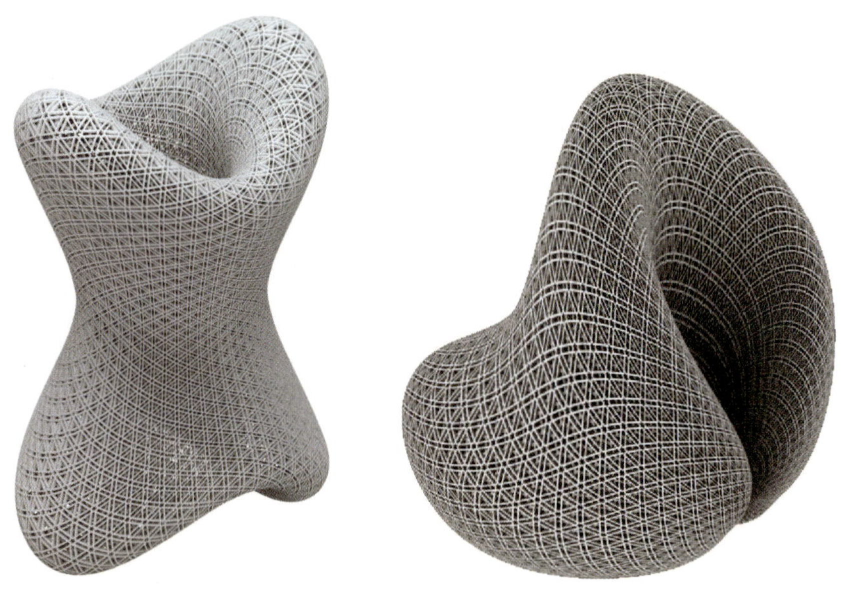

3D Pattern Modeling

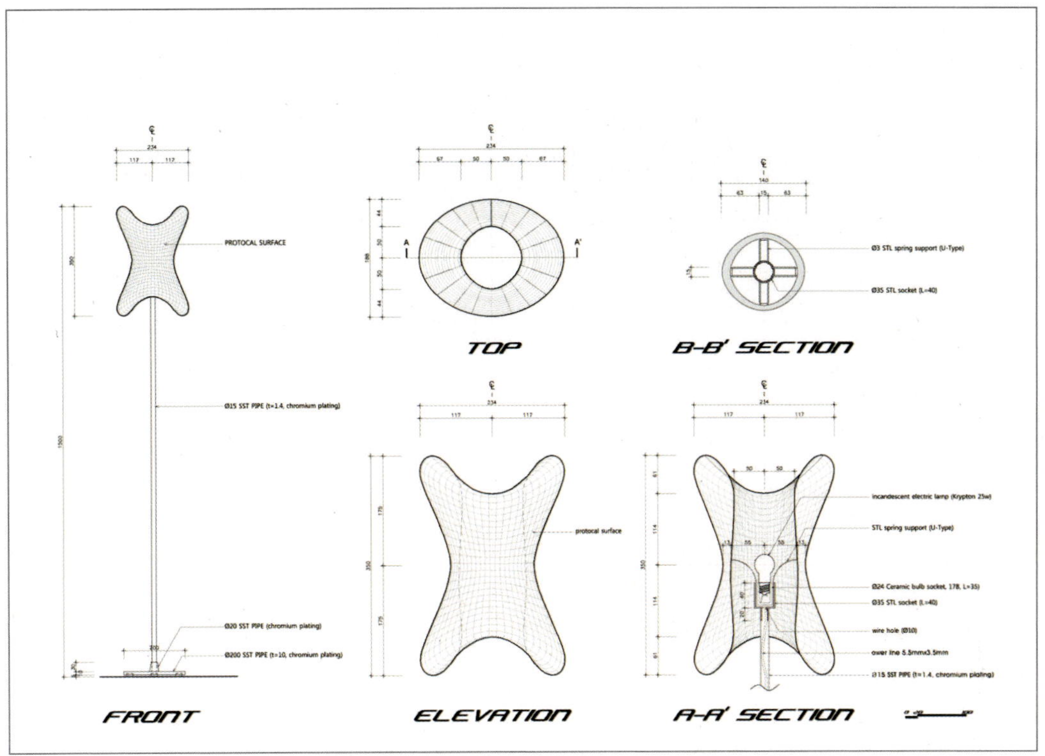

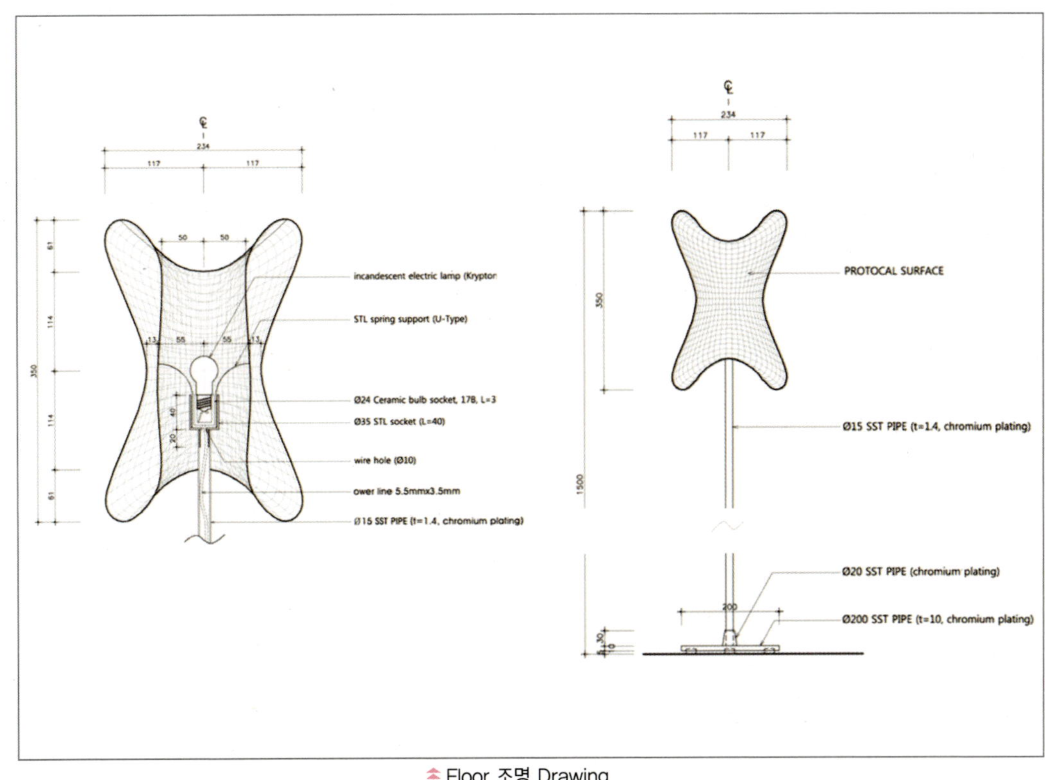

Floor 조명 Drawing

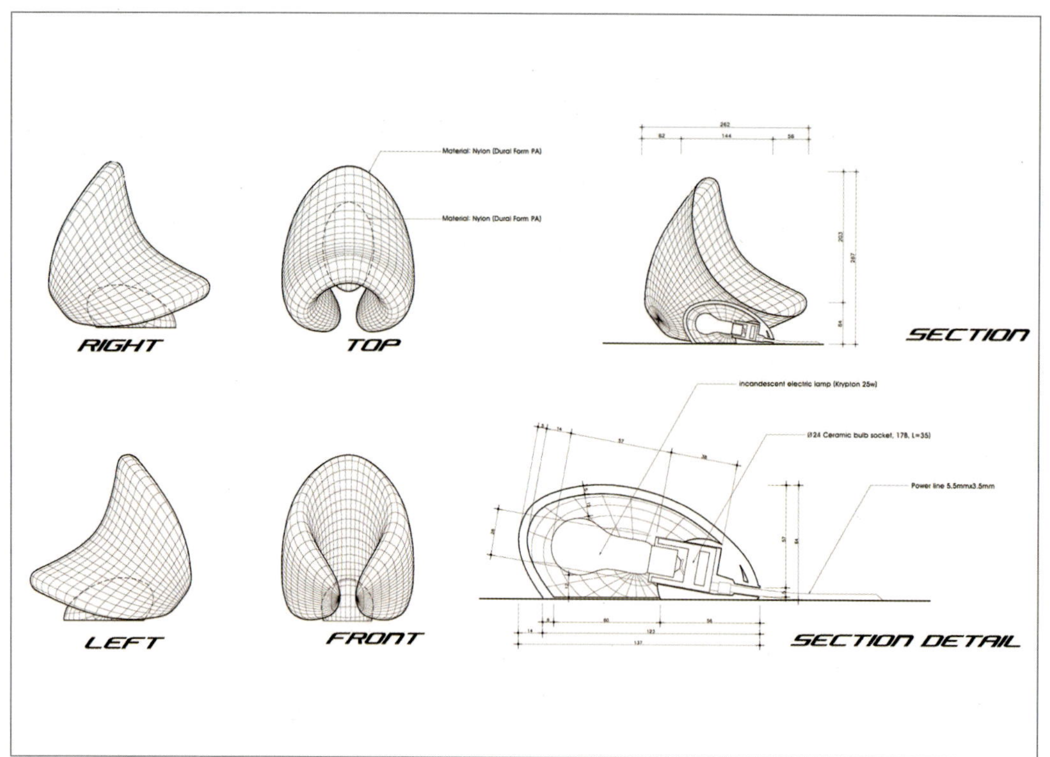

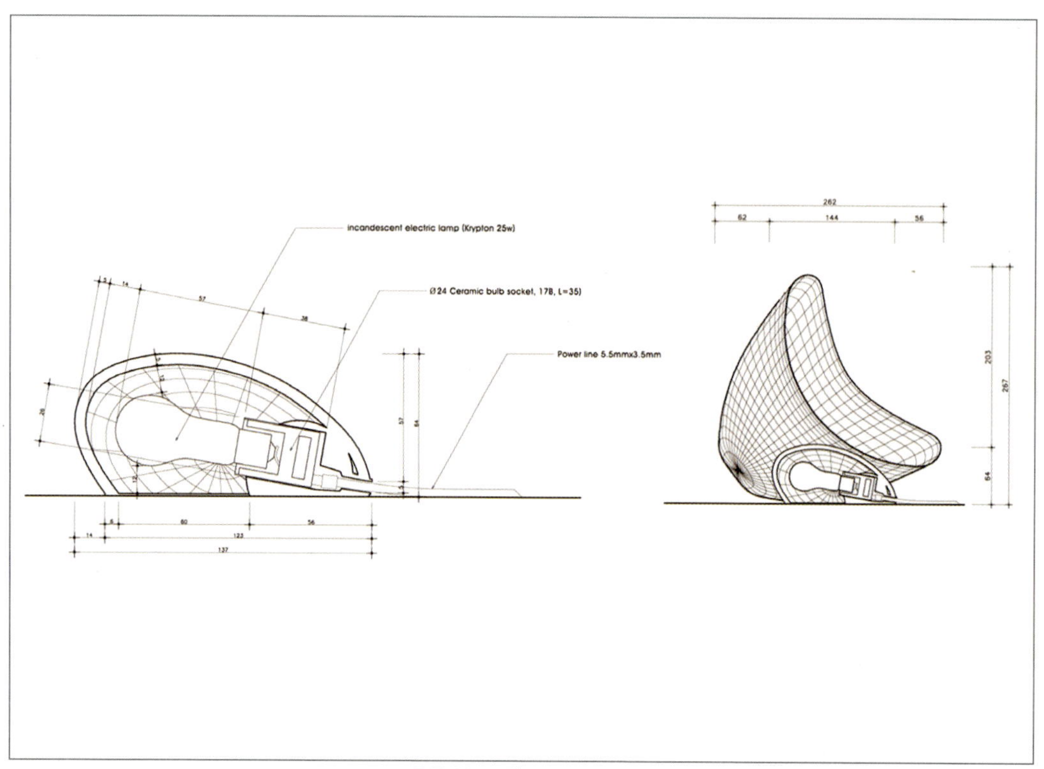

Table 조명 Drawing

☂ 정림건축 본사 8층 NUDL 팀 북카페 〉 스텐드형 조명으로 디자인된 예

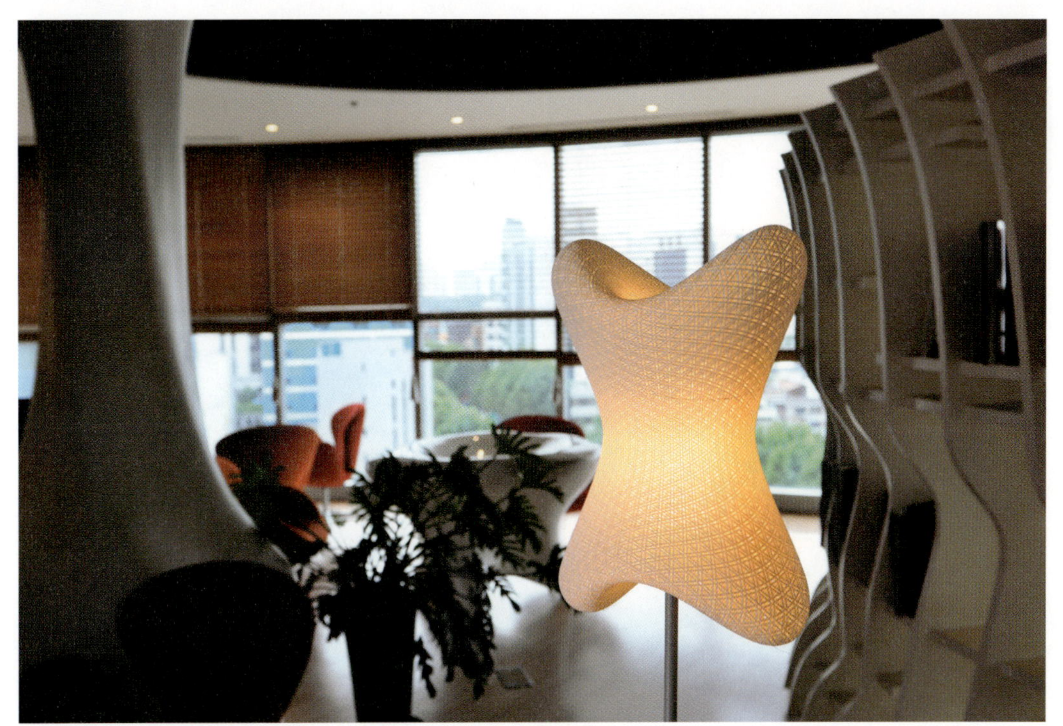

☂ 내부의 점진적인 빛의 확산이 외부에 2중 패턴과 어울려 은은하며 포근한 느낌을 주는 쉐이드 모습

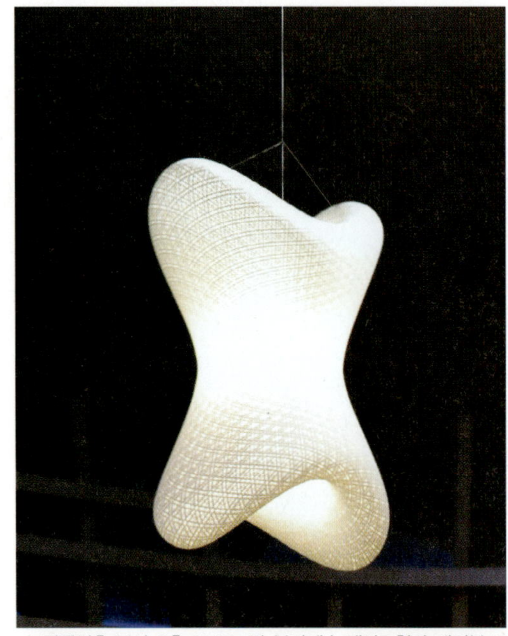 

☙ 정림건축 본사 8층 NUDL 팀 북카페 〉 팬던트형과 테이블 조명으로 디자인된 예

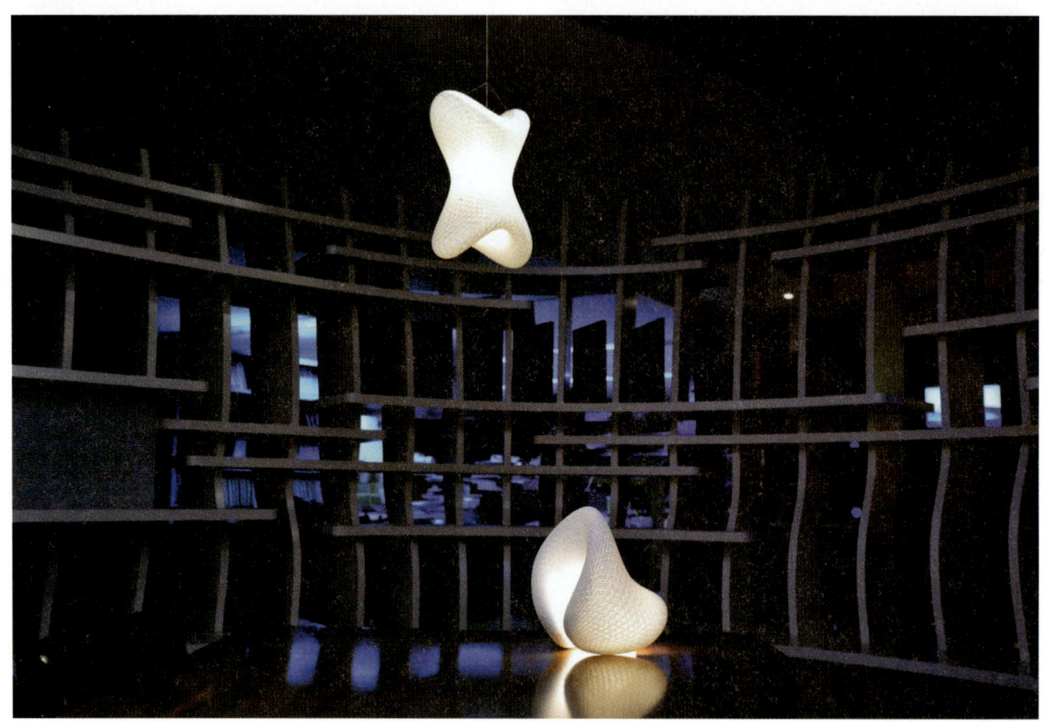

☙ 제자리에 있어 정적이지만 형태학적으로 매우 동적인 조명의 디자인 조합

국회의사당역 6번 출구(THE NATIONAL ASSEMBLY BUILDING STATION GATE)

다음 소개할 RP 활용 사례는 정림건축이 서울 여의도에 위치한 국회의사당 6번 출입구 에스컬레이터 캐노피와 엘리베이터 시설에 대한 디자인 작업이다. 기본적인 Design Concept은 국회의사당의 기본 요소인 기둥과 지붕을 전면도로의 강한 방향성에서 속도감을 표현하는 역동적인 선형으로 치환하고 구조 및 지붕의 구성재들을 노출하여 전통 건축과 같은 집합미를 구현하였다. 에스컬레이터의 경사각도는 자연스럽게 형태를 역동적으로 만들었으며 엘리베이터가 요구하는 기술적 높이는 유기적으로 교차하면서 균형있는 조합을 이루게 했다. 가장 직설적인 표현이기도 한 태극 문양 반사판은 권위적 요소로 혹은 기치적인 요소로 인식되는 동양적 표현을 팝아트적으로 해석하면서 오히려 적극적으로 사용하여 새로운 가능성을 찾아보고자 한 중요한 디자인 요소이다.

🔺 국회의사당 지하철 6번 출구 캐노피 프로젝트 최종 설계안, 정림건축, 2009.

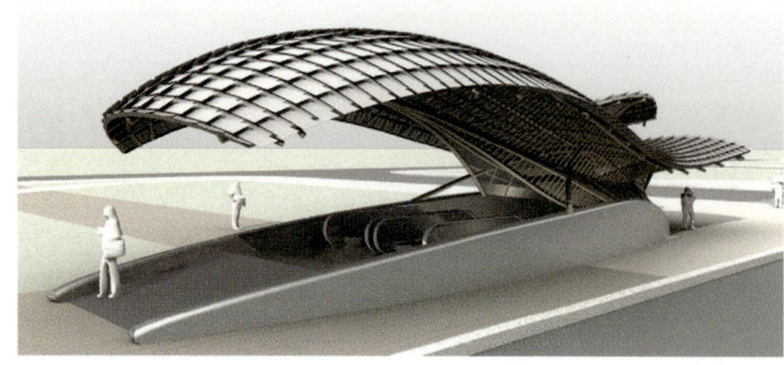  

⬆ 국회의사당 지하철 6번 출구 1안

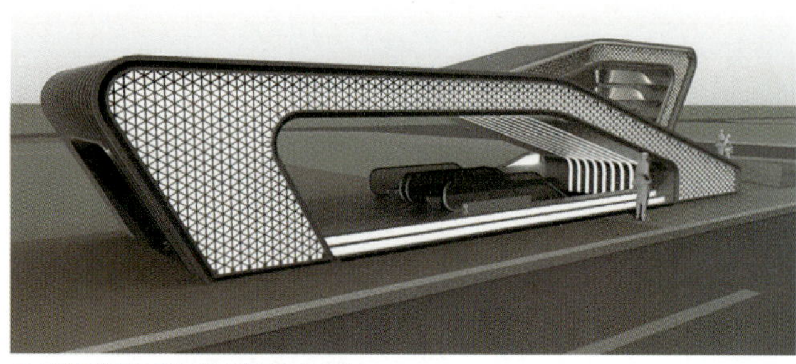  

⬆ 국회의사당 지하철 6번 출구 2안

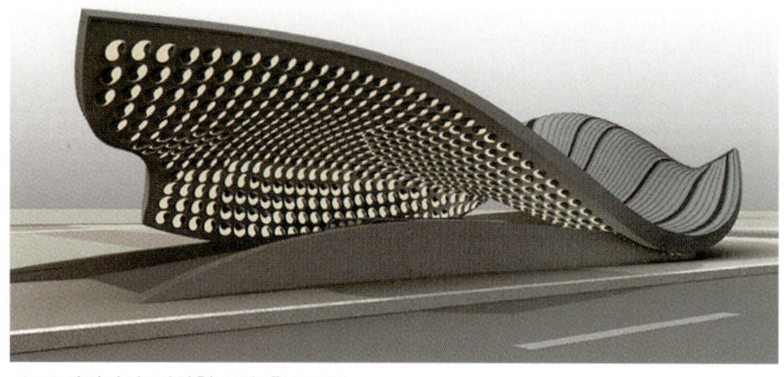 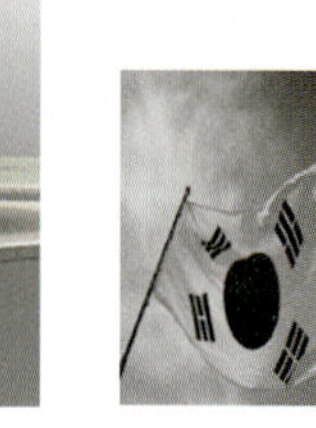 

⬆ 국회의사당 지하철 6번 출구 3안

- **위치** : 서울시 영등포구 여의도동 국회의사당 인근
- **용도** : 에스컬레이터 출입구 캐노피, 엘리베이터
- **구조** : SC구조
- **설계팀** : NUDL 노휘 소장, 정성철, 이원규, 강석헌, 김성현
- **공사기간** : 2009. 6.1~2009. 8.31
- **특징** : 정림건축 NUDL팀 비정형 건축물의 가능성과 기술력을 보여준 사례로
  구조 디자인부터 파라메트릭 디자인까지 실제로 가능하다는 것을 확인한 작업 예임.

복잡한 3차원 구조와 날렵하고 부드러운 지붕의 곡선을 모형으로 재현하기 위하여 신속조형기술 Rapid Prototyping을 활용하였다. 사용 장비는 이스라엘 Objet 사의 Eden 350이 사용되었다. 방식은 잉크젯 프린팅 기술로 알려진 PolyJet 방식이다. 프린팅 헤드에서 재료를 분사하면서 동시에 자외선 램프의 광원이 재료층을 순간적으로 경화시켜 조형하는 방식이다. 사용 재료는 광경화성수지인 반투명의 FullCure 720과 하부구조엔 FullCure 705가 사용되었다. 모형의 크기는 330×150×85mm로 비교적 작은 편이다. 특히 PolyJet 방식은 표면 조도가 우수하고 지지대 제거가 용이하기에 그림과 같이 프레임 구조가 많은 건축 모형의 제작에 적합하다.

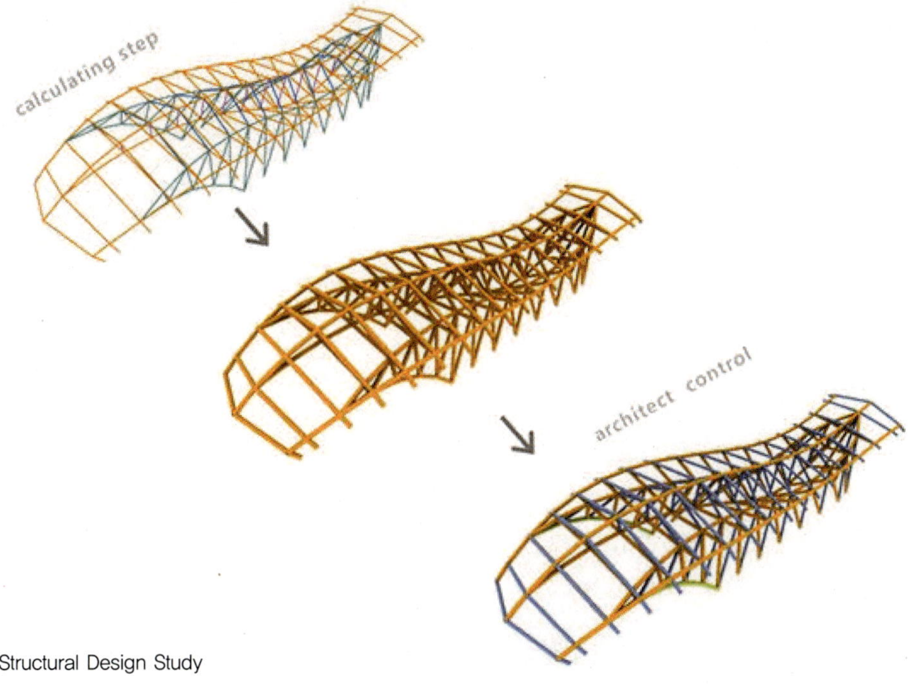

☲ Structural Design Study

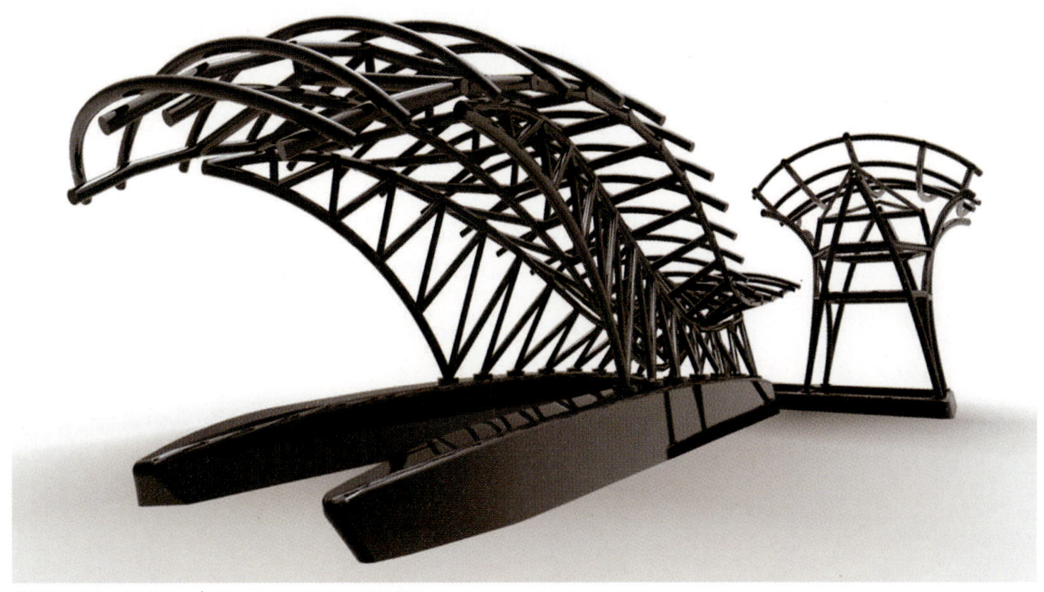

☲ 3D CAD Modeling 〉 Structural Rationalization

RP 모형 제작을 위하여 준비된 3D CAD 데이터를 RP 제작 전용 소프트웨어인 MasicsRP로 불러들인 후 모델 데이터에 문제가 없는지 확인한다. 큰 문제가 없다면 장비 운용 소프트웨어로 데이터를 보낸다.

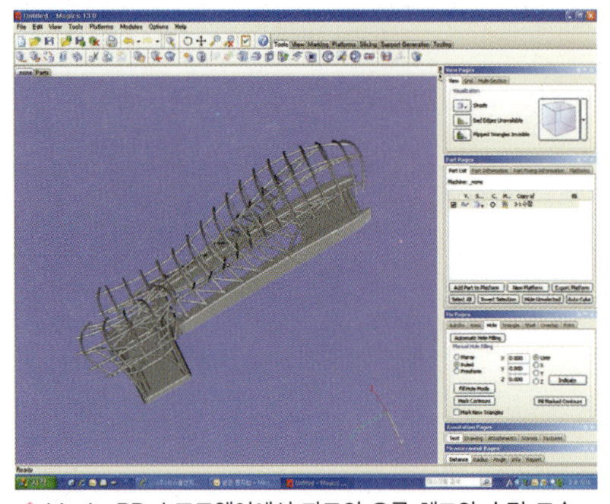
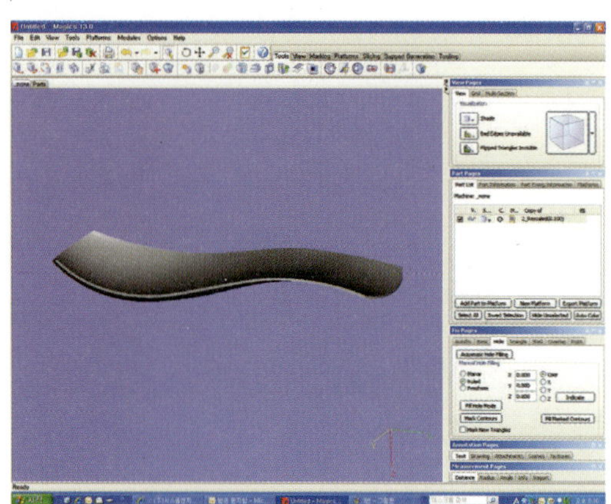

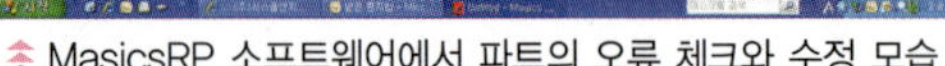
▲ MasicsRP 소프트웨어에서 파트의 오류 체크와 수정 모습

프린팅은 그림과 같이 조형판에 광경화성수지재료를 프린터 헤드로 분사하며 동시에 분사된 형상을 자외선으로 경화시켜 한층 한층 적층해 가는 원리이다. 재료와 지지대는 같은 재료이다.

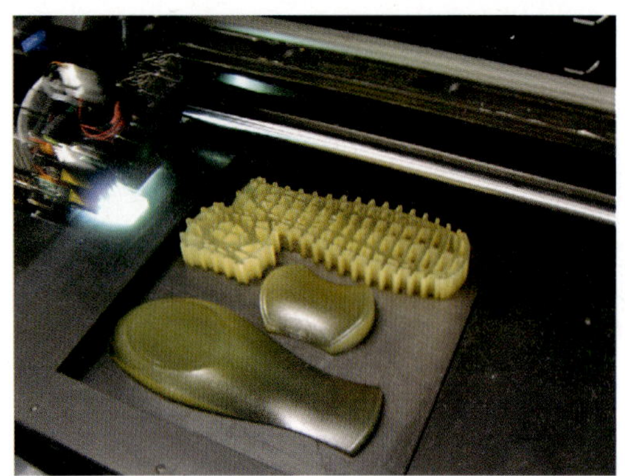
▲ Objet 사의 Eden 장비로 3D Printing하는 모습

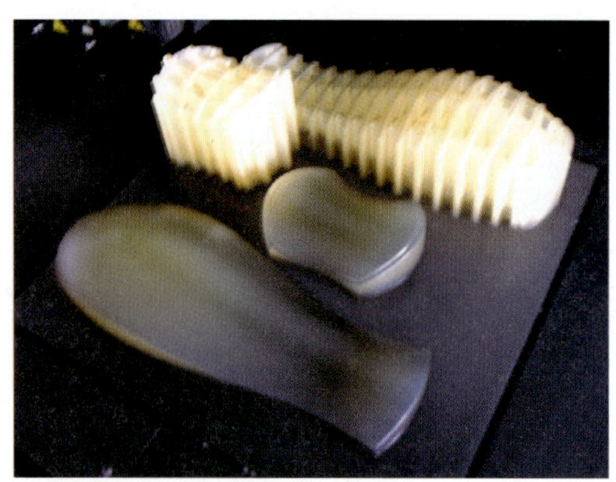
▲ 제작 완료 후 지지대가 붙어 있는 모습

조형판에서 떼어낸 파트들은 지지대가 붙어있기에 그림과 같이 나이프를 이용 조심스럽게 떼어내 준다. 이때 너무 무리해서 디테일한 부분까지 제거할 필요는 없다.

어느 정도 큰 부피의 지지대를 떼어낸 후 그림과 같이 정리되면 이제 워터젯(Water Jet), 즉 물로 지지대를 제거해 준다. 워터젯은 콤프레셔와 연결되어 물의 압력으로 세척하는 원리이다. 물론 마무리는 물로 헹구어 가며 해준다.

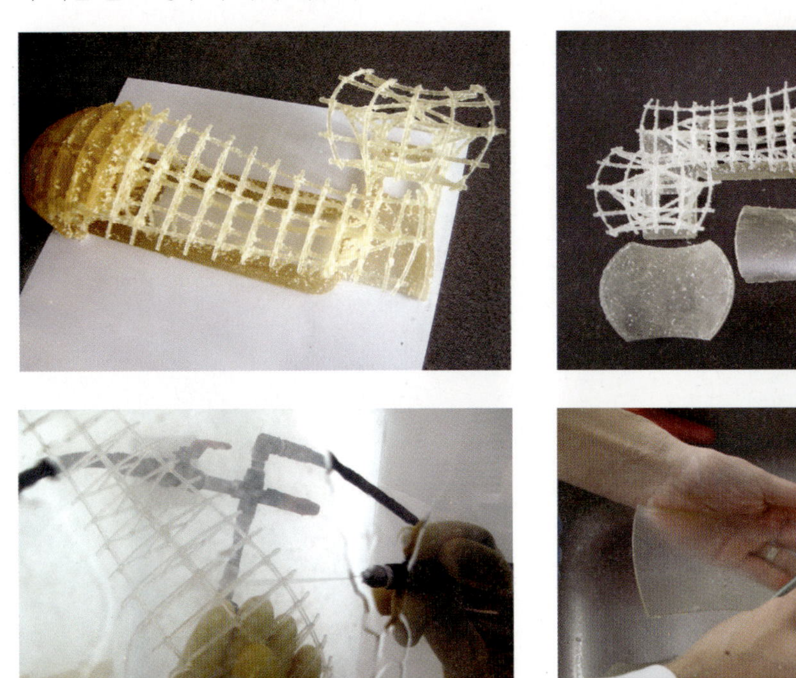

세부적인 세척은 그림과 같이 수산화나트륨 성분의 세정액에 담가두는 것이 좋다. 몇십 분이면 아주 깨끗하게 세척된다.

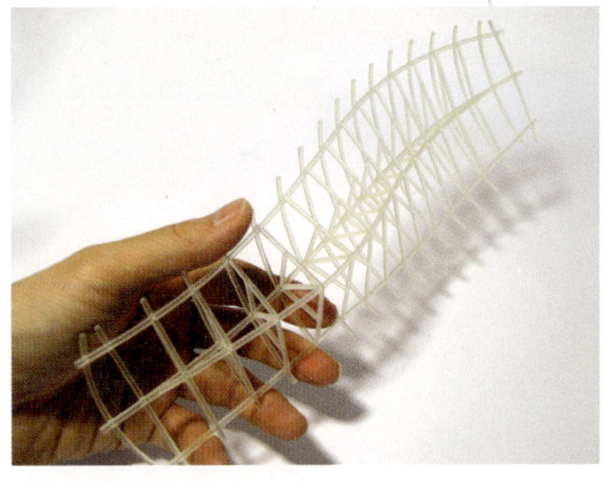

세척된 파트는 물기를 마른 휴지로 닦아주고 상온의 그늘에서 말려준다. 특히 헤어드라이어와 같은 고열로 파트를 건조시키면 파트가 휘거나 변형될 수 있으니 주의한다. 건조가 완료되면 모델작업은 마무리된다.

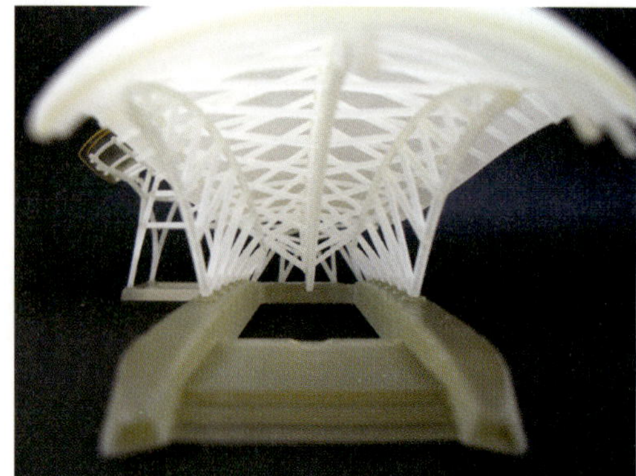

☝ 완성된 RP 모형 디테일 1 〉 복잡하고 섬세한 프레임 구조가 문제없이 제작됨

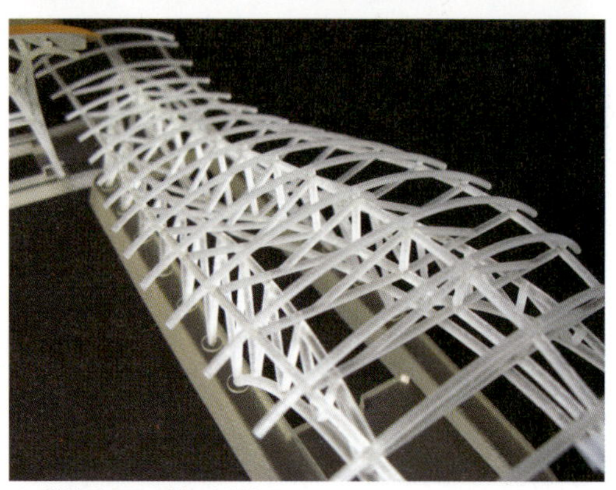
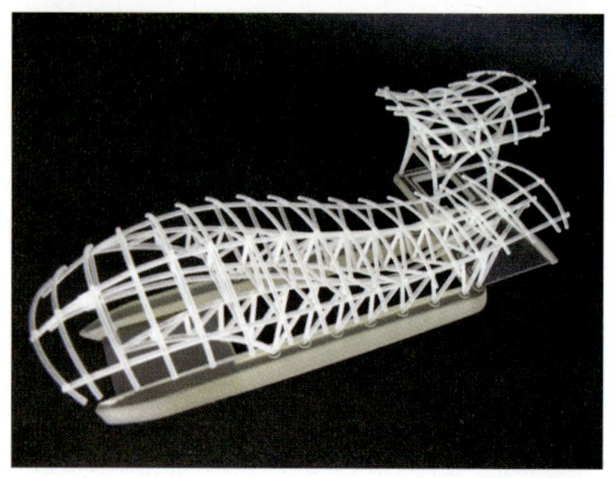

☝ 완성된 RP 모형 디테일 2

☝ 파트별 조립을 통해 최종 완성된 모습 1

♨ 파트별 조립을 통해 최종 완성된 모습 2

♨ 실시설계와 시공을 거쳐 완성된 출입구 후면 실제 모습

♨ 출입구 야간 전경

♨ 외부 캐노피의 곡선적인 역동성과 안쪽 천장부의 태극문양이 인상적임

매스스터디스 건축 사무소

건축가 소개 : 조민석 Cho, Min-suk

▶ 매스스터디스 건축 사무소 대표
▶ 연세대학교 건축공학과 졸업
▶ 뉴욕 컬럼비아대학 건축대학원 졸업
▶ 뉴욕 콜라튼맥도날드스튜디오
▶ 뉴욕 폴쉑 앤드 파트너스
▶ 네덜란드의 OMA
▶ 조슬레이드 아키텍처를 설립(1998)
▶ 미국 뉴욕 건축연맹 주관 젊은건축가상(뉴욕건축가연맹) 수상(2000)
▶ 한국건축문화대상에서 'Boutique Monaco'로 대통령상 수상(2009)

매스스터디스(www.massstudies.com)는 대량생산 문화, 과밀화된 도시적 조건, 그리고 새롭게 등장하여 현대성을 규정하는 문화적 틈새들의 맥락 속에서 건축에 관한 비판적 탐구로써 2003년 서울에서 건축가 조민석에 의해 설립되었다. 매스스터디스는 과거와 현재, 지역과 전체, 이상과 현실, 개인과 집단과 같은 21세기 공간적 조건들을 규정하는 수많은 마찰들 속에서 개별적이고 단일화된 시각이 아닌, 다중적인 상황들에서의 효과적인 복합성에 초점을 둔다. 다양한 범위의 스케일을 넘나드는 각각의 건축적 프로젝트에 대해, 매스스터디스는 새로운 사회적, 문화적 가능성을 발견하게 하는 비전에 초점을 두고 공간체계/매트릭스, 건축재료/공법, 건물의 유형적 확산 등의 주제들을 탐색한다.

다음의 RP활용 사례는 2006년 Mass Studies 건축사무소에서 클라이언트 이탈리아 비트라 뮤지엄(Vitra- Museum)의 초청작으로 디자인된 것이며, Seoul Commune 2026 ? "Tower in the Park"이라는 프로젝트 명으로 관련 사무소의 많은 인원이 참여하여 2005.3~2005.6월까지 진행되었다. 총 15개의 타워와 예상부지(서울 압구정동 지역) 모델을 신속조형기술RP(Rapid Prototyping)을 활용하여 제작하였다. 타워당 모델의 크기가 결합 시 500mm~700mm가 넘기에 콤포넌트 유닛으로 분할 제작되었다.

RP 모델 제작은 Vitra Design Museum의 위탁으로 벨기에 루벤에 위치한 Materialise-(www.materialise.com) 사에서 제작하였다. Materialise 사는 독일 FKM과 더불어 유럽 최대의 RP 관련 소프트웨어 제작과 MGX 콜렉션, RP 전문 제작 서비스 뷰로이다. 본 프로젝트에 사용된 신속조형기술은 독일 EOS 사의 P700 신속조형장비가 사용되었다. 이 장비는 선택적레이저소결(SLS: Selective Laser Sintering)법으로 3차원의 CAD 데이터를 지지대가 필요없이 나일론계(Polyamid) 파우더 분말을 레이저로 소결하여 3차원의 피지컬 모델을 얻는 방식이다.

특히 구조체의 내부와 외부의 유기적인 조합과 견고성 유지, 또한 형합 정밀도를 고려했을 때 이상적인 선택으로 볼 수 있다. 이같은 대형 모델의 경우 외국에서도 매우 드문 예로 건축분야에 새로운 활용 이정표로 평가된다.

Project : Seoul Commune 2026 ? "Towers in the Park" : Gourd Bottle Tower Matrix + Honeycomb Matrix

☙ Client : Vitra Museum(Designed for the exhibition "Open House: Intelligent Living by Design"), 2006.

참여 Architects : Mass Studies , Minsuk Cho, Kisu Park, Joungwon Lee, Kiwoong Ko,
Joonhee Lee, Bumhyun Chun, Dongchul Yang, Daewoong Kim, Jieun Lee,
Jongseo Kim, Byungkyun Kim, Soonpyo Lee, Songmin Lee, Jisoo Kim

☙ 스프링쿨러로 제어되는 살수 시스템, 자연 채광, 통기 시스템은 매우 유기적이며 생태학적인 건물의 외형을 보임

▲ Motive : 호리병모양의 Traditional Ceramics 〉
총 15개의 타워로 구성

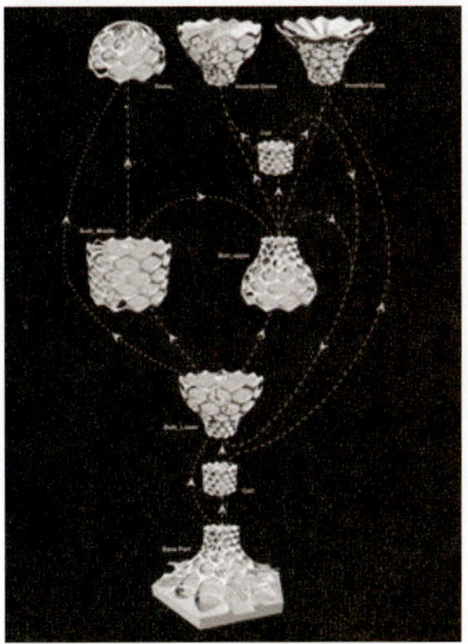

▲ 각 콤포넌트의 조합 방법 예시

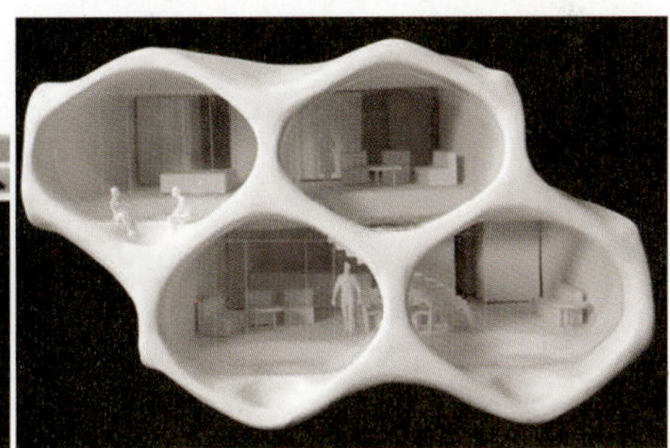

▲ 전체 15개의 타워로 구성, 총 2,590개의 독립적인 Cell로 구성
　건축물 구성 〉상층부 : 돔형의 Atrium
　중층부 : 사무실, 의료 및 복지 시설, 공공 서비스, 상업 공간
　하층부 : 스포츠, 레저, 교육 시설, 컨벤션홀, 문화 시설, 상업 시설
　지하 : 주차 공간으로 구성

☆ 건설지역 : 서울 남단 중심부 압구정동 / courtesy of massstudies

☆ 내부 조명장치에 의해 점등된 모습 / courtesy of massstudies.

Systemlab 건축 사무소

건축가 소개 : 김찬중 Prof. Kim, Chan-joong

▶ 경희대학교 건축 대학원 설계교수
▶ 시스템랩 건축사무소 대표
▶ 고려대학교 건축 공학과 졸업
▶ 하버드 건축디자인 대학원 졸업
▶ 스위스 연방 공과대학에서 수학
▶ 한울 건축과 미국 캠브리지 Chan Krieger Associates와 KSWA에서 수석 건축가

시스템 랩(www.nsystemlab.com)은 소규모의 주거 환경부터 대규모의 도시 환경 관련 프로젝트에 이르기까지 모든 공간과 관련한 생산과 설계 시스템의 특화를 목표로 조직되었다. 3차원 설계와 생산 시스템(3 dimensional design & fabrication system-3DFS.)의 도입으로 설계의 효율성은 물론 특화된 공간 디자인의 산업 생산품적 접근으로 미적, 경제적 경쟁력을 향상시키기 위해 노력하고 있다. 현재 _Systemlab은 건축가 김찬중, 소장 홍택 Taek Hong이 공동으로 운영하고 있다.

다음의 RP 활용 사례는 2006년 한국문화예술위원회가 제10회 베니스 비엔날레 건축전 한국관의 전시 주제와 참여 작가로 한국의 젊은 건축가 5인 중에 Systemlab의 김찬중 건축가를 선정하면서 시작하였다. 영문 전시제목은 'perma n stant' 즉 permanent와 instant를 합성한 용어로 도시 속에서 일정한 항상성을 지닌 대상에 이른바 순간성을 지닌 환경, 공간, 사회적 요소들이 일으키고 있는 사건들과 그 현상들을 총체적으로 의미하고 있다. 여기서는 김찬중 건축가는 전시작품 주제로 The Last House "도시인의 마지막 주거 공간"인 납골당을 선택한다. 아래 내용은 김찬중 건축가가 직접 작품을 설명한다.

죽었기 때문에 개의치 않을 수 있는 높이에 대한 개념. 생전에는 그렇게도 고층 아파트의 전망 좋은 방을 원했던 우리들은 한 줌의 재가 되어 100미터 높이의 납골당의 작은 함 속에 들어가게 된다. 서울시에 제안하는 5만기의 수용 능력을 가진 이 수직형 납골당은 단순히 토지 효율적 수용 시설로서의 고밀도 구조물의 가치를 얘기하고자 하는 것은 아니다. 먼저 산 자와 죽은 자의 공간이 공존할 수 있는 도시 체험 방식을 얘기하고자 한다. 좀 더 냉정히 얘기하자면 죽은 자는 이미 떠난 것이고, 산 자의 심리적 치유 장치로서의 수직적 구조물을 의미한다고 하겠다. 탄소강화섬유로 구성된 구조물은 방산충의 조직 체계를 모방하여 Y 세그먼트의 유니트를 반복 사용하고 있다. 이는 그리드가 아닌 비선형적 프레임 구조를 생성하면서 조직화된다.

엑스포 타워와 유사한 경험적 장치를 이동 수단으로 도입하고 있으며 참배객들로 하여금 근거리나 원거리에서도 이 수직적 구조물 사이로 보이는 하늘과 구름 그리고 이동하는 철새의 무리를 볼 수 있으며 도시 생활 속에서 감성적 치유를 얻을 수 있지 않을까 생각했다. 이미 고인이 되어버린 이

의 휴대전화 번호를 통해 납골함에 점등을 한다는 것도 같은 맥락이다. 죽은 이들의 흔적을 우리 삶에서 너무 멀리 띄워버리는 행위 자체에서 우리는 이미 죽음의 공포를 간접 경험하고 있는 것은 아닐까. 우리의 일상적 도시 생활 속에서 죽은 자를 기억하고 소통하는 일상적 경험이야말로 새로운 토템이 될 수도 있으며 또한 정서적 치유의 기능을 도시민들에게 제공할 수 있으리라 믿는다.

The Last House "도시인의 마지막 주거 공간"인 납골당 전시회 출품을 위하여 신속조형기술 RP(Rapid-Prototyping)이 사용되었다. 비선형 건축물로 손으로 이와 같은 모델을 제작한다는 것은 매우 시간과 비용을 요하거나 제작이 어려워 신속조형기술을 활용하는 것은 매우 올바른 선택이다. 단 모든 모델의 파트들은 솔리드(Solid)모델링 데이터여야 한다.

여기에 사용된 신속조형장비는 **미국 3D Systems 사의 Viper Pro**이다. 조형방식은 **SLA(Stereolithograpy)** 공정으로 빛에 반응하는 **광경화성수지(Photopolymer)**에 레이저를 주사하여 선택적 경화를 통해 3차원 피지컬 모델을 제작하는 공정이다. 사용재료는 반투명 재료와 ABS와 같은 유백색의 불투명 재질을 따로 작업했으며, 향후에 사포질이나 페인팅과 같은 일반적인 후처리 작업도 가능하다. 이 모델 역시 모델 크기가 1000mm가 넘어 그림과 같이 각 파트를 조립할 수 있도록 제작되었다. 특히 정밀한 파트는 물론 반복되는 형태의 파트가 많아 신속조형기술RP(Rapid Prototyping)을 활용하는 것은 매우 효율적이다. 파트의 조립은 순간접착제로 가능하며 제작 파트가 정교하기에 시간은 다소 소요되었지만 전체적으로 조립하는 데 큰 무리가 없다. 향후 비선형 건축물이 매우 많이 등장하는 시대에는 이같은 신속조형기술을 활용하여 모델을 만드는 것이 더욱 진가를 발휘하리라 기대한다.

Project : The Last House ? "납골당 타워"

♣ 제10회 베니스 비엔날레 건축전 한국관의 전시 주제.

⬆ 스프링쿨러로 제어되는 살수 시스템, 자연 채광, 통기 시스템은 매우 유기적이며 생태학적인 건물의 외형을 보임

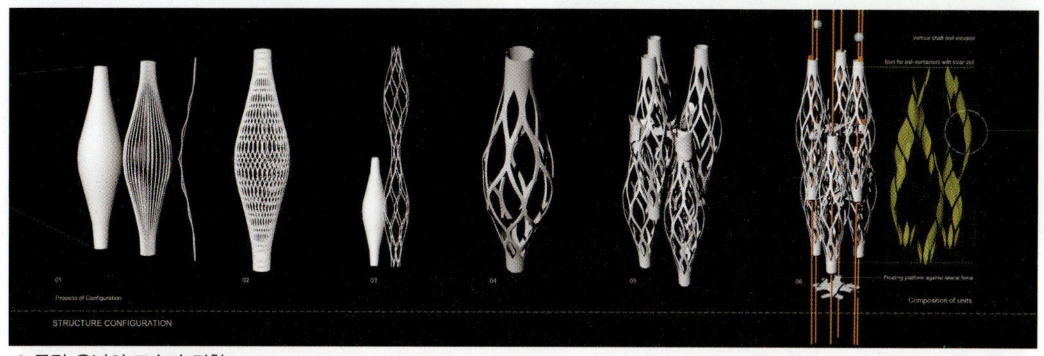

⬆ 독립 유닛의 모습과 결합

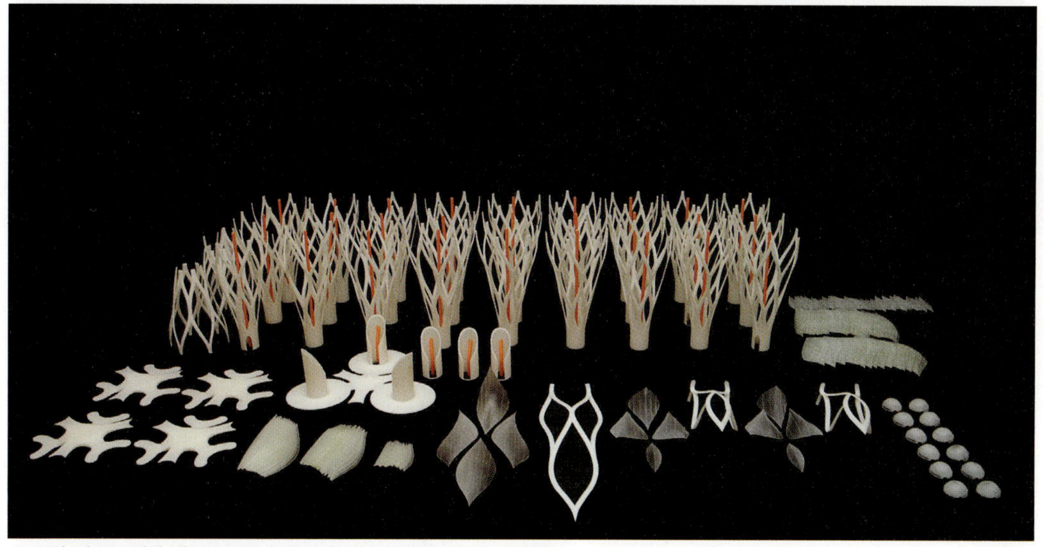

⬆ 조립 전 RP 제작 파트의 모습 〉투명 부분과 불투명 부분이 존재함

본 납골당의 조립은 시스템랩 건축가들에 의해 직접 조립되었다. 우선 그림과 같이 SLA 방식으로 제작된 원반형 베이스를 우선 조립하여 골격이 되는 정밀 부품들을 하나 하나 순간 접착제를 이용하여 조립하였다. 조립을 모두 마무리한 전체 높이가 약 1500mm에 근접했다.

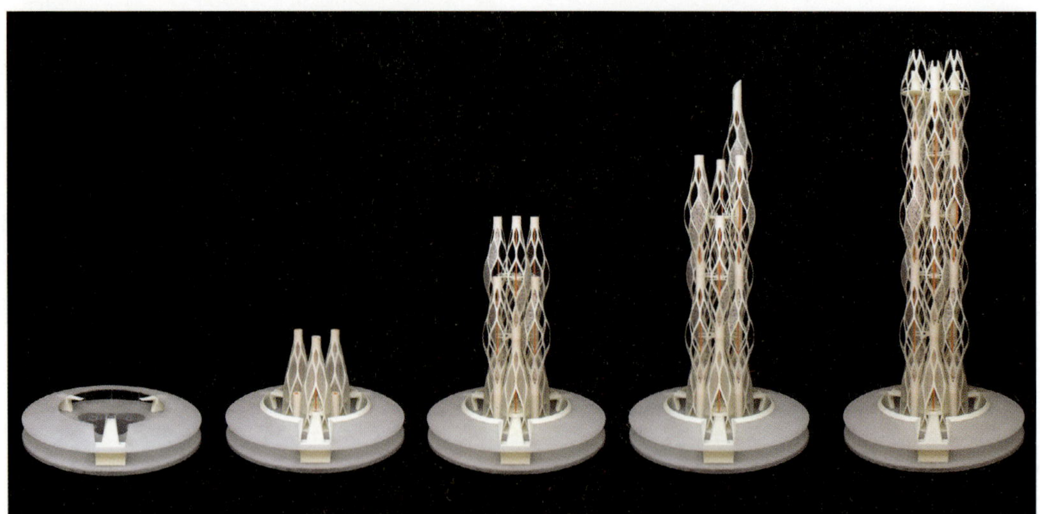

▲ 납골당 RP 파트의 조립 과정

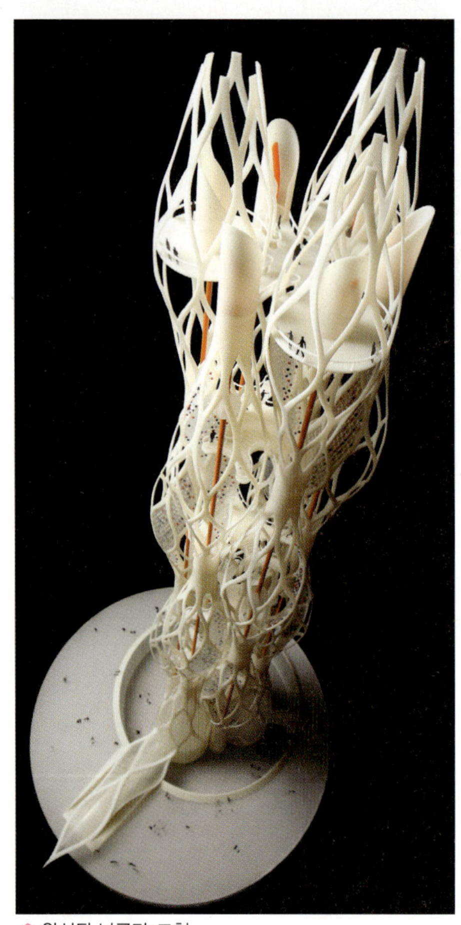

▲ 완성된 납골당 모형

▲ 납골당 하단부 출입구 모습

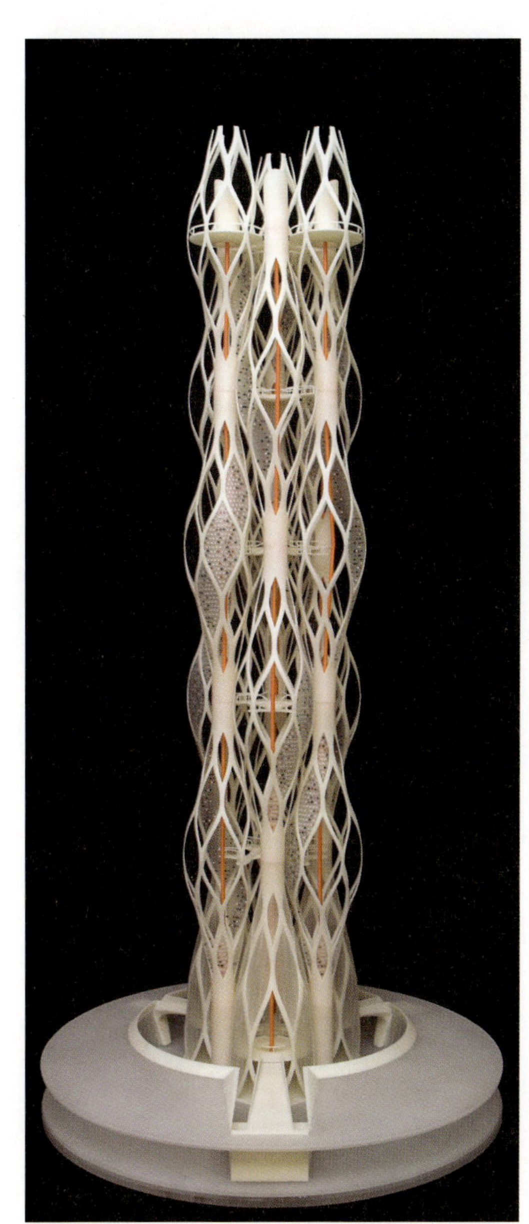

납골당 전체 모습 〉 모형 크기 : 높이 1500mm, 폭 420mm

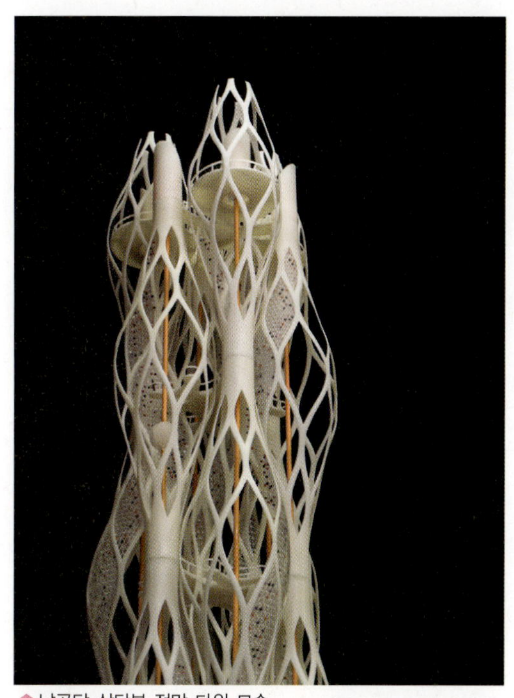

납골당 상단부 전망 타워 모습

Rapid **Prototyping**

CHAPTER 08

국내외 신속조형장비 관련업체 및 기관

전세계 주요 RP & RM 장비 매트릭스

매트릭스 표를 참고하면 세계 RP & RM 장비의 현황과 기술 및 시스템에 대한 기본적인 정보들을 가장 빠르게 알 수 있도록 해 준다. 또한 주요 내용으로 다루지 못한 기타 장비들의 동향 또한 쉽게 파악할 수 있다.

제조사	장비명	장비크기	조형크기	레이어 두께	사용재료	조형방식
	V-Flash FTI 230 Desktop	660x690x790	230x170x200	0.1mm	FTI-GN Natural (acrylic)	**FTI** Film Transfer Imaging)
	ProJet™ 5000					
	ProJet™ CPX 3000	737x1257x1504	HD Mode:298x185x203 XHD Mode:127x178x152	0.025-0.05mm	VisiJet CPX200 (wax)	
	ProJet™ CP 3000	737x1257x1504	298x185x203	0.025-0.05mm	VisiJet CP200 (wax)	**MJM** (Multi Jet Modeling)
	ProJet™ HD 3000	737x1257x1504	HD Mode:298x185x203 XHD Mode:127x178x152	0.025-0.05mm	VisiJet SR200 (acrylic-natural,grey or blue) VisiJet HR200 (acrylic)	
	ProJet™ SD 3000	737x1257x1504	298x185x203	0.025-0.05mm	VisiJet SR200 (acrylic) (natural,grey or blue)	
	ProJet™ DP 3000	737x1257x1504	HD Mode:298x185x203 XHD Mode:127x178x152	0.025-0.05mm	VisiJet DP200 (acrylic)	
	iPro 9000 SLA Centre	2120x1580x2210	RDM 650M:650x350x300 RDM 750SH:650x750x50 RDM 750H:650x750x275 DM 750F:650x750x550 DM 1500XL:1500x750x550	0.05-0.15mm	AccuraPlastics (resins) (wide-range,simulating ABS,PP and PC)	

3D SYSTEMS
미국3D Systems,Inc,
www.3dsystems.com

크기 단위 : mm

제조사	장비명	장비크기	조형크기	레이어 두께	사용재료	조형방식
	iPro 8000 SLA Centre	1260x2220x2280	RDM 650M:650x350x300 RDM 750SH:650x750x50 RDM 750H:650x750x275 DM 750F:650x750x550	0.05-0.15mm	AccuraPlastics (resins) (wide-range,simulating ABS,PP and PC)	**SLA** (Stereolithography)
	Viper Pro	2115x1575x2205	650x350x300(RDM650M) 650x750x275(RDM750H) 650x750x550(RDM750F) 1500x750x500(RDM1500XL)	0.05-0.15mm	AccuraPlastics (resins) (wide-range,simulating ABS,PP and PC)	
	Viper SLA System	1340x860x1780	250x250x250	0.02-0.10mm	Accura Plastics (wide-range,simulating ABS,PP and PC)	

제조사	장비명	장비크기	조형크기	레이어 두께	사용재료	조형방식
3D SYSTEMS 미국3D Systems,Inc, www.3dsystems.com	sPro 140/230 SLS Center	140:1840x1850x1970mm 230:1840x1850x2200mm	140:550x550x460 230:550x550x750	0.08-0.15mm	DuraForm Plastics CastForm PS Plastics (powders)	
	sPro 60 HD SLS Center	2077x1429x2040	381x330x457	0.08-0.15mm	DuraForm Plastics CastForm PS Plastics	
	sPro 60 SD SLS Center	2077x1429x2040	381x330x457	0.08-0.15mm	DuraForm Plastics CastForm PS Plastics	**SLS** (Selective Laser Sintering)
	Sinterstation HiQ SLS System	2134x1346x1981	381x330x457	0.08-0.15mm	DuraForm Plastics LaserForm A6 Metal CastForm PS Plastics (powders)	
	Sinterstation Pro					

크기 단위 : mm

	Sinterstation Pro DM100 SLM	900x800x2500	Diameter. 125x80mm(z)	0.03-0.05 mm	Stainless steel,Tool steel,Aluminum Titanium Cobalt chrome	**SLM** (Selective Laser Melting)
	Sinterstation Pro DM250 SLM	1900x1400x2500	250x250x220mm(xyz)	0.05-0.75 mm	Stainless steel,Tool steel,Aluminum Titanium Cobalt chrome	
STRATASYS 미국 STRATASYS www.stratasys.com **FORTUS** 3D PRODUCTION SYSTEMS http://www.fortus.com **dimension** http://www.dimension printing.com	Fortus 200mc	686x864x1041	203x203x203	0.178-0.33mm	ABSplus	**FDM** (Fused Deposition Modeling)
	Fortus 360mc	1281x895x1692	355x254x254 or 406x355x406	0.127-0.33mm	ABS-M30, PC-ABS,PC	
	Fortus 400mc	1281x895x1692	355x254x254 or 406x355x406	0.127-0.33mm	ABS-M30, ABS-M30i, PC-ABS,PC-ISO,PC, ULTEM9085,PPSF/PPSU	
	Fortus 900mc	2772x1683x2281	914x610x914	0.178-0.33mm	ABS-M30, ABS-M30i, PC-ABS, PC, PC-ISO, ULTEM9085, PPSF/PPSU	

크기 단위 : mm

제조사	장비명	장비크기	조형크기	레이어 두께	사용재료	조형방식
미국 STRATASYS www.stratasys.com **FORTUS** 3D PRODUCTION SYSTEMS http://www.fortus.com **dimension** http://www.dimensionp rinting.com	Dimension BST 1200 es	838x737x1143	254x254x305	0.0254-0.33mm	ABSplus	**FDM** (Fused Deposition Modeling)
	Dimension SST 1200 es	838x737x1143	254x254x305	0.0254-0.33mm	ABSplus	
	Dimension Elite	838x737x1143	254x254x305	0.178-0.254mm	ABSplus	
	uPrint	635x660x787 (one material bay) 635x660x940 (two material bays)	381x330x457	0.254mm	ABSplus	
미국 ZCorporation www.zcorp.com **contex** WHEN IMAGING MATTERS	ZPrinter® 310 Plus	740x860x1090	203x254x203	0.089-0.203mm	Plaster Cmposite; Direct Casting; Elastomeric; Investment Casting	**Ink-Jet** (3DP, MJM IM)
	ZPrinter® 350	1220x790x1400	203x254x203	0.089-0.102mm	Plaster Cmposite	
	ZPrinter® 450	1220x790x1400	203x254x203	0.089-0.102mm	Plaster Cmposite	
	ZPrinter® 650	1880x740x1450	254x381x203	0.089-0.102mm	Plaster Cmposite	
	Spectrum Z510			0.089-0.102mm	Plaster Cmposite	
solido 이스라엘 solido www.solido3d.com	SD 300 Pro	770x465x420	160x210x135 (XYZ)	0.168mm (Z)	Engineered plastic in a variety of colours / PVC 시트	**ROM/PSL** Plastic Sheet Lamination
KIRA 일본 KIRA www.kiracorp.co.jp www.rapidmockup.com	PLT-20 KATANA	860x660x1330 1100x1160x1735 (Cover Open)	180x280x150 (XYZ)	0.08~0.015mm (종이두께)	KATANA 전용지 최소 조형면적 180x80x150mm 최대 조형면적 180x280x150mm	**ROM>PLT** Paper Lamination Technology

크기 단위 : mm

제조사	장비명	장비크기	조형크기	레이어 두께	사용재료	조형방식
	Perfactory Aureus	450x450x480	60x45x100	25-35mm	Nanocure RC25, WIC100G;R11	
	Perfactory Mini Multi Lens	730x480x1350	45x34x230- 90x65x230	15-50mm	Nanocure RC25, WIC100G; R11, SI300, PIC100, E-Shell 200 series	
	Ultra	736x762x1168	264x165x203	20-100mm		
	Perfactory Standard UV	730x480x1350	100x75x230- 140x105x230	25-50mm	Nanocure RC25; Wic100G R11, SI300, PIC100, E-Shell 300 series	
독일 Envisiontec www.envisiontec.com	PixCera Perfactory DDP	450x450x480	60x45x100	25-50 μm	WIC300	DLP (Digital Light Projection)
	Dental High Productivity DDP	730x480x1350	90x65x230	25-50 μm	WIC300, E-Shell 200,300, RCP25&35	
	Perfactory Xtreme	1220x1400x2300	304x228x381	25-150 μm	SI500	
	Perfactory Xede	1220x1400x2300	457x304x508	25-150 μm	SI500	
	DDSP Digital Desktop Shell Printer	450x450x480	100x75x100	25-150 μm	Nanocure-RC25; Wic100G R11, SI300, PIC100	
	DSP Digital Shell Printer UV W/ERM	730x480x1350	140x105x230	25-150 μm	E-Shell 200 series E-Shell 300 series	

크기 단위 : mm

제조사	장비명	장비크기	조형크기	레이어 두께	사용재료	조형방식
이스라엘 Objet Geometries www.objet.com	Connex500	1420x1120x1130	500x400x200	16-30 μm	Fullcure705, Fullcure720, VeroBlack, VeroBlue, VeroGray, VeroWhite, TangoPlus TangoGray, TangoBlackPlus DurusWhite, +48 Digital Materials	PolyJet Matrix
	Connex350	1420x1120x1130	350x350x200	16-30 μm		
	Eden 500V	1320x990x1200	500x400x200	16-30 μm	Fullcure705, Fullcure720, VeroBlack, VeroBlue, VeroGray, VeroWhite, TangoPlus TangoGray, TangoBlack, TangoBlackPlus, DurusWhite	PolyJet
	Eden 350V	1320x990x1200	350x350x200	16-30 μm		
	Eden 350	1320x990x1200	350x350x200	16-30 μm		
	Eden 260V	870x735x1200	255x252x200	016-30 μm		
	Eden 250	870x735x1200	255x252x200	16-30 μm	Fullcure705, Fullcure720, VeroBlack, VeroBlue, VeroGray, VeroWhite, DurusWhite	
	Alaris 30	825x620x590	300x200x150	28 μm	Fullcure705, VeroWhite	
이탈리아 DwsSystems www.dwssystems.com. 초기 회사명 NextFactory	DigitalWax 008	380x495x560	65x65x90	100-10 μm	Direct casting DC series Direct Moulding DM series PP-like DL series 모든 재료는 광경화성수지(Photopolymer)	SLA (Solid State Lasser)
	DigitalWax 028	380x495x670	65x65x90	100-10 μm		
	DigitalWax 029	545x800x1350	110x110x70	100-10 μm		

크기 단위 : mm

제조사	장비명	장비크기	조형크기	레이어 두께	사용재료	조형방식
CMET CMET Inc. 일본 CMET, Inc. www.cmet.co.jp 일본 **Nabtesco** 그룹 소속	RM3000	1430x1045x1575	300x300x270	0.05mm	TSR820, TSR821, TSR828 TSR829, TSR754, TSR755 TSR1920, TSR1920B HS680, HS690, HS696 TSR920, TSR1971 모든 재료는 광경화성수 지(Photopolymer)	**SLA** (Stereolithogr aphy)
	RM6000II	1020x2045x2050	610x610x500	0.05mm		
eos 독일 EOS Electro Optical Systems www.eos.info	FORMIGA P 100	1320x1067x2204	200x250x330	0.1mm	Polyamid and polystyrene,	**SLS** (Selective Laser Sintering)
	EOSINT P 395	1840x1175x2100	340x340x620	0.12mm	materials, including aluminium,	
	EOSINT P 760	2250x1550x2100	700x380x580	0.1mm	filled,carbon fibre-filled and flame retardant materials	
	EOSINT P 800	2250x1500x2100	700x380x580	0.12mm	PEEK	
	EOSINT M 270	2000x1050x1940	250x250x215	20 μm	Bronze/steel based powders, cobalt-chrome, stainless steel, Titanium, maraging steel	
	EOSINT S 750	1420x1400x2150	720x380x380	0.2mm	Resin-coated sand materials	
voxeljet technology 독일 voxeljet technology GmbH www.voxeljet.com.	DigitalWax 008	2000x2200x2200	850x450x500	0.1-0.15mm	PMMA	**Ink-Jet** (3DP, MJM IM)
	DigitalWax 028	1790x1852x1660	500x400x300	0.08-0.15mm		

크기 단위 : mm

제조사	장비명	장비크기	조형크기	레이어두께	사용재료	조형방식
Solidscape 미국 Solidscape, Inc. www.solid-scape.com	T76+	546x489x401	152x152x101	User Selectable 0.0127, 0.0254, 0.0381, 0.0508, 0.0635, 0.0762mm	InduraCast – Build, InduraFill - Support 모든 재료는 CASTING이 가능한 왁스 재료임	Ink-Jet (3DP, MJM IM)
	R66+	546x489x401	152x152x101			
	D76+	546x489x401	546x489x401	User Selectable 0.0254, 0.0381, 0.0508, 0.0635mm	DentaCast – Build InduraFill - Support 모든 재료는 CASTING이 가능한 왁스 재료임	
	D66+	546x489x401	546x489x401			
	T612 Benchtop 2	711x495x495	304x152x152	User Selectable 0.0127, 0.0254, 0.0381, 0.0508, 0.0635, 0.0762mm	InduraCast – Build, InduraFill - Support 모든 재료는 CASTING이 가능한 왁스 재료임	
arcam AB 스웨덴 Arcam www.arcam.com	EBM S12	2000x900x2000	250x250x200	50-100mm	Titanium alloys,CoCr and other High end metals Titanium alloys (Ti6AI4V,Ti6AI4V ELI) CoCr (ASTM F75)	EBM (Electron Beam Melting) 전자빔용해법
	Arcam A1-EBM	1850x900x2200	200x200x180	50-100mm		
	Arcam A2-EBM	1850x900x2000	250x200x400	50-100mm		
CONCEPTLASER 독일 CONCEPTLASER www.concept-laser.de.	M1 cusing	2362x1535x2308	250x250x250	20-50 μm	Stainless steel, hot-work steel, Nickel-based alloy, Cobalt chrome	Laser Cusing
	M2 cusing	2440x1630x1992	250x250x280	20-50 μm	Stainless steel, hot-work steel, aluminium and titanium alloy, nickel-based alloy, cobalt chrome	
	M3 linear	2670x1990x2180	300x350x300	20-50 μm	Stainless steel, hot-work steel, nickel-based alloy, cobalt chrome	
HUNTSMAN Enriching lives through innovation	Araldite Digitalis	1805x1380x2010	650x370x600	50-150 μm	Araldite MLS MicroLightSwitch 70000	MLS (Micro Light Switch)

크기 단위 : mm

제조사	장비명	장비크기	조형크기	레이어 두께	사용재료	조형방식
 **MEIKO** 일본 MEIKO,.Inc. www.meiko-inc.co.jp	LC-510	860x760x800	100x100x60	0.2~0.01mm	Photo Curable Resin 액상의 광경화성수지 반투명 노랑색	SLA (Stereolithogr aphy)
	LCV-700	500x400x440	60x60x60	0.2~0.01mm	Photo Curable Resin 액상의 광경화성수지 반투명 진보라색	
	LCV-810	500x400x440	60x60x60	0.2~0.01mm	Photo Curable Resin 액상의 광경화성수지 반투명 푸른보라색	
InssTek Time Compression Technology 한국 Insstek, Inc. www.insstek.com	MX-3		800x640x400 최대조형크기 1000x800x600		Stainless steel, Tools steels, Nickel-and Cobalt-based alloys, Aluminum alloys, Copper alloys	DMT (laser-aided Direct Metal Tooling)
MTT TECHNOLOGIES GROUP 독일 MTT Technologies Group www.mtt-group.com.	SLM 250	870x1700x2050	250x250x300 (x,y,z) z extendable to 400	20-100 μm	Stainless Steel 316L and 17-4PH, H13 Tool Steel, Aluminium Al-Si-12Mg and Al-Si-10Mg, Titanium CP, Ti-6Al-4V and Ti-6Al-7Nb, Cobalt-Chrome (ASTM75), Inconell 718 and 625-plus other in development	SLM (Selective Laser Melting)
	SLM 125	750x1450x1920	125x125x125	20-100 μm		
REALIZER 독일 RealIZER Gmbh www.realizer.com	SLM-50	800x700x500	=70mm H=40mm 70x600	50 μm	Tool Steel, Stainless Steel, CoCr, Inconel, titanium, gold;	
	SLM-100	900x800x2400	=125mm H=100mm	100 μm	Tool Steel, Stainless Steel, CoCr, Inconel, titanium, aluminium, gold	SLM (Selective Laser Melting
	SLM-250	1800x1000x2200	250x250x220	100 μm	Tool Steel, Stainless Steel, CoCr, Inconel, titanium, aluminium	

크기 단위 : mm

참조 상기 명기된 RP&RM MACHINR MATRIX는 2009 / 2010년 장비를 기준으로 작성되었으며, 제조사의 사정에 따라 장비에 대한 스팩이 예고없이 변경될 수 있습니다.

국내 RP 장비 공급업체

개인이나 사업주가 국내외의 RP 장비 구입 시 직접적인 정보를 얻을 수 있으며 RP
제작에 대한 노하우나 샘플 파트 제작이 가능하다.

회사명	홈페이지	공급장비	장비원제조사
한국기술	www.ktech21.com	SLA / Viper / SLS / ProJet 시리즈	미국/ 3D Systems사
시스옵 엔지니어링	www.sysopt.co.kr	Eden 시리즈/Conex 시리즈/ SD300/ BFB 3000	이스라엘/ Object사 미국/Solidimension사
케이티씨 (KTC)	www.think3.co.kr www.ktcmet.co.kr	Rapid Meister 시리즈 / Voxeljet	일본/ CMET사 독일 / Voxeljet
한국아카이브	www.hankooka.com	Z-Corp 3D Printer/DESIGN mate>,덴탈분야	미국/Z-Corp사 덴마크/Contex사
한국델켐	www.delcam.co.kr	Z-Corp 3D Printer/Design mate	미국/Z-Corp사
셉테크	www.ceptech.co.kr	Z-Corp 3D Printer/Design mate / ULTRA (DLP)	미국/Z-Corp사 독일 Envisiontec
SNC 코리아	www.protyping.co.kr	EOSINT시리즈 Perfactory / ULTAR시리즈,SCS 시리즈 PLT 시리즈	독일 EOS사 독일 EnvisionTec,사 일본 D-MEC사 일본 KIRA사
세중정보기술	www.sjit.co.kr	T66/T612/주얼리, 덴탈분야	미국/SOLIDSCAPE
삼오재료	www.3-5tools.co.kr	LC시리즈	일본/MEIKO사 / 사업 종료
프로토텍	www.prototech.co.kr	FDM 시리즈	미국/Stratasys
머터리얼라이즈코리아	www.materialise.com	MagicsRP/ Mimics/ 3Matic Software	RP 관련 소프트웨어 공급업체
인스텍	www.insstek.com	DMT 시스템	한국
(주)캐리마	www.carima.co.kr	DLP+Film>주얼리분야	한국
JW준우NRPS	www.jwnrps.co.kr	Eden 시리즈/Alaris/Connex	이스라엘/ Object사
VisionTech	http://3dsystems.co.kr	SD300	이스라엘/ Object사
시모스		FDM / Dimension 시리즈	미국/Stratasys
에이치디시	www.hdcinfo.co.kr	DWS 028, DWS 029 시리즈>주얼리분야	이탈리아 DWS

참조 상기 장비 공급업체 현황은 2010년 현재를 기준으로 함

국내외 RP 장비 및 재료 생산, 제조업체
System and material manufacturers

국내외 RP 장비 제조사들을 쉽게 파악할 수 있으며, 관련 사이트를 통해 보다 상세한 정보를 얻을 수 있다.

01

국가명	회사명	홈페이지	비고
Canada	Accufusion	www.accufusion.com	
China	Beijing Longyuan Automated Fabrication System Co., Ltd.	www.lyafs.com.cn	
	Beijing Yinhua Laser Rapid Prototypes Making and Mould Technology Co. Ltd.	www.rpyinhua.com	FDM, LOM
	Shaanxi Hengtong Intelligent Machine Co., Ltd.	www.china-rpm.com	
	Shanghai Union Technology Co., Ltd.	www.union-tek.com	
	Trump Precision Machinery Co., Ltd.	www.trumpsystem.com/E_ELITE5000.asp	
	Wuhan Binhu Mechanical & Electrical Co., Ltd.	www.binhurp.com	
England	MTT Technologies Group	www.mtt-group.com	
France	Phenix Systems	www. phenix systems.com	
Germany	Concept Laser GmbH	www.Concept-laser.de	SLM, SLS
	Envisiontec GmbH	www.envisiontec.de	DLP
	EOS GmbH	www.eos.info	SLA, SLS
	Sintermask	www.sintermask.com	
	Trumpf	www.trumpf.com	
	Voxeljet	www.voxeljet.com	3DP

참조 상기 표는 2009 / 2010년 기준

국가명	회사명	홈페이지	비고
Ireland	Mcor Technologies	www.mcortechnologies.com	
Israel	Objet Geometries Ltd.	www.objet.com	Cubital 특허승계
Israel	Solido	www.solido3d.com	Lamination
Italy	CRP Technology	www.crptechnology.com	
Italy	DWS / 전 Next Factory	www.dwssystem.com	SLA
Japan	Autostrade Co., Ltd.	Website not available	SLA
Japan	Chubunippon Ind. Co., Ltd.	www.chubu3d.com	
Japan	CMET Inc.	www.cmet.co.jp	SLA
Japan	Denken Engineering Co., Ltd.	www.denken-eng.co.jp	
Japan	Kira Corporation	www.kiracorp.co.jp	ROM
Japan	D-MEC Ltd.	www.d-mec.co.jp	SLA
Japan	Unirapid Inc.	www.unirapid.com	SLA
Korea	InssTek,Inc.	www.insstek.com	SLM
Korea	Menix,Co.,Ltd	Website not available	
Korea	Karma.,Ltd	www.carima.co.k	DLP유사
Sweden	Arcam	www.arcam.com	SLS
Switzerland	Huntsman Advanced Materials	www.huntsman.com/advanced_materials	MST
United States	Desktop Factory	www.desktopfactory.com	
United States	DSM Somos	www.dsmsomos.com	재료회사
United States	Ex One	www.exone.com	
United States	Fab@Home	www.fabathome.org	
United States	Optomec,Inc.	www.optomec.com	
United States	POM	www.pomgroup.com	
United States	RSP Tooling LLC	www.rsptooling.com	
United States	Solidica	www.solidica.com	
United States	Solidscape,Inc.	www.solid-scape.com	3DP
United States	Stratasys Inc.	www.stratasy.com	FDM
United States	3D Systems,Inc.	www.3dsystems.com	SLA, SLS
United States	Z Corporation	www.zcorp.com	Contex에 합병

참조 상기 표는 2009 / 2010년 기준. 미국 Helisys 사업 종료, Snaders Prototyping 사업 분리, 일본 MEIKO 사업 종료

전세계 RP 장비 설치 현황

국내외 RP 장비 보유국가 중 평균 장비보유 누적 댓수가 100대 이상인 국가를 보여준다.

기준 : 국가별 최소 누적 장비 60대 이상 국가만 표기

자료 출처 : Wohlers Report 2009, Terry Wohlers. Page 29~31. 요약

통계표는 1996년부터 2008년까지 전 세계에 누적판매 된 장비 통계임

국가 Country	누적 합계 Accum total	국가 Country	누적 합계 Accum total
U.S	12471	Canada	567
Austria	109	Belgium	63
Czech Republic	100	Denmark	156
Finland	70	France	945
Germany	2562	Greece	103
Italy	1249	Netherlands	216
Poland	97	Russia	390
Spain	454	Sweden	340
Switzerland	219	United Kingdom	1570
Israel	135	South Africa	120
Turkey	380		
Australia	275	China	2472
India	253	Japan	3882
Korea	707	Malaysia	151
Taiwan	118	Thailand	517
Vietnam	197		
Brazil	151	Maxico	137
Total			

표에 명기되지 못한 국가까지 통합하면 1996~2008년까지 Total 31907대가 설치되었다. 이것을 대륙별로 보면 **북아메리카 41.3%, 유럽 28.2%, 아시아/태평양 27.2%, 기타 3.4%**

참조 한국은 707대로 세계 8위 보유국

관련 기술 용어

AF(Additive Fabrication)

기계 설비와 소비 시장을 위한 일련의 생산 및 제조 파트, 프로토타입과 물리적인 모델 제작을 위하여 사용되는 모든 기술들을 말한다. 줄임말로 **AF**라 한다. 또한 이러한 것들은 3D CAD 데이터, 단층촬영 CT, 자기공명스캔 MRI 등 3D 스캐닝으로 획득된 데이터를 포함한다.

Additive fabrication은 기계적인 공정 또한 종전의 자연스런 제거, 가공, 예를 들어 공구로 소재 자체를 절삭하여 가공하는 방법과 다르다. Additive 시스템들은 액체, 분말, 또는 시트 재료를 한 층 한층 적층하여 형상을 제작한다. 이것은 종래에 Substractive 가공과 같은 다른 어떤 방법으로도 어렵거나 불가능했던 형상도 제작이 가능하게 해준다. 이것의 베이스는 3D CAD 데이터를 얇은 슬라이스 적층데이터로 변환 제작해 주는 신속조형시스템이 있다. 이러한 신속조형시스템들은 플라스틱, 금속, 세라믹, 또는 복합재질파트들을 한층 한층 적층하여 모델을 제작해 준다.

AM(Additive Manufacturing)

최근 들어 Additive fabrication과 같은 의미로 사용되고 있는 용어이다. 줄여서 **AM**이라고 불린다. 동일한 의미를 가지는 비슷한 말들로는 **Additive processes, Additive techniques** 등이다.

Additive Systems

Additive manufacturing을 위하여 사용되는 기계나 장치.

ASCII(American Standard Code for Information Interchange)

문자 코드를 표현하기 위한 파일 포맷으로 Binary 코드 0000000~1111111에 해당하는 128개의 표준 코드가 있다.

Binary

0과 1의 2진수 코드로 구성된 파일 포맷으로 실행 파일이나 Word 등의 파일을 다른 OS를 사용하는 시스템으로 이동하고자 할 경우에는 Binary 코드를 사용해야 한다.

CT(Computed Tomography)

인체와 같은 객체에 내부와 외부에 구조를 단층 X선을 촬영하여 이미지를 얻는 기술이다. CT 스캔 결과는 2D의 그레이스케일 이미지이다.

DDM(Direct Digital Manufacturing)

Additive manufacturing 시스템을 이용하여 중간 프로토타입이 아닌 직접 사용가능한 최종 제품을 생산하는 방식.

Facet

3D 폴리곤 메쉬 모델링 데이터는 3개 또는 4개의 변을 가지는 면이 여러 개 모여 하나의 메쉬 덩어리가 되는데 이러한 하나의 폴리곤 면을 Facet이라 한다. 특히 신속조형제작을 위한 파일 포맷은 이러한 Mesh 구조로 변환되어야 하는데 이를 .stl 파일 포맷이라 부르기도 한다. .stl 파일 포맷은 삼각형의 Facet이 모인 입체이다. 단 이러한 Facet의 결합은 덩어리에 각을 만들게 되기에 흔히 Mesh 데이터는 근사치 외형 데이터라고 한다.

FFF(Freeform Fabrication)

Additive manufacturing의 다른 이름이다. 즉 신속조형기술인 RP의 부가적인 표현으로 디지털 데이터(STL)로부터 직접 형상을 구현하는 작업을 의미한다.

FDM(Fused Deposition Modeling)

미국의 Stratasys 사가 개발한 RP의 한 종류로 플라스틱 필라메트 재료가 노즐을 통하는 동안 용융시켜 얇은 필름 형태로 고화하면서 적층시키는 방식을 사용한다. 레이저광을 사용하지 않기 때문에 기계장치가 간단(Cutter로 깎는 대신 Nozzle로 분사하여 붙이는 것을 제외하고는 NC milling 형태와 같다)하여 사무실 환경에서 사용할 수 있다. 다양한 Color ABS 수지로 된 성형물을 직접 얻을 수 있어 시제품의 기계 가공성이 우수하며, 강도가 일반 사출물과 비슷하여 2차 가공 없이 직접 working part로도 사용할 수 있는 장점이 있으나, 공정 특성상 형상의 모양과 치수 정밀도에 제한이 있다.

Layered manufacturing

Additive manufacturing과 같은 의미

LOM(Laminated Object Manufacturing)

미국 Helisys 사가 개발한 RP의 한 종류로 종이에 레이저광을 조사시켜 단면형상을 Cutting하고 종이 뒷면에 붙어있는 고분자 박막을 고열로 압착시켜 적층하는 방식을 사용한다. 적층 후 불필요한 부분을 제거할 때 얇고 작은 모양에는 주의가 필요하나 각층을 압착시켜 적층하기 때문에 두꺼운 형태의 부품 제작에는 적층방향의 치수정밀도가 양호하며 제품 완성 후에 염색처리, 페인팅, 샌딩 등이 용이하다. 종이를 광선으로 태워서 절단하기 때문에 화재의 위험이 있고, 환기 설비가 필요하다.

MRI(Magnetic Resonance Image)

자기공명을 이용하여 3차원 이미지를 얻는 촬영 장치로 CT 스캐닝에 비해 매우 부드러운 조직까지 상세한 스캔이 가능하다. 또한 CT 스캔과 달리 방사선 전리장치를 사용하지 않는다. 획득된 3차원 데이터는 MIMICS와 같은 전문 소프트웨어를 통해 RP 제작 데이터로 변환이 가능하다.

NURBS(Non-Uniform Rational B-Splines)

비정형유리함수를 근간으로 3D 모델링이 이루어지는 수학적 방식으로 Rhino3D와 같은 매우 정확한 제품 모델링에 사용되는 방정식이다.

Reverse Engineering

3D 스캐닝된 모델 데이터를 정확한 모델링 데이터로 변환하여 제품 설계에 활용하는 역설계 공학이다. 주로 3차원 스캐너와 Rapidfrom과 같은 역설계 소프트웨어, 기타 Solidworks, UG, Pro-E 등의 하이엔드 소프트웨어들이 공정의 마무리를 담당하게 된다.

RP(Rapid Prototyping)

현재 가장 대중적인 Additive manufacturing의 방법으로 한층 한층 적층하여 모델을 제작하는 기술이다. 다양한 재료와 함께 공정으로는 SLA, SLS, LOM, FDM 방식이 있으며, 데이터는 컴퓨터로 제작된 3D 데이터나 스캔 데이터면 제작이 가능하다.

RT(Rapid Tooling)

신속조형기술 즉 RP 파트를 원본 마스터로 하여 간접 금형이나 직접 급형을 제작하여 소량의 복제품을 얻는 형 제작 기술을 말한다. 금속의 경우 인베스트먼트와 같은 정밀주조를 통해 금속제품을 얻을 수 있으며, RTV와 같은 실리콘 몰드를 통해 다양한 플라스틱 재질의 복제품을 얻을 수 있다. 자세한 내용은 본서의 RT 부분을 참조한다. 참고로 최근에 RM 기술의 발전으로 SLS 방식의 메탈 프린팅을 통해 직접 사출이 가능한 금속 금형을 제작할 수 있다.

SFF(Solid Freeform Fabrication)

Additive manufacturing과 같은 의미

SLA(Stereolithography Apparatus)

미국 3D Systems 사가 개발한 RP의 한 종류로 액체상태의 광경화성수지에 레이저광을 선택적으로 조사하면 조사된 부분이 경화되는 원리를 이용하여 적층해 나가는 방식을 사용한다. 레이저 광선을 사용하기 때문에 성형 속도가 빠르며, 성형 정밀도가 높은 장점이 있으나, 액체 속에서 적층이 이루어지기 때문에 지지대(Support) 구조가 필요하며, 적층 후 미처 경화되지 않은 수지를 후처리를 통해 경화시켜야 하며, 고화중의 휨, 비틀림 변형이 발생할 가능성이 있다. 또 재료가 독성이 있어 유독 가스가 나오기 때문에 환기 등 부대 설비가 필요하다.

SLS(Selective Laser Sintering)

미국 DTM 사가 개발한 RP의 한 종류로 균일한 크기의 Powder(고체분말-고분자, 금속)를 한층씩 평평하게 도포한 후에 레이저광을 조사하여 소결시켜, 한 층씩 적층시키면서 형상을 만드는 방식을 사용한다. 분말을 사용하기 때문에 표면이 거칠고 정밀도가 떨어지나, 어느 정도 강도를 가지고 있어 의장부품이 아닌 기능부품으로서 시험을 할 수 있는 시제품을 만들 수 있다. 성형 속도가 다른 RP 방식에 비해 가장 빠르고 재료 또한 가장 다양하다. 수축 및 휨 변형이 없으며 금속분말의 경우 철분말을 소결시킨 후, 구리를 첨가시켜 금형부품으로도 활용이 가능하다. 일반사출재료 강도의 100%이상의 내구성을 가진다.

STL(Stereolithography)

신속조형기술 즉, RP 제작을 위해 3D CAD 데이터를 Mesh 형태의 파일 포맷으로 저장한 표준 포맷명이다. "STL"은 STereoLithography에서 따온 말이다. 미국 3D Systems의 Chuck Hull에 의해 개발 명명되어 가장 많이 사용되는 파일 저장형식이다. STL 저장엔 2진수 체계인 Binary와 10진수인 ASCII가 있다. 여기서 Mesh 형태는 실제 형상의 외형만을 근사한 형상표현한 데이터 형식이다. 형상의 외곽만을 표현하기 때문에 데이터의 크기가 작으며 제한적인 편집이 가능하고 파일의 직접 수정도 가능하다.

STEP(Standard for the Exchange of Product model data)

STEP은 1983년 International Standards Organization(ISO)에서 국가 차원에서 연구해 온 IGES, VDAFS, SET, ESPRIT, CADI 그리고 PDDI의 경험들을 바탕으로 범세계적인 표준 제품 정보 교환을 연구하는 위원회(TC184/SC4)를 구성하면서 태동하였다. 1994년 12월에 12개의 Part가 국제표준으로 등록되었고, 이후 4개의 Part가 추가되어 16개의 Part로 등록되어 있다. STEP의 특징은 도면 데이터 간의 호환뿐만 아니라 제품데이터의 호환이 가능한 차세대 중립형태의 표준이라는 점이다. 예를 들면 NC/CNC 등과의 Interface가 이루어지도록 하면 컴퓨터 통합생산체제의 구현을 실현할 수도 있다.

PIM(Plastic Injection Molding)

가장 대중적인 몰드 제작법으로 폴리프로필렌, 폴리아미드(나일론), 폴리커보네이트, ABS, 폴리스틸렌, 폴리에틸렌과 같은 열가소성 수지 재료가 사용된다.

Prototyping Tooling

몰드(Molds), 다이(Dies)와 같은 장치를 이용 프로토타입을 제작하는 방법을 의미하며, 때때로 소프트 툴링(Soft Tooling)단계로 불리어진다.

Solid Model

3D 모델링된 데이터를 신속조형기술을 통해 3차원 실물로 제작하고자 한다면 모델링된 데이터는 마치 나무토막이나 금속덩어리처럼 틈이 없는 객체, 즉 솔리드 모델이어야 한다. 3D 모델링 소프

트웨어들에는 덩어리 상태의 실린더나 박스와 같은 원시기본도형들이 있는데 같은개념이다. 전문용어로 "Water-tight"이라는 것은 같은 맥락이다. 이와 반대로 한쪽 면만이라도 열린 상태라면 서페이스 모델 Surface Model이라 한다. 서페이스 모델은 RP 제작이 어렵다.

3D Printing

사용하기 쉽고 비교적 데스크탑 형태로 저렴한 RP시스템을 말한다. 대부분 대중적인 소형 3D 프린터를 이해하면 좋다. 주로 디자인 컨셉 모델 제작에 사용되며, 향후 가장 대중적인 시스템이 될 것이다. 초기 분말타입이 주였지만 현재 PolyJet이나 FDM 방식 등 다양하다.

3D Scanning

광학적 촬영이나 레이저 촬영, 접촉식 센싱에 의한 3D 모델 데이터 획득 기술이다. 산업용으로 정밀도가 요구될 경우 레이저 방식이 많이 사용된다. 또한 물체의 크기가 작거나 정밀도가 요구되지 않으면 광학식 카메라 방식이 사용된다. 현재 카메라 해상도가 향상되어 고품질의 데이터 획득이 가능하다. 가격이 저렴한 편이 아니지만 향후 역설계와 디자인분야에 점진적인 대중화가 예상된다.

3D Digitizing

3D Scanning과 같은 의미로 객체로부터 스캐너를 통해 디지털 정보를 획득하는 기술이다.

Tooling

몰드, 다이와 기타 플라스틱 사출 몰딩 장비를 사용 제품을 제작하는 하는 것을 말한다. 블로어 성형, 다이캐스팅, 진공성형 등도 포함된다.

참조 상기 용어들은 Wohlers Report 2009를 기준으로 정리되었다.
상세정보 〉 www.wohlersassociates.com

참고문헌 및 사이트

국문

1) 쾌속조형기술 Rapid Prototyping Technology, (주) 시스옵엔지니어링, 2008. 10.

2) 조형분야의 RP 기법과 활용, Rapid Prototyping Machine & Technique, 국민대학교 산학협력단 UIT 디자인교육개발원, 정용진, 김태완 공저. 2005. 2.

3) 쾌속조형(RP)을 이용한 시제품 제작과 금형설계, 도서출판 바탕, 원시대 저, 2006. 2.

4) 제품개발을 위한 최신응용기술, 3차원 모델링 기법과 쾌속조형기술을 중심으로, 경기지방중소기업청시험. 연구지원팀, 2000. 12.

5) 주문적응형 쾌속제품개발 시스템, 과학기술부 중점국가연구개발사업 최종 보고서, 한국과학기술원, 2003. 9.

6) 차세대 3차원 형상 IT/BT 제품 제작을 위한 대면적 나노 스테레오리소그래피 공정기술 개발, Development of nano-stereolithography process dimensional IT.BT devices/objects with several mm in size, 카이스트, 교육과학기술부.

7) CAD&Graphics, page 69~95, 진단! RP 장비의 경쟁력과 기술트렌드, 2006년 1월호, 2006.

8) 디자인 모델링 Design Modeling 곽대웅, 한석우 공저, 미진사, 1985. 12.

9) 부의 미래, 앨빈 토플러, 하이디 토플러 공저, 김중웅 옮김, 청림출판, 2006.

10) RP를 활용한 원본 개발과 캐스팅 생산 기술, 전용일, 김한주 공저, 국민대학교 출판부, 2008. 2.

11) 쾌속신발제조 Solution, 제3회 금형기술세미나, 부산신발산업진흥센터, 2006. 7.

12) 적층조형시스템, 3차원 카피 기술의 신전개, 정해도 번역. 성안당, 1998. 2.

원서

1) Rapid Manufacturing, An Industrial Revolution for the Digital Age, John Wiley & Sons,Ltd, Editors N. Hopkinson, R.J.M. Hague and P.M. Dickens, Loughborough University, UK, 2006.

2) Manufacturing Processes for Engineering Materials in SI Units, Serope Kalpakjian, Steven R. Schmid, PEARSON, Prentice Hall, 2008.

3) Wohlers Report 2006, Rapid Prototyping & Manufacturing State of the Industry Annual Worldwide Progress Report, Terry T.Wohlers Wohlers Associates, Inc, 2006.

4) Wohlers Report 2008, Rapid Prototyping & Manufacturing State of the Industry Annual Worldwide Progress Report, Terry T.Wohlers Wohlers Associates, Inc, 2008.

5) Wohlers Report 2009, Rapid Prototyping & Manufacturing State of the Industry Annual Worldwide Progress Report, Terry T.Wohlers Wohlers Associates, Inc, 2009.

6) MGX by Materialise, Materialise your Dreams, Materialise.MGX, 2007.

7) Rapid Prototyping : Theory and Practice, Ali Kamrani, Ph.d.d, Emad Abouel Nasr, Springer, 2005.

8) Virtual modeling and rapid manufacturing-Ba' rtolo(eds), Tayer & Francis Group, London, 2005.

9) Rapid Prototyping, Second Edition, Principles and Applications, World Scientific, CHUA C. K., LEONG K. F. AND LIM C. S. 2003. 2004.

참조 웹사이트

1) http://www.3dsystems.com
2) http://www.래피드프로타이핑.kr
3) http://www.additive3d.com
4) http://www.cc.utah.edu
5) http://www.prototech.co.kr
6) http://www.stratasys.com
7) http://www.dimensionprinting.com
8) http://www.zcorp.com
9) http://www.solido3d.com
10) http://www.objet.com
11) http://www.hdcinfo.co.kr
12) http://www.ktcmet.co.kr
13) http://www.cmet.co.jp
14) http://www.eos.info
15) http://www.3dmoleculardesigns.com
16) http://www.realizer.com
17) http://www.arcam.com
18) http://cbm.msoe.edu/teachRes/library/available.html
19) http://www.cubictechnologies.com
20) http://www.mtt-group.com
21) http://www.optomec.com
22) http://www.solid-scape.com
23) http://www.tctmagazine.com
24) http://www.elonavangent.com/eevege/
25) http://www.voxeljet.com
26) http://www.concept-laser.de
27) http://www.insstek.com
28) http://www.meiko-inc.co.jp
29) http://www.envisiontec.com
30) http://www.junglim.co.kr
31) http://nudlbyjunglim.blogspot.com
32) http://www.jwnrps.co.kr
33) http://3dsystems.co.kr
34) http://www.bitsfrombytes.com
35) http://www.solidconcepts.com
36) http://www.3dscanning.co.kr
37) http://www.shoenet.org
38) http://www.sysopt.co.kr
39) http://www.doyang.co.kr
40) http://www.prototyping.co.kr
41) http://www.c-square.or.kr5
42) http://www.ilbeom.co.kr
43) http://www.roije.com
44) http://www.freedomofcreation.com
45) http://www.freshfiber.com
46) http://www.nowishere.de
47) http://www.assaashuach.com
48) http://www.mcortechnologies.com
49) http://cadcam.kaist.ac.kr
50) http://www.cadcam.or.kr
51) http://www.tsol.co.kr
52) http://www.rabih-hage.com
53) http://www.nomili.co.za
54) http://www.mashimaro.com
55) http://www.iconix.co.kr
56) http://www.evolution-of-genius.de
57) http://www.mbhonaker.com
58) http://www.shapeways.com
59) http://www.massstudies.com
60) http://sanhak.smba.go.kr
61) http://www.within-lab.com

Index

산업디자이너를 위한
신속조형기술 RP활용가이드

산업디자이너를 위한

신속조형기술 RP활용가이드